当代名家学术思想文库

主　　编　李　克
学术顾问　傅璇琮

罗宗强卷

北方联合出版传媒（集团）股份有限公司
万卷出版公司
VOLUMES PUBLISHING COMPANY

© 罗宗强 2010

图书在版编目（CIP）数据

当代名家学术思想文库·罗宗强卷／罗宗强著. —沈阳：万卷出版公司，2010.11

ISBN 978-7-5470-1274-1

Ⅰ.①当… Ⅱ.①罗… Ⅲ.①社会科学—文集②文学思想史—中国—文集 Ⅳ.①C53②I209-53

中国版本图书馆CIP数据核字（2010）第208576号

设计制作／智品書業 ZHIPIN BOOK

当代名家学术思想文库·罗宗强卷

出 版 者	北方联合出版传媒（集团）股份有限公司 万卷出版公司
地 址	沈阳市和平区十一纬路29号
邮 编	110003
联系电话	024-23284090
邮购电话	024-23284627 23284050
电子信箱	vpc_tougao@163.com
印 刷	三河国英印刷厂
经 销	各地新华书店发行
成品尺寸	170mm×240mm
印 张	34.5
字 数	475千字
版 次	2010年11月第1版 2010年11月第1次印刷
责任编辑	李春杰
书 号	ISBN 978-7-5470-1274-1
定 价	68.00元

版权所有，翻印必究

编纂说明

在漫长的历史长河中，从瑰丽奇特的远古神话到《诗经》、楚辞、汉赋、唐诗、宋词、元曲、明清小说……，出现了许多古今知名的文学家和文学巨著，成就了中国文化的博大精深，也使得中国文学以其优秀的历史、多样的体裁、众多的作家、丰富的作品、独特的风格、鲜明的个性和辉煌的成就而成了世界文学宝库中光彩夺目的瑰宝。几千年来，中国文化因自身的巨大成就和积累的丰富经验，一直以辉煌的面貌屹立于世界之林。

而今，随着改革开放政策的实施和社会经济的进步，我国的社会文化也呈现了蓬勃发展的新面貌，其中，我国的学术研究也取得了巨大成就，在各个领域均出现了誉满海内外的著名学者。他们的思想光辉夺目，他们的作品精细微妙，文采肌理具在。我们要了解当代社会学术研究发展的大趋势，要研究学术名家的学术思想，主要也应从他们的专业研究著作加以探讨。为了使读者可以仔细领会名家作品的内在精细微妙之处，细细品味每一部作品，感受他们带给我们的新领悟，我们特意编纂了此套《当代名家学术思想文库》，并邀请原中华书局总编辑、现任清华大学中国古典文献研究中心主任的傅璇琮先生担任本丛书的顾问，傅先生在丛书的编纂过程中给我们提供了很多帮助，在此表示感谢。

本文库以自选集的体例形式推出，所选作品兼具学术性与文学性，收录的是当代著名学者关于国学或传统文化的论文、随笔、专著节选等，此次出版的十种包括田余庆、戴逸、袁行霈、王尧、徐季子、乐黛云、罗宗强、李学勤、傅璇琮、王水照诸位名家的著作。这些享誉海内外的学者呕心沥血的求索，潜心研究的成果，处处展现了当代“大家”的风范，无不是当代学术思想的精华。他们以自己卓越而深邃的人格、思想和学力，以简练优美的语言、细腻的情感在各自的研究领域独领风骚，极大地丰富了中国的文化宝库。本文库轻松而不浅薄，深厚却不晦涩，是一项极具价值的出版工程，它不仅将带领我们领略美不胜收的文化之旅，而且能让我们更深领悟当代学术成就的精妙思想，社会意义深远，学术价值极高。愿此项凝聚众多专家和编辑心血的工作，能对中国社科文化的发展和学者思想的传播起到积极的作用。

自　序

五十年前，我的研究生专业学的是中国古代文学批评史。但是毕业之后，并没有从事这个专业的研究与教学工作。由于大家都知道的原因，有十几年时光在不务正业中虚度。我修过河，种过田，还在深山中只有几个学生的小学里当过老师教学生拼音。有一次学校决定把我下放当农民，地点在江西南部最偏远一个县、最偏远的一个生产队，在南岭山脉深处。户口已经迁出，行李已经托运，忽然大病一场，住进医院，农民没有当成。因为妻子在北方，老同学看我可怜，想尽办法帮我调回南开，这才有了近三十年回归本业的教学与研究的机会。一开头就说这些，是要说明岁月已荒废，晚学难有成，现在已做的一切，只是刚刚起步。

1979 年，我开始了文学批评史的研究。但我很快就发现，中国古代的文学理论与批评，并不能完全反映其时真实的文学观念。中国古代的一些士人，他们在文学理论和批评中说的话，往往与他们在创作中的表现并不一致。文学观念不仅反映在理论与批评中，还大量地反映在文学创作里。有的时代，文学创作反映出活跃的文学思想倾向，而理论批评却相对沉寂。文学思想既包括理论批评，也应该包括文学创作所反映出来的文学观念。应该把二者结合起来研究，才有可能了解文学思想真实的发展过程。于是我开始研究唐代的文学思想。在我研究隋唐五代文学思想的时候，印象最为深刻的一点，是政局的变化对文学思潮的影响。唐代几个文学思潮的变化，都与政局有关。文学思想与政局关系很重要的一点，是不能忽视帝王与重臣对文学思潮的影响，这一点在我后来研究魏晋文学思想和明代文学思想时得到进一步的证明，曹操一家对建安文学与朱元璋对洪武朝文学、朱棣君臣对台阁文学思潮的影响都说明这一点。而以往，我们研究文学批评史，并不重视帝王及其重臣与文学思潮变化的关系。

待到我研究魏晋南北朝文学思想的时候，我又发现，文学思想的变化，与士人的人生遭际，与他们的生存状态有着密切的关系，于是停下文学思想史的研究，先研究士人心态，写了《玄学与魏晋士人心态》。政局、生活出路、社会思潮，以至社会生活风尚，都影响着士人的人生取向、心境与趣味，从而影响他们的文学观念。后来，我又在研究明代文学思想史之前，先研究明代后期士人心态，写了《明代后期士人心态研究》。

近三十年来，我的研究在两个领域：一是文学思想史，一是士人心态史。这两个领域，都有一个求真求实的问题。要完全还原历史，是不可能的。但我还是尽力追求历史的还原。为求真，大量的史籍阅读，真是到了精疲力竭的地步。现在，《明代文学思想史》虽写了十年，还没有写完。何年完成，能否完成，尚不可必。还有许多想法，大概是无法践履了。文学思想史和士人心态史，在我而言，只是开了个头，便已到了垂暮之年。一生跌跌撞撞走来，八十载如逝水流光，真是感慨万千。所幸晚年有好的学术研究环境和一些真诚相待的友人，得以在学术上互相切磋。傅璇琮先生就是这真诚相待、对我帮助甚大的一位。我为有这样的友人在学术之旅中相伴前行深感庆幸。这次傅先生让编文集，不料我刚编完选目，就因病住院，无力继续下去，赖南开大学文学院李瑞山先生热情相帮，约请几位年轻先生代为扫描、编排、校对，文集才得以编成。我在这里对他们表示真诚的谢意。

庚寅年仲夏夜罗宗强于津门旅舍

目　录

我国古代诗歌风格论中的一个问题

我国古代的诗评家们在评论诗人的艺术风格时，往往使用诸如雄浑、豪放、飘逸、绮丽、纤秾、幽婉、婉约、清新、典雅、古淡之类的概念。当说到某某诗人飘逸绝尘，某某诗人幽婉凄切，某某雄浑而某某典雅时，我们凭借着自己的审美经验，立刻就意会到一些什么，把某一诗人的许多作品的共同特色一下子串起来，想象起某种美的境界，好像是明白了。可是，如果进一步问我们：雄浑到底是个什么样子呢？我们可能就很难答得上来。即使不至于张口结舌，至少也只能含含糊糊。如果我们硬要给它下一个明确的界说，那么别人就可能提出异议。到头来，同一个概念，很可能是人言人殊。

因此有人认为这些概念过于抽象，有点像玄学；也有人认为这些概念过于模糊笼统，缺乏科学的准确性。这些看法，好像都不易使人信服。说它抽象吧，它又让我们感到某些美的形象。它是可感的、具体的。说它不准确吧，它又把一个诗人的风格传神地点出来了：它就是它，贴切得很。例如，苏轼在《祭柳子玉文》中提到："元轻白俗，郊寒岛瘦。"[①] 以"寒"、"瘦"论孟郊和贾岛的艺术风格，遂成千古定评。"寒"，当然也可作"穷窘"解，但显然苏轼指的是整个诗的风貌的清冷的"寒"。"寒"是一种诉诸触觉的温度，"瘦"是一种诉诸视觉的形状。有谁感到过寒的诗和看见过瘦的诗呢？没有。以此索解，了无蹊径。但它确实又是可感的、具体的，它触发我们的想象，引起我们的美感联想。在我们想象的天地里，就会呈现孟郊和贾岛的诗的某些画面、某种境界的美，然后会惊异地感到，用"寒"、"瘦"来描述这种画面和境界所体现的美，实在是再恰当不过了。

这到底要作何解释呢？要解释清楚这一点，可能会涉及许多问题，诸如中国古典诗歌的特征、民族的审美习惯、中国传统诗论的特点等问题。这些问题很难一下说清楚。如果再把范围缩小一点，从一个小的角度来窥测这些现象产生的原因，譬如说，诗论家们在运用诸如雄浑、寒、瘦等概念评论诗的风格时，他们的思维过程到底是怎样的？他们采用什么样的思维形式？有什么样的特点？或者有助于对这些现象的认识。本文试图涉及的，就是这样一个小问题，并且仅仅把它限制在这个小小的范围之内。

一

我们先来解剖一个有代表性的实例，就从“郊寒岛瘦”开始。“寒”，显然不仅仅指诗的内容多写穷苦生涯，“瘦”，也不只是指缺乏辞采，而是指诗的整个风貌，指表现诗的风貌的一种意境的美的类型。

苏轼没有对“郊寒岛瘦”作明确的说明，但从他的两首《读孟郊诗》中，可以看到他对“郊寒”的或一所指。诗是：“孤芳擢荒秽，苦语馀诗骚。水清石凿凿，湍激不受篙。初如食小鱼，所得不偿劳；又如煮彭蟛，竟日嚼空螯。要当斗僧清，未足当韩豪。人生如朝露，日夜火烧膏，何苦将两耳，听此寒虫号。”[②] 在这诗里他用了三个形象的比喻来形容孟郊的诗：有如清水浅流，明彻而湍急；又如小鱼、彭蟛，虽有滋味而乏丰腴膏肉；复如寒虫鸣号，给人以萧索之感。这三个比喻，都没有明确的界说。小鱼、彭蟛之比，似指诗的内容不够丰满；清水激湍之喻，似指境界之清冷急促；而寒虫悲鸣之形容，则似指郊诗感情基调之悲苦凄凉。显然，这是苏轼对孟郊诗的一种感觉。这种感觉，是以一系列的联想出现的。每一个联想，虽可能由于诗的某一风格因素所引发，但其实又是对于诗的整个风貌的印象。大概就是由这一个个的印象造成了一种“清冷”的总的印象，也就是他所说的“要当斗僧清”的“清”，在清冷上可与贾岛相比。从“清冷”，又进一步转移，产生“寒”的感觉。

我们可以再证以其他人的论述。对孟郊诗的风格特色有这种感觉的人还不少。例如，贾岛在《投孟郊》诗中，提到“容飘清冷馀，自蕴襟抱中”[③]。他注意到了孟郊诗的清冷意境，并且指出这种清冷意境与他的襟抱有关。欧阳修说：“堪笑区区郊与岛，萤飞露湿吟秋草。”[④]“萤飞露湿吟秋草”这样一个境界给人的感觉是“清冷”。用这样一个意境来说明孟郊与贾岛的诗的风格，显然也出于联想。范晞文更引孟郊的《长安道》诗：“胡风激秦树，贱子风中泣。家家朱门开，得见不可入。长安十二衢，投树鸟亦急。高阁何人家，笙簧正喧吸”，说孟郊的诗“气促而词苦”[⑤]。所谓“气促而词苦”，主要也是指感情基调的悲苦凄凉。从他所引的这首诗，可以看出他要强调的是弥漫于孟郊诗中的悲苦凄凉的情调。这种情调给人的感觉，当然也还是“清冷”。又如，葛立方说郊诗“皆是穷蹙之语”[⑥]，张文潜说孟郊诗“以刻琢穷苦之言为工”[⑦]，张戒说郊诗“寒苦”[⑧]，魏泰说郊诗“寒涩穷僻”[⑨]，意思都相近，都是指郊诗给人的悲苦凄凉的感觉。这种感觉在感情上和清冷是相通的，与苏轼的所谓“寒”，也很相近。

我们还可以直接证以孟郊的诗。郊诗虽也有少数篇章如《游子吟》那样脉脉深情，如《登科后》那样轻快自得，但大多数描写的是穷愁失意的生活境遇，意境清冷，调子凄凉。我们试将《苦寒吟》抄在下面：

天色寒青苍，北风叫枯桑，厚冰无裂文，短日有冷光。敲石不得火，壮阴正夺阳。调苦竟何言，冻吟成此章。

在这诗里，孟郊用冷的色调，着意描写了一个阴冷死寂的境界和在这个境界中诗人自己穷愁苦吟的形象，在阴冷死寂的意境中浮动着凄凉的情思。《秋怀之一》：“孤骨夜虽卧，吟虫相唧唧，老泣无涕洟，秋露为滴沥。”用秋虫悲鸣的境界烘托穷苦的身世，而以秋露与涕泪的联想表现着深深的凄凉情怀。又如《秋怀之四》：“秋至老更贫，破屋无门扉，一片月落床，四壁风入衣。”《秋怀之十一》：“幽苦日日甚，老力步步微，常恐暂下床，至门不复归。”《秋怀之十三》：“秋气入病骨，老人身生冰，衰毛暗相刺，冷痛不可胜。鹭鹭伸至明，强强揽所凭，瘦坐形欲折，腹饥心将崩。”这类诗很多。它们的共同特点，是写穷愁生活，抒悲愁情怀，感情基调悲苦凄凉，意境清冷。

这些都足以从不同方面证明，“寒”是指诗的一种清冷的意境的美，是指由这种清冷的意境引起诗评家们的感情共鸣，触发他们的美感联想而产生的一种清冷凄凉的“寒”的感觉。它是可感的，具体的。

至于“瘦”，当然也和“寒”一样，是由诗的意境触发诗评家们的联想，而产生一种“瘦”的形象的感觉。苏轼没有进一步论述贾岛的诗，不过，从他对“郊寒”的概括方法，我们也可再证以贾岛的诗。“瘦”与“腴”相对，就是不丰满。读贾岛诗，会感到他的诗内容不丰满，想象不丰富，境界狭窄，虽也有少数诗篇如《剑客》慷慨激昂，但大多数诗篇感情清冷，表现着寂寞孤独的情怀。如，《秋暮》：“北门杨柳叶，不觉已缤纷。值鹤因临水，迎僧忽背云。白须相并出，暗泪两行分。默默空朝夕，苦吟谁喜闻。”全诗的境界是迫促狭窄的，想象并没有起飞，只写垂泪苦吟的诗人独立于秋日之中，连周围景物也寥寥无几，引不起读者对诗的意境的丰富联想。《雨中怀友人》：“对雨思君子，尝茶近竹幽，儒家邻古寺，不到又逢秋。”同样缺乏丰富的想象，缺乏丰满的境界，只表现着一点寂寞孤独的情绪。贾岛的诗，寂寞孤独的情绪是很突出的，像有名的《题李凝幽居》那样表现着孤寂冷落感情基调的诗，所在皆是。不丰满，狭窄，寂寞冷落，使他的作品给人造成一种单薄、孤寂的感觉，从这种感觉再联想到瘦削，产生属于体积的“瘦”的感觉。

我们还可证以其他人的评价。欧阳修说贾岛“枯寂气味形之于诗句”[10]。陆时雍说贾岛的诗“气韵自孤寂”[11]。气味和气韵，都是指诗的意境所蕴含的色彩、气氛、情思。说他的诗气味、气韵枯寂，就是说他的诗表现出一种枯槁冷落的诗的意境。枯寂，是“瘦”的另一种说法，不过“瘦”侧重于从神上说，枯寂侧重于从韵味上说罢了。

无疑，“瘦”也是指一种类型的意境的美。同样是可感的、具体的。

从以上简略的解剖中，我们可以看到，“寒”、“瘦”所描述的，是诗的境界的美的类型。它是可感的，具体的，传神的。它建立在我们的审美经验的基础上，诉诸我们的想象，触发我们的美感联想，而不是建立在概念、分析、推理、判断的基础之上，引发我们去进行理性的思辨。评论诗歌风格的许多用语，如雄浑、飘逸、壮丽、清远等等，都有着这样的特点，它们不同于义界明确，高度抽象的科学的概念。为了论述的方便，我们姑且给它们一个名字，称之为“形象性概念”。

从对“寒”、“瘦”的上述分析中，我们已经可以看到，这一类概念产生的过程没有离开感性直观、想象和美感联想，有时甚至没有离开情感与灵感。为了更清楚地说明这个思维过程，我们不妨先来看看司空图对二十四种诗歌风格的解释。

司空图是皎然之后，曾经明确地认识到诗歌风格论中的形象性概念主要指诗的某种类型的意境美的一个人。他把一个个用以描述不同风格的形象性概念，看做是某种意境类型的传神体现。这一点，可以从他着力描述一个个的美的意境，以传神地说明一个个标志风格的形象性概念得到证明。例如，他描述“纤秾”这种风格，是：

> 采采流水，蓬蓬远春；窈窕深谷，时见美人。碧桃满树，风日水滨，柳阴路曲，流莺比邻。

这是两个美的境界。头一个境界：明丽的流水，茂盛的春天。首先就把我们引进明媚的春光中，我们仿佛可以看到明亮的阳光在微波上跳跃，四野是绿叶如翠，绿草如茵；仿佛闻得到沁人心脾的春的气息，到处是一派生机，给人以鲜明的色彩、蓬勃的生命的舒畅的感觉。接着，他又把我们带进了幽静的春的山谷中；让我们进一步领略这种色彩鲜明、生机盎然，然而又是细腻的美。他在万绿丛中缀以红妆，让美人在春光澹荡的山谷中时而出现。他认为这就是“纤秾”之美。

至此还没有结束。他又为我们描绘了第二个美的境界：我们眼前是碧桃垂枝，柳阴莺啼，和风拂袖，水波明媚。我们又进入了一个美的境界。这样一个境界给予我们的美的享受，和上一个境界是一样的，同是色彩鲜明，生机盎然，明媚舒畅。

事实上还可以描绘出第三个、第四个，以至更多的美的境界，以说明“纤秾”之美。

我们无须对司空图的诗歌风格论作进一步的引述。从他对“纤秾”和“清奇”的描述中，我们已经可以看到：他从每一个标志风格的形象性概念中，看到了具体的美的意境，并且力图把它描述出来。如果把他的这种做法加以简单图解，那就是：

形象性概念→美的意境

而实际上，这正好是我们所要探讨的产生形象性概念的思维过程的还原。他所描述的美的境界，正是形象性概念所产生的依据。把它倒过来，正好表现了诗评家们在运用形象性概念评论诗的风格时的思维过程：

美的意境→形象性概念

由于这个美的意境不是某一首诗的特有意境，而是一种美的意境类型，是在概括许许多多的诗的意境的共同之美的基础上产生的，因此，这个思维过程的恰切表述应该是：

个别的诗的美的意境（感性个别）→美的意境类型（共性概括）
→形象性概念

这就是说，诗评家们从大量的感性材料开始，从某一诗人的一首一首的诗的具体而生动的意境中，产生美感。接着，这些一个个的美的意境在大脑中集中，进行类比、概括，从其画面、色彩、气氛、感情基调的相近或相似之点，融合出一种美的意境类型（共性概括）。然后，取其传神之点，就像画人画眼睛一样，用形象性概念表现出来。这样一个思维过程，虽然在从感性个别到意境类型，再到形象性概念的每个阶段，都伴随有抽象思维，但主要的是运用形象思维，这个思维过程始终没有离开感性形象、想象和美感联想，甚至感情和灵感。举个例说：苏轼读孟郊的诗，一个一个的意境给了他美感，通过集中、类比、概括，发现了它们美的共同点，这就从感性个别进到了意境类型。在这个过程中，当然也会有抽象，但主要的是形象的概括、集中。没有舍弃感性形象、想象和美感联想。例如，上面举到的苏轼读孟郊诗的那种感觉就可以充分说明。在那种感觉中，意境类型不是被抽象为科学的准确的概念，而是从一系列的美的联想出现的："水清石凿凿，湍激不受篙"；"初如食小鱼，所得不偿劳；又如煮彭蜞，竟日嚼空螯"；"寒虫号"等等。一个一个的画面接踵而至，这就是美的意境类型的概括、集中、融合的过程。如果我们也学习司空图，代他把这个意境类型用具体的境界描述出来，那么"寒虫号"一句，就可以写成这样：

荒村月落，河汉星高，冷风侵骨，寒蛩哀号。

这当然只是为了说明问题的一个发挥。但这个发挥大概与苏轼论"郊寒"的思维过程并不背违。因为清水激湍、寒虫哀号、小鱼、彭蜞的联想，在苏轼的思维过程中存在过，我们只是模仿司空图的表述方式加以表述而已。

大概正是在这一个个联想中，苏轼才感到有一种萧瑟之感，借助美感联想，才产生"寒"的感觉，用一个"寒"字，把在他头脑中的孟郊诗的意境类型表述出来。

没有具体的意境的美，离开感性形象、离开想象和美感联想，就无法概括出意境类型，也难以传神地用形象性概念把它表述出来。

二

由于诗评家们运用形象性概念评论诗人风格时独特的思维过程，随之也就形成了形象性概念的几个特点：

一是传神。它只是把某种类型的意境的美传神地描述出来，让我们凭借自己的审美经验去领会、去想象、去再创造。它不是详尽地描述，给我们一个明确的画面，告诉我们如此而已，更无其他。它更不是理论的辨析，引导我们去思考、分析、判断。我们的传统诗歌风格论，往往很少理论色彩，而更多艺术的气味。在传神这一点上，它就和艺术创作十分相近。“郊寒岛瘦”这个“寒”字、“瘦”字，没有传神妙法，是难于创造出来的。而传神，正是它的最大优点。它能把诗人的风格特征恰切地、生动地、形象地描述出来。也只有传神，才最适于表述不同的诗歌风格。前面说过，一个诗人的风格，是由许许多多的诗的意境的美，集中、概括为意境类型，即集中为一种诗美类型表现出来的。它具有每个具体的诗的意境的美的主要特点，而又不同于每一个具体的美的意境，它的容量是十分巨大的。要把这个容量巨大的意境类型表述出来，传神是最好也是最省力的办法。用一个明确的、范围严格的界说，用一个特定的画面，都不足以表述一个意境类型，不足以表述一种类型的诗美。因为界说越明确，越严谨，画面越具体，容量也就越小。而用传神的办法，把最主要的特征传递出来，留下联想的广泛天地，却正是保存巨大容量的好办法。

二是美感联想。形象性概念由于它可感地、具体地、传神地表现出某种类型的意境的美，它也就能够触发我们的美感联想。寒或瘦，雄浑或飘逸，古淡或清奇，一个形象性的概念，往往会揿动我们心中的电钮，我们审美经验中积累起来的一个个的画面就会出现，就会想象起某种美的境界来：寒就是这样，瘦就是这样，飘逸是那个样子，雄浑是那个样子，等等。在这里，美感联想占着重要地位，用逻辑推理，是很难恰切说明形象性概念的确切含义的。诗没有温度，当然不能给人以寒热之感，诗也非生物，自然也不会有肥瘦的形状。而美感联想，却能把寒和瘦的境界呈现于我们面前。

引发美感联想，这也正是我国传统诗歌风格论的优点。由于引发美感联想，诗人创造的独特的诗美，才在读者各自的美感联想中得到再创造，充满了生生不息的生命力。

三是由于它是传神的，而且能够引发人们的美感联想，因而也就造成了它的含义缺乏明确的、严格的规定性。它呈现在我们面前的画面，也是朦胧的、多变的。同一个形象性概念，可能由于读者不同的审美经验而呈现不同的画面。例如，“纤秾”，司空图描述了两个美的境界。他人也可能根据自己的审美经验和美感联想，描述出另外的境界。清人孙联奎由司空图释“纤秾”的“流莺比邻”一句，联想到自己的审美经验，描述了一个更为具体的美的境界：

> 余尝观群莺会矣；黄鹂集树，或坐、或鸣、或流语，珠吭千串，百机竞掷，俨然观织锦而语广乐也。因而悟表圣“纤秾”一品。[12]

其他的人，还可能描述出“纤秾”的其他的美的境界。

这也就同时产生了它的弱点。由于含义的不明确，在借助想象、美感联想、甚至灵感和感情去感觉它、理解它、说明它时，就常常会遇到只可意会不可言传的困难。司空图有时就明显地陷入了这种困难之中。他常常说得不明确、不清楚，灵感一现，好像接触到了，捕捉到了某种形象，可是要清楚地描述出来，却往往无能为力，只好说得模模糊糊，仿仿佛佛。例如，在用两个美的境界描画“冲淡”这种风格的美之后，他还想再进一步描画“冲淡”的美，说：“遇之匪深，即之愈稀，脱有形似，握手已违。”冲淡得可感又不可感，仿佛有又仿佛无，到底是什么样的形象呢？无法说清楚。又如，在用两个美的境界描画“飘逸”这种风格的美之后，他想进一步描画“飘逸”的美，说：“如不可执，如将有闻，识者已领，期之愈分。”同样是仿佛有又仿佛无，说已领会了，就领会了；若要执著地弄个水落石出，反而弄不清楚。这就多少地带着一些不可捉摸的神秘色彩。这都是由这些形象性概念固有的弱点所决定的，而人们却往往将这一点归罪于司空图的唯心主义。

四是由于它建立在审美经验的基础之上，对于具有丰富的诗歌鉴赏经验的读者来说，它意蕴无穷，一个形象性概念，就可以产生丰富的联想。对于一个有丰富审美经验的读者来说，说李白豪放，会联想起他一系列感情奔腾的诗的生动画面。而在一个对李白的诗所知甚少、甚至一无所知的读者面前，说“豪放”，恐怕就不易领略。因为在他的记忆里，缺乏美感联想所赖以产生的从审美经验中积累起来的生动画面。从通俗性这一点来说，不得不说是它的一个局限。

三

用形象性概念评论诗人风格，不知确起于何时。王逸《楚辞章句序》已有“屈原文辞，优游婉顺”之说。但这“优游婉顺”，似非指屈原诗歌的整个风格，仅指语言风格而已。不过我想，运用形象性概念以评论诗人的整个风格，是在诗歌风格论的整个发展过程中逐渐形成的。它的形成，当然有各种各样复杂的原因和条件。它不会是一个个别的现象，而是与其他文学艺术的创作与研究状况有关的，须加探索。仅就它本身说，是不是与下述两方面有关。

一、随着诗歌作为一种文学体裁日益显示出它的特点，诗歌风格论也就日益显示着自己的特色。魏晋六朝之前，我们当然有《诗经》、《楚辞》、《古诗十九首》等伟大诗篇，但是，诗歌作为一个独立的艺术领域，诗歌的觉醒，人们自觉探讨它的特殊规律，应该说是从魏晋六朝开始。其时，在诗评中出现了不少的风格论。例如，曹丕的《典论·论文》实际已经自觉地探讨诗人的风格问题。他对建安七子中的三人的艺术风格，作了明确的评论："徐干时有齐气"，"应瑒和而不壮"，"刘桢壮而不密"。这"齐气"和"壮"，就有着形象性概念的特色，而且，它已经不仅仅指语言风格了，它包括诗的思想感情方面的特色。《三国志·魏书·阮瑀传》注引《典论》作："干时有逸气"，正是指诗的思想感情特色而言。"壮"，近似于钟嵘所说的刘桢诗"真骨凌霜，高风跨俗"，也指思想感情特征而无疑。刘勰论风格的文字就更多。他涉及不同文体的风格特色，风格的时代特征，风格构成和形成风格的因素等等问题。单就他对骚、诗、乐府的不同作品、作家的风格的论述看，就有：朗丽、绮靡、瑰诡、耀艳、清典、清峻、雅、清、丽、清越、雅壮、艳逸等等用语[13]。这些用语，或仅指某种风格因素，或指整个风格特征。无疑，这些用语都带着描述的特色，有着形象性概念的性质。不过，他并没有明确地把这些都当做意境类型来使用，有时指修辞特点，有时指结构特色，有时指情志特征，有时又指诗的思想内容。

钟嵘论诗人风格，好像开始有意借助想象和美感联想。例如，他认为范云的诗歌风格是："清便宛转，如流风回雪。""流风回雪"是一个境界，用以描述"清便宛转"的风格。评丘迟，是："点缀映媚，似落花依草。""落花依草"是一个境界，用以描述"点缀映媚"的风格。有时候，他甚至不用形象性的概念，而直接对风格进行形象描画，如他引用汤惠休对谢灵运和颜延之的风格的评论："谢诗如芙蓉出水，颜如错采镂金。"有时候，他在形象性概念上加上直接描述，如，评江祐，是："猗猗清润"；评江祀，是："明靡可怀"。"清润"而加之"猗猗"，"明靡"而喻以"可怀"，不仅借助想象，而且近似于灵感一闪，可即而不可及，可以意会而不可言传。

魏晋六朝对诗歌的特殊规律从创作实践上和理论上作了自觉的探讨，为唐代诗歌的高度繁荣作了艺术上和理论上的充分准备。而唐诗的高度繁荣，不同的风格百花竞放，又为诗歌理论的进一步发展准备了丰富的土壤，于是才有司空图在诗歌风格论上的出色探讨。实际上，到了司空图，才把意境的美的类型，看做不同风格的主要标志。

这就说明，运用形象性概念评论诗歌风格，有一个发展、成熟的过程。而这样一个过程，与诗歌的发展本身，有着密切的关系。

二、受人物品评的影响。在历史上，我们可以看到一种很有意思的现象，那就是在汉末魏初用人之际发展起来，而到永嘉玄谈之风中达到极致的人物品评，往往也采用着和诗歌风格论相似或相同的概念。如：

《世说新语（下简称世说）·豪爽篇》注引孙盛《晋阳秋》称："（王）敦少称高率通朗。"

《世说》称："（敦）大将军眉目高朗疏率。"

可见，这"高率通朗"和"高朗疏率"，是同一含义，指眉目而言。但又不仅指容貌。单就容貌言，则无法疏解。显然，兼指神情。什么样的容貌神情称"高朗疏率"，不借助想象，是形不成这一容貌神情的印象的。又如：

《世说·品藻篇》注引檀道鸾《续晋阳秋》称："（王）坦之雅贵有识量，风格峻整。"

《世说·言语篇》注引《续晋阳秋》："许询……总角秀惠，众称神童，而风情简素。"

《世说·赏誉篇》注引王韶之《晋安帝纪》："（王）羲之风骨清举。"

《世说·赏誉篇》注引《文士传》："（陆）机清厉有风格。"同上称："（王弥）风神清令。"

《世说·贤媛篇》："（王夫人）神情散朗。"

《世说·赏誉篇》注引《王澄别传》："澄风韵迈达。"

《世说·言语篇》注引《高逸沙门传》："（支道林）风期高亮。"

《世说·识鉴篇》注引《续晋阳秋》："（褚期生）俊迈有风气。"

《世说·赏誉篇》:"(王舒)风概简正。"

《世说·赏誉篇》:"庾公目中郎,神气融散。"

在这里,风情、风骨、神情、风韵、风期、风概、风气、神气所指大体是一个意思,都是指一个人的风神骨相和情志特征,包括容貌、风度、神情、性格、情志,总之,主要是指外在形象表现出来的精神面貌。用峻整、简素、清令、散朗、清举、清迈、迈达、高亮、俊迈、简正、融散这些概念对风神骨相加以描述,不仅有着抽象的意义,而且有着形象特征。它既带着玄谈的高度抽象的特点,又带着想象的可感的形象。例如,说到王羲之风骨清举,既使人想到他志行的高洁,也使人想到他潇洒的容止风度,想到他"飘如游云,矫若惊龙"的形象[14]。说到"神气融散",不仅使人想到对待人生对待事物的平和、旷放的态度,而且很自然地会想象起洒脱的风度和某种随随便便的行为。又如,"峻整"的"峻",本来是形容山的高峭的,用以形容情志,就有刚直激烈的意思。刘勰说:"嵇志清峻",钟嵘说嵇诗"峻切",刘熙载说嵇诗"峻烈","峻",就都包含着刚直激烈的意思。不说"刚直激烈",而说"峻",就给人以一种联想,从高耸峭直的形象或急促的旋律,联想到刚直激烈的情志。说王坦之"风格峻整",不仅可以想见他刚直严正高洁的品行,而且可以想象他的神情。

在人物品评中运用想象和联想,有时表现得非常突出,如:

《世说·容止篇》:"嵇康身长七尺八寸,风姿特秀。见者叹曰:萧萧肃肃,爽朗清举。或云:肃肃如松下风,高而徐引。"

《世说·赏誉篇》:"世目李元礼谡谡如劲松下风。"同上篇注引《李氏家传》:"南阳朱公叔,飕飕如行松柏之下。"

人的风神骨相和松下风或行松柏之下有什么相干呢?松下风或行松柏之下,是对某种自然景色的感受,是一种审美感受,把人物的风神骨相和对自然景物的审美感受联系起来，纯然是一种美感联想在起作用。又如：

> 《世说·赏誉篇》："裴令公目夏侯太初，肃肃如入廊庙中，不修敬而人自敬。一曰：如入宗庙，琅琅但见礼乐器。见钟士季，如观武库，但睹矛戟。见傅兰硕，江廧靡所不有。见山巨源，如登山临下，幽然深远。"
>
> 同上篇又有："严仲弼，九皋之鸣鹤，空谷之白驹。顾彦先，八音之琴瑟，五色之龙章。张威伯，岁寒之茂松，幽夜之逸光。陆士衡、士龙，鸿鹄之徘徊，悬鼓之待槌。"

看到人的风神骨相而联想到廊庙礼乐器给予人的肃穆之感，或联想到武库中兵器的森严，甚至联想到如登高临下，幽然深远，联想到了九皋鸣鹤，空谷白驹，这已经不只是一种感觉，而是近于意境了。在这里，只靠科学的准确性，靠逻辑推理，就不够用了，感觉、想象、美感联想起着重要作用。只有借助想象、美感联想的帮助，才能把人的品格、风神骨相与外界的某一美的境界联系起来，传神地表述出来。就像苏里科夫看到雪地里的一对乌鸦，而引发创作灵感，联想到《女贵族莫洛卓娃》的意境一样，重要的是美感联想。

从这里，我们可以看到我国传统的诗歌风格论和人物品评的思维形式有某些相似之处。"文如其人"，品诗就如同评人一样。

从上面这些，我们可以看到诗歌风格论受人物品评的明显影响。

四

诗歌风格论中运用形象性概念，并非独有的现象，散文风格论中同样存在。《典论·论文》的一些评论，既指诗歌，也指散文。而《文心雕龙》中的风格评论，更主要的是指散文。刘勰提出的八种基本风格：典雅、远奥、精约、显附、繁缛、壮丽、新奇、轻靡，就是指散文风格而言。他是把散文归纳为八种基本风格，而不是指作家的创作个性。而且他对这八种基本风格的解释，有的侧重内容，有的侧重结构，有的侧重于文采，而不是指某一作家散文的整个风貌。在散文中运用形象性概念以评论作家风格，也是有个发展过程的。后来的一些评论，就更带着诗歌风格论中形象性概念的特色。例如，姚鼐评归有光的散文风格是："风韵疏淡。"吴德旋评归有光的散文风格是："高淡"；评鲁宾之："清而能瘦"；评汪尧峰："少严峻遒拔"。并且他对"少严峻遒拔"作了一个形象的说明："如游池沼江湖而不见壁岸。"

不仅在散文风格论中，而且在国画风格论中，同样常常存在着运用形象性概念评论画家艺术风格的现象，例如：

董其昌在《画旨》中论倪云林，称其"古淡天然"。

莫是龙在《画说》中论赵大年是"秀润天成"。

蒋宝龄在《墨林今话》中论汤贻汾山水："骨韵苍逸。"论董棨："意态繁缛而笔致清脱。"

清人张庚在《画征续录》中称邹一桂"清古冶艳"。

张庚《书画纪闻》称王昱"于古浑中，时露秀润之致"。用形象性概念评画家的艺术风格，显然正是用以表述存在于一幅幅画中的共同的美的特征，表述一种美的类型。它也是传神的、富于美感联想的，而且含义同样缺乏明确的严格的规定性。

这种现象在书法风格论中同样存在。例如，《唐会要》卷三五载：

> 唐太宗尝于晋史王右军传后论曰："钟书布纤浓，分疏密，霞舒云卷，无所间然。……献之虽有异风，殊俗新巧，疏瘦如凌冬之枯树，虽槎枿而无屈伸，拘束若严家之饿隶，惟羁羸而不放纵。萧子云无丈夫之气，行行如萦春蚓，步步如绾秋蛇，卧王蒙于纸中，坐徐偃于笔下，以兹布美，岂滥名耶。所以详察古今，研精篆素，尽善尽美，其惟王逸少乎！观其点曳之工，裁成之妙，烟霏雾结，尖若断而复连；凤翥龙蟠，势若曲而还直，玩之不觉为倦，览之莫识其端，心务力追，此人而已。"

书法本来是一门更接近于抽象的艺术，但对于书法风格的评论，想象和美感联想同样占有重要的地位，它的思维过程与诗歌风格论是很相似的。

不仅风格论，而且在创作论中，也常常可以明显看到理论家们的丰富想象、美感联想、甚至创作灵感。不用说陆机和刘勰创作论中尽人皆知的著名例子，即使书法的创作论，也不乏想象飞驰、形象接踵而至的例子。试以唐人孙虔礼论书法创作为例：

> 观夫悬针垂露之异，奔雷坠石之奇，鸿飞兽骇之姿，鸾舞蛇惊之态，绝岸颓峰之势，临危据槁之形，或重若崩云，或轻如蝉翼，导之则泉注，顿之则山安，纤纤乎似初月之出天涯，落落乎犹众星之列河汉，同自然之妙，有非力运之能成。

这种现象告诉我们，古代文艺理论家们在研究和论述文学艺术现象时，不仅有着理论家的分析、推理、判断，而且常常有着丰富的想象，美感联想，甚至创作灵感。他们的这种思维方式，更适宜于把握文学艺术的特殊规律，也更善于传神地把它揭示出来、表述出来。当然，我们古代的文艺理论批评有时也常常表现出缺乏科学的系统性和严密性，自有其弱点在。但它确实有自己的优良传统，有自己的特色。从我们的文艺理论批评的遗产的实际出发，研究这些特点和形成这些特点的原因，实事求是地加以总结，而不是用几个现代的概念去套它，这实在是一件艰巨的工作。

（原刊于《文学评论丛刊》第 5 辑，中国社会科学出版社，1980 年版）

---

① 《东坡七集 · 东坡集》卷三五。

② 《东坡七集 · 东坡集》卷九。

③ 《贾浪仙长江集》卷二。

④ 转引自黄彻《䂬溪诗话》。

⑤《对床夜语》。

⑥《韵语阳秋》。

⑦《苕溪渔隐丛话》前集卷十九。

⑧《岁寒堂诗话》。

⑨《隐居诗话》。

⑩《诗人玉屑》卷十五引《六一诗话》，今本《六一诗话》未收入此条。

⑪《诗话总镜》。

⑫《诗品臆说》。

⑬《文心雕龙》，《辨骚》、《才略》各篇。

⑭《世说新语·容止篇》。

我国古代文体定名的若干问题

文体研究在古代文学和文学思想研究中有着重要的意义。但无论文学史编写还是教学，文体问题在很长一段时间并未引起重视。之所以未加重视，主要是对文体在我国古代文学的发生和发展过程中的重要作用认识不足。近十余年来，这种情况有了很大的变化。北大、中大、北师大、人大的文学研究学者，都在文体研究上作出了很好的成绩。尤其是中大的文体研究中心，从发表的论著看，已具系统之规模。文体研究正在深入。

已有学者指出，文体问题不仅仅涉及文学作品本身，它可能远超出作品之外。我想，史实可能比我们想到的更为复杂。决定文体生成、定名和发展的都不是单一的因素。对于古人文体观念的理解与评价，也乱如理丝。我只想就古人的文体定名提出若干问题，以就教于同行。

文体的定名涉及体裁与体貌两大类。我想谈四个问题：体裁定名、体貌定名、体貌定名与体裁定名之关系、文体定名涉及的文学与非文学问题。

一

体裁的体，定名与其生成并无统一之关系。有的生成与定名源于其功用，有的却与功用无关。

古代文论家常将各种文体之源头追溯至五经。如刘勰就说："故论、说、辞、序，则《易》统其首；诏、策、章、奏，则《书》发其源；赋、颂、歌、赞，则《诗》立其本；铭、诔、箴、祝，则《礼》总其端；纪、传、盟、檄，则《春秋》为根；并穷高以树表，极远以起疆，所以百家腾跃，终入环内者也。”（《文心雕龙·宗经》）刘勰所说的“首”、“源”、“本”、“端”、“根”，我们可以作两种理解。一种理解是这些体裁在五经中已有其早期的形态，如《易》之有辞，《诗》之有颂，《礼》之有铭、诔、祝，《春秋左氏传》之有盟。另一种理解是有的五经中并无其文体，刘勰所指，是有关文体的生成，其体制实源于五经之影响：五经为之“树表”，为之“起疆”，也就是说，为之确立体制与规模。把一切文体都说成源于五经，当然是极端的说法，昔贤已多有非议。自文体生成之思想政治基础言，或与五经有着这样那样的联系；但自文体体制之生成言，则多数与五经并无直接之关系。

我国古代的文体，名称众多。这众多的文体的出现，经历一个漫长的过程，由少而多，由简而繁。《尚书》已有诰（如《大诰》、《康诰》、《酒诰》、《召诰》、《洛诰》;《梓材》、《多士》、《多方》、《立政》等无诰名而有诰体）、誓（如《甘誓》、《汤誓》、《牧誓》、《费誓》、《秦誓》）、祝（如《金滕》)。《周礼》有祝（“太祝掌六祝之辞”）、诰、诔（“作六辞以通上下亲疏远近，一曰祠，二曰命，三曰诰、四曰会，五曰祷，六曰诔。”祠即辞，辞、命、会、祷，均属辞令，难称文体）、盟（《周礼》大司寇“凡邦之人盟约，涖其盟书，而登之于天府。”）。到了西汉，文体数量大增。大增的原因有二，一是出于政教之需要，一是由于文学自身之发展。我们从今存汉人作品中，可以大略了解其时文体发展之面貌。我统计了八位作家，蔡邕作品涉及文体十九[①]；司马相如作品涉及文体五[②]；董仲舒作品涉及文体八[③]；东方朔作品涉及文体十[④]；刘向作品涉及文体十四[⑤]；王褒作品涉及文体四[⑥]；扬雄作品涉及文体八[⑦]。去其重复，得文体二十九种，加上两汉其他作者已用之文体：史传、教、状、诏、敕、令、制、册、劾、告谕诸体，共得文体三十九种。在这三十九种中，杂文之内各体的出现，显然并非出于实用之需要，而是文学自身发展的产物，或出于追求新的形式，或甚而出于游戏。刘勰说宋玉含才负俗，于是创造了《对问》一体，“枚乘摛艳，首制《七发》”；扬雄

"碎文琐语，肇为《连珠》"。到了南北朝，文体又似有进一步发展之趋势。刘勰把文体分为三十四种[8]，这三十四种，西汉都已出现。但是，《杂文》中他又列出十九个细目[9]，《书记》列出二十五个细目[10]，总共八十一种。到了明代，文体数目又有极大之发展，吴讷《文章辨体序说》分体为五十九种[11]，徐师曾《文体明辨序说》分文体为一百六十四[12]。其中多有重复，如"表"、"书"都出现两次；诗又细分为若干体，奏也分为若干体，等等。赋、颂、铭、箴等等，是就体制分的，而诗分若干种，则是就语体分的，奏分若干种，则是就使用对象分的，标准并不相同，定名因之杂乱。其他诸体之设立，标准亦多混乱。到了清代，此类混乱之文体定名标准，依然沿袭下来。我们研究古代文体，首先面临的是文体定名问题。古人如何定名，这些定名的得失利弊，我们今天应该如何看待这些定名，等等。探讨这些问题，涉及文体研究的进路。

早期的文体定名并不复杂，最初的文体产生于礼乐制度与政制的需要。我们可以举一些例子，如碑，刘勰在《文心雕龙·诔碑》中说："碑者，埤也。上古帝王，纪号封禅，树石埤岳，故曰碑也。周穆纪迹于弇山之石，亦古碑之意也。又宗庙有碑，树之两楹，事止丽牲，未勒勋绩，而庸器渐缺，故后代用碑，以代金石，同乎不朽，自庙徂坟，犹封墓也。"这是一段常被引用的话。这段话说碑体有两个来源，一是周穆王弇山树石纪迹，为古碑之始；一说碑始于宗庙树碑丽牲。关于第一说，出自《穆天子传》，此书之成书年代与史料价值，目前尚难定论。周穆王是否确曾树石于弇山以记迹，尚无可靠之史料证据，姑勿论。《管子》卷十六《封禅》："古者封泰山，禅梁父者，七十二家。"（中华书局2004年版）禅为封土，是否树碑，亦无确证，亦勿论。封禅而树石刻文，或稍后出。关于后一说，则有大量证据，可证碑体之发展过程。碑树之宗庙，原先并无文字，只用以丽牲与测日影。《仪礼》卷二十一《聘礼》："陪鼎当内廉，东面北上，上当碑，南陈。"郑玄注："宫必有碑，所以识日景，引阴阳也。凡碑，引物者也，宗庙则丽牲焉，以取毛血。其材，宫庙以石，窆用木。”[13]贾公彦疏称宫庙、大夫士庙、庠序之内皆有碑。此种之碑，识日影、系牲，并无文字，但它与行礼过程之节度有关。士冠礼、昏礼、聘礼都有“三揖至于阶”之说，第二揖就对着碑。何以对着碑，碑在庭中三之一处，处两楹之间，贾公彦疏：“当碑揖者，碑是庭中之大节，又宜揖。”“至碑，碑在堂下三分庭之一，在北曲庭中之节，故亦须揖。”[14]其时，碑之另一作用，是墓葬时用以引棺下圹。大木树于圹之前后四角，用以绕綍（大绳）为辘轳，輓棺下圹。此种之碑，因死者等级之不同，而有不同之数量。[15]由是可知，碑之为名，原并无文字，它只是礼制过程中之一种器物。后来就有人在树之于圹之碑上写上姓名爵里，以至行迹，或以石易木，遂有墓碑。[16]碑之作为一种文体，由是产生。朱子把碑的产生过程说得较为简洁，他说：“古人惟塚庙有碑。庙中者已系牲，塚上四角四个，以系索下棺，棺既下，则埋于四角，所谓丰碑是也。或因而刻字其上。”[17]后来或由木而易之以石，刻上文字之后，碑作为一种文体才产生。此种文体，至后汉而极盛。从上述碑生成之过程看，原缘于礼制之需要，由实物而发展至文字。而其命名，则早于碑有文字之前，因物而称名。

再举“颂”体之例。刘勰论“颂”体，称：“四始之至，颂居其首。颂者，容也，所以美盛德而述形容也。昔帝喾之世，咸黑为颂，以歌《九招》。自商而下，文理允备。……雅容告神谓之颂。”[18]他这里涉及三个问题，一是“颂”原于《诗》；二是最早之颂为咸黑的《九招》；三是颂之用，是雅容以告神。黄侃《颂赞》篇札记中表达了与刘勰有所不同的看法，他认为“颂本兼诵、容二义”，而名至广。一是诵为以声节之的吟诵：“诵则非直背文，又为吟咏”；“虽有声节，而仍不必与琴瑟相应也”，“是诗不与乐相依，即谓之诵”。此为颂字之本义。二是卜繇也谓之诵。三是风也谓之颂，“籥章以歌豳颂”可证。四是诔亦称颂。五是乐曲亦可称颂。他得出结论说：颂名至广，颂类至繁。他认为，“是则颂之为义，广之则笼罩成韵之文，狭之则唯取颂美功德”[19]。他认为颂有广狭二义。

颂之最初形态，已难考索。彦和引《吕氏春秋》以为出于咸黑之《九招》。《吕氏春秋》卷五《古乐》："帝喾命咸黑作为声歌，九招、六列、六英。"陈奇猷称："此文当读'帝喾命咸黑作为《康歌》——《九招》、《六列》、《六英》'。"[20]《墨子》卷一《三辩》称作《九招》的是汤："汤放桀于大水，环天下自立以为王，事成功立，无大后患，因先王之乐，又自作乐，命曰《護》，又修《九招》。"[21]而《尚书》则称《九招》为舜乐。《九招》即《九韶》，《尚书·皋陶谟》："《箫韶》九成"，舜乐。《史记·五帝本纪》则称："禹兴《九招》之乐。"而《山海经·大荒西经》又称"启始歌《九招》"。作九招者究竟是帝喾、是舜、是禹、是启，还是汤？传说之辞，殊难定说。《九招》为歌帝德，或为"颂"最初之义，然有颂意而无颂名。颂之初名，或始自诗教，《周礼》大师"教六诗，曰风曰赋曰比曰兴曰雅曰颂"，郑玄注"颂之言诵也，容也。诵今之德，广以美之"。[22]《诗大序》称："颂者，美盛德之形容，以其成功告于神明也。"[23]颂之本义为诵，《周礼·春官宗伯》："以乐语教国子：兴、道、讽、诵、言、语。"郑注谓"以声节之曰诵"[24]，以声节之，是指配乐而歌。《礼记·文王世子》："春诵夏弦"，郑注："诵谓歌乐也"。[25]清人阎若璩谓："歌乐即诗也，以配乐而歌，故云歌乐，亦是以声节之。"[26]配乐用磬、钟（颂磬颂钟）。由是可知，颂之初名，是礼典仪式中配乐之颂歌，是指诗乐合一之一种仪式。颂之内容，则是美盛德，所谓"美盛德之形容"，是指颂美德业之广大。"容"，言其广大无所不被，非指舞容。[27]颂脱离乐而仅指其文，是为文体之"颂"。由是可知，颂之为体，原亦为礼典之一仪式，因礼之需要而产生。离乐而独立为文，颂体又一变。之后颂之内容（由颂功德而颂人、颂物等等）与体式（如颂而似赋、似碑、似诔、似铭等等），亦如其他文体一样，不断发展变化。此是后论。

铭体之产生，亦原于礼制。《仪礼·士丧礼》："为铭各以其物。"郑玄注："铭，明旌也。"[28]铭者，名也，书死者名于旌之上以识别。旌杆之长短尺寸，礼有明确规定：天子九尺，诸侯七尺、大夫五尺、士二尺。

又，铭亦用以表功，《周礼》卷三十："凡有功者，铭书于王之太常。"郑注："铭之言名也。生则书于王旌，以识其人与其功也。"[29]由书之旌而铭之器，铭之文体才正式产生。由是可知，铭体亦如碑、颂之体，先有礼典之仪式，后有文体之产生。铭体之命名，亦礼之一过程。

有的文体的产生与命名，则缘于政治运作之需要。蔡邕《独断》论文体，称：汉天子"其命令一曰策书，二曰制书，三曰诏书，四曰戒书。……凡群臣上书于天子者，有四名，一曰章，二曰奏，三曰表，四曰驳议"[30]。对此八种文体，他都有释名。[31]刘勰《文心雕龙·诏策》说："汉初定仪，则有四品：一曰策书，二曰制书，三曰诏书，四曰戒敕。"《章表》篇说："汉定礼仪，则有四品：一曰章，二曰奏，三曰表，四曰议。"刘勰认为，在汉代，此八种文体都与定礼仪有关。汉初之定礼仪，将礼用于政治运作之制度。之后此一类文体，深深契入政体之中，其写作与使用均有严格之规范。此一类文体还有檄、移、启、册等等，其定名依其功用，义界明确。

有的文体的产生，则与礼仪、政制无关，虽亦有作者之用心，或出于劝诫，或出于讽喻，然亦与礼仪之需要、与政治之运作无关；盖为发抒一己之怀抱，有的甚且有卖弄才华以娱乐之意。如刘勰在《杂文》篇中说："智术之士，博雅之人，藻溢乎辞，辞盈乎气，苑囿文情，故日新殊致。"他说对问、七发、连珠这类文体，"凡此三者，文章之枝派，暇豫之末造也"。所谓"暇豫之末造"就是闲暇娱情的末流之作。此类文体之定名，非就其功用，而是就其表现形态言。此一种之定名方式，标准与义界都没有严格之规定性，不像颂就是颂，碑就是碑，诏就是诏，表就是表，有明确之功用、体制界线（至于不同文体之互相渗透，那是另一问题，虽渗透而称名不改）。由于称名之随意性，此一类文体，发展繁杂，有以句式定名者，如徐师曾之分诗为四言古诗、五言古诗、六言诗、七言古诗、杂言古诗；又从格律分出近体歌行、近体律诗、排律诗、绝句诗、和韵诗；又以创作方式分出联句诗、集句诗；又从律诗的变体分出拗体、蜂腰体、断弦体、隔句体等等。后来，甚至有从描写对象定名的，如鸟体、兽体、药名体等等。纷繁杂乱，体无定规。

由礼仪、政治运作之实际需要而产生、定名之文体，使用目的与体制，多有明确之要求，如颂、疏、表、奏等等。非出于礼仪与政治运作实际需要而产生与定名之文体，则可用于任何目的，如上述之四言诗、五言诗等等之类。

还有一些非常特殊的文体，如青词。它是道教斋醮科仪中奏告三清玉帝的文书。他的定名虽缘于用青藤纸书写，而“其颜色蕴含着宗教象征意义”。此一种之文体，对书写格式、书写者、书写过程都有严格规定。[32]类似之宗教类文体之产生与定名，多与宗教活动有关。这是由实际功用而产生与定名的另一大类。

从上述简单的回顾中，我们可以看到我国古代文体定名之多重标准。此一种之多重标准，缘于“体”概念之不统一。越发展到后来，越繁琐杂乱无章。或一体多名，或体裁、体制、语体不分，或层级混淆。

我们在对待文体定名之此一种现象时，有两个问题无法回避：一是面对历史事实，对于每一种文体生成之原因与其特点作细致的研究，以厘清其本来面目。这方面，已有学者作出了很好的成绩，如吴承学先生的研究集体在这方面发表了不少文章；又如葛晓音先生对“代”乐府体、王长华先生对赋的另一渊源“成相杂辞”的探讨等等。我们必须面对的又一问题，是我们如何处理这些杂乱的文体定名。对文体定名的繁杂，古代学者有把它分成不同的层级的，如刘勰立“杂文”，内包十九体；“书记”，内包二十五体。“杂文”和“书记”是一级的体，与诗、赋、章、表、奏、议等等并列，而下包的十九体与二十五体则属下一层级的体。当代学者也有此种分法，如“诗”是一个层级，它之下的四言、五言、古体、律体等等，是下一个层级。将文体划分为不同层级，不失为一种处理的办法。但是此一种之处理办法，会有一些文体无法归类，作为一级文体不够格，作为二级文体又找不到它的上一层级文体可归属。随之而来的第二个问题，就是我们要不要提出一种大致的规范，将一些随意性很大的文体称名除掉，不承认它们是文体之一种，如鸟体、兽体、字解、字说、名说、名序、题名、记事之类，此一类“体”，明清之后举不胜举。总之，一是体名的归类排序，一是部分体名的清除。而此两点，都是为了将文体研究安放在一个较为明晰的范围之内。

二

在我国古代，文“体”的另一指称，是体貌。体貌涉及的问题更为复杂，不确定性更大；但是，它在文学研究中的地位也显得更为重要。

体貌之“体”，有时指作品之全貌，情辞事义、境界格调种种因素构成的作品的整体体貌特征；有时则仅指作品体貌之某一方面；有时指某一位作者作品之体貌特征；有时泛论作品体貌之某种类型，有时则指某一时期创作之总体风貌。

泛论“体”之体貌类型时，其定名往往使用描述性词语。刘勰有《体性》篇，论文章的体貌问题。他提出八种不同的“体”：“若总其归涂，则数穷八体：一曰典雅，二曰远奥，三曰精约，四曰显附，五曰繁缛，六曰壮丽，七曰新奇，八曰轻靡。”他对这八种“体”的含义，都有解释。但他的解释自体貌所应具备之条件而言，并无统一之标准，如对“典雅”一品的解释是：“典雅者，方轨儒门者也。”方轨儒门，就是宗经。他在《宗经》篇中说：“文能宗经，则体有六义：一情深而不诡，二则风清而不杂，三则事信而不诞，四则义贞而不回，五则体约而不芜，六则文丽而不淫。”六者兼及情、风、事、义、体、文六端。远奥是：“复采曲文，经理玄宗”，仅指文采与义理。精约是：“核字省句，剖析毫厘”，仅指文字精练，论说严密。显附是：“辞直义畅，切理厌心”，仅指文辞事义。繁缛是：“博喻醲采，炜烨枝派”，仅指文采。壮丽是：“高论宏裁，卓烨异采”，仅指论理与文采。新奇是：“摈古竞今，危侧趣诡”，可能兼指情辞义理。轻靡是：“浮文弱植，缥缈附俗”，泛指文词与内容。各体所指不一，这就说明，刘勰对于体貌的“体”应包含何种之因素，并无完整之认识。他论体性，兼及才、性、学、习，谓才、性、学、习决定体貌，是此四者均应在体貌中有所反映。但是他在描述八种体貌类型时，却并没有兼具此四者。理论的论述与具体的解释并不一致。

体貌类型定名应具备何种之因素，各体标准不一，在后来类似的论述中常有反映，皎然《诗式》辨体十九字：高、逸、贞、忠、节、志、气、情、思、德、诚、闲、达、悲、怨、意、力、静、动。[33]每一体他都用一句话解释，与刘勰一样，这些解释有的可能指的是词情义理所构成的整体风貌，如“高”：风韵朗畅；“远”：体格闲放。有的偏指情，如“气”：风情耿耿；“悲”：伤甚曰悲。有的偏指意，如“忠”：临危不变；“志”：立性不改；等等。王玄编《诗中旨格》有“拟皎然十九字体”，为皎然所说的十九体各配以例诗。他对每一体的含意的理解，都着眼于内容。[34]齐己《风骚旨格》则并论述亦无之。他提出诗有十体：高古、清奇、远近、双分、背非、无虚、是非、清洁、覆粧、阖门。对每一体，他只举出例诗而未加说明。从例诗体会，他所说的“体”，或指写法，如“已知前古事，更结后人看”，就是“远近”体，前句写远，后句写近；或指内容，如“山寺钟楼月，江城鼓角风”，就是“无虚”体，两句均写虚灵之物象；“须知项籍剑，不及鲁阳戈”，就是“是非”体，指所写为义理之是非。[35]然此一种之称名，纯出意会且随意性极大。此一种之体名，实不具普遍使用之价值。署名王昌龄的《诗格》提出常用体十四，落句体七，其称名之思路，或着眼于内容，或着眼于写法，亦皆出于意会且随意性也极大。

对于体貌类型的较为完整的描述，是司空图的《二十四诗品》。他所描述的二十四品，就是指诗的二十四种体貌类型，相当于刘勰所说的“数穷八体”的“体”。无体名而有体义。但是他摆脱了刘勰的义理阐述，也摆脱了王昌龄等的意会的随意性，他描述了每一种体貌类型的完整风貌。这风貌，是由词采、情思、义理借助于物象描述的一种境界。每一品（体），都用同质的几个诗的意境加以呈现。如“典雅”一品用了三个境界：竹林茅屋中赏雨，飞瀑绿荫前鸣琴，和一种淡泊无所系念的心境，三个境界就是“典雅”。借助具象暗示，把人引入某种情思氛围，产生联想，感受到典雅的美的类型。我们拿它与刘勰对“典雅”的解释相比较，就会发现巨大的差别。这种差别，当然与论述的对象有关，刘勰并诗文而言，司空图则专论诗。但是更大的差别是他们的审美趋向的巨大差异：刘心目中的典雅，是宗经所能达到的思想境界；司空心目中的典雅，则是一种生活情趣，一种美的类型。刘借助理性思维与判断；司空则借助感性、联想来描述。司空的美的类型的称名，是建立在大量的诗歌阅读的基础之上的。在大量的诗歌阅读中借助于感悟、比较、体认、归类而区分不同的美的类型，然后给予称名。[36]从刘勰与司空图不同的称名特点，我们可以发现一个问题，那就是我国古代关于体貌的“体”的称名，由于称名者主观条件的不同（思想倾向、学识素养、审美趋向等等），他们对于体的称名并没有严格的规定性，甚至对于同一种“体”的理解也有着很大的差别。称名时既已缺乏严格之规定性，缺乏义界的明晰性，也就给解读者留下巨大的解读空间。特别是像司空这类借助于感性联想使用形象性概念称名的“体”，解读空间就更大。而此一种体貌的“体”的称名方式，又为我国古代文学批评和文学理论所经常使用，在诗歌、绘画、书法的评论中尤其如此。

体貌的“体”用以称美的类型，常用于指称某一时段之文体风貌，如建安体、黄初体、正始体、太康体、元嘉体、永明体、齐梁体、南北朝体、唐初体、盛唐体、大历体、元和体、晚唐体、元祐体等等[37]。此一种之“体”，究何所指，除少数有简略说明之外，并未解释称名之理由。唐人皮日休在《郢州孟亭记》中谓：“明皇世，章句之风，大得建安体。论者推李翰林、杜工部为之尤。”[38]他说玄宗时以李、杜为代表的诗风像建安体。何以像，在什么地方像，他没有说，这实在不可理解。盛唐的昂扬气象怎么能与建安悲怆梗概的文风一样呢？或者他是就感情的浓烈说的，但无可证。梁人萧子显在《南齐书》卷五十二《陆厥传》中提及“永明体”，称：“永明末，盛为文章。吴兴沈约、陈郡谢朓、琅邪王融以气类相推毂。汝南周颙善识声韵。约等文皆用宫商，以平上去入为四声，以此制韵，不可增减，世呼为‘永明体’。”[39]是指“永明体”之称名，只是就声韵说的，并非指其时诗风之整体风貌。严羽提及之十四个时段体貌，只列举各体之代表作者，并未对何以称某某体作解释。郭绍虞先生以自己的理解，作了一些说明。例如，他对“齐梁体”的解释是：可有二义，一指风格，一指格律。他引姚范《援鹑堂笔记》解释“永明体”与“齐梁体”的不同，说：“称永明体者，以其拘于声病也；称齐梁体者，以绮艳及咏物之纤丽也。”[40]一指声病，一指艺术风貌。当“体”被用来称名某一时段的文学风貌时，它究竟指的是什么？是其时普遍之文学风貌，还是指其时文学风貌之主流？抑或是指其时之某一文学现象（如“永明体”、“元和体”），这些称名准确与否，它的义界是什么，在文学史上具有何种意义，与其时文学思潮关系如何，似都有待于研究。

体貌的“体”也被用来指称某一作者作品的体貌。严羽就说：“以人而论，则有苏李体、曹刘体、陶体、谢体、徐庾体、沈宋体、陈拾遗体、王杨卢骆体、张曲江体、少陵体、太白体、高达夫体、孟浩然体、岑嘉州体、王右丞体、韦苏州体、韩昌黎体、柳子厚体、韦柳体、李长吉体、李商隐体、卢仝体、白乐天体、元白体、杜牧之体、张籍王建体、贾浪仙体、孟东野体、杜荀鹤体、东坡体、山谷体、后山体、王荆公体、邵康节体、陈简斋体、杨诚斋体。”[41]此一种之称名法，有一个前提，就是被称名的作者，作品必须具特别之体貌特征。但是此种称名法也有一个问题不易把握：就是特征具弹性，且构成特征之因素多种多样。有的特征表现得非常明显，如陶体、少陵体、太白体、李贺体、李商隐体、卢仝体、孟东野体；有的虽具特征，但并非独一无二之“这一个”，因之也就不易说清其独具之特色。孟浩然体与王维体，就有许多相似处，说出孟、王作品体貌区别之处须具细腻之审美能力，而说出他们相似处就容易得多。而“韦柳体”则正好相反，韦与柳的差异更大于他们之相似，是否成为一“体”，亦存疑问。特征之把握不易，作者作品之能否称为一“体”，也就存在一个标准问题。此其一。

以作者称名的“体”，与体貌类型的“体”，定名有相似处，都带有感悟性质，多感悟而少辨析。体的构成要素既未加确指，边界也就模糊。此种义界模糊的“体”，也就留下了巨大的解读空间。后人或从其某一要素体认，而忽略其全貌；或以己意附会，以为彼体即此体。对于体貌特征异常明显的，解读者较易感知，如“李长吉体”。后来模仿“李长吉体”者，一般较能把握其特色。我们可以举一点例子：如欧阳修的《春寒效李长吉体》、王质的《和游子明效李长吉体》二首、范浚的《春融融效李长吉体》、《三月二十六日夜同端臣端皋姪观异书效李长吉体》、《四月十六日同弟姪效李长吉体分韵得首字》、杨慎的《红蕖引用李长吉体》、王士性的《桂岭守岁效李长吉体》等[42]，这些诗或词采艳丽，或想象怪奇：“东风吹云海天黑，饥龙冻云雨不滴”；“波纹摇尽九秋香，菱叶团团水花碧”；“杂树晓繁争白红，兰丛蕙根芳翠滴”；“赫蹏断烂千载书，青灯照字惊蟫鱼”；“籜痕半脱烟篁瘦，露裛幽香逗书牖”；“鱼尾霞烘卵色天，紫磨金轮月夕圆”；“坐来兼忆麻姑别，东海飞尘白如雪”。[43]从这些效“李长吉体”的诗，我们可以推知，效者们对于“李长吉体”的理解，是想象奇特，词采艳丽，形式上是把握了。当然，由于情思、性格的不同，他们不可能和李贺一样有着幻拟的非人间所有的心境，不可能有李贺那样希望与失落并存、悲怆与美丽同在的情思。“体”的效仿，只是形式上的。我们可以再举一个例子，说明效某某体，有时只能是效其一肢一节。杨慎有《曰川会诸同年分韵得时字因效韩体》、李光地有《家山公见以南海神庙碑见贻漫赋学韩体》两诗均用叙述、散文句式[44]，学的是韩诗散文化的特点，并无韩诗用词与意象怪奇的一面。有人明说效“卢仝体”，却不像“卢仝体”；说效“李商隐体”，不像“李商隐体”；说效“温飞卿体”，也不像“温飞卿体”等等，这都说明以作者称名的“体”，有很大的弹性空间。效某某体还有一个很有意思的问题，效者本身的作品风貌与所效之“体”可能差别极大，而效起来却可能达到形似，如欧阳修、王质之与李贺。效得像与不像，或不效而像，如元末明初有的诗人之学唐人，并不标明效某某体。研究此种现象，或者对于文学发展过程中承传与变异的内在理路有着重要的意义。

体貌类型的“体”，还有以流派称名者，如宫体、西崑体、公安体、竟陵体等等。此种以流派称名的体，构成要素除创作倾向接近之外，还有理论主张之接近与一定的人物构成等条件，范围更为广泛。此处不详论。

体貌的“体”，还有从更广泛的范围称名的。如殷璠《河岳英灵集序》说：“夫文有神来气来情来，有雅体、野体、鄙体、俗体。”此四体，似都指体貌之类型，但是如何解读，却存在问题。雅体与俗体，或者与雅俗观念有关，雅，典雅、高雅；俗，世俗、庸俗、低俗。那么野体与鄙体呢？沈德潜说：“诗不学古，谓之野体。”[45]不学古就是野体，那么所有不学古的诗就都是野体了，于是诗便分为两大“体”，学古与不学古。鄙体未见解释。此四种“体”，显然是一种涵盖面极广、不易解读、在判别诗的体貌类型时难以实际操作的指称，不具有认识体貌之实际意义，后代亦未见有广泛应用者。此一类之称名，似可不予置理。

体貌的“体”的理论表述，有体性，体势、体韵等等，对这些术语的研究，属于又一个问题。这些术语与体貌类型、与以时代、以个人、以流派称名的“体”，有些什么样的关系？比如说，我们说“清逸”这个体貌类型，它与体性、体势、体韵是什么关系呢？它有没有传统承传与变异？又比如，我们称建安体，那么这建安体的体性、体势、体韵是什么样的呢？这些术语，是否也能用于研究李白体、李商隐体等等呢？这可能就涉及“体”的称名与创作实际的关系问题了。

三

我国古代文体的定名，还涉及体裁与体貌的关系问题。

言体裁与体貌之关系，不外二端：一是对不同之体裁提出不同体貌要求；一是不同体裁之间互相渗透而体貌之间存在交叉现象，而且体裁自身在发展过程中，由于写法的丰富与演变，也存在突破其基本体貌要求之现象。

自不同体裁之不同要求言，不同之时代与不同之论者要求因之而不同。从蔡邕、曹丕、挚虞到陆机，对不同的体裁所应遵守的形制规范与基本体貌要求都有所论述。从他们的论述中我们可以看到此种不同。蔡邕只就形制说，如："策者，……其制长二尺，短者半之。其一长一短，两编。下附篆书，起年月日，称：'皇帝曰：以命诸侯王公。……三公以罪免，亦赐策。'文体如上策而隶书，以一尺木两行。"[46] 曹丕则就体貌的基本要求说："奏议宜雅，书论宜理，铭诔尚实，诗赋欲丽。"[47] 挚虞《文章流别论》仅存残篇，难以判别其体论之全貌。自残篇言，其论诗称"夫诗虽以情志为本，而以声成为节"；论"颂"称："颂，诗之美者也"；论"赋"称："赋者，敷陈之称，古诗之流也"；论"铭"称："夫古之铭至约，今之铭至烦"；论"哀辞"称："哀辞之体，以哀痛为主，缘以叹息之辞"。[48] 陆机扩大为对于十体体貌的要求："诗缘情而绮靡，赋体物而浏亮，碑披文以相质，诔缠绵而悽怆，铭博约而温润，箴顿挫而清壮，颂优游以彬蔚，论精微而朗畅，奏平彻以闲雅，说炜晔而谲诳。"[49] 刘勰对三十四种主要体裁，也都不同程度地提出过对其体貌之要求。如论"诗"："四言正体，则雅润为本；五言流调，则清丽居宗"；论"赋"："丽辞雅义"；论"诔"："传体而颂文，荣始而哀终。论其人也，僾乎若可觌；道其哀也，凄焉如可伤"；论"碑"："标序盛德，必见清风之华；昭纪鸿懿，必见峻伟之烈"；论"铭"："铭兼褒赞，体贵弘润"；论"箴"："箴全御过，故文资确切"；论"颂"："颂惟典雅，辞必清铄，敷写似赋，而不入华侈之区；敬慎如铭，而异乎规戒之域"；论"盟"："感激以立诚，切至以敷辞"；论"论"："义贵圆通，辞忌枝碎"；论"说"："必使时利而义贞，……披肝胆以献主，飞文敏以济辞"；论"章"："章以造阙，风矩应明"；论"表"："表以致禁，骨采宜耀"；论"奏"："必使理有典型，辞有风轨，总法家之裁，秉儒家之文，不畏强御，气流墨中，无纵诡随，声动简外"等等。从曹丕到刘勰，对于各种体裁提出的体貌要求丰富了、细化了。曹提出四科的体貌要求，陆提出十体的体貌要求，刘则发展至三十四体。对每体的要求也由简约而渐趋于具体。对诗体，曹并诗赋而言，要求是"丽"；陆则诗、赋分列，诗求"绮靡"，与曹之“丽”义近，而加上“情”；刘则分论四言雅润与五言清丽。在“丽”这一点上，他们有承传关系。此一种之关系，与诗歌发展趋向有关。对铭，曹言尚实；挚言贵约，陆在约之外，加上温润；刘亦贵乎弘润。“约”“实”重在内容，与铭之古义为近，《礼记·祭统》论铭之古义可证。陆、刘在“约”之外，加上“润”，“润”为格调，是情思与文采方面的要求。对奏，曹、陆、刘都提到“雅”，但刘在“雅”之外，又加上了对理、气和文的具体要求。他之所以加上这些要求，因为在他之前，奏在写作实践中已经有了不少的发展。他举了贾谊、晁错、匡衡、王吉、温舒、谷永之奏，说他们的奏理切至而辞通畅；举了杨秉、陈蕃的奏，说它们耿介、愤懑、壮有骨梗。这或者就是他对奏体提出更为全面的要求的背景。对其他诸体的体貌要求，同样存在着发展的过程引发的变化。这或者与文学自身技巧的积累、丰富有关。每一种体裁就其性质之不同，各有其基本之体貌要求，而此一种之体貌要求，也在发展中有所丰富与变化。

体裁与体貌关系之又一点，是不同体裁的互相渗透，体貌亦随之交错的问题。有的文体从它产生与定名之初，就存在边界的交错重叠。黄侃在《颂赞》篇札记中所举例子，已说明此一点。他说最初的颂与风、诔、乐曲混称。刘勰在论文体时，也多处提到此种现象。论颂，他说班固的《车骑将军窦北征颂》和傅毅的《西征颂》“变为序引”；说马融的《广成颂》和《上林颂》“雅而似赋”。他说祝文之一种的哀策文，在写法上与诔、颂有连系。“义同于诔，而文实告哀，诔首而哀末，颂体而祝仪。”他说诔这种文体，“传体而颂文”，也涉写法的边界问题。他说碑的写法，“其序则传，其文则铭”。他说吊这种文体，“华而韵缓，则化而为赋”。这些都说明不同文体之间原就存在边界的交叠。它们之间的互相渗透是很自然的事。对于不同文体的互相渗透，已有不少学者作了研究，他们举出了不少碑而似赋、颂而似赋、铭而似赋、名颂实碑的例子。这些研究既有史实的征引，亦有创作实际的辨析。[50]不同文体间的互相渗透，既有文体产生之初，边界存在重叠的原因；也有文学发展过程由于表现技巧的积累、艺术手段的多样，自然而然地丰富文体表现力的问题。刘勰已经意识到这一点。他在论及对策文的时候，说“魏晋以来，稍务文丽，以文纪实，所失已多”。“所失”，是指失去对策文之本义。魏晋以来的对策文之所以“所失已多”，就是因为“文丽”。“文丽”正是魏晋以来文学自觉之后艺术表现力丰富的反映。他讲的是对策文，其实不少文体都如此。

不同文体的互相渗透，主要就写法而言，功用、目的不变，而写法（或者叫表现手法）相互影响。但也有称名不变而内容发生变化的，如颂。颂原为颂美功德，后来发展到颂物。发展到颂物时，颂之对象虽不同，而颂之义仍存。但是，发展到颂而论理，则颂名存而颂义已消失，用以称名的基础不复存在，如王融写了大量说理的颂。[51] 这类颂，已无颂义，而称颂名。这是文体发展过程中一种值得探讨的现象。义既已失，何称名为？称名既为事实，则此类文体之定位与评价，当据何种标准？这可能就涉及体裁的体与体貌的体的关系问题了。它们之间的规定性与自由度是一种什么样的关系？一种体裁，比如说“表”吧，它有基本的要求，什么情况可用表？表的体制（如蔡邕所说），它的写法（如刘勰所说），都有一个大概的底线。那么，在什么情况下突破这底线？我们应该给予怎么样的评价？我们的标准是什么？自由度有多大等等。

四

文体定名涉及文学与非文学的分辨，是一个纠缠不清、不易解决的问题。

我国古代文学为杂文学。所谓杂文学，似乎所有文体都在文学的范围之内，经史子集，一切存世文章都属文学。究竟是不是这样呢？杂文学指什么，似乎是一个未曾明确的问题。此一问题有几个层面必须回答。一是所有文体（如刘勰说的三十四种，徐师曾说的一百六十四种等等），都算在文学之内？或者只是其中的一部分？如果只是其中的一部分，那么哪些体裁应排除在文学之外？诗、词、骚、赋、乐府、曲、小说这些类，当然是没问题的属于文学的范围，最麻烦的是“文”这一大类，是不是所有的“文”都可以算文学？

一是即使我们把它列入文学范围的体裁，是不是该体的所有文章都算文学？例如子书、史书、章、表、奏、议之类。如果不是，那么，具备什么样的条件才可以称之为文学？

一是我国古代文、史、哲、经等等是不分科的，都称为“文”。现代学术的发展分科是一种共同趋势，各科之间当然有交叉，但是研究的侧重点自是不同。我们当然不可能回到古代去，取消文学一科的独立存在。那么，我们以什么样的标准，区分文学与非文学呢？我们研究古代文学，强调历史还原，意在于尽量复原历史的真实情境，并不等于说回到古代不分科、将一切“文”都称为文学的状态，我们研究的究竟还是文学。

其实，如果我们从体貌入手，可能会接触到大量问题。古人论体貌，似乎已经感觉到了一点什么。这一点“什么”，可能会为我们展开一条虽不清晰、但可能往前走的区分文学与非文学的进路。

（原刊于《中山大学学报》2009年第三期）

---

①诗、赋、颂、碑、铭、诔、论、议、表、诰、书、记、疏、祝、章、赞、辞、策、杂文（此时之文体名目繁多，后来刘勰把一些细小体目归纳为杂文。今将答客难、解嘲、宾戏、达旨、应间、释诲、七体、连珠等归入杂文之内。而刘勰归入杂文的另外一些文体，和他归入《书记》之内的一些文体，如诰、疏、状之类，后来发展为作品数量极大之常用文体，此处单独列出）。

②诗、赋、书、封禅文、檄。

③赋、论、书、说、对、奏、录。

④诗、颂、铭、论、书、记、对、杂文、谏、序。

⑤诗、赋、颂、铭、论、书、疏、封禅文、说、对、奏、录、杂文、谏。

⑥赋、颂、辞、杂文。

⑦赋、诔、书、对、录、杂文、骚、箴。

⑧骚、诗、乐府、赋、颂、赞、祝、盟、铭、箴、诔、碑、哀、吊、杂文、谐、隐、史传、诸子、论、说、诏、策、檄、移、封禅、章、表、奏、启、议、对、笺记。

⑨对问、七体、连珠、典、诰、誓、问、览、略、篇、章、曲、操、弄、引、吟、讽、谣、咏。

⑩笺、谱、籍、录、方、术、占、式、律、令、法、制、符、契、券、疏、关、刺、解、牒、状、列、辞、谚。

⑪古歌谣辞、古赋、乐府、古诗、谕告、玺书、批答、诏、册、制、诰、制策、表、露布、论谏、奏疏、议、弹文、檄、书、记、序、论、说、解、辨、原、戒、题跋、杂著、箴、铭、颂、赞、七体、问对、传、行状、谥法、谥议、碑、墓碑、墓碣、墓表、墓志、墓记、埋铭、诔辞、哀辞、祭文、连珠、判、律赋、律诗、排律、绝句、联句诗、杂体诗、近代曲辞。

⑫歌、谣、讴、诵、诗、辞、谚、四言古诗、楚辞、赋、乐府、五言古诗、七言古诗、杂言古诗、近体歌行、近体律诗、排律诗、绝句诗、六言诗、和韵诗、联句诗、集句诗、令、谕告、诏、敕、敕榜、玺书、制、诰、册、批答、御札、赦文、德音文、铁券文、谕祭文、国书、誓、令、教、上书、章、表、笏记、笺、奏、奏疏、奏对、奏启、奏状、奏劄、封事、弹事、盟、誓、符、檄、露布、公移、判、书、奏记、启、简、状、疏、约、策问、策、论、说、原、议、辩、解、释、问对、序、序略、小序、引、题、跋、书、读、文、杂著、七、书、连珠、义、说书、箴、规、戒、铭、颂、赞、评、碑文、碑阴文、记、志、记事、题名、字说、字序、字解、字辞、祝辞、名说、名序、女子名字说、行状、述、墓志铭、墓碑文、墓碣文、墓表、阡表、殡表、灵表、谥议、传、哀辞、诔、祭文、吊文、祝文、嘏辞、杂句诗、杂言诗、杂体诗、杂韵诗、杂数诗、杂名诗、杂合诗、口字诀、藏头诗、诙谐诗、诗余、玉牒文、符命、表本、口宣、宣答、致辞、祝辞、贴子辞、上梁文、宝瓶文说、上碑文、乐语、右语、道场榜、道场疏、表、青词、密辞、募缘疏、法堂疏。

⑬《十三经注疏》本，页1059，中华书局1980年版。

⑭《十三经注疏》本，页951、961。

⑮见《礼记·丧大纪》，《十三经注疏》页1584、1585。

⑯清赵翼《陔余丛考》卷三十二“碑表”条引孙宗鉴《东皋杂录》：“周秦皆以碑悬棺，或木或石，既葬，碑留圹中，不复出矣。后稍书姓名爵里于其上，后汉遂有文字。”又引李绰《尚书故实》：“古碑皆有圆空，盖本墟墓间物，所以悬窆者，后人因就纪功德，由是遂有碑表。”见该书页651，河北人民出版社2003年版。

⑰《朱子语类》卷八十九，文渊阁四库全书本。“丰碑”为天子葬礼所用，大夫士碑数与綍数不同。朱子此处说得并不准确。今人刊校本的《朱子语类》首句作“古人唯家庙有碑”，则接下全读不通，亦不合史实。此亦四库本非一无是处之一证。

⑱《文心雕龙·颂赞》。

⑲黄侃《文心雕龙札记》页68、69，中华书局1962年版。

⑳陈奇猷《吕氏春秋校释》页300，学林出版社1984年版。

㉑孙诒让撰，孙以楷点校《墨子间诂》页36，中华书局1986年版。

㉒《周礼注疏》卷二十三，《十三经注疏》本。

㉓《毛诗正义》卷一，《十三经注疏》本。

㉔《周礼注疏》卷二十二，《十三经注疏》本。

㉕《礼记正义》卷二十。

㉖阎若璩《潜邱劄记》卷一，文渊阁四库全书本。

㉗颂非舞容，常森先生在《〈诗经〉误读二题》中已有详尽论说，可参阅，《北京大学学报》2008年第二期。

㉘《仪礼》卷三十五《士丧礼》，《十三经注疏本》。

㉙《周礼·小司马》，《十三经注疏》本。

㉚蔡邕《独断》，文渊阁四库全书本。

㉛刘跃进《〈独断〉与秦汉文体研究》对蔡邕文体论及其相关问题，有精审之论述，见其论文集《秦汉文学论丛》，凤凰出版社2008年版。

㉜张泽洪《道教斋醮史上的青词》对此有详细论述，《世界宗教研究》2005年第二期。

㉝陈应行编《吟窗杂录》卷八，中华书局1997年版。

㉞《吟窗杂录》卷十四。

㉟《吟窗杂录》卷十一。

㊱我在拙作《我国古代诗歌风格论中的一个问题》对此有较为详细的论述，此处不赘。该文刊于《文学评论丛刊》第五辑，中国社会科学出版社1980年版。

㊲严羽《沧浪诗话·诗体》，郭绍虞校释本，人民文学出版社1961年版。

㊳皮日休《文薮》卷七，萧涤非、郑庆笃整理本，上海古籍出版社1981年版。

㊴《南齐书》卷五十二，页898，中华书局1972年版。

㊵郭绍虞《沧浪诗话校释》页50。

㊶《沧浪诗话校释》页54。

㊷依次为欧阳修《文忠集》卷五十三、王质《雪山集》卷十二、范浚《香溪集》卷二、卷三、杨慎《升菴集》卷二十四、《粤西诗载》卷九。

㊸依次为上引诗题中诗句。

㊹依次见李东阳《怀麓堂集》卷四、李光地《榕村集》卷三十五。

㊺沈德潜《说诗晬语》卷上，霍松林校注本，人民文学出版社1979年版。

㊻蔡邕《独断》。

㊼曹丕《典论论文》，《文选》卷五十二，清胡克家刻本。

㊽依次见《太平御览》卷五百八十六、五百八十八、五百八十七、五百九十、

五百九十六；页2639、2647、2644、2657、2687，中华书局1985年版。

㊾张少康《文赋集释》页71，上海古籍出版社1984年版。

㊿参见梁复明、费振刚《论汉代颂赞铭箴与汉赋的同体异用》，《学术论坛》2008年第七期；程章灿《论“碑文似赋”》，中山大学中文系、《文学遗产》编辑部联合主办《中国文体学国际学术研讨会、〈文学遗产〉论坛论文集》，2008年12月；段立超博士文《上古“颂类”文学精神及其体类特征》。

51如《皇觉辨德篇颂》、《开物归信篇颂》、《涤除三业篇颂》、《修理六根篇颂》、《生老病死篇颂》，《剋责身心篇颂》、《出家怀道篇颂》、《缘惊无碍篇颂》、《十种惭愧篇颂》、《净柱子颂》等等。这些颂，多阐佛理，也有阐发老子义者。

从《文心雕龙》看刘勰的知识积累

读《文心雕龙》，常为一个问题所困扰。在我国古代的文学理论批评史上，何以在齐、梁之际能够出现一部理论体系如此完整严密的巨著。这样一部巨著，何以能在深度与广度上达到这样高的水平。这样一部理论思维能力极强的巨著，何以能用限制极大的骈体写得这样的华美而又涵蕴深厚。就是说，我们常常力图说明这样一部书“是什么”，而我感到困扰的，是“为什么”。为什么会有这样一部书？为什么在它之后，很难再找到像它这样宏大严密的理论著作？我想，窥测刘勰创建他的庞大的理论体系靠的是什么，他之所以能创建这样一个理论体系具备一些什么样的条件，探讨这个问题或者能对当前的文学理论建设有某种借鉴的意义。

一

我们涉及的这个问题，关系到刘勰的素养。他创建如此精深的理论，首先面临的是一个知识结构的问题。我们现在很难具体了解他受过什么样的教育，他都看过一些什么书，他在那些书中受到什么样的影响。但是，我们能够从《文心雕龙》中看到他所引用的书，并且从他引用的角度窥测他对那些书的理解，窥测那些书在他的理论构成中所起的作用。

《文心雕龙》引及作者 322 人。[①] 其中一些作者，在书中被反复提到。据我的统计，其中提到 26 次的 1 人：扬雄；提到 25 次的 1 人：曹植；提到 24 次的 1 人：司马相如；提到 22 次的 1 人：陆机；提到 18 次的 2 人：班固、张衡；提到 14 次的 1 人：潘岳；提到 13 次的 1 人：贾谊；

提到 12 次的 2 人：宋玉、王粲；提到 11 次的 2 人：曹丕、枚乘；提到 10 次的 2 人：屈原、蔡邕；提到 9 次的 5 人：司马迁、桓谭、崔瑗、张华、刘桢；提到 8 次的 2 人：左思、崔骃；提到 7 次的 8 人：孔子、东方朔、马融、杜笃、孔融、傅毅、陈琳、陆云；提到 6 次的 3 人：王褒、曹操、应瑒；提到 5 次的 11 人：荀子、陆贾、班彪、邹阳、崔寔、阮瑀、祢衡、嵇康、潘勖、张载、温峤。5 次以下的人数最多，其中只提到一次的有 233 人。提到的次数多少虽不能说明被提到的作者对刘勰影响的大小，也不能绝对地说刘勰对他们评价的高低；但似乎可以说明，那些被反复提到的作者，有可能是他最为熟识的作者，或者是作品涵盖面广，适于在不同的篇目中作为例证加以引用的作者。从这个名单中，我们也可以看到，提到次数多的作者，大体上是各种文体中的重要人物。其中有两个例外需要说明，一是屈原，只提到 10 次，按屈原在文学史上的地位和刘勰对他的推崇看，他被提到的次数无疑应在扬雄与宋玉之上。之所以只提到 10 次，是因为刘勰已专章设立《辨骚》，集中论述了屈原创作的地位与价值，在其他篇中也就不再反复出现。另一位是孔子，之所以只提及 7 次，也因为已经有《征圣》、《宗经》两篇，集中论述了圣人的思想。而且，此一种思想，在全书的论述过程中每每出现。在书中，他对于孔子的评价是至高无上的，提及次数的多少无碍于他对孔子的评价。

从他所提及的作者，以及对于他们的评论，我们可以看出他兼容并包的治学倾向。他提到儒家的孔子、孟子、子贡、子夏、子思、荀子、孔悝、陆贾、贾谊、扬雄、董仲舒、孔安国、郑玄，当然也提及儒家所推尊的尧、舜、文王、周公，他提及道家的老子、庄子、列子、文子、公孙龙子、刘安，提到玄学家何晏、王弼、郭象、向秀、夏侯湛，提到法家商鞅、韩非，提到墨子，管子，提到史家司马迁、班固、刘向、刘歆、孙盛、干宝等等，甚至还提及兵家的孙武。各个学科，各个学派，他都接触到了。可以说，对于他之前的思想文化遗产，他有着广泛的了解。

《文心雕龙》一书，引及作品436部、篇。[②]引用原文223处。从他所提及的作者与所引的专书、单篇与文句，我们能够窥测到他所接受的文化遗产的广泛影响，可以大致了解他的知识积累状况。

从他的引书中，我们知道他看过的经书有《诗》、《书》、《礼》、《易》、《春秋》。在书中，他引用最多是《诗》、《易》、《尚书》，对春秋战国史和礼制的熟识程度，对于他这样一位当时只有三十余岁、在寺庙校经的青年人来说，确实令人感到惊讶。惊讶于他的敏锐与广博。他看过的史书有《左氏传》、《公羊传》、《战国策》、《国语》、《史记》、《汉书》、《后汉书》、袁山松《后汉书》、张莹《后汉南纪》、薛莹《后汉记》、谢承《后汉书》、司马彪《续汉书》、华峤《后汉书》、孙盛《魏氏春秋》、鱼豢《魏略》、虞溥《江表传》、张勃《吴录》、陈寿《三国志》、陆机《晋三祖纪》、王绍《晋纪》、干宝《晋纪》、孙盛《晋阳秋》、邓粲《晋纪》，共23种。可以说，在他的时代，大部分的史书，他都读了。可以证明他都读了的理由，是他对每一部的史书，都或评论，或引用。而且这些评论、引用，均非泛泛阅读所能做到。例如，他论孙盛《晋阳秋》，称其“以约举为能”。孙盛《晋阳秋》已佚，清人汤球有辑本。我们从辑本看，孙盛记事，确极简略。如其记景元三年杀嵇康事：称“嵇康性不偶俗，而尚奇任侠”[③]。对嵇康性格此一极简洁而又确切的概括，为后来诸多史家所沿用，说《晋阳秋》的特点是“约举”，确为不易之论。他论干宝《晋纪》，称“以审正得序”。在《才略》篇中他又说：“孙盛、干宝，文盛为史，准的所拟，志乎典训。”“审正”是判断正确，“志乎典训”是以经典为准的。对于干宝《晋纪》的这一评价，亦非泛泛之论，必是认真阅读且也深思后之所得。干宝《晋纪》已佚，但汤球辑本中保存的史论，仍可见其大致面貌。在这篇史论里，他直言晋之兴，非由积仁义而得之，乃由武力之争夺，故其得之速而其败亦速。干宝修史，尊崇《春秋左氏传》的传统，重“正名”。儒家本有为尊者讳的思想，干宝敢于直面晋之建立者的不义之举，随之论及其朝政之一系列乱象，以明其必亡之因。王应麟《困学纪闻》说："干宝论晋之创业之本，固异于先代，后之作史者，不能为此言也，可谓直矣。"④从这篇史论里，我们也可以了解干宝之修史，确如刘勰所说，是"审正"。自整体的修史思想言，干宝以经典为依归，是"志乎典训"的。唐人李华，也看到这一点，他借萧颖士之口说："干宝著论，近王化根源。"⑤"近王化根源"，亦"志乎典训"意。既志乎典训，又审正得序，刘勰对干宝《晋纪》之此一论断，分寸把握得十分准确。从孙盛、干宝两例，我们可以看到刘勰史书阅读的深入、认真程度。他阅读史书的深入，我们还可以从他对于《史记》、《汉书》和《后汉书》的引用中看出来。对这三部书的引用，其熟识的程度，我们从下列几点可以看出来。一是对于历史的发展了如指掌，《文心》全书引《史记》26篇：《夏本纪》、《秦始皇本纪》、《高祖本纪》、《吕太后本纪》、《乐书》、《封禅书》、《齐太公世家》、《赵世家》、《田敬仲完世家》、《孔子世家》、《老子韩非列传》、《商君列传》、《苏秦列传》、《仲尼弟子列传》、《孟子荀卿列传》、《平原君虞卿列传》、《屈原贾生列传》、《刺客列传》、《李斯列传》、《淮阴侯列传》、《郦生陆贾列传》、《匈奴列传》、《平津侯主父列传》、《司马相如列传》、《滑稽列传》、《太史公自序》。引《汉书》46篇：《文帝纪》、《武帝纪》、《宣帝纪》、《律历志》、《礼乐志》、《食货志》、《郊祀志》、《五行志》、《艺文志》、《刘向传》、《王陵传》、《淮南王传》、《石奋传》、《晁错传》、《邹阳传》、《枚乘传》、《枚皋传》、《路温舒传》、《韩安国传》、《李广传》、《董仲舒传》、《司马相如传》、《公孙弘传》、《兒宽传》、《杜钦传》、《严助传》、《朱买臣传》、《吾丘寿王传》、《贾捐之传》、《王褒传》、《东方朔传》、《韦贤传》、《赵充国传》、《王吉传》、《韦玄成列传》、《张敞传》、《〈眭两夏侯京翼李传〉赞》、《东平思王传》、《匡衡传》、《孔光传》、《扬雄传》、《陈遵传》、《外戚传·高祖吕皇后传》、《外戚传·孝武李夫人传》、《元后传》、《王莽传》。引《后汉书》44篇：《光武帝纪》、《章帝纪》、《隗嚣列传》、《窦融列传附窦宪传》、《鲁恭列传附鲁丕传》、《马援列传》、《宋弘列传》、《冯勤列传》、《桓谭列传》、《冯衍列传》、《张纯列传》、《曹褒列传》、《贾逵列传》、《班彪列传》、《班固列传》、《沛献王刘辅传》、《张敏列传》、《胡广列传》、《周荣列传》、《郭躬列传》、《王充列传》、《崔骃列传》、《崔瑗列传》、《钟离列传附钟岱传》、《臧洪列传》、《张衡列传》、《马融列传》、《蔡邕列传》、《左雄列传》、《荀淑列传附荀悦传》、《陈蕃列传》、《孔融列传》、《宦者列传·蔡伦传》、《儒林列传·尹敏传》、《文苑列传·杜笃传》、《文苑列传·李尤传》、《文苑列传·苏顺传》、《文苑列传·傅毅传》、《文苑列传·王逸传》、《文苑列传·祢衡传》、《方术列传·王真传》、《列女传·班昭传》、《礼仪志》、《祭祀志》。刘勰对三书上述纪、志、传的引用，分布于《文心雕龙》50篇之中的33篇。这33篇，既涉理论枢纽部分，亦涉文体论、创作论与批评论。不同的部分有不同的要求，他都能引得恰到好处，例如，对文体论，他遵循“原始以表末”的原则，追溯各种文体的发展史，需要列举不同发展阶段的代表性作家作品，他一般按照历史顺序引用。他知道哪些代表人物在什么情况下写出了哪些作品，仿佛信手拈来，毫不费力。在创作论中，论述的是理论问题，他也能从史书中找到恰当的实例，加以阐发。例如，《神思》篇论为文之驰神运思，为了说明创作时之驰神运思，其条件之一是受制于秉赋之才气大小，才气不同而成篇有快慢，他例举了几个代表性人物的创作实际：“相如含笔而腐毫，扬雄辍翰而惊梦，桓谭疾感于苦思，王充气竭于沉虑，张衡研《京》以十年，左思练《都》以一纪：虽有巨文，亦思之缓也。淮南终朝而赋《骚》，枚皋应诏而成赋，子建援牍如口诵，仲宣举笔似宿构，阮瑀据鞍而制书，祢衡当食而草奏，虽有短篇，亦思之速也。”此12例中，有6例来自《汉书》、《后汉书》，非熟读此两书，不可能在考虑文思迟速之理论问题时知道在什么地方有贴切之例子。二是这33篇的引用，有的是直引其事，有的则是曲折引用，从其一言半语，再证以他书。不熟读此三书，不可能做到例举时出神入化。他对于其他史书的引用，亦有类似之情形。从上述的简略说明中，我们就可以知道，刘勰有着极为丰富的历史知识的积累。此一种之知识积累，不仅使他对文学发展过程之历史环境有了深切之感知，在论述文学理论问题时紧扣历史真实之情景，不作无根之空谈。凡有所论，都给人以历史之实感。而且，也使他在论述文学理论问题时，能够更好地把握文学发展过程的特点。近20年来学术界论及我国古代文学理论之民族特点时，常引刘勰的理论为例，来说明我国古代文学理论之民族特点。这也说明，刘勰深厚的历史知识积累在理解、把握和表述文学的民族特色时的意义所在。

刘勰除大量阅读史书，从中了解历史的发展过程，并从中接受思想的熏陶之外，他更多的是大量阅读子书。他以一种兼容的态度，接受思想遗产。在《文心雕龙》中，我们看到他读了《管子》、《墨子》、《鬻子》、《老子》、《文子》、《孙子兵法》、《孟子》、《韩非子》、《庄子》、《荀子》、《晏子》、《尸子》、《尉缭子》、《列子》、《鬼谷子》、《鹖冠子》、《邹子》、《青史子》、《吕氏春秋》、《新语》、《新书》、《说苑》、《法言》、《潜夫论》、《政论》、《昌言》、《申鉴》、《淮南子》、《典论》等近30种，还不包括单篇的论文，如他论及的魏晋时期不少玄学家的著作。在这近30种的子书中，包括儒家、道家、墨家、法家、兵家、小说家、杂家。可以说，在他之前的主要子书，他都读了。对于他之前的思想发展史，他是下了一番功夫的。我们可以举一个简单的例子，在创作论中他引用《庄子》15次，涉及《逍遥游》、《齐物论》、《养生主》、《德充符》、《骈拇》、《天道》、《秋水》、《知北游》、《徐无鬼》、《外物》、《天下》诸篇。有的是引用其术语，有的是直接用其文句，有的虽引其文句而改变其用法，有的则是引其思想而以己之言语表达。在《文心》中大量引庄子，说明刘勰对庄子的熟悉程度，而他在《文心》中所表述的思想，却并非庄子思想之照搬，他是经过吸收、融合之后变成自己的思想表达出来的，其中有庄子的影子，而又非庄子之思想。老子、列子、孟子、荀子、淮南子等的影响在《文心》中同样存在着，也同样是被吸收、融合了，变成了刘勰的思想，而非任何一家。佛教和道教，同样对《文心》产生影响，而表现得更加深藏，更加隐蔽。你分明知道它们的存在，但直接的确证，却不易说出，说出来只能是类比、影附，影影绰绰。刘勰对于诸子思想之此种接受形态，说明了什么呢？说明了他对于诸子思想之了解，已经达到融会贯通的程度。他不是一般的阅读，而是阅读中有深入之思索。从诸子对《文心》的影响中，我们看到刘勰对于他之前的思想史有着深入的理解。他积累了思想史的丰富知识，而且在思想史知识的积累过程中形成了自己的思想、自己的思想方法，为他撰写《文心雕龙》作了厚实的思想理论准备。

为撰写《文心》最为重要的知识准备是对于文学史的全面而深入的掌握。无论是作家作品，还是各个时段文学发展的特点，或者是已有的文学批评的得失，他都了如指掌。我们看他论及文体 81 种：骚、诗、乐府、赋、颂、赞、祝、盟、铭、箴、诔、碑、哀、吊 14 种为有韵之文；史传、诸子、论、说、诏、策（诏、策又包括 7 种细目）、檄、移、封禅、章、表、奏、启、议、对、书、笺、记（笺、记包括 24 种细目）46 种为无韵之笔；杂文 19 种中典、诰、誓、问、览、略、篇、章为无韵之笔，其余为有韵之文；谐、隐无一定之体，可入文，亦可入笔。此 81 种文体每一种产生之原因、用途，最初之体式特点，发展过程中之变化，成熟之形态，他都给了甚为细致之描述。正是在此一种全面了解的基础上，他才能对各种文体之理想形态作深入之思考，从而提出自己的看法，从“释名章义”到“敷理举统”。在他之前，虽有不少论及文体者，如李邕、曹丕、挚虞、李充等人，但没有一位像他那样全面而深入地给各种文体以系统的阐释。他不仅对文体的发展史有深入之了解，而且对不同时段文学发展之特点，也十分清楚。我们看他对不同时段文学之描述，就会惊异于他把握之准确。他把自己对于历史发展的知识，与文学发展之特点联系起来，高屋建瓴地作出概括。如他论建安文学，称其梗概多气之特点，乃是世积乱离、风衰俗怨之社会风气所致。说江左玄风之盛行，影响到文学风貌上来，就形成其时特有之文学风尚，“是以世极迍邅，而辞意夷泰，诗必柱下之旨归，赋乃漆园之义疏”。[⑥]他的这些见解，为后世论者所普遍接受与赞许，就是因为它准确而深刻。之所以能达到如此之准确与深刻，就因为他对于文学发展的历史有着极为丰富的知识。他对于作家了解面之广与深，也是前所未有的。凡所论及，都反映出他了解的细致深入。仅举一例，即可说明。《才略》篇论及作者94人之才华。才蕴于内，华发于外。此94人之才华高低，反映在创作上的风貌，刘勰一一加以论断。如果没有对此94人之作品与其人之才性作全面之研究，决不可能以一两句评语而概括一位作者及其作品之特点。如论曹丕兄弟，称：“魏文之才，洋洋清绮，旧谈抑之，谓去植千里。然子建思捷而才俊，诗丽而表逸；子桓虑详而力缓，故不竞于先鸣；而乐府清越，《典论》辩要；迭用短长，亦无懵焉。”此一评论，包含着几个层次：一是认为旧谈扬植抑丕之评论不公；二是指出不公之理由，称曹丕并非无才，他也是才情丰盛而且清丽的，只是他思虑周密，所以落笔迟缓，但是他乐府写得好。在《乐府》篇中刘勰论及乐府时，也说：“魏之三祖，气爽才丽”，他举出的例诗，是“‘北上’众引，‘秋风’列篇”。“秋风”指的就是曹丕的《燕歌行》。在《诏策》篇中他又称赞曹丕的诏书写得好：“魏文帝下诏，辞义多伟。”显然他认为曹丕有其所长。丕与植之差别，只在于才之表现的不同形式而已。从他的评价中，我们可以知道他是经过认真的比较之后才下结论的。他评论作家作品，常常使用比较的方法，如“嵇志清峻，阮旨遥深”；“嵇康师心以遣论，阮籍使气以命诗”；“列御寇之书，气伟而采奇；邹子之说，心奢而辞壮”；“《封禅》靡而不典，《剧秦》典而不实”等等。要比较，就要占有丰富的文学史料，从这一点，我们可以看到他撰写《文心雕龙》之前文学史知识积累的情况。

二

广泛而又深入的知识准备，不仅为刘勰提供了撰写《文心雕龙》的素材，而且在知识准备的过程中，逐渐地形成了他的思维习惯，影响着他的思维方法。论《文心》者多注意到刘勰研究方法之特点，但对于他究竟持何种之研究方法，则看法并不一致。我们先从《文心》论述之过程，窥测其知识准备过程中所受之思想训练，窥测其思想形成过程所受之影响，然后判断他研究方法的特点。

我们从刘勰论《史记》中，可以看到他兼取两端、不偏一局的思维方法。他论述史书撰述之难度与责任重大时，对司马迁有一总的评价。他说："迁、固通矣，而历诋后世。""通"，可简单理解为博通，但亦可理解为刘勰在此段文字之前提及的良史之标准："若乃尊贤隐讳，固尼父之圣旨，盖纤瑕不能掩瑾瑜也；奸慝惩戒，实良史之直笔；农夫见莠，其必锄也：若斯之科，亦万代一准焉。"这个万代一准，既包含着"尼父圣旨"，也包含着"良史之直笔"。这是说，既宗经，亦具实录之精神。"通"，是说司马迁通晓此万代治史之准则。司马迁史学思想中有尊孔的一面。他在《史记》中特立《孔子世家》，对孔子备极推崇："高山仰止，景行行止，虽不能至，然心向往之。"在《孔子世家》中有甚为明确之宗经思想。刘勰在尊孔尊经这一点上不能说没有《史记》的影响。在《史传》篇中，他说："是以立义选言，宜依经以树则；劝戒与夺，必附圣以居宗。"《史记》的宗经思想影响着刘勰的史学观，但是《史记》的实录精神也同样深刻地影响着刘勰。在《史传》篇中，他评论《史记》，称："比尧称典，则位杂中贤；法孔题经，则文非贤圣。""尔其实录无隐之旨，博雅弘辩之才，爱奇反经之尤，叔皮论之详矣。""位杂中贤"，是一种婉转的说法，《史记》中不仅列入了正统的帝王世系，亦列入了非帝王统系的项羽于帝王世纪中，还列入了陈涉于世家中，这已经打破了正统论，深刻地表现了面对历史事实时的求实思想。司马迁的实录精神，还表现在对历史发展的认识上，例如，他论秦始皇，一方面说秦取天下以暴，另一方面又对秦始皇的成就给予极高的评价。在《秦始皇本纪》中引贾谊的话说："秦并海内，兼诸侯，南面称帝，以养四海，天下之士斐然乡风，若尾者何也？曰：近古之无王者久矣。周室卑微，五霸既殁，令不行于天下，是以诸侯力政，强侵弱，众暴寡，兵革不休，士民罢敝。今秦南面而王天下，是上有天子也。既元元之民冀得安其性命，莫不虚心而仰上。当此之时，守威定功，安危之本在于此矣。"⑦司马迁指出秦虽行暴政，但在诸侯争夺、侵陵残民的大战乱之后，实行法治，虽苛刻却有其合理的一面。这就是求实。刘勰肯定了他的实录无隐之旨。实录无隐，就难免在面对历史事实时背离宗经的轨迹，去肯定那些并非正统的人与事，而被视为反经爱奇。刘勰引用班彪论司马迁的话评司马迁，看似同意班彪的观点，否定司马迁的爱奇反经，而事实上，他却是无形中接受了司马迁的实录无隐之旨。此种既此亦彼之思想方法，已经无形影响了他。此种兼取两端、不偏于一局的思想，是一种更全面认识事物的思想方法。实质上是既有两端，又非两端的折其中的思想。此种思想，我们在《文心雕龙》中处处可以看到。王运熙先生从大的方面，举出了《文心》中折中倾向的两个例子，一是刘勰论作品，主张写日常生活与讽谏规箴并重；一是既重文采，又重质朴刚健。⑧不偏重一端而是兼取两者。有的研究者还提到刘勰在对待法古与新变、奇与正中的折中倾向。⑨我们可以举出一系列的具体例证，来说明刘勰并重两端、不偏一局的思想方法。在《章句》篇中，他论及韵文中的换韵问题时，说有的换韵太快，则声韵太过于急促；百句不换韵，则声韵又显得疲塌乏味，"妙才激扬，虽触思利贞，曷若折之中和，庶保无咎"。既不要换韵太频繁，又不要长久不换韵，快与慢都是可以的，只是不要"太"，要"折之中和"。常识告诉我们，"中和"是一个空间，并没有严格的界线，其间可容得下快与慢，它的限制，只是不偏于一端而已。《辨骚》篇论《离骚》，他说淮南王刘安、王逸、汉宣帝和扬雄，都肯定《离骚》，而班固则称其与经传不合，"四家举以方经，而孟坚谓不合《传》。褒贬任声，抑扬过实，可谓鉴而弗精，玩而未核者也。”刘勰认为，《离骚》的“典诰之体”、“规讽之旨”、“比兴之义”和“忠怨之辞”，这四点合于经典；而“诡异之辞”、“谲怪之谈”、“狷狭之志”与“荒淫之意”这四点则异于经典。同于经典当然是可取的，但异于经典亦并非不可取，它虽为“《雅》、《颂》之博徒”，却是“词赋之英杰”，又是兼取两端。《诠赋》篇对赋体提出要求，是“丽词雅义，符采相胜”；“文虽杂而有质，色虽糅而有本”。词要美丽，义要典雅。文采可以缤纷（杂），只是不要丢掉质；色调虽错杂（糅），但不要丢掉主调（本）。又是兼取两端而不偏于一局。《封禅》篇论封禅文之要旨，在于“使意虽古而不晦于深，文虽今而不坠于浅”。意要古雅，但古雅要不至深奥难懂；文词要使用当代之语言，但不入于浅显。也是兼取两端而不偏于一局。《章表》篇对章这种文体的要求是“使要而非略，明而不浅”。须扼要，但扼要而不至于疏略；须明白，但明白而不流于肤浅。《定势》篇论势，说深懂文章写作的人，他就能掌握各种不同的“势”（情感、义脉的力的流动、文词构成之趋向）。[10]但不论运用何种之“势”，都要做到兼通，“奇正虽反，必兼解以俱通；刚柔虽殊，必随时而适用”。奇、正、刚、柔的不同的“势”，都是可以用的，用而得当，奇与正，刚与柔，虽处两端，亦无不可。

兼取两端、不偏一局的思想方法，就使得他在面对思想史时，采取了一种宽容的态度。他虽在全书中明确提出征圣宗经的理论的纲，但对于诸子，却未加以否定。他从不同的角度，一一列举出诸子著作的优点：

> 研夫孟、荀所述，理懿而辞雅；管、晏属篇，事核而言练；列御寇之书，气伟而采奇；邹子之说，心奢而辞壮；墨翟、随巢，意显而语质；尸佼、尉缭，术通而文钝；《鹖冠》绵绵，亟发深言；《鬼谷》眇眇，每环奥义；情辨以泽，文子擅其能；辞约而精，尹文得其要；慎到析密理之巧，韩非著博喻之富；《吕氏》鉴远而体周，《淮南》泛采而文丽；斯

则得百氏之华采，而辞气之大略也。[11]

上所列举，包括儒家、道家、法家、墨家、杂家，他都看到了他们的著作的优点所在。这一点很重要，我们从中看到他在知识的积累过程中，看到各家之所长，也就接受各家之所长，开放兼容，扩大了视野，也养成了不偏于一局的思想方法。他如何将诸家之思想融合交汇于心，成为自己之思想，是一个需要深入研究的问题，非本文所能解决。

三

从他的知识积累过程中，我们还可以窥测到他的思想形成的甚为丰富的内涵。《序志》篇有一段论述，向为研究者所注意，亦引发许多的争论。这段话是：

及其品列成文，有同乎旧谈者，非雷同也，势自不可异也。有异乎前论者，非苟异也，理自不可同也。同之与异，不削古今，擘肌分理，唯务折衷。

此段话意谓己之立论之准的，不论古今，不顾已有理论之同异，“唯务折衷”而已。这“唯务折衷”，就被研究者看做刘勰的研究方法。对于“折衷（中）”之解读，则人各不同。有以为此“折衷”乃是儒家之中庸思想在研究方法上的运用；有以为此“折衷”乃是断之以佛家之中道观；有以为此“折衷”乃是以玄、儒合一之思想为准的；有以为此“折衷”即断之以心，而此“心”，以佛为主，兼及儒；有以为此“折衷”所体现之方法，亦儒非儒，亦道非道，亦佛非佛等等。如何理解刘勰所指“折衷”本义，可能涉及思想发展过程中各种思想之互相融合与吸收，并由是而产生的辞语内涵之细微变化。

“折衷”之本义，折，断；衷，正也；本谓断之以正，并无特指何家之思想。如《管子》卷八《小匡》管仲对齐桓公说：“决狱折中，不杀不辜，不诬无罪，臣不如宾胥无，请立为大司理。”[12]此处之“折中”，是指公正的决狱。[13]“折中”于孔子，则自汉代始，论在陆贾《新语》中。[14]又《史记》卷四十七《孔子世家》：“自天子王侯，中国言六艺者折中于夫子，可谓至圣矣。”[15]《汉书》卷三十六《刘向传》，刘向上书谏用外戚事：“《易》曰：‘君不密，则失臣；臣不密，则失身；几事不密，则害成。’唯陛下深留圣思，审固机密，览往事之戒，以折中取胜。”[16]引《易》系辞，所折中者当亦指孔子之思想。《汉书》卷七十二《贡禹传》引贡禹进言：“孔子，匹夫之人耳，以乐道正身不解之故，四海之内，天下之君，微孔子之言亡以折中。”[17]这些都是明确提出折中以孔子思想的。王充《论衡·自纪篇》也提到“折中于圣道”，此“圣道”似亦指孔子之道。但是，“折中”此一辞之含义，在其后之使用过程中所指并不一致，折之以“中”之“中”，儒者以儒，道者以道，佛者以佛。我们可以举出若干例证以明之。如《后汉书》卷十六《寇恂传附寇荣传》，寇荣上书辩冤：“昔文王葬枯骨，公刘敦行苇，世称其仁。今残酷容媚之吏，无折中处平之心，不顾无辜之害，而兴虚诬之诽。”[18]此“折中”意为公平，而其内涵，则指仁之思想。《后汉书》卷二十八《冯衍传》引衍《显志赋》，“折中”一词所指的则是儒道合一的思想。[19]《晋书》卷五十一《皇甫谧传》引谧《释劝论》，谧假客主答问，以申己之志，称：“弃外亲之华，通内道之真，去显显之明路，入昧昧之埃尘，宛转万情之形表，排托虚寂以寄身，居无事之宅，交释利之人。轻若鸿毛，重若泥沉，损之不得，测之愈深。真吾徒之师表，余迫疾而不能及者也。子议吾失俗而骇众，吾亦怪子较论而不折中者也。”[20]这里所断之于中者，指的是道家思想。“折中”之“中”内涵为佛家思想的，多见于名僧之序言，如释僧叡《中论序》：“是以龙树大士，折之以中道，使惑趣之徒，望玄旨而一变；括之以即化，令玄悟之宾，丧咨询于朝彻。”[21]昙影在《中论序》中，就直接用“折中”一词：“时有大士，厥号龙树，爰托海宫，逮无生忍。意在傍宗，载隆遗教，故作论以折中。”[22]这里所说的“折中”，明确是折之以中论的。僧叡《十二门论序》：“《十二门论》者，盖是实相之折中，道场之要轨也。”[23] 这里所折之“中”，当然就是《十二门论》。释道安《注经及杂经志录序》说他之所以注经，是因为译经非出一人之手，“或善梵而质晋，或善晋而未备梵，众经浩然，难以折中”。[24] 注是为了正确解释佛理，“折中”有“正解”意。道安《了本生死经序》、《鞞婆经序》，释僧叡《大智度论序》中的“折中”，均此意。

从以上引述中，我们知道“折中”一词，本义为断之以正，或者说，以正为准。而此“正”之内涵，则各家之理解各异。我们前面曾说刘勰对于诸子、史书具极广泛之知识。他当然了解诸子与史书中使用“折中”一辞之不同含意。他助僧祐编《出三藏记集》，上引僧叡、道安们之经序，都在《出三藏记集》中，他当然也是看过的，对于道安们使用“折中”一辞之含义，他当然也是了解的。“折中”一词不同使用之不同所指，是否在他的思想形成过程中产生过无形的影响，确是一个可以研究的问题。

《序志》篇“擘肌分理，唯务折衷”，是说他在弥纶群言时，必断之以正。这个“正”何所指，周勋初先生在《刘勰的主要研究方法——“折中”说述评》已有深刻论述[25]，他指出折之以“中”者，就是儒家思想。从《征圣》、《宗经》中，可以找到大量证据，说明刘勰论列是非时确是依经立义，衡量是非时亦确以经为准绳。勋初先生进一步阐述刘勰用此种叩其两端而取其适中的方法论文之种种事例。张少康先生写有《擘肌分理，唯务折衷——刘勰论〈文心雕龙〉的研究方法》，后来汪春泓、陶礼天诸位先生都对刘勰“折中”说究何所指发表了看法。最近，勋初先生又进一步论述了刘勰“折中”说所属之思想体系，指出刘勰之“折中”说与佛家之中道观无关。[26] 我以为周先生的分析抓住了刘勰思想的核心，我是同意的。同时，我也注意到其他学者的分析在结论之外，实际上接触到了思想发展过程中的复杂现象。诸种思想在刘勰知识积累的过程中不知不觉地交融形成了他自己的见解。正因为此一种之交融，才为学术界对《文心》中的许多理论观点作出不同的解读提供了可能。这可以举出大量的例子，如“道”的问题，以为刘勰所说的“道”是儒家之道，当然可以找到大量证明。但说那是道家的“道”，也同样可以言之有据。严寿澂先生在《道家、玄学与〈文心雕龙〉》中，就有充分的论述。[27]他是从整个理论体系的内在联系上说的。对各种不同的解读，也都可以找到弱点，提出反驳。问题恐怕就在于思想发展过程中复杂的相互渗透与融合。在刘勰的思想里，此种现象大量存在着。“折中”说亦如此。“折衷（折衷与折中同义）”是断之以正，这个“正”，就存在诸种思想互相渗透的可能。刘勰说“唯务折中”，指的是他“弥纶群言”时不论是同乎旧谈还是异乎前论，判断的唯一依据就是是否正确。这个“正确”，当然是他自己认为的正确。而他自己认为的这个正确，主要当然是宗经，但也并没有排除其他的思想，这只要看《诸子》篇的论述即可一目了然。《奏启》篇中所说的“折衷”，其实也能说明这一点。他列举的“多失折衷”的例子中，既批评墨，也批评儒。他虽然说“若能辟礼门以悬规，标义路以植矩”，看似以儒家之礼义为准绳，但他接着又说：应该“总法家之裁，秉儒家之文”。《奏启》中的这个“折衷”，其实也存在着多种思想融合的痕迹。

上述只是举出“折衷”一词在《文心》中的使用，以说明刘勰在知识积累过程中受到的诸种思想的影响，说明他的思想是思想发展史的产物。任何一家的思想，在发展过程中都不可能是纯之又纯的。多种思想的融合，在《文心》一书中大量存在，只是我们还没有认真细致地清理而已。

四

从《文心》一书，我们还可以窥测到刘勰在知识积累过程中，培养起来的敏锐的审美感受，和他对他所处时代的文学发展现象的深刻理解。

我们在《文心》中，看到大量高度概括性的美的判断，如“张衡《怨》篇，清典可味”；“故平子得其雅，叔夜含其润，茂先凝其清，景阳振其丽”；“子渊《洞箫》，穷变于声貌，孟坚《两都》，明绚以雅赡，张衡《二京》，迅拔以宏富；子云《甘泉》，构深玮之风，延寿《灵光》，含飞动之势”；“陈琳之檄豫州，壮有骨鲠；文举之荐祢衡，气扬采飞”；论扬雄，谓其“味深”；论刘向，谓其“趣昭”；论刘桢，谓其“言壮而情骇”；论阮籍，谓其“响逸而调远”；论嵇康，谓其“兴高而采烈”；论潘岳，谓其“锋发而韵流”，等等。这雅、润、清、丽、雅赡、宏富、深玮之风、飞动之势、骨鲠、气扬采飞、味深、趣昭、言壮情骇、响逸调远、兴高采烈、锋发韵流，都是什么意思，他都没有展开论述。在《文心》一书中，此种概括性评语为其理论阐述之基本方法。这些词语或句式，为后来我国文学批评之所常用。其中有的是刘勰首次使用的，如“骨鲠”。此词原用以论人，如“骨鲠之臣”。而刘勰首先用以论文，这与他在《风骨》篇中首提“风骨”范畴有关。“风骨”指称流动的感情的力与强有力的义理之力的结合，则此处之“骨鲠”，是指陈琳檄文具巨大之义理说服力。“润”，本用以形容玉之姿质、水之浸润，也用以状人之姿貌之温润美好。陆机在《文赋》中曾用来对“铭”这种文体写作的要求：“铭博约而温润。”刘勰用来形容嵇康诗的艺术风貌。“润”是一种读诗的感觉，读康诗有一种如玉般的清润之感。刘勰在另一处论康诗，称“嵇志清峻”。清峻指其高洁品格在诗中所表现的高洁脱俗之志向。而“润”，则是诗境所展现的情思韵味。嵇康诗有一种优游容与的境界，此一种之境界，乃是庄子思想之人间化。[28]刘勰将此一种之诗境，用一“润”字表达出来，反映出他诗歌感受力之敏锐细腻。其他“清”、“味”、“韵”、“趣”等等术语之生成，亦类此，皆自诗境之感受而来。我们还看到，他此一种之感受，往往从比较中生发，在不同作家作品的比较中呈现。这又可以说明，他的敏锐的审美能力，是在大量阅读作品时前后左右比较中获得的，如他自己所说“圆照之象，务先博观”[29]。以上是要说明，刘勰撰写《文心雕龙》，除了广博深厚的知识积累之外，就是审美能力的培养。很难想象，没有敏锐的审美能力，能够如此精审地评论作家作品。

从《文心》一书，我们还看到刘勰对于他所处时代的文学发展趋向的深入了解。他立《情采》篇，其时重情之思想潮流正转向抒情娱乐化，有必要谈情与采之关系问题。他立《丽辞》篇，其时骈文之写作已相当成熟，与骈文有关的理论问题提出来了。他立《声律》篇，其时声律论正在讨论之高潮中。可以说，创作论与批评论中所讨论的问题，无不与其时之文学创作走向有这样那样的关系。这样，我们又知道，对其时文学走向之关心与深入理解，是他写成《文心》的又一准备。

刘勰为撰写《文心雕龙》所作的知识准备，如果说对我们今天的文学理论创建有所启发的话，那就是要具备深厚的历史、思想史、文学史的知识，要有敏锐的审美能力，还要对当前的文学创作走向有深入的了解。在今天，当然还要了解海外文学理论、文学思想的走向。具备了这些，才有可能创立既有中国特色，又有世界意义的不朽的文学理论体系。这当然是很难的，有赖于学人几代人的不断努力。

2008年12月18日晨2时修改于津门

（原刊于《社会科学战线》2009年4月号）

---

①我在《魏晋南北朝文学思想史》中说过《文心》一书，引及作者248人以上。兴膳宏教授《文心雕龙人物略传》只列出115人，他说明这只是主要作者。我此次统计，凡书中称作者的都列入，如庖牺画八卦之类。之所以作这样的统计，是考虑到这是刘勰的理解，而非以我们今天的标准加以衡量。

②指提及书名与篇名者，有的是引全书，有的引单篇，单独计算。有的只引文句，不计于此，而计入引用原文之内。

③孙盛《晋阳秋》卷一，乔治忠校注《众家编年体晋史》页97，天津古籍出版社1989年版。

④王应麟《困学纪闻》卷十三。

⑤李华《扬州功曹萧颖士文集序》，《全唐文》卷三百一十五，页3198，中华书局1983年版。

⑥均见《文心雕龙·时序》。

⑦司马迁《史记》卷六，页283，中华书局1959年版。

⑧王运熙《刘勰文学理论的折中倾向》，收于饶芃子主编《文心雕龙研究荟萃》，上海书店1992年版。

⑨龚贤《论〈文心雕龙〉“折中”原则的成因及表现》，贵州大学学报（社会科学版）2008年1月。

⑩关于“势”之含义，我在《魏晋南北朝文学思想史》有专章描述，此处不赘。

⑪《文心雕龙·诸子》。

⑫黎翔凤撰，梁运华整理《管子校注》页447，中华书局2004年版。

⑬此一段话也引在《吕氏春秋》卷十七《勿躬》中。

⑭王利器《新语校注》卷上《辨惑》，页79，中华书局1986年版。

⑮《史记》页1947，中华书局1972年版。

⑯《汉书》页1962，中华书局1962年版。

⑰《汉书》页3078，中华书局1962年版。

⑱《后汉书》页629，中华书局1965年版。

⑲《显志赋》：“就伯夷而折中兮，得务光而愈明。”他说的是以伯夷、务光为榜样。《赋》接下去就说：“嘉孔丘之知命兮，大老聃之贵玄；……夫庄周之钓鱼兮，辞卿相之显位。”既崇孔，又崇老、庄。见《后汉书》页995、1001，中华书局1965年版。

⑳《晋书》页1414，中华书局1974年版。

㉑释僧祐《出三藏记集》卷十一，页400，中华书局2008年版。

㉒同上书，页402。

㉓同上书，页403。

㉔严可均校辑《全晋文》卷一百五十八，中华书局1958年版。

㉕《古代文学理论研究》第十一辑，上海古籍出版社1986年版。

㉖周先生此文仅在2008年11月“北京2008《文心雕龙》与21世纪文论研究国际学术研讨会”上极少数学者中传阅，并未正式发表。

㉗该文刊于《重庆师范学院学报》1984年第三期。

㉘此一问题，我在拙著《玄学与魏晋士人心态》第二章第三节中有详论，此处不赘。

㉙《文心雕龙·知音》。

刘勰文学思想的主要倾向

刘勰文学思想的内涵颇为复杂。自其主要之倡导言之，是宗经；然考察其文学思想之各个侧面，则又非宗经所能范围。自其思想之主要倾向言之，属儒家：儒家的文学观，儒家的哲学思想基础。然考察其思想之渊源，则又非儒家思想所能范围。要把握刘勰文学思想之主要倾向，须逐层加以分析，再导引出结论。

一

刘勰文学思想之一重要基础，便是文原于道。《文心》五十篇，以《原道》开篇。何以以原道首揭论文之宗旨，学者们普遍认为，文原于道的提出，是为了提出宗经的主张，“道沿圣以垂文，圣因文而明道”，道的提出只是为了证明经之神圣不可移易。这一看法当然不无道理。但是，如果我们从深层考察，则原道说的提出，实际上超过了宗经的范围，而更带着崇尚性灵的意味。

《原道》谓：

> 文之为德也大矣。与天地并生者，何哉？夫玄黄色杂，方圆体分，日月叠璧，以垂丽天之象；山川焕绮，以铺理地之形：此盖道之文也。仰观吐曜，俯察含章，高卑定位，故两仪既生矣；惟人参之，性灵所锺，是谓三才。为五行之秀，实天地之心，心生而言立，言立而文明，自然之道也。

这一段文字下面，接着又说，傍及万品，动植皆文，有形即有文；不惟有形文，且亦有声文。此盖自然而然之道理。文原于道，就是文原于自然，即文乃自然而然而生。纪昀非常敏锐地看到了这一点，他说："文以载道，明其当然；文原于道，明其本然，识其本乃不逐其末。"文原于自然，就为重情性抒发打开了一个广阔的天地。

天地万物有文，人模仿天地，人亦有文。这种思想来源久远。《老子》二十五章："人法地，地法天，天法道，道法自然。"人法于天地，实质上原于人与天地万物一气的古老思想，因其一气，故相通。从这个基本思想出发，派生出人类种种活动都与自然界息息相关的思想，反映在养生论、医学理论中，当然也反映在文艺理论中。《淮南子·精神训》说："故头之圆也象天，足之方也象地，天有四时五行九解三百六十六日，人亦有四肢五脏九窍三百六十六节；天有风雨寒暑，人亦有取与喜怒，故胆为云，肺为气，肝为风，肾为雨，脾为雷，以与天地相参也。"人的整个肌节，都模仿天地四时，所以说是"与天地相参"。[①]晚于刘安的董仲舒亦沿用这一说法，《春秋繁露·人副天数》章："人有三百六十节，偶天之数也；形体骨肉，偶地之厚也；上有耳目聪明，日月之象也；体有空窍理脉，川谷之象也；心有哀乐喜怒，神气之类也。观人之体，一何高物之甚而类于天也。……是故人之身首而圆，象天容也。发，象星辰也。耳目戾戾，象日月也。口鼻呼吸，象风气也。胸中达知，象神明也。腹饱实虚，象百物也。……天地之符，阴阳之副常设于身。身犹天也，数与之相参，故命与之相连也。天以终岁之数成人之身，故小节三百六十六，副日数也；大节十二分，副月数也；内有五脏，副五行数也；外有四肢，副四时数也，乍视乍瞑，副昼夜也；乍刚乍柔，副冬夏也；乍哀乍乐，副阴阳也。"此种思想也贯穿于传统医学的体系中，阴阳五行与生理构造相对应，疾病的发生和治疗与阴阳四时有关，就是说，阴阳、五行、四时与人的五脏、经络、病机、治则相关联。这在《黄帝内经》中有大量论述。在中国的传统医学思想里，把人看做是一个不可分割的整体，犹如整个宇宙之和谐统一一般；把人与宇宙，也看做一个统一的整体，和谐不可拂逆。这种思想，在后来道教的丹鼎派中得到充分的发展。丹鼎派在倡内丹修炼中，把人的身体看做一个小天地，这个小天地与身外的大天地相通，炼内丹的目的，便是最终打通小天地与大天地的交汇点，与天地合气，与天地一体，从而达到长生不老的目的。在音乐理论中，天地相通的思想也有表现，如提出乐纬与季候相对应。《吕氏春秋·音律》谓："大圣至理之世，天地之气，合而生风，日至则月钟其风，以生十二律。仲冬日短至，则生黄钟。季冬生太吕。孟春生太蔟。仲春生夹钟。季春生姑洗。孟夏生仲吕。仲夏日长至，则生蕤宾。季夏生林钟。孟秋生夷则。仲秋生南吕。季秋生无射。孟冬生应钟。天地之风气正，则十二律定矣。"根据《吕氏春秋》十二月令与十二律的对应关系如下表：

孟春之月，其音角，律中太蔟
仲春之月，其音角，律中夹钟
季春之月，其音角，律中姑洗
孟夏之月，其音徵，律中仲吕
仲夏之月，其音徵，律中蕤宾
季夏之月，其音徵，律中林钟
孟秋之月，其音商，律中夷则
仲秋之月，其音商，律中南吕
季秋之月，其音商，律中无射
孟冬之月，其音羽，律中应钟
仲冬之月，其音羽，律中黄钟
季冬之月，其音羽，律中大吕

而季候又与社会生活、生产相关，音乐就在这一点上既与社会又与大自然发生着联系。

把人与宇宙看做一个不可分割的整体，人自身及其一切活动都要联系到宇宙来考察的思想，发展到极端，是天人感应说，史书五行志有大量记载。天人感应的思想，至今还看不出有什么积极的意义。但是，人自身及其活动联系到宇宙来考察的思想的另一个方面，是强调人与宇宙万物的统一和谐。事实上，这一个方面的思想，是强调了人的自然属性，这是一个非常了不起的思想。早期思想家凭直观把握认识到人与自然的统一和谐，这是非常深刻的。他们这种总体认识的深刻性，还没有能够通过科学的验证具体化，当他们把它具体化的时候，便常常牵强附会（如五行志和医学理论中的部分内容），从而改变了它的原貌，也消失掉它的深刻性。这或者跟运用直观思辨的高度发达的思维能力与科学发展的落后同时并存有关[②]。

但无论如何，人与自然和谐统一的思想，是强调了生命的价值。这种思想进入到文艺理论中，成了重自我、重个人情性抒发、重自然的文艺观的很好的哲学思想基础。它的进一步发展，便是以人体各个组成部分比拟文艺的各种特征，从而成为文艺论中的各种范畴的名称，如气、骨、体、神、形等等。

刘勰论文心，无疑受到这种思想的深刻影响，文原于道，就是文原于自然。原道的这个道，在《文心》一书中有多种说法，如“自然之道”、“道心”、“神理”。自然之道，就是自然而然的道理。什么是自然而然的道理呢？天地有文，动植有文，“形立则章成，声发则文生”，这就是自然而然的道理。从这个角度理解，那么，自然之道就是寓于天地万物中的本然道理。《夸饰》篇说：“夫形而上者谓之道，形而下者谓之器。”形而上的道寓于形而下的器中，道不是离开器存在的虚无的东西，而是寓于器中的道理[③]。道自身就是“自然而然”，也是物自身的自然而然，所以《老子》说：“道法自然。”“道法自然”，非谓“道”之外尚有一“自然”，乃谓道遵循自然而然之法则存在，是则器外无道，道之文，就是天地万物之文。刘永济先生已非常精辟地指出这一点：“此篇论‘文’原于‘道’之义，既以日月山川为道之文，复以云霞草木为自然之文，是其所谓道，亦自然也。”而刘勰所谓“神理”、“道心”，实亦“自然之道”之意。盖万物何以如此，本自有其本然之道理，而其中之奥妙，往往未被认识，难以言说。既以其为本然，又因其难以言说，故视之为神妙莫测，乃称之为“神理”。如河图洛书之说，刘勰亦信其真有。既信其真有，而又难以解释，于是归于神妙之本然。其实，早于刘勰的王充，已持此种见解，《论衡·自然篇》谓：“或曰：‘太平之应，河出图，洛出书，不画不就，不为不成，天地出之，有为之验也。……’曰：此皆自然也。夫天安得以笔墨而为图书乎？天道自然，故图书自成。”他也是把河图洛书的出现归之于自然之道的，并非人为，而是自然而然。由是亦可证“神理”与“自然之道”义同。“原道心以敷章，研神理而设教”，“道心”与“神理”对举，义亦同。

文既原于本然，是则各代有各代之文，先王圣贤亦如是，《原道》谓：

> 唐虞文章，则焕乎始盛。元首载歌，既发吟咏之志；益稷陈谟，亦垂敷奏之风。夏后氏兴，业峻鸿绩，九序惟歌，勋德弥缛。逮及商周，文胜其质，《雅》、《颂》所被，英华日新。文王患忧，繇辞炳曜，符采复隐，精义坚深。重以公旦多材，振其徽烈，制《诗》缉《颂》，斧藻群言。至夫子继圣，独秀前哲，镕钧六经，必金声而玉振；雕琢情性，组织辞令，木铎起而千里应，席珍流而万世响，写天地之辉光，晓生民之耳目矣。

这一段自《三坟》以至孔子，看似在追溯人文之历史，而从所述之内容看，实亦含人文同样有其本然之义。唐虞盛世，故典章制度盛极一时；夏禹功业巨大，故受到百姓的赞颂；商周礼文隆盛（亦“郁郁乎文哉”之意），故《雅》、《颂》富有文采；文王遇难，故成就了《易》的卦、爻辞（亦《太史公自序》所言“昔西伯拘羑里，演《周易》”之意）等等。这样来理解人文之历史，才与天地万物之文出自本然的论述一致起来，盖言天地万物之文出自本然，圣人模仿天地万物之文，什么时候就有什么文，什么人就有什么文，亦自然之道也。

原道论的最重要意义，恐怕就在这本之于自然而然上。

而这正是其时文学思潮之一重要内容，原道是一表现，钟嵘“自然英旨”说也是一表现。

二

从原道如何转入征圣、宗经，这是阐释刘勰文学思想必须说明的又一问题。

从原道到宗经，其实是一种很古老的思想。《易·系辞上》说：

> 探赜索隐，钩深致远，以定天下之吉凶，成天下之亹亹者，莫大乎蓍龟。是故，天生神物，圣人则之。天地变化，圣人效之。天垂象，见吉凶，圣人象之。河出图，洛出书，圣人则之。

丁仪《刑礼论》：

> 天垂象，圣人则之。(《全后汉文》卷九十四)

这都是说，圣人是法天地而垂文成化的。圣人之经典之所以具有权威性，不仅因为他法天地而成文，而且因为他体认天地万物之至理，他是自然之道的代言者，他能揭天道之秘奥。王充《论衡·谴告篇》谓：“易曰：‘大人与天地合其德。’故太伯曰：‘天不言，殖其道于贤者之心。’夫大人之德，则天德也。贤者之言，则天言也。……上天之心，在圣人之胸，及其谴告，在圣人之口。”王充反对天人感应的灾异说，反对神道设教，以圣人与天地合德来解释圣人为天的代言者。桓谭《新论·闵友》谓：“扬雄作玄书，以为玄者，天也，道也，言圣贤著法作事，皆引天道以为本统，而因附属万类。”圣贤著法作事引天道以为本统，就是要说明他们的言论具有权威性。应瑒《文质论》亦有类似论述：“盖皇穹肇载，阴阳初分，日月运其光，列宿曜于文，百谷丽于土，芳华茂于春。是以圣人合德天地，禀气淳灵，仰观象于玄表，俯察式于群形，穷神知化，万物是经。”圣人能体认天道，就是在这一点上，征圣、宗经与原道衔接。刘勰继承的就是这一古老的思想。《原道》说：

> 爰自风姓，暨于孔氏，玄圣创典，素王述训，莫不原道心以敷章，研神理而设教，取象乎河洛，问数乎蓍龟，观天文以极变，察人文以成化；然后能经纬区宇，弥纶彝宪，发挥事业，彪炳辞义。

《宗经》说：

> 三极彝训，其书言经。经也者，恒久之至道，不刊之鸿教也。故象天地，效鬼神，参物序，制人纪，洞性灵之奥区，极文章之骨髓者也。

他把天道、圣人、经三个环节明确联结起来，用到论文上，构筑了他的文论的核心。就此一思想之实质言，他无所发明，大抵发挥成说，而就其明确引入文论，从前人的片断论述展开为一种系统的思想构架，则可以说是他的一个创造。正是从他开始，奠定了我国文论史上宗经说的思想基础。

我们现在来稍微详细地考察这三个环节的具体内容。

如前所述，原道的道，是指天地万物的本然，原道的意义，就在本之于自然而然上。如果从这个意义上直接衔接征圣与宗经，那么就可以说，圣人揭示自然之本然之理，故其经为不刊之鸿教、恒久之至道。那么与下编诸文术论联接起来，刘勰的文学思想就要明快得多。但是，思想史常常是异乎寻常的复杂，思想发展过程中交融吸收、杂糅着多家之说。刘勰也不例外。他的思想里有着道家的自然观，又有着儒学一尊之后谶讳神学的不知不觉的影响。原道说之一极重要认识基础，是三才说。三才说是把人与宇宙万物看做一个整体而又以人为贵，极其重视人的价值的思想，以人为天地之心。戴逵《释疑论》说：“夫人资二仪之性以生，禀五常之性以育，性有修短之期，故有彭殇之殊；气有粗精之异，亦有贤愚之别，此自然之定理，不可移者也。”（《全晋文》卷一百三十七）人与宇宙全是一种有机体的联系，没有半点的不可知与神秘意味。何承天说“人非天地不生，天地非人不灵，三才同体，相须而成者也”（《达性论》，《全宋文》卷二十四）也是这个意思，更把人的地位提到非人而天地不灵的高度。但是《易》本来有一点神秘色彩，早期认识手段落后，在认识论上产生一些神秘色彩是很自然的事。到了两汉定儒学于一尊之后，这点神秘色彩便被极大地发挥了。圣人万能论一确立，天与圣人便走向了神秘莫测的境界，天人一体的有机联系，演化成圣人与天的神灵感知。这种思想，给天人一体说的发展带来若干混乱，道家思想、早期儒家思想与谶讳神学在天人一体说中交融一体，往往不易分清。有的思想家在提到这个问题时受谶讳神学的影响少些，有的则影响多些。刘勰也不得不受到影响。这影响便表现在道与圣的衔接点上。道的自然与圣和经的神化结合。其实，定儒术于一尊以前，圣人与经的地位并不绝对神圣不可移易。《淮南子·泛论训》论古法之不可全依，经之不可全实行，谓：

> 夫殷变夏，周变殷，春秋变周，三代之礼不同，何古之从？王道缺而《诗》作，周室废、礼义坏而《春秋》作。《诗》、《春秋》，学之美者也，皆衰世之造也。儒者循之以教导于世，岂若三代之盛哉！

这些言论对于以经为准则的说法颇不以为然，但是定儒术于一尊之后，圣与经的绝对权威与万世不变的准则便不容怀疑了。刘勰以征圣、宗经衔接原道，就存在着这种思想的影响。征圣之重要意义，在：

> 妙极生知，睿哲惟宰。精理为文，秀气成采。鉴悬日月，辞富山海。百龄影徂，千载心在。

圣人是生而知之的，只有他们才能体认微妙的道心，传达微妙的道心，因之经不惟成为后世一切文章之源，且亦成为后世一切文章之法则。

原道既言文本于自然，则物变文亦变；征圣、宗经则又尊不变之法则，此一折衷糅合之思想，不惟成为刘勰文学思想之核心，且贯穿《文心》全书，成为刘勰文学思想之一特色。

在叙述了原道与征圣宗经的衔接点之后，我们再来介绍他的征圣宗经的思想。

刘勰论征圣，涉及两个方面的问题。

一谓圣人贵文：

> 是以远称唐世，则焕乎为盛；近褒周代，则郁哉可从。此政化贵文之征也。郑伯入陈，以文辞为功；宋置折俎，以多文举礼。此事迹贵文之征也。褒美子产，则云："言以足志，文以足言。"泛论君子，则云："情欲信，辞欲巧。"此修身贵文之征也。

圣人既贵文，故文必征于圣。

二谓圣人为文，可为师法：

> 夫鉴周日月，妙极机神；文成规矩，思合符契。或简言以达旨，或博文以该情，或明理以立体，或隐义以藏用。故《春秋》一字以褒贬，丧服举轻以包重，此简言以达旨也。《邠诗》联章以积句，《儒行》缛说以繁辞，此博文以该情也。书契决断以象《夬》，文章昭晰以效《离》，此明理以立体也。"四象"精义以曲隐，"五例"微辞以婉晦，此隐义以藏用也。故知繁略殊形，隐显异术，抑引随时，变通适会。征之周孔，则文有师矣。

圣人为文之所以可为师法，在其鉴识洞明深广，动合几神。因其鉴识之洞明深广，故能表现至微之妙道，此其一。圣人为文，能依据各种需要，依据不同之写作对象与不同之体裁，采用不同之表现手法，或繁或略，或隐或显，或抑或引，或变或通，此其二。征圣，是以圣为法，取法他们对文的重视，取法他们的洞识天地万物之几微，取法他们为文之变化，如他们一般，使文章变化多端而又达到“雅丽”、“衔华佩实”的标准。“雅丽”就是丽辞雅义。关于“雅丽”与“衔华佩实”，刘勰在《征圣》中只略一带过，其实此标准贯穿全书，我们也将在后面展开分析。

征圣是以圣为法，法其所为；《宗经》则是以经为一切文章之模式。《宗经》篇谓：

> 故论、说、辞、序，则《易》统其首；诏、策、章、奏，则《书》发其源；赋、颂、歌、赞，则《诗》立其本；铭、诔、箴、祝，则《礼》总其端；纪、传、盟、檄，则《春秋》为根，并穷高以树表，极远以启疆；所以百家腾跃，终入环内者也。

他认为后代一切文体，都以五经为祖。五经为群言之祖，一切文章以五经为宗，此是宗经之第一义。

宗经之另一义，是以经为法式，“若禀经以制式，酌《雅》以富言，是即山而铸铜，煮海而为盐也”。以经为法则，主要是指文章的写法。一切文章都可以归入五经之内，而五经的特点各各不同，各类文章所应遵循之法则自亦不同。《宗经》谓：

> 夫《易》惟谈天，入神致用，故《系》称：旨远辞文，言中事隐。韦编三绝，固哲人之骊渊也。

《易》的写作特点是“旨远辞文，言中事隐”，那么论、说、辞、序一类文章，便应循此径路写作。《书》则记言，其楷式为“览文如诡，而寻理即畅”，那么诏、策、章、奏，就应以此为标准。《诗》的特点是“摛风裁兴，藻辞谲喻”，温柔敦厚，那么赋、颂、歌、赞便应以此为法式。《礼》的特点是章条纤曲，执而后显，那么，铭、诔、箴、祝便应以此为准的。《春秋》的特点是“一字见义”，“婉章志晦”，那么纪、传、盟、檄便应循此以成章。这些论述，都是要说明，后世的一切文体，应该如何写，五经已经有样板在。这是从各种文体可以遵循的不同写法说的。《宗经》更重要的论述，是从文章的体貌上说明宗经所要达到的目的：

> 故文能宗经，则体有六义：一则情深而不诡，二则风清而不杂，三则事信而不诞，四则义贞而不回，五则体约而不芜，六则文丽而不淫。

这是刘勰宗经思想的核心。体，指体貌；义，宜，犹言恰到好处。谓文章如果能够以经为法式来写作，文章的体貌就可能在六个方面恰到好处。这六个方面，是情、风、事、义、体、文。情，是情志，情志深挚而不诡异，诡异是相对于雅正而言的，不诡就是正。刘勰是反对情不真，而主张情真的，但感情的深挚不能失去雅正，“若任情失正，则文其殆矣”（《史传》）。风，指风力，文章中的感情力量。杂，是不纯；不杂，是纯正、雅正。风要受到雅的制约，“必雅义以扇其风”（《章表》）。宗经，就能做到风力清峻而雅正。事，所写的事实；诞，荒诞。文能宗经，则述事真实而不荒诞，也属于雅正的要求。义，义理；贞也是正。宗经就能做到义理雅正而不扭曲。以上这四个方面，都属于文章的内容，宗经就能使文章的内容归之于雅正。体和文属于文章的形式方面。体，是结体的体，指文章的体制结构。宗经，就能使文章的体制结构简练而不芜杂。文，文辞，宗经就能使文辞华丽而又不过分，不过分是适中，也是正。从这宗经而达到的六义看，宗经的目的，是要提倡文章的雅正。

三

原道本之自然，宗经本之经，本之于经是要返归雅正。如果我们考虑到经带有更多的非文学的成分，考虑到刘勰撰《文心》时文学的发展状态的话，宗经无疑是一种文学观念的复归，这种复古的倾向对正在发展起来的文学的特质是不利的。但刘勰文学思想的主要倾向并不仅仅是宗经，并不仅仅是文学观念的复归。文学自觉的思潮在他的文学思想中也留下了印记，宗经之外，他又提出了正纬和辨骚。酌乎纬，变乎骚，与宗经一起，构成他文学思想的核心。

正纬的目的不仅在于把纬与经区别开来，而在于指出纬书之用事与辞采之可取处。甚至可以说，是用一种很婉转的方法，指出纬书之用事与辞采，可补经之某些不足。在指出纬异于经之后，《正纬》谓：

> 若乃羲农轩皞之源，山渎钟律之要，白鱼赤乌之符，黄银紫玉之瑞，事丰奇伟，辞富膏腴，无益经典而有助文章。是以后来辞人，采摭英华。平子恐其迷学，奏令禁绝；仲豫惜其杂真，未许煨燔；前代配经，故详论焉。

纬异于经而指其伪，是从内容上说的。从内容辩其不可以配经，其实是因为它之所述，常杂荒诞谲诡，有伤于雅正。而从用事与文采说，则并未指责其奇诡华丽。这里肯定纬书的“事丰奇伟”，与宗经的主张“事信而不诞”，显然并不一致。何以将此种不一致，统一在“文之枢纽”之内？我以为，这正是刘勰用心之处。论宗经，无法将“事丰奇伟”放入经书之中，因为经书本身不可能存在“事丰奇伟”的问题。论经书，只能是“事信而不诞”。但文学又确实已经发展了，文学想象已经大量出现，要否定文学想象是不容易的。刘勰从不同的角度，接触到文学想象的问题。他写专篇论神思、论夸饰。《神思》从运思的过程与特点言，《夸饰》从辞采之想象成分言。他又写了《事类》，论文章中用事用典，主要指从经典中渔猎。而神话传说中大量生动的故事在文学中有没有价值，他并没有专门的论述。而这些，他又认为是于文章有益的，于是便在《正纬》里论述了。《正纬》的重要意义，便在这“事丰奇伟，辞富膏腴”的肯定上。这便在宗经的主张里，开了一个不小的缺口，通向重视文学特征的广阔天地。

这是刘勰文学思想中很重要的一面。这一面的进一步展开论述，便是《辨骚》。

《辨骚》何以放在《原道》、《征圣》、《宗经》、《正纬》之后，纳入“文之枢纽”中？骚其实与经并无干系，列入此篇，与宗经思想何关？当我们认识到《正纬》意在宗经主张中开一通向重文学特质的缺口之后，便也可以解释这一点。辨骚，便是辨骚之价值。骚之价值何在呢？便是情与奇。刘勰对情之深挚与辞之奇伟是不反对的，从《正纬》通向《辨骚》便是顺理成章的事了。盖纬书只提供了事之奇与文采之富的借鉴，而诗赋等文学式样所最需要的风情气骨，奇文壮采，还有待于楚辞来作为榜样。而这风情气骨，惊辞壮采，正是刘勰文学思想枢纽之不可或缺的方面。这恐怕就是《辨骚》列入“文之枢纽”的用意所在。

辨骚如何与宗经衔接？刘勰是接得既巧妙又自然。他用经的标准来衡量它，说它有四点合于经：

> 故其陈尧舜之耿介，称禹汤之祗敬：典诰之体也。讥桀纣之猖披，伤羿浇之颠陨：规讽之旨也。虬龙以喻君子，云蜺以譬谗邪：比兴之义也。每一顾而掩涕，叹君门之九重：忠怨之辞也。观兹四事，同于《风》、《雅》者也。

又说它有四点不合于经：

> 至于托云龙，说迂怪，丰隆求宓妃，鸩鸟媒娀女，诡异之辞也。康回倾地，夷羿彃日，木夫九首，土伯三目：谲怪之谈也。依彭咸之遗则，

从子胥以自适：狷狭之志也。士女杂坐，乱而不分，指以为乐，娱酒不废，沉湎日夜，举以为欢：荒淫之意也。摘此四事，异乎经典者也。

合于经的四点，主要就内容言，谓其对圣王之祗敬，谓其忠贞与规讽，均与《风》、《雅》合；比兴之义，看似手法问题，其实指褒君子而贬谗邪，也还是内容问题，所以他说楚辞“骨鲠所树”，是“取镕经旨”。在内容的这些方面，他把楚辞与经联接了起来，为宗经与辨骚立一衔接点。异于经典的四点，“狷狭之志”、“荒淫之意”，他是反对的；但是“诡异之辞”与“谲怪之谈”这两点，他并未反对。这两点其实就是他在《正纬》中说的“事丰奇伟”，他是要加以提倡的，他接着便说：

故论其典诰则如彼，语其夸诞则如此，固知楚辞者，体宪于三代，而风杂于战国，乃《雅》、《颂》之博徒，而词赋之英杰也。

这段话的意思，如果换一个角度说，那便是：楚辞虽有不合经典之处，但它却是辞赋的典范。而这一点，正是刘勰所要特别强调的，他要论述楚辞正是纯文学作品的模仿对象。他反复申述它的杰出之处：

故《骚经》、《九章》，朗丽以哀志；《九歌》、《九辩》，绮靡以伤情；《远游》、《天问》，瑰诡而惠巧；《招魂》、《大招》，耀艳而深华。《卜居》标放言之致，《渔父》寄独往之才。故能气往轹古，辞来切今，惊采绝艳，难与并能矣。

这些肯定，指它的浓烈的感情、华丽的辞藻、瑰诡的事物，而这些，正是文学最需要的，所以他说楚辞“无益经典而有助文章”。他接着便从这一点出发，论楚辞对后来文学发展的影响：

自《九怀》以下，遽蹑其迹；而屈、宋逸步，莫之能追。故其叙情

> 怨，则郁伊而易感；述离居，则怆怏而难怀；论山水，则循声而得貌；言节候，则披文而见时。是以枚、贾追风以入丽，马、扬沿波而得奇，其衣被词人，非一代也。

从这论述看，他并未反对感情的抑郁易感与怆怏难怀，不反对描写的循声得貌与披文见时。他把这些都看做是楚辞哺育的结果。

在宗经之外，刘勰是拓开了另一块天地了。正是由于在他的“文之枢纽”里有了这一面，才会有后面文术论中的《丽辞》、《声律》、《事类》、《夸饰》等篇，甚至可以说，才会有《神思》、《风骨》、《情采》、《物色》中许许多多充分反映出文学特质的论述。这一面，实质与宗经是有差别的。他大概也意识到似乎应该处理好这种差别，因此才指出楚辞与经的同异，而且在《辨骚》篇的最后，明确提出处理这种差别的原则：

> 若能凭轼以倚《雅》、《颂》，悬辔以驭楚篇，酌奇而不失其贞，玩华而不坠其实；则顾盼可以驱辞力，欬唾可以穷文致，亦不复乞灵于长卿，假宠于子渊矣。

处理这差别的原则便是以雅驭奇，奇还是要的，但以不悖于雅正为准绳。

四

在介绍了原道、征圣、宗经、正纬、辨骚的各自含义之后，我们来看刘勰文学思想的总体倾向是一个什么样的面貌。

要用一句话来概括刘勰文学思想的总倾向，是极难的，因为它过于复杂，过于丰富，在这丰富复杂里有着太多的历史底蕴。

如果我们勉力来对刘勰的文学思想倾向作一个简略的概括，是不是可以这样说：他是看到文学发展的事实了，文学原本于自然，文学发展中处处反映着个人情性抒发的本然之义，处处表现出辞采华美的动人之处，处处表现出文学与人的个性、与自我的不可分的联系。他感受到了，而且不管他自觉不自觉，他也接受了。但是他的理智告诉他：这其中是不是有一些过分，是不是有一些离经叛道的东西。思想传统复杂的种种影响左右着他，推动着他，他要来做引导的工作，要去掉过分，防止离经叛道，于是提出了宗经的主张。宗经不是载道，不是明圣人之道，而是宗圣人的作文之法，只是宗经书的写法而已。他似乎生怕问题说不清楚，于是又小心翼翼地从不同角度来说明，提出了酌纬变骚，力图把自己的主张说得更周全些。

他是看到任自然的文学思想发展潮流了，他是那样地重感情、重才性、重自我在文学创作中的价值；但他又是那样地崇拜圣人，特别是儒家的圣人周公孔子。任自然，于文学创作而言，是无所师法，或者说师法自然，要怎么写就怎么写。如果从文学的利益考虑，这无疑是文学的出路。而崇拜圣人，以至于提出宗经，却又为文学立一万古不变之准则，限制文学发展的自由，所谓“百家腾跃，终入环内”者是。他处处想把这二者统一在一起，并且以此来建构他的体系。

他说，可以酌奇，可以玩华，但要归到雅正上。

他说：“人禀七情，应物斯感，感物吟志，莫非自然。”（《明诗》）但“情以物兴，故义必明雅”（《诠赋》），情虽抒而有节，不要任情失性。

他主张抒情性，但他又给抒情性加上功利的色彩，想把抒情性引向教化说。

他说，各人有各人的才性，才性不同，则文变殊术；但是文术不同，经的典范却是不可更代的。

他似乎是要以一个冷静的智者的身份出现，引导文学发展的潮流。其实，他就在这个潮流之中。他的文学思想的许多重要方面，都与这个潮流并无二致，甚至比他同时的其他任何一位批评家和理论家都更体现这个潮流的实质（如有关文术的许多论述），只不过是更带理论色彩，更深刻地体现而已。把他的文学思想倾向看成与其时之文学主潮异趣，把他的文学主张看做是为反对其时之文学主潮（所谓“形式主义”）而发，都是不确的。他之持《文心》以干沈约，而得到沈约的赏识，正是这一点的证明。沈约无疑是其时文坛的领袖，是其时文学主潮的主要代表者，假若刘勰《文心》为反对其时文学主潮而发，则沈约自无赞赏之理。但是他又确实没有沉溺于这个潮流之中，巨大的思想传统推动着他，要他以这个传统的面貌来引导文学的发展。人有时是很难自主的，强大的思想传统和强大的现实思潮同时左右着他，不管他愿意不愿意，他都得同时接受。历史上常常有这样的思想家，他以最彻底的反传统的面目出现，而他自己身上却处处是传统思想的印记，反之亦然。我们把这种现象看做历史的悲剧也罢，看做历史的自然现象也罢，我们都得承认它，而且承认它更符合历史的真实。

到此，我们似乎可以说：刘勰站在其时文学思想的发展潮流之中，而比同时的其他思想家更冷静地思考问题。对于其时文学思潮发展的许多实质问题，他是接受的，认可的，但是他要把这个思潮引向雅正。这就是刘勰文学思想的主要倾向④。

（原刊于《文心雕龙研究》第一辑，北京大学出版社 1994 年版）

---

①《原道》篇的“惟人参之，是谓三才”，历代注家均释“参”为三。此说来自《礼记·孔子闲居》郑注“参天地者，其德与天地为三也”。然以“三”解释人与天地相参，实不确。盖此一思想为一系统之学说，贯穿于养生学、医学、哲学、文艺学之中，释“参”为仿效，符合此一思想体系；释“参”为三，则难以解释此一思想体系之实质。

②关于这一点，我曾与刘泽华先生讨论过，我们都持有同样的认识，在此注明，盖明不敢掠美之意。

③今人有用“法则”、“规律”称“道”者，庶几近之。

④对于刘勰文学思想倾向的这个描述，带着更多的弹性，而且带着暗示的成分，缺乏严谨的界说。此一点，思虑再三，其间经历四五年，终于确定以此种方式描述。根本的一点，是刘勰的文学思想有着十分丰富的层次，有着远为复杂的内容，用明确的界说限定是难以说周全、准确的。模糊的描述则留下更多的思索空间，或者更能传神地把握。

释“文之为德也大矣”

一

刘勰《文心雕龙》第一篇《原道》的第一句话，就是“文之为德也大矣”。此一句，解者纷纷，而对于此一句本义之理解，其实关系到《原道》篇论述之逻辑过程。兹将数种不同之解读列举如下：

释文德为德教者：

范文澜：“《易·小畜·大象》：‘君子以懿文德。’彦和称文德本此。”[1]按，象传所称“文德”，是指德教。《小畜·象》：“风行天上，小畜。君子以懿文德。”风，教化之象，君子之德风；谓君子以美其教化于上。范注之此一说法，与《原道》论文原毫无关系。且“文之为德”与“文德”是有差别的。李曰刚已指出此一点：“盖‘文德’与‘文之为德’有殊，‘文德’重在德字，‘文之为德’重在文字。言文为德者，观其效，而察其所得，明斯文之体与用，大可以配天地也。”[2]李曰刚的见解是对的，“文之为德”是文作为德，而不是“文德”。

李景濚与范文澜的理解有相似处，他没有对此句作出注解，但译为：“文章所表扬的真理、德操与教化之功，实在伟大啊！”[3]

释德为功用、属性：

斯波六郎：“文，即文章，文学；德为功德、效能之意。”[4]

钱锺书：“《文心雕龙·原道》：‘文之为德也大矣’，亦言‘文之德’，而‘德’如马融赋‘琴德’、刘伶颂‘酒德’、《韩诗外传》举‘鸡有五德’之‘德’，指成章后之性能功用，非指作文时之正心诚意。”[5]钱说与范说有一相同点，都是将“文之为德”理解为“文德”，不过他解

“文德”为功用、属性。

周振甫：“文之为德是用广义的文，……德指功用或属性，如就礼乐教化说，德指功用；就形文、声文说，德指属性。就形文、声文说物都有形或声的属性；就情文说，又有教化的作用。文的属性或功用是这样遍及宇宙，所以说‘大’。”⑥

马宏山：文之为德，“是说文的功能或作用很大”。⑦

王更生对此句未出注，而译作“文的作用，实在是关系重大啊！”可知他释“德”为作用。⑧

郭晋稀：“德，本指德性言，为行文流利，故译为作用。”⑨按，此说难通，德性属体，作用属用，是两个不同的层面，不能为行文流利而通译的。

吴林伯：“德与《论语·雍也》‘中庸之为德也’、西汉戴圣《礼记·中庸》‘鬼神之为德也’、西晋陆机《瓜赋》：‘瓜之为德也’之‘德’义同。赵宋朱熹《中庸集注》：‘程子曰：鬼神，天地之功用。张子曰：为德，犹言性情功效。程、张以“功用”、“功效”训“德”，是也。’”⑩

詹锳：“德即宋儒‘体用’之谓，‘文之为德’，即文之体与用，用今日的话说，就是文之功能、意义。重在‘文’而不重在‘德’。由于‘文’之体与用大可以配天地，所以连接下文‘与天地并生’。”⑪

祖保泉：“文德，指文的本质特性和功能。”⑫

释德为特点、意义：

牟世金：“此一句中的‘文’是泛指，包括一切广义狭义在内。‘德’，这里指文所独有的特点、意义。”⑬

王运熙、周锋：“德，性质、意义。”⑭

释德为规律：

赵仲邑：此句未出注，而译为：“文作为规律的体现多普遍！”⑮

冯春田：“而‘德’则是‘道’在客观事物中的具体体现，是与事物之‘理’相依的、事物自身特有的特殊规律。……总之，‘德’指的是‘道’在具体的或个别事物中的存在，‘德’体现出‘道’在具体事物中的个性，以此使不同性质的事物彼此之间区别开来。……刘勰‘文之为德’的‘德’，就正是这个含义。”[16]

释德为文采：

王礼卿：“《礼记·乐记》：‘德者，性之端也。’《论语》：‘道之以德。’皇疏引郭象曰：‘德者，得其性者也。’《素问·解精微论》：‘是以人有德也。’注：‘德者，道之用，人之生也。’生即性字。是文德犹言文之性也。其性即文采，亦称文章。……而文采为万象所溥具，与天地等量，故谓之‘大’。”[17]

释德为道所派生：

黄广华：“我认为‘文之为德也大矣’之‘德’与苏辙的‘及其运而为德’的‘德’同训一义，即‘德’是‘道’的运动形式。……那么，作为‘道’的形式表现的‘文’（也即是‘有’），渊源是深远的。”[18]

王元化：“至于《原道篇》一开头所说的‘文之为德也大矣’，其中涉及了‘道’与‘德’的关系。我认为刘勰所说的‘道’与‘德’的关系，也同样本之老子。韩非《解老篇》说：‘道者，万物之所然也，万理之所稽也。理者，成物之文也……故曰：道，理之者也。’冯友兰对此曾作过一些解释：‘各物皆有其所以生之理，而万物之所生的总根源就是道。’‘道’实际上就是本体，是万物（包括文）之所从生的本原。《管子·心术》曾这样说：‘德者，道之舍，物德也生。德者，得也。’所谓‘德者道之舍’，意思是说‘德’是‘道’所寄寓的地方。‘道’无形无名，在什么地方显现出来呢？只有通过万有显现出来。‘德者，得也’，物之得以为物，就是这个‘德’字的正解。我想，这样来解释‘文之为德也大矣’就通了。再根据‘道’与‘德’的关系，文之得以为文，就因为它是从‘道’中派生出来的。”[19]

张光年：“《原道篇》第一句‘文之为德也大矣’，各家解释不同，有的译本采取回避或含混态度。说老实话，我对这句的译解也是颇费周折的。我注意到王元化 1988 年在一次学术讨论会上的演讲，根据《管子·心术》‘德者道之舍，物德也生。德者，得也’的说法，指出道‘只有通过万有显示出来，德者，得也，物之得以为物，就是这个德字的正解。’并说‘我想，这样来解释文之为德也大矣就通了。再根据道与德的关系，文之得以为文，就是因为它是从道中派生出来的’。他讲的有根有据，我受到启发。还有几位学者，将《原道篇》这头一句，解释为文之渊源深远，也很有道理。我现在的解释：文是道（德）的体现，从道中派生出来，而且是与天地同时诞生的。用口语翻译出来，就有了‘文的来头大得很啊’这样看来有些突兀的句子。”[20]

对《原道篇》开头这一句的不同解读还有一些，但大体就是上引那几类。此六类不同之解读，究竟哪一种更近于刘勰的原意呢？有的解读，同样引《老子》，引《管子》，引《周易》，却得出不同的结论，这实在是一个颇值得深思的问题。之所以说值得深思，不仅由于对这一句的解读关系到《原道篇》的逻辑结构，关系到《原道篇》所原之“道”的性质，而且关系到对刘勰思想的理解，因之也就有寻根问底的必要。

二

“文之为德”的“文”，并非指文章，而是泛指文采，指道之文。在《原道篇》中“文”的演进是从道之文到人文，再具体到文章的。此一点，似无更大之分歧。问题主要在对“德”的理解上。我们来从上述六种解读中寻求一个更切近刘勰原意之答案。

将“文之为德也大矣”的“德”解读为“文德”，并将“文德”与《易·小畜·大象》的“文德”等同起来，指称德教。持此种解读之研究者，往往也引《论语》“中庸之为德也”作证。《易·小畜·大象》之文德，与《论语》“中庸之为德”，都属于道德范围，而《原道》要说的是文原于道，而不是原于道德。这是两个不同的层次。若作德教解，则首先与下一句就无法连接。“文之为德也大矣，与天地并生者，何哉？”人文怎么能与天地并生呢？刘勰是说，有了天地之后，才有人文：“高卑定位，故两仪既生矣；惟人参之，性灵所钟，是谓三才。为五行之秀，实天地之心。心生而言立，言立而文明，自然之道也。”他论述的逻辑思路是：天地→人→言→文。此篇开章明义，是要说明天地皆有文采，此种之文采，乃是道之文。天地有文，万物有文，人亦有文，这就是自然之道。

功用属性说之难以解通，在于前提是将此一句之“文”，理解为文章、文学。在此一前提之下，才有将“德”解为属性、功能之可能。钱锺书先生甚至将之具体化到写作上，称“指成章后之性能功用，非指作文时之正心诚意”。而刘勰此处所论，乃是广义之“文”，指一切文采，如天地山川动植皆有文，彼等之“文”，皆原于道；人亦有文，人文当然也原于道。刘勰之本意，乃在于寻索一切“文”之原，非直指文章、文学而言。从一切之文，到文章、文学，还有一个从广义到狭义的论述过程。户田浩晓对此一点有明快、精辟的分析。他在引了《原道篇》“夫玄黄色杂”到“声发则文生”一大段文字之后说：

> 根据这段话，我们即可明了：“道”，是作为天地自然理法的道，“文”是“道”的显现，从日月星辰、山川动植，到林籁泉石之响，全部是作为这一“道”所显现的“文”，即道之文。且人参之天地，开始成为天、地、三才，则人文生焉。在这其间，无识开始朝有心展开，心生而言立，作为人言之文，即言之文就产生了。这一“言之文”，即为文章，乃至为文学。至此，“道”也从天地自然理法的道，向圣人大道之道转化。[21]

户田浩晓把从“自然理法的道”到“圣人大道之道”的转化、从道之文到人之文的转化说清楚了。持属性功能说者之错误，就在于将结果当成了开始，没有看到这个转化的过程。

持特点、意义说的牟世金先生是看到“文”的泛指性质了，但是把“德”解为特点、意义，仍然与上一说一样，将结果当成开始。意义是价值判断，而文原是所从来。他将此句译成“文的意义是很重大的。它和天地一起开始，为什么这样说呢？”[22]刘勰说有天地就有文，是说文和天地并生，接着说“此盖道之文也”，是说有道就有文，文和道不可分，文是道的表现，而不是意义之所在。

上述诸说中，最值得注意的是后三说。此三说共同的特点都是看到了文是道的表现，看到了“文之为德”的“德”与“道”的关系是体与用的关系。“道”是体，“德”是用。只不过“规律”说把此种体用关系上升为规律，是否符合于刘勰的原意颇可怀疑。这里有一个认识差距的问题。刘勰只是说文作为道的表现，如此而已。现代人以现代思维的能力，把它上升为“规律”，那只是现代人的认识，似乎缺乏历史实感。说得最为清楚的是王元化先生，他从“道”与“德”的关系切入，“道”无形无名，借万物以显现，这就是“德”，文之得以为文，就因为它是从道中派生出来的。王先生的这一解读，如果再加上对于“大”字的释义，《原道篇》开头这一句与全篇的含意就可以合乎逻辑地贯通了。“大”有遍义，指范围之广大。这样，“文之为德也大矣，与天地并生者，何哉？”就可译为：“文作为道的表现是很普遍的，有天地就有文，为什么这么说呢？”下面接上天地万物之文，人之文，文无所不在，因道无所不在故。一切之文，均为道之文，文原于道，这就是原道的本意。

附带说几句。张光年先生从王元化先生对“德”的解读，引而申之，将此一句译为：“文的来头大得很啊，何以说它与天地同时诞生呢？”这样一翻译，就偏离“德”的本意了。“德”为“道”的表现，无关“来头”之大小，张先生是误解王先生的原意了。

三

对《原道篇》开头这一句的解读，也涉及对刘勰的“道”的理解问题。关于原道的道，是道家之道，还是儒家的道，还是佛家的道，还是杂家的道，海内外有过种种之解读，各说各话。这其中既涉及对《原道篇》的解读，亦涉及对刘勰思想之不同理解，涉及思想史发展之复杂现象。

有研究者已指出，《原道篇》“其中辞句意念，根源于《周易》经传者很多，本于系辞上下传者，尤其不少”[23]。作者还列表说明《原道》与《周易》系辞意义相近之文句，并进一步说明：

> 《文心雕龙》的主导思想，来自《周易》，特别是系辞；而《周易》

经传的思想，本来就相当庞杂，再加上文字圆熟，后人容易随意为说，而不容易准确解说。到了刘勰的时代，佛道流行，“道”的内涵，就更形复杂。

系辞作年，或在战国中期。[24]《原道》之文句，确有不少与《系辞》相近，如“日月叠璧，以垂丽天之象”与《系辞》“悬象著明莫大乎日月”之类。但是，《原道》之基本理念，似非断自《系辞》所能了决。我们从《文心雕龙》中的《诸子》、《史传》诸篇，可知刘勰涉猎十分广泛。他的原道的思想，正是他广泛涉猎之后所形成，很难说定于任何一家。

早于《周易》的当然是《老子》。上已言及，“文之为德也大矣”之理念，来源于老子对道的理解。《老子》讲天地万物原于道，“道生一，一生二，二生三，三生万物”。道生一，道就是一，二是天地，有了天地，就有第三者，有了第三者，就有万物。道生一这个模式，也就是老子说的：“天下万物生于有，有生于无。”一是有，是最初的物质形态，是从“无”开始的。“无”不是说空无所有，而是说明它在出现之前没有出现，如此而已。所以他又说：“有物混成，先天地生，寂兮寥兮，独立而不改，周行而不殆，可以为天下母。吾不知其名，字之曰道，强为之名曰大。”道无形而生成万物，这是文原于道思想的最早来源。《管子·心术》上也有类似思想：“虚无无形之谓道，化育万物之谓德”；“以无为之之谓道，舍之之谓德”。“德”为“道”之舍。刘勰“文之为德”说当然也与《管子》有关。他在《诸子篇》中说过：“管、晏属篇，事核而言练。”《管子》书他是看过的。以后的道家，都有类似的思想，如《文子·上德》：“天道为文，地道为理，……天覆万物，施其德而养之。”《诸子篇》：“情辨以泽，《文子》擅其能。”《文子》他也是读过的。他接受无形之道化育万物的思想，才提出来文原于道。

但是，《老子》与《管子》、《文子》，并没有神道设教的思想，而刘勰却受到神道设教思想的影响，《原道》："人文之元，肇自太极。幽赞神明，《易》象惟先。"于是他把人文之产生，与河图、洛书联系起来，《原道》：

爰自风姓，暨于孔氏，玄圣创典，素王述训，莫不原道心以铺张，研神理而设教，取象乎河洛，问数乎蓍龟，观天文以极变，察人文以成化。然后能经纬区宇，弥纶彝宪，发挥事业，彪炳辞义。

此种思想，来自《周易·观卦·彖辞》："圣人以神道设教，而天下服矣。"又，《系辞上》：

探赜索隐，钩深致玄，以定天下之吉凶，成天下之亹亹者，莫大乎蓍龟。是故，天生神物，圣人则之。天地变化，圣人效之。天垂象，见吉凶，圣人象之。河出图，洛出书，圣人则之。

这是说，圣人法天地以成教化。后来，儒家把道与圣人联系起来，惟圣人能感知天道，秉天道以设教。《礼记·礼器》第十："天道至教，圣人至德。"《礼记·中庸》：

天命之谓性，率性之谓道，修道之谓教。道也者，不可须臾离也。大哉！圣人之道洋洋乎，发育万物，峻极于天。

陆贾《新语·道基》：

故知天者仰观天文，知地者俯察地理。跂行喘息，蜎飞蠕动之类，水生陆行，根著叶长之属，为宁其心而安其性，盖天地相承，气感相应而成者也。于是圣人乃仰观天文，俯察地理，图画乾坤，以定人道，……于是百官立，王道乃生。㉕

孔安国："古者伏羲氏之王天下也，始画八卦，造书契，以代结绳之政，由是文籍生焉。"[26]翼奉："臣闻之于师曰：天地设位，悬日月，布星辰，分阴阳，定四时，列五行，以观圣人，名之曰道。圣人见道，然后知王治之象，故画州土，建君臣，立律历，陈成败，以视贤者，名之曰经。贤者见经，然后知人道之务，则《诗》、《书》、《易》、《春秋》、《礼》、《乐》是也。"[27]

桓谭《新论·闵友》：

扬雄作《玄》书，以为玄者，天也，道也，言圣贤著法作事，皆引天道以为本统，而因附属万类。[28]

应瑒《文质论》：

盖皇穹肇载，阴阳初分，日月运其光，列宿曜于文，百毂丽于上，芳华茂于春。是以圣人合德天地，禀气淳灵，仰观象于玄表，俯察式于群形，穷神知化，万物是经。故否泰易趍，道无攸一，二征代序，有文有质。[29]

丁仪《刑礼论》：

天垂象，圣人则之。[30]

只有圣人能体道，道通过圣人以垂训，这样天道就成为人道。人道的表述，就是"经"。在思想的发展过程中，儒、道互相渗透，道家无形无名的"道"，与儒家道德的"道"，就沟通了，作为天地万物本原的道，也就成了道德的道。荀悦《申鉴·政体第一》：

夫道之本，仁义而已矣。五典以经之，群籍以纬之，咏之歌之，弦之舞之，……立天之道，曰阴与阳；立地之道，曰刚与柔；立人之道，曰仁与义。[31]

天道、地道、人道，三位一体了。从天道到人道，《原道篇》的结尾归结两句话："故知道沿圣以垂文，圣因文而明道。"

这样，我们就可以看到，《原道篇》的道，是从老子、到《易》、到儒、道融通的道，说明着刘勰所接受的思想影响的复杂性。而此种之复杂性，与他广泛的涉猎有关，与诸家思想在发展过程中相互渗透也有关系。

---

①《文心雕龙注》上册，页6。

②《文心雕龙斠诠》页20，台湾国立编译馆中华丛书编审委员会1982年版。

③《文心雕龙新解》，台湾翰林出版社1968年版。

④斯波六郎《〈文心雕龙〉札记》，引自王元化编《日本研究〈文心雕龙〉论文集》，齐鲁书社1983年版。

⑤《管锥编》第四册，页1505～1506，中华书局1979年版。

⑥《文心雕龙注释》页3，人民文学出版社1981年版。

⑦马宏山《文心雕龙散论》页151，新疆人民出版社1982年版。

⑧《文心雕龙读本》页11，台湾文史哲出版社1981年版。

⑨《文心雕龙注译》页2，甘肃人民出版社1982年版。

⑩《文心雕龙义疏》页12～13，武汉大学出版社2002年版。

⑪《文心雕龙义证》页2，上海古籍出版社1989年版。

⑫《文心雕龙解说》页2，安徽教育出版社1993年版。

⑬《文心雕龙译注》页2，齐鲁书社1981年版。

⑭《文心雕龙译注》页3，上海古籍出版社1998年版。

⑮《文心雕龙译注》页21，广西人民出版社1982年版。

⑯《文心雕龙释义》页3～4，山东教育出版社1986年版。

⑰《文心雕龙通解》页11，台湾黎明文化事业股份有限公司1986年版。

⑱黄广华《"文之为德也，大矣"辨析》，《古代文学理论研究》第十三辑页168～169，上海古籍出版社1988年版。

⑲《文心雕龙讲疏》页332，广西师范大学出版社2004年版。

⑳《骈体语译文心雕龙》页53～54，上海书店出版社2001年版。

㉑曹旭译《文心雕龙研究》，上海古籍出版社 1992 年版。

㉒《文心雕龙译注》页 4，齐鲁书社 1981 年版。

㉓陈耀南《周易系辞与文心原道》，见其《文心雕龙论集》，香港现代教育研究社 1989 年版。

㉔朱伯昆认为《庄子》中关于太极的说法，当是《系辞》中所说“太极”之来源；又说，《系辞》中的概念、命题、术语，反映了战国中期以后哲学和学术思想发展的情况，不会早于庄子、商鞅和《管子·内业》。见其《易学哲学史》上册，页 49。北京大学出版社 1986 年版。

㉕王利器《新语校注》页 7 ~ 9，中华书局 1986 年版。

㉖《全上古三代秦汉三国六朝文·全汉文》卷十三，页 195，严可均辑《全上古三代秦汉三国六朝文》，中华书局 1958 年版。

㉗《全上古三代秦汉三国六朝文·全汉文》卷四十四，页 367。

㉘《全上古三代秦汉三国六朝文·全后汉文》卷十五，页 551。

㉙同上书，卷四十二，页 701。

㉚同上书，卷九十四，页 980。

㉛荀悦《申鉴》卷一，文渊阁四库全书本。

释“惟人参之”

1909年李详在《国粹学报》发表《文心雕龙黄注补正》，1920年杨鸿烈在《晨报副刊》发表《文心雕龙的研究》，近一个世纪以来研究《文心雕龙》的论著之多，实在令后来者望而生畏。仅大陆而言，论文一千八百余篇，专著五十余部，加上港、台地区与国外的同类论著，数量就更大。许多问题的研究，已相当深入了。虽然如此，由于这部巨著义理之精深，表达之藏珠隐秀，至今对它的解读，疑问又似乎比比皆是。兹就偶读所得，札记一二，以就正于方家。

一

《原道》开篇叙及道之文之后，有这样一段话："仰观吐曜，俯察含章，高卑定位，故两仪既生矣，惟人参之，性灵所钟，是谓三才。为五行之秀，实天地之心。心生而言立，言立而文明，自然之道也。"此段意欲由天文而及人文，谓人而有文，乃自然而然之道理。人之所以有文，是由于聚性灵、参天地所致。聚性灵、参天地，便成了理解这段文字的要点所在。

多数《文心雕龙》的注释，都未对"惟人参之"作出解释，如黄叔琳注、李详补注、范文澜注、杨明照校注拾遗。这些《文心》的重要注释者，似都认为此句不必加注而其义自明。然事实上并非如此。学者们对此句之理解其实是存在差异的。

郭晋稀《文心雕龙注译》的解释是：

参，既有三义，也兼有参入义[①]。

“参”之“三”义，应读为 sān；而“参”之“参入”义，应读为 cān。既两义并存，读音将如何处理？持两义并存的，还有詹锳《文心雕龙义证》。詹注“惟人参之”谓：

《荀子·王制》：“故天地生君子，君子理天地。君子者，天地之参也。”杨倞注：“参，与之相参，共成化育也。”《礼记·孔子闲居》：“三王之德，参于天地。”郑注：“参天地者，其德与天地为三也。”《中庸》：“可以赞地之化育，则可与天地参矣。”朱注：“与天地参，谓与天地并立为三也。”《汉书·扬雄传》上：“参天地而独立兮。”注云：“参之言三也。”之，指天地[②]。

按：此处“之”非代词，谓其“指天地”，大误。此是题外话，且不论。詹注未说出自己对“参”的理解，然从引文可以了解，他是从“相参”与“三”两义解释“参”的。杨倞解“参”为“相参”，“相参”是等齐、并列的意思，此义“参”应读为 cān。郑注、朱注、颜注“参”应读为 sān。持两义并存的，就我所见，还有两种注译本，不再赘举。

更多的学者则释“参”为“三”，如周振甫《文心雕龙选译》，注称：“参，三。”译称：“只有人和天地相配。”[③] 李曰刚《文心雕龙斠诠》此句直解为：“惟人生于两大之间……与天地并立为三。”[④] 龙必锟《文心雕龙全译》注谓：“参，三。”[⑤]

也有学者释“参”为“加上”、“相参”者，如赵仲邑。在他的《文心雕龙译注》中，“惟人参之”一句未作注，语译是连同“性灵所钟，是谓三才”一起意译的，为：“后来加上了集中表现聪明才智的人，与天地并列为三。”[⑥] 他似是用“与天地并列为三”来译“是谓三才”，那么，“加上了”就是译“参”的了，意为人加入进去。作此解释的还有王礼卿，他译“参”为“相参”。[⑦]《中国古代文论选注》：“参，参入……惟人参入天地两仪之中。”[8]

也有的学者对此“参”字未作明确的诠释，如陆侃如、牟世金合著《文心雕龙译注》，“惟人参之”一句未出注，语译与“性灵所钟”连译为：“后来出现钟聚着聪明才智的人类。”[9] 向长青于此句亦未出注，语译亦与“性灵所钟”连译，为：“由于天地灵气所钟，产生了人。”[10] 因“参”义未明确指译，难以判断其作何种理解。

这样，在我们面前，“惟人参之”的“参”就有三、等齐、加入等解释。以“三、等齐、加入”释此“参”字，于理虽可通，但若考察《原道》全篇之论述意向，则又似有未尽如人意者。刘勰谓天地有文，人参之，人亦有文，故《赞》谓：“天文斯观，民胥以傚。”这“天文斯观，民胥以傚”，乃是刘勰论天文、人文之基本观点，人文乃仿效天文而来，是则论述天地有文采之后，论人亦有文，仿效的意义自亦不言而在其中。这样，“惟人参之”就存在着另一种解释，即：人仿效天地。参，参拟，模拟，效法。

二

对“惟人参之”之此种理解，其实涉及刘勰思想的一种历史渊源。在中国思想史上，有一种以人比类天地的观点。关于此种观点，钱锺书先生曾略论及[11]，今且更申而言之。

以人比类天地，属于复杂的天人关系问题中的一个层面。关于天人关系问题，由于涉及的面太广，本文不拟综论。本文要追索的，只是以人比类天地这一思想层面上的一些问题。

从思想发展的脉络考察，以人比类天地，大抵可分为比象与比德两类。

比象说的最初思想，似是从有关本体的哲学思考发展而来的。它的初始形态，只是说万物一体，还没有进入比类的阶段。《老子》二十五章：“人法地，地法天，天法道，道法自然。”这里说的“人”，不是指某一个个体，而是一个类的概念。“法”，以之为则。王弼注说：“人不违地，乃得全安，法地也。地不违天，乃得全载，法天也。天不违道，乃是全覆，法道也。道不违自然，乃得其性，法自然也。法自然者，在方而法方，在圆而法圆，于自然无所违也。”[12] 法地、法天、法道，最终是法自然，也就是不违万物的本然状态。（后来《庄子·秋水》把这一思想表述得既明确又形象生动：“牛马四足，是谓天；落马首，穿牛鼻，是谓人。”）人法地，就是不违背地之本然状态。这种思想可能原于早期人们对自然的认识。对于自然的依赖，就不能违背自然的生生之理。《逸周书·文传》：“山林非时不升斤斧，以成草木之长。川泽非时不入网罟，以成鱼鳖之长。不麛不卵，以成鸟兽之长。畋猎准时，不杀童羊，不夭胎牛，不服童马，不驰不骛，泽不行害，土不失其宜，万物不失其性，天下不失其时。”[13] 依于事物之本然而不要人为地破坏它，强调与自然的和谐统一。这种思想发展到庄子，就走向了万物一体。道通为一，从空间上说，有无、彼此均相对而存在，本就无须区分；从时间上说，死生存亡亦均相对而存在，方生方死方死方生，亦不区分，最后就从物我一体走向物我两忘。这当然不必再强调“法”的问题。似乎可以说，老子的“人法地……”的思想，到庄子就变成了人融入自然，人消融进自然之中，泯一无我了。

但也正是这种万物一体、万物一气的思想，提供了比象说的基础。这种思想的一种发展，便是从本体向具象，从法则向比类转移。《文子·十守》：“头圆法天，足方象地；天有四时、五行、九曜、三百六十日，人有四肢、五脏、三百六十节；天有风雨寒暑，人有取与喜怒；胆为云，肺为气，脾为风，肾为雨，肝为雷。人与天地相类而心为之主，耳目者，日月也；血气者，风雨也。”《文子》的这段话也出现在《淮南子·精神训》中，除“人与天地相类而心为之主”一句作“以与天地相参而以心为主”之外，其余文字全同。从这略异的一句，也可看出“相参”即“相类”。《文子》中这种人天比象的思想，除了与老子的法地、法天说有思想的渊源关系外，可能还受到阴阳五行说的影响。邹衍的五德终始说如何以人身比类五行、四时，已不得而知，《意林》引《邹子》谓：“形体骨肉，当地之厚也；有孔窍血脉，当川谷也。”[14] 刘勰说：“邹衍养政于天文。”

(《诸子》) 以此可见他是把阴阳五行与政教联系起来的。《管子》中《四时》、《五行》诸篇，已建立了人道、地道、天道的结构模式；而《水地》篇论人之成形，颇有阴阳五行家思想的踪迹，如谓："酸主脾，咸主肺，辛主肾，苦主肝，甘主心，五脏已具，而后生肉。"把五味与五脏的生成联系起来，实际上也就是把五脏与五行联系起来，味、气、色、声与五行，其时常被看做是一个相互关联的整体。《左传》昭元年载医和论疾，谓："天有六气（阴、阳、风、雨、晦、明），降生五味（辛、酸、咸、苦、甘），发为五色（白、青、黑、赤、黄），征为五声（宫、商、角、徵、羽），淫为六疾（寒、热、末、腹、惑、心诸疾）。"昭二十五年载赵简子论礼，亦谓："天地之经，而民实则之。则天之明，因地之性，生其六气，用其五行，气为五味，发为五色，章为五声。淫则昏乱，民失其性。"《管子·水地篇》与《左传》的上述思想，可能都来自阴阳家。阴阳家以人身比类五行四时的思想，与前引《文子》的观点甚为相似。

杨朱亦有类似思想，《列子·杨朱篇》引杨朱曰："人肖天地之类，怀五常之性，有生之最灵者也。"张湛注："肖，似也。类同阴阳，性禀五常也。"而这种思想的更多表述，似在道教的典籍中。《太平经·分别贫富法》谓："人生皆含怀天气具迺出，头圆，天也；足方，地也；四支，四时也；五脏，五行也；耳目口鼻，七政三光也。"[15]晚于刘勰的作于晚唐五代间的《关尹子》亦云："我与天地，似契似离，纯纯各归。"牛道淳注谓："如上说，我通天地，天地通我，即是我与天地似契合，则又不契合。天地有人，人亦有天地，天地即大人，人即小天地也。"《二柱篇》又说："心应枣，肝应榆，我通天地。"牛道淳注谓："天地生物，各属五行。枣赤，属火，火在脏为心。故云心应枣也。榆青，属木，木在脏为肝，故云肝应榆也。天地阴阳二气交通而生枣榆，心应枣，肝应榆，是我与天地相通也。故云，我通天地也。"[16]道教内丹派的种种修炼，似都与这种人即小天地、天地即大人的思想有关。

董仲舒《春秋繁露》中也有大量人比象天地的论述。他讲天人相副，《为人者天》章："为生不能为人，为人者天也。人之为人本于天。天也人之曾祖父也。此人之所以乃上类天也。人之形体，化天数而成；人之血气，化天志而仁；人之德行，化天理而义：人之好恶，化天之暖清；人之喜怒，化天之寒暑；人之受命，化天之四时。人生有喜怒哀乐之答，春秋冬夏之类也。喜，春之答也；怒，秋之答也；乐，夏之答也；哀，冬之答也。"《阴阳尊卑》章："人生于天而取化于天，喜气取诸春，乐气取诸夏，怒气取诸秋，哀气取诸冬。"《人副天数》章："人有三百六十节，偶天之数也。形体骨肉，偶地之厚也。上有耳目聪明，日月之象也。体有空窍理脉，川谷之象也。心有哀乐喜怒，神气之类也。""此见人之绝于物而参天地。是故人之身，首坌而圆，象天容也；发，象星辰也；耳目戾戾，象日月也；鼻口呼吸，象风气也；胸中达知，象神明也；腹胞虚实，象百物也。百物者最近地，故要以下，地也。天地之象，以要为带。颈以上者，精神尊严，明天类之状也；颈而下者，丰厚卑辱，土壤之比也；足布而方，地形之象也。……天地之符，阴阳之副，常设于身。身犹天也，数与之相参，故命与之相连也。天以终岁之数成人之身，故小节三百六十六，副日数也；大节十二分，副月数也；内有五脏，副五行数也；外有四肢，四时数也；乍视乍瞑，副昼夜也；乍刚乍柔，副冬夏也；乍哀乍乐，副阴阳也；心有计虑，副度数也；行有伦理，副天地也。"他从天人相副又讲到天人感应，《同类相动》章："天有阴阳，人亦有阴阳。天地之阴气起而人之阴气应之而起；人之阴气起而天地之阴气亦宜应之而起，其道一也。……非独阴阳之气可以类进退也，虽不祥祸福所从生亦由是也。"他由此又讲到灾异。他是主张大一统的，讲君权神授，因之他的天人相副说又由比象进入比德，最后归到圣人与治道上。董仲舒而后，天人感应思想一直在中国政治生活中占有重要地位。一切灾异，均归之于天人感应。干宝《山亡论》论山徙与政治之关系，用的就是人天比象的方法：

善言天者，必质于人；善言人者，必本于天。故天有四时，日月相推，寒暑迭代，其转运也，和而为雨，怒而为风，散而为露，乱而为雾，凝而为霜雪，立而为蚳，此天之常数也。人有四肢、五脏，一觉一寐，呼吸吐纳，精气往来，流而为荣卫，彰而为气色，发而为声音，此亦人之常数也。[17]

关于天人感应的材料，数量之多，几至于无法复述。

比象思想的又一支，在医家中有所表述。《黄帝内经·素问》："天有四时五行，以生长收藏，以生寒暑燥湿风；人有五脏，化生五气，以生喜怒悲忧恐。"[18] "天有阴阳，人有十二节；天有寒暑，人有虚实。"[19] 十二节，谓对应十二个月之经脉；虚实，医家谓邪气盛则实，精气夺则虚。把人体之气与天地之气看做是一种对应关系，以气候比类脉象，以至认为气候影响脉象。"夫圣人之起度，必应于天地。故天有宿度，地有经水，人有经脉。"[20] 宿，指二十八宿；度，指三百六十五度。《黄帝内经·灵枢》亦谓："人之合于天道也，内有五脏以应五音五色五时五味五位也，外有六府以应六律，六律建阴阳诸经而合之十二月十二辰十二节十二经水十二时十二经脉者，此五脏六府之所以应天道。夫十二经脉者，人之所以生，病之所以成，人之所以治，病之所以起，学之所始，工之所止也。"[21] 医家以人体构成比象天地，是把人与宇宙万物看做是一个整体，把发病机理与治则都建立在这一基础理论之上，是从生命的运营上着眼的。也就是说，是从人自身着眼的。

与比象同样以人比类天地，但主要不从象上着眼，而从德上着眼的，我们姑且把它称为比德说。比德说与比象说的另一点差别，是比象说以之比类天地的"人"，是一个类的概念，且系指自然的人，而比德说以之比类天地的"人"，却是特指圣与王而言，且系指伦理的人。

《荀子·王制》："故天地生君子，君子理天地。君子者，天地之参也，万物之总也，民之父母也。"《礼记·经解》："天子者，与天地参，故德配天地，兼利万物。"孔疏："与天地参者，天覆地载，生养万物，天子亦能覆载生养之功，与天地相参齐等，故云与天地参。”[22]《礼运》云：“故人者，天地之心也，五行之端也，食味，别声、被色而生者也。故圣人作则，必以天地为本，以阴阳为端，以四时为柄，以日星为纪，月以为量，鬼神以为徒，五行以为质，礼义以为器，人情以为田，四灵以为畜。”《孔子闲居》：“子夏曰：三五之德，参于天地，敢问如斯何可谓参于天地矣？孔子曰：奉三无私以劳天下。子夏曰：何谓三无私？孔子曰：天无私覆，地无私载，日月无私照。奉斯三者以劳天下，此之谓三无私。”《中庸》：“唯天下至诚为能尽其性。能尽其性，则能尽人之性。能尽人之性，则能尽物之性。能尽物之性，则可以赞天地之化育，则可以与天地参矣。”郑注：“助天地之化生，谓圣人受命在王位致太平。”《中庸》又谓：“仲尼祖述尧舜，宪章文武，上纬天时，下袭水土。辟如天地之无不持载，无不覆帱；辟如四时之错行，如日月之代明，万物并育而不相害。道并行而不相悖，小德川流，大德敦化，此天地之所以为大也。唯天下至圣，为能聪睿知，足以有临也；宽裕温柔，足以有容也；发强刚毅，足以有执也；齐庄中正，足以有敬也；文理密察，足以有别也。溥博渊泉，时而出之，溥博如天，渊泉如渊，见而民莫不敬，言而民莫不信，行而民莫不说，是以……天之所覆，地之所载，日月所照，霜露所坠，凡有血气者莫不尊亲，故曰配天。”比德说论圣人、明王与天地之关系，是法天地，因之能等齐天地。圣与王能体悟天地化生万物之德性，因之也就能禀天命以育民。

比象说与比德说在比类的着眼点和终极目的上显然存在差别，一在象，一在理；一在为身，一在治民。但是在发展过程中，它们也常常错杂存在。思想的发展史从来不存在纯而又纯的承传，它总是在互相影响中行进的。道家、道教、阴阳家、儒家都论天人关系，他们立论的目的各不相同，论点亦大异，大抵说来，儒家比德而道家比象。但是在发展过程中，他们又互相吸收。在以人比类天地这一点上，董仲舒就是一例，他汲收道家与阴阳家的比象说，而却落脚到比德上。不过，各家着眼不论如何不同，有一点他们却是相同的，这就是把人与天地万物看做统一的整体，互相联系着。而在这统一中，是人参拟、仿效天地，比象或比德天地；而不是天地模仿人。人比象天地，因此人自身就是一个小天地，于是有道教的养生，有医家的治则；比德天地，于是有圣与王的禀受天命以行德政。在以人比类天地的最早说法中，老子说道大、天大、地大、人亦大，庄子说万物一气，都是把人与天地并列而言。这种并列，是从归之于自然这个角度说的。具体到了比象说，情形就起了变化。在目前所见的唐前有关资料中，似未有因比象而论证人与天地等齐者。在比象说中，人与天地相参，就是人参天地，参，就是参拟、仿效。人参天地，由是人与天地相副。人与天地并列的是比德说。比德说以人比类天地，有时候存有与天地等齐的意思，所谓同天地之化育，德配天地就是。但即使在比德说中，也还常存在着参拟天地的说法。《礼运》云："故圣人参于天地，并于鬼神，以致政也。"孔疏："故圣人参于天地者，政是圣人藏身之固所以。圣人参拟于天地，则法于天地是也。"孔颖达是把圣人参于天地理解为圣人仿效天地的。

《礼运》："圣人作则，必以天地为本。""为本"，也就是为据、为法的对象。

在现有解释古汉语的各种辞书中，"参"字未列"参拟、仿效"此一义项，而从上引思想史的材料考察，"参"的此一义项应该是存在的。唐人孔颖达已在《礼运》注中反映了这一义项，足可佐证。"参"的"参拟、仿效"义，在现代汉语"参照"等词中作为语素义仍然存在着，《文心雕龙·原道》"惟人参之"的"参"，用的正是这一义项。刘勰说，道有文，"日月叠璧，以垂丽天之象；山川焕绮，以铺理地之形，此盖道之文也"。天地既分，天地都有文，人模仿天地，人亦有文；万物皆有文，人亦有文。这就是自然之道。这是从文采（相对于质言）的意义上说的。由文采而推至文化，人文亦模仿道之文，"取象乎河洛，问数乎蓍龟"。文采与人文都取象乎天文，所以才说"天文斯观，民胥以傚"。"傚"也就是"惟人参之"的"参"，就是仿效。《宗经》篇也说，经是恒久之至道，"故象天地，效鬼神，参物序，制人纪，洞性灵之奥区，极文章之骨髓者也”。“效”亦象义；“参物序”的“参”，亦“比拟”义。从这些方面看，刘勰在论及文之起源时，显然有着比象说的思想影响。但刘勰并未停留在比象上，他在论文道关系时，把比象引向了比德，在《原道》、《宗经》中他一再论证唯圣人能明道意，“道沿圣以垂文，圣因文而明道”。为什么要宗经，为什么不在人文与天文的直接关系中论文，而要在中间加上圣与经？这里边就有圣人与天地比德、禀受天命的思想的影响在。当然，这两种思想的影响在《文心》中表现出明显的层次：由比象而比德，由参天地而体道明道。

这两种思想的影响，在《文心》一书中处处反映出来。比德说转入宗经，表现甚为明显，不须赘说；比象说则隐约起来，通过中介表现出来，此点留待后论。

与“惟人参之”相联的，是“性灵所钟”。性灵所钟，意谓天地灵气之所钟聚，含义本甚为明了。然不少《文心雕龙》之译注对此之解释竟也存在差异，如牟世金《译注》注谓：“性灵，指人的智慧。钟，积聚。”译称：“后来出现钟聚着聪明才智的人类。”周振甫《注释》谓：“性灵，指人的天性灵智。”《选译》译为：“（只有人……）孕育灵性。”郭晋稀的理解与上述诸人异，他认为性灵乃指天地之灵气，《注译》译文为“（人）那是天地的灵气凝聚而生成的”。王礼卿、王叔岷、王更生、龙必锟等的解释与郭同。[23]我以为，郭等的解释是正确的。

前已述及，万物一气，万物之生长发育，无不禀受天地之元气，是中国传统思想之一。自此一思想又发展出一种气分清浊的观点，《淮南子·天文训》认为：万物皆禀气以生，“道始于虚廓，虚廓生宇宙，宇宙生气。气有汉垠，清扬者薄靡而为天，重浊者凝滞而为地……天地之袭精为阴阳、阴阳之专精为四时，四时之散精为万物”，《精神训》有类似论述，而更明确万物不惟为气之所生，气之清浊不惟分判为天地。且亦区别人与其他物类：“于是乃别为阴阳，离为八极，刚柔相成，万物乃形，烦气为虫，精气为人。”《礼记·礼运》中也有万物之中人为贵的思想，从“气”区别出“秀气”一项，谓“人者，其天地之德，阴阳之交，鬼神之会，五行之秀气也”。祢衡《鲁夫子碑》曰：“受天至精，纯粹睿哲。”[24] 孔融《圣人优劣论》：“荀愔等以为圣人俱受乾坤之醇灵，禀造化之和气。”[25] 袁准《才性论》谓：“凡万物生于天地之间，有美有恶。物何故美？清气之所生也；物何故恶？浊气之所施也。”[26] 不惟人能禀天地之灵气，物亦能禀天地之灵气，《庄子·德充符》：“受命于地，唯松柏独也在冬青青；受命于天，唯舜独也正。”郭象注谓：“夫松柏特禀自然之钟气，故能为众木之杰耳……言特受自然之正气者至希也，下首则唯有松柏，上首则唯有圣人。”人禀天地之灵气，正是这种传统思想的产物。

三

人比象天地，所以人有文。这样一种观点，乃是刘勰文学观中重自然的思想的一个很重要的基石。重自然，便亦必然重视自然禀赋，重视情性气质，重视情性与外物的交通。

《文心》一书，处处言才性之自然禀赋。《体性》谓：“然才有庸儁，气有刚柔。”“故辞理庸儁，莫能翻其才；风趣刚柔，宁或改其气。”“才力居中，肇自血气。气以实志，志以定言，吐纳英华，莫非情性。”他主张“才为盟主，学为辅佐”(《事类》)。重自然情性，因之他主张养气。他所说的养气，其实是养身与养神，使创作时身心都处于一种从容健旺的状态中，做到率志委和，理融气畅。方法则是卫气，勿使过于疲劳，过于耗损精神，做到“清和其心，调畅其气，烦而即舍，勿使壅滞，意得则舒怀以命笔，理伏则投笔以卷怀，逍遥以针劳，谈笑以药倦”(《养气》)。他的养气说，着眼于气性，而非着眼于理，着眼于自然的人，而非着眼于道德的人，有别于儒家的养气说。以自然情性论文，刘勰把许多现象都归之于情性的自然产物，如谓“声含宫商，肇自血气”(《情采》)。“造化赋形，支体必双，神理为用，事不孤立。夫心生文辞，运裁百虑，高下相须，自然成对”(《丽辞》)。声律、骈偶、文采等等既然都来自于自然本性，它们的存在当然也就是合理的。正是从这一角度，刘勰的文学观念极富人性色彩。如果我们不过多地看重他的征圣、宗经的主张，我们就会在他处处论雅正、论经之可为典范的同时，看到他处处重情在创作中的意义。论情采，他讲五情发而为辞章，乃是情理之数；论神思，他讲才、性、情、气在驰神运思过程中的作用；论物色，他强调了心物的交融。心物之所以能交融，就在于心物都有其性，有其情，不惟人有春秋之感，万物亦有，由是而言“情往似赠，兴来如答”，由是而言“目既往还，心亦吐纳”。这种心物交感的观念究其渊源之所自，实来自于万物一气说，来自于比象天地说，更侧重于人的自然本性。如果我们注意这一点，那么我们在衡量刘勰文学思想与其时之文学思潮是否一致这样一个问题时，便会有新的认识。我在另一篇论及刘勰文学思想的基本倾向的文章中，对此已有所论，将来还想就此问题再谈一点看法。

（原刊于北京大学中国传统文化研究中心编《国学研究》第四卷，北京大学出版社 1997 年版）

附记：本文刊出后，有青年研究者撰文称，凡了解中国礼乐文化的人，都不存在对“惟人参之”需要解释的问题，古人都知道“惟人参之”是什么意思。意谓此文作者无知之至。真是“明足以知秋毫之末而不见舆薪”，只知道“礼乐文化”而不知其余。天人关系，非只儒家一种解读，道家、法家对于天人关系就与“礼乐文化”很不同。汤一介先生认为，天人关系至少有五种解释。只就《文心雕龙》中的“惟人参之”的解读而言，不同的解释是需要面对的事实，用一句“礼乐文化”加以解释，无济于事。《原道》篇的赞说：“天文斯观，民胥以效。”效，仿效，参拟。非“三”之所能解读。真是无可奈何。读懂《文心》不易，真是感慨万千。

---

①郭晋稀：《文心雕龙注译》，甘肃人民出版社，1982 年版，第 3 页。

②詹锳：《文心雕龙义证》，上海古籍出版社，1989 年版，第 5 页。

③周振甫：《文心雕龙选译》，中华书局，1980 年版，第 19 页。

④李曰刚：《文心雕龙斠诠》，国立编译馆中华丛书编审委员会，1982 年版，第

16 页。

⑤龙必锟:《文心雕龙全译》，贵州人民出版社，1992 年版，第 3 页。

⑥赵仲邑:《文心雕龙译注》，漓江出版社，1982 年版。

⑦王礼卿:《文心雕龙通解》，黎明文化事业股份有限公司，1986 年版，第 12 页。

⑧北京师范大学中文系文艺理论教研室编:《中国古代文论选注》，陕西人民出版社，1983 年版，第 162 页。

⑨陆侃如，牟世金:《文心雕龙译注》，齐鲁书社，1982 年版，第 4 页。

⑩向长青:《文心雕龙浅释》，吉林人民出版社，1984 年版。

⑪钱锺书:《管锥编》第二册，中华书局，1979 年版，第 506 ~ 507 页。

⑫王弼:《老子道德经注》；楼宇烈《王弼集校释》，中华书局，1980 年版，第 65 页。

⑬《逸周书》，四库全书本。

⑭《意林》卷五。

⑮《太平经合校》卷三十五，中华书局，1960 年版。

⑯《关尹子》卷二，《道藏》本。

⑰《全晋文》卷十二。

⑱《黄帝内经 · 素问》卷二《阴阳别论篇》，又见《天元纪大论篇》，四部备要本。

⑲《黄帝内经 · 素问》卷八《宝命全形论篇》。

⑳同上书《离合真邪论篇》。

㉑《黄帝内经 · 灵枢》卷三《经别》。

㉒《礼记》，十三经注疏本。

㉓王礼卿《通解》译为“乃性灵所集聚”，似不甚明确，然其案语则表述得十分清楚，谓:“继述人为造化性灵所钟，与天地参。”显然是从天地灵气之钟聚这一点上理解的。王更生《读本》译为:“因为人乃天地灵气聚合而成。”王叔岷《文心雕龙缀补》(艺文印书馆 1975 年版)引《庄子 · 寓言》:“孔子曰: 夫人受才夫大本，复灵以生。”《汉书 · 刑法志》:“夫人肖天地之貌，怀五常之性，聪明精粹，有生之最灵者也。”又引陶渊明《感士不遇赋》:“咨大块之受气，何斯人之独灵。”以注“惟人参之，性灵所钟”一句。从这些引文看，他是以天地灵气之钟聚来理解“性灵所钟”的。龙必锟《全译》注性灵为:“天地自然的天性灵气。”

㉔《艺术类聚》卷二十引。

㉕同上书。

㉖同上书。

释《章表》篇“风矩应明”与“骨采宜耀”

——兼论刘勰的杂文学观念

刘勰在《文心雕龙·章表》中论章表，有如下一段话：

> 原夫章表之为用也，所以对扬王庭，昭明心曲。既其身文，且亦国华。章以造阙，风矩应明；表以致禁，骨采宜耀。循名课实，以文为本者也。是以章式炳贲，志在典谟，使要而非略，明而不浅。表体多包，情伪屡迁，必雅义以扇其风，清文以驰其丽。然恳恻者辞为心使，浮侈者情为文屈。必使繁约得正，华实相胜，唇吻不滞，则中律矣。

这一段话是他对于章与表这两种文体提出的基本要求。其中“章以造阙，风矩应明；表以致禁，骨采宜耀”一句，研究者有不同之解读。而此一种之不同解读，实关乎刘勰之章表观，且最终与他的杂文学观有关系。

一

我们先来大略了解学术界对“风矩应明”与“骨采宜耀”的解读。李曰刚解“风矩”，谓：“犹风范，谓风格矩范也。”[①] 詹锳同此解。[②] 对于“骨采”，李曰刚称：“骨谓事义，《风骨篇》论之；采，文采，《情采篇》论之。”[③]

詹锳则解“骨采”作辞采，谓：“《风骨篇》：‘若骨采未圆，风辞未练。’‘骨采’为具有刚性美的文章辞采。”[④]

赵仲邑译“风矩”为风格，“骨采”为文采。[⑤]

牟世金注：“风，教化。矩，画方形的器具，引申为法则。”而译此句为：“把谢恩的表送到朝廷，感化意义应该明显；把陈情的表呈上皇宫，骨力辞采应该显耀。”[⑥]

王礼卿解此句为：“章以造阙廷陈谢，故风度矩矱，应主光明；表以达宫禁陈请，故骨力文采，宜于照耀。”[⑦]

王运熙、周锋释此句为：“风矩，风格和感情的表现方式。”“骨采，骨力劲健而有文采。”[⑧]

林杉释此句，称：“风矩，风姿和矩式。矩，规矩、矩式。”风矩应明：“风姿和矩式应当明朗。”骨采宜耀：“骨力和辞采应当显耀。”[⑨]

周振甫释“风矩”为“风格规范”。[⑩]

郭晋稀释此句，称：“风矩与骨采为对文，风应指作品风情倾向，矩应指仪态。骨应指事义，采应指文采。”[⑪]

上引诸家之解读，对于“风矩”的解释可分为三类，一是理解为风格矩范，如李曰刚、詹锳、赵仲邑和王礼卿（与此种解读相近的是林杉，不过换风格为风姿）。

二是理解为风教，如牟世金。三是理解为风情仪态，如郭晋稀。

介于第一种与第三种之间，既取风格，亦取感情的是王运熙。

而对骨采的理解，也有三种。

一是指事义文采，如李曰刚、郭晋稀。

二是指骨力辞采，如牟世金、王礼卿、林杉、王运熙。

三指文采，如赵仲邑；詹锳则特指具有刚性美的文采。

以上诸家之解读，何者更符合刘勰之原意，似可讨论。

二

我们先从刘勰在《章表》篇中“选文定篇”之取向，来窥测他对于章、表这两种文体所提出的理想写法，从而来了解“风矩应明”与“骨采宜耀”之真实含义。

刘勰首先举出左雄与胡广的章奏。但是这两处，他都并没有展开论述他们的章奏有何特点，美在何处。他说“左雄奏议，台阁为式”，是指左雄每有奏议，宫中以之为法式。他说“胡广章奏，天下第一”，是汉安帝曾说过胡广章奏天下第一的话，刘勰只是引以评论，别无他意。此两处，只不过是说他们两人长于章奏而已。举曹魏之章奏，始论及特点：

> 至于文举之荐祢衡，气扬采飞；孔明之辞后主，志尽文畅；虽华实异旨，并表之英也。琳、瑀章表，有誉当时；孔璋称健，则其标也。陈思之表，独冠群才。观其体赡而律调，辞清而志显，应物制巧，随变生趣，执辔有余，故能缓急应节矣。

孔融荐祢衡表，以其气势之壮大，为历代论者所赞许。此表开篇“臣闻洪水横流，帝思俾乂”一句，口气之大，足以使人骇异。以禹之治水拟祢衡之才能，有拟于不伦之感。但是接下去列举祢衡之才能，论其天资，则称：“目所一见，辄诵于口；耳所暂闻，不忘于心。性与道合，思若有神。”论其道德操守，则称：“忠果正直，志怀霜雪。见善若惊，疾恶若雠。”论其能力，则称：“鸷鸟累百，不如一鹗。使衡立朝，必有可观，飞辩骋辞，溢气坌涌；解疑释结，临敌有余。”最后说朝廷不可不用祢衡：“钧天广乐，必有奇丽之观；帝室皇居，必蓄非常之宝。”这一系列极尽赞美之辞，以强烈的感情耸动视听，使人不得不为之动心。清人何焯论《荐祢衡表》，谓“章表多浮，此建安文敝，特其气犹壮”。[12]“多浮”指夸张之辞语。“气壮”，亦刘勰所说“气扬”之意。气扬，指感情激越。“采飞”，则指其辞语极强之动感与节奏。从他对《荐祢衡表》的评价中，我们可知他论“表”，是并情感与辞采而言的。

他对《出师表》的评价，亦兼指情思与辞采而言。“志尽”，是说言尽其意。《出师表》之所以感动千载，在其一片至诚，反复陈辞，从形势危殆，非北图中原不可，到亲贤臣远小人之劝告，到宫中内外事务，人事安排，恳切周至，无所遗漏。如浦起龙所说：“似老家人出外，叮咛小主人，言言声泪兼并。”[13]“志尽”是思想与感情均无所保留。“文畅”，则指其辞采之质实无华，而感情容量极大。苏轼论《出师表》，称其“简而直，尽而不肆，大哉言乎”！[14]《出师表》质实，《荐祢衡表》华美，刘勰说：“虽华实异旨，并表之英也。”

刘勰论曹植之表，着眼点有三，一是“体赡而律调”，二是“辞清而志显”，三是“随变生趣”。曹植今存章表三十八篇（章二，表三十六，其中不少为残篇）。[15]“体赡”，指义理周备。[16]这里的“体”，指理体；“赡”，充足。通篇说理充足。“律调”，指音调谐和。从今存曹植之章表看，长篇如《求自试表》、《求通亲亲表》、《陈审举表》、《谏取诸国士息表》均反复申说，以理之圆融取胜。《求自试表》先从形势立说，称西有违命之蜀，东有不臣之吴，正是用人之秋。既举历史上之忠臣为说，谓凡忠义之臣，必捐躯济难，以功报主。继又言自己的忧国之心与立功之志，既说之以理，又动之以情，“必效须臾之捷，以灭终身之愧，使名挂史笔，事列朝荣”。“如微才弗试，没世无闻，徒荣其躯而丰其体，生无益于事，死无损于数，……此徒圈牢之养物，非臣之所志也。”他说他之所以自荐，是因为与国家分形同气，忧患与共。他说他“抚剑东顾，而心已驰于吴会矣”。通篇情理周至，这就是“体赡”。

曹植之表，不论长篇短章，都以事理明白表述为特色，长篇则逻辑严密，短章则简明扼要。既有像《求自试表》与《陈审举表》那样近千五百字的长篇，也有《上银鞍表》那样只有十九字的短章。长篇反复论证，短章寥寥数语，而用语均明白晓畅，除极少篇外，虽用典亦毫无晦涩之感。这就是刘勰所说的“辞清而志显”。

由于用意不同，曹植的表的表现方法亦时有变化。如《上牛表》，类于游戏。给曹丕送上一头牛，通篇骈俪，六十四个字，用了四个典故，除了“形少有殊”四字具实质意义之外，其他则说了等于没有说。这就是刘勰所说的“应物制巧，随变生趣”。

刘勰论曹植之表，从义理至辞采都加赞许，既赞其平正晓畅，亦赞其变化，所以说他“独冠群才”。从行文之次序看，群才所指，当属曹魏范围。

《章表》篇选文定篇涉及两晋时，举张华、羊祜、庾亮、刘琨与张骏为例。论张华，称赞其《三让公封表》:“理周辞要，引义比事，必得其偶。”该表已佚，今存《王公上寿酒食举乐歌诗表》亦残篇，无从知张华章表写法之特色。羊祜《让开府表》，刘勰称其“有誉于前谈”；庾亮《让中书令表》，刘勰称其“信美于往载”。两表合论，称:“序志联类，有文雅焉。”两表今均存《文选》中。《让开府表》让开府而联及用贤;《让中书令表》让中书令而联及重用外戚之为害。“让”是明志，联类所及，是从大局出发论得失，所以说“有文雅焉”。论刘琨《劝进表》与张骏《自序》，称其文致耿介，有陈事之美。刘琨《劝进表》一种系念国家的激越感情与忠诚并存，康熙论此表，谓:“劝进一表，辞意慷慨，志气纵横。”[17]所谓“文致耿介”，当指慷慨激越的忠义之情，“致”，情致。张骏《自序》或指其遣麹护上疏。[18]今存疏不全，难以论定。

从上述刘勰所举他认为有代表性的优秀章表看，他的评价，是并思想感情与文采而言的，而且，思想感情还放在更重要的地位上。他所说的“风矩应明”与“骨采宜耀”，显然并情思事义与辞采而言。在“风矩”、“骨采”之后，他进一步论章表，称:“是以章式炳贲，志在典谟，使要而非略，明而不浅。表体多包，情伪屡迁，必雅义以扇其风，清文以驰其丽。”如前所言，在选文定篇中他举左雄、胡广为例，而对他们的章的特点并未详论，无从知其所指。而此处则分明以义理与写法并提，来要求理想的章。所谓“章式”，是指章之为体。“炳贲”，是光明灿烂，这显然是指“章”的体式应该是整体光华。整体光华非仅指文采一端，当亦兼指情思义理。也就是“风矩应明”的“明”，情思应该正大光明，文采应该斐耀。“志在典谟”，是说章应该追求典谟的范式[19]，写法上应该“要而非略，明而不浅”，简要而又完备，明白而又深刻。对于章的这一要求，可说明“风矩应明”的“风”，是就情思说的，非指风范、风格、风姿。“风矩”的“矩”，指矩式。犹《议对》篇“标义路以植矩”的“矩”。“风矩应明”是说章所表达的情思与辞采都应该光明照耀。[20]对于理想的表的要求，更为明确的是兼指情思义理与辞采。“必雅义以扇其风，清文以驰其丽”，用来进一步说明“骨采宜耀”的内涵。“雅义”指骨，我们知道，《风骨》篇论的骨，是指严密的有说服力的义理。加一“雅”字，亦宗经之意，骨髓事义应该雅正。雅正的事义而能扇其风，亦风骨并重之意。他在选文定篇中所举例之“表”，也多情思义理兼指。可见，“骨采宜耀”说的是风情义理均应具光明之气象。不过“风矩应明”偏重在风；“骨采宜耀”偏重在骨。两者都兼及辞采，与《风骨》篇中所要求的风辞圆、骨采练的用意相似。这正是他论文所持的基本准则在论章、表中的反映。骈体文常有互文见义的表述方法，此处似亦有此种意蕴。

三

从刘勰论章表，我们可以清晰看到他对这两种实用文体的要求，除了讲明其实用性质之外，还提出了属于感情与文采之美的条件。这两种文体，在他的分类中，是属于“笔”的。对属于“笔”的文体提出属于文学性的要求，这就说明，在《文心雕龙》中，“文”与“笔”，都属于他的杂文学观的视野之内，本身并无区别。他论文体的二十篇，对各体的要求虽各有不同，但是有两点我们必须注意：

一是他对于其中大多数文体，都有类似于对待章表那样的属于感情与文采的要求，如：

《赞颂》对颂体的要求：“原乎颂惟雅懿，辞必清铄，敷写似赋，而不入华侈之区；敬慎如铭，而异乎规戒之域；揄扬以发藻，汪洋以树义，虽纤曲巧致，与情而变，其大体所弘，如斯而已。”这是说赞除了要含意深广之外，还要有清铄的辞采和如赋般的铺写。

对于“赞”的要求：“约举以尽情，昭灼以送文，此其体也。”

《祝盟》对盟的要求：“夫盟之大体，必序危机，奖忠孝，共存亡，戮心力，祈幽灵以取鉴，指九天以为正；感激以立诚，切至以敷辞，此其大同也。”感激是情的活动，重视盟的真诚激越的感情，所以他举的例文，说“若夫臧洪歃辞，气截云蜺；刘琨铁誓，精贯霏霜”。

《铭箴》对铭与箴的要求："箴全御过，故文资确切；铭兼褒赞，故体贵弘润。"确切与弘润，都是就体貌说的，一是用词准确，一是弘大而温润。弘大指其立意之典重，非指其规模；温润指其用辞之特点，从容平和。对铭箴的这种要求，也反映在赞中："义典则弘，文约为美。"

关于铭箴这两种文体应具之特色，陆机在《文赋》中也有表述："铭博约而温润，箴顿挫而清壮。"他也已经注意到此两种应用文体应具之艺术表现特色。

《诔碑》篇对诔的要求："详夫诔之为制，盖选言录行，传体而颂文，荣始而哀终。论其人也，暧乎若可觌；道其哀也，凄然如可伤。此其旨也。"他所赞赏的优秀的诔，如赞柳妻之诔惠子，称其"辞哀而韵长"，亦重情之意。

对碑的要求："标序盛德，必见清风之华；昭记鸿懿，必见峻伟之烈：此碑之制也。"例文中说到蔡邕的碑"骨鲠训典"，"其叙事也该而要，其缀采也雅而泽；清辞转而不穷，巧义出而卓立"，并风骨辞采而言之。

《哀吊》篇对哀文的要求："必使情往会悲，文来引泣。"他对于潘岳的哀辞，给了很高的评价："观其虑赡辞变，情洞悲苦，叙事如传，结言模诗，促节四言，鲜有缓句；故能义直而文婉，体旧而趣新。"悲苦之情，诗的语言，传之叙述写法，全是从艺术表现特点上着眼了。

《史传》论史书写法，而所论重在传体。刘勰之所论，除涉及史识外，还注意到史书的文学色彩问题，如论班固《汉书》，称其："十志该富，赞序弘丽，儒雅彬彬，信有遗味。"

诸子为入道见志之书，昭明《文选》，明确说不在选录之范围。而刘勰列入论文之内。不惟列入，专立《诸子》篇，且论及其文学之特色："研乎荀、孟所述，理懿而辞雅；管、晏属篇，事核而言练；列御寇之书，气伟而采奇；邹子之说，心奢而辞壮；墨翟、随巢，意显而语实；尸佼、尉缭，术通而文钝。"接下来论鹖冠子、鬼谷子、文子、尹文子、慎到、韩非子、吕不韦的《吕氏春秋》、淮南子等等，也都论及其义理情辞表现之种种特色。

《诏策》篇论诏策："授官选贤，则义炳重离之辉；优文封策，则气含风雨之润；敕戒恒诰，则笔吐皇汉之华；治戎燮伐，则声存洊雷之威；眚灾肆赦，则文有春露之滋；明罚敕法，则辞有秋霜之烈；此诏策之大略也。"

《檄移》篇论檄："凡檄之大体，或述此休明，或叙彼苛虐"；"谲诡以驰旨，炜晔以腾说，凡此众条，莫之或违者也"。他说檄应该"使声如冲风所击，气似欃枪所扫，奋其武怒，总其罪人……使百尺之冲，摧折于咫书，万雉之城，颠坠于一檄者也"。他举陈琳的《为袁绍檄豫州》，称其"壮有骨梗"。他又举钟会的《檄蜀文》和桓温的《檄胡文》，称其"并壮笔也"。壮笔，也就是"壮有骨梗"之意。可见他认为檄应该具有风骨才好。

《封禅》篇论封禅文，称："构位之始，宜明大体，树骨于训典之区，选言于宏富之路，使意古而不晦于深，文今而不坠于浅，义吐光芒，辞成廉锷，则为伟矣。"值得注意的是，他在举例文时，举了扬雄的《剧秦美新》，说："观《剧秦》为文，影写长卿，诡言遁辞，故兼包神怪。然骨制靡密，辞贯圆通，自称极思，无遗力矣。"按照刘勰宗经的思想，对《剧秦美新》本不应肯定。他说《剧秦美新》影写长卿，是说他与司马相如的《封禅文》一样托符命以说事，兼包神怪。但是它义理与辞采的组织都很好。"骨制靡密"是说义理组织严密；"辞贯圆通"，是说辞之连缀圆融顺畅。此二句之意，亦如《风骨》篇所要求的风辞练，骨采圆，是属于写作技巧的成就方面的。从文学技巧的角度入选，说明着文学思潮的影响。昭明《文选》，也选《剧秦美新》，同样反映其时重视文学艺术特色的思想的影响。四库馆臣选录宋人曾协《云庄集》，在提要中言及选录之理由，称其"曲学阿世，持论乖殊"。而以其文采有可取处，故选之，称："姑以文采录之，从昭明《文选》不废《剧秦美新》之例。"[21] 宋人洪迈论文，亦论及《剧秦美新》之特点，称："义不新不至于理，而辞句怪丽者有之矣，《剧秦美新》、王褒《僮约》是也。”[22]刘勰之后的各家，论《剧秦美新》，都看到它文采之可取处。在这一点上，刘勰可以说是开了先河，他不仅取其文采，且强调了义理与辞采的组织手段。

《奏启》篇对奏的要求：“故位在挚击，砥砺其气，必使笔端振风，简上凝霜者也。”此亦重风力之意。《书记》篇论书札，有如下的一段话：

> 及七国献书，诡丽辐凑；汉来笔札，辞气纷纭。观史迁之《报任安》，东方朔之难公孙，杨恽之报会宗，子云之答刘歆，志气盘桓，各含殊采；并杼轴乎尺素，抑扬乎寸心。在这段话中，他强调了优秀的书札，既抑扬乎寸心，亦各含殊采。对于理想的书札的要求，他说：“详总书体，本在尽言，言以散郁陶，托风采，故宜条畅以任气，优柔以怿怀。文明从容，亦心声之献酬也。”仍然是情采并重。

他论笺记，也提到“清美以惠其才，彪蔚以文其响”。笺记而求其文采之美，亦重文之证。

《书记》篇论及多种应用文，其中笺记就包括25个细目，而在对书记的总论中，说：“观此众条，并书记所总：或事本相通，而文意各异，或全任质素，而随事立体，贵乎精要，意少一字则义缺，句长一言则辞妨，并有司之实务，而浮藻之所忽也。”这些全属事务往来的应用文，文字的表达问题也受到特别的重视。

在二十篇文体论中，除《明诗》、《乐府》、《诠赋》之外，论及艺术特性最多的，就要算《杂文》篇了。在《杂文》所包含的十九种文体中，主要的是对问、七、连珠三种，其余的典、诰、誓、问、览、略、篇、章属于刘勰“论文叙笔”中的“笔”；曲、操、弄、引、吟、讽、谣、咏等属于他“论文叙笔”中所说的“文”。对问、七、连珠之外的十六种，其实可以分别归入其他文体中，例如，诰可归入诏策，章可以归入章表等等，因之对这十六种文体的特点，他未加讨论。他讨论的是前三种。他说这三种文体的产生，是由于“智术之士，博雅之人，藻溢乎辞，辞盈乎气。苑囿文情，故日新殊致”。“气”，是发动的强烈的情；藻，是华丽的辞采。这是说，这三种文体之所以产生，缘于才士们有过多的感情辞藻要表达。先论对问，称对问之作，是宋玉含才负俗，“始造《对问》，以申其志，放怀寥廓，气实使之。”列举选文，及于东方朔《客难》、扬雄《解嘲》，称班固《宾戏》“含懿采之华”；崔骃《达旨》“吐典言之裁”；张衡《应间》“密而兼雅”；崔寔《客讥》“整而微质”；蔡邕《释诲》“体奥而文炳”；景纯《客傲》“情见而采蔚”。对于对文的评论，并重视辞采之表现。次论七体，称“及枚乘摛艳，首制《七发》，腴辞云构，夸丽风骇”。称枚乘《七发》“信独拔而伟丽”；傅毅《七激》“会清要之工”；崔骃《七依》“入博雅之巧”；张衡《七辨》“结采绵靡”；崔瑗《七厉》“植义纯正”；陈思《七启》“取美于宏壮”；仲宣《七释》“致辨于事理”。伟丽、清要、博雅、绵靡、宏壮，都是讲的语言风格问题。虽然对于七体的曲终奏雅、劝百讽一的思想内容有所非议，却指出其文辞之特色：“艳辞动魂识。”再次论连珠，称扬雄“肇为《连珠》，其辞虽小，而明润矣”。明润，亦指语言之风貌而言。

上引刘勰论各体文章时多注意情思与辞采，其中多涉及文学自觉之思潮起来之后，对于情思辞采之美的要求，虽然其中不少文体是属于应用文的范围。从这一点，我们可以了解，在刘勰眼中，他所论及的文体，无所谓文学与非文学之分，他是一以视之的。从这一点，我们也可以说，他的文学观是杂文学观。

与此一点相联系，可注意的又一点，是《文心雕龙》后二十四篇论文术与文学批评，是并各种文体而言的，他并未区分何者指何种文体，何者与他所论的何种文体无关。此一点证明，把二十篇文体论与后面的文术论批评论分开，认为只有后者才属于文学理论的范围，这种认识是不确的。造成此种不确认识的主要原因，是以现代的文学观去衡量刘勰的文学观，因之将《文心雕龙》分成前后两截，而没有看到刘勰的文学观是一种杂文学的观念。他之所论，前后一体。

四

刘勰的杂文学观念，反映的正是我国古代文学最基本的特点。我国的古代文学，本来就是一个杂文学的传统。在古代文学理论家、文学批评家的眼中，所有的文体都是“文”，不存在一个文与非文的问题，只存在好的优秀的文与不好的低劣的文的问题。

杂文学的传统，不以文体区分文与非文。曾有过文、笔之争，但以不了了之而告终。刘勰论文，亦称“论文叙笔”，而论及文术时，其实亦文、笔不分。在我国古代的文学批评、文学理论中，甚重视文体之特色，对不同文体有不同之要求。但是在区分文体时，在文学的发展过程中，文体的界线其实是模糊的。区分文体时的含混不清，是文体理论不成熟的表现；文学发展实际中文体的含混不清，则是不同文体在发展过程中，实际上存在互相渗透的现象。

理论家们区分文体时的含混不清，表现在他们对于文体的分类并没有一个科学的界定标准。我国古代到底有多少种文体，至今没有一个大家都认可的说法。当然在文学的发展过程中会出现新的文体，但是，对于同一种文学现象，体的分类却是差别极大的。刘勰分文体为八十一种，宋人姚铉《唐文粹》分文体为二十二种。[23] 吕祖谦《宋文鉴》一百五十卷，则分文体为五十种。他的分类比姚铉规范一些。[24] 明人吴讷的《文章辨体序说》，分文体为五十九种，其中诗本为一体，而又从中分出古诗、律诗、排律、绝句、联句诗、杂体诗六体；赋本为一体，而又从中分出古赋与律赋二体。[25] 这其实是把不同层级的“体”混在一起了。诗是一个层级的体，而古、律、绝等只是诗中小一级层次的体；赋也是一个层级的体，而古赋与律赋是赋中小一级的体。把不同层级的体混在一起，体的界定就可能失范，也是明人的徐师曾在《文体明辨序说》中的文体分类，亦存在同样的问题。他分文体为一百二十一种，加上所附四十一种，共一百六十二种。其中相当一部分，作为一种独立的文体并不能成立。[26] 也是明人的唐顺之的《文编》，选文只及三十三体。[27] 除疏与论两体又细分之外，他的分类还较为整齐。他是一位著名作家，深知为文之用心处，显然他是从文章写法上选文的，用意在于他要为人提供写作范例。这或者是他没有选另外一些文体的原因。但是，即使像他这样的行家，在文体分类上也未能免去层级不清之病，如将“疏”一体又细分为论疏、疏请、疏议与疏四体；将“论”一体又细分为论、年表论断、论断三体。这都说明他辨体的标准还没有明确界定。

要而言之，刘勰之后，文体论在辨体方面并没有取得明显的进展。

文体的辨析存在模糊不清的现象，与文体在发展过程中互相渗透也有关系。对于文学发展过程中文体互相渗透的这种现象，刘勰似乎已经注意到了。他虽然没有作理论的探讨，没有作理论的表述，但是在叙述各种文体的发展过程时，却时时提到此种互相渗透的现象。刘勰在《祝盟》中论“祝”体，称：

> 若乃礼之祭祝，事止告飨；而中代祭文，兼赞言行。祭而兼赞，盖引神而作也。又汉代山陵，哀策流文；周丧盛姬，内史执策。然则策本书赠，因哀而为文也。是以义同于诔，而文实告神，诔首而哀末，颂体而祝仪，太史所读之赞，固周之祝文也。

这是说，“祝”这种文体，在其发展过程中，写法上与“诔”、“哀吊”和“颂”有相似处。《铭箴》篇论及蔡邕《鼎铭》的写法时，说它类似于碑文。之所以说它类似碑文，是因为“溺所长也”。蔡邕《鼎铭》，长篇散体，一改铭用四言韵语的写法。《论说》篇说“论”这种文体，“陈政，则与议、说合契；释经，则与传注参体；辨史，则与赞、评齐行；铨文，则与叙、引共纪”。由于论说的对象不同，使得“论”体在写法上容易与议、说、传、注、赞、评、叙、引诸体相似，所以他又说：“八名区分，一揆宗论。”《议对》篇说：“又对策者，应诏而陈政也；谢策者，探事而献说也。……二名虽殊，即议之别体也。”刘勰已立《诏策》篇，论及“策”之写法，此处又论及对策与射策，且又言其为“议之别体”，可见由于所写对象的不同，“策”这种文体的边界也是模糊的。文体发展过程中这种互相渗透的现象，可能也是造成文体辨析边界模糊之一原因。

文体发展过程中互相渗透的现象，和文体辨析的模糊性，与我国古代杂文学传统的特点有甚大之关系。此一点，似有待进一步深入之研究。

（原刊于《文学遗产》2007 年第五期）

①李曰刚《文心雕龙斠诠》上册，页 962。

②詹锳《文心雕龙义证》中册，页 843。

③《文心雕龙斠诠》上册，页 963。

④詹锳《文心雕龙义证》中册，页 843。

⑤赵仲邑《文心雕龙译注》页 204，广西人民出版社 1987 年版。

⑥陆侃如、牟世金《文心雕龙译注》页 24，齐鲁书社 1982 年版。

⑦王礼卿《文心雕龙通解》页 428，黎明文化事业股份有限公司 1986 年版。

⑧王运熙、周锋《文心雕龙详注》页 205，上海古籍出版社 1998 年版。

⑨林杉《文心雕龙文体论今疏》页 314，内蒙古教育出版社 2000 年版。

⑩周振甫《文心雕龙注释》页 248，人民文学出版社 1981 年版。

⑪郭晋稀《文心雕龙注译》页 269，甘肃人民出版社 1982 年版。

⑫何焯《义门读书记》卷四十九，页 712，上海古籍出版社 1992 年版。

⑬浦起龙《古文眉诠》卷三十七。

⑭苏轼《乐全先生文集序》，《苏轼文集》卷十，页 314，中华书局 1986 年版。

⑮赵幼文《曹植集校注》，收曹植表三十三，又辑佚三。

⑯“体赡”之“体”，原指乐体。嵇康《声无哀乐论》：“姣弄之音，挹众声之美，会五音之和，其体赡而用博，故心侈于众理。五音会，故欢放而欲愜。然皆以单复高卑善恶为体，而人情以躁静专散为应。……此为声音之体，尽于舒疾；情之应声，亦止于躁静耳。”戴明扬《嵇康集校注》页 216，人民文学出版杜 1962 年版。

⑰《圣祖仁皇帝御制文集》三集卷三十二，文渊阁四库全书。

⑱《晋书》卷八十六《张骏传》，页 2239，中华书局 1974 年版。

⑲对“志在典谟”的解释，多数研究者认为章应该提供人主施政的轨范。

⑳这与他在《宗经》篇中提到的文能宗经，则体有六义中所说的“一则情深而不诡，二则风清而不杂”的说法相呼应，“志在典谟”亦宗经意，章之写作，离不开宗经。这与他在《风骨》篇中说的“深乎风者，述情必显”的说法亦相呼应，述情显，也近风矩明。

㉑《四库全书总目》卷一百五十八。

㉒洪迈《容斋随笔》卷七，页67，吉林文史出版社1994年版。

㉓姚铉在《唐文粹》中的分类是：赋、诗、颂、赞、表、书奏（状）、疏、露布、檄、制策、文、论、议、古文、碑、铭、记、箴、诫、书、序、传录记事。分类并不清晰，如奏中有“奏”，有“书奏”，二者同与不同？奏中又有“状”，在其他文论家的分类中，“状”是独立一类的。又如，“文”中，既包括封禅文，也包括哀册文，还包括祭文和通常属于杂文的《送穷文》。他之所以把这些本应属于不同文体的文章通通归入“文”一类，仅仅因为每篇标题的最末一字是“文”字。而“文”之外，又立一“古文”，所谓“古文”，仅仅因为所收者为唐代古文家所作之散体文，而就其性质言，其中有的属于论，有的属于杂文，并非同一类文体。诫之后的铭，既包括物之铭，又包括墓志铭。而归传录记事为一种文体，也不可解。要之，姚铉的文体分类思想并不成熟。

㉔四库馆臣称是书分六十一门，不确。实分五十门，计：赋、律赋、诗（其中分四言、乐府、五古、七古、五律、七律、五绝、七绝、杂体）、骚、诏、勅、赦文、册、御札、批答、制、诰、奏疏、表、笺、箴、铭、颂、赞、碑文、记、序、论、策、议、说、戒、制策、说书、书、启、策问、杂著、对问（其中包括两篇移文）、连珠、琴操、上梁文、书判、题跋、乐语、哀辞、祭文、谥议、行状、墓志、墓表、神道碑、神道碑铭、传、露布。

㉕五十九体是：古歌谣辞、古赋、乐府、古诗、谕告、玺书、批答、诏、册、制、诰、制册、表、露布、论谏、奏疏、议、弹文、檄、书、记、序、论、说、解、辨、原、戒、题跋、杂著、箴、铭、颂、赞、七体、问对、传、行状、谥法、谥议、碑、墓碑、墓碣、墓表、墓志、墓记、埋铭、诔辞、哀辞、祭文、连珠、判、律赋、律诗、排律、绝句、联句诗、杂体诗、近代曲辞。

㉖计：古歌谣辞（歌、谣、讴、诵、诗、辞、谚附）、四言古诗、楚辞、赋、乐赋、五言古诗、七言古诗、杂言古诗、近体歌行、近体律诗、绝句诗、六言诗、和韵诗、联句诗、集句诗、命、谕告、诏、敕（敕牓附）玺书、制、诰、册、批答、御札、赦文（德音文附）、铁券文、谕祭文、国书、誓、令、教、上书、章、表（笏记附）、笺、奏疏（奏、奏疏、奏对、奏启、奏状、奏劄、封事、弹事）、盟（誓附）、符、檄、露布、公移、判、书记（书、奏记、启、简、状、疏）、约、策问、策、论、说、原、议、辩、解、释、问对、序（序略附）、小序、引、题跋（题、跋、书、读）、文、杂著、七、书、连珠、义、说书、箴、规、戒、铭、颂、赞、评、碑文、碑阴文、记、

志、记事、题名、字说（字说、字序、字解、字辞、祝辞、名说、名序、女子名字说）、行状、述、墓志铭、墓碑文、墓碣文、墓表（墓表、阡表、殡表、灵表）、谥议、传、哀辞、吊文、祝文、嘏辞、杂句诗、杂言诗、杂体诗、杂韵诗、杂数诗、杂名诗、离合诗（口字咏、藏头诗附）、诙谐诗、诗余、玉牒文、符命、表本、口宣、宣答、致辞、祝辞、贴子辞、上梁文（宝瓶文说、上碑文附）、乐语、右语、道场榜、道场疏、表、青词（密词附）、募缘疏、法堂疏。

㉗计：制策、对、谏疏、论疏、疏、疏请、疏议、封事、表、奏、上书、说、劄子、状、论、年表论断、论断、议、杂著、策、辞命、书、启、状、序、记、神道碑、碑铭、墓志铭、墓表、传、行状、祭文。

正始玄风与正始之音

这一文学思想断限的划分，上限起自魏明帝青龙元年（233），下限止于魏元帝咸熙元年（264），共三十一年。太和六年（232），代表着建安文学思想的最后一位作家曹植去世，文学思想史上的建安时代也就结束了。另一批重要文人，如何晏、阮籍、嵇康、向秀等相继出现，文学思想的发展也就进入了一个新的阶段。这是一批崇尚老、庄的士人，他们大畅玄风，建立玄学理论，开始了一个思想史上的新时代。他们的人生理想、人生情趣、审美趣味、生活方式，都受着玄风的深刻影响。这些影响，很自然地也反映到文学思想上来。

这三十余年间，文学创作在作家人数、作品数量上没有建安文学多，也没有文学理论的专著专篇，没有人专论文学理论问题。士人们的兴趣，主要在玄学问题上。但是从文学创作上反映出来的新倾向，却是意义重大的。可以说，这是一个充满哲思的时代。刘勰在《文心雕龙·论说》中说："迄至正始，务欲守文；何晏之徒，始盛玄论。于是聃、周当路，与尼父争涂矣。"在《明诗篇》中又说："乃正始明道，诗杂仙心，何晏之徒，率多浮浅。"刘勰注意到了这个时期老、庄思想占有重要地位，与诗歌创作中受到老、庄思想的影响。他还没有注意到这种影响在文学思想史上的巨大意义。事实上，这是把哲学思想引入文学创作的开始，是对文学非功利特质的认识的进一步拓展。建安时期对文学的非功利特质的认识，止于抒情，强调了抒发个人情怀的作用；而正始则在抒情的基础上，加进哲理思索。不管哲理思索对于文学来说是好是坏，但是它在中国文学史上的存在从此成为事实。这时文学思想的另一重要新倾向，便是玄远情趣的追求。这种审美情趣开了以后文学创作中追求玄远趣味的一派。

二

重感情、重个性、重欲望的风气随着建安士人的逐渐逝去也慢慢地发生着变化，从经学的禁锢中解脱出来的最初的激动已经过去，进入了一个反思的时期。这时虽然思想领域里各种思想多元并存的局面仍未根本改变，但主要的思想潮流，却是玄学思潮的出现与发展。就是说，儒家思想还有很大的影响，特别是在政权中枢中。但是在士人中，玄学思潮的影响却是主流。

玄学思潮的形成，经历了一个漫长的过程，原因亦甚为复杂。就思想史的发展趋势而言，它是从儒家经学向道家玄学的发展；从学术思想史看，它是从重实证向重义理、重思辨的方向发展；而从其现实根源看，它又是从重个性、重感情、重欲望的风气出现以来，社会生活中提出的种种需要解决的问题，必须作出理论的回答。在这种种因素的交错中，玄学于是产生、发展，以至形成潮流。

玄学问题的探讨，就其初始形态言，可以追溯到很早。东汉末季蔡邕的谈论，已涉玄远。《太平御览》卷六〇二引《抱朴子》，说蔡邕曾到江东，得王充《论衡》，及还，“诸儒觉其谈论更远”。所谓“更远”，是说他谈论的义理更为深远、玄远。这可以看做涉及抽象义理问题的讯息。当然他还不可能涉及玄学命题。曹植也谈及道家的淡泊、无为、自然的问题。从史料看，正式谈论玄学问题的是荀粲。《荀粲别传》说他的谈论“善玄远”，但具体内容已不得而知，现在留下来的只有那一段关于言意关系问题的论述。谈玄成为一种风气，是到正始年间。当时，以洛阳为中心，在何晏、邓飏周围，聚集着一批谈玄的士人，如王弼、卫瓘、钟会、荀融等。他们谈论的主要问题，是老、易，后来又扩及庄。当时谈玄的名士，还有夏侯玄，围绕在他周围也有一批士人，如应贞等人。正始中期以后，又有被后人称为竹林名士的阮籍、嵇康、山涛、向秀、王戎、刘伶、阮咸出来，形成另一个谈玄的群体。可以说，正始年间，谈玄已蔚成一时风气，把整个名士群体都卷进去了。其时之士林风尚，似以谈玄为一种特有的文化素养之象征。

正始年间谈玄涉及的理论命题，亦相当广泛。从现在存留的思想资料看，有圣人有情无情问题、本末有无问题、声无哀乐问题、公私问题、养生问题、言意关系问题等等。这些命题，有的通过玄谈涉及，有的以著论的形式出现，有的则是通过《老》、《庄》、《易》以至《论语》的注释反映出来，如何晏的《道德二论》、《论语集释》；夏侯玄的《本玄论》、《道德论》；王弼的《老子注》、《周易注》、《周易略例》、《老子指略》、《论语释疑》；阮籍的《易》、《老》二论；嵇康的《养生论》、《声无哀乐论》、《释私论》；向秀的《庄子注》等等。从现存的这些论著（及其片断）看，这时对于玄学命题的理论探讨，达到了很高的理论思维水平，有着高度的思辨性。这时的士人，有一种强烈的理论兴趣。这正是这一时期与建安时期的最大差别。建安时期是一个抒情的时代，而正始则是一个充满哲思的时期。

这时士人精神生活的重要内容，便是沉浸于玄思之中。王弼与曹爽谈，滔滔于玄论，而曹爽武人，于玄论并无兴趣；何晏与王弼谈玄，王弼使一座为之折服；阮籍与王戎谈，每至日夕而忘归；荀粲、荀俣、钟会、蒋济论言尽意与不尽意的问题；何晏论圣人无情，傅嘏、钟会为之转述；嵇康与向秀，反复论养生问题。玄思妙解，往往给他们带来巨大的快乐，他们从中领悟生之乐趣。这也是与建安士人不同的地方。建安士人，往往悲歌慷慨，于悲歌慷慨中得到感情的满足；而正始士人，则于玄思冥想中领悟人生。

正始玄风，从其特质说，它是建安重感情、重个性、重欲望的思潮的理性发展。它探讨的许多命题，归根结底都与感情、个性、欲望有关。它要解决的最根本的问题，就是名教与自然的关系。重感情、重个性、重欲望的思潮虽然发展了，但是儒家思想仍然作为一种强大的思想力量存在着，特别是在伦理道德观念方面，它的力量尤为强大。要任自然、重情性，便常常与名教观念发生冲突，如何解决这冲突，成了其时士阶层之主要问题。解决这一问题，在其时之士阶层中显然有两种意见。政权中心的主要士人，如何曾、傅玄等人，是坚决反对自然任心的。他们的态度，是维护名教，对自然任心之行为横加指斥。而玄学名士，则取一种肯定自然任心的态度。当然，玄学名士在如何肯定自然任心上，观点有差别。王弼、何晏、向秀等人的玄学理论，有一种统一名教与自然的倾向。这从他们说有无中可以看出来。《三国志・钟会传》注引何劭《王弼传》，说王弼未弱冠时去见裴徽，裴徽问他："夫无者诚万物之所贵也，然圣人莫肯致言，而老子申之无已者何？"王弼回答说："圣人体无，无又不可以训，故不说也；《老子》是有者也，故恒言无所不足。"王弼的意思，是说圣人不是不体认"无"，而是体认了，不说，因为"无"无法训说。这是说，世界是"有"，离开了"有"，一切无从说起。老子所以说"无"，是因为他承认"有"，所以常说"无"归于完全空无之不足，即以"有"归之于"无"，以"有"说"无"。圣人体认"无"，因为"无"不可以训说，故说"有"；老子也以为空无难以说清，故以"有"说"无"。就是说，孔、老都承认"有"与"无"，不过阐释的侧重点不同而已。显然，王弼的这个"无"不是空无，而是存在于自然万物间的"有"，所以他说："天下之物，皆以有为生。有之所始，以无为本。将欲全有，必反于无也。"(《老子道德经注》,《王弼集校释》页110）全有，就是纯然有。要承认实在有，只有反归于无才能得到解释。反过来说，"无"就存在于一切"有"中。他论证"无"，是为了认识、阐明事物的自然本性（"论太始之原以明自然之性"）。他提出了著名的"守母以存其子，崇本以举其末"的命题（《老子道德经注》,《王弼集校释》页95）。崇本，就是推原事物的本原"无"，"无"是母，"末"是"有"，是子，"举末"，就是存子。"守母以存其子"与"崇本以举其末"同义。不否定"有"，但这个"有"的本原是"无"，是其自然本性。一切应该顺应自然本性，不要去人为地扭曲它、破坏它、矫饰它。所以王弼处处讲"因"，讲"顺"，讲"随"，就是说，讲顺自然之本性。

王弼这一理论，具有巨大的现实意义。用来解释名教与自然问题，可以说，名教的存在是现实，是“有”，但是名教的存在应该顺应人的自然本性，不要伪饰。王弼注《论语》“孝悌也者，其为仁之本与”章，说：“自然亲爱为孝，推爱及物为仁也。”（《论语释疑》，《王弼集校释》页621）注《老子》三十八章，说：“夫仁义发于内，为之犹伪，况务外饰而可久乎！”（《老子道德经注》，《王弼集校释》页94）孝与仁义都是可以要的，只要出自内心即可。王弼就是从这一点，把名教引向自然。向秀注《庄》，提出自生自化的“自然”说，在根本倾向上也与王弼一样。

嵇康则采取一种彻底的态度，他提出“越名教而任自然”（《释私论》，《嵇康集校注》卷六），完全否定名教。他每“非汤、武而薄周、孔”（《与山巨源绝交书》，同上书，卷二）。嵇康的思想，可以说是对于儒家思想的最坚决的否定。阮籍也是反对名教的，但没有嵇康那样彻底。竹林名士中的其他人，在生活行为上反名教，而理论上则无所发明。

对待名教与自然的不同态度，深刻影响了其时士人的人生理想、生活情趣，也影响了他们的生活道路。这些，都这样那样地反映到他们的心态上来。

对于这时士人心态的影响，除了玄风之外，还有政局。然而政局的影响又常常与玄风的影响纠结在一起。

这时政局的发展，主要是曹氏与司马氏的权力争夺。这场权力的争夺几乎贯穿于这一时期的终始。景初三年（239）春，魏明帝死，齐王曹芳才十岁，司马懿、曹爽受遗诏辅政，从此斗争趋向激烈。正始九年（248），司马懿发动兵变杀曹爽，著名士人何晏等人并受诛戮，史称此一次诛戮，“天下名士去其半”。嘉平六年（254）司马师杀夏侯玄；正元二年（255）杀毌丘俭；甘露三年（258）杀诸葛诞，政权归于司马氏，已成定局。两年后，杀魏主曹髦，只是扫清了曹氏最后的无力反抗。在曹氏与司马氏的权力争夺中，多数名士被司马氏杀掉，到景元四年（263）杀嵇康，与政权争夺纠结着的名教与自然的矛盾便作了一次强烈的大暴露，自然任心受到了最沉重的一次打击。

嵇康（224 ～ 263）是玄学思潮在人生追求上的典型代表。他厌恶仕途，傲视世俗，追求一种自由自在、闲适愉悦、与自然相亲、心与道冥的理想人生。这种理想人生摆脱世俗的系累和礼教的束缚，而又有最起码的物质生活必须，有素朴的亲情慰藉，“抱琴行吟，弋钓草野”；“守陋巷，教养子孙，时与亲旧叙阔，浊酒一杯，弹琴一曲”（《与山巨源绝交书》）。以己之高洁而独立于世。嵇康的理想人生，可以说是把庄子的思想诗化了。庄子的理想人生境界：槁首黄馘，任自然而委化，一切不入于心，游于无何有之乡，心与道冥，达到坐忘的境界。那是很难实现的。与其说那是一种理想人生的境界，不如说那是一种存在于纯哲理中的人生境界。嵇康则把庄子这样一个非人间所有的理想境界诗化了，把它从纯哲理的存在中变为一首生活的诗。而这一点，对于他的文学思想来说，则是意义巨大的。

阮籍（210 ～ 263）是玄学思潮在人生追求上的另一类型代表。他反对名教，但不像嵇康那样刚肠疾恶、忤世违俗。他在险恶的政局中依违避就，惧祸自全。他是一位名气很大的人。司马氏杀何晏、夏侯玄、嵇康，而没有杀阮籍，这其中有甚深的历史意蕴。阮籍一生谨慎，于时局无所评论，凡涉政局与人物，他皆缄口不言。他是一位纵酒放诞的名士，史书中有许多他纵酒放诞的故事，从生活方式上看，他显然为世俗所不容。维护名教的朝中权贵何曾，在司马昭面前指责阮籍是“纵情背礼败俗之人”，劝司马昭摒阮籍于四裔；钟会也总想拿一些有关政局的话去问阮籍，要他表示可否，而无论可否，都可使他罹杀身之祸。但阮籍却可否均不置一词。司马昭不杀阮籍，这恐怕是一个很重要的原因。何晏、夏侯玄是直接卷入政争的，非杀不可；嵇康是与名教誓不两立的，也非杀不可。因为他们都于政权有妨碍。而阮籍虽违礼悖俗，却于政权没有妨碍。没有妨碍而杀名士，徒负不义之名，一般说为当政者所不取。司马昭不杀阮籍，包含有减少名士群体反对的用意。而对阮籍来说，依附于司马氏，实为自全。在这样险恶的政治环境里，他是生存下来了，但付出的代价，是终身“如临深渊，如履薄冰”，终身苦闷。他是受庄子思想影响很深的人，他也向往一个精神自由翱翔于无何有之乡、与道一体的人生境界，但他的这个理想境界并不具备嵇康理想人生的人间性，是无法实行的。在他向往的这个自由境界与现实险恶环境之间，有着太大的矛盾。这个矛盾既不可能解决，又无法摆脱，既有是非之心，又不敢诉说，无处诉说，于是苦闷、彷徨。这样的心境对于他的文学思想也是影响至大的①。何晏、夏侯玄、山涛等人虽然政治倾向性不同，但在入世这一点上，却是相同的。他们不同于阮籍和嵇康，他们是把名教与自然引向一体的人物，虽有玄思，虽向往自然任心，但并不违反名教。他们在人生态度上是积极进取的。这类士人数量相当多，他们对文学思想的影响，似不在审美情趣上，而在玄思上。

二

玄风的思想基础是《老》、《庄》。老、庄思想既深入士人生活领域，反映到他们的生活方式、生活情趣上，也必然要反映到文学创作倾向上。正始文学创作的一个新的倾向，便是在作品中表现老、庄的人生境界。

在此之前，诗歌创作中唯一表现出老、庄思想的是仲长统的《见志诗》:

> 大道虽夷，见几者寡。任意无非，适物无可。古来绕绕，委曲如琐。百虑何为，至要在我。寄愁天上，埋忧地下；叛散五经，灭弃风雅。百家杂碎，请用从火。抗志山西，游心海左，元气为舟，微风为柁，翱翔太清，纵意容冶。(《全汉诗》卷七)

纯任自我，不为已有之思想传统所约束，不为世俗所系累，当然也就能做到无是无非，无可否，能遨游太清，纵意容冶。他虽然说并百家而弃置，但他在诗中表现的却是庄子的思想。在赋中，老、庄思想的主题此前亦曾出现。扬雄《太玄赋》杂糅老子与儒家；班固《通幽赋》，有齐死生与祸福的思想；张衡《思玄赋》也是杂糅老子与儒家。高彪《清诫》，则完全阐述老子思想：

> 天长而地久，人生则不然，又不养以福，保全其寿年。饮酒病我性，思虑害我神，美色伐我命，利欲乱我真，神明无聊赖，愁毒于众烦。中年弃我逝，忽若风过山，形气各分离，一往不复还。上士愍其痛，抗志凌云烟。涤荡弃秽累，飘邈任自然。退修清以净，存吾玄中玄，澄心剪思虑，泰清不受尘。恍惚中有物，希微无形端，智虑赫赫尽，谷神绵绵存。(《艺文类聚》卷二十三)

《清诫》属“诫”体，“诫”体并不是严格意义上的文学。高彪其实把它写成了议论。扬雄、班固、张衡诸作，虽以老子思想入赋中，但仍然杂糅入儒家，且自扬雄作《太玄赋》至正始，近二百五十年间，目前看到的也只此数篇。要之，前此文学创作中，老、庄主题并未成为文学创作之倾向，更不用说在文学创作中普遍表现此种人生理想了。

但是到了正始，文学创作中便相继出现了老、庄主题。稍早，刘劭《七华》说有一位休玄先生，“弃世遁名，藏身于虚，绝影于无形”，这显然受庄子思想之影响。然《七华》只存残篇，未能一睹原貌，无从论断。何晏《言志》，则已明确表现庄子思想：

> 鸿鹄比翼游，群飞戏太清，常恐失网罗，忧患一旦并；岂若集五湖，顺流唼浮萍，逍遥放志意，何为怵惕惊！（《魏诗》卷八）

何晏是玄学家中一位并不超然世外的人，他无论从理想上还是从生活情趣上，都入世甚深。在政治上，他是一位参预曹氏与司马氏政争的重要人物，是曹爽的主要谋士，史称其参与曹爽等的“改易制度”。[②] 在施政措施上，他持的基本是儒家的观点。[③]同时，他还是一个好财的人物，《三国志·曹爽传》说："晏等专政，共分割洛阳、野王典农部桑田数百顷，及坏汤沐地以为产业，承势窃取官物，因缘求欲州郡。有司望风，莫敢忤旨。"但是他的内心深处，却藏着庄子逍遥游的思想，这诗中表现的，正是这潜藏的思想。嵇喜《答嵇康诗》四首之一：

> 逍遥步兰渚，感物怀古人。李叟寄周朝，庄生游漆园，时至忽蝉蜕，变化无常端。(《晋诗》卷一)

这诗里分明对于庄、老有一种深情的向往。嵇喜其实还不是当时玄风的主要参加者。

这时讨论玄学命题的议论文数量很大，现在还有相当数量留下来，尤以王弼、阮籍、嵇康留下来的这方面的文章最多。不过，因其属于哲学论文，我们这里不作讨论。而从刘勰《明诗》篇所说看，则其时涉玄言的诗为数当在不少，可惜多数并没有留下来。何晏的诗，留下来的就只有两首和一联断句。不然，我们当能更全面地了解其时老、庄主题在诗歌创作中的反映。

但最重要的，是在这时的文学作品里，出现了一种表现老、庄人生理想的倾向，阮籍和嵇康的创作可以作为这方面的代表。

在阮籍的作品里，常常出现一个事实上并不存在的逍遥世界。在《清思赋》里，他极力写一个清虚的境界。这个清虚的境界，实际就是一个无所系念、不受约束、可以自由驰神运思、而又恍惚飘渺的精神天地。他说："是以微妙无形，寂寞无听，然后乃可以睹窈窕而闻淑清。"心达到完全澄明无尘垢，便完全与道合一，清虚寥廓，则与道冥合。《清思赋》说："夫清虚寥廓，则神物来集；飘繇恍惚，则洞幽贯冥；冰心玉质，则皎洁思存；恬淡无欲，则泰志适情。"就是指的这种心境。在这样的心境中，可以摆脱世俗的一切羁缚，精神自由驰骋，进入那种逍遥游的天地，于是他描写了这样的天地：

美要眇之飘游兮，倚东风以扬晖。沐洧渊以淑密兮，体清洁而靡讥。厌白玉以为面兮，披丹霞以为衣。袭九英之曜精兮，珮瑶光以发微。服儵煜以缤纷兮，綷众采以相绥。色熠熠以流烂兮，纷错杂以葳蕤。象朝云之一合兮，似变化之相依。麾常仪使先好兮，命河女以胥归。步容与而特进兮，眄两楹而升墀；振瑶谿而鸣玉兮，播陵阳之斐斐……（《阮籍集校注》卷上）

这些描写，就写法而言，自屈原开始，已不断出现过，神游天上，遇种种奇幻神异，借以抒发个人情怀。但是，就实质而言，却是不同的。阮籍要着意写出的，是一个逍遥游的境界。他在诗中多次写到逍遥游的境界，不过多数写的是大鹏，就是《庄子》里的大鹏，如《咏怀》之四十三：

鸿鹄相随飞，飞飞适荒裔。双翮凌长风，须臾万里逝。朝餐琅玕实，夕宿丹山际。抗身青云中，网罗孰能制？岂与乡曲士，携手共言誓？（同上书卷下）

有时这个逍遥游的形象被写成玄鹤，如《咏怀》之二十一：

云间有玄鹤，抗志扬声哀。一飞冲青天，旷世不再鸣。岂与鹑鷃游，连翩戏中庭。（同上书卷下）

这里写的大鹏与玄鹤，思想渊源都来自《庄子》，在人生境界的表现上并无新东西。而《清思赋》所写，虽也是逍遥游，虽思想实质也来自庄子，但就境界而言，它已不是寥廓高远，而是飘遥空灵了。为什么要写遨游天上，与神女遇，飘遥恍惚的境界？就是为了“超世而绝群，遗俗而独往，登乎太始之前，览乎沕漠之初，虑周流于无外，志浩荡而自舒，飘遥于四运，翻翱翔乎八隅”（《大人先生传》），就是为了与道冥一，完全超脱于世俗之外。《大人先生传》也写这个境界：

> 佩日月以舒光兮，登徜徉而上浮，压前进于彼逌兮，将步足于虚舟。扫紫宫而陈席兮，坐帝室而忽会酬。萃众音而奏乐兮，声惊渺而悠悠。……召大幽之玉女兮，接上王之美人。体云气之逌畅兮，服太清之淑贞，合欢情而微授兮，光艳溢其若神，华姿烨以俱发兮，采色焕其并振，倾玄髦而垂鬓兮，曜红颜以自新。时暧曃其将逝兮，风飘飖而振衣。云气解而雾离兮，霭奔散而永归。心惝恍而遥思兮，眇回目而弗晞。（同上书卷上）

他总是醉心于如此之神游。这样的神游，满足了他内心对于庄子式的逍遥游的人生境界的深深向往。他甚至在阐释《庄子》义理的《达庄论》中，也未忘这样的神游：

> 先生徘徊翱翔，迎风而游。往遵乎赤水之上，来登乎隐坌之丘，临乎曲辕之道，顾乎泱漭之州。恍然而止，忽然而休，不识曩之所行，今之所以留。怅然而无乐，愀然而归白素焉。（卷上）

《答伏义书》也说：

> 荡精举于玄区之表，摅妙节于九垓之外而翱翔之，乘景曜（按：曜，原作躍，形近而误，景曜，光），踸踔凌忽慌，从容与道化同逌，逍遥与日月并流，交名虚以齐变，及英祇以等化，上乎无上，下乎无下，居乎无室，出乎无门，齐万物之去留，随六气之虚盈，总玄纲于太极，抚天一于寥廓。飘埃不能扬其波，飞尘不能垢其洁，徒寄形躯于斯域，何精神之可察。（卷上）

中国文学史上从来没有一位作者如此反复地神往于这样一个与道

冥一的精神境界，阮籍是把庄子的纯哲理的理想人生境界搬到文学创作中来了。

不过，阮籍所写的这个逍遥游的境界，是一个与现实生活相隔离的非人间的境界，它是无法实现的。从文学创作的倾向说，它是一种创造；而从思想领域说，它并未超越庄子逍遥游的范围。神游于无何有之乡，只能作为现实苦闷中的精神慰藉，作为一种精神平衡出现，而并不能作为现实人生的追求。就是说，阮籍在作品中所表现的这个庄子式的人生境界更带着虚幻的色彩。

嵇康也表现任自然，追求返归自然、心与道冥，但在他的作品里，庄子的逍遥于无何有之乡、物我两忘的精神境界，却变成了优游容与、了无挂碍的人间境界。它不仅仅是一个精神的自由天地，同时又是一种生活的实有，带着人间情趣。这特别表现在他的诗里：

> 息徒兰圃，秣马华山；流磻平皋，垂纶长川。目送归鸿，手挥五弦。俯仰自得，游心太玄。（《兄秀才公穆入军赠诗》十九首之十五，《嵇康集校注》卷一）
>
> 琴诗自乐，远游可珍，含道独往，弃智遗身。寂乎无累，何求于人？长寄灵岳，怡志养神。（同上诗，之十八，卷一）
>
> 流咏兰池，和声激朗。操缦清商，游心大象。倾昧修身，惠音遗响。钟期不存，我志谁赏！（《酒会诗》七首之四，卷一）
>
> 淡淡流水，沦胥而逝，汎汎柏舟，载浮载滞。微啸清风，鼓檝容裔。放櫂投竿，优游卒岁。（同上诗，之二，卷一）

这些诗所反映的他向往的生活，是闲适、任由情之所至，不受世俗的羁束，没有俗务缠身，是在优游容与中追求一种精神的满足。嵇康不是和阮籍一样在神游中进入庄子式的人生境界，他是在淡泊朴野的现实生活中进入庄子式的人生境界。或琴诗自乐，或在淡淡流水中鼓檝容裔，或流磻平皋，或垂纶长川，或泛咏兰池，都是处身于大自然中，人与自然相亲相近，在返归自然中与自然融为一体。是整个生活与自然的和谐，然后才有心灵与自然的和谐，于自然的生命与美的领略中，领悟自然之道。“目送归鸿，手挥五弦”，是一种闲适容裔的现实生活的体验。这闲适容与的现实生活因其对功名利禄无所系念，没有礼教的人为约束而与自然之道冥合，因之于“俯仰自得”间忽有所悟，才进入道的境界。

嵇康把庄子的纯哲理的理想境界人间化、诗化了。阮籍和嵇康，把老、庄的人生境界带到文学中来，这就为在文学中表现自然、表现人与自然的亲和感，表现人对于自然美的追求开拓了一条广阔的路。心与道冥的境界，也就是人与自然万物融合无间的境界。从此，中国的文人不再单纯从道德的角度来观察山水，不再停留在智者乐水、仁者乐山上，而进入了审美的领域。士人自觉的山水意识起源较早。东汉末年郭泰有养生山林的思想，他说与其在乱世中冒风险而奔波，“未若岩岫颐神，娱心彭老，优哉游哉，聊以卒岁”（《抱朴子·正郭篇》引）。不过郭泰和前此的隐士一样，只着眼于养生山林，并未立意于在山林中得到心与道冥、得到人与自然融合无间的人生境界，因之也就并没有达到审美的境界。在山水中寻求佚乐的，似自李膺始。荀爽贻膺书曰：“知以直道不容于时，悦山乐水，家于阳城。”（《后汉书·党锢列传》）其后仲长统《乐志论》中更明显地反映出山水审美的意识。但是，他们都并未把这种山水意识建立在一种明确的老、庄人生理想境界之上。只有在这种人生境界之上，完全摆脱功利的目的，才有可能在文学创作中把对于自然的态度引向审美的层次。而这一点，正是从正始士人开始的。从这个意义上可以说，正始时期乃是后来山水诗的思想滥觞。刘勰在《文心雕龙·明诗篇》中说：“老、庄告退，而山水方滋。”是不确的。老、庄进入文学创作，乃是山水诗的前奏。关于这一点，我们在本书的第四章中还将详论。

三

建安文学以其梗概多气标志出一代风貌，而正始文学的主要特征，恐怕应该说是它的哲理化倾向。

一个士人普遍存在着巨大理论热情的时代，理论的色彩是要浸染到生活的各个方面的。正始就是这样的一个时代。哲学进入了士人的精神生活之中，影响了他们的人生理想、生活情趣以至生活方式；同样，也影响了文学。文学发现了自己的感情特质，正在沿着一条非功利的抒情的道路急速发展的时候，哲学窜进来了，给它的发展带进来新的素质。

建安诗人在强烈抒情时，已体认人生哲理，大抵叹岁月之流逝，人生短促而世路无穷。正始诗人则把对于人生哲理体认的范围扩大了，方式也有所变化。建安诗人是在抒情、感喟中体认；正始诗人则在更深的层次上作哲理的思索。作为这二者中间的环节，是应璩诗中的说理。应璩是建安七子之一应瑒的弟弟，创作活动横跨建安与正始两个时期。应璩百一诗，史称其"讥切时事"[④]。讥切的对象是谁，已难确认。或谓其讥切曹爽，然孤证难信，无从论定。但是诗中的议论化倾向却是明显的：

> 下流不可处，君子慎其初，名高不宿著，易用受侵诬。（《应休琏集》）

此诗当作于正始末，全诗发泄对于受诬的不满。应璩因何事废官，何事受诬，已不得而知，然当与他"名高"有关。"名高"，就是诗中说的"往往见叹誉"。因"名高"而被诬，使他想起"名高"带来的祸害。名高而为宿著尚可，名高而非宿著，则就非受侵诬不可了，所以说"易用受侵诬"，由此发出了处世须谨慎之议论。[⑤]如：

> 子弟可不慎？慎在选师友。师友必良德，中才可进诱。（同上书）
>
> 人才不能备，各有偏短长，稽可小人中，便辟必知芒。（同上书）

这些议论或者受到其时关于才性问题讨论的影响。应璩还有一些诗反映出老子思想，如：

> 细微可不慎？隄溃自蚁穴。腠理早从事，安复劳鍼石。哲人睹未形，愚夫闇明白。(《杂诗三首》之一，同上书)

这显然是老子的“为之于未有，治之于未乱”的观点。这些诗中的说理是浅近的、习知的，并无玄理的意味，胡应麟称其“皆朴拙类措大语”(《诗薮》外编卷一)。而且，这些诗所表现的思想，明显是杂糅的，各家都有，主要的是儒家思想。[⑥] 他的诗的主要倾向，也仍然是属于规讽的诗，李充《翰林》，称其“以风规治道，盖有诗人之旨”。钟嵘《诗品》，称其“指事殷勤，雅意深笃，得诗人激刺之旨”。(《诗品》卷下)而彦和则称其“辞谲义贞”(《文心雕龙·明诗》)，亦从讽谏言之。从他的诗的基本格局言，并未脱离讽喻的传统。但是从诗中的议论看，则可以认为从诗的抒情向诗的哲思发展过程中的一个环节。

写哲理诗的，应该以何晏为重要作者，但何晏这方面的作品并没有留下来。据《隋志》，梁有《何晏集》十卷，录一卷。彦和论何晏诗，当有所据。从现存诗作看，在诗中表现哲理的，主要是阮籍、嵇康和他们周围的一些作者。郭遐周有《赠嵇康诗》三首，有庄子思想的影响。郭遐叔《赠嵇康诗》四首，老、庄思想更为明显，如“不见可欲，使心不乱，譬彼造化，抗无涯畔”(《嵇康集校注》卷一附)。上二句直接引自《老子》，下二句句意则来自《庄子·人间世》。“何必相呴濡，江海自可容”，则是用《庄子·大宗师》典。阮侃《答嵇康诗》二首，亦多用《老》、《庄》：“潜龙尚泥蟠，神龟隐其灵，庶保吾子言，养贞以全生。”“恬和为道基，老氏恶强梁，患至有身灾，荣子知所康，神龟实可乐，明戒在刳肠。”(《嵇康集校注》卷一附)他们很喜欢用这个出自《庄子·外物》和《庄子·秋水》的“神龟”典，阮侃用，嵇康也用。嵇康在《与阮德如》诗中，用《秋水》“神龟”典，是要说明摆脱世俗系累、超然物外的心态；而阮侃则把《外物》的“神龟”典附益进去，说明隐固可乐，然亦须妨智有所不及而罹患。嵇喜《答弟叔夜诗》四首，也有哲理的内容：“达人与物化，世俗安可论。”“达者识通塞，盛衰为表里。”但是，写哲理写得更多更完整的是嵇康与阮籍。

嵇康已经写出了很完整的哲理诗。六言诗《知慧用有伪》：

> 为法滋章寇生，纷然相召不停。大人玄寂无声，镇之以静自正。（《嵇康集校注》卷一）

《老子》五十七章：“以正治国。……法令滋章，盗贼多有。故圣人云：‘我无为而民自化，我好静而民自正，我无事而民自富，我无欲而民自朴。’”[⑦] 主旨是“知慧用，有大伪”，应归之于无为，嵇康诗里表述的就是这一思想。《兄秀才公穆入军赠诗》之十九：

> 流俗难悟，逐物不还；至人远鉴，归之自然。万物为一，四海同宅，与彼共之，予何所惜！生若浮寄，暂见忽终，世故纷纭，弃之八戎。泽鸡虽饥，不顾园林，安能服御，劳形苦心。身贵名贱，荣辱何在？贵得肆志，纵心无悔。（卷一）

嵇康是厌恶仕禄功名的。他追求一种无所系累自由适意的宁静心境，追求一种闲适容与淡泊朴野的生活，如前所引，他用一些很优美的诗歌境界来表现这种心境、这种生活追求。但他有时也用纯哲思的形式来表现这种心境、这种追求，这首诗就是一例。它排除了任何客观物象的描写，也没有意象组合，没有诗歌境界，纯系逻辑思路的展开，谓世人追逐名利，而至人则返归自然。万物齐一，人生如寄，安能为功名利禄劳形苦心，未若外荣辱而纵心适意。就思想言，只是杂取老、庄。《庄子·列御寇》：“彼至人者，归精神乎无始，而甘冥乎无何有之乡。水流乎无形，发泄乎太清。”这就是“至人远鉴，归之自然”之所本。

《庄子·养生主》:“泽鸡十步一啄,百步一饮,不蕲畜乎樊中,神虽王,不善也。”则为“泽鸡虽饥,不顾园林,安能服御,劳形苦心”思想的来源。“身贵名贱”,即来自《老子》第四十四章“名与身孰亲?”对于这些思想,他只是复述,并未加以发挥。就诗而言,只是一种浅近的议论,并未进入深层的思辨领域,因此也就常给人类同之感。前人论嵇康诗,已看到这一点。成书《多岁堂古诗存》谓:“嵇叔夜诸诗,都不过如此,其不动人处,只是一律耳。看他说来说去,总是依傍一部《庄子》,便非诗人本事。”(转引自戴明扬《嵇康集校注》附录“诔评”)他这样论嵇康的全部诗歌,当然过于绝对而且不确切,嵇康的一些非议论的诗,是写得非常清峻动人的;但用以概括嵇康的这部分议论的诗,就颇为中肯。他这部分表现哲思的诗,反映出哲理诗初期的幼稚。

就总体言,阮籍的《咏怀》诗都包含有深沉的思想意蕴,彦和所谓“阮旨遥深”,钟嵘所谓“厥旨渊放”,都是指思想意蕴的深沉说的。这些思想意蕴深沉的诗,目的是抒怀,而旨趣则是老、庄。从这个意义上说,《咏怀》八十二首,是一种全新的充满哲思的诗。至于这些诗的哲思的表现特点,则与嵇康有很大不同。嵇康诗中的哲思,多数以直接说理的方式表现,明白易晓,逻辑清楚。而阮籍诗中的哲思的表现,则要隐晦得多,也复杂得多。在少数篇中,有一些表述明白的片断,如“千载犹崇朝,一餐聊自己”(《咏怀》之五十二),“混元生两仪,四象运衡机”(之四十),“天网弥四野,六翮掩不舒”(之四十一),等等。但是,即使这些哲理表述明白的片断,在整首诗的哲思的表述上也不具备独立的意义。多数的诗,哲思与抒情、与意象暗示纠结在一起。我们来分析几首这样的诗,然后再来看它们的共同特点。《咏怀》之六:

昔闻东陵瓜,近在青门外。连畛距阡陌,子母相钩带。五色曜朝日,嘉宾四面会。膏火自煎熬,多财为祸害。布衣可终身,宠禄岂足赖。(《阮籍集校注》卷下)

这诗有无具体所指,向来解者纷纷,或谓为曹爽之沉溺于荣华富贵而作，或谓泛讥趋附权势者，或谓喻己之不能终隐。这三种说法，都可以找到一定的证据。曹爽受魏明帝遗诏辅少主，都督中外诸军事，正始年间在与司马懿争夺权力的斗争中，曾经烜赫一时。《三国志》爽传称其“饮食车服，拟于乘舆；尚方珍玩，充牣其家。妻妾盈于后庭，又私取先帝才人七八人，及将吏、师工、鼓吹、良家子女三十三人，皆以为伎乐。诈作诏书，发才人五十七人送邺台，使先帝倢伃教习为伎。擅取太乐乐器、武库禁兵。作窟室，绮疏四周，数与晏等会其中，饮酒作乐”。后来，司马懿便制造了一个高平陵事件，把他杀了。阮籍这诗，可看做是对曹爽将败的预言，也可以看做是对曹爽败亡的慨叹。但是，作为一般的讥切时事之作也未尝不可，言瓜以其味美，故招来宾客，人以其多财，故招来祸害。至于谓此诗乃喻己之不能终隐，则是以阮籍之心态解“膏火”四句，亦无不可。籍既依违避就于司马氏，又向往于逍遥游，内心矛盾造成的苦恼难以排遣，发出“布衣可终身，宠禄岂足赖”之感喟，正在情理之中。然而此三种解释，又都并非确证，都可以对之提出非难。问题在于诗的前半东陵瓜与后半议论之间的联系只是一种暗示，是不确定的。全诗感情倾向明显：厌弃荣华。流贯全诗的哲思亦明显，《庄子·人间世》的“山木自寇，膏火自煎也”即其主旨。以此明白的哲思与明白的感情倾向，表现出来的却是不确定的含意。

《咏怀》之四十六：

> 鸴鸠飞桑榆，海鸟运天池。岂不识宏大，羽翼不相宜。招摇安可翔，不若栖树枝，下集蓬艾间，上游园圃篱。但尔亦自足，用子为追随。（卷下）

之四十八：

> 鸣鸠戏庭树，焦明游浮云。焉见孤翔鸟，翩翩无匹群。死生自然理，消散何缤纷。（卷下）

之四十七：

> 生命辰安在，忧戚涕沾襟。高鸟翔山冈，燕雀栖下林。青云蔽前庭，素琴悽我心。崇山有鸣鹤，岂可相追寻。（卷下）

这三首都表现了阮籍在内心极度苦闷之后，自安于退屈的心绪。他有一个无法实现的逍遥游的理想，又面对险恶的政治环境，终日如临深履薄，幻想的失落，也就从自视高远回落到现实中来，自甘退屈。以燕雀自喻亦以之自安，阮籍之所以忧生而又安于生者以此！这三首诗，都用了具有同样意味的两组意象：海鸟、鸣鹤、焦明；鷽鸠、燕雀、鸣鸠。用这两组意象，比喻两种理想的选择，诗意是十分明白的。在写法上并非以哲理的形式出现，但是细味诗的内在含蕴，则可体味到一种浓重的哲思贯注其间。贯注于这三首诗中的，其实是委运任化的思想。《老子》二十九章："故物或行或随，或歔或吹，或强或羸，或载或隳。是以圣人去甚去奢去泰。"王弼注云："圣人达自然之性，畅万物之情，故因而不为，顺而不施。除其所以迷，去其所以惑，故心不乱而物性自得之也。"（《王弼集校释·老子道德经注》）人为是不会有好结果的，一切都应任其自然，为大鹏而翱翔于寥阔既不可能，为燕雀而栖于林间亦自得其乐，物固无大小，无彼此，无是非，万物一体，万物齐一，则又何必强燕雀以为大鹏乎！阮籍在《达庄论》中说："自小视之，则万物莫不小；由大观之，则万物莫不大。殇子为寿，彭祖为夭，秋毫为大，泰山为小；故以死生为一贯，是非为一条也。"阮籍正是用老子的任自然和庄子的齐万物的思想，解开理想与现实间矛盾所造成的这个使他苦闷的感情的结。这三首诗中贯注的哲思，正是这一点。哲思在诗的最深层次存在着，它上面的层次，是感情和意象。

从上面所举诗中，我们可以看到阮籍诗中哲思的表现是深藏的，它常常让诗的意象和情感给掩盖了。阮籍《咏怀》诗表现哲思的这种特殊形式，乃是他的特殊遭遇与个性的产物。正始玄思进入诗歌创作领域，是一种新的普遍倾向，而阮籍表现哲思的这种特殊方法，却是一种独特的现象。他既有越名教而任自然的真情，不满于礼教的伪饰，不满于世俗的欺诈，也不满于险恶的政局。但是他又是一位至慎的人，他一生的才智，多用来保全自己。他的一切不满，全都不敢说出，非说不可而又不敢说出，极端孤独寂寞，无可与语，却又非在诗中发泄不可。这些便造成了他的诗中的迷离恍惚，难以猜测。《咏怀》的这种特殊表现形式，成为中国诗歌史上一种无法重复的现象，以后虽有各种各样的模仿之作，但因其遭遇之不同，始终没有能够像阮籍这样达到如此深奥难求的境地。唐人李商隐的诗，在迷离恍惚、归趣难求方面庶几近之，然嗣宗以哲思之深层含蕴为归趣；而义山则以纯情的朦胧恍惚为特色。此又为其不同处。

嵇康和阮籍等人诗中哲理化的倾向，可以看做是哲思进入诗歌创作领域的初期现象。这时，哲思如何进入诗中，哲思与感情意象如何结合，还没有明确的形式，正处于探索之中。嵇康只是把议论直接带进来。以议论为诗，在中国的诗歌传统中开始很早，荀子《佹诗》，后来仲长统《见志诗》，都是以议论写诗的很突出的例子。不过嵇康带进来的是老、庄思想，虽非在诗中表现更高的思辨层次，却有玄思的意味。阮籍则是把哲思与感情、意象糅合在一起，哲理化在他的诗中还没有独立的存在。这个时期诗中哲理化倾向的出现，可看做后来玄言诗的滥觞。当然，也对后来咏怀诗的议论化倾向产生巨大的影响。

四

正始玄风虽然给文学创作带进来老、庄主题和哲理化倾向，但它并没有阻止美文学的进一步发展。

从建安开始的以抒情和华美为主要特征的美文学，与高度抽象的正始玄学属于不同的思维方法。从后来玄言诗的发展看，这两种思维方法似乎是水火不相容的，哲理化只能阻碍诗的发展，把诗写得“平典似道德论”。其实，这是不确的，后来玄言诗的失败另有原因，我们后面还要谈到。早从《庄子》开始，直观把握与高度思辨就天衣无缝地统一在一起。正始玄风继承老、庄传统，高度的思辨与直观把握、与审美判断是统一在一个思潮里的。这可以举出许多的例子。

正始谈玄中的一个特色，便是心悟。《晋书·向秀传》：

> （秀）清悟有远识，少为山涛所知，雅好老、庄之学。庄周著内外数十篇，……秀乃为之隐解，发明奇趣，振起玄风，谈之者超然心悟，莫不自足于一时也。

心悟就带有直观体认的性质。玄谈也具有审美的意味，谈玄者常常因谈论之玄妙而竟日忘倦。阮籍与王戎谈，便常常不觉日之将暮。其时崇尚玄风之士人，甚看重仪容之美。何晏与夏侯玄，都以美姿仪著称。何晏粉白不去手；时人状夏侯玄之美，称之为玉树，而言其明丽、光彩照人，则状以日月。《世说新语·容止》："时人目夏侯太初，朗朗如日月之入怀。"而称赞嵇康"肃肃如松下风，高而徐引"。山涛称嵇康："岩岩若孤松之独立，其醉也，傀俄若玉山之将崩。"（《世说新语·容止》）玄谈之妙与谈玄者的仪容之美，同样受到注意，同样给人以美的感受。可见，正始玄风，不惟是一个达到很高理论思维水平的思潮，而且是伴随一个具有独特意味的审美的思潮。因此，表现在创作倾向上，便是玄理与美文同时存在。

自建安开始的文学的华美化倾向并未中断，最为突出的表现，便是骈体文的进一步得到发展。

应璩书信，几乎篇篇都是十分优美的骈体。《与广川长岑文瑜书》：

> 顷者炎旱，日更增甚，沙砾销铄，草木焦卷，处凉台而有郁蒸之烦，浴寒水而有灼烂之惨。宇宙虽广，无阴以憩，《云汉》之诗，何以过此！土龙矫首于玄寺，泥人鹤立于阙里，修之历旬，静无征效，明劝教之

术，非致雨之备也。(《应休琏集》)

写旱情之酷烈与祈雨之情状，既甚逼真而又有骈句顿挫之美，情辞俱佳。《与从弟君苗君胄书》言其北游之乐：

> 逍遥陂塘之上，吟咏菀柳之下，结春芳以崇佩，折若华以翳日，弋下高云之鸟，饵出深渊之鱼；蒲且赞善，便嬛称妙，何其乐哉！虽仲尼忘味于虞韶，楚人流遯于京台，无以过也。(同上书)

《与尚书诸郎书》：

> 夫秋节凉和，霖雨清闲，正高会之盛时，饮宴之良日也。而陋巷之居，无高密之宇；壁立之室，无旬朔之资，流潦浸于北堂，隙漏沾于衣服，藁蒸单竭，檐石倾罄，中馈告乏，役者莫兴。(同上书)

应璩骈文，可以说已达到得心应手之程度，思想与情思之表达，完全不受骈句之限制，反因用骈句而更增加其表现力。

书信中用骈体，阮籍写得更为精彩。其《答伏义书》，几乎通篇为骈句，且以骈句说玄理。

更重要的发展，是以骈句写玄学理论文章。何晏《无名论》：

> 同类无远而相应，异类无近而不相违，譬如阴中之阳，阳中之阴，各以物类，自相求从。夏日为阳，而夕夜远与冬日共为阴；冬日为阴，而朝昼远与夏日同为阳。(张湛《列子注》引，《列子集释》卷四)

《无为论》：

> 天地万物，皆以无为本。无也者，开物成务，无往不存者也。阴阳恃以化生，万物恃以成形，贤者恃以成德，不肖恃以免身。故无之为用，

无爵而贵矣。(《晋书·王衍传》引)

骈句在王弼著作中几乎比比皆是：

四象不形，则大象无以畅；
五音不声，则大音无以至。

天不以此，则物不生；
治不以此，则功不成。

夫道也者，取乎万物之所由也；
玄也者，取乎幽冥之所出也。

深也者，取乎探赜而不可究也；
大也者，取乎弥纶而不可极也。

远也者，取乎绵邈而不可及也；
微也者，取乎幽微而不可睹也。(均见《王弼集校释》)

在《老子指略》中，骈句几占一半以上。这在说理文章中是极少有的。王弼以骈句写玄理文章，可以看做是后来刘勰以骈文写《文心雕龙》的先导。不同的是，刘勰大量用典，而且大量运用四六句式，而王弼则不用典，句式也不那么统一。

嵇康的说理文章也十分注意节奏，有的虽并非骈句，读来仍然有很强的节奏感。《养生论》、《答难养生论》等篇，则常常以对句加强这种节奏感。嵇康与王弼不同的地方，是在注意节奏感之外，词语更带文学的意味。

以骈句写理论文章，给玄奥的理论文章带来可读性，这或者是玄理与美文同时存在的一种特殊形式。

玄理与美文同时存在的另一种表现，便是高度的思辨与空灵的想象巧妙地结合在一起。这一点在阮籍的文章中表现得特别突出。他的文章，受着《庄子》的明显影响，内含玄理而写得想象无端、空灵飘忽。他的《清思赋》、《大人先生传》固不待言，即如其《达庄论》亦如是。这种空灵飘忽，首先是表现在以文学之笔墨表现哲理上，如《达庄论》开头的那段描写，《大人先生传》中对大人先生的描写，《清思赋》中神驰之幻境等等。其次便是表现在思路的衔接上。阮籍的议论文字，很少有实证的逻辑思路，大多是高度思辨的跳跃。这种高度思辨的跳跃式逻辑结构，与想象的形象描写结合，便造成了阮籍说理文字的飘忽感。而这，正是玄理与美文结合的一种表现。

五

声有无哀乐，当为正始时期的重要玄学论题。这一论题并且为以后玄论家所重视。由于史料缺乏，当时是如何讨论这一问题的，现在已无从知晓了。在古代，诗、乐、舞是不分的，论乐也常常与论诗相通。《乐记》的许多观点，就通于诗。魏晋人是把诗、乐分开来论述了，但是在论述乐的功能与审美价值时，还是时时与诗相联。声无哀乐的问题，实亦与文学功能、文学鉴赏的许多理论问题有关系。

阮籍有《乐论》，基本观点来自《乐记》，但已加进了道家观点，可以看做是嵇康理论的一种过渡。《乐论》可能是讲授《乐记》的讲稿[⑧]，它在基本思想上当然不能离开《乐记》。但是，它确已在不少地方加入了道家的思想，例如，它认为乐之本始是天地之体，万物之性：

> 乾坤易简，故雅乐不烦；道德平淡，故五声无味。不烦则阴阳自通，无味则百物自乐，日迁善成化而不自知，风俗移易而同于是乐，此自然之道，乐之所始也。(《阮籍集校注》卷上)

所谓“五声无味”，即是老子的“大音希声”之意，道平淡无味，五声亦平淡无味，世界便处在自然和谐之中，所以说“百物自乐”。他认为，悲不应是乐（yuè）的本质，这与他的“五声无味”说是相联系的。

他说：

> 诚以悲为乐，则天下何乐之有？天下无乐，而有阴阳调和，灾害不生，亦已难矣。乐者，使人精神平和，衰气不入，天地交泰，百物来集，故谓之乐也。今则流涕感动，嘘唏伤气，寒暑不适，庶物不遂，虽出丝竹，宜谓之哀，奈何俛仰叹息，以此称乐乎！（同上）

悲哀则伤气，不能达到精神平和，所以不是乐的本质。这可以从两个角度来理解，一是乐与养生有关，而这一点，正是嵇康乐论的一个侧面；二是乐是万物自乐，这与嵇康的乐的本质是“和”的思想有联系。

当然，阮籍乐论中道家思想并不占重要地位。它只是说明，嵇康声无哀乐的思想并非一种完全孤立的现象而已。

嵇康的《声无哀乐论》完全建构了一个道家的乐论体系。如果说，嵇康把庄子诗化，使庄子思想进入了文学创作的领域的话，那么，声无哀乐论则是把老、庄思想具体引入文艺理论领域的开始。

《声无哀乐论》最根本的问题，是把音乐的本体归到自然之道上去：

> 夫天地合德，万物贵生，寒暑代往，五行以成。故章为五色，发为五音，声音之作，其犹臭味在于天地之间。其善与不善，虽遭遇浊乱，其体自若而不变也。岂以爱憎易操，哀乐改度哉？（《嵇康集校注》卷五）

这一说法可归结为：五音→五行→天地→自然。因之，它和自然之道一样，是不变的。五音比而成声的乐，用什么来称呼它？用“和声”。“和声”是什么？嵇康说：

> 言比成诗，声比成音。杂而咏之，聚而听之。心动于和声，情感于苦言。嗟叹未绝，而泣涕流涟矣。夫哀心藏于内，遇和声而后发；和声无象，而哀心有主。夫以有主之哀心，因乎无象之和声，其所觉悟，唯哀而已。岂复知吹万不同，而使其自已哉。
>
> 音声有自然之和，而无系于人情。
>
> 五味万殊，而大同于美；曲变虽众，而大同于和。美有甘，和有乐；然随曲之情，尽于和域；应美之口，绝于甘境，安得哀乐于其间哉？（同上）

这是说，“和声”是无象的，是一种独立存在的客体，与感情是分开的。它本身并不包含哀乐之情。就是说，它不是一种具有社会生活内容的东西，它纯粹是一种抽象形式。它的作用，是引发人们内心的哀乐之情。哀乐之情藏于内心，因“和声”而诱发。人们体会到的，只是内心的哀乐，而不是声之哀乐。这个“和声”，使人想起老子所说的“大音希声”来。王弼注“大音希声”，谓：“有声则有分，有分则不宫而商矣。分则不能统众，故有声者非大音也。”（《老子道德经注》下篇，《王弼集校释》）老子这里说的是道的声音，道的声音无所不在。[9]它是一切乐之本。从这个意义上说，嵇康所说的“和声”，是从这里派生出来的。当然，嵇康的“和声”不等同于“大音”，它不是无声。它有声，有单、复、高、埤、善、恶（所谓“恶”，指美不美，而不是道德的判断）。它只是无象。无象，就是没有具体的哀乐之象，因其没有具体的哀乐之象，故可以成众象，使哀者闻之而哀，乐者闻之而乐。

他反复论证“心之与声，诚为二物”。心有哀乐，而声无哀乐。声与心之关系，在于“声音有大小，而动人有猛静也”。他说：

> 琵琶筝笛，间促而声高，变众而节数。以高声御数节，故更形躁而志越。犹铃铎警耳，钟鼓骇心。故闻鼓鞞之音，思将帅之臣。盖以声音有大小，故动人有猛静也。琴瑟之体，间辽而音埤，变希而声清，以埤音御希变，不虚心静听，则不尽清和之极。是以静听而心闲也。
>
> 此为声音之体，尽于舒疾；情之应声，亦止于躁静耳。……
>
> 以此言之，躁静者，声之功也；哀乐者，情之主也。不可见声有躁静之应，因谓哀乐皆由声音也。(《声无哀乐论》)

这是说，曲变虽众，但归根结底是声音的高低疾徐。此高低疾徐之声音，引起人们的或躁或静的反应。这种反应只是情之动或情之静，并不就是哀乐。

鞞鼓筝笛，由于其声音高亢急速，使人听来也感情激越；琴瑟以其声音轻柔舒徐，而使人听来感情平和。激越与平和，就是他所说的“躁静”、“猛静”。躁静、猛静，只是抽象的、没有具体内容的感情形式．无论是躁、猛，还是静，都可以赋予或哀或乐的具体内容．所以他又说：“猛静各有一和。”猛或静，各自都可以感发出不同的感情内容来：

> 且声音虽有猛静，猛静各有一和，和之所感，莫不自发。何以明之？夫会宾盈堂，酒酣奏琴，或忻然而欢，或惨尔而泣。非进哀于彼，导乐于此也。其音无变于昔，而欢戚并用，斯非吹万不同耶？夫唯无主于喜怒，无主于哀乐，故欢戚俱见。若资偏固之音，含一致之声，其所发明，各当其分，则焉能兼御群理，总发众情耶？由是言之，声音以平和为体，而感物无常；心志以所俟为主，应感而发。然则声之与心，殊途异轨，不相经纬，焉得染太和于欢戚，缀虚名于哀乐哉！（同上）

“以平和为体”，就是说和声是乐的本体，因其没有具体的乐象，故可以成众象，各人都可以用心中或哀或乐的感情，去附会此可以成众象之和声，自己创造或哀或乐之乐象。

这就是嵇康声无哀乐论最主要的观点。这一观点的意义，就在于强调了音乐的独立性。音乐自有其本体，自有其特质，与应物而感的哀乐之情明为二物。这就把儒家传统的功利主义乐论给彻底否定了，强调了乐的艺术特质，而否定了乐的功利目的。这是把老庄思想引入乐论的一个创造。

又一意义，是应用于审美理论上，又强调了审美主体的作用。

哀乐之情，生于审美者自身。审美者不是被动的接受，而是创造，乐的功能，只是引发。这一点，对文学批评中的审美理论，是很有价值的。嵇康的这一观点，后来影响了唐太宗和骆宾王。

正始时期文学理论涉及的又一重要问题，便是言意之辩。

言意命题的探讨，非始于正始，然至正始此一命题又受到广泛注意，并得到深入探讨，乃是玄学思潮的必然产物。两汉经学重实证，正始玄学探讨的理论命题往往重思辨。言意问题作为一种方法论，就是为解决玄学的理论问题而受到重视的。思辨较之实证，更重意，而不是更重言、象，把得意看做是目的，而把言、象看做是得意的一种手段。得了意，言、象都可以忘。但是，意是不可能都得到的，更幽微的意，非言、象所能表述。言不尽意，乃正始时期之普遍认识。蒋济、钟会、傅嘏都是主张言不尽意的。后来欧阳健的《言尽意论》托雷同君子之口说：

> 世之论者，以为言不尽意，由来尚矣。至乎通才达识，咸以为然。若夫蒋公之论眸子，钟、傅之言才性，莫不引此为谈证。（《全晋文》卷一〇九）

蒋济论眸子，未见著录。《三国志·钟会传》有济“观其眸子，足以知人”的话；《太平御览》卷三六六存其“两目不相为视”一段，均未审为其眸子论中片断否？他论眸子如何引言不尽意论为证，已完全不可考。钟会与傅嘏之才性论，均未留存下来，难以明其所指。欧阳健既引以为例，当曾读过，殆无疑义。现在留存下来正始时期最早论言不尽意的，是荀粲的一段话。《三国志·荀彧传》：

> 粲诸兄并以儒术论议，而粲独好言道，常以为子贡称夫子之言性与天道，不可得而闻，然则六籍虽存，固圣人之糠秕。粲兄俣难曰："《易》亦云：圣人立象以尽意，系辞焉以尽言，则微言胡为不可得而闻见哉！"粲答曰："盖理之微者，非物象之所举也。今称立象以尽意，此非通于意外者也，系辞焉以尽言，此非言于系表者也；斯则象外之意，系表之言，固蕴而不出矣。"

荀粲以为性与天道才是精华，才有深奥的义理，夫子既不言性与天道，而只言文章（文献），则儒家典籍乃糟粕耳。荀俣为了说明圣人也言天道，于是引孔子说《易》为证，提出了象和系辞可以表达微言的问题。他这一观点，才引出了荀粲"言不尽意"的一番议论。荀粲以为，理之微者，难以用言象表达；言象所能表达的，只是表层的意义，更深层的，即象外之意，系表之言，是难以表达的。他的这一思想，是从《庄子》来的，《秋水》："可以言论者，物之粗也；可以意致者，物之精也；言之所不能论，意之所不能察者，不期精粗焉。"

发展了"言不尽意论"的是王弼。他在《周易略例·明象》中说：

> 夫象者，出意者也。言者，明象者也。尽意莫若象，尽象莫若言。言生于象，故可寻言以观象；象生于意，故可寻象以观意。意以象尽，象以言著。故言者所以明象，得象而忘言；象者所以存意，得意而忘象。犹蹄者所以在兔，得兔而忘蹄；筌者所以在鱼；得鱼而忘筌也。然则，言者，象之蹄也；象者，意之筌也。是故，存言者，非得象者也；存象者，非得意者也。象生于意而存象焉，则所存者乃非其象也；言生于象而存言焉，则所存者乃非其言也。然则，忘象者，乃得意者也；忘言者，乃得象者也。得意在忘象，得象在忘言。故立象以尽意，而象可忘也；重

画以尽情，而画可忘也。(《王弼集校释》页 609）

首先，王弼承认言可明象，象可尽意。因为言可以明象，所以可以由言观象；因为象可表意，所以可以由象观意。这个“象”，指具体的象；这个“意”，指具体的意。具体的象与意，是可以由言象去表现的，例如牛、马。

但只承认这一点还不够，他进而论述得象忘言、得意忘象。这里的“得象”和“得意”，已经不是指具体的象与意，而是指具有普遍意义的象与意。所以他又说：“义苟在健，何必马乎？类苟在顺，何必牛乎？爻苟合顺，何必坤乃为牛？义苟应健，何必乾乃为马？”《说卦》：“乾，健也；坤，顺也。”又说：“乾为马，坤为牛。”《说卦》是解释八卦属性与卦象的，乾为天，天行健，乾卦的性质是刚健，故以健行之马象征之。但“马”只是健的一个具体象征，乾卦的性质，它代表的义理既是刚健，当然也可以用其他刚健的物象来象征。坤为地，地道柔顺，坤卦的性质是柔顺，牛性也柔顺，故坤为牛。但是坤卦的柔顺的性质，并非只有牛可以象征，其他柔顺的物象也可以象征。

换一个角度说，如果卦义属“顺”和“健”，不一定坤卦可以用牛象征，其他卦也可以用牛象征；不一定只有乾卦可以用马象征，其他卦也可以用马象征。

这就是说，义理抽象之后，具体的物象与言语都可舍弃。这就是“得象忘言”、“得意忘象”。如果执著于具体的言和象，就不可能得到具有更普遍意义的象和意。所以他说：“是故，存言者，非得象者也；存象者，非得意者也。”最后导致的结论是：“忘象者，乃得意者也；忘言者，乃得象者也。”忘言忘象的目的，是为了把握住更具普遍意义的象和意。

王弼显然是就哲学的方法论说的，是讲从具体上升到抽象的过程。但是，这一理论在文学创作、文学理论、文学思想上却产生了深远的影响。

忘象与忘言，乃在于得到更具有普遍意义的意和象，从哲学方法论上说，可以说是舍弃具体到抽象；从文学创作上说，则可以用来说明具体的言、象表现更具普遍意义的象与意的问题。这一点可以从阮籍的《咏怀》诗中得到说明。阮籍往往不着眼于具体的象和意的表现，他常常借助言、象，表现更深层、更带普遍意义的象和意，使得他的诗具有多义的性质，读者可以作各式各样的理解。后来的李商隐的诗，也具有这样的特点。当然这只是极端的例子。从言、象的表现不停留在言、象自身，在于表现更具普遍意义的象和意这一点说，在文学创作中实有着更为广泛而长远的意义。

正始时期文学理论涉及的问题还有文体论，但因此时文体论的发展仍处初期阶段，在文学思想中并不占重要地位，我们放在后面论及文体论时一并述及。

总之，正始是老、庄思想进入文学思想领域的一个非常重要的时期，在中国文学思想史上有其独特之地位。

（为拙著《魏晋南北朝文学思想史》中之一章，中华书局 1998 年版）

---

①有关阮籍与嵇康的人生理想和他们与政局的关系，参见拙著《玄学与魏晋士人心态》，浙江人民出版社 1991 年 7 月版。

②参见《三国志·曹爽传》、《三国志·王淩传》、《资治通鉴·魏纪》正始八年条。

③参见何晏《景福殿赋》、《三国志·三少帝纪》。

④《文选》卷二十一应璩百一诗李善注引张方贤《楚国先贤传》曰：汝南应休琏作百一篇诗，讥切时事，遍以示在事者，咸皆怪愕，或以为应焚弃之，何晏独无怪也。

⑤《论语·子张篇》："子贡曰：'纣之不善，不如是之甚也。是以君子恶居下流，天下之恶皆归焉。'"《老子》六十一章："治大国若居下流。"皆以"下流"为喻，水之处下则百川皆流之，用以喻纣，以其行不善，则天下皆以不善归之；以喻治国，若大国能虚怀处下，则小国皆从而附之。应璩此处用以喻做人，谓若不小心处于不利之地位，则众谤蠭起（即上面所说名高易受诬之意），故君子当谨慎以处世。

⑥《晋书》卷八十七《凉武昭王李玄盛传》："玄盛上巳日讌于曲水，命群僚赋诗，而亲为之序。于是写诸葛亮训诫以勖诸子曰：'……古今之事不可以不知，苟近而可师，何必远也？览诸葛亮训励，应璩奏谏，寻其终始，周、孔之教尽在中矣。……'"此足以佐证应璩在诗中表现的主要思想倾向。

⑦张舜徽《周秦道论发微》“老子疏证”谓：“此四句实一意，所以明‘无为而无不为’之恉。”张说甚是。

⑧陈伯君《阮籍集校注》为《乐论》加的按语，谓：“疑此文乃阮籍为高贵乡公散骑常侍时奉命讲《礼记》或与诸儒论辩之作。”此说虽尚乏确证，然《乐论》中确有阐释《乐记》之语气，今苟从之。

⑨宋范应元《老子道德经古本集注》：“大道无声，而众音由是而出，乃众音之大者也。”

《文赋》义疏

对于《文赋》的研究，学界已取得了很多的成果，特别是张少康先生的《文赋集释》，已经把《文赋》的释义工作做得非常细致了。然《文赋》之产生，实与其时之社会思潮与文学创作倾向甚有关系，若从此一角度考察《文赋》，则又似尚有可说者。本文撰写的目的，就是想从这方面做一点工作。凡《文赋》中涉及其时之社会思潮与创作倾向之处，均作推演阐释，其余则暂置勿论。

一

> 余每观才士之所作，窃有以得其用心。夫放言遣辞，良多变矣。妍蚩好恶，可得而言。每自属文，尤见其情。恒患意不称物，文不逮意。盖非知之难，能之难也。

这是《文赋》序中的一段话，有着明显的玄学思潮的影响。

正始玄学的一个重要理论命题，就是言意关系问题。关于言意关系问题的提出，并非始自正始，此为学界所共知，无须赘述，然而在正始前后又提出来，却有着现实的意义。

两汉经学是述古，解释圣人的教导，是把《经》实用化，它需要的是实证、阐释、推理的方法。经学衰落之后，对人生、对社会、对宇宙万物都做了重新思索，它需要的不是实证，不是从已有的理论中找到根据来指导实践，而是从现实生活中已经出现的问题，来思索宇宙人生，是一种新理论的创立，传统的疏证、训诂已经无济于事，需要找到一种全新的方法，言意问题就是在这样的背景下受到重视、被重新提出并得到深入研究的。这实际上是一种从经验上升到抽象思辨的方法。

实证与义理思辨，是很不一样的。这只要比较郑玄注《论语》与王弼《论语释疑》就可以了解。思辨较之实证，更重意，而不是更重言象，把得意看做是目的，而把言象看做得意的一种手段，得到了意，言象都可以忘。但意是不可能完全得到的，更幽微的意，非言象所能表述。欧阳健《言尽意论》托“雷同君子”之口，说：

> 世之论者，以为言不尽意，由来尚矣。至乎通才达识，咸以为然。若夫蒋公之论眸子，钟、傅之言才性，莫不引此为谈证。

蒋济论眸子，未见著录。《三国志·钟会传》：“(会)少敏惠夙成。中护军蒋济著论，谓观其眸子，足以知人。会年五岁，繇遣见济，济甚异之，曰：‘非常人也。’”《太平御览》卷三六六存有蒋济“两目不相为视”一段文字，未审为其眸子论中片断否。他论眸子如何引“言不尽意论”为证，已完全不可考。钟会之才性论与傅嘏之才性论，均未存留，亦无从推知其言不尽意之观点。然欧阳健所言，当有根据。这说明：“言不尽意”为正始前后之一种普遍认识。现在留下来的这个时期“言不尽意”论的最早一段论述，是荀粲的，见《三国志·荀彧传》。荀粲的用意，在贬儒术，谓夫子既不言性与天道，而只言文章（文献），则儒家典籍乃糠秕耳。粲盖以为性与天道才是精华，才有深奥之义理，而文章（文献）特外壳而已。荀粲崇道家，这样说是可以理解的。而崇儒术的荀俣为了说明圣人也言天道，于是引孔子说《易》为证，提出了象和系辞可以表达微言的问题。荀俣这一观点，采自《易·系辞》，为后来欧阳健“言尽意论”所发挥。他的这一观点，才引出了荀粲“言不尽意”的一番议论。荀粲所要说的是“理之微者”，难以用言、象表达。言、象所能表达的，只是表层的意义，即言象本身的含义；而更深层，即象外之意，系表之言，则是难以表达的。这既提出义理有不可能完全认知的部分，也指可认知的部分与语言表达能力之间的差距。其实，这一思想是从《庄子》来的，《秋水篇》:“可以言论者，物之粗也；可以意致者，物之精也；言之所不能论，意之所不能致者，不期精粗焉。”

发展了“言不尽意论”的是王弼。他的贡献，在于用“言不尽意”来解决义理抽象的方法问题。他在《周易例略·明象》中说：

> 夫象者，出意者也。尽意莫若象，尽象莫若言。言生于象，故可寻言以观象；象生于意，故可寻象以观意。意以象尽，象以言著。故言者所以明象，得象而忘言；象者所以存意，得意而忘象。犹蹄者所以在兔，得兔而忘蹄；筌者所以在鱼，得鱼而忘筌也。然则，言者，象之蹄也；象者，意之筌也。是故，存言者，非得象者也；存象者，非得意者也。象生于意而存象焉，则所存者乃非其象也；言生于象而存言焉，则所存者乃非其言也。然则，忘象者，乃得意者也；忘言者，乃得象者也。得意在忘象，得象在忘言。故立象以尽意，而象可忘也；重画以尽情，而画可忘也。

这段论述可以看做义理抽象的完整的方法论，有着极为丰富的内涵。

首先，王弼承认言可明象，象可尽意，从“夫象者”到“故可寻象以观意”，都是要说明这一点。因为言以明象，象以表意，所以可以由言观象，由象观意。这个“象”，是指具体的象；这个“意”，是指具体的意。具体的象与意，是可以由言、象去表现的，例如牛马。

但只承认这一点还不够，他进一步论述得象忘言，得意忘象。这里的“得象”、“得意”，已经不是指具体的象与意，而是指具有普遍意义的象与意。他在下面接着论述这个问题时说：“义苟在健，何必马乎？类苟在顺，何必牛乎？爻苟合顺，何必坤乃为牛？义苟应健，何必乾乃为马？”就是这个意思。

《说卦》:“乾，健也；坤，顺也。”又说：“乾为马，坤为牛。”《说卦》是解释八卦属性与卦象的，乾为天，天行健，乾卦的性质是刚健，故以健行之马象征之。但“马”只是健的一个具体象征，乾卦的性质，它所代表的义理既是刚健，那么刚健并非只有“马”这一种物象可以象征，其他物象也可以。坤卦的性质是柔顺，“坤，顺也”，“坤为牛”。坤为地，地道柔顺，牛性也柔顺，故坤为牛，以牛象征之。但是坤卦的柔顺的性质，并非只有“牛”可以象征，其他物象也可以。从另一个角度说，如果卦义属“健”和“顺”，不一定只有“乾卦”可以用马象征，其他卦也可以用马象征；不一定只有“坤卦”可以用牛象征，其他卦也可以用牛象征。邢璹注：“遁无坤，六三亦称牛；明夷无乾，六二亦称马。”这就是说，义理抽象之后，具体的物象与言语都可以舍弃。这就是“得象忘言”，“得意忘象”。反过来说，如果执著于具体的言和象，就不可能得到具有更普遍意义的象和意。所以王弼说：“是故，存言者，非得象者也；存象者，非得意者也。”最后导致的结论是：“忘象者，乃得意者也；忘言者，乃得象者也。”忘言忘象的目的，是为了把握住更具普遍意义的象和意。用现代语言说，是从具体上升到抽象。

这样，我们从方法论的角度考察王弼关于言意关系的论述，可以把他的玄学方法论表述为如下图式：

言明象
象尽意 ⟶ 忘言
忘象（舍弃具体）⟶ 得象
得意（得到有普遍意义的象和意）

王弼处处用这种方法，他注《易》、《老》，都如此。

至此，我们只是要说明，王弼关于言意关系的论述，是玄学的方法论，并不是有关文艺问题的直接论述，学界以往把它直接引入文艺理论史，是不对的。它对于文艺理论的意义，在方法论本身。

汉人解诗，是实证的，借助于训诂、类比的方法，可以阐释诗义。汉儒论诗论文，重功利，讲实用，用的也是实证的、经验的方法。这种方法用来论述文学的社会功用、文学的外部规律、文学的道德内容是适用的，但是，用来论述文学创作的复杂过程，例如，用来论述与文学创作过程相终始的复杂的思维活动（如想象、灵感、构思等等），便显得无能为力了。论述这些问题需要思辨的方法。在《文赋》里，我们已经可以看到这些方法的运用，例如，陆机论述构思过程时提到收视反听，情与物由朦胧而渐趋清晰，论述灵感问题时对于灵感现象的描述，就都带着思辨的性质。他是借助于思辨，在把握一种空灵的、极难把握的创造过程。在把握这个过程时当然有着经验的成分，但是又不停留在经验上，而是着眼于它的普遍的意义。后来刘勰、司空图等人，在文学创作问题时都不同程度地采用了这种方法。可以说《文赋》是玄学方法引入文论的开始。

言意之辨对于文学创作的意义，更多的也是方法论的问题。当然，它的具体内涵与玄学方法不完全一样。陆机这里说的“意不称物，文不逮意”的问题，已明说包含物、意、文三个方面。对于玄学来说，意是要表达的终极目的，言、象只是手段；而对于文学创作来说，就不能这样说了。陆机把“物”放到很重要的地位，他这个程序是：文→意→物。文要逮意，意要称物。这里有两个概念首先必须弄清楚。意，并不等同于思想、意义，而是指构思，古人所谓之意，即含有构思的意思在内；物，指表现对象。这两个概念弄清了，对陆机这个程序也就容易理解了。文，表现构思；构思，表现物象。他是说，常常耽心构思不能与所要表现的对象相同，而文辞又不能完全表现出构思。构思，当然包括意、情与心中的物象，他在《文赋》中就明确提到构思过程中情与心中的物象出现的情形。客观的物象（物）是一个层次；情、意、心中的物象（意）是一个层次；文辞（文）是一个层次。陆机说的就是这三者的关系。意何以不称物，盖物之情态纷纭万状，人之所见仅得其一斑，不可能完全尽其情态之变化与含蕴。文何以不逮意？盖意既含构思中之种种心灵活动，则理之显者、情之显者自不难表述，而理之幽微、情之幽微者则不易表述；心中物象亦如之，有易表述者，有不易表述者。此种不易表述的幽微之理与幽微之情，就是文不逮意之一原因。此其一。其二，构思过程既纯为一种心灵之活动，则其中之幽微奥妙，殊难把握。

陆机举出“应感之会”为例，说“吾未识夫开塞之所由”。既难以把握，自亦难以表述。后来刘勰给了另一种解释，说是“意翻空而易奇，言征实而难巧”。无论是不易表述之理与情，或是不易把握之文思奥妙，事实上都是文学创作中情思与意象多重性之基础，后来便发展成为言外意、象外象的理论。

文、意、物的这种认识，与文学理论的视野转向文学自身，着眼于揭示作为心灵现象之一的文学创作过程有关。从大的方面说，它是重思辨的思潮的一部分，而在方法上，它与玄学方法在注重抽象、注重整体上是相同的。

二

遵四时以叹逝，瞻万物而思纷。悲落叶于劲秋，喜柔条于芳春。

这是讲物色之变易引起不同的心境，而产生创作冲动。这种思想，遍布于历代文论中，今人有称之为“物感说”者。此种“物感说”，实产生于特有的文化传统之中。中国古代的思想家把人与宇宙万物看做一个整体，看做“气”的不同形式的存在。《管子·内业》：“凡物之精，此则为生。下生五穀，上为列星；流于天地之间，谓之鬼神，藏于胸中，谓之圣人；是故名气。”《庄子·知北游》说：“人之生，气之聚也。聚则为生，散则为死。……故曰：通天下一气耳。”通天下一气，故人与宇宙万物能相感相通。这一点后来王阳明表述得最为明白：

盖天地万物，与人原是一体。其发窍之最精处，是人心一点灵明。风雨霜雷，日月星辰，禽兽草木，山川土石，与人原只一体。故五穀禽兽之类，皆可以养人；药石之类，皆可以疗疾，只为同此一气，故能通耳。（《王阳明全书》卷三《传习录》下）

当然他这段论述里杂有唯精神论的一些成分，但是主要的部分，是说明人为何能与宇宙万物相通，因为同此一气。

明代又一位理学家薛瑄，也有类似说法：

> 一气流行，一，本也，著物则各行各式而分殊矣。（《薛文清公读书录》卷四，《丛书集成初编》本）

明代另一位著名理学家吕坤也说：

> 天地万物，只是一气聚散。（《呻吟语》卷四“天地”）天地人物，原来只是一个身体，一个心肠，同了便是一家，异了便是万类。（同上书，卷二“谈道”）

这种思想，在汉晋之际以一种较为粗糙的形式表现出来，如汉人之天人感应说。

但是，从文学家的角度考察，物我相感的哲学思想基础固然原于万物一气说，而其具体的表现，则为情之交流。万物固是一体，为一气所生，则当亦同此心，同此情，气既相通，情亦相通。四时之变易，亦如同人生之迁逝。所以宋玉说：“悲哉，秋之为气也，萧瑟兮草木零落而变衰。”自此，悲秋之主题贯穿于整个中国古代文学史。万物之盛衰，亦如同人生之荣枯，于是，汉末以来，有各种咏物诗、咏物赋出现，有各种登临感物之作。这些作品，大体皆物我同此一心。“大风隐其四起，扬黄尘之冥冥；野兽惊以求群，草木纷其扬英；见游鱼之吟澔，感流波之悲声。”（曹植《感节赋》，《曹植集校注》卷三）己之孤独，而觉兽亦孤独而求群；己之悲伤，觉鱼与水亦俱悲伤。物色感召，往往浮想联翩，夏侯湛作《荠赋》，显然以荠喻己之品格：

> 寒冬之日，余登乎城，跬步北园，睹众草之萎悴，览林果之零残，

> 悲纤条之槁摧，憋枯叶之飘殚，见芳荠之时生，被畦畴而独繁，钻重冰而挺茂，蒙严霜以发鲜，含盛阳而弗萌，在太阳而斯育，永安性于寒猛，羌无宁乎暖燠，齐精气于欿冬，均贞固乎松竹。（《全晋文》卷六十八）

钟会是讲名理的，他的《菊花赋》便用道德品格来描写菊花：

> 故夫菊有五美焉。黄花高悬，准天极也；纯黄不杂，后土色也；早植晚登，君子德也；冒霜吐颖，象劲直也；流中轻体，神仙食也。（《艺文类聚》卷八十一）

孙楚是崇尚自然的，他便从体认自然的情怀去体认菊花。他的《菊花赋》：

> 彼芳菊之为草兮，禀自然之醇精。当青春而潜翳兮，迨素秋而敷荣。于是和乐公子，雍容无为，翱翔华林，骏足交驰，薄言采之，手折纤枝，飞金英以浮旨酒，掘翠叶以振羽仪。伟兹物之珍丽兮，超庶类而神奇。（《艺文类聚》卷八十一）

这种物我的感应实际上是一种移情。后来有许多人都实际上涉及了这个问题，如薛瑄：

> 薛子宴坐水亭，忽郁然而云兴，滃然而雨集，泠然而风生，锵然而虫急，羽者飞，秀者植，童者侍，鳞者适，群物杂然而声其声，形其色，薛子窃然深思，独得其所以为是声与色者而中心悦。（《薛子道论》，《丛书集成初编》本）

何以见物色纷纭万状而心中悦，就是因为于其声与色有所领悟，有所

“独得”。明人刘炎，也有一段类似的话：

> 观夫钱塘江潮，如猛士之肝胆决裂，义士之怒发冲冠；观仙观天柱，犹直臣之气，不挠不折，社稷之佐，拓地擎天，为是而来游，来游而慨慕者几何人！（《迩言》,《丛书集成初编》本）

不过刘炎是从道德的角度，来体认山川之美而已。

这种由移情而生之物我感应说，发展至后来，便是一种独特的山水文化的产生，从谢灵运至王维，至苏轼，日渐精致，以至有卧游山水之说，甚至有以山水画治病者，如秦观[①]。而此种忘情山水，必得有一个基本之条件，这便是心境了无尘念，处于一种虚静的状态。宋人罗大经对此有一段十分精彩的论述：

> 唐子西诗云：“山静似太古，日长如小年。”余家深山之中，每春夏之交，苍藓盈阶，落花满径，门无剥啄，松影参差，禽声上下。午睡初足，旋汲山泉，拾松枝，煮苦茗啜之。……从容步山径，抚松竹，与麛犊共偃息于长林丰草间。坐弄流泉，漱齿濯足。……归而倚杖柴门之下，则夕阳在山，紫绿万状，变幻倾刻，恍可入目。牛背笛声，两两来归，而月印前溪矣。味子西此句，可谓妙绝。然此句妙矣，识其妙者盖少。彼牵黄臂苍，驰猎于声利之场者，但见滚滚马头尘，匆匆驹隙影耳，乌知此句之妙哉！（《鹤林玉露》卷四）

这其实才说到了物感说的特质，物感，必备之条件便是心境的虚静。没有虚静的心境，没法移情于山水景物，“感”便不可能产生。设若于追捕逃亡之际，于送丧悲歌之时，于铁血枪林之下，则月色花香、流泉丛翠之美，于我为何有哉！

物感说的哲学基础是气说；它之成为一种审美现象，是移情；而其必备之条件，则是虚静。从本质上说，它更属于老、庄一系。

三

其始也，皆收视反听，耽思傍讯，精骛八极，心游万仞。

从有感于物，引起创作冲动，到进入创作构思阶段，便接触到了创作时的心理状态的问题。陆机把这时心理状态的特点概括为内视与神思的飞驰，这是一个很了不起的理论创造。

内视的提法，来自道家。它的早期的说法，是庄子的“心斋”说。所谓“心斋”，就是一种空明的领悟道的心境。《庄子·人间世》：

无听之以耳而听之以心，无听之以心而听之以气！耳止于听，心止于符。气也者，虚而待物者也。唯道集虚。虚者，心斋也。

创造一种空明的领悟道的心境，就要去除视听。《庄子·在宥》说要达到至道的境界，就要做到“无视无听，抱神以静”。《在宥》的这一部分，是论述治身的，但其所要达到的心境，其实与“心斋”是一样的。嵇康在《答难养生论》中也提到“内视反听，爱气啬精”。他是从养生的角度说的，相对于“神驰于利害之端，心骛于荣辱之涂”而言，指一种无欲望的精神状态。他所说的“内视反听”，近于庄子的“无视无听”、“心斋”，而不同于儒家（如董仲舒）所说的“内视反听”。事实上也是指一种澄明的心境。

可知，收视反听的提法来自道家，它原本指的是一种悟道的境界。陆机第一次把它引入文学理论中，是用来说明在创作进入构思阶段时必须具备的心境。这种心境，包括两层含意，一是排除任何杂念的干扰，也就是后来刘勰所说的“疏瀹五藏，澡雪精神”；一是指离开物象而进入心象的阶段。创作是由于物感引起的，具体的物与景就在眼前，那么进入构思阶段之后，就必须舍弃眼前的物象，使心境处于虚静之中，才有可能进入想象的境界。这种情形，后来唐太宗在论书法时有过同样的论述："初书之时，收视反听，绝虑怡神。"（《笔法论》、《全唐文》卷十）只有这样，才能使精神完全进入书法的境界。

进入虚静的心境之后，便是想象驰骋的开始。陆机是第一个描述想象活动的特征的人。所谓"耽思傍讯，精骛八极，心游万仞"，是说心既已澄明虚静，则纯为艺术想象之天地，运思无所不到，跨越时空，跨越古今。

对于想象的认识，是从驰神运思开始的。甘露年间郭遐叔《赠嵇康诗》四首中已经提到"驰情运想，神往形留"。与陆机同时的索靖，在不少书信里都提到"驰思"，如"自我不见，俯仰数年，看涂驰思，言存所亲"。"驰心投情，庶能感应。""精爽驰想，登高长伫。"就是说，当时已经认识到想象可以跨越时空，独立飞翔，"神往形留"。

陆机比同时人高明的地方，就是他运用了对于运思的认识于艺术想象的把握中，对想象的过程与特点作了极其生动的描述。他描述艺术想象的特点，包括下列两点。

一、想象逐步展开，在展开过程中伴随着感情活动，而且由朦胧趋向明朗。"情曈胧而弥鲜，物昭晣而互进。""情"与"物"对应成文，情，指情思；物，物象，指想象中出现的物象，实际就是指心中之象。在想象的展开过程中，情思与心象交错展开。这里有三点值得注意：一是想象始终伴随着情感活动，也就是他在后面提到的"信情貌之不差，故每变而在颜；思涉乐其必笑，方言哀而已叹"。二是情思在最初冲动时写什么还朦胧不清，随着构思的深入，才逐步集中、明朗起来，这实际是承认情思有一个提炼的过程。三是在构思的过程中，思维方式是图像的更替与组合，"昭晣互进"，是指一个个一组组的物象在想象中出现了又消失了。这个出现与消失的过程，实际上就是构思中形象选择的过程。

这三点可注意，正反映了中国古代文论从重视文学的功用，重视文学的外部规律向着重视文学特质、重视文学内部规律的重大转变。在陆机之前，还从来没有人如此明确地把注意力转向艺术想象，没有人了解文学创作这一本质现象的真实面貌，是陆机给了最初的解释。

二、想象是空灵的，跨越时间与空间的限制，“观古今于须臾，抚四海于一瞬”。

对于想象的这种认识，当然最主要的是来自文学创作实践的实际体验。没有实际的体验，绝不可能有如此真切之描述。而且，这种经验也不可能只是陆机一人的，而是一种集体经验的累积。但是，想象问题的提出，还有它的认识上的基础，有它的方法论的基础。这基础便是道家的思想与方法。庄子讲游心，讲神，已经注意到精神活动问题。“且夫乘物以游心，托不得已以养中，至矣。”（《人间世》）游心，就是心灵的自由活动。“汝游心于淡，合气于漠，顺物自然而无私焉，而天下治矣。”（《应帝王》）成玄英疏：“游汝心神于恬淡之域，合汝形气于寂寞之乡。”可以神游，就很接近于想象了。《庄子》全书，都是驰神运思的很生动的实例。而玄学的思辨的方法，也变对于思维活动的剖析成为可能。所以说，陆机对于艺术想象的论述，不惟是文学自觉、重视文学的艺术特质之后的产物，而且是玄学思潮的产物。

四

> 是盖轮扁所不得言，故亦非华说之所能精。

这当然是从庄子来的。庄子讲技艺之出神入化之境界，以神遇，心知而口不能言。但是陆机用它来论述文学创作作为一种精神劳动的特色，却是一个了不起的创造。

在《文赋》里，多处涉及文学创作过程的复杂性。他说：创作是“课虚无以责有，叩寂寞而求音”，纯属精神的创造。这就把物象与心象区别开来了。诗文写物象，已经不是物象本身，而是心象的创造。这至少有两点值得注意：一是把文与史区别开来了。在中国的传统里，史讲实录，有了实有的事，才能写。而文史又是不分的，因此在“文”是否能虚构的问题上，便产生了种种的不同的见解。陆机明确地说，诗文的写作本来就是由无以生有。这当然就为虚构留下了广阔的天地。课虚无以责有，既可以是物象转变为心象的创造过程，当然也可能会有物象本无而全由心造的形象出现。二是这一思想也含有道家的有生于无的思想成分。

在谈到文学创作的复杂性时，陆机又提到文思有迟速之别的问题，“或操觚以率尔，或含毫而邈然”。当文思流畅时，率尔成篇；而当文思不畅时，则虽苦思冥想也难以成篇。这一点，后来刘勰在《文心雕龙》中有进一步的发挥。

不过，陆机最大的贡献，并不仅在于他接触到文学创作过程的复杂性，而在于他对这种复杂性提出了一种解释，他实际上接触到了文学创作中的灵感现象，虽然对这种现象他并未作科学的阐释，但却作了生动的描述：

> 若夫应感之会，通塞之纪，来不可遏，去不可止。藏若景灭，行犹响起。方天机之骏利，夫何纷而不理。思风发于胸臆，言泉流于唇齿。纷葳蕤以馺沓，唯毫素之所拟。文徽徽以溢目，音泠泠而盈耳。及其六情底滞，志往神留，兀若枯木，豁若涸流。揽营魂以探赜，顿精爽于自求。理翳翳而愈伏，思乙乙其若抽。是以或竭情而多悔，或率意而寡尤。虽兹物之在我，非余力之所勠。故时抚空怀而自惋，吾未识夫开塞之所由。

所谓应感之会，从全段之论述体味，当不仅指物感我应而已，而含有更幽微的意思，是指外物触动灵感的瞬间。外物引起创作冲动，物以貌求，心以理应，这是物感说的一般情形。但是创作冲动引起来之后，想象展开之后，有时可能直泻千里，文思汩汩不可阻遏；有时却可能徘徊迟滞，不能终篇。但是灵感的触动就不一样，灵感的触动，往往照亮了整个心灵，使生活的积累一下子集中起来，贯穿起来；使想象、感情、理智一下子全调动起来，交错综合，如行云流水般自然涌出。后来《诗格》也描述了这种现象："久用精思，未契意象，力疲智竭，放安神思，心偶照境，率然而生。"这"心偶照境"，就是"应感之会"，就是触动灵感的瞬间。心偶照境，就"通"，文思就纷至沓来；否则就"塞"，虽力疲智竭也难以成篇。陆机是我国古代文论中第一位描述文学创作中的灵感现象的人，虽然他说自己并不了解这种现象何以出现又何以不出现。

在陆机之后，还不时有人涉及这一问题，如王夫之。但是没有人在对灵感现象的描述上超越他。

五

诗缘情而绮靡，赋体物而浏亮。

在这段里他连续提出了十种文体所应具备的不同风貌，我们这里暂且提出诗、赋两种来加以说明。首先应该了解中国文体论的发展脉络，然后才可能了解陆机提出这十种文体应有的风貌所具有的意义。

中国的文体论最初是从目录学发展起来的。目录学直接影响文体分类，而有了文体分类，对不同文体的差别的认识才成为可能。《七略别录》原貌已难确知，是否论及文体，无从判断，而《汉书·艺文志》确已涉及文体论。《班志》六略，当然是从学术源流上区分的，但"诗赋略"却已论及文体，谓诗赋之区别：赋之起始，因贤人失志而抒怀；歌诗则源于歌谣，感于哀乐，缘事而发。[②] 从另一角度也可以说，赋起于文人，而诗起于民间，因之其写作特点也不同。在方法论上，目录学也给以后的文体论深远的影响。《班志》六略之总序与小序，基本的方法是"辨章学术，考镜源流"，解释各部类之含义、源流及功用。此种方法，后来为文体论所吸收，如刘勰的文体论。

然而目录学的文体分类，还不是文学文体论。文学文体论应具备的最基本的条件，除了解释不同文体的含义，阐释它们的不同功用外，还应该研究不同文体的艺术体式特点。陆机做的正是这一工作。

与陆机同时的傅玄、左思、皇甫谧等人，在论“七”体，“连珠”、“赋”时，既考赋之流变，又提出赋之基本要求，已与《班志》不同，已涉艺术体式之特色。然彼等所论，尚处于目录学与文学文体论之过渡形态，仍有着目录学之印记。陆机则完全不涉及考查源流的问题，而着眼于文学体式之风貌特色。曹丕曾论及八体，也是从风貌说的，然其分八体实为四类，“诗赋欲丽”，使艺术体式上区分不出诗与赋之区别，仍是一种较粗糙的分类法。陆机在曹丕的基础上，分得更细密了。

这就是陆机文体论在文体论史上所具有的意义。

“诗缘情而绮靡”。

这包括了两个部分的内容：缘情与绮靡。

缘情的问题，建安文学已经解决了。诗缘情，乃是建安文学发展之基本趋向。建安之后，正始以迄西晋，缘情的创作倾向并没有变，不同的只是感情基调的差别，建安诗强烈的抒情倾向，感情基调是慷慨悲凉；正始诗的抒情倾向，是哲思情怀；而陆机所处的时代，则以绮丽情思为主，主要是抒世俗之情，借用钟嵘评张华的话说，是儿女情多，风云气少。西晋士人，是非常入世的，非常世俗的，他们的诗的抒情，已经完全没有了高远情调。但是，感情基调虽不同，抒情的倾向却并没有变。陆机只不过是给了理论表述而已。

绮靡则必须作一番辨析。今人一般释绮靡为侈丽，周汝昌先生已论其不确，而释为细好、细而精。[③] 周说实来自李善与黄侃[④]，李善谓：“绮靡，精妙之言。”黄侃谓：“绮，文也；靡，细也、微也。”其实，周说与李善、黄侃说只从字义释绮靡，若古文论仅从训诂的角度而不结合其时其人之创作倾向考察，往往是不易确切了解原倡导者的原意的。

其时诗风，用彦和的话说，便是“结藻清英，流韵绮靡”，这当然首先表现在情思的绮丽上。从傅玄写儿女之情的乐府诗，到张华的《情诗》，到潘岳的《内顾诗》、《悼亡诗》、《哀诗》，可以说发展至淋漓尽致。

“结藻清英，流韵绮靡”的另一表现，便是追求文字的华美与技巧的细腻。陆机无疑是这种诗风的代表人物。历代论者，咸以为陆机乃开宋齐诗风之先驱。他们都提到陆机在文字技巧上的新追求。葛洪称二陆之文，“犹玄圃积玉，莫非夜光。”（《北堂书抄》引《抱朴子》佚篇）钟嵘称机诗“才高词赡，举体华美。”（《诗品》卷上）许学夷称其“俳偶雕刻，愈失其真。”（《诗源辨体》）胡应麟谓诗到士衡、安仁而一变，“而俳偶愈工，淳朴愈散”；“平原诸诗，藻绘何繁，而独造何寡也！”“潘、陆俱词胜者也。”（《诗薮》外编卷二）他们都提到繁采与俳偶。这些评论都是很中肯的，我们可以从陆机的诗中得到证实。

陆机写得最好的是乐府，不惟多有新意，且表现技巧有许多新的探索。《君子行》除首尾外，中间十二句全用对句；《猛虎行》中间对句已很工整：“饥食猛虎窟，寒栖野雀林。日归功未建，时往岁载阴。崇云临岸骇，鸣条随风吟。静言幽谷底，长啸高山岑。急纮懦响，亮节难为音。”《从军行》王粲原题只有个别对句，而士衡此首，除首尾四句外，中间全是对句，而且非常整齐。《折杨柳》、《梁甫吟》、《婕妤怨》、《豫章行》、《苦寒行》、《门有车马客行》、《君子有所思行》、《齐讴行》、《长安有狭邪行》、《长歌行》、《悲哉行》、《日出东南隅行》、《前缓声歌》、《塘上行》，都是大量使用对句的。就是说，在陆机的全部五言乐府中，除《驾言出北阙行》没有对句，《吴趋行》、《太山吟》、《棹歌行》、《饮马长城窟行》对句较少，其他诗作对句均占主要篇幅。这些对句，并不讲究声律，但很讲究词义的相对。“三荆欢同株，四鸟悲异林”；“宓妃兴洛浦，王韩起太华”，不仅字义对，用典也相对。有的对句技巧已相当成熟，流丽自然，不见雕琢痕迹，如：“俯入穹谷底，仰涉高山盘。凝冰结重涧，积雪被岗峦。阴云兴崖侧，悲风鸣树端。不见白日景，但闻寒鸟喧。”但是大多数对句，仍存斧凿。

俳偶在建安诗歌中已出现，但是大量引入乐府诗，陆机则是首创。

陆机五言乐府，除大量运用俳偶外，在形象描写、词语运用上，也有了不少的发展。这可以从比较中得到说明。《苦寒行》士衡诗与曹操原诗在内容上并无二致，意象也多从曹诗演化而来。曹诗浑沦一气，以其情思动人，使人忘其词采之所在；机诗则在词采刻划上下功夫。曹诗“雪落何霏霏”一句，机诗化为“凝冰结重涧，积雪被岗峦”。曹诗“树木何萧瑟，北风声正悲”，机诗演化成“阴云兴崖侧，悲风鸣树端。不见白日景，但闻寒鸟喧”。曹诗是写一总体之印象，而机诗则写具体之物景，描绘细微。《门有车马客行》从曹植《门有万里客》演化而来，而远较植诗为丰富细腻。植诗仅言相见时“挽衣对我泣，太息前自陈”，机诗则将相见之种种言语行动加以描写：“拊膺携客泣，掩泪叙温凉。借问邦族间，恻怆论存亡。……市朝互迁易，城阙或丘荒。坟垄日月多，松柏郁茫茫。”植诗言相见之意外仅说：“褰裳起从之，果得心所亲。”而机诗加以夸大：“投袂赴门涂，揽衣不及裳。”《日出东南隅行》从《陌上桑》古辞演化而来，题旨与古辞略异。《陌上桑》以写女子之美丽著称，它用的是衬托法；机诗却是直接写，在词语修饰上下功夫，像美目以“玉泽”，像蛾眉以“翠翰”，状其歌舞，谓：“泠泠纤指弹，悲歌吐清响，雅舞播幽兰。丹唇含九秋，妍迹陵七盘。赴曲迅惊鸿，蹈节如集鸾。”这写法在传神上未必胜过《陌上桑》，但在词采修饰上却繁富了。

向来以为，陆机与西晋其他诗人有一种拟古倾向。对这种拟古倾向，给予完全的否定。这是不公平的，陆机与西晋诗人的拟古倾向无论是古诗还是乐府，拟的是题旨，而在题旨相同或相似的情况下，在词采上却大大丰富了。借拟古以寻求更丰富的表现手法，从诗歌发展史的角度考虑问题，这也是一种前进，一种艺术表现的丰富化上的前进。

从陆机的诗（当然还可举出潘岳、张华、张协等人），我们可以体认到“诗缘情而绮靡”实是顺应诗歌的发展趋势，表现它的抒情特质，也表现它的华美形式的一种主张，是其时诗歌创作倾向的很好的理论表述。

“赋体物而浏亮”，同样与赋的发展趋势有关。从汉末咏物小赋到建安抒情小赋，赋已从汉大赋的夸饰声貌走向写实。左思《三都》，则是以咏物赋的写法去写大赋，并在序中明确说明自己的写作原则是写实。汉人赋论，强调讽喻，夸饰声貌而不忘讽兴之义。左思却完全撇开了讽喻，唯写实为目的。赋的创作思想是完全变了。机之《文赋》，与左思《三都》作时相近，正反映了同一思潮。体物，陈事象事、摹写物象，侧重点是写实。浏亮，清明爽朗，指风格言。清明爽朗，也是结藻清英一类。此时赋的词采也是很美的。

可见，从创作倾向看，《文赋》的文体论正反映着其时创作思想的变化。

当然，《文赋》反映其时重技巧、重词章的文学思想倾向最具体的，是其中大量有关章句、修辞方面的论述。这些论述，大多一目了然，故不再赘述。

---

① 见其《画辋川图后》，《淮海题跋》，《丛书集成初编》本。

②《汉书·艺文志》“诗赋略”谓：“春秋之后，周道寖坏，聘问歌咏不行于列国，学《诗》之士，逸在布衣，而贤人失志之赋作矣。大儒孙卿及楚臣屈原，离谗忧国，皆作赋以讽，咸有恻隐古诗之义。其后宋玉、唐勒，汉兴枚乘、司马相如，下及扬雄，竞为侈丽宏衍之词，没其讽谕之义，……自孝武立乐府而采歌谣，于是有代赵之讴，秦楚之风。皆感于哀乐，缘事而发，亦可以观风俗，知厚薄云。”刘师培谓：“观《班志》之分析诗赋，可知诗歌之体与赋不同，而骚体则同于赋体。”（《刘申叔遗书·论文杂记》）

③《陆机〈文赋〉“缘情绮靡”说的意义》，《文史哲》1963 年 2 期。

④《文选评点》，转引自张少康《文赋集释》。

唐敬宗宝历初至宣宗大中末的文学思想

孟郊死于元和九年（814），李贺死于元和十一年（816），柳宗元死于元和十四年（819），韩愈死于长庆四年（824），中唐的这些重要作家相继离开文坛，而白居易、元稹、刘禹锡诸人虽还活动在文坛上，但他们的创作倾向已经开始转变。贞元末至元和年间出现的重功利的文学思想，随着政局的变化，逐渐消失了。事实上，诗歌创作和理论批评中的风教说和讽谕说，在元和十二年之后就已沉寂；散文文体文风改革中的明道说，从贞元八年发展到元和八年，已完全成熟。虽到长庆年间，李翱、皇甫湜还有明道说的言论，但大体已没有超过韩、柳所论的范围，而长庆以后，明道说的势头和影响也就逐渐消退。应该说，作为中唐文学思想之一重要标志的重功利的文学思想，到大和初已经没有什么市场。宝历初（825）开始，到唐王朝的结束，唐代文学思想的发展进入了另一个时期。我们把这个时期的文学思想称为晚唐的文学思想。这个时期又可分为前后两段。宝历初开始，杜牧、许浑、张祜、李商隐、温庭筠、段成式等人相继登上文坛，到大中末，为前段；而咸通以后，到唐代结束，为后段。

重功利的文学思想的沉寂，与政局的变化有很大关系。贞元末至元和年间，部分士人立志改革，有一种挽狂澜于既倒的精神。他们虽然政见不同，但都有一种改革弊政，希望中央政权得以巩固的愿望。但是，没有多久，他们的改革一次次以失败告终，而朝政的腐败，却日甚一日。作为当时中央政权的两大祸害的宦官专权和藩镇跋扈，有增无减；而且，又加上了激烈的党争，使唐王朝重新兴盛起来的希望已经变得甚为渺茫了。曾一度有所作为的宪宗，后期迷信神仙方术，服食丹药，最后为宦官陈弘志所杀。自此之后，皇帝废立的大权，操在宦官手里。穆宗是一个荒于酒色的昏君；敬宗即位时年仅十六，是一个更为昏乱的小皇帝，终日游乐嬉戏，且又贪好女色，在位三年，即为宦官刘克明所杀。文宗有意于除去宦官，却由于无能，用人不当，两次谋划，均告失败。大和五年用宋申锡为相，谋去宦官权势，而行事不密，宋申锡反为宦官王守澄所罗织，以至于贬死开州。大和九年，又用李训、郑注，谋去宦官，结果又反为所败。宦官仇士良等率兵大杀朝官，宰相王涯、贾餗、舒元舆、李训、太原节度王璠，以及郭行馀、郑注、罗立言、李孝本、韩约等十余家，皆族诛，朝官被杀者六七百人，朝野震骇，史称“甘露之变”。“甘露之变”以后，宦官势力更大，文宗也自叹“受制于家奴”。“甘露之变”对士人的震动是很大的，不少人在诗文中都或隐或显地有所反映。白居易写有《九年十一月二十一日感事而作》：“祸福茫茫不可期，大都早退似先知。当君白首同归日，是我青山独往时。顾索素琴应不暇，忆牵黄犬定难追。麒麟作脯龙为醢，何似泥中曳尾龟？”（《白居易集》卷三二）在震恐与感慨之余，他采取了一种远祸害以自全的态度。他还有一首《咏史（九年十一月作）》：“秦磨利剑斩李斯，齐烧沸鼎烹郦其。可怜黄绮入商洛，闲卧白云歌紫芝。彼为菹醢机上尽，此作鸾凰天外飞。去者逍遥来者死，乃知祸福非天为。”（《白居易集》卷三〇）表现了相同的思想。李商隐为此事写有《有感二首》，对宦官的凶残表示了义愤，对文宗用人不当表示惋惜，而对被杀害者表示了深切的同情：“古有清君侧，今非乏老成。素心虽未易，此举太无名。谁瞑含冤目，宁吞欲绝声？近闻开寿宴，不废用《咸英》。”（《玉谿生诗集笺注》卷一）他还写了《重有感》，寄希望于上疏责问宦官的刘从谏。“玉帐牙旗得上游，安危须共主君忧。窦融表已来关右，陶侃军宜次石头。岂有蛟龙愁失水，更无鹰隼与高秋？昼号夜哭兼幽显，早晚星关雪涕收。”（《玉谿生诗集笺注》卷一）李商隐以他特有的方式，表示了他对“甘露之变”的鲜明态度。他对朝政的关心比此时的白居易要深沉得多。但是，他的希望不久也就破灭了。后来，他在伤悼文宗的诗里，就曾发了很深的感慨:“运去不逢青海马，力穷难拔蜀山蛇。”(《咏史》,《玉谿生诗集笺注》卷一）张祜也有关于“甘露之变”的诗:《丁巳年仲冬月江上作》。诗称:“南来驱马渡江濆，消息前年此月闻，唯是贾生先恸哭，不堪天意重阴云。”(《张承吉文集》卷四）丁巳为开成二年,诗中言“前年”,即为大和九年。在“甘露之变”的两年之后，张祜还表现出来如此深沉的悲愤，可以看出此事件对其时士人心理状态影响之深刻。与宦官擅权、宦官与朝官即南衙北司之争的同时，牛李党争的激烈，对唐王朝中央政权的削弱也很严重。一党上台，即清除另一党的势力，必欲置对方于死地而后快。由于中央政权的削弱，对方镇亦越来越无能为力。武宗用李德裕为相，收复昭义镇，是对方镇斗争的一次胜利。但可以看出，在此次战争中，朝廷已力有不济，大有捉襟见肘之感了。

在这样的政局中，士人的心理状态发生了新的变化。他们与他们的上一辈，如韩、柳那些人已经有些不同了。他们虽然仍眷念朝廷，怀抱希望，但已经失去了信心；他们虽仍关心朝政，有些抱负，但已经没有贞元末元和年间他们的前辈那种改革的锐气；他们中的有些人也时或希望有所作为，但已失去朝气。而且，他们中多数人的处境，也并不具备干预朝政的条件。这个时期的差不多所有重要作家，都并没有进入权力中心。他们多数人寄身幕府，在政治生活中实际上处于无足轻重的地位。这也是与贞元末元和年间那批重要作家不同的地方。但是，他们也不同于接踵而来的农民起义起来，唐王朝走向灭亡时期的那批作家。他们终究还有希望、抱负，只是这种希望与抱负被现实生活的失望压抑着，他们的内心充满着矛盾。他们中不少人对于政局，对于历史的思索，表现出这个时期特有的抑郁感。

由当时政局造成的士人的这种独特的心理状态，是这个时期文学思想转变的最主要原因。这个转变的最主要表现，就是重功利的文学思想影响的逐渐消失。诗歌中的讽谕说和散文中的明道说，在这个时期都失去了市场。

一

诗歌思想的最明显的转变，是创作与理论都很难再找到“惟歌生民病，愿得天子知”的重功利倾向了。

尚实、尚俗、务尽的诗歌思想，正在失去它的影响。诗歌创作的主要倾向是转向写个人情思。视野内向，很少着眼于生民疾苦、社会疮痍，而主要着眼于表现矛盾复杂的内心世界，表现个人生活情趣。

首先值得注意的是怀古、咏史之作的大量出现。这些怀古咏史之作，大都表现出一种伤悼情调。长庆四年，刘禹锡写《西塞山怀古》，就是这种伤悼情调流露的开始：

> 西晋楼船下益州，金陵王气漠然收。千寻铁锁沉江底，一片降旛出石头。人世几回伤往事，山形依旧枕寒流。今逢四海为家日，故垒萧萧芦荻秋。（《刘梦得文集》卷四）

向来解此诗者，多以其旨在颂扬统一，反对割据。若然，则诗中之伤悼情调实不可解。首四句盖言此地曾有过统一之功业，五六叹盛衰兴亡，功业已成过去，而山川景物依旧，所谓伤往事者以此。有五六之叹盛衰兴亡，方有七八之虽处“四海一家”之时，而有悲凉萧索之感。全诗弥漫着的是一重浓烈的伤悼情思：不世功业，一代繁华，亦终将成为伤悼感慨之往事。他的《金陵五题》所表现的，也是这样的一种情思。这段时间，他还有《金陵怀古》、《台城怀古》之作。在短短的两三年内，写了这许多情调相同的诗，是很值得注意的。自此之后，仿佛有一种无形的力量，一种气氛，使得怀古以伤今的情绪，油然来到不少作者的心头，而且情调是这样的相似。许浑《金陵怀古》：

> 玉树歌残王气终，景阳兵合戍楼空。松楸远近千官冢，禾黍高低六代宫。石燕拂云晴亦雨，江豚吹浪夜还风。英雄一去豪华尽，唯有青山似洛中。（《丁卯诗集》卷上）

也是感慨功业已成陈迹,唯有山川依旧的。他还有一首《凌歊台》:“百年便作万年计,岩畔古碑空绿苔。”意同此。这种感叹兴亡的伤悼情调,在《咸阳城东楼》中表现得更为明显:

一上高楼万里愁,蒹葭杨柳似汀洲。溪云初起日沉阁,山雨欲来风满楼。鸟下绿芜秦苑夕,蝉鸣黄叶汉宫秋。行人莫问当年事,故国东来渭水流。(《丁卯诗集》卷上)

诗中十分明显地流露着怀古伤今的浓烈情思。唯有鸟下绿芜,蝉鸣黄叶,千载依旧。他之所以见秦苑汉宫而生如此深的感慨,当然意还在伤今。所谓“莫问”者,意谓一切繁华,终将似东去流水,无法长驻。这其中就隐含着对于现实的衰败已经无可挽回的深深感触。这时的士人,对于唐王朝有过的强盛繁荣,似都已成梦境。他们的情绪,既完全不同于盛唐士人那种建立不世功业的心理状态,也完全不同于贞元末元和年间那种立意改革,还企望中兴的心情。他们已经把强盛与繁荣看成过去,把中兴的愿望化作一声不无眷恋的深沉的叹息了。

这种情绪,还常常带着一种对于人生哲理的体认,反映着这时的士人对于唐王朝衰落的认识。他们带着一种既对于过去繁荣昌盛的眷恋,又带着一种无可奈何的心情,接受了中兴已成一梦的现实,从中体认到盛衰兴亡不可抗拒的哲理。这种矛盾复杂的心情,既深沉浓烈,又表现得十分平静。杜牧有许多这样的诗,写得极为精彩。如《登乐游原》:

长空淡淡孤鸟没,万古销沉向此中。看取汉家何事业?五陵无树起秋风!(《樊川诗集注》卷二)

《江南春绝句》:

千里莺啼绿映红,水村山郭酒旗风。南朝四百八十寺,多少楼台烟

雨中？（《樊川诗集注》卷三）

一切都消逝在永恒的时间里，也存在这永恒的时间里。《题宣州开元寺水阁，阁下宛溪，夹溪居人》亦如此：

> 六朝文物草连空，天淡云闲今古同。鸟去鸟来山色里，人歌人哭水声中。深秋帘幕千家雨，落日楼台一笛风。惆怅无因见范蠡，参差烟树五湖东。（《樊川诗集注》卷三）

一切的盛衰成败，悲欢离合，都隐没在这永恒的时间里，古的已经逝去，今的也无可挽留，今古同一归宿，留下的只有天高云淡而已。这种情绪的进一步发展，就走向对人生的消沉态度。薛逢的《悼古》可以作为这一点的说明：

> 细推今古事堪愁，贵贱同归土一邱。汉武玉堂人岂在？石家金谷水空流！光阴自旦还将暮，草木从春又到秋。闲事与时俱不了，且将身暂醉乡游。（《全唐诗》卷五四八）

王枢的《和严恽落花诗》也是一例：

> 花落花开人世梦，衰荣闲事且持杯。春风底事轻摇落，何似从来不要开。（《全唐诗》卷五四六）

从这些例子中，我们可以认识到这个时期诗歌创作中出现的这种怀古倾向，乃是这时士人对于唐王朝已经失去信心的心理状态的曲折反映。从盛唐的倾向于理想，到安史之乱后元和年间一度出现的写战乱生活与生民疾苦，到这个时期的怀古伤今，变化是很大的。而这些变化，无不和各个时期士人的精神风貌密切相关。

这个时期诗歌创作倾向的又一明显变化，是大量地写闺阁生活，爱情主题，以至歌楼舞榭。盛唐文坛上，诗歌中爱情题材甚为少见。这种现象直至贞元末年，并未发生明显的变化。中唐以后，大量以爱情入诗的，是元稹。他写了许多艳情诗，写得浓艳甚至轻佻。

李贺也写爱情诗，不过他把爱情诗写得色彩斑斓而又迷离惝恍。但是，其时爱情诗并未成为一种普遍的创作倾向。把闺阁生活、爱情主题以至歌楼舞榭的生活大量入诗，并形成为一种主要创作倾向，表现出特色来的，是这个时期。这种倾向，与文学思想的变化关系甚大。不少诗人，已经更明确、更有意识地把诗歌当做个人抒怀和消遣的手段，把生活视野从广阔的社会缩回到自己生活的狭窄圈子里来了。

这个时期写闺阁生活、爱情主题以至歌楼舞榭写得最好的，当然要数李商隐和温庭筠。

李商隐可以说把爱情诗推向了高峰。他把爱情诗写得深情绵邈，真挚深沉而又迷离飘忽。他摆脱了宫体诗人们写闺阁生活的脂粉气，不像他们那样，把男女之情仅仅归结为性爱，而是上升到感情领域，更多地带着精神追求的成分。他常常写一种铭心刻骨、无法排遣、热烈追求而又不愿明白表示的热烈恋情：

昨夜星辰昨夜风，画楼西畔桂堂东。身无彩凤双飞翼，心有灵犀一点通。隔座送钩春酒暖，分曹射覆蜡灯红。嗟馀听鼓应官去，走马兰台类转蓬。(《无题》二首之一，《玉谿生诗集笺注》卷二)

来是空言去绝踪，月斜楼上五更钟。梦为远别啼难唤，书被催成墨未浓。蜡照未笼金翡翠，麝熏微度绣芙蓉。刘郎已恨蓬山远，更隔蓬山一万重。(《无题》四首之二，《玉谿生诗集笺注》卷二)

这类诗在他的《无题》诗中占很大比重。它们并没有明确的对象，只是写一种热烈执著的感情追求。李商隐还有另一类写爱情的诗，是伤悼他的亡妻的。这些诗同样表现了一种铭心刻骨的爱恋，同样无法排遣，不过又加上了凄恻哀怨、缠绵沉深，把爱情表现得更为纯净动人。就其感情的纯净高洁真挚缠绵而言，在唐代爱情诗中，实为极致之作。元稹也有一些写得真挚的伤悼亡妻之作，但是比起李商隐的这类诗来，就显得要浅多了。李商隐有一首《正月崇让宅》，是写宿外家崇让坊故宅时伤悼亡妻之情的：

> 密锁重关掩绿苔，廊深阁迥此徘徊。先知风起月含晕，尚自露寒花未开。蝙拂帘旌终展转，鼠翻窗网小惊猜。背灯独共余香语，不觉犹歌《起夜来》。(《玉谿生诗集笺注》卷二)

感情的细腻沉深，坚贞执著，是很动人的。温庭筠则把爱情诗引向腻粉脂香，歌楼舞榭。他不像李商隐侧重于感情的追求与满足，而是侧重于腻香脂粉的温馨描写。李商隐的大量爱情诗开拓了感情的幽微领域，而温庭筠的艳情之作，则主要追求感官的满足：

> 珠箔重钩对彩桥，昔年于此见娇娆。香灯怅望飞琼鬓，凉月殷勤碧玉箫。屏倚故窗山六扇，柳垂寒砌露千条。坏墙经雨苍苔遍，拾得当时旧翠翘。(《经旧游》,《温飞卿诗集笺注》卷四)

重过经游处，勾引起的只不过是当时"香灯怅望飞琼鬓，凉月殷勤碧玉箫"的歌笑生活而已。而所眷恋者，亦止此。"拾得当时旧翠翘"已尽满足，当然不会有铭心刻骨、缠绕不去的情思。原本就只是歌筵酒席、放浪生活中之相知，故无深挚执著恋情之可言。温庭筠这类诗，侧重感官满足的描写，大都类此。由于对男女之情的这种态度，他的艳情诗对感官满足的描写也就常常十分细腻，而且常带着挑逗的情调：

> 家临长信往来道，乳燕双双拂烟草。油壁车轻金犊肥，流苏晓帐春

鸡早。(《春晓曲》,《温飞卿诗集笺注》卷三)

曲巷斜临一水间，小门终日不开关。红珠斗帐樱桃熟，金尾屏风孔雀闲。云髻几迷芳草蝶，额黄无限夕阳山。与君便是鸳鸯侣，休向人间觅往还。(《偶游》,《温飞卿诗集笺注》卷四)

这种对于腻粉脂香的细腻描写，更大量地反映在他的词中。其时词多被用于歌筵酒席间，为适合于那样的环境，以腻粉脂香为描写对象，固是一原因；但温词中的这种轻艳情调，则与他对男女之情的基本态度极有关系。李商隐在诗里把爱情写得幽微婉约，而温庭筠则在词中把男女之情写得脂粉气更浓些，他往往把闺阁生活写得极秾丽绮艳。温词从一个侧面，反映出其时部分士人的感情世界已经比他们的盛中唐前辈要纤弱得多，也狭窄得多了。

闺阁生活、爱情主题的大量进入诗歌创作领域，还表现在这一时期写李（隆基）、杨（太真）爱情的诗作的不断出现上。继白居易的《长恨歌》之后，这个时期不少诗人很热心于写李、杨爱情。大历贞元间部分诗人如韦应物诸人回忆开、天盛世时，把唐玄宗做为那个极盛时期的标志，把他看做他们锦绣前程的希望。他们感慨开、天盛世的逝去，因而怀念唐玄宗。这种怀念，带着更多的政治色彩。而这个时期的诗人们，似乎已经淡忘了这种政治色彩。他们很少对唐玄宗作政治上的评价，而更多地着眼于他和杨贵妃的爱情关系上。

对于安史乱起之后，玄宗奔蜀，马嵬驿赐死杨贵妃一事，他们反复咏唱，而且表现了不同程度的同情。温庭筠《马嵬驿》就是一例：

穆满曾为物外游，六龙经此暂淹留。返魂无验青烟灭，埋血空成碧草愁。香辇却归长乐殿，晓钟还下景阳楼。甘泉不得重相见，谁道文成是故侯？(《温飞卿诗集笺注》卷四)

李商隐《马嵬》二首，则不仅对杨妃表同情，且有责玄宗之意。张祜的

《马嵬归》:“无复一生重语事，柘黄衫袖掩潸然。”(《张承吉文集》卷五)《马嵬坡》:“尘土已残香粉艳，荔枝犹到马嵬坡。”(同上卷)同情就更其明显。张祜诗直接写玄宗与杨贵妃的就有十一首。在这些诗里，李、杨关系被赋予了更多的普通人的感情色彩。例如,《和杜舍人题华清宫三十韵》，就皆从爱情着眼，未涉国政，且于抒写李、杨爱情中多寄寓同情。

本来很容易涉及政治内容的事件，被当做爱情主题来处理，诗人们观察社会的着眼点，确实是渐渐发生变化了。

怀古咏史和爱情主题，可以看做这一时期诗歌题材变化的主要标志。其他的大量的诗作，或写生活中琐细物事，或唱酬游乐，多数平庸且无甚特色。

二

在艺术追求上，这个时期也表现出了反对尚实、尚俗、务尽的文学思想倾向。此时诗人多轻元、白而崇杜、韩。杜牧在《唐故平卢军节度巡官陇西李府君墓志铭》中，引李戡对元、白的一段批评:

> 诗者可以歌，可以流于竹，鼓于丝，妇人小儿，皆欲讽诵;国俗薄厚，扇之于诗，如风之疾速。尝痛自元和已来，有元、白诗者，纤艳不逞，非庄士雅人，多为其所破坏;流于民间，疏于屏壁，子父女母，交口教授，淫言媟语，冬寒夏热，入人肌骨，不可除去。吾无位，不得用法以治之。欲使后代知有发愤者，因集国朝以来类于古诗得若干首，编为三卷，目为《唐诗》，为序以导其志。(《樊川文集》卷九)

从杜牧引李戡这段评论的口气看，杜牧是同意他的观点的。杜牧诗没有元、白影响的痕迹即可旁证。李商隐为白居易写墓碑铭(见《樊南文集详注》卷八)，历叙其行止，而未论及其诗文。提到白居易的著述时，仅说有“集七十五卷，元相为序”，而未加详述，以白居易生前诗作流传之广，影响之大来说，为他写墓碑铭而无一字及其诗文之建树，大可骇怪。至少说，李商隐对他的诗文没有采取肯定的态度。大中十年，顾陶编《唐诗类选》，选入与元、白同时的韩、孟诗派的诗，并加以肯定，而于元、白则无所取。在《唐诗类选后序》中他解释说："若元相国稹，白尚书居易，擅名一时，天下称为元、白，学者翕然，号元和体。其家集浩大，不可雕摘，今共无所取，盖微志存焉。"(《全唐文》卷七六五）所说因其家集浩大而不取的理由是不能成立的，真正的原因是"微志存焉"。所谓"微志存焉"，就是心有所非，而不愿明说。这个时期的不取元、白，似非如李戡所说的因其"纤艳不逞"，"淫言媟语"，因为事实上这时的诗歌创作，并未废齐、梁。真正无取于元、白的，主要原因恐因其尚实、尚俗、务尽的创作倾向。这个倾向与大和至大中间诗人们的普遍的艺术追求是格格不入的。

他们多数人学杜甫，学韩、孟诗派。

这个时期的重要诗人，差不多都受到杜甫的影响。受杜甫的影响主要表现在学习杜甫叙事夹议论的写法。杜牧集中可考的最早的一首诗《感怀诗》，写来就完全像杜甫。他的著名的《杜秋娘诗》，叙事亦如杜。这诗叙述杜秋娘的一生遭遇，给予深切的同情。民家女杜秋娘，因为生得美，十五岁被镇海节度使李锜纳为妾。李锜叛被诛，杜秋娘被没入掖庭。因其美貌，又得到宪宗的宠幸。宪宗死，穆宗使其为皇子李凑傅姆。宦官王守澄诬宰相宋申锡谋立漳王李凑，宋申锡被贬死开州，李凑亦被废削，杜秋娘被放还乡。他写到杜秋娘被放还乡的情形：

> 四朝三十载，似梦复疑非。潼关识旧吏，吏发已如丝。欲唤吴江渡，舟人那得知。归来四邻改，茂苑草菲菲。清血洒不尽，仰天知问谁？寒衣一匹素，夜借邻人机。(《樊川诗集注》卷一）

接着他又发议论，因杜秋娘的遭遇而及于世事。他的《李甘诗》也明显的有着杜甫影响的痕迹。李商隐也有一些诗写法学杜。他的《行次西郊作一百韵》:“蛇年建丑月，我自梁还秦。南下大散岑，北济渭之滨。草木半舒坼，不类冰雪晨。又若夏苦热，燋卷无芳津。高田长槲枥，下田长荆榛。农具弃道旁，饥牛死空墩。依依过村落，十室无一存。存者皆面啼，无衣可迎宾。”(《玉谿生诗集笺注》卷一）叙事写实，都很像杜甫那些写战乱生活的诗。他的《骄儿诗》、《戏题枢言草阁三十二韵》，都是叙述杂议论;《偶成转韵七十二句赠四同舍》写法如杜而音调豪迈，又有似高岑。但李商隐之与杜甫有相似之处，实不在写法，而在情思沉郁上。宋人王安石以为“唐人知学老杜而得其藩篱者，惟义山一人而已”(《蔡宽夫诗话》,《诗人玉屑》卷一七引)。叶梦得、朱少章、范晞文、冯班、贺裳、何焯诸人，皆尝指出义山诗之学杜处。他们所举例句，亦多从其情思之沉郁着眼。

学杜之外，是学韩。学韩是学其雄杰怪奇。俊爽若杜牧，也有一二明显受韩愈的影响，如《郡斋独酌》，状李光颜之气概：

> 风前略横阵，紫髯分两傍，淮西万虎士，怒目不敢当。功成赐宴麟德殿，猿超鹘惊广毬场。三千宫女侧头看，相排踏碎双明珰。(《樊川诗集注》卷一)

这里有着韩诗那种独有的怒张的力感，表现了一种雄杰的气概。李商隐诗受韩的影响就更多些。《韩碑》一篇，写法上就完全有意学韩，特别是学韩的散文化句式和用字的怪奇，写裴度平淮西：

> 帝得圣相相曰度，贼斫不死神扶持。腰悬相印作都统，阴风惨淡大王旗。

写韩愈撰《平淮西碑》:

> 帝曰:“汝度功第一，汝从事愈宜为辞。”愈拜稽首蹈且舞，金石刻

> 画臣能为……公退斋戒坐小阁，濡染大笔何淋漓。点窜《尧典》、《舜典》字，涂改《清庙》、《生民》诗。文成破体书在纸，清晨再拜铺丹墀。表曰："臣愈昧死上。"咏神圣功书之碑……句奇语重喻者少，谗之天子言其私。长绳百尺拽碑倒，粗砂大石相磨治。(《玉谿生诗集笺注》卷一)

这种写法，放在韩诗中可以乱真。这当然是一首从用辞、句法到气概都极似韩的诗作，这样的诗在李商隐的诗中不算多，但是在其他一些篇中，时或有类韩的句子，如《安平公诗》："府中从事杜与李，麟角虎翅相过摩。"《李肱所遗画松诗书两纸得四十一韵》，状古松之形象："樛枝势夭矫，忽欲蟠拏空。又如惊螭走，默与奔云逢。孙枝擢细叶，旖旎狐裘茸。邹颠蓐发软，丽姬眉黛浓。"(《玉谿生诗集笺注》卷一)奔突怒张之气概与用字的险怪，皆甚似韩诗。

杜牧和李商隐之学杜、韩，为其诗歌思想所决定。他们反元、白之浅俗，而崇杜、韩之壮大。他们对此都有所论述。杜牧《冬至日寄小侄阿宜诗》，论及李、杜、韩、柳，称："李、杜泛浩浩，韩、柳摩苍苍。"就是从其壮大说的。《读韩、杜集》："杜诗韩集愁来读，似倩麻姑痒处搔。天外凤凰谁得髓，无人解合续弦胶！"(《樊川诗集注》卷二)给了韩、杜以极高的评价。《雪晴访赵嘏街西所居三韵》：

> 命代风骚将，谁登李杜坛？少陵鲸海动，翰苑鹤天寒。今日访君还有意，二条冰雪独来看。(《樊川诗集注》卷二)

论杜诗亦仍着眼于其壮大。李商隐也推崇李、杜，他在《漫成五章》之二中，对李、杜的诗才给了很高评价，而对他们的遭遇深表同情：

> 李、杜操持事略齐，三才万象共端倪。集仙殿与金銮殿，可是苍蝇惑曙鸡。(《玉谿生诗集笺注》卷二)

所谓“三才万象共端倪”，是说他们的艺术才能足以拢括表现一切人事与自然万物。

不仅学杜、韩，而且学李贺。这个时期的一些重要诗人受李贺的影响十分明显。不用说，李商隐就是其中的一位。他有的诗，就标明效长吉体。一些诗，像李贺那样写得色彩斑斓浓丽，形象组合异于常理。《无愁果有愁曲北齐歌》、《海上谣》诸作皆是，此类诗多数不可确解。另一些诗，写得色彩斑斓，形象瑰丽，而内容可解的，也从李贺来，如《射鱼曲》：

> 思牢弩箭磨青石，绣额蛮渠三虎力。寻潮背日伺泅鳞，贝阙夜移鲸失色。纤纤粉簳馨香饵，绿鸭迴塘养龙水。含冰汉语远于天，何由廻作金盘死。（《玉谿生诗集笺注》卷二）

前人对此诗作种种附会，冯浩以为盖悲李德裕贬崖州之作。其实，此乃南方少数民族以弩箭射鱼之习俗，此种习俗在南方至今尚存。此诗写法上完全像李贺之《黄家洞》，以斑斓色彩与瑰丽形象，写南方少数民族之生活情状。

另一位学李贺的诗人是温庭筠。温庭筠学李贺，用力于学李贺用辞的瑰丽，追求词语的色感，如：

> 玉妃唤月归海宫，月色淡白涵春空。银河欲转星靥靥，碧浪叠山埋早红。（《晓仙谣》，《温飞卿诗集笺注》卷一）
>
> 韶光染色如蛾翠，绿湿红鲜水容媚。（《春洲曲》，《温飞卿诗集笺注》卷二）
>
> 水客夜骑红鲤鱼，赤鸾双鹤蓬瀛书。（《水仙谣》，《温飞卿诗集笺注》卷二）

有些诗句，则直从长吉诗中化来，如“塞寒如箭射眸子”，来自长吉“东关酸风射眸子”；“下视九州皆悄然”，来自长吉“下视齐州九点烟”，等等。

在这个时期，李贺的影响是很明显的。杜牧虽然在创作上没有效法李贺，但他对李贺的评价却很高。在《李长吉歌诗叙》中，他对李贺诗歌有一段很精彩的评价：

云烟绵联，不足为其态也；水之迢迢，不足为其情也；春之盎盎，不足为其和也；秋之明洁，不足为其格也；风樯阵马，不足为其勇也；瓦棺篆鼎，不足为其古也；时花美女，不足为其色也；荒国陊殿，梗莽邱垄，不足为其怨恨悲愁也；鲸呿鳌掷，牛鬼蛇神，不足为其虚荒诞幻也。盖《骚》之苗裔，理虽不及，辞或过之。《骚》有感怨刺怼，言及君臣理乱，时有以激发人意。乃贺所为，得无有是？贺能探寻前事，所以深叹恨古今未尝经道者，如《金铜仙人辞汉歌》、《补梁庚肩吾宫体谣》。求取情状，离绝远去笔墨畦径间，亦殊不能知之。贺生二十七年死矣！世皆曰：使贺且未死，少加以理，奴仆命《骚》可也。

在这评论里，差不多《骚》艺术上的一切成就，李贺与之相比都毫不逊色，且或有以过之，不足的只是“理”，稍加以理，则可以奴仆命《骚》。李商隐为李贺写的小传，对李贺的才与奇，亦备加赞赏。从这些都可以看出来李贺的诗歌艺术在这个时期的影响。

这个时期的不少诗人，不仅学杜、学韩、学李贺，而且学贾岛的苦吟。最典型的例子是刘得仁，他的苦吟实有甚于贾岛。在许多诗里，他都自叙了自己苦吟的情形：

到晓改诗句，四邻嫌苦吟。（《夏日即事》，《全唐诗》卷五四四）

刻骨搜新句，无人悯白衣。（《陈情上知己》，《全唐诗》卷五四四）

永夜无他虑，长吟毕二更。（《秋夜寄友人二首之一》，《全唐诗》卷五四四）

省学为诗日，宵吟每达晨。(《寄无可上人》,《全唐诗》卷五四四)

病多三径塞，吟苦四邻惊。(《病中晨起即事，寄场中往还》,《全唐诗》卷五四五)

吟苦晓灯暗，露寒秋草疏。(《云门寺》,《全唐诗》卷五四五)

不论是学韩愈、学李贺、学贾岛，共同的倾向是学元和年间尚怪奇、重主观的一派。

三

但是，学杜、学韩、孟诗派，都不是这个时期诗歌思想的主要特色。这时诗歌思想的主要特色，是创新，是追求一种细美幽约的美。事实上，这些学习，也不是这个时期诗歌艺术的突出成就。即使是一些很有才气的诗人，他们虽有很高的造诣，但由于在艺术上未能摆脱前人成法，终于未能另开门户，别树一帜。例如杜牧，他的七绝造诣极高，也有独特的风格，留下了许多名篇，但他的表现方法基本未离盛唐诗人与杜甫诗歌表现方法的范围。他的一些诗写得才气洋溢，而且完全具备大手笔那种牢笼万物的功力，但终于并未自立门户。刘熙载说："杜樊川诗雄姿英发，李樊南诗深情绵邈。其后李成家派而杜不成，殆以杜之较无窠臼欤？"(《艺概·诗概》)较无窠臼，似指杜牧没有自己独特的规模法度。他看到了李商隐独开门户而杜牧未能独开门户这一点，是很有眼力的。

这个时期诗歌思想的主要特征，是在艺术上追求细美幽约。代表这一倾向的，是李商隐。李商隐对诗歌艺术的独特探索，反映了唐代诗歌思想的又一次重要发展。

他的探索概括起来，表现在下列三个方面。

一、追求朦胧情思与朦胧意境的美。盛唐人追求风骨，追求兴象，追求远韵，把诗写得感情浓烈，韵味无穷。他们对于诗歌意境的追求，表现在情景的融为一体，在多重意境，在情思的高度浓缩，给人留下联想与咀嚼的余地上。但无论是情思还是意境，轮廓都是明晰的、可解的。盛唐诗作，很少有千载不可解者，就是它的情思与意境在大的方面是轮廓明晰的确证。中唐的诗论家论意境，讲究以心击境，以心照境，心与境统一；讲究境生于象外，提出诗境可望而不可置于眉睫之前的特征。他们强调了主观情思在造境过程中的重要作用，指出了诗境带有很大的主观色彩，不可以以实求之的特点。但是，他们也都没有有意识地追求情思与意境的朦胧。直到李贺出来，藉主观以写诗，由于其心灵历程之变幻幽微，诗才开始走向了幽奥隐约的途径，为李商隐开了朦胧情思与朦胧意境的端绪。

但李贺一些诗之所以幽奥隐约，主要原因乃在于他的独特个性所致。他的异于常人的感情逻辑与思维逻辑，加上他的丰富的想象力，他的内心历程反映到诗里，往往就表现为幽奥隐约。在他来说，只不过是心灵历程的真实纪录，而他人读来，却常常难以究知其终始，而以幽奥隐约目之。因之，李贺诗之幽奥隐约，实带有随性使然的成分。而李商隐诗的朦胧情思与朦胧意境，则带有较多自觉追求的性质。他往往把浓烈的情思隐藏起来，用一些片断的意象，把诗的情思和意境表述得朦胧惝恍。《如有》：

> 如有瑶台客，相难复索归。芭蕉开绿扇，菡萏荐红衣。浦外传光远，烟中结响微。良宵一寸艳，回首是重帏。(《玉谿生诗集笺注》卷二)

冯浩说此诗是“借艳情以寓慨”；姚培廉说“此忆梦中所遇也”；而张采田则说是“极写怊怅失偶之状”。寓慨之说，实无根据，附会而已。而忆梦悼亡之说，似亦颇难确指。之所以产生这许多歧解，就是因为诗本身甚为朦胧。“如有”已有仿佛意，加上回首重帏之语，颇似梦醒之情状，当然可以理解为忆梦；而末联所写，辗转反侧，不能自已，当然又可以理解为悼亡之作。但是，还可以有另一种理解，就是表现一种深藏心间的强烈恋情，而把这种恋情用一种迷离惝恍的形式表现出来：所深心系念之人，仿佛如在，相亲而又旋即离去。于是驰骋神思，仿佛相送于芭蕉碧绿、菡萏艳红之处所，愈去愈远，几于可望而不可即。尾联言此令人心驰神往之良宵，稍纵即逝，原本并非实有，实有者惟深夜独坐而已，回首重帏，益增其渺茫与向往。全诗表现一种浓烈的恋情是明白的，但是，感情发展的脉络如何？情之所注何在？系念之人为谁？是确有其人，还是一种偶然一见而又一见钟情的朦胧恋情？前三联所写，是梦境还是幻觉？所有这些，就都不能确指。为什么会形成这种无法确指的效果，除了他用“如有”这样恍惚的词语之外，恐怕主要就因为他用一系列象喻去表现幻觉。“瑶台客”，指幻觉中之神女，以喻深心系念之人。以神女为喻，本身就带有仿佛之感。“相难”，是相亲昵。但这个词本身甚为模糊，指相亲昵之何种情状，蕴含较为丰富，这本身又带着泛指的性质。三四写相送处之所见，红荷绿蕉，本身形象清楚，并不朦胧，但因未写具体环境，而仅示以红荷绿蕉，以无明确位置排列之两个形象象征夏日景色，本身已不甚清晰；而且在中国传统的以香草美人为喻的艺术表现手法中，红荷绿蕉又可以暗喻所爱恋之人之容貌服饰，这又使这个象喻中间又套着一个象喻，增加了一层朦胧。

五六用《洛神赋》与《神女赋》中的神女以喻幻觉中意中人的渐去渐远，以至于朦胧渺茫。幻觉本身已经朦胧，而一个个意象的重叠，又增加朦胧之感，这恐怕就是这首诗形成朦胧情思、朦胧意境的主要原因。可以这样说，重叠的象喻，是李商隐的诗朦胧情思与朦胧意境的一种独特表现形式。

我们来看他那首有名的《锦瑟》。“一篇《锦瑟》解人难。”连梁启超这样有名的学者也说：“义山的《锦瑟》、《碧城》、《圣女祠》等诗，讲的什么事，我理会不着。拆开一句一句叫我解释，我连文义也解不出来。但我觉得它美，读起来令我精神上得一种新鲜的愉快。须知美是多方面的，美是含有神秘性的；我们若还承认美的价值，对于此种文字，便不容轻轻抹煞。”(《中国韵文内所表现的情感》)《锦瑟》一诗，情思与意境确实都甚为朦胧。由于其朦胧，遂使历代解者纷纷，至今亦莫衷一是。朱彝尊认为是悼亡诗。[①] 何焯认为，此篇为自伤之辞，骚人所谓美人迟暮之感。[②] 同意为悼亡之作者，还有姚培廉、程梦星、冯浩、孟心史诸人；同意为自伤之词者，还有汪师韩、纪昀、张采田诸人，今人也多持此说；姜石曾则解为，此义山一生自况之作，兼自论其诗。[③] "此义山自评其诗，故以此为全集之冠也。"钱锺书先生发挥《锦瑟》为义山自题其诗说，且为之疏解。[④] 各家所解，均以诗中所示之象喻为依据。诗中未提供任何真实之描写，亦未叙述何种实事。既未明言写于何时何地，所写何事；亦未提供任何线索，足以使解诗者用知人论世的方法，读其诗，知其人，佐证以作者行踪与必要的史料，去判断诗中所写究竟是什么。诗中所提供的，只是五个在逻辑上并无必然联系的象喻，和用以贯穿这五个象喻的一种迷惘感伤的情思。因何迷惘感伤？就都表现在这些并无必然逻辑关系的象喻里，而象喻本身，又甚为朦胧，包含着各式各样的象征与暗示。这就给解诗者留下了十分广阔的想象天地。我们来看这五个象喻是如何造成朦胧情思与朦胧意境的。锦瑟这个象喻，义山只言由其五十弦之一弦一柱而思及华年而已。何以言"无端"？思华年思的又是什么？都没有说。于是持悼亡说者，谓思华年乃怀人睹物，触绪兴思，忆念当年相处情状而悲不可止；持自况说者，则谓思华年乃伤行年忽已五十而思少壮年华，叹时光之流逝也；持自题其诗说者，则谓乃言年华已逝，而篇什犹存。三说均可通。问题就在这无端五十弦之锦瑟喻什么，是指瑟原本二十五弦，断而为五十弦，暗喻"断弦"？还是仅以五十弦喻行年五十？或者竟是义山为自己塑造之形象？或者五十弦之锦瑟，不过发兴之辞，新诗玉琴，连类及之，乃竟指篇什？锦瑟这个喻体所喻的本体并未出现，却跨越过本体而说到这个喻体引起的情思（"思华年"）。这当然就造成了无法确解的朦胧之感。"庄生晓梦迷蝴蝶，望帝春心托杜鹃"，这又是两个象喻，喻体是两个故事所造成的意象，本体又是没有出现。于是持悼亡说者，或谓蝴蝶、杜鹃喻化去也；或谓"生者辗转结想，惟有迷晓梦于蝴蝶；死者魂魄能归，不过托春心于杜鹃”。持自况身世说者，或谓一生抱负，已成梦幻，遗恨只有托之于诗歌；或谓此五十年中，其乐也，如庄生之梦为蝴蝶，其哀也，如望帝之化为杜鹃。或竟谓庄生梦蝶，乃寄托对于政局动荡、人事变幻之迷惘之叹；望帝春心，寄托着对唐王朝衰微不堪的回首之情。而持自题其诗说者，则谓此乃言作诗之法，义归比兴，无取直白，举事宣心，故“托”；旨隐词婉，故“迷”，蝶与鹃，象梦与心之衷曲情思。这两个象喻，一个是仿仿佛佛的梦境，一个是美丽传说所提供的悲伤图像，本身就带有神秘色彩。以带有神秘色彩的喻体，去喻未曾明言之本体，其朦胧与难以确解，固在理中。“沧海月明珠有泪，蓝田日暖玉生烟。”又是两个甚为朦胧的象喻，喻体本身已朦胧不清。沧海句，由沧海遗珠与鲛人泣珠两个意象叠合而成，是月是海，是珠是泪，除了一层浓烈的感伤情思之外，图像本身并无明晰轮廓，与其说喻体本身是一个画面，不如说喻体本身只不过是一种带着朦胧图像的意念。蓝田句，石韫玉而山辉，所谓“蓝田日暖，良玉生烟”，本身已可望而不可置于眉睫之前，则纯系意中之象，并连朦胧画面也无之。喻体本身既已朦胧，而被喻的本体又未出现，于是又解者纷纷。持悼亡说者，或谓珠有泪，哭之也；玉生烟，已葬也；或谓容仪端妍，如沧海之珠，今泉路沉深，空作鲛人之泪；性情温润，如蓝田之玉，今销亡冥漠，不啻紫玉之烟；或竟谓沧海句指己，言流涕时多，蓝田句指妻，言埋香日久。持自况身世说者，或谓珠泪玉烟，乃自喻其文采；或谓沧海遗珠，寄不遇之感，蓝田日暖，显桀傲不驯之气。而持自题其诗说者，则谓此一联乃言其诗成之风格或境界。其实，还可以作其他的解释，只要与这两个本身已甚为朦胧的喻体多少有点联系，点染生发，就可以言之成理。这也是理所当然的，因为李商隐本来就没有在诗中提供任何可供确指的线索。

五个象喻，喻体本身都不同程度地带着朦胧的多层次的性质，而本体又未出现。这样，这五个象喻本身究何所指，就很难用确切的解释加以实指。而且，这五个象喻之间，又没有明确的逻辑上的联系，它们要构成一个什么样的整体图像，或者说，明晰的意境呢？答案仍然茫然。

但是，这五个象喻虽然本体未出现，而用来作为喻体的形象却寄寓着十分浓烈的情思。作者的感情世界，他的内心最隐微之处，已经和这些作为喻体的形象不可分割地融为一体。锦瑟中的一弦一柱中有无限怅望；庄生梦蝶中有迷惘慨叹；杜宇啼血与沧海珠泪中有凄恻感伤；蓝田日暖，良玉生烟，则一种迷茫希望与迷茫失望的情怀，交错纠结。这些融注于喻体中的浓重情思，其实也可以把它看做没有出现的、没有清晰轮廓与明晰图像的本体。他用这五个喻体要象喻的，也就是这种沉缅于回忆里的迷惘感伤的情思。正是这些情思，赋予了这些喻体不同于它原有的全新含义；也正是这些情思，把这些喻体所呈现的朦胧图像衔接起来，构成一个朦胧的境界。这个朦胧的境界是多层次的，一个一个的仿仿佛佛的画面重叠着，上面又弥漫着一重浓重的怅望、迷惘、感伤的情思之雾。它似隐似现，可望而不可即。《锦瑟》一诗，所着意要表现的，就是这多层次的朦胧境界与浓重的怅望、迷惘、感伤的朦胧情思。这样的境界与情思，无法去指实也不必去指实他写的究竟是什么？是悼亡？还是自况身世遭遇？还是自喻诗作？或者都是，也或者都不是，或者都有一点交错重叠。追忆往事，百感交集，回忆的图像既重叠出现，忆念的情思又错综纠结。他所表现的，唯此而已。所以诗的末联说："此情可待成追忆，只是当时已惘然。"当时既已惘然，则何况今日！

三首《圣女祠》诗写法亦如此。重叠的象喻，没有明确出现的本体，只有融注于喻体中的浓烈情思，于是又使解者纷纷，有说借爱情之遇合寄寓身世之感者，有说写己与女道士之爱情者，有说讽女道士者，其实还可以作别的解释，如，以一种人间之朦胧情爱，去想象圣女神之天上生活。不管作何种解释，都难以找到确实无疑的证据。这就是因为他用的是没有出现本体的重叠象喻，或者说，本体就是融注于喻体中的朦胧情思的缘故。

义山对于朦胧情思与朦胧意境的追求，更为集中地表现在他那些

《无题》诗里。在那些《无题》诗里，他除了用重叠的象喻之外，还常常把一些片断的意象组织在一起。这些片断的意象是很美的，有的带有暗示的性质，有的却其实只是写实。（不过不是那种逻辑清楚的叙述的写实，而是片断画面的点染。）它们和象喻错落排比，虚虚实实，造成一种朦胧之感。

飒飒东风细雨来，芙蓉塘外有轻雷。金蟾啮锁烧香入，玉虎牵丝汲井回。贾氏窥帘韩掾少，宓妃留枕魏王才。春心莫共花争发，一寸相思一寸灰。（《无题》四首之二，《玉谿生诗集笺注》卷二）

飒飒风雨，隐隐雷声，是一个意象，解者或以为状眼前景色，或以为暗寓君子经纶之时。[⑤] 二三是两个意象，或解为此时汲井方回，烧香始入；或解为瓣香心切，汲井无由。接着插进两个只有喻体而本体没有出现的象喻，在这两个喻体中融注着一种浓烈的、不可抑止的情思，于是又解者纷纷，或以为春心一发，妄想横生；或以为言己之常为幕府，幸才华尚未相绝。结以失望与感伤。他要表现的究竟是什么呢？是内心强烈的恋情产生的幻觉与这一幻觉带来的失望感伤？还是要写一个幽居女子的不幸遭遇？还是以相见无望的痛苦不平寄寓政治上的失意与悲愤？这些都因为意象与象喻的虚实错落而迷离恍惚。金蟾啮锁与玉虎牵丝二句，是实写还是暗示？就很难确指。弥漫于全诗的只是一种浓烈的向往与失望感伤交错的朦胧情思。他所要表现的似乎仅止于此。或者说，他在艺术上着意追求的，就是如何才能不把内心完全袒露无遗，而只到此为止。神龙见首不见尾，一个个意象，仿佛露出一鳞半爪，留下了许多原该衔接而不予衔接的空白。这些空白仿佛迷濛云雾，其中隐隐约约，让人猜度。这样的艺术追求，应该说是李商隐的一个创造。

二、与上一点相联系，李商隐在追求朦胧情思与朦胧意境的同时，追求一种细美幽约的美。他把情思表现得幽深绵邈。他的那些《无题》

诗，感情是多层次的，层层递进，迂回曲折，一重情思套着另一重情思，自不必说。他的其他诗，也大多如此。有些绝句，短短的四句诗，却包含着一个很长的感情历程。这样的诗俯拾即是，如《昨夜》：

> 不辞鶗鴂妒年芳，但惜流尘暗烛房。昨夜西池凉露满，桂花吹断月中香。(《玉谿生诗集笺注》卷二)

鶗鴂春分鸣则众芳生，秋分鸣则众芳歇。鶗鴂秋鸣，时光流逝，是一阵叹息，这是一个感情层次，是物象变化引起的感情活动。但接着又自排遣，虽时光流逝，也不在意，故言“不辞”。这又是一个感情层次。但是一个“妒”字，其中又隐含着自身的遭际之感，年芳之为鶗鴂所妒，犹才华之被人忌恨，这又是一个感情层次，是由物象引起的联想。而接着又强自排解，虽被嫉妒，亦终“不辞”，是第四个感情层次。时光虽流逝，芳草虽终于零落，才华也终于不被人赏识，但都不是最为深心系念的东西。最可悼惜的是生命的衰老，“但惜流尘暗烛房”。一年生意属流尘，众芳零落为泥为土，犹如生命之日渐衰老，凋谢于岁月流逝之中，星移斗转，无可挽留！这是第五个感情层次。然后是从感情的叹息伤感里又回到眼前景色：毕竟秋露已降，又将岁暮，生命之日渐衰老虽弥足哀伤，而终究也无可挽回。这是第六个感情层次。最后是由人间而幻想天上，即使天上，亦并未能免于岁月流逝哀伤：“桂花吹断月中香。”这是第七个感情层次。由于昨夜秋露已降而产生的对于生命日渐衰老的感伤悼惜，经历了这样细腻曲折的感情历程，把感情表达得一层套一层。这可以说是李商隐追求细美幽约的美的一个例子。他的感情之流，总是迂回曲折，仿佛九曲十八弯地流淌在他精心选择的一个一个跳跃性很大的意象里，让人去反复咀嚼、体味。

三、感情的表达方式是多层次、细美幽约、迂回曲折，而感情基调则是凄艳而不轻佻。他在意象描写和辞语修饰上，都着意于表现这种凄艳而不轻佻的情思，表现出一种凄艳而不轻佻的美。

春蚕到死丝方尽，蜡炬成灰泪始干。(《无题“相见时难别亦难”》，《玉谿生诗集笺注》卷二）

身无彩凤双飞翼，心有灵犀一点通。(《无题二首“昨夜星辰昨夜风”》，《玉谿生诗集笺注》卷一）

春心莫共花争发，一寸相思一寸灰。(《无题四首之二“飒飒东风细雨来”》，《玉谿生诗集笺注》卷二）

红楼隔雨相望冷，珠箔飘灯独自归。(《春雨》，《玉谿生诗集笺注》卷三）

他表现的沉缅绵邈、难以自解的浓重情思，是一种强烈恋情受着某种压抑时产生的失望凄伤，于失望凄伤中有强烈的追求、向往、爱恋，故凄而艳。但是，这浓烈的追求、向往、爱恋，却又是更侧重于精神的，而非感官的。因此它也就显得更为纯美而且执著，没有青楼买笑或那种以感官满足为特征的庸俗情调，所以又说它凄艳而不轻佻。他的诗中，很少出现大红大绿的色感，这是他不同于李贺的瑰丽的地方。他的诗中很少出现像韩愈那种对于力感的追求；也很少出现像元、白那样的追求通俗易晓。可以看出，他的审美情趣已经完全不同于中唐无论哪一个诗派了。他追求的是一种凄艳的美。

李商隐在诗歌艺术上的这三个方面的探索追求，都集中反映出唐代诗歌思想发展至此已经产生了巨大的变化，从盛唐的风骨、兴象，到中唐的讽谕与怪奇，到此时的细美幽约，更侧重于追求诗歌表现细腻感情的特征。和他的创作实践中的追求相印证，他也有一些理论表述。《漫成五章》之一：

沈、宋裁辞矜变律，王、杨落笔得良朋。当时自谓宗师妙，今日惟观对属能。(《玉谿生诗集笺注》卷二）

此诗非如若干解者所云，属回顾与令狐楚关系之作。实乃借评王、杨、沈、宋以论诗。王、杨、沈、宋在律诗的形成上当然有其贡献，但李商隐却把律诗发展到了一个更高的水平。在王、杨、沈、宋的时代，诗歌发展面临的问题，是寻求一种带规律性的韵律的美。而到李商隐的时代，仅停留在这点上已经远远不能满足了，他要求在韵律的美之外，还应该含蕴深厚，应该深情绵邈。这就可以理解他为什么要在创作中追求细美幽约、追求感情和意象的多层次。这些，他都是自觉追求的。他还有一首《有感》：

> 非关宋玉有微辞，却是襄王梦觉迟。一自《高唐赋》成后，楚天云雨尽堪疑。(《玉谿生诗集笺注》卷二)

他借宋玉以自况，说自己的诗作犹如宋玉的《高唐赋》、《神女赋》那样，着意于一种迷离梦境的美的追求，而且常常在这种迷离梦境的美的追求中，有所寄寓。也正是由于常有这种寄托，以致有的解者强以首首都有寄寓为解。这首诗从一个侧面说明，他对于朦胧情思与朦胧意境的追求是自觉地。

他追求朦胧情思与朦胧意境，追求细美幽约，所以他不重诗教，而重情感表达。在《献相国京兆公启》中他说：

> 人禀五行之秀，备七情之动，必有咏叹以通性灵。故阴惨阳舒，其涂不一；安乐哀思，厥源数千；远则鄘、邶、曹、齐以扬领袖，近则苏、李、颜、谢用极菁华。嘈囋而钟鼓在悬，焕烂而锦绣入玩，刺时见志，各有取焉。(《樊南文集详注》卷三)

这里虽然说到“刺时见志”，而其着眼点实在感物咏叹上。他的《谢河东公和诗启》可以证明这一点：

> 某前因暇日，出次西溪，既惜斜阳，聊裁短什。盖以徘徊胜境，顾慕佳辰，为芳草以怨王孙，借美人以喻君子。(《樊南文集详注》卷三)

这个时期轻诗教、重抒情，宗屈、宋，尚凄艳之美者，不止义山一人。稍早的沈亚之在评李贺时说：

> 其所赋，亦多怨郁凄艳之巧，诚以盖古排今，使为词者莫得偶矣。（《叙诗送李胶秀才》，《沈下贤文集》卷九）

他是充分肯定怨郁凄艳之美的。稍后的李群玉，在《进诗表》中说：

> 言语侍从之列，皆严、徐、班、马之伦，凡在墨客诗人，歌咏声名文物不暇，何议讽刺兴于笔端。臣所贡前件歌诗，以居住沅、湘，宗师屈、宋，枫江兰浦，荡思摇情，芜颣之馀，过于乔野。（《李群玉诗集》卷首）

他虽然不像李商隐那样追求凄恻感伤，但反功利的诗歌思想，则是一致的。这大概可以说明这个时期的诗歌思想已经和元、白完全不同，已经完全摆脱传统儒家的诗教说了。

四

诗歌思想上的反功利倾向也表现在散文上。

韩、柳诸人的文体文风改革的影响虽仍然很深远，但是思想倾向却正在发生着不知不觉的变化。

文体改革方面影响仍在，元和后期到大中间，大量的文章还是用散体写的，只有制、诏、状、牒多用骈体。如果我们作一粗略统计，那么就可以发现，用散体写作的人在这段时间里仍占着重要地位。从《全唐文》卷七〇三至七四二所收活动于这段时间的作者的文章即可以说明这一点。如：卷七〇三所收李德裕《状》，全为散体；卷七一四收李宗闵论二，《碑铭》四，皆散体；卷七一五收韦处厚文十，除《诏》为骈体，

《议》、《记》、《碑铭》各一为骈散间行外，余六篇均为散体；卷七一六收李中敏《书》、《奏》各一，皆散体；卷七二一收李肇《序》、《碑铭》各一，皆散体；同卷收张又新《记》二，散体；同卷收元晦《记》二，郑覃《疏》一，皆散体。卷七二五收宇文鼎《奏》三，皆散体；卷七二七收舒元舆文十五，皆散体；卷七三三收李甘文五，皆散体；卷七三四至七三八收沈亚之文九十一，皆散体；卷七四二收刘轲文十四，皆散体。这些文章包括了除制诏外的差不多所有文章体裁。在制、诏、状、牒中，骈体仍占主要地位。如卷七二六收崔嘏制文五十四，皆骈体。但制诏也有全用散体的，如长庆年间元稹写的制文就都是散体。

大和至大中间的主要作家，杜牧除制文多有明白晓畅，甚少用典的骈体之外，其余文章多为散体。即使制文，也有少数是用散体写的。至于刘蕡的有名的《对贤良方正直言极谏策》，和李郃的《乞旌刘蕡直言疏》，简直是散体文中写得十分精彩的篇章，皆义显而文畅，慷慨激昂，读起来令人神气飞扬。

但是，大和至大中间散体文虽仍占有重要地位，而写作骈体文的却渐渐多起来了。本来，在元和年间散体文风行一时的时候，骈体文就没有绝迹，官方制、诏、状、牒，仍用骈体。到了这时，随着散体文势头的逐渐减弱，骈文又得到了发展。元和年间的文体改革，其一重要原因是与当时政治上的改革思潮相联系的。政治改革的失败，士人心理状态的变化，当然也就影响到文学思想上来。当时文体改革的一个重要内容，就是为了明道。骈体那样的形式对于明道有妨碍，于是散体文得到迅速发展。也就是说，主要是明道说的重功利文学思想推动着那次文体、文风改革。随着政治改革的失败，大和以后，反功利的文学思想出现了。反功利的文学思想的出现，又带来了骈体的逐步回升。令狐楚、李商隐、温庭筠、段成式、李群玉诸人，都是这时写作骈体的名家，而尤以李商隐为最。李商隐把骈体发展到了更工整更细密也更带艺术性的高度。

作为一种创作倾向，李商隐发展起来的骈体文，是对韩、柳提倡古文的反动，是唐代散文发展中的一次否定之否定。就其艺术形式而言，虽然有其含蓄蕴藉之美，有相当高的修辞技巧，一些祭文的凄恻情思，可与他诗中的凄艳之美相媲美，是他诗中表现出来的审美情趣的充分反映；但是，由于诗的特点与散文（尤其是应用文）的特点终究不同，他所追求的细美幽约的审美情趣，在诗歌创作上取得了完全的成功，别开门户；而在散文的创作上，应该说却是一个失败。因为发展到那样细密工整和大量用典的骈文，对于准确地表达思想实在是限制太大了。至于温庭筠和段成式等人的骈文，则基本上并无价值可言，文字游戏而已。在创作倾向上，反功利的文学思想没有太大的意义。

但是在理论表述上，这时的反功利的文学思想却有其积极意义。

这时的反功利的文学思想，是从两个方面进行的：一是杜牧的提倡"以意为主"，用"以意为主"去取代文以明道；一是李商隐的主张真情，用写真情去反对明圣人之道。

杜牧在《答庄充书》中说：

> 凡为文以意为主，以气为辅，以辞采章句为之兵卫。未有主强盛而辅不飘逸者，兵卫不华赫而庄整者。……苟意不先立，止以文彩辞句绕前捧后，是言愈多而理愈乱，如入阛阓，纷纷然莫知其谁，暮散而已。是以意全胜者，辞愈朴而文愈高；意不胜者，辞愈华而文愈鄙。是意能遣辞，辞不能成意。大抵为文之旨如此。（《樊川文集》卷一三）

他这里强调的是"意"，不是"道"。"意"只是一个比较广泛的思想内容的概念。"意"，也就是他在序李贺诗时提出的稍加以理的"理"。而韩愈明道说的"道"，则是明确的儒家之道。虽然杜牧在这篇文章的下面，又提到庄充的文章"实先意气而后辞句，慕古而尚仁义者"；在《上宣州高大夫书》中也提到高的第三子的文章"旨意所尚，皆本仁义而归忠信"（《樊川文集》卷一二）。但这都是为称赞他人文章而言的，他并没有直接在以意为主之下，进一步论述以意为主就是明仁义。他这里说的"本仁义"和"尚仁义"，只是说立意之所依据而已。为文立意不背于仁义，这只是一个一般的要求，与明道说是差别很大的。明道说是直接宣扬儒家之道，而立意不背于仁义，则只是给“意”提出了一个基本的原则要求而已。要求行文立意不背于仁义，这是以儒家思想为指导思想的封建社会中不离经叛道的士人都应遵守的一般原则。

“为文以意为主”的主张，实质上是对文以明道说的修正。用一个一般的重内容而轻形式的主张，去取代有严格规定性的功利说。后来他的外甥裴延翰在为他的文集作序时，论其文，无一字及于明道，而只一般地归之于有益于栽培教化，翻正治乱，而更多地是论其文章写法的特色：

> 窃观仲舅之文，高骋敻厉，旁绍曲摭，絜简浑圆，劲出横贯，涤濯滓窳，支立攲倚。呵摩郓瘃，如火煦焉；爬梳痛痒，如水洗焉。其抉剔挫偃，敢断果行，若誓牧野，前无有敌；其正视严听，前衡后銮，如整冠裳，祗谒宗庙；其聒蛰爆聋，迅发不慄，若大吕劲鸣，洪钟横撞，撑裂噎喑，戛切韶頀；其砭熨嫉害，堤障初终，若濡槁于未焚，膏痈于未穿。栽培教化，翻正治乱，变醨养瘠，尧醲舜薰。斯有意趋贾、马、刘、班之藩墙者邪！……其余述谕赞诫，兴讽愁伤，易格异状，机键杂发，虽绵远穷幽，醲腴魁磊，笔酣句健，窕眇碎细，包诗人之轨宪，整扬、马之衙阵，耸曹、刘之骨气，掇颜、谢之物色，然未始不拨研治本，緪幅道义，钩索于经史，抵御于理化也。(《樊川文集》)

裴延翰在这篇序文的开头，就说明他是遵杜牧之嘱而为其编文集的。想当杜牧生前与裴延翰论及文集编订时，对己所为文既有所取舍，当或亦论及所取舍之由。裴延翰这序里表述的观点，虽不能看做杜牧的论文观点，然当可作为杜牧论文观点之佐证。这序里除论及写法上之特色外，论及内容时，也只提到以意为主，以理为主而已。

李商隐所表述的反功利的文学思想，比杜牧的观点要激烈得多，鲜明得多。他不是用一个一般的重内容的“以意为主”的概念，去修正“文明道”说，而是十分明确地提出了反对文明周公孔子之道。在韩、柳的古文理论风靡一时之后，这样尖锐地提出反对意见来的，从现在可以看到的材料看，李商隐还是第一人。

开成二年，他在《上崔华州书》中即尖锐地提出了这样的问题：

> 愚生二十五年矣。五年诵经书，七年弄笔砚。始闻长老言："学道必求古，为文必有师法"，常悒悒不快，退自思曰：夫所谓道，岂古所谓周公、孔子者独能邪？盖愚与周、孔俱身之耳。以是有行道不系古今，直挥笔为文，不爱攘取经史，讳忌时世。百经万书，异品殊流，又岂能意分出其下哉？（《樊南文集详注》卷八）

否定了学道必求古和为文必有师法，最终目的是要反对重功利的文学思想。明周公、孔子之道是为了有益于政教，明道与政教之用是密不可分的。这正是重功利文学思想的最根本之点。现在他提出不必以周公、孔子之是非为是非，道不一定只有周公、孔子才有，自己也可以有。自己的"道"是什么呢？他没有说。实际上只不过是要直笔为文，直抒性情而已。以直抒性情去代替明道说，这正是李商隐的反功利的文学思想的核心。他正是从这一点出发，去评论元结文章的。他完全从直抒性情的角度去推崇元结的文章。他说元结的文章一出于自然：

> 其绵远长大，以自然为祖，元气为根。变化移易之，太虚无状，大贲无色，寒暑攸出，鬼神有职，南斗北斗，东龙西虎；方向物色，欻何从生，哑鍾复鸣，黄雉变雄，山相朝捧，水信潮汐；若大魇然，不觉其兴，若大醉然，不觉其醒。

强调本于自然，是为直抒性情寻找根据。重在直抒性情，相应地也就更加重视文章艺术方面的特色，而不着眼于其社会功能：

> 其疾怒急击，快利劲果；出行万里，不见其敌；高歌酣颜，入饮于

朝；断章摘句，如娠始生；狼子豽孙，竞于跳走；剪馀斩残，程露血脉。其详缓柔润，压抑趍儒；如以一国，买人一笑，如以万世，换人一朝，重屋深宫，但见其脊，牵繂长河，不知其载；死而更生，夜而更明，衣裳鍾石，雅在宫藏。其正听严毅，不滓不浊，如坐正人，照彼佞者，子从其翁，妇从其姑，竖麾为门，悬木为牙，张盖乘车，屹不敢入，将刑断死，帝不得赦。其碎细分擘，切截纤颗，如坠地碎；若大咽馀，锯取朽蠹，栎蟒出毒，剌眼楚齿，不见可视顾；颠踣错杂，污潴伤损；如在危处，如出梦中。其总旨会源，条纲正目，若国大治，若年大熟，若君君尧舜，人人羲皇，上之视下，不知有尊；下之望上，不知有篡；辫头凿齿，扶服臣仆，融风彩露，飘零委落，耋老者在，童龀者蕃，邪人佞夫，指之触之，熏熏熙熙，不识其故。吁，不得尽其极也。(《容州经略使元结文集后序》，《樊南文集详注》卷七）

这个评论极尽描绘形容，力图状元结文章之特色，但是他的着眼点没有一句落到政教之用上。其中唯一涉及思想内容的地方，只是说他作品的思想内容端正而已，更多的是论其写作特色，言其祖于自然，莫知其端倪；言其文章气势力量，有不可阻挡之势；言其文章之变化，既迂回曲折，又严谨细密，条纲正目，总旨会源，均达于极致而不可企及。这都是从文章之风貌工力说的。正是从这些方面，他才给了元结文章以高度的评价。这就像韩愈之评论李白与杜甫一样，从一个方面加以发挥，借以表述自己的文学主张。义山之评元结，并未能完全切合元结文章之实际，他不过是要借推崇元结，来表达自己对于散文的写法的见解而已。他强调元结的祖于自然，变化莫测，是为了提倡他的表现真情，反对明道的文学观。他在《樊南甲集序》中说：

后又两为秘省房中官，恣展古集，往往咽嚎于任、范、徐、庾之间。有请作文，时或得好对切事，声势景物，哀上浮壮，能感动人。

公开地提出来继承徐、庾，这也是为文以载道说所不允许的。文明道说要反对的对象之一，正是徐、庾一脉。李商隐从明道说转向抒情，就要来为徐、庾翻案。他之所追求，乃在好对切事，描摹声势景物上，只要能表现出哀伤浮壮，以情动人就好。所以他又说：

> 次山之书曰：三皇用真而耻圣，五帝用圣而耻明，三王用明而耻察。嗟嗟此书，可以无书。孔氏固圣矣，次山安在其必师之邪？

最高的境界是"真"，表现自己之真情，何必师周、孔？这就是义山反功利的文学思想的主要内容。

杜牧和李商隐的文学思想，都是大和至大中间反功利的文学思想的主要代表。杜牧用"文以意为主"去修正文明道说；李商隐则直接了当地反对文明道说而提倡写真情。从纠正文明道说的偏颇来说，有其积极意义。"文明道"说由于其特定的阶级内容的限制，往往使文成为宣扬儒家伦理道德观念和严格封建等级制的工具，成为理念的附庸。从这个意义上说，用以意为主和写真情去取代文明道的主张，较易于拓展散文的反映领域，较合于文学的特色，避免由明道说而走向僵死，这是应该肯定的。但同时，它也就自然而然地冲淡了文明道说给文学带来的那种强烈的政治色彩，减弱文学与政治所表现出来的那种极为密切的关系。虽然这种冲淡与减弱，有利也有弊。

（为拙著《隋唐五代文学思想史》中之一章）

---

① "意亡者喜弹此，故睹物思人，因而托物起兴也。瑟本二十五弦，弦断而为五十弦矣，故曰：'无端'也，取断弦之意也。一弦一柱而思接华年，言二十五岁而殁也。蝴蝶、杜鹃，言已化去也。'珠有泪'，哭之也；'玉生烟'，已葬也，犹言埋香瘗玉也。此情岂待今日追忆乎？是当时生存之日，已常忧其至此而预为之惘然，必其婉弱多病，故云然也。"（沈厚塽辑评《李义山诗集》卷上）

② "'庄生'句言付之梦寐，'望帝'句言犹待之来也；沧海、兰田，言埋韫而不得自见；月明、日暖，则清时而独为不遇之人，尤可悲也……感年华之易迈，借锦瑟以发端。'思华年'三字，一篇之骨。"（同上）

③ "此义山行年五十而以锦瑟自况也。……此五十年中，其乐也，如庄生之梦为

蝴蝶而极其乐也；其哀也，如望帝之化为杜鹃而极其哀也。哀乐之情，发之于诗，往往以艳野之辞寓凄凉之意，正如珠生沧海，一珠一泪，暗投于世，谁见知者？然而光气上腾，自不可掩；又如蓝田产玉，必有发越之气，记所谓精神见于山川是也。则望气者亦或相赏于形声之外矣。……末二言诗之所见皆吾情之所锺，不历历堪忆乎？然在当时用情而不知情之何以如此深，作诗而不知思之何以如此苦，有惘然相忘于文字之外者，又岂能追忆耶？……此义山自评其诗，故以为全集之冠也。”（南开大学图书馆藏冯浩《玉谿生诗详注》无名氏过录）

④“自题其诗，开宗明义，略同编集之自序。拈锦瑟发兴，犹杜甫《西阁》第一首‘朱绂犹纱帽，新诗近玉琴’；锦瑟玉琴，殊堪连类。首二句言华年已逝，篇什犹留，毕生心力，平生欢戚，清和适怨，开卷历历。庄生晓梦迷蝴蝶，望帝春心托杜鹃’；此一联言作诗之法也。心之所思，情之所感，寓言假物，譬喻拟象，如飞蝶征庄生之逸兴，啼鹃见望帝之沉哀，均义归比兴，无取直白。举事宣心，故‘托’；旨隐词婉，故‘迷’。……‘沧海月明珠有泪，蓝田日暖玉生烟’；此一联言诗成之风格或境界，如司空图所形容之《诗品》。……今不曰‘珠是泪’，而曰‘珠有泪’，已见虽化珠圆，仍含泪热，已成珍玩，尚带酸辛，具宝质而不失人气；‘暖日生烟’，此物此志，言不同常玉之坚冷。盖喻已诗虽琢炼精莹，而真情流露，生气蓬勃，异于雕绘夺情、工巧伤气之作。若后世所谓‘昆体’，非不珠光玉色，而泪枯烟灭矣！珠泪玉烟，亦正‘形象’体示抽象之诗品也。”（钱锺书《冯注玉谿生诗集诠评》未刊稿，转引自周振甫《诗词例话》第19页）

⑤何焯引《吴门赋》“雷隐隐而响起兮，声似君之车声”，以为“雷雨之动满盈，则君子经纶之时也”。

唐代文学思想发展中的几个理论问题

唐代文学思想的发展，是从反对绮艳开始的，最后却又复归绮艳。虽然唐末五代的崇尚绮艳，与初唐承袭的南朝绮艳之风在表现形式、艺术水准和艺术价值上都不可同日而语，但最主要的一点却是相同的，那就是它们都反对功利主义文学思想。三百年间，走了一个大回旋。这个大回旋很像是中国文学思想发展史上的一个小断面。从这个小断面，文学思想发展中的各种脉络（如它与王朝盛衰、士人心理状态、创作的发展变化的关系、它自身起伏变化的轨迹等等），似都一一可寻。这些脉络，实际上涉及文学思想发展史上的一些规律性问题。

一

唐代三百年间文学思想的发展变化，表现为一缓慢的过程。在这个缓慢的过程中，一种文学思想发展到另一种文学思想，是通过逐渐的、漫长的演变完成的。

从唐朝建立之初到殷璠在《河嶽英灵集》中所说的“颇通远调”的景云中，即从反对南朝绮艳文风到唐文学第一次繁荣的盛唐文学的到来，用了将近九十年的时间。唐太宗作为一代英主，何尝不希望迅速改变文风。只要看他那样反复地把绮靡文风与前朝的败亡联系起来，就可以明白他反对绮靡文风的急切心情。前朝覆亡的教训对于这样一个雄才大略的开国之君来说，印象实在是太深刻了。梁元帝兄弟、陈后主、隋炀帝，都是写绮艳文章的高手，而宗社须臾倾覆，贻后代笑。唐太宗从这里得出了“人主惟在德行，何必要事文章”的结论，提出了反对“无益劝诫”的浮华文风的主张。[①] 这当然是很自然的，是历史的发展顺理成章的理论产物。何止唐太宗，他的重臣魏徵等人何尝不是反复征引前朝败亡的教训作为反对绮艳文风的历史依据。在他们之前，再没有比魏徵在这个问题上的认识更为深刻的了："古人有言，亡国之主，多有才艺。考之梁、陈及隋，信非虚论。然则不崇教义之本，偏尚淫丽之文，徒长浇伪之风，无救乱亡之祸矣。"[②] 他把文风和政权的关系，概括得既生动明快，而又雄辩有力，充满哲理与睿智。毫无疑问，他们都是首先从政权的角度，即从皇祚永固的角度来考虑文风问题的。他们考虑文风，首先考虑的是刚刚建立的皇朝的利益。在这个意义上，他们反对绮靡文风，实际上不仅是一个文学的问题，而且是他们的国策不可分割的组成部分。

既然给予文风问题这样的重视，而且在贞观初年就反复提出来，按理说，绮艳文风的改变应该能够迅速收效。但事实上并非如此。贞观中，经济开始繁荣起来，政治和军事都已经相当强大，但是文风的转变却极其缓慢。直到龙朔初年“上官体”的流行，许敬宗、上官仪的奉诏博采古今文集，摘其英词丽句编成五百卷的《瑶山玉彩》，绮艳文风似又出现一个高潮。此时上距贞观初已三十余年。文风的改变比政治、经济面貌的改变，实在缓慢得多，落后得多。

怎样来理解这种现象呢？

历史是复杂的。一方面，梁元帝兄弟、陈后主、隋炀帝之崇尚淫靡文风，同他们的腐败政治是一个统一体，正如魏徵所描述的那样，陈后主引狎客对贵妃，共赋新诗，采尤艳丽者被声歌之，持以相乐，他们在文学上追求淫丽，乃出于纵欲生活的需要。淫丽文风当然很自然地同他们之所以败亡联在一起。在我国文学思想史上，崇尚淫丽绮艳、主张娱乐消遣的文学这样广泛地长时间地同政治上的腐败连在一起，这还是第一次。也就是说，历史以它活生生的事实，为唐太宗君臣提供了前此未有的借鉴。在这个问题上，他们认识的深刻性与新鲜感，都是独特的，是前此的历代君臣所无法比拟的。他们对文风问题给予那样的重视，当然可以理解。但是，另一方面，经过魏晋六朝，文学发展了，表现技巧丰富了。同淫丽文风搅在一起的，是艺术表现手段和技巧的丰富与发展。显然，文学有它自己的发展规律，任何力量也无法让它回复到独立成科以前的状况去。他们不得不面对这样的事实，既要反对淫丽文风，又必须承认文学发展的事实，汲取艺术上的成就。这样一个课题的解决，比他们的马上打天下要复杂得多，也艰难得多。

事实说明，他们确实是封建社会中罕见的眼光远大的君臣。在反对淫丽文风时，他们完全不像宇文泰和苏绰、隋文帝和李谔那样采取简单的行政命令的办法，持否定一切的态度；也不像王通那样以政治、伦理道德观念去取代文学。他们采取一种较为稳妥的办法，既明确反对淫丽文风，又重视文学的艺术特征。反对淫丽文风，是反对用文学于纵欲，只是在这个界限之内，他们才十分重视淫丽文风的危害。重视文学的艺术特征，是重视它的感情特点，重视它已发展起来的包括声律、词采等表现手段。唐太宗亲自为《晋书》写《陆机传论》和《王羲之传论》，对于陆机的宏丽文藻那样赞赏备至，以为“百代文宗，一人而已”；对于王羲之“凤翥龙蟠”的书法艺术，也备极推崇，说是“心慕手追，此人而已”。在这两个传论里，他说了许多艺术行家的话。魏徵反淫丽，可以说是最坚决的了，但正是他提出了一种理想文学的标准：取江左的清绮文辞，河朔的刚贞词义，“掇彼清音，简兹累句，各去所短，合其两长”，以为这就能达到尽善尽美。[③] 在这个合南北文学之两长的理想文学里，他没有摒弃清绮文辞。令狐德棻在《周书·王褒庾信传论》中对于这种理想的文学提得又稍具体，他以为应该是以气为主，调远，旨深，理当，辞巧。[④] 以气为主，调远和辞巧，就包含有对魏晋六朝以来发展起来的文学的艺术特征的认识。

这样，他们就把淫丽文风同文学的特征、文学的技巧分开来了，把反对淫丽文风同重视文学的艺术特征、艺术表现技巧结合起来了。这样做的结果，一方面制止了淫丽文风的进一步发展。初唐的文风，虽缓慢，但却确实在起变化，纵欲已经没有了，绮艳而不放荡，而且即使在绮艳之中，也逐渐带进了一点清新气息。就文学思想而言，已不再主张娱乐的文学，从“娱乐”说正在慢慢地转向“教化”说。而另一方面，又给文学艺术技巧的进一步发展留下了广阔的天地。既然还主张清绮文辞，主张调远，辞巧，那么文学的艺术特征的进一步发展，当然不受限制了。这就顺应了文学自身发展的规律。事实上，魏晋六朝以来对文学特征、文学表现技巧、文学形式的种种探讨，都还有待于进一步完成。例如，从六朝开始的对于诗的格律美的探讨，就远没有成熟，要等到唐朝建国之后六十年左右，在沈佺期、宋之问手里，五律才定型；从南朝山水诗发展起来的对自然景物的真实细腻的描写中抒情，烘托气氛，创造完美诗境，也还有待于进一步发展。艺术形式、艺术表现技巧方面的进一步发展，当然也就同时为绮艳文风的继续存在留下了一些天地。要在发展过程中把绮艳文风清除出去，需要找到一种途径。这种途径，又只能从文学特征内部去寻找，而这就需要有一个过程。唐太宗君臣只是在反对用绮艳文学于纵欲生活上是明确的、坚决的，除此之外，对于绮艳文风的清除，不管他们是出于自觉还是不自觉，事实上是容许了这样一个过程的存在。他们反绮艳文风，没有采取苏绰、李谔式，也没有采取王通式，在当时看来，文风的转变是缓慢的，但他们的这种文学思想在整个唐文学的发展过程中却证明是稳妥的、正确的，是后来唐文学繁荣的一个很好的思想基础。

历史的复杂性还不止此，不仅在于他们的文学思想本身的特点，还在于长期形成的绮靡文风的巨大影响，连他们自己也未能摆脱。他们看到了绮靡文风的危害，但自己却受这种文风的影响而不自知。唐太宗之所以也写宫体诗，晚年之所以看重上官仪的文辞，就是例子。连唐太宗这样的英主尚且如此，他的臣下就更不必说了。于志宁、杨师道贞观年间有两次宴集就留下来那么多人的丽采雕琢的诗。这说明他们虽是封建社会中有远见的君臣，但思想实质与绮靡文风毕竟并无水火不容的矛盾。当考虑政权利益的时候，他们惧怕淫丽文风的危害；当平居宴乐时，又从感情上接受这种文风。同时，这也说明，一种长期形成的文风的影响是根深蒂固的。有时候可能有这样的情况：在当时或者以为已经摆脱了它的影响，而经过一个比较长的历史时期之后，回过头来看，才发现自以为改变了的文风其实与旧文风并无实质的差别，只是大同小异而已。初唐的情形似乎就是这样。

但是，文风改变缓慢的更为重要的原因，还在于不论是在理论上还是在创作上，新的文学应该是个什么样子，还需要在一个比较长时间的实践中才能逐渐明晰起来。魏徵他们提出的合南北文学之两长，以气为主、调远、旨深、理当、辞巧，究竟还只是一个一般的原则，行将到来的繁荣的文学是个什么样子，他们都还茫无所知。慢慢地，在创作实践中，首先是在卢照邻与王勃入蜀后的诗中，在骆宾王成边之后的诗中，出现了一些高昂的感情基调，出现了一点壮大的气概。与他们创作中这点新的倾向相呼应，在理论上也提出了浓郁感情与壮大气势的主张。他们反对龙朔初年“骨气都尽，刚健不闻”的文风⑤，就是这种主张的表现。他们向往“气凌云汉，字挟风霜”⑥，向往“思飞情逸，风云坐宅于笔端；兴洽神清，日月自安于调下”的文学⑦，更是这种主张的表现。他们已经意识到行将到来的文学，是一种感情浓郁昂扬的文学；他们已经把魏徵他们那个一般的原则，逐渐集中到、或者说具体到“风骨”上来了，虽说还仅仅是意识到，但究竟已经是一个有力的信息。所以后人说“词旨华靡”，是其旧影响；“骨气翩翩”，为其新倾向。⑧待到陈子昂出来，才把这种意识到的信息，变为明确的响亮的号召，提出了“兴寄”、“风骨”的主张，并且借着评论东方虬的诗，对这种以“风骨”为主要特征的理想文学作了生动的描述：“骨气端翔，音情顿挫，光英朗练。”⑨至此，理论的准备可以说已经完成。而在创作上，新的风貌也明晰起来了。一篇《登幽州台歌》，一篇《春江花月夜》，可以说是新风貌的典型。一是慷慨悲歌，苍凉浑茫；一是明丽纯美。而纵览历史，与宇宙融为一体的浓郁情思与广阔胸怀则一，艺术趣味虽不同，昂扬的感情基调则一。眼光已不再着落在闺阁庭园、个人琐碎的生活里，而思索历史与人生、感悟哲理，视野开阔得多了。与此同时，律诗的形式，特别是五言律诗已经走向成熟。可以说，从理论到实践，都已经准备就绪，一种光辉灿烂的文学行将到来。于是，王湾、王翰、贺知章、张旭诸人的名篇相继出现。然后便是众所周知的盛唐的巨匠们成批出现，留下了那些千古不朽的诗篇，传下了中华民族文化史上的瑰宝。

从唐太宗君臣到“四杰”再到陈子昂和张若虚，是一个理论上和创作实践上都逐渐明晰和成熟的过程。当唐太宗君臣反对淫丽文风的时候，他们并没有想到将要到来的光辉灿烂的文学是一种追求风骨、追求兴象玲珑、追求自然之美的文学，是一种倾向于理想主义的文学。九十年过去了，一步一步地，从文学自身的特征中找到了清除淫丽文风的途径，以充沛浓郁、昂扬壮大、健康质实的感情，去取代颓靡庸俗情调；以宽广的胸怀与气魄，去取代狭窄的生活视野，以清水芙蓉般的明丽的美，去取代华靡与雕饰。从感情到词采，都对南朝文学加以净化。是净化、吸收和发展，是扬弃，而不是否定一切。如果我们考察这个虽缓慢，却一步步明晰、成熟起来，最后水到渠成的过程，或者可以从中认识到一点什么。比如说，文学自身发展的规律。从文学思想上说，没有唐太宗君臣，就不会有“四杰”；没有“四杰”，就不会有陈子昂；没有陈子昂和张若虚，也就不会有盛唐的灿烂群星。如果没有思想上和艺术上的充分准备，没有艺术经验的充分积累，一个伟大的天才是很难出现的，更不用说一个天才成批涌现的时代了。

这样一个过程虽然是缓慢的，却是健康的。类似的过程在其他时期还出现过，比如说，五代绮艳文风的改变，从宋初到欧阳修他们登上文坛，也经历了六十年左右时间。明白了这一点，也就可以明白李谔上书正文体之荒唐所在。

二

在唐代文学思想发展史上，我们还可以看到，一种文学思想发展到另一种文学思想，中间常有一些短促的过渡期。

盛唐的倾向于理想主义，追求风骨、兴象玲珑、自然之美的诗歌思想，安史乱起之后，在满目疮痍的现实生活中便显出不协调来了。于是，适应现实生活的需要，便自然地要出现功利主义的、倾向于写实的诗歌思想。这种诗歌思想，在杜甫的创作实践和元结的理论主张中很快就出现了，但又很快消失，直到贞元末元和年间，才形成广泛的影响，中间隔着大历初至贞元中的二十余年。这二十余年的诗歌思想，既不像盛唐，又不像中唐。就像是盛唐诗歌思想到中唐诗歌思想的发展中间一段小小的插曲，一次小小的回旋。这个时期创作的主要倾向，是崇尚高情丽辞远韵，追求冷落与寂寞的境界，追求冲淡，追求韵味。诗人们的感情天地仿佛比盛唐诗人们的感情天地要窄小得多，平静得多，表述也冷漠得多。这时的理论探讨，既不同于盛唐，如殷璠等人的提及兴象风骨；也不同于中唐，元、白等人的提倡讽谕与诗教；而是探讨意境和诗歌的写作技巧。不论是托名王昌龄的《诗格》（它的作年至迟不晚于贞元五年，很可能在大历年间），或是戴叔伦对于诗境的论述，或是皎然《诗式》，着眼点都在诗歌艺术特征、艺术形式的探讨上。

何以会出现这样一个就其审美情趣来说倾向于冲淡与清丽纤弱，就其理论倾向来说侧重于艺术形式的探讨的过渡期？这除了这个时期士人心理状态的变化之外，从文学发展自身的原因说，是因为盛唐诗歌的高峰过去了，须有一个反思的总结阶段，须有一次停顿。盛唐的诗歌思想，虽有李白和殷璠的理论概括，但毕竟理论的表述比之于创作的繁荣要逊色得多。创作高度繁荣，而理论相对沉寂。盛唐的诗歌思想，主要体现在创作里。创作的高峰一旦过去，咀嚼回味、回顾反思，或者说理论总结的时期，便自觉不自觉地开始了。戴叔伦把诗境比喻为蓝田日暖、良玉生烟，当然是对于盛唐诗歌创作实践已经创造的不可句摘、兴象玲珑的诗歌意境的感性认知和形象把握。《诗格》论诗境创造的特征所说的“处心于境”，“心入于境”，“视境于心”，以“心”击“境”，同样是力图对已经出现的充满浓郁情思的诗境的创造奥秘进行探索，强调在诗境创造中“心”的作用。皎然《诗式》则除了意识到诗境创造中的情景关系之外，还提出来“取境”问题，以图说明诗境创造之有径可寻。对于诗境的这种理论总结，是反思。同样的道理，《诗格》、《诗式》之把作诗的方法归纳为一系列的琐碎程式，如十七势、十四例之类，当然也是这种反思的表现。不论是否出于自觉，他们事实上是力图把盛唐诗歌所已经提供了的丰富经验上升为理论的认识。从这个意义上说，这个时期的批评家们是力图同盛唐的文学思想相衔接的。他们要通过理论总结，指出诗歌进一步发展的道路。《诗式》的“明势”、“明作用”、“四不”、“二要”、“二废”、“四离”、“取境”;《诗格》的“入兴体十四”、“常用体十四”、“落句体七”、三“宗旨”、三“语势”、“六式”等等，都是企图为以后的诗歌创作指出途径，规定一些一二三四。这正是创作的繁荣期过后常常出现的理论活动现象。这种理论活动如果既正确总结了创作的经验，又适应社会发展的需要，它就能够为创作的进一步发展指出正确的道路。但是，大历初至贞元中这二十几年，由于士人们既缺乏他们的盛唐前辈那种昂扬的精神风貌和充足的自信心；又没有他们的后辈，贞元末和元和年间将要出现的那批士人的改革精神，因此，他们既未能完全正确地总结经验，也没有能提出创作进一步发展的正确方向。他们对于诗歌意境的理论认识，当然是一个非常重要的理论成就，是殷璠“兴象”说的进一步发展，概括了盛唐诗歌的一个重要特征，这个总结当然是意义深远的。但是，除此之外，他们的大量理论总结，则陷入繁琐的公式里，与盛唐诗歌的艺术风貌和极其丰富的艺术经验了不相干，把诗歌艺术完全庸俗化，僵死化了。正如王夫之说的：诗之有皎然，“皆画地成牢以陷人者，有死法也”；“有皎然《诗式》而后无诗”[⑩]。他们为诗歌创作规定的这些一二三四，同行将到来的充满革新精神的元和诗坛诗歌创作的另一次高潮，当然是格格不入的。这一段时间，并不是元和诗坛的先导，而只是一次反思，一次徘徊而已。这就是诗歌思想上这个过渡期的主要特点。

类似的过渡期，还存在于中唐的文学思想向晚唐的文学思想转变中间的一段时间。

元稹、白居易的功利主义诗歌主张从永贞二年（806）二月白居易作策文提出采诗以补察时政算起，到元和十二年（817）元稹作《乐府古题序》，肯定杜甫的讽兴当时之事，“即事名篇”[11]，前后不过十二年。之后，他们就再也没有提及这方面的理论。在这十二年间，事实上提出这种主张的，也只有前后两段时间，即永贞二年二月至元和四年（这年白居易作《新乐府序》）前后（元和四年后不久，他还写了《寄唐生诗》），中间中断了几年，元和八年元稹作《杜工部墓系铭并序》到元和十二年为一段（元和十年为一高峰，白居易作《读张籍古乐府》、《与元九书》，元稹作《叙诗寄乐天》；十二年已近尾声）。他们的功利主义诗歌主张的理论提倡的时间前后实践上不足十年。在创作实践上实行这一主张的时间还更短。元和十二年虽还有刘猛、李馀、元稹写古题乐府，但他们写新乐府的时间只在元和初的短短几年里。元和十二年以后，白居易连其他的讽谕诗也很少写了。与此同时，随着他们仕途和生活状况的变化，创作倾向也逐渐发生变化，直至完全违背了他们原先的诗歌主张。可以这样说，中唐的功利主义诗歌思想，元和十二年以后便销声匿迹了。散文文体文风改革的理论主张与实践，时间虽然要长得多，但元和八年，“文明道”的理论已经完全成熟。元和八年以后，不论是韩愈、柳宗元还是其他人，都没有在这个问题上加进新的内容。创作上延续的时间虽长些，但元和十四年柳宗元死，长庆四年韩愈死，之后，古文运动创作的高潮也就过去了。以后虽有韩门的一传再传弟子出来，但在文坛上已形不成多大影响。总之，不论是诗歌思想还是散文思想，元和末长庆初以后，功利主义的主张都已不再成为主要潮流。大和末至大中间，主要的文学思想潮流便让位于非功利主义的文学思想了。杜牧用“以意为主”去代替“文明道”说。“以意为主”的“意”虽也包含有儒家伦理道德观念如“仁义”的内容，但究竟已经只是一个重要内容的概念，而不同于“明道”说的工具论的性质了。至于李商隐，则散文理论和诗歌主张，都是鲜明地、强烈地反功利主义的：诗歌思想上不重诗教而重抒情，散文思想上明确反对文以明周公、孔子之道。

就在贞元末元和间重功利的文学思想与大和末大中间的非功利主义文学思想之间，又交错着一个在时间界限上虽不十分明晰而仍然可以确认的过渡期。这个过渡期在诗歌思想上表现得尤为明显。

非功利主义诗歌思想的到来，是从创作中首先开始的。写生民疾苦、为时为事而作的功利主义诗歌思想，本来基础就不牢固，创作上也并未形成“运动”。一旦政治上的革新无望，功利主义的诗歌主张也就失去了存在的思想基础。当元、白提倡讽谕说的时候，他们的立脚点是借助诗歌的讽谕作用，感动皇帝以改革弊政。但事实告诉他们，这只是一种幻想。如果说永贞改革的失败还没有使白居易寄希望于皇帝以改革弊政的信念消失的话（贞元二十一年即公元805年10月，永贞改革失败后韦执谊被贬崖州，白居易震动很大，写了《隐者》诗，表示了退出政治的念头。但是翌年他作策文，仍然提出了“诗教”说），那么之后发生的几件事，对他的这一信念的打击就更大了。元和三年上《论制科人状》，为杨於陵、王涯等辩诬，因言语激切而为执政者所不容；元和四年写讽谕诗，即遭非议；元和五年，累疏论元稹之不该贬，而疏入不报；元和十年，宰相武元衡被刺杀，白居易上书请捕刺客以雪国耻，执政恶其言事，遂被诬贬江州司马。这些事实都向他说明，依靠讽谏，寄希望于皇帝以改革弊政的想法是行不通的。这就是为什么元、白功利主义的诗歌主张半途而废的主要原因（当然，除此之外，他们思想中原就有佛、老的影响，也是一种原因）。当他们写讽喻诗的时候，就同时写了不少闲适诗。讽谕说一旦丧失思想基础，他们便完全转向闲适了。于是，元和末年，诗歌思想的过渡期便从他们开始。这一过渡期的主要特点，便是创作上视野内向，转向写个人情思。

写个人情思的一种表现，便是写身边琐事，写逸乐生活的满足感。白居易后期的诗基本如此。他醉心于“妻子在我前，琴书在我侧，此外吾不知，于焉心自得”[12]，“世间好物黄醅酒，天下闲人白侍郎”[13]，“月俸百千官二品，朝廷雇我作闲人”[14]，“我心与世两相忘，时事虽闻如不闻”[15]，就是这种逸乐生活满足感的表现。像白居易这样写闲适诗的，其时不在少数，元稹、令狐楚、崔元亮，以至李德裕、刘禹锡等人的大量唱和诗类皆如此。

写个人情思的又一表现，便是写闺阁生活。盛唐诗人很少写闺阁生活，而此时写闺阁生活的诗开始在一些诗人中出现。元稹写了一些艳情诗，这些诗，是他诗作中写得最好的部分，反映的感情天地虽然狭窄，但写来往往感情浓烈真挚、细腻轻艳。后来苏轼所说的“元轻白俗”的“轻”，大概就是指此而言的。（李贺虽也写爱情，不过他把它写得迷离惝恍。）从元稹开始的以真挚情怀转向闺阁生活，在大中以后诗歌创作中遂成一主要倾向。

写个人情思的另一表现，便是咏史诗的出现。政治上的改革既已无望，不得不接受中兴已成一梦的现实。这在士人心理的反映，便是怀古伤今，借对于历史的伤悼，寄寓对于现实的衰败无望的悲哀感慨。刘禹锡长庆四年作《西塞山怀古》，宝历二年（826）作《金陵怀古》、《台城怀古》，这几年还作《金陵五题》，都是怀古伤今之作。短短两三年，写了这么多怀古诗，且多表现一种时光流逝，人事变幻，繁华已去，景物犹在的深沉慨叹，这就很值得注意。这不得不说与贞元元和之际士人的各种改革热情至此已经消退，中兴希望已经幻灭有关。政局既已无望，讽喻和明道也就没有现实意义，或者说已经失去了动力。而用世之心，与对于朝廷的忠诚情怀又并未完全泯灭，不像晚唐后期的一些士人那样走向归隐。这种矛盾心理，便很自然地表现为一种深沉的思索，思索人世盛衰兴败的哲理；又表现为对这个朝代的已逝繁华的共同眷恋和对中兴终成一梦的现实的伤悼。事实说明，怀古咏史诗的出现，乃是政局发展在士人心理上反映的自然产物。怀古伤今，成了晚唐初期诗歌创作之一重要主题。在刘禹锡之后，大量异常精彩的怀古咏史诗便接连出现。许浑的《金陵怀古》、《咸阳城东楼》、《姑苏怀古》、《凌歊台》、《骊山》诸作皆是。杜牧这方面的诗就更精彩，《江南春绝句》、《题宣州开元寺》、《登乐游原》等等，都是这方面的代表作。“长空澹澹孤鸟没，万古销沉向此中。看取汉家何事业？五陵无树起秋风。”[16]其中含蕴的就是这种兴衰盛败的深沉思索。薛逢的《悼古》、王枢的《和严恽落花诗》等等，无不如此。可以看出，咏史诗乃是士人从关心改革，视野外向，着眼于生民疾苦，转为视野内向，抒个人情怀，写身边琐事的过程中出现的一种思索、体认人生哲理的现象。

怀古咏史，写身边琐事，写闺阁生活，创作题材的这种转变，是这个过渡期的主要特点。它反映了重功利的文学思想到非功利的文学思想的转变过程的衔接现象。但它是一种缓慢的过渡，不同于上一个过渡期的反思、徘徊的特点。

当然还有其他的过渡期，例如，我们可以把隋代的文学思想看做南朝文学思想到唐代文学思想发展的一个过渡；可以把五代到北宋初年也看做一个文学思想的过渡期等等。各个过渡期的特点虽然不同，但有一点却是相同的，那便是它在两种文学思想潮流中间起过渡作用。在唐代文学思想的发展过程中，很少看到一种文学思潮与另一种文学思潮在发展过程中突然衔接的现象。它们中间总有一个或长或短，或清晰或不甚清晰的这样那样的过渡阶段。这种过渡阶段的存在，或许是文学思想发展史上的一种普遍现象。

三

在唐代文学思想发展史上，我们还看到不同文学思想之间的复杂衔接现象。任何一种文学思想，它都不是绝对“纯净”的，不接受其他文学思想的影响的。

从总趋势、主要倾向着眼，我国古代文学思想的发展基本上是一个功利主义文学思想与非功利主义、重文学特征、重抒情的文学思想不断交替的过程。例如，在散文文风文体演变中，我们就看到了这样一个过程。散文发展的最初阶段得到繁荣的是散体，究其原因，盖出于实用之需要。诸子百家争鸣之际，论辩要求说理严密，一字褒贬，骈体难以适应此种要求而散体则可大显身手，因此，骈句虽很早出现，而骈体却得不到发展。散体之得以风云际会，很快走向成熟，一开始便反映出功利主义的文学思想。孙梅所谓“骈体肇自魏晋”之说，似稍不确；但他说的骈体大约始于制诏，沿及表启，则是符合事实的。其实，骈体的最初出现，可追溯到汉元帝元朔三年（前126），《封公孙弘平津侯诏》即为骈体。其实骈体也偶或出现在奏书中，如谯云《上书谏成帝》。延至东汉，似又略有扩展，而及于书信，如冯异《遗李轶书》。但此类骈体，只有质朴之对句，实为骈体之雏形。此类雏形骈体之出现，主要也是出于实用的需要，为增强效果，有所强调，而使其略有对偶，朗朗上口。但此类质朴之雏形骈体并未得到发展。骈体的进一步得到发展，是它逐渐离开功利主义的目的，而纯粹出于艺术的追求。曹丕《答繁钦书》虽未用典，而华采秀出，音韵铿锵。他周围的一些作家，除修饰词采之外，开始加上用典，如应瑒《报庞惠恭书》、刘桢《答魏太子丕借廓落带书》，应璩书信，几乎篇篇若是。可见魏文论文尚气，已肇文学自觉时代之思想端倪，骈体从功利目的走向纯艺术的追求，乃是此种思想之一反映。由魏而晋，俳偶更加整齐，词采更为华丽，用典时或出现借喻与隐喻。由晋而宋，用典更为琐碎，所谓“大明泰始中，文章殆同书抄”者谓此。由宋而齐、梁，丽采、事典之外，又加以声韵的追求，骈体于是走向成熟。此时之骈文，已成纯粹之美文，与实用了无相干，与功利主义文学思想完全背道而驰了。这种非功利主义的文学思想发展到极端，弊病终于暴露无遗，于是又有功利主义的文学思想出来。这便是从宇文泰、苏绰开始的、断断续续延至唐代古文运动全盛期的“明道”说的出现。当“明道”说走向成熟之后，由于或种原因（如政局和社会思潮的变化），非功利主义的文学思想又出来，这便是以李商隐为代表的反对文以明道的重抒情、重艺术技巧的文学思想的出现，以及晚唐骈体文的再度兴起。散文思想的发展是这样一个否定之否定的过程，诗歌思想的发展也大致如是。

如果稍加考察，就会发现，这样的一种否定之否定，是一个复杂的衔接通变的过程。骈体最初出现和散体一样，带着明显的功利主义目的，后来才逐渐走向纯艺术技巧、艺术形式的追求；散体再起而取代骈体，又吸收了骈体艺术表现上的成就才得以取得成功。纯粹意义上的复古，不考虑文学和艺术表现手段已经丰富发展了的现实，结果当然不可能取得以散代骈的成功，韩、柳之前的李华、独孤及、柳冕诸人就是例子。韩、柳之所以取得成功，除了他们的文体文风改革带着强烈的政治色彩、与当时之政治思想生活密切相关外，就在于他们很好地吸收了已经发展起来的、包括骈文在内的丰富的艺术经验、艺术技巧；在于他们既倡明道，也主抒情，而且在创作实践中把二者很自然地结合起来。他们把秦汉散文创作中的功利主义文学思想，同魏晋六朝发展起来的对文学艺术特殊性的重视与强调，很自然地融为一体。他们文学思想的主要倾向是功利主义的，但又不废缘情。这种衔接现象说明，一种能够引导文学创作走向繁荣的文学思想，都不是凭空产生、孤立存在的。它只是文学思想发展过程中的一个环节。它不可能割断历史。它要承继前此文学思想上的一切积极因素，吸收、改造、发展。

这种现象在诗歌思想上也有充分表现。如果追索一下各种诗歌思想的构成，我们就可以看到，除了该诗歌思想的主要倾向之外，还包含有各式各样的其他诗歌思想的因素。这就是衔接现象。杜甫是一个很典型的例子。他的诗歌思想的主要倾向，当然是写实。这种诗歌思想更接近于功利主义的性质，其中有陈子昂“兴寄”说的影响。但是，在杜甫的诗歌思想中，又到处可以看到盛唐重风神、重意境创造的诗歌思想的影响。不仅如此，他还接受了魏晋六朝诗歌思想的影响，特别是重词采、重声律的思想。他的诗歌思想，和他的创作实践一样，实具“备兼众体”的性质。元稹和白居易倡功利主义的诗歌主张，但元稹在创作实践中实际上接受了梁、陈宫体诗人的诗歌思想的影响，白居易则无疑受到南朝山水诗人们的影响。他们两个同是推崇杜甫，元稹推崇杜的兼备众体；白居易则推崇其讽谕兴寄。他们两人诗歌思想的主要倾向是相同的，但各自诗歌思想的构成却要复杂得多、丰富得多。又如，对于诗歌语言的色感、韵律感和意象的组合方式，李贺和韩愈都作了独特的探索，李商隐和温庭筠接受了他们这些艺术追求的影响，又各自不同地加以发展，另有所好。韩愈、李贺、孟郊以至后来的杜牧、李商隐，都受到杜甫艺术追求的某些影响，而又各有自己的美的追求。正是由于有这种复杂的衔接现象，诗歌艺术思想的精华才得以各种形式积淀起来，并且慢慢形成诗歌艺术思想的民族传统。没有这种复杂的衔接现象，诗歌艺术思想的民族传统的形成是难以想象的。

和这种复杂的衔接现象有关的一个问题，便是发展。发展是衔接的下一个环节，衔接→发展。在唐代诗歌思想的发展中，我们可以看到，只有衔接而没有发展，便不会有什么建树。衔接之后又发展，承继前人诗歌艺术的经验，而加以创新，就取得了独特的成就，就在文学思想发展史上留下了独特的不可磨灭的印记。这样的例子是很多的。

我们先来看韩愈的例子。韩愈诗歌艺术的追求，显然受到杜甫和李白的深刻影响。杜甫追求的那种掣鲸碧海的壮大的美，李白追求的那种豪雄奔放的美，都为韩愈所深心向往。而且，他是以自己的独特意会去感受这种美的。他把这种美描绘为“徒观斧凿痕，不瞩治水航。想当施手时，巨刃磨天扬。垠崖划崩豁，乾坤摆雷硠”[17]，这就是他心目中李、杜所追求的美。他承接了这种美的追求，但是他又把它发展了。他把这种壮大豪雄奔放的美，变为一种光怪震荡的美。他在创作中，常常表现出一个光怪陆离的世界的震荡变幻，表现一种狠重的怒张的力。他之用“搜搅”、“腾踔”、“轰輵”、“跌踢”描写洞庭湖的波涛，用天跳地踔、神焦鬼烂描写陆浑山火，用崩腾排拶、龙凤交飞、波涛飘扬描写雪花，用赤龙拔鬚、羲和火鞭形容赤藤杖，就都是为了表现出一种震荡光怪的怒张的力。正因为这种发展，他才开创了一个新的诗派。

李商隐受韩愈的影响，他的一些诗，写来很像韩愈。《韩碑》一篇，写法上之像韩诗，到了可以乱真的程度。但是，这些写得像韩诗的作品，都并不是李商隐的成就。如果李商隐对诗歌艺术的追求仅仅是模仿韩诗用词的怪奇与构辞的散文化，那就不会有我们今天见到的这样一个杰出的李商隐了。他之所以在唐代诗歌发展史上留下了不可更替的印记，就在于他学韩之外（当然还有学杜甫与李贺），另有自己的艺术追求。他追求一种朦胧情思与朦胧意境的美，追求一种幽约细美凄艳的美。他的诗歌思想，在唐代诗歌思想发展史上开始了一个新的阶段。这正是他的成就处。

任何一种文学思想都不可能是万古不变的。随着历史的发展，随着文学创作的发展，文学思想也就自然而然地这样那样地发展变化。它有自己继承的一面，即衔接的一面，也有发展的一面。只是重复原有的思想，没有赋予新的时代的内容，没有汲取创作实践已经提供的新的经验，它也就失去了生命力。隋唐五代文学思想史有不少这样的现象，例如，隋末王通，晚唐的一些批评家，离开社会生活的实际，重复前人观点，带着空言明道的性质，他们的理论便没有多大意义，也未对创作实践产生实际影响。

四

唐代文学思想的发展提出的另一个问题，便是理论主张和创作实践之间的关系问题。一种理论主张的提出，是否能推动创作的发展，对创作的繁荣起指导作用，主要取决于这种理论主张是否正确反映了它的时代的创作风貌，是否具有实践性的品格和根据这种理论主张进行的创作实践，是否取得了实际的成就。

以散文的文体文风改革为例。“文明道”的主张在韩、柳之前已经完备。萧颖士主宗经，倡风雅。李华于宗经之外，又强调文章与作者品德之关系。永泰二年（766）独孤及在宗经之外，提出本乎王道，以五经为源泉，重政教之用，反华饰的主张。他甚至教导他的学生梁肃：“文章可以载道。”翌年，元结写《文编序》，提出“救时劝俗”说。大历八年（773），梁肃提出文章应叙治乱、陈道义、广劝诫、颂美功；指出文之用，是明道德仁义。柳冕更把这种理论纯粹化为正统儒家的思想。其论文之旨归，在本于教化，文经一体。应该说，文以明道的理论主张，已经相当完整了。在理论上，韩、柳的“文明道”说未超过从萧颖士到梁肃这些文体文风改革前辈的理论主张的范围。何以韩、柳取得了巨大的成功，而萧颖士他们却并没有在文学思想史上留下更为深刻的印记？最根本的原因，就是他们的“文明道”说缺乏实践性的品格，带着空言明道的性质。他们本身都并不是政治改革家，他们的文学主张缺乏政治改革的思想基础。他们虽一再提倡明道，但所明之道，与现实政治并无密切联系。他们提出“明道”说时，正是唐代由盛而衰的转折时期，而他们对于朝廷盛衰，并无后来韩、柳诸人的强烈责任感，也未见有改革弊政的主张。李华、梁肃，都是荆溪禅师的弟子。崔恭《梁肃文集序》把梁肃的信佛、复古而不适于经世之用说得很清楚。近年有的论者从梁肃诸人与后来柳宗元之信佛，把佛教与唐代古文运动联系起来，认为佛家思想的影响，乃是唐代古文运动兴起之一原因。其实，这是把问题弄颠倒了，佛教思想的影响，正是古文运动提倡者的局限。柳冕倒是儒家正统思想的信徒，但其不切于经世之用则是相同的，新、旧《唐书》均有他不长于吏治的记载。他们的一个共同特点，便是口言明道，而于行身处世上对现实持一种较为超脱的态度。这就给他们的“文明道”说带来了一个致命的弱点，即抽象、缺乏现实感，不像韩愈“明道”说之带着明确的反释、老的目的，不像柳宗元“明道”说之明言所谓道者，盖指“辅时及物”而言。因此他们的“明道”说也就没有韩、柳“明道”说那样和现实政治息息相关。“明道”说作为一种功利主义的文学理论，既与现实生活相睽隔，缺乏现实政治的具体内容，用之于创作实践，当然也就不可能给文章带来生气，带来生命力。这恐怕就是他们这些人文章虽有两汉遗风，且已完全消除尽骈文影响的痕迹，却终于没有名篇传世、未能推动散文文体文风改革取得更大成就的根本原因。

一种文学理论主张之是否具有实践性品格，还表现在它是否正确反映文学的发展趋势上。就是说，它提得是否适时。当韩愈崇尚怪奇的时候，他的这种审美理想既与元和年间的社会风尚相适应（元和尚怪。元和的服装和元和年间士人的行径，如韩愈在《谁氏子》一诗中的反映，都透露了当时社会风尚的消息），也和当时创作上的革新思潮相适应。因此，他的尚怪奇不论表现在散文创作上还是表现在诗歌创作上，都取得了巨大的成功，而且不止他一人如此。诗歌创作上卢仝、马异尚怪奇固不用说，就是孟郊、李贺诸人，也都不同程度地反映出尚怪奇的倾向，而且同样取得了独特的成就，在诗歌史上留下了自己鲜明的创作个性。但是，同一种审美理想，在他之前和之后，都没有能在创作上取得成功。在他之前，天宝年间任华就在诗歌创作中追求怪奇。但任华自己既未取得成功，也未见有人响应。因为其时既无尚怪奇的社会思潮的背景为基础，文学发展的趋势、时代的审美情趣也与怪奇格格不入。在韩愈之后，孙樵又提出了尚奇的主张。但其时诗歌创作的审美情趣已逐渐转向细美幽约，散文创作中骈体又发展起来，追求表现技巧的细腻含蕴。孙樵本人的创作，既未在“奇”上有何创造，也未见有何响应者。显然，他的尚奇主张，与任华当年对奇的追求一样，都是不适时的，不符合于文学的发展趋势的。他们之未能在这方面取得与韩、孟他们一样的成就，原因除个人才气之外，或即亦在于此。

陈子昂一倡“风骨”，引起了文坛那样强烈的响应，对有唐一代的文学发展留下了那么深远的影响，最根本的原因，就在于他的这一理论主张预示了行将到来的盛唐诗歌的风貌，充分地反映了文学发展的必然趋势，说出了文学发展的思潮迫切要求说出来的那句最重要的话。就是说，他的这一理论主张具有充分的实践性品格，因此，他十分有力地推动了盛唐诗歌的创作，对盛唐诗歌的繁荣给了巨大的助力。而“诗教”说在晚唐的出现，情形正与此相反。皮日休（如《正乐府序》）、杜荀鹤（如《自叙》）、吴融（如《禅月集序》）、黄滔（如《答陈磻隐论诗书》）、顾云（《唐风集序》）、裴贽诸人，也提倡诗教，但是他们的“诗教”说在创作实践中并未起任何作用，与他们在散文上的主张一样，带着空言明道的性质。就连他们自己，也都未按照“诗教”说来写诗。除皮日休有十篇模仿白居易的新乐府而属失败之作外，吴融、黄滔、顾云、裴贽现存诗作中，无一首及于诗教者。杜荀鹤、聂夷中、曹邺、唐彦谦诸人，有少量写生民疾苦的诗，但更类杜甫的写实倾向，而不同于“诗教”说的要求。他们这部分写生民疾苦的诗，如同此时皮日休、杜荀鹤、罗隐诸人在写一些甚为精彩的抨击社会黑暗的散文一样，是从对朝政的失望走向对社会的不合作，是尖酸泼辣的讥讽，是嬉笑怒骂，不是借讽谕以匡救弊政，不是合作。他们在散文上的“明道”说未能付之实践，付之实践的是奋激抗争；在诗歌上的“诗教”说，也同样未能付之实践，付之实践的除少量写生民疾苦的诗之外，却是大量追求淡泊情思、淡泊境界之作。这时的政局既已一塌糊涂，明道与诗教，都已无实际意义；这时的文学发展趋势，也非明道、诗教说所能代表，因此，他们的这部分主张，也就显得苍白无力，缺乏光采，比之于他们创作实践中反映出来的文学思想倾向，要逊色得多。

当然，一种文学理论是否具有实践性品格，是否对当时创作的发展起推动作用，这只是衡量它价值的一个方面。理论和创作的关系不仅仅表现在这一点上，它要复杂得多。判断一种文学理论的价值也要复杂得多。在文学思想史上我们可以举出《文心雕龙》的例子。现在我们几乎很难找到《文心雕龙》在当时文学创作中的影响的痕迹，但是它的巨大的理论价值却是毫无疑义的。一种正确的理论主张是否能付之实践，何时能付之实践，还须具备其他条件。因此，不能仅仅以是否推动了当时的创作实践来衡量一种文学理论的价值。但是，是否能推动文学创作的发展，却无疑应该作为判断一种理论主张的价值的一个重要依据。

五

唐代文学思想的发展变化，与政局有关。但它与政局的关系，主要是通过士人的心理直接影响文学思想的发展变化。

在唐代文学研究中，曾不止一次讨论过唐诗繁荣的原因。这个问题当然已经取得了一定的进展，但仍未能令人信服地得到圆满解决。之所以如此，除了这个问题本来涉及多学科，而我们对其他学科有关这个问题的研究尚待深入、一时尚难弄清诗歌繁荣的背景之外，研究方法上似亦有可考虑处。对三百年的唐代诗歌发展的不同段落不加区别，一概而论，这样的方法，是难以把繁荣的原因完全说清楚的。繁荣这个概念，如果我们指的不只是诗人和诗歌创作数量的众多，而是指有成就的诗人和有高度艺术价值的诗篇的众多的话，那么，唐诗的繁荣大抵有三个阶段，即景云中至安史之乱前后（盛唐和代表转折时期的集大成的杜甫）；贞元元和间的中唐诗坛；大和大中间的晚唐初期诗坛。第一个段落，当然是众所周知的群星辉映的时期。第二个段落，则是各个诗派、各个有鲜明创作个性的诗人出现的时期。第三个段落，虽然总的成就比之于前两个段落似稍逊色，但杜牧、许浑、李商隐、温庭筠仍然取得了巨大的成功，特别是李商隐，他简直把诗歌的高度表现技巧，把诗歌感情的幽微隐约的表达推向了极致。三个段落，各有其繁荣的特点。这特点，便是艺术追求的不同，艺术成就的不同，文学思想主要倾向的不同。除了诗歌本身发展的内在原因（如魏晋六朝以来积累起来的艺术经验，诗歌形式的发展趋势等等）之外，艺术追求，文学思想的不同，则直接受着士人心理状态的影响。

盛唐诗人之追求风骨、兴象、自然的美，与此时士人的强烈入世思想，与他们对建立功业的热烈向往，与他们的充足的自信心是分不开的，是他们这种情怀在美学理想上的反映。近百年的安定繁荣，国力强盛，培养了这一代地主阶级知识分子的昂扬精神风貌。他们的豪雄气概与建立功业的强烈愿望，几乎处处流露出来。王维早年的《老将行》、《燕支行》，孟浩然的《田园作》，高适的《塞下曲》、《淇上酬薛三据兼寄郭少府微》，以及李白的大量作品，都充分表现了这一点。一大批诗人把边塞写得是那样神奇壮伟，山河、功业、豪情，完全融为一体；向往、追求、理想，一切都带着明朗基调与乐观情绪。这就是盛唐风骨的思想基础，也就是盛唐风骨之表现出清刚壮大的特点，而不同于魏晋风骨悲怆梗概的原因。正因为其时士人的这种精神风貌，所以他们无论写什么，都没有表现出缠绵悱恻、低沉颓靡的情调。可以说，没有这种昂扬的精神风貌，就不会有盛唐风骨，盛唐诗歌之所以为盛唐诗歌，也就难以想象了。

唐代社会衰败的到来，特别是安史乱起之后，政局的突然变化在士人中引起了不同的心理反响。像杜甫那样，同情生民疾苦，系念朝廷安危，一片忠心与一腔血泪，遂在创作中走向写实，于世上疮痍中成为诗中圣哲。文学思想之从盛唐的倾向理想主义转变为杜甫的倾向于写实，当然与战乱引起的杜甫复杂的心理状态的变化有关。但不久，另一部分士人便表现出了另外的倾向。他们在突然到来的大战乱面前表现出了另外的一种心理状态。“时艰方用武，儒者任浮沉。”他们原先那种渴望立致卿相、建立不世功业的理想，被安史之乱和继之而来的方镇割据、外族入侵的连绵战乱的政局一扫而光，他们感到生不逢时，在急剧动荡的生活面前，表现出一种不知所措的情绪。他们失去了自信心，沉湎于对开元天宝盛世的回忆之中，而对现实生活采取了一种无可无不可的态度。这便是大历至贞元中这一段时间诗坛的背景。这时诗人们的感情天地，比盛唐诗人们实在要狭小得多。他们已不再追求清刚壮大的气概，而是追求冷落寂寞的境界，追求冲淡与韵味。士人心理状态的变化，造成诗歌思想的这种转变。而诗歌思想的这种变化及其在创作中的表现，标志着唐代诗歌繁荣第一个高峰的结束，转入一个过渡期，等待着第二次繁荣的到来。

待到贞元元和年间，士人们才仿佛从不知所措的心绪中惊觉起来，产生一种渴望挽救唐王朝的衰落、渴望中兴的强烈愿望。他们从各自的角度，提出了各式各样的改革主张，永贞革新自不必说，韩愈的反佛、老，裴度的平淮西，以至白居易在策林中提出的对政治经济问题的种种见解，都是这种改革愿望的反映。只要看看柳宗元的那种执著求实的精神，看看他那些见解；看看韩愈反佛、老那种坚决的义无反顾的态度，就可以知道当时渴望改革的思潮是多么强烈。尽管政见不同，但希望朝廷强大起来，幻想中兴却是一致的。正是士人的这种改革精神，这种重又振奋起来的心理状态，才给贞元末至元和的文坛带来了新的生机。如果要简单地描述贞元末至元和年间文坛总的风貌的话，可以用一句话加以大致的概括，便是：充满革新精神。诗歌上的“讽谕”说的提倡，散文上“明道”说的出现，为革新精神在文学上的反映固不待言；诗歌思想上韩、孟之尚怪奇，李贺之追求瑰丽斑斓，也无一不充满革新精神。

正是这种革新的精神，促使中唐诗坛出现了众多创作个性极其鲜明、彼此之间艺术风格及艺术表现方法差别极大的诗人和不同的诗派，出现了唐代诗歌的第二次繁荣。可以说，唐诗的第二次繁荣，与此时士人的改革精神关系至为密切。

随着改革的失败，中兴成梦，士人心理又起了变化。虽仍惦念王朝盛衰，时存希望，而又明知衰败之无法挽回，繁华已成陈迹。这种矛盾的思想状态，使此时士人的视野转向历史的回顾与思索，转向闺阁庭园，给诗歌带来细腻的情思与技巧。唐诗最后一个高潮的特点，同样是与士人心理状态的变化联系在一起的。

唐代文学思想的变化与士人心理状态的变化的关系，似具普遍意义。由于中国封建社会里文人普遍地走入仕参政的道路（不论其成功与失败），文人的命运往往和政局的变化关系至为密切。他们的思想状况、精神风貌，也就随着政局的变化而变化。而这种变化，不可避免地影响到他们的生活情趣、审美理想，当然也影响到他们的文学思想。即使有时候他们在文学理论、文学批评中会说一些言不由衷的话，说一些假话，但他们的创作倾向却是掩盖不住的。他们的创作很自然地反映了他们的心理状态的变化，反映了他们的真正追求。政局的变化、士人心理状态的变化、创作倾向的变化、文学思想的变化，常常是很敏感地联系在一起的。

唐代文学思想的发展涉及的当然还有其他理论问题，比如说，某种文学体裁在创作上得到繁荣与文学思想发展的主要潮流是不是存在一些联系。唐代散文的文体文风改革大体是沿着两个方面进行的：一是散体的逐渐增多，终于取代骈体而占主导地位；一是骈体的改造，去赘典繁辞，终于发展至陆贽奏议那样，抑扬顿挫而又质朴流畅，虽仍为骈体而又说理严密，只差一步，即可与散体合流。这两个方面的发展，都经历着一个缓慢的过程。这或者是散文文体文风改革的高潮迟迟到来的一个原因。但是，仅此原因，似仍不足以说明何以唐代文学的第一次繁荣即盛唐文学的到来，是从诗歌开始，而不是从散文开始的。因为诗歌繁荣的到来也同样经历了一个缓慢的过程。散文繁荣的迟迟到来，当尚有其他原因。原因之一，或与文学思想发展的主要潮流有关。盛唐文学思想的发展潮流，是重风骨、重抒情、重自然的美，就其实质来说，更倾向于理想，而不是功利与写实。盛唐是一个充满理想的社会，那是一个诗的时代。而唐代散文文体文风改革的特点，却和功利主义文学思想连在一起。唐代功利主义文学思想的出现虽较早，但有较充分的表现是在天宝后期以后，而成为主要的思想潮流，则直到贞元末元和年间。那个严峻的、改革的、求实的时期，更适合于功利主义文学思想的发展。这或者就是散文的繁荣为什么到韩、柳出来才开新局面的一个重要原因。当然，这又涉及另一个问题，即中国传统散文的特点问题。这一问题牵涉较广，本文不拟详论。唐代文学思想发展涉及的其他理论问题，除此之外，又比如，文学思想主要潮流的形成、变换，与哲学思潮的关系，与中外文化交流的关系等等，所有这些，都有待于进一步研究。

（原刊于《中国社会科学》1984年第五期）

---

①吴兢:《贞观政要》卷七“文史”，第222页，上海古籍出版社1978年校点本。

②《陈书·后主本纪后论》,《陈书》第1册，第119～120页，中华书局1972年版。

③《隋书·文学传序》,《隋书》第6册，第1730页，中华书局1973年版。

④见《周书·王褒庾信传论》,《周书》第3册，第744～745页，中华书局1971年版。

⑤杨炯:《王勃集序》，见《杨炯集》卷三，第36页，中华书局1980年版。

⑥王勃:《平台秘略·艺文》，见《王子安集》卷十二，四部丛刊景明刊本。

⑦王勃:《山亭思友人序》，见《王子安集》卷四。

⑧王世贞:《艺苑卮言》卷四。据明世经堂刻本《弇州山人四部稿》的原文作:“词旨华靡，固沿陈、隋之遗；骨气翩翩，意象老境，超然胜之。”《历代诗话续编》所收《艺苑卮言》，此处漏“骨气”二字，而意义差别极大，当以《弇州山人四部稿》为是。

⑨陈子昂:《修竹篇序》，见《陈子昂集》卷一，第15页，徐鹏校点本，中华书局1960年版。

⑩王夫之:《姜斋诗话》卷二。

⑪见《全唐诗》第12册,第4604页。中华书局1960年版。

⑫白居易:《自余杭归,宿淮口作》,见《全唐诗》第13册,第4763页。

⑬白居易:《尝黄醅新酎忆微之》,见《全唐诗》第14册,第5089页。

⑭白居易:《从同州刺史改授太子少傅分司》,见《全唐诗》第14册,第5164页。

⑮白居易:《诏下》,见《全唐诗》第14册,第5128页。

⑯杜牧:《登乐游原》,见《全唐诗》第16册,第5954页。

⑰韩愈:《调张籍》,《昌黎先生集》卷五,蟫隐庐影宋世綵堂本。

朱元璋的文章观与洪武朝的文学思想导向

洪武朝之文学思想倾向，对有明一代之文学思想走向，有深刻之影响。而朱元璋建立明王朝之初所营造的文化环境、他给士人留出的生存空间和他的文章观念，对洪武朝文学思想主流之形成，起着十分重要的作用。

一

朱元璋实行思想统制，明王朝建立之初，便制礼作乐，严格等级关系。治道崇儒术而兼取佛、道。他著《三教论》，从实用角度论三教。他所说三教，指儒、释、仙，称老子不应列入三教之内。他注《道德经》，对老子的思想给了很高评价。他之推崇老子思想，主要是用其君人南面之术。他崇儒，反复推崇孔子。他之推崇孔子，是用其思想以为王纲之准则；他用仙、佛则用其制约人心，使人有所敬畏。[①] 他一再提到《大学》的重要。洪武五年，他对礼部侍郎曾鲁说："《大学》平治天下之本，岂可舍此而他求哉？"[②] 洪武十七年四月他又对侍臣说："朕观《大学衍义》一书，有益于治道者多矣。每披阅，便有警醒。故令儒臣与太子诸王讲说。"[③] 真德秀在《大学衍义》中阐释四大纲，特别重视治心。朱元璋看中的主要是这一点。洪武十八年，他对朱善说："人心道心，有倚伏之机。盖仁爱之心生，则忮害之心息；正直之心存，则邪诐之心消；羞恶之心形，则贪鄙之心绝；忠悫之心萌，则巧伪之心伏。故人常持此心，不为情欲所蔽，则至公无私，自无物我之累耳。"[④] 治心是治己，亦治人，而且更重要的是治人。洪武一朝，对人心的管制是空前的。他看中《大学》的另一点，是看中其中的执中之道。他对执中的理解，是指张弛并用。这从他的行事中可以得到充分的证明。他施政，有时严刑峻法，有时又宽容舒缓，都不是过犹不及之本义。

他崇儒完全是从他的治道出发的。儒家思想若是有碍于他强化政权，他绝对不容许。这从一事可以得到说明。洪武五年，他曾命罢祀孟子，因廷臣之谏诤而复祀。虽复祀，而他对孟子的反感并未消失。洪武二十七年，他命刘三吾删节《孟子》中对他维护绝对之君权有碍的部分内容，成《孟子节文》一书。[⑤] 据刘三吾《孟子节文序》，编写目的非常明确，就是要删除那些有碍君权的言说，序称：

> 引文王灵台之事，善矣；《汤誓》时日害丧之喻，岂不太甚哉！雪宫之乐，谓贤者有此乐，宜矣；谓人不得即有非议其上之心，又岂不太甚哉！其他或将朝而闻命中止，或相待如草芥，而见报施以仇雠，或以谏太过，不听而易位；或以诸侯危社稷，则变置其君；或所就三，所去三，而不轻其去就于时君。故其崇高节、抗浮云之素志，抑斯类也，在当时列国诸侯可也。若夫天下一君，四海一国，人人同一尊君亲上之心，学者或不得其扶持名教之本意，于所不当言不当施者，概以言焉，概以施焉，则学非所学，用非所用矣。[⑥]

根据此一编写原则，《节文》删去《孟子》一书中八十五章[⑦]，并明言此删去之八十五章，“课试不以命题，科举不以取士”。凡有触犯王权之绝对权威者，均在删去之列。[⑧] 容肇祖先生归纳所删文字为十一个不许说。其实，删《孟子》最主要的目的，就是实行思想管制。凡有碍于思想管制的，都在删去之列。在孟子的思想里，君臣的关系是互为前提的，君如果不尽君道，则臣也可不尽臣道。而此一点，在洪武朝，乃是一个极端敏感的问题。洪武十三年胡惟庸谋反案，洪武二十三年太师李善长逆党案，洪武二十六年兰玉谋反案，君臣关系处于十分尖锐的境地。在此一种之背景下，孟子有碍君权之言论，当然也就不容许存在了。

为了统制思想，他对佛、道二教进行严格管理，严禁秘密宗教。禁止僧尼、道士女冠交结官吏，违者弃市。他严格学校管理，洪武十五年由礼部颁发学校禁例十二条，其中一条是不许生员议政。洪武十八、十九、二十年先后颁布《大诰》、《大诰续编》、《大诰三编》、《大诰武臣》，昭示全民，每户一本，敢有不敬不收者，“迁居化外，永令不归”。他要全国家藏人诵，以为戒鉴。第一次刻印《大诰》时字多讹错，他又命中书用大字重刻颁行。户户藏，人人读，学校作为课本，农人挂于牛角，劳作之间隙也读。他又命各府州县民每里置塾，聚生徒讲授《大诰》，洪武二十四年，“赏民间诵《大诰》子弟十九万三千四百余人”[9]。以皇帝一人之见解，视同法律，人人诵读，人人遵守，其普及之规模，虽非绝后，亦属空前。从此一点，亦可看到朱元璋对思想行为之严格管制。此一思想环境，对洪武朝文学之发展，实具影响。

影响洪武朝文学思想的，还有朱元璋为士人留出之生存空间。他所制造的这一生存空间，对于文学思想主流的形成，实起一种制约的作用。他对士人，既宽松，又严酷。他的农民出身与人生经历，使他在气质上感情上与士人存在天然的距离。但是他夺得政权，又亟须士人为其服务。无论是立国之前还是立国之后，那种急切礼聘士人的心情、礼聘次数之多，都是前此的历朝皇帝所不及的。他既用又猜疑，既宽松温情又残酷无情。他有时对士人宽松，特别是对青年人，他们犯错甚至犯罪，朱元璋常常给予宽恕，令其改过。洪武二十年，有国子生任陕西知县，受贿被逮至刑部审问。朱元璋念其年少，原谅了他，让他改过自新。[10] 也是这一年，常州府宜兴县丞张福生犯法当死，朱元璋特宽恕他，称：“国子生皆朝廷培养人材，初入仕，有即丽于法者，虽欲改过，不可得。”遂命凡所犯虽死罪，三宥之。福生以国子生，故得宥。[11] 在《大诰三编》中，他列出犯罪之进士、监生三百六十四人，其中三犯四犯而致杀身者三人，二犯而诽谤致杀身者又三人，姑容戴罪在职者三十人，一犯戴罪者三百二十八人。对于这三百六十四人的处置，可从两方面说明问题：一方面严刑峻法，轻罪重判。三百多人中，大量是贪污罪，如田忠，为水灾受钞八十贯，绞罪；陈迪，受粮长鹅酒、泄漏消息，斩罪；鲁望，为修船等事受钞一百贯，斩罪，等等。但另一方面，这些轻罪受重判的人，又都没有执行，而令其戴罪任职，给了改过的机会。对有的臣下，他关怀备至。他无意间发现翰林修撰刘泰家有老母，就下了一道谕旨："卿母年迈，云无他养，岂不动孝者之情？因是敕卿自意，若欲奉来就养，或弃职往侍，皆从所由勿拘。"[12] 对敦厚长者，他特加尊重；对年少人材，他越级提用。十三年胡惟庸案发之后，他急于征用儒士。该年五月、六月他征召儒士多人。十四年正月，又下求贤诏；十五年五月，下《谕天下郡县敕》，访求士人，共论治道。九月，吏部以经明行修之士三千七百余人入见。[13] 十月，朱元璋又越级任用了不少秀才。[14]

他常常与士人吟诗作赋，以营造一种君臣和谐之气氛。《实录》和宋濂文集中就记载着朱元璋曾多次与臣下吟诗作赋。洪武二年六月二十九日，张以宁奉命使安南，朱元璋赋诗送行。[15]《文宪集·翰苑前集》卷七《应制冬日诗序》称，洪武二年十一月二十二日，召宋濂、危素、詹同、王祎、魏观等人列坐左右，"上亲赋诗一章，复系小序于首，命各进诗"。洪武六年八月宋濂奉旨与詹同编《日历》，九月开史馆于禁中，十一月十五日朱元璋召宋濂、刘基、詹同宴于乾清宫便阁。詹同被酒回宿处，成诗一首赠为《日历》缮写之黄昶。朱元璋知道后也和诗一首。宋濂记此事，说："其俯和侍臣之诗，岂非乐育菁莪，以开万世太平之基者欤！"[16] 宋濂显然看到朱元璋的和诗对士人的影响了。洪武八年八月，朱元璋临秋水而有感，作《秋水赋》，命侍臣同赋。赋成赐宴。宋濂酒醉，朱元璋便命其自述一诗，并为之作《酒歌》二首，同时命朱善也作《醉学士歌》。诗成之后，命朱右书写赠宋濂，说："卿藏之以示子孙，非惟见朕宠爱卿，亦可见一时君臣道合，共乐太平之盛也。"[17] 这话语里所透露的赋诗的目的很明确，是要反映君臣遇合，共乐太平之意。宋濂文集中尚有《恭跋御制诗后》记遣使天宁寺僧祖阐赴日，天界寺禅师宗泐有诗送行，朱元璋和诗一首十八韵。[18] 又有《恭题赐和文学傅藻纪行诗后》，记朱元璋和傅藻诗四首。[19] 现存《明太祖文集》中，与人和诗、赠诗就有三十三首之多。[20]

朱元璋对待士人的另一面，是严刑峻法。成化间陆容在他的《菽园杂记》中引用曾参予修《永乐大典》的僧惠暕的话说："洪武间，秀才做官，吃多少辛苦，受多少惊怕，与朝廷出多少心力！到头来，小有过犯，轻则充军，重则刑戮，善终者十二三耳。其时士大夫无负国家，国家负天下士大夫多矣。"[21] 谈迁说："上虽亲儒生，于单辞只语俱臆摩而悬度之，其后功臣多诛绝，早见端于此矣。"[22]《大诰三编》"秀才剁指"条，贵溪儒士夏伯启叔侄二人各截去左手大指，朱元璋就说："今去指不为朕用，是异其教而非朕所化之民。尔宜枭令，籍没其家，以绝狂夫愚夫倣效之风。"[23] 李仕鲁以精通朱熹学说应诏入京，就因为上疏谏朱元璋不应宠遇僧人，引起朱元璋大怒，"命武士捽搏之，立死阶下"。[24] 左都御史杨靖，因替同乡修改诉怨状，被朱元璋处死。[25] 左佥都御史严德珉，因病请求还乡，引发朱元璋大怒，"黥其面，摘戍南丹"。[26] 曾参予修《元史》，为朱元璋撰写诏令、封册、歌颂、碑志的陶凯，因自号耐久道人，朱元璋厌恶他这个号，就借他在接待高丽使者时误用符验，把他杀了。[27] 杀魏观、王彝、高启；杀张孟兼、苏伯衡，都取决于其一时之喜怒。即使亲近如宋濂，他也并不放心。他不仅暗中派人窥视宋濂的行为，而且宋濂致仕，他还不放心，作诗暗示他不得谈论朝政。他写了《翰林承旨学士宋濂归休诗》并序，诗称："闻卿归去乐天然，静轩应当仿老禅。不语久之知道贯，以心详著觉便还。从前事业功尤著，向后文章跡必传。千古仲尼名不息，休官终老尔惟全。"[28] 诗含意清楚，要宋濂回家之后什么事也不要吭声。宋濂筑有斗室名静轩，朱元璋要他独守斗室，今后庶几能保全性命，送行而带恐吓。有学者撰文，否定洪武朝存在文字狱。其实，在朱元璋自己撰写的《大诰三编》中，就明白地记载着"作诗诽谤"的案例，江宁知县高炳为此而身亡家破。

朱元璋亲近士人，用他们，又猜疑、滥杀他们。士人的生存空间是有限的。战乱之后，士人有了一个安定的生活环境，有了用武之地。这个环境带给了他们希望，但是也带给了他们惊恐。他们的内心是复杂的。思想的管制与有限的生存空间，对于洪武朝文学创作与文学思想的走向，无疑起着导引的作用。

二

朱元璋的思想管制，他给士人留出的生存空间，构成了洪武朝文学创作与文学思想发展的环境。而他的文章观，则直接引导着其时文学思想之走向。他不是文化人，他对于文的看法，完全从他的治国目的出发。他原本没有文化，但在征战夺取政权的过程中，极善于学习。[29]史称其对经书、史书，对历史上的有名战例，都甚为熟识，他常灵活引用经、史、子书的知识于打仗与治国。在学习的过程中，他也学会写诗作文。[30]从他的诗文中，我们可以了解他的文章观念。

朱元璋的文章观，极简略说，是尊典谟，重实用；去华饰，求平实。

洪武二年三月，他对翰林学士詹同说：

> 古人为文章，或以明道德，或以通当世之务。如典谟之言，皆明白易知，无深怪险僻之语。至如诸葛孔明《出师表》，亦何尝雕刻为文，而诚意溢出，至今使人诵之，自然忠义感激。近世文士，不究道德之本，不达当世之务，立辞虽艰深而意实浅近，即使过于相如、扬雄，何裨实用？自今翰林为文，但取通道理、明世务者，无事浮藻。[31]

此一段话主要是就章表奏疏等应用文体说的。此一标准，亦用于取士。洪武四年七月，中书奏科举定制，朱元璋提出了一条非常明确的标准："科举初设，凡文字词理平顺者皆预选列，以示激劝。"[32]可知文风问题，他事实上把它当做朝政中的一件大事看待。洪武六年九月，朱元璋为改变文风，命翰林侍臣选择唐宋名家章表可为法式者，以为今后章表奏疏之楷模。臣下以柳宗元《代柳公绰谢表》和韩愈《贺雨表》进呈，他便颁布此二表为天下章表奏疏之法式，下旨谕群臣：

> 唐虞三代，典谟训诰之辞，质实不华，诚可为万世法。汉魏之间，犹为近古。晋宋以降，文体日衰，骈丽绮靡而古法荡然矣。唐宋之时，

名儒辈出，虽欲变之而卒未能尽变。近代制诰章表之类，仍蹈旧习。朕常厌其雕琢，殊异古体，且使事实为浮文所蔽。其自今凡告谕臣下之辞，务从简古以革弊习。尔中书宜播告中外臣民：凡表章奏疏，毋用四六对偶，悉从典雅。[33]

这一谕旨中明确地表达了他对晋宋以降的文章发展状况的看法，表达了他反对骈丽浮文，尊崇典谟的复古主张。

洪武九年十二月，又颁建言格式。事由刑部尚书茹太素之上书所引发。太素上书建言五事，文长一万七千字。朱元璋命中书郎中王敏诵读，读至六千三百七十字，仍未言及正题。朱元璋便大怒，下令将茹太素痛打一顿。第二天夜里，他又命人读此疏，直至一万六千五百字处，才入题。而入题处，仅五百字而已。此五百字，建言五事，其中四事可行。朱元璋便命中书行此四事，同时命中书制定建言格式，颁示中外，使言者直陈得失，无事浮文。为此事，他发为感慨："为君难，为臣不易。朕所以求直言者，欲其切于事情，而有益于天下国家。彼浮辞者，徒乱听耳。"[34] 他再一次明确表达了他反对浮文，求实用的思想。

他提倡实用、平实文风的努力，至此没有结束，此后还多次反复出现。洪武十一年四月，建皇陵碑，他不满于儒臣多文饰，亲自作文。[35] 洪武十二年八月，因案牍繁冗，遂"命廷臣议减其繁文，著为定式，镂版颁之，俾诸司遵守"[36]。洪武十四年七月，重定进贺表笺礼，"其表章文词，不得用骈丽，务在典雅"[37]。洪武十五年十月，刑部尚书开济奏："钦惟圣明，治在复古，凡事务从简要。今内外诸司议刑奏劄，动辄千万言，泛滥无纪，失其本情。况至尊一日万机，似此繁琐，何以悉究？"朱元璋回答说："虚辞失实，浮文乱真。朕甚厌之。自今有以繁文出入人罪者，罪之。"于是命刑科会诸司官定议成式，榜示中外。[38] 直至洪武二十九年，此一问题再次提出。这年七月，又因诸司进表笺多务奇巧，词体骈丽，朱元璋命学士刘三吾、右春坊右赞善王俊华撰写庆贺谢恩表笺成式，颁下天下诸司，令凡遇庆贺谢恩，则如式录进。[39] 一再对朝廷中的应用文体颁示格式，可看出他以行政之力推行平实文风的决心与努力。

要求应用文体文风平实，反对骈丽、反对繁辞，有益于朝政运作，这纯粹从朝政得失考虑问题。从此一点，我们可以看到我国古代散体文中相当一部分与政治的密切关系。同样出于实用的目的，朱元璋对诗乐与戏剧也有类似的符合政教需要的要求。

在思想管制上以程、朱理学为主，兼取释、道，对于诗乐与戏剧，也从此一思想原则出发，衡量是非。他极重视诗乐的作用。早在他登极之前的吴元年，他就说过：

> 礼以道敬，乐以宣和。不敬不和，何以为治！元时古乐俱废，惟淫词艳曲更唱迭和，又使胡虏之声与正声相杂，甚者以古先帝王祀典神祇饰为舞队，谐戏殿廷，殊非所以导中和，崇治体也。今所制乐章，颇协音律，有和平广大之意。自今一切流俗喧譊淫亵之乐悉屏去之。[40]

这段话说明他反对流俗的“喧譊淫亵之乐”，而主张恢复和平广大的古乐。这是他尊崇典雅的诗乐观的最初表述。洪武七年，他命翰林院侍臣撰回銮乐歌，要求应寓讽谏之意。[41] 洪武十七年六月，他对礼部侍臣再次表达了他复古乐、尊崇典雅的诗乐观：

> 近命制大成乐器，将以颁天下学校，俾诸生习之以祀孔子。朕思古人之乐，所以防民欲：后世之乐，所以纵民欲，其故何也？古乐之诗章和而正，后世之歌词淫以夸。古之律吕，协天地自然之气；后之律吕，出人为巧智之私，天时与地气不审，人声与乐音不比，故虽以古之诗章，用古之器数，亦乖离而不合，陵犯而不伦矣。手击之而不得于心，口歌之而非出于志，人与乐判然为二，而欲以格天地，感鬼神，岂不难哉！[42]

他的这一论述，涉及许多重要问题。一是他主张复古，而此种之主张，实成为有明一代复古文学观念之政治基础。一是他主张诗乐应该诚。所谓手与心合，口与志合，就是要出自内心。他之所以极赞诸葛亮之《出师表》，亦因其真诚，与他对诗乐的看法一致。一是他主张诗应该和而正。这是他雅正文学观之一表现，也是明初主流文学观念同归雅正之一主要导向。

尊典谟、重实用、去华饰、反俗乐的思想，也反映在他对绘画与戏剧的看法中。他把他的看法付之实践，发布了一系列的诏令。洪武三年八月，申禁官民器服不得用黄色，也不得彩绘古先帝王后妃圣贤人物故事、日月龙凤狮子麒麟犀象之形，旧有者，限百日内销毁。[43] 洪武六年二月，诏礼部申禁戏剧的有关演出内容：

> 教坊司及天下乐人，毋得以古先圣帝明王忠臣义士为优戏，违者罪之。先是，胡元之俗，往往以先圣贤衣冠为伶人，笑侮之，饰以侑燕乐，甚为渎慢，故命禁之。[44]

此一禁令不仅涉及宫廷戏剧，而且涉及民间戏剧。此一戏剧题材之限制，自其政治目的言，是维护王权之绝对尊严，自其审美趣味言，是回归雅正。

朱元璋尊典谟、重实用、去华饰、求平实的文章观念，决定了他对文学的艺术特征、对文学的表现技巧、对文学的抒情功能的不理解。他常常说出一些从文学的视角看来不可理喻的话。韩愈有一篇《伯夷颂》，其中写到伯夷之忠义，称："昭乎日月不足为明，崒乎泰山不足为高，巍乎天地不足为容。"朱元璋就写了一篇《驳韩愈颂伯夷文》，说："且伯夷之忠义，止可明并乎日月，久同乎天地，旌褒之尚无过于此，何乃曰'日月不足为明'，'天地不足为容'？是何言哉！"[45] 韩愈是一种夸张的写法，而朱元璋不解此一夸张之写法，乃意在极表赞美之意，而以求实衡量之，谓："大矣哉天地，明矣哉日月……若言道理，伯夷过天地，小日月，吾不知其何物，此果诬耶？妄耶？"他以为天地是至大无外的，天地之外更无他物，说“天地不足容”，就是违反了事实。他看到生员读柳宗元的《马退山茅亭记》，就写了一篇《谕幼儒敕》，说柳宗元之兄不勤于政务，构亭于马退山之巅，柳宗元却写此文加以赞美，实在是无益之事。他说：

> 柳子之文，略不规谏其兄，使问民谟之如何，却乃咏亭之美。乃曰，因山之高为基，无雕椽斫栋，五彩图梁，以青山为屏障。斯虽益，文尚有实。其于“白云为藩篱”，此果虚耶实耶？纵使山之势突然而倚天……果真仙之幻化，衣紫云之衣，着赤霞之裳，超出尘外，不过一身而已，又于民何有之哉？何利之哉？其于柳子之文见马退山之茅亭，是为无益也。㊻

对于借茅亭以抒情，他不理解；对喻白云为藩篱以寄托向往自然之心绪，他也不理解，全以写实之标准去衡量。对于文学的艺术特质之此种不理解，当然与他的出身有关，与他的文化素养有关，本无足怪。但更重要的是，此一种之观念，正好反映出一个重要的理论问题：对于文学的特质、它的社会功能的看法，不同的群落、不同利益的考虑、从不同的角度出发，看法是完全不同的。朱元璋所着眼的是治道，是朝政得失，而不是艺术本身。从他的视角看，亦自有其合理处。

三

从朱元璋对思想领域的管制，从他给士人留出的有限的生存空间，我们已能感觉到洪武朝文学创作与文学思想所能展开的环境氛围。从他的文章观，我们亦可感知他对文学创作、文学思想观念有意无意的引导。洪武朝的大量作者，从元末动乱的环境中走过来，他们的思想观念与创作习惯，当然与元末的文学创作倾向、文学思想观念有承接的关系。但是，从动乱的环境走向大一统，动荡不安的生活逐渐地恢复安定，创作也在不知不觉间发生变化。他们中的一些人，入仕新朝，且受到重视。这部分士人，随着生活景况的变化，创作倾向也就随之变化。另外的一些人，依然在野，或者虽入仕新朝而仍处下位。他们的创作倾向与文学观念，则较为复杂。有的较多保存了元末的文学追求；有的虽有新变，但与文学思想主流保持着一定的距离。

自入仕新朝且受到重视的这一部分士人言，他们的创作倾向与文学观念的变化至为明显。他们的创作倾向与文学观念，适应其时的政治思想环境，逐渐成为洪武朝文学思想的主流。这里的所谓主流，并非自创作思想之普遍性而言，亦非自持有此一倾向之人数多寡而言，而是指一种与朝廷之取向相同、适应新朝政治需要的文学思想倾向。

首先是诗歌创作中出现了颂美的倾向。在颂美的诗中追求一种雍容典雅的气象。此种诗风，先在入仕新朝的一部分士人中出现。杨基洪武二年应诏到京[47]，写了几首诗，就有此一种之气象。《到京》：

郁葱王气古金陵，泰运重新感盛明。臣庶梯航趋上国，江山龙虎卫高城。六街尘掠秦淮过，万户钟声魏阙鸣。白发到京期少补，敢将词赋重声名。[48]

诗写得并不好，但一种开朗气象已经出现。“泰运”、“盛明”，流露出他对新朝的颂美之意。“六街尘掠”、“万户钟声”，状京城之繁华。其实，战乱刚过之南京，尚在凋弊之中。繁华之感，更多的是表现一种喜悦的心境。尾联表达自信。洪武六年，他被授兵部员外郎，朝廷的环境氛围给了他薰染，他的雍容典雅的诗风有了进一步的表现。《奉天殿早朝》二首：

双阙翚飞紫盖高，日华云影映松涛。万年青拥连枝橘，千叶红开并蒂桃。仗似玉龙衔宝玦，珮将金兕错音刀。乍晴风日忻妍美，阖殿齐穿御赐袍。

貂珰绣帽列金撾，玉节龙旂拱翠华。甘露欺霜凝紫液，庆云如盖结丹霞。莺声近隔宫中柳，骏骑遥穿仗外花。圣主直教恩泽遍，香罗先到小臣家。[49]

紫盖、日华云影、万年青、千叶红、玉龙、金兕、玉节、龙旂、翠华、紫液、丹霞、莺声、骏骑、香罗，词语华美，境界高雅庄重，加上颂美之情，一派台阁气象。他此一时期的诗作，多有此种气象，如《新春左掖简方员外》：

鸡筹送晓日初长，粉署微薰应漏香。草色才回半痕绿，柳条初染一分黄。玉壶冰解春无迹，罗幕风来澹有光。自愧才疏非画诺，敢随鸣凤集朝阳。

《新正试笔》：

寒随残腊去匆匆，又见年光入眼浓。恨不发如春草绿，笑曾花似面颜红。门无贺客酬佳节，座有痴儿寿老翁。已许承恩趋凤阙，珮声齐到日华东。[50]

类似的诗还有《感春》：“花有底忙冲蝶过，鸟能多慧学莺啼。闲身准拟看山色，又复朝参逐马蹄。”《春日出郊》：“徐却风林佳丽地，更于何处乐升平！”杨基是一位很有才气的诗人，诗的写作技巧亦算纯熟。[51]他的律诗感情细腻，用词美丽。王世贞论其诗，谓其：“如西湖柳枝，绰约近人，情至之语，风雅扫地。”[52]有不少诗，写法近于词，清人朱彝尊看到这一点，举了他许多佳句，而后称，此一类佳句“试填入《浣溪沙》，皆绝妙好词也”[53]。所以朱彝尊又说他：“犹未洗元人之习，故铁厓亟称之。”其实，杨维桢虽然称赞杨基，杨基诗与他的诗风并不相同。维桢诗主要学韩、孟一派，而杨基歌行主要受李白影响。杨基入朝之后，诗风之所以起了变化，出现了高华典雅气象，当然与所处环境有关。他所面对的是朝廷的生活环境，是朱元璋所营造的那种气氛。此一种诗风之产生，最为直接的关系，是朱元璋与臣下的诗赋唱和。朱元璋诗虽然没有多少文化底蕴，但有一种典雅宏大气势。洪武九年久旱之后霖雨，他赋《雨晴诗》："皇皇后土兮，德溥何量。山泽通气兮，大雨落而至滂。三旬阴霭兮过美，又将有伤兮或殃。俄云敛而天霁兮，民歌乐康。老农讴歌兮，陆种而水秧。朕握乾符兮何祥，但时和岁丰兮世道为良……"[54]《题范宽雪山行旅图·并诗》：

遥岑凝雪酷寒时，乔木阴森尽赤枝。知是范宽能运意，乾坤秀气更无私。[55]

两诗之视野最后都着落在天地之间，都蕴含有对上天的颂美之意，而情思格调则雅正宏大。洪武八年八月七日他有《又赐醉赞善大大宋濂歌》，洪武十一年十二月宋濂来朝，他也有《又赐宋承旨越中来歌》。这些诗也都有典雅宏大之气势。朱元璋的这种诗风，影响着臣下的审美追求。从他们的和诗中可以看到此种影响的痕迹。僧宗泐有《钦和御制暑月民劳律诗》等多首。[56]他有一首《回朝次韵》：

日华初转万年枝，西武楼前赐坐时。独荷圣情亲有问，敢言吾道合无为。宝炉嫋嫋天香细，紫阁沉沉画漏迟。归路钟山才咫尺，晚凉松下赋新诗。[57]

宗泐为天界寺住持，洪武十一年曾奉命往西域求遗经，十五年得经回朝，授僧录司左善世。此诗当为其还朝之作，完全没有僧诗常有之清冷寂寞气象。宝炉、天香、紫阁、画漏，选择此一类物象入诗，在于表达回朝时之一种庄严心境，感情基调平和雅正。此时之应制诗，大体皆是此一类之风貌。这可举出很多例子，如刘基《侍宴钟山应制（时兰州方奏捷）》：

清和天气雨晴时，翠麦黄花夹路岐。万里玉关驰露布，九霄金阙絢云旗。龙文騕褭骖鸾辂，马乳葡萄入羽卮。衰老自惭无补报，明陪仪凤侍瑶池。[58]

魏观《紫阁侍宴诗》有序，谓："二年十一月和暖如春，上游观上苑，召侍臣危素、宋濂、詹同、吴琳及观等赐宴于奉天门东紫阁，蒙御制一序赐之，曰：'卿等各赋一诗，以述今日之乐。'观诗曰：深冬晴暖动逾旬，内苑游观诏侍臣。五色庆云开凤尾，九重丽日绕龙鳞。和鸾喜奉彤车御，式燕惭叨紫阁宾。淑气已从天上转，人间无地不阳春。"[59] 刘基诗颂美国家之强盛。魏观诗更是极尽颂美之意，"五色庆云"、"九重丽日"、"和鸾"、"淑气"，用这些华丽词语都是为了表现朝廷宴集之盛大与皇上之尊贵气象。吴伯宗亦有数量相当之此类诗。他此类诗可以作为宫廷提倡风雅诗风的代表，充分表现出雍容华贵的审美趣味。从他与朱元璋的联句诗中，我们不仅可以看到他典雅诗风的风貌，亦可见到此一种之风貌与朱元璋的关系。《夏日武英殿君臣联句》：

暑渐阳刚济以风，柳丝袅袅水溶溶御制。彤墀翠殿微风爽，绣户朱帘霁景融。心定不烦挥巨扇，神清且复抚焦桐伯宗。高槐枝上新蝉噪，曲径堤边舞蝶从御制。紫燕归巢帷幕静，金鳞跃浪藻芹丰。茶烹石鼎松涛沸，酒泛金瓯琥珀浓。宝篆香浮时作凤，綵笺毫染画成龙。新诗不成南阳调，沛泽能滋大化功。笋箨出林风外绿，桃花映日水边红。赓歌永继虞廷治，千载明良此日逢伯宗。[60]

君臣所表现的都是升平景象，伯宗将此种景象比为虞廷之治。"明良"者，谓君明臣良。在这首联句诗里，君臣的愿望与情思、审美趣味，都表现得十分和谐。从此一联句诗看，吴伯宗之雍容典雅诗风，显然与朱元璋有意无意的导引有关。伯宗的大量应制诗，亦充分表现着此一种之风貌。他的应制诗，有二十九首之多（七言二十六首，五言三

首)。如《南京诗应制》:

龙虎山河御气通,遥瞻帝阙五云中。英雄尽入江东籍,将帅都收蓟北功。礼乐日跻三代盛,梯航岁贡万方同。都将盛德熙文治,殊俗全还太古风。[61]

应制诗如此,他的其他诗亦如此,《入京五首》之一、二:

虎踞龙蟠十二门,王侯第宅若云屯。百蛮入贡天威重,四海朝元国势尊。晓日旌旃明禁路,春风箫管沸名园。唐尧虞舜今皇是,未必江潭老屈原。

凤凰城阙压金汤,龙虎旌旃护未央。万国衣冠朝玉陛,百蛮歌舞进瑶觞。花迎宫扇红霞晓,日落天袍翠雾光。江海小臣无以报,空将诗句美成汤。

《早朝口号》:

晓钟初动午门开,文武分班接上台。盛睹衣冠严禁卫,恍疑身世到蓬莱。玉炉风定香烟直,金阙天高御气回。鹄立臣僚呼万岁,九重春色紫霞杯。[62]

四库馆臣论伯宗,称:“其诗文皆雍容典雅,有开国之规模。明一代台阁之体,胚胎于此。”此论极确。此一种之诗风,实为其时朝廷所倡导之创作倾向。自洪武一朝诗歌创作之数量言,此一种风貌之诗歌虽不占主要地位,但自其与朝廷之关系而言,则此一种之诗歌风貌,确实反映了“开国之规模”,反映出大明王朝的开国气象,它代表的正是朝廷希望发展的诗歌审美倾向的主流。把它看做后来台阁体之先导,是很有眼力的。事实上当时来自不同地域的作者中,都有此一种风貌的诗。上引诗杨基来自吴中，吴伯宗来自江西，宗泐来自浙江，刘基来自金华。我们从其他人的诗中，亦可证明此一点。也是来自吴中的史谨有《奉天殿早朝》：

隔花初扣景阳钟，济济千官谒汉宫。春动椒兰浮仗外，身随鹓鹭入班中。采霞渐出瀛洲曙，玉佩齐鸣上苑风。同祝君王千万寿，声回嵩祝接层空。[63]

他的《御柳》、《早朝》、《驾幸朝天宫次韵》、《述怀次金文鼎韵》、《晓出金陵怀朝中诸友》等诗，都有此一种之风貌。练子宁亦有此类诗，如《洪武庚午元日试笔》：

扶桑日转晓曈曈，千树梅花雪未融。酌酒吟春瞻北极，升堂贺岁遇东风。天垂华盖青云近，地接仙源玉圃通。二顷石田今废尽，独持书剑望年丰。[64]

他的《早朝和友徐子权韵》、《罢直图》、《送大将出征》、《大一统诗》也都是此类风格。来自金华的童冀也有此类诗，如《早朝遇雨次公叙韵》：

阊阖晨开扇影分，风飘仙乐静中闻。九天雨露垂恩泽，五色旌旗绚彩云。犀象效琛来绝域，衣冠赐宴总元勋。陋儒拟笔图王会，昭代于今政用文。[65]

闽中十才子之一的林鸿，入京后也有此类诗作，《春日游东苑应制》：

长乐钟鸣玉殿开，千官步辇出蓬莱。已教旭日催龙驭，更借春流泛羽杯。堤柳欲眠莺唤起，宫花乍落鸟衔来。宸游好把箫韶奏，京国于今有凤台。

《寄右讲经春日早朝》:

王气匆匆曙色开，钟声隐隐九天来。钟山半压金鳌上，淮水新从玉涧廻。花拥千官瞻衮冕，雪消三殿隔蓬莱。小臣曾奏中和曲，散作阳春遍九垓。[66]

他的《春日陪车驾幸蒋山应制》四首、《早朝》、《金门待漏送别》二首、《和张考功春日早朝遇雪》等诗，亦此类风格。雍容典雅诗风的出现，或与环境有关，或与氛围有关，生活环境与周围气氛，影响心情，故有此类诗风的出现。宋濂在论及此类诗时，提到它的特点。洪武三年四月，他为汪广洋文集作序，称:

昔人之论文者曰:有山林之文，有台阁之文。山林之文，其气枯以槁;台阁之文，其气丽以雄。岂惟天之降才尔殊也?亦以所居之地不同，故其发于言辞之或异耳。濂尝以此而求诸家之诗，其见于山林者，无非风云月露之形，花木虫鱼之玩，山川原隰之胜而已。然其情也曲以畅，故其音也眇以幽。若夫处台阁则不然，览乎城观宫阙之壮，典章文物之懿，甲兵卒乘之雄，华夷会同之盛，所以恢廓其心胸，踔厉其志气者，无不厚也，无不硕也。故不发则已，发则其音纯庞而雍容，铿鍧而镗鞳。甚矣哉，所居之移人乎![67]

他说汪广洋的诗“典雅尊严”,“吟咏所及，无非可以美教化而移风俗。此有关物则民彝甚大，非止世人所谓台阁雄丽之作”。在这里，他已经提出台阁诗之典雅气象与教化作用了。洪武五年郊祀，陶凯、刘崧等十人奉命赋诗，宋濂为序。《序》称:“群公之什，优柔而雅驯，整肃而泰豫，足以美盛德形容，而告于神明。善言诗者，谓其有得周人之微旨。”[68] 美盛德之形容与泰豫雅驯，自目的言是颂美，自风貌言是安祥而典雅。

对于诗之颂美，练子宁亦有所论，《李彦澄诗序》：

> 余以为诗文者，士之末事，未足以尽知君也。古之人，得其志，行其道，则无所事诗文。文者，多愤世无聊而将以传诸其后者也……虽然，古之公卿大夫于化成俗美、无以发其至治之盛，则往往发为声诗，奏之朝廷，荐之郊庙，颂圣神之丕绩，扬礼乐之弘休，使圣君贤臣功德炳然照耀于千载之上。则文章者，固可以少欤？又何必区区穷愁之余而侈文字之工哉？[69]

这是说，于化成俗美之时，诗就应鸣国家之盛。王彝也有类似论述。他为魏观《蒲山牧唱》作序，说“世之为诗者众矣，而足以鸣国家之盛者，岂徒然哉？公之诗，即所以鸣国家之盛者也”[70]。为何此时出现了鸣国家之盛的诗学观，盖政治环境之变化所带来之一种必然现象。钱宰在《长啸园记》中说刘子宪未遇时，困穷郁抑，感慨盛衰，莫不登高骋望，蹙口出声以发抒其愤懑。而恭逢盛世，必将转为颂美之词：

> 今既遭逢盛时，出入胄馆，而高风逸思尚犹不忘，吾知其习闻夔章，而向之长啸将变而为黄钟大吕之和，不翅若曾参氏曳履而歌，声满天地。然且不止，于是又将移其声音，播之九歌，以鸣帝世之盛矣。[71]

钱宰有浓厚的老、庄思想，但他也认为恭逢盛世，也应该鸣帝世之盛。上述所引诗与论的作者，文学观念与创作倾向不尽相同，颂美与追求雍容典雅之诗作，在他们的全部作品中，亦并非占有多数。但是，这些来自不同地域、不同倾向之作者，同时出现了颂美与追求雍容典雅趣味之诗作，却说明着一种新的诗歌观念已经出现。而此一种之观念，则正与大明王朝的建立，与其政权之需要相一致。它适应着洪武朝的开国气象，是它所需要的文学的基调，是它所需要的文学思想的主流。

四

当然，最能系统反映洪武朝文学思想主流的，是以宋濂为代表的文学思想。

宋濂文学观念之核心，是原道宗经复古。但在此一核心观念上展开的他的文学思想，则要复杂得多。他的原道宗经思想，与刘勰原道征圣宗经思想有许多相似之处。他认为天地有文，天地之文为道之文。而文之原，则肇自《易》。[72] 这和刘勰文原于道的论述相一致。刘勰从文原于道而提出征圣宗经的主张。宋濂也由文原于道而提出宗经的主张。在《〈白云稿〉序》中，他在引用刘勰《宗经》篇“论说辞序，则《易》统其首”一段话之后说：“为此说者，固知文本乎经。而濂犹谓其有未尽也。何也？《易》之《彖》、《象》有韵者，即诗之属；《周颂》敷陈而不协音者，非近于《书》欤？《书》只《禹贡》、《顾命》，即序纪之宗；《礼》之《檀弓》、《乐记》，非论说之极精者欤？况《春秋》谨严，诸经之体又无所不兼之欤？错综而推，则五经各备文之众法，非可以一事而指名也。”[73] 刘勰自不同文体之渊源说，宋濂则跨越不同之文体，视经为一切文体共有之祖，把经对所有文体的典范作用泛化了，绝对化了。和刘勰一样，他把道、圣、文看做一个系列，并由是提出文必根底于经的主张：

> 是故天地未判，道在天地；天地既分，道在圣贤；圣贤之殁，道在六经……后之立言者，必期无背于经，始可以言文。[74]

文以明道这一点，他反复说，《朱葵山文集序》、《文说》、《文原》、《经畬堂记》等处，均有论述。他还一再说学经不仅仅是为了写文章，而是为了“上可以为圣，次可以为贤，以临大政则断，以处富贵则固，以行贫贱则乐，以居患难则安，穷足以为来世法，达足以为生民准，岂特学其文章而已乎？”

宋濂的宗经思想，与金华学派的理学家们的思想有承接的关系。他说他对于文必宗经的思想，来自他的老师黄溍。同是黄溍学生的王禕，在《文训》中也论及天文、地文、人文，提出至文就是本于道之文。[75]在《朱元会文集序》中，他提出文以理为主。文以理为主，也就是文以明道的意思。[76]

宋濂的宗经文学观，包含三个内容：一是重实用，一是重养气，一是复古。

宗经而主实用，在《〈欧阳文公文集〉序》中，他说：

> 文辞与政化相为流通，上而朝廷，下而臣庶，皆资之以达务。是故祭飨郊庙则有词祝，播告寰宇则有诏令，胙土分茅则有册命，陈师鞠旅则有誓戒，谏诤陈请则有章疏，纪功耀德则有铭颂，吟咏鼓舞则有诗骚。所以著其典章之懿，叙其声明之实，制其事为之变，发其性情之正，阖辟化原，推拓政本，盖有不疾而速，不行而至者矣。[77]

这是讲各种文体的应用价值。他说文之用极其广泛：

> 何以见之？施之于朝廷则有诏、诰、册、祝之文，行之于师旅则有露布、符檄之文，托之于国史则有纪、表、志、传之文。他如序、记、铭、箴、赞、颂、歌、吟之属，发之于性情，接之于事物，随其洪纤，称其美恶，察其伦品之详，尽其弥纶之变，如此者，要不可一日无也。[78]

他从实用出发，因之否定了一切没有实用价值之文。他把它称为“非文”：

> 是故扬沙走石，飘忽奔放者，非文也；牛鬼蛇神，佹诞不经而弗能宣通者，非文也；桑间濮上，危弦促管，徒使五音繁会而浮靡过度者，非文也；情缘愤怒，辞专讥讪，怨尤勃兴和顺不足者，非文也；纵横捭阖，饰

非助邪而务以欺人者，非文也；枯瘠苦涩，棘喉滞吻，读之不复可句者，非文也；廋辞隐语，杂以诙谐者，非文也；事类失伦，序列弗谨，黄钟与瓦釜并陈，春浓与秋枯并出，杂乱无章，刺眯人目者，非文也；臭腐塌茸，厌厌不振，如下俚衣裳不中程式者，非文也。如斯之类，不能遍举也。[79]

他所举八种“非文”中，有的属于思想感情格调，有的属于艺术表现方法，而共同的问题都是不雅正，都是属于表现个人情感方面的文章，都不合于经。此一种实用的观念，如果我们考虑到朱元璋的文章观，立刻就会想到二者之间的联系。宋濂的金华学派师承，与朱元璋的治国需要，正相符合。我们由此可以想到有明一代以程、朱理学为思想正统的思想渊源所在。

宋濂重实用的文学观，与朱元璋不仅在文学价值的看法上一致，而且在审美观念上也有相似之处。朱元璋否定柳宗元的《马退山茅亭记》，宋濂说柳宗元与刘禹锡唱和诗只是流连光景，全无规讽之旨：

昔者柳柳州同刘宾客述旧言怀，寄澧阳张使君五十二韵之作，因其韵增至八十，通赠二君。今其诗尚存，要不过流连光景，叹悼无寥者之辞耳。虽其触类尽意，不厌其多，与先生略同；至于有关世教，足以增夫彝伦之重，则识者当谓先生之诗为不徒作也。[80]

肯定金德原与王子充的唱和诗，而否定柳宗元与刘禹锡之唱和诗，标准在是否有益于政教。他和朱元璋一样，都只看到文学的实用价值，而忽略其抒情、审美、娱乐之作用。自强调实用此一点言，宋濂的宗经观念，较之于刘勰的宗经观念，更适应政教实际运作之需要，而比刘勰轻视艺术之追求。

宋濂宗经思想之另一内容，是重视养气。他是理气合一论者。虽然他的气论较为复杂，其中也有道教与佛教的影响。但是主要的倾向，则是儒家的道德修持，“古之有才者，不求其多才，而惟养其气。培之以道德而使之纯，厉之以行义而使其高，节之以礼而使之不乱，薰之以乐而使之成化。”[81] 他在《文原》中说不养气，文章就会出现四暇、八冥、九蠹之累。“人能养气，则情深而文明，气盛而化神，当与天地同功也。”由于他的气论内在的复杂性，在他的宗经思想中，也就留出了重视个性的空间。

宋濂宗经思想的又一内容，就是复古主张。宗经必然导致复古，这是很自然的事。他提倡复古，是以经为范式，以经的标准衡量后代诗文。由是他对经之后的诗文有许多否定的批评。他在一首长诗中论及经之后的文时，称：

> 狂秦以降逮刘氏，不翅枯响随风行。黄茅白苇堕一色，编贝联珠誇九能。班扬枚马亦豪隽，竟溺下俗高难升。六代骈枝与俪叶，气澌辞类犹骄矜。更唐历宋非不盛，律之六艺终难胜。[82]

《〈樗散杂言〉序》：

> 夫诗一变而为楚骚，虽其为体有不同，至于缘情托物，以忧恋恳恻之意而寓尊君亲上之情，犹夫诗也。再变而为汉魏之什，虽不逮夫骚，而能辨而不华，质而不俚，亦有古之遗美焉。三变而为晋宋诸诗，则去古渐远，有得有失，而非言辞之所能尽也……呜呼！三变之后，天下宁复有诗乎？非无诗也，诗之合于古者鲜也。何以言之？大风扬沙，天地昼晦，雨雹交下，万彙失色，不知孔子所删之者，其有若斯否乎？组织事实，矜悦葩藻，僻涩难知，强谓玄秘，不知孔子所删之者，又有若斯者乎？牛鬼蛇神，骋奸眩技，庞杂诞幻，不可致诘，不知孔子所删之者，又有若斯否也？[83]

在《〈清啸后稿〉序》中也有类似论述。在《文原》中，他对于当时的文风，亦加批评：

> 予窃谓世之为文者不为不多，骋新奇者，钩摘隐伏，变更庸常，甚至不可句读，且曰：“不诘曲聱牙，非古文也。”乐陈腐者，一假场屋委靡之文，纷揉庞杂，略不见端绪，且曰：“不浅易轻顺，非古文也。”予皆不知其何说。[84]

这些文学倒退论乃是我国文学思想上宗经论者的一贯主张。文学发展了，它的艺术特质，它的表现技巧，正在不断地丰富起来。文体的多样化，同一文体写法的多样丰富；时代变易，审美追求的变化，都是经所无法范围的。以经为准绳，当然也就必然引出一代不如一代的结论。此一种之观念，乃是儒家圣人崇拜、圣人万能，经为万世思想准则之一大痼疾。此一种宗经、圣人崇拜之思想，往往成为新王朝政权合理性之理据。大明王朝也不例外。朱元璋建立明王朝之初，制礼作乐祀孔子，成为新朝文事之首务。宋濂的思想，与其暗合。宋濂文学观念中，虽亦主张复古中通今，师其意不师其辞，要自成一家。但是复古宗经是主要的，是他的文学思想的核心。

与其宗经复古文学观相适应，宋濂审美趋向是求雅正平和。洪武二年，他为王廉《南征录》作序，就以雅正平和评王廉之诗：“今观其措辞，和而弗流，激而弗怒，雅而不凡，可谓能专对者非也！”[85] 他为田奂笃《田氏哀慕诗集》作序，称赞田奂笃哀悼母亲的诗及其友朋之和诗，“丰缛而纡徐，粹雅而冲和，固皆一时之杰作”。[86] 他在评论虞集、揭傒斯、欧阳玄、黄溍四人的文章时，称：

> 近代以文章名天下者，蜀郡虞文靖公、豫章揭文安公，先师黄文献公，及庐陵欧阳文公为最。然四公之中，或才高而过于肆，或辞醇而过于窘，或气昌而过于繁，故效之者皆不能无弊。惟先师之文，和平渊洁，不大声色，而从容于法度。是以宗而师之者，虽有高下浅深之殊，然皆

守矩蹈规，不敢流于诡僻迂怪者，先师之教使然也。[87]

这“和平渊洁”，显然是他衡量作品优劣的审美标准。从雅正和平的标准出发，他对于白居易的《琵琶行》给了否定。此一评论充分反映了他雅正和平审美旨趣的内涵，故不殚辞费，加以引述：

乐天谪居江州，闻商妇琵琶，抆泪悲叹，可谓不善处患难矣。然其辞之传，读者犹怆然，况闻其事者乎！李易安图而书之，其意盖有所寓。而永嘉陈傅良题识其言，则有可异者。余戏作一诗，止之于礼义，亦合古诗人之遗音欤。其辞曰：

佳人薄命纷无数，岂独浔阳老商妇。青衫司马太多情，一曲琵琶泪如雨。此身已失将怨谁？世间哀乐常相随。易安写此别有意，字字似诉心中悲。永嘉陈侯好奇士，梦里谬为儿女语。花颜国色草上尘，朽骨何堪污唇齿。生男当如鲁男子，生女当如夏侯女。千年秽迹吾欲洗，安得浔阳半江水。[88]

作此诗之目的在“止于礼义”。他之所以否定白居易及其所写的浔阳商妇，就是因为他们不善处患难。一首同伤天涯沦落、真情感人的长诗，被不怨不怒、止于礼义的思想准则完全否定了。作者与商妇，所叹所感，全被当成了“秽迹”。此一例，可以说明雅正平和审美标准之内涵。雅正平和的审美标准是不怨不怒、止于礼义处世准则在艺术上的反映，与他的宗经思想，是一个不可分割的整体。宋濂的文学观，与朱元璋从治国出发对于文学的要求，精神一致。可以说，宋濂的文学观，是洪武朝文学思想的主导，是适应开国气象的文学思想的最为完整的表述。

洪武朝除了上述与朝廷导向一致的文学思想之外，还有在野的文学思想，那主要是重个人情怀抒发，不问政教是非的文学观。这一部分的文学思想，不分地域（胡应麟在《诗薮》中曾以地域论明初之不同诗派，是不确的。明初诗风以地域分不如以人分，且流动性大，环境变化，地域之诗风差别已不明显），共同特点是重自然抒怀。其中的一些人，在作品中带有感伤情调。这一点，与其时士人之生存环境有关。

其时文学思想之另一点，是承继元末的拟古之风。该种拟古之风，不同于宋濂之复古主张。洪武朝文学思想主流之外的这两种文学观，涉及问题颇多，非本文所能包括，当另有所论。

（原刊于香港浸会大学人文中国学报编辑委员会编《人文中国学报》第十三期，上海古籍出版社 2007 年）

①朱元璋《三教论》，《全明文》卷十，页 145 ~ 146，上海古籍出版社 1992 年版。

②《明太祖实录》卷七十七，页 1410，台湾历史语言研究所校勘本。

③《明太祖实录》卷一百六十一，页 2489。

④《明太租实录》卷一百七十一，页 2635。

⑤关于此事，记载不一。《明史》卷五十《礼志》四“至圣先师孔子庙记”条称：“(洪武)五年罢孟子配享。踰年帝曰：‘孟子辨异端，辟邪说，发明孔子之道，配享如故。’”（页 1296）这是说，罢祀在洪武五年，复祀在洪武六年。容肇祖先生《明太祖的〈孟子节文〉》一文，据明人李之藻的《頖官礼乐疏》，认为孟子配享应在洪武三年。《頖官礼乐疏》卷二：“太祖高皇帝洪武三年黜孟子祀。踰年，又奉圣旨：‘我听得孟子辨异端，辟邪说，发明先圣之道，今后依还祭祀。’”这是说，洪武三年罢祀，四年复祀。李之藻万历二十六年进士，《頖官礼乐疏》或作于万历年间，未知他此一记载的史料来源。谈迁《国榷》卷五洪武五年十二月条，据《南京太常寺志》、翰林院故牍，称：“命仍祀孟子。是年，国子监请释奠，命罢祀孟子。至是上曰：‘孟子辨异端，辟邪说，发明先圣之道，其复之。’”这是说，罢祀在洪武五年，复祀也在五年。此一罢祀说与《明史·礼志》说同。谈迁《国榷》初稿于泰昌朝，而完成于天启六年。如果此说出自他所看到的“翰林院故牍”，那么可信度当更大。全祖望《鲒埼亭集》卷三十五据黄润玉《宁波府简要志》，称罢祀在洪武二年。查黄《志》卷四，并无罢祀之说。《志》卷四《钱唐传》称：“时修《孟子节文》并拟其配享，(钱唐)尤切论之。”容肇祖先生据此，以为定在三年较合理。容说似不确。本文采五年说。罢祀之起因，据《鲒埼亭集》卷三十引《典故辑逸》称：“上读《孟子》，怪其对君不逊，怒曰：‘使此老在今日，宁得免也？’时将丁祭，遂命罢配享。明日，司天奏文星暗，上曰：‘殆孟子故也。’命复之。”据《明太祖实录》，文星见在洪武三年，是则罢祀当在洪武三

年。然《典故辑逸》不著撰人，为嘉靖间之作。四库馆臣称其言多不经，不足信。

提及修《孟子节文》除《宁波府简要志·钱唐传》之外，最早的似是杨士奇《东里集续集》卷十七《孟子节文》条，但他没有提及朱元璋的话。接着是正德年间的祝允明。清人朱彝尊《经义考》卷二百三十五称："祝允明曰：圣祖以孟子当战国之世，辞气或抑扬太过。今天下一统，学者不得其本意而概以见之言行，则学非所学，而用非所用。命刘三吾删其过者为《孟子节文》，不以命题取士。"（中华书局1998年影四部备要本《经义考》页1192）朱彝尊所引祝允明此段话，其实是刘三吾《孟子节文序》中文字，非祝允明语。祝允明《祝子罪知录》卷一记此事，仅谓："孟轲纵横者流，不可谓贤人，太祖高皇帝亦尝病之，命儒臣节其书以教人，序言所去者，士不习业，试不命题。"他在《怀星堂集》卷十一《贡举私议》中亦提及孟子，而亦未提及朱元璋在废祀孟子与修《孟子节文》时所说的话。提及朱元璋罢祀孟子时所说的话的，是《明史·钱唐传》："帝尝览《孟子》，至'土芥'、'寇仇'语，谓：'非臣子所宜言。'议罢其配享。"此说可推知朱元璋对孟子之反感，要在《孟子》的许多思想，对于朱元璋强化王权大有妨碍。

⑥《孟子节文》，《北京图书馆古籍珍本丛刊》第一册，页955～956，书目文献出版社。

⑦刘三吾在《序》中称删去八十五章，今人秦燕《〈孟子节文〉与朱元璋的专制思想》（《陕西师大学报》1995年第6期）称删去八十八章。杨海文《〈孟子节文〉的文化省思》（《中国哲学史》2002年第2期）称删去八十九章。关桐《从明初的〈孟子节文〉看孟子思想》（收入氏著《古代社会文化研究》，中国社会科学出版社2005年版）称删去者共一百零七章。我根据朱熹《孟子集注》与《孟子节文》逐一认真对照，删去者实九十一章。对所删章数之不同统计，可能缘于所据不同注本所致。

⑧如《梁惠王》上："时日害丧，予及女偕亡。"《梁惠王》下："闻诛一夫纣也，未闻弑君也。"《离娄》上："责难于君谓之恭，陈善蔽邪谓之敬，吾君不能谓之贼。""欲为君尽君道，为臣尽臣道。""桀纣之失天下也，失其民也；失其民者，失其心也。"《离娄》下："君之视臣如手足，则臣视君如腹心；君之视臣如犬马，则臣视君如国人；君之视臣如土芥，则臣视君如寇仇。"《尽心》下："民为贵，社稷次之，君为轻。"等等。

⑨《明太祖实录》卷二百一十四，页3158、3159；《国榷》卷九，页724。

⑩《明太祖实录》卷一百八十一，页2736；《国榷》卷八，页670。

⑪《明太祖实录》卷一百八十一，页2731。

⑫《谕翰林修撰刘泰》，《全明文》卷七，页82。

⑬《明太祖实录》卷一百四十八，页2330。

⑭《明太祖实录》卷一百四十九，页2345、2350。

⑮《明太祖实录》卷六十一，页1185。

⑯宋濂《恭题御和诗后》,《宋濂全集·銮坡后集》卷九,页753。

⑰宋濂《恭跋御赐诗后》,《宋濂全集·翰苑别集》卷四,页1021。

⑱宋濂《宋濂全集·翰苑续集》卷八,页926。

⑲宋濂《宋濂全集·芝园续集》卷五,页1553。

⑳《赐应奉陈溥归闽中》、《钟山赓吴沉韵》、《又赓戴安韵》、《又赓答禄与权韵》、《赓僧韵》、《赓僧锡杖歌》、《长江潦水诗赓吴伯宗韵》、《新春赓王釐韵》、《又赓刘仲质韵》、《又赓周衡韵》、《赐都督佥事杨文广征南》、《雨坠应落花赓徐瑛韵》、《又赓吴喆韵》、《又赓马从韵》、《又赓宋璲韵》、《又赓朱孟辨韵》、《又赓桂慎韵》、《又赓刘仲质韵》、《雨后晴云赓马懿韵》、《又赓易毅韵》、《又赓卢均泰韵》、《秋日钟山赓裴植韵》、《雪诗赓韩文辉韵》、《又赓李睿韵》、《又赓曹文寿韵》、《又赓张翼韵》、《又赓马懿韵》、《又赓吴沉韵》、《钟山僧寺赓单仲右韵》、《赓玘太仆韵》、《示僧谦牧》、《不惹庵示僧》、《赠刘伯温》。从这三十三首诗看,除五首赐赠诗之外,二十八首都是和诗。

㉑陆容《菽园杂记》卷二,《明代笔记小说大观》,上海古籍出版社2005年版。

㉒《国榷》卷四,页431。

㉓《全明文》卷三十一,页703。《大诰三编》"苏州人材"条亦记苏州士人姚叔润、王谔藏匿不愿出仕,被朱元璋杀了。此事亦见于《明史·刑法志》,不过姚叔润误作姚润,王谔误作王谟。

㉔《明史》卷三《太祖本纪》;卷一百三十九《李仕鲁传》。

㉕《明史》卷一百三十八《杨靖传》。

㉖《明史》卷一百三十八《严德珉传》。

㉗《明史》卷一百三十六《陶凯传》。

㉘《全明文》卷十三,页195。

㉙焦竑《玉堂丛话》卷三"召对"条引《殿阁词林记》:"圣祖时,凡观经史中有句读字义未明者,必召翰林儒臣质之……洪武末,侍讲方希直有诗云:'风暖彤庭尚薄寒,御炉香绕玉栏干。黄门忽报玉渊阁,天子看书召讲官。'即其事也。"

㉚我们现在看到的他的文章,当然不一定都是他所亲作。他的一些制、诰、敕文,为侍臣所执笔。《玉堂丛话》卷一"文学"条所引《东皋杂记》:"翰林朱学士允升,歙县人,国初名儒也,一时制诰多出其手。如于李韩公则曰:'汉廷命相,萧何在曹参之前;唐室记功,玄龄居李靖之上。'于徐魏公则曰:'繄自起兵濠上,先存捧日之心;逮兹定鼎江南,遂作擎天之柱。'于常鄂公则曰:'冯异功比于邓禹,潘美义无忝于曹彬。'于诚意伯刘公则上:'学贯天人,才兼文武。'皆妙得其实。"此处所说赐徐达诰,即朱元璋《赐徐达进信国公诰》(《全明文》卷二十五):所说赐刘基诰,即朱元璋《受刘基御史中丞诰》(《全明文》卷三十四)。可证今存朱元璋文集中的一部分,皆出侍臣之手。又,《玉堂丛话》卷一"文学"引《剪胜旧闻》称:朱元璋亲草封十王册文,急召唐之淳至殿前为其润饰。他曾说过《阅江楼记》与《皇陵碑》臣下先作,他不满

意，才自己动手的。然今存朱元璋诗文，何者为其亲自执笔，何者为臣下代作，难以一一判定。大体说来，较近口语者当为其所亲作。如《大诰》四编，用口语；在一定场合联句诗与赓和诗，他人代作的可能性也不大。即使为臣下所执笔，表述的也应视之为他的思想。

㉛《明太祖实录》卷四十，页 810 ~ 811。

㉜《明太祖实录》卷六十七，页 1258。

㉝《明太祖实录》卷八十五，页 1512 ~ 1513。

㉞《明太祖实录》卷一百一十，页 1829 ~ 1830;《全明文》卷十三，页 193;《明史》卷一百三十九《茹太素传》;《国榷》卷六。

㉟《明太祖实录》卷一百一十八，页 1926;《国榷》卷六，页 561。

㊱《明太祖实录》卷一百二十六，页 2010 ~ 2011。

㊲《明太祖实录》卷一百三十八，页 2171;《国榷》卷七，页 604。

㊳《明太祖实录》卷一百四十九，页 2354。

㊴《明太祖实录》卷二百四十六，页 3576 ~ 3577。

㊵《明太祖宝训》卷二，页 141。

㊶《明太祖宝训》卷四，页 271。

㊷《明太祖实录》卷一百六十二，页 2521。

㊸《明太祖实录》卷五十五，页 1079。

㊹《明太祖实录》卷七十九，页 1440;《国榷》卷五，页 481。

㊺《全明文》卷十一，页 165。

㊻《全明文》卷七，页 93。

㊼杨基，字孟载，吴县人，生卒年不详，北郭十友之一，因其曾为张士诚之参军饶介之门客，朱元璋平吴，杨基被安置临濠。洪武二年放归；旋被征召赴京，起为荥阳知县，谪居钟离（《梦绿轩序》）。洪武五年被荐为江西行省幕官，因事下狱。出狱后寓居句曲（《千叶桃花·序》、《壬子清明看花有感·序》、《出台狱复还洪都》、《句曲闲居春暮序》）。洪武六年，起官奉使湖广（《明史》卷二百八十五《高启传》附本传、《洪武癸丑腊月十一日夜抵武昌，是夜风雪交作，向晓雪深二尺，因登楼赋此》）。召还，受兵部员外郎（《重到京》、《省垣对雨》二首、《奉先殿早朝》二首、《新正试笔》、《新春左掖简方员外》）。迁山西按察副使进按察使（《水云居为刘文丙赋，时予有山西按察副使之命，故末语及之》、《太原春日郊行》、《春日山西寄王允原知司》），被谗夺官，谪输作，死于工所。

㊽杨基《眉庵集》卷八。

㊾同上书，同上卷。

㊿同上书，同上卷。

51都穆《南濠诗话》称："孟载诗律尤精"，"杨孟载诗律精切，其追次李义山《无题》五首，词意俱到，真义山之勍敌也”。

㊷王世贞《艺苑卮言》卷五。

㊸朱彝尊《静志居诗话》卷三。

㊹《全明文》卷十三，页193。

㊺《全明文》卷十四，页251。

㊻如《钦和御制思亲怀古律诗》二首、《钦和御制大将征回朔漠空虚》二首、《钦和御制江东桥诗》、《钦和御制山居诗赐灵谷寺住持》，见宗泐《全室外集》卷一。

㊼《全室外集》卷六。

㊽刘基《刘基集》卷二十三，页485。

㊾《御选宋金元明四朝诗·御选明诗》卷六十九。魏观，初名已孙，字杞山，蒲圻人。朱元璋下武昌，聘授国子助教。吴元年，入为起居注，奉命求贤四方。洪武初，入侍太子，为说书，并授诸王经。三年五月升太常卿；七月转翰林侍读学士；十二月，拜国子祭酒。四年坐祭礼迟滞，贬龙南知县，未至召还，为礼部主事。五年三月，为苏州知府。七年，被诬陷，与高启等同被杀（见《明史》卷一百四十本传；《礼部志稿》卷五十七；《弇山堂别集》卷十、四十六、六十三；《殿阁词林记》卷四、二十一；《翰林记》卷五）。魏观类似的诗还有《早朝奉天殿》、《大本堂》二首、《旧大本堂》、《大将军徐丞相平定中原，振旅还朝，上御龙江亭，命儒臣赋诗迎之，应制一首》等。

㊿吴伯宗《荣进集》卷二。伯宗名佑，以字行，金谿人。洪武四年举进士第一，授礼部员外郎。八年，坐事谪凤阳。上疏论时政，为朱元璋所赏识，召还，奉使安南。还，改国子助教。十二年奉命进讲东宫。十三年，改翰林典籍。十四年迁太常寺丞，不拜。十五年除国子司业，复不拜，忤旨，贬陕西金县教谕，未至，召还，除翰林检讨。未几，拜武英殿大学士。十六年冬，因时任三河县令之弟荐举不实，受累，复降检讨。十七年卒。见《明太祖实录》卷一百六十一，页2518；《明史》卷一百三十七本传；廖道南《殿阁词林记》卷一。

(61)《荣进集》卷一。

(62)《荣进集》卷三。

(63)史谨《独醉亭集》卷中。史谨，字公谨，号吴门野樵，昆山人，洪武初因事谪云南。后因荐为应天府推官；左迁江阴县丞，罢归，寓居金陵以终。有《独醉亭集》三卷。事迹见《苏州府志》卷五十六；朱谋垔《画史汇要》卷四。

(64)练子宁《中丞集》卷下。练子宁，名安，以字行，号松月居士，新淦人。洪武十八年进士，授翰林院修撰。二十八年，为工部右侍郎；建文元年，副都御史；二年，吏部左侍郎；四年死于靖难。

(65)童冀《尚絅斋集》卷四。童冀，字中州，金华人。洪武九年被征入京，入书馆。旋授永州府教授（参见《明诗综》卷八；《尚絅斋集》卷三《丙辰立春日留钱塘》、《江上雨晴晓望》、《永庠三子字说》、《寄永庠士友》）。洪武十二年复被诏入京（参见《丁巳晦日立春》、《戊午生旦次丁巳生旦诗韵》、《承召入京朝退偶成》）后授湖州教授（有《霅川集》）。洪武二十二年，改授北平教授（参见《龙江己巳十月》、《庚午立春日偶成》、《庚午贡院述怀》、《中秋述怀》）。后卒于北平。

(66)《鸣盛集》卷三。

(67)宋濂《〈汪右丞诗集〉序》，《宋濂全集·銮坡前集》卷七，页481。

(68)《宋濂全集·銮坡后集》卷五，页650。

(69)《中丞集》卷上。

(70)王彝《王宗常集》卷二。

(71)钱宰《临安集》卷五。钱宰，字子予，会稽人。洪武二年八月，征修礼乐书，寻以病还。六年授国子监助教；十年三月，以老告归，许之，特授文林郎国子博士致仕。二十三年复召为会试考官。二十七年，奉诏与刘三吾等修《书传会选》，书成归里，年九十六乃卒。（参见《明太祖实录》卷四十四，页875；《明史》卷一百三十七《赵俶传》附宰传；朱彝尊《曝书亭集》卷六十三《钱宰传》）

(72)宋濂《〈讷斋集〉序》，《宋濂全集·黄誉刻补辑》卷四，页2031；《文原》，《宋濂全集·芝园后集》卷五，页1403。

(73)《宋濂全集·銮坡前集》卷八，页494。

(74)《徐教授文集序》，《宋濂全集·芝园后集》卷一，页1351。

(75)王祎《王忠文集》卷十九。

(76)《王忠文集》卷五。

(77)《宋濂全集·郑济刻辑本》页1909。

(78)《曾助教文集序》，《宋濂全集·芝园前集》卷一，页1167。

(79)《徐教授文集序》，《宋濂全集·芝园后集》卷一，页1351。

(80)《题金德原和王子充诗后》，《宋濂全集·黄誉刻辑补》，页2087。

(81)《送李生序》，《宋濂全集·朝京稿》卷四，页1721。

(82)《子夜与子充论文，退而赋诗一首，因简子充并寄胡教授仲申》，《宋濂全集·胡刻辑补》，页2210。

(83)《宋濂全集·黄誉刻辑补》，页2026。

(84)《宋濂全集·芝园后集》卷五，页1406。

(85)《〈南征录〉序》，《宋濂全集·銮坡前集》卷六，页467。

(86)《〈田氏哀慕诗集〉引》，《宋濂全集·銮坡前集》卷八，页498。

(87)《书刘生铙歌后》，《宋濂全集·芝园续集》卷五，页1554～1555。

(88)《题李易安所书〈琵琶行〉后》，《宋濂全集·芝园续集》卷十，页1621。

论明代景泰之后文学思想的转变

论明代文学与文学思想者，以台阁体文学为有明文学思潮之始。其后或接以李东阳，将之视为弘治后期兴起的复古文学思潮之先导；或接之以李东阳，而将之视为一独立流派，即所谓茶陵派者[①]，或直接接之以前七子的复古思潮，而将台阁文学思潮至前七子复古思潮的百余年间，看做台阁文学思潮发展的三个阶段。自台阁文学思潮全盛之永乐朝，至弘治后期复古思潮的兴起，文学思想潮流究有何种之变化，确实是一个值得探讨的问题。本文提出，在台阁文学思潮全盛之后，有一个文学思想缓慢转变的过程。从景泰至成化末、弘治初四十余年间，存在着一个文学思潮的过渡期。这一过渡期时段的设定，自上限言，是景泰之前台阁文学思潮的主要人物已离开文坛。自下限言，是这一过渡期的一大批作者如李贤、岳正、柯潜、韩雍、卞荣到成化末已先后离世；少数活到弘治初的作者，如张宁、王越、陈献章都已到晚年，文学观念并无明显的变化。弘治八年（1495），李东阳领袖文坛[②]，开始了文学思想发展的又一个段落。

一

景泰后文学思想转变之一重要表现，是台阁文学思潮失去了它生存的条件，与它的领导核心发生了重大的变化。

我们都知道，台阁文学思潮产生之基础，是政权的力量，其中最为重要的是皇帝的意旨。早在这一思潮奠基的洪武朝，它就与政权密不可分。明朝建立之初，朱元璋制礼作乐，严格等级关系；以程、朱理学一统思想，强化思想管制。以统一的思想标准选拔人才，如规定标准的《五经》注疏本为教学与科举考试的依据；又命刘三吾删去《孟子》中不利于皇权绝对权威者共八十五章，重编为《孟子节文》，以之为录取人才之思想标准。他亲自撰写《大诰》、《大诰续编》、《大诰三编》，颁示全民，每户一本，人人读，且作为学校课本。此一种之思想统制，在历史上亦属罕见。他对于士人之政策，则是既用又压。一方面，他善用人才，礼聘名士，与廷臣诗酒倡和，营造君臣和睦之气氛。今存他与廷臣倡和的诗就有三十三首之多。同时他又残酷杀害稍有过失或不为所用的士人，如高启、王彝、陶凯、李仕鲁等的被杀[3]，宋濂、刘基的死于非命等等。严格的思想管制与对待士人既用又压的政策，士人有限的生存空间，就是明初文学思想发展的环境。朱元璋还亲自整顿文风，前后七次诏谕文风改革，甚至动用刑罚，廷杖文辞繁琐的大臣。他主张文章要实用，文辞要平实，反对骈丽，反对繁辞；要尊典谟、崇古训。他通过政策导引和日常言行，规范了文学走向。在政权力量的干预下，自然也便形成了颂美、追求平和雅正、表现雍容典则开国气象的文学思想主流。洪武朝此一种之文学思想，事实上已为永乐之后台阁体文学思潮的全盛奠定了牢固的基础。

永乐朝在政权上得到进一步的拓展和巩固，大一统的思想文化环境也随之进一步强化。朱棣一登帝位，就严令遵太祖之旧制，“礼乐制度，咸有陈规”。永乐三年（1405）他对将到文渊阁读书的新科进士说：“然当立志远大，不可安于小成，为学必造道德之微，必具体用之全；为文必驱驰班、马、韩、欧之间。如此立志，日进不已，未有不成者。”[4]他已经给为文定下了班、马、韩、欧的偶像。此类偶像，特别是欧阳修，后来一直成为台阁体作家推崇的对象。永乐十八年，时为太子、后来的仁宗皇帝朱高炽过滁州，登琅琊山，访醉翁亭，对随行的杨士奇谈了他对欧阳修的崇敬之情。《明太宗实录》称：“盖皇太子为文章尤善修，每曰三代以下文人，独修有雍容和平气象；尤爱其奏议切直，尝命刊修文以赐群臣，且谕之曰：‘修之贤非止于文，卿等当考其所以事君者而勉之。'"[5] 黄瑜《双槐岁钞》也说："仁庙潜心经学，礼重宫寮，文仿欧阳，诗尚《选》体。宣庙承之，天资颖异，制作如《广寒殿记》之类，虽巨儒莫及，诗歌词理尤纯粹。"[6] 永乐、洪熙、宣德三朝，皇帝都极其喜欢欧阳修，看重其忠君之心与其文风的雍容和平气象。永乐一朝，编《四书五经大全》和《性理大全》，进一步强化程、朱理学在社会生活中的地位；大规模编纂《永乐大典》，不仅丰富了文化积累，也培养了一大批文化精英。永乐、洪熙、宣德三朝的皇帝，也都跟朱元璋一样，喜欢作诗，常与廷臣倡和。当然，从他们现存的诗作看，那水准实在不敢恭维。但是自其导向言，则似不应忽视。这三朝，可以说是有明皇权统治的极盛时期。国力的强盛、思想的一统、文化的繁荣，给台阁文学思潮的高度发展准备好了一切条件。这时，以杨士奇、杨荣、杨溥、胡广、金幼孜、黄淮等为代表的一批台阁重臣，便出来引领文坛，形成台阁文学极盛的局面。台阁文学思潮的核心，是正统儒家的文学观，主张传圣人之道与鸣国家之盛，提倡典则雅正、和平温厚的文风，是服务于政权。我们以往研究古代文学思想，不注意朝廷的文化政策，不注意皇帝的文学观念，而其实，这是很重要的。台阁文学思潮从奠基到极盛，就是一个显例。这一思潮产生的重要基础，就是皇帝个人的意愿与政权的力量。而此一思潮之得以推行，则有赖于台阁重臣如三杨们所形成的领导核心。

台阁文学思潮的兴起与政权有密切的关系，而其衰落，亦与政权关系甚大。政局巨变，思潮的核心人物退出文坛，继任的台阁重臣台阁文学观淡化，为此一思潮衰落之主因。

台阁文学思潮的主要人物胡广死于永乐十六年（1418），金幼孜死于宣德六年（1431），黄淮死于正统十四年（1449），作为永乐、洪熙、宣德、正统四朝台阁重臣、也是台阁文学思潮灵魂人物的三杨，于正统五年（1440）、九年（1444）、十一年（1446）相继去世。三杨与黄淮，虽然活到正统朝，但他们的影响已减弱。他们事实上已相继退出文坛。此时的政治局面已发生了巨大的变化。正统六年宦官王振开始弄权。三杨死后，大权完全落到王振手里。正统十四年，在王振的耸动下，正统皇帝朱祁镇亲征瓦剌，兵败土木堡，全军覆没，二十四岁的朱祁镇被瓦剌俘虏。皇帝被俘，国之大辱。之后郕王继位，是为景泰。景泰一朝，政局安危与皇位更替带来种种的矛盾，皇帝无暇亦无心顾及文事。且景泰皇帝不久又荒于女色，甚至召妓女入宫。而大臣则“皆全躯保位，无报国忠”[⑦]。景泰皇帝在位才七年，数年前已从瓦剌放回的朱祁镇于景泰七年复辟，是为天顺。皇位的争夺开始了大规模的报复，景泰朝的重要阁臣商辂、萧镃被除名为民，江渊被谪戍，王文与于谦被杀，朝政震荡。成化朝又是宦官汪直专权，廷臣多依附于他的门下，“堂堂翰林，相率拜内竖之门”。[⑧]“当是时，朝多秕政，四方灾伤日告。”[⑨]“成化秕政多，一坏于汪直，再坏于李孜省，传奉满朝，贪谀成风。”[⑩]廷臣党分南北，进退任情，相互争斗。当时的重要阁臣万安、刘吉、彭华、尹直人品都不好，“阁老乃为内臣轻鄙，时事可知”，万安还向皇帝进房中术。“惟万、刘蟠踞凡二十年，至弘治始罢。揆地浊秽莫甚此时。”[⑪]景泰、天顺、成化三朝君臣之间，已不再像永乐、洪熙、宣德三朝那样和谐相处，也不再谈文论艺。这样一种政治局面，已失去台阁文学思潮赖以生存的基础；已经不是颂美、“鸣国家之盛”的环境了。

与政局变化同步，重要阁臣亦失去对台阁文学思潮的影响力。景泰、天顺、成化三朝，入阁预机务者十九人。他们中有的虽仍持台阁文学观念，但既无新意，创作上亦无甚成就，不具备文坛盟主之资质，如陈循、商辂、彭时、萧镃、刘定之。我们可以把这一部分人看做台阁文学思潮之余响。此种余响，亦文学思潮过渡期之一特征。他们有的人，人品差，为朝臣所轻鄙，文亦无可言者，如万安、刘吉、陈文、彭华、尹直、徐有贞。有的没有文集或者有文集而没有传世，如王文、江渊、许彬、王一宁。薛瑄入阁不足四个月，他以理学名世，诗虽写得不错，但属邵雍体，与台阁体异趣。值得注意的是李贤、岳正、刘珝和虽未入阁预机务而为翰林学士、掌院事的柯潜，他们的文学思想中出现了一些新的变化。他们的文学观念，渐渐地从台阁文学思想中淡化了出来，从重功利转向重性情趣味上来。在他们身上，出现了文学思想转变的迹象。

李贤（1408 ~ 1466）是天顺、成化两朝入阁预机务的重臣。他在为杨溥的文集作序时虽然也还提到文章的政教之用，提到文章的台阁气象，但是，他在《行稿序》中，却特别地提到诗的性情趣味：

> 诗为儒者末事，先儒尝有是言矣。然非诗无以吟咏性情，发挥兴趣。诗于儒者似又不可无也。而学之者用功甚难，必专心致志，于数十年之后，庶几有成。其成也，也不过对偶亲切，声律稳熟而已。若乎辞意俱到，句法浑成，造乎平易自然之地，则又系乎人之才焉。[12]

这段话有几层意思。一是“诗为儒者末事”。这是先儒之言。二是他认为要吟咏性情与发挥兴趣，还需要诗。在这一点上，他没有强调诗的政教之用。这一点很重要。这一点，也反映在此后诗歌题材的选择上。三是诗必须做到辞意俱到、句法浑成，达到平易自然的境界。这第三点，就关系到诗的艺术特质问题了。在《跋赵子昂书陆士衡〈文赋〉》中，他特别从艺术的角度肯定了《文赋》的价值所在：

> 文章虽为末技，不专心致志则不得其妙。观陆士衡《文赋》一篇，虽曰形容才士作文之趣，实写其平生肆力文章之功，非望空想象臆度而为之也。其用心之劳可知矣。虽然，圣贤之文则异于是，何也？有是理则有是文，无是文则是理有缺，苟有所作，不为无用之空言；况摅发胸中所蕴，一气流通，如风行水上自成文耳。所谓有德者必有言，非末技也。末技云者，词章之文，士衡所赋是也。然造其妙者亦寡矣。若士衡者，顾岂可少也哉！[13]

在这里他说了三个问题。一是说，《文赋》是陆机的创作经验之谈，非凭空想象之说。我们都知道《文赋》谈的是一系列的创作问题：物感、想象、灵感、构思、语言的表达力、写作技巧等等，是文学自觉意识的出现、文学创作长期艺术经验积累之后的产物。它强调的是文学的艺术特质，与功利说是完全不同的。二是说，圣贤之文与《文赋》所说的不同，不同就在圣贤之文是理与文一气流通，是一体的。虽说有德者必有言，但如果没有文，理就无从表达，文同样很重要。三是他把圣贤之文与词章之士之文分开来了。先儒说文章是末技，李贤认为，末技做得好也不容易，因之陆机《文赋》自有其价值，不可少。

显然，在李贤的观念中，功利说淡化了。他开始重视文学的艺术特点了。

岳正（1418 ~ 1472）也曾入阁预机务，他也有儒家先道后文的传统观念。但是，他的文学思想中，更多地带进了庄子的重自然，重性情自然流露的思想。他所理解的此种自然流露的性情，与杨士奇们所追求的“性情之正”的性情，已经不同了。他在《九日感怀诗序》中说：

> 人之于忧乐，有可已者，有不可已者。可已者以人，非忧乐之真也；不可已者以天，忧乐之真也。[14]

“以人”，是说人为的忧乐，非出于本性之真。他解释说：“嗟乎，世之人未尝无忧乐也，穷则慽慽于贫贱；达则衎衎于富贵，所以为忧乐者，率以人也。”人的自然本性为物欲所遮蔽，所忧所乐，皆出于人为，而非自然纯净之本心。而所谓“天”，则是指性之本然。此一种之思想，实来自庄子。[15] 岳正认为，只有出于自然之本性，没有外在的束缚，才会有真性情的表达。此种出于本然之性的忧乐之情的发泄，才会是不可已已的。岳正这篇序，是为陈缉熙写的。他说陈缉熙的感怀诗“感时序之易流，叹年龄之将迈，抑郁湮结之怀，其能已乎！是故风木势变而死者勿作，可忧也；时命方蹇而生者勿显，可忧也；鹡鸰载分而兄弟勿守，可忧也；摽梅云实而伉俪勿时，可忧也。忧于心，宣于声音，成于言辞，畅于节奏而为歌诗，亦固宜矣”。[16] 为生死亲情而忧而乐，为人生际遇而忧而乐，皆人性不可抑止之本然，故不可以已已。天顺中他左迁钦州同知，在诗作中就流露出了感伤失落的情思。《夜雨呈同志》：“雨中灯火夜堂深，无限闲愁损客心。献玉不逢经双刖，屠龙学得破千金。生逢邓禹应相笑，老学南阳祗漫吟。满目风尘双短鬓，为谁萧索不胜簪。”[17] 岳正在创作中反映出来更多的是个人内心的感喟。他的万物相感相生、万物一体的思想，更多的是庄子的影响，而非程、朱理学的路数。

成化十一年入阁预机务的刘珝（1416 ~ 1490）也有片断类于台阁文学观的论述，但多无新意。值得注意的是他反对复古，在《马先生文集序》中他说：

> 文岂易言哉！弗遭其时弗文也，弗养其气弗文也，弗克其学弗文也。粤自造书契以来，世有升降而文与之俱。宋不唐，唐不汉，汉不春秋战国，春秋战国不三代唐虞，如老者不可复少，势不得然也。[18]

他是从论气与论世开始的，世不同且人异气，则文自然不同，故不可能回到古代。在趣味上他崇尚平淡自然，而非台阁体的雅正典则。

柯潜（1423 ~ 1473）在理论表述上崇尚台阁文学观，而在创作实践上反映的却是纯情的文学思想倾向。他的诗作不多，但大体皆深情细腻。他的两首《无题 · 和义山》，是这方面的例子：“翠袖湘裾立晓风，绛纱窗外画阑东。伤心玉笛声初断，回首瑶台信未通。满地淡烟芳草碧，一帘残雨落花红。年来但守芳心在，两鬓从教似短蓬。”“人在蓬莱欲见难，重门花落又春残。惊回远梦莺犹语，题就长笺砚已干。云母屏前香缕细，水晶帘外雨声寒。箧中旧制双纨扇，愁拂尘埃强自看。”[19] 或者因为是和诗，故有义山之哀艳细腻，但他其他的一些诗作，也有与此类似的情调，如《闺情》二首、《三月晦日作》、《棠梨白头》、《睡起》等等，红情绿意，深情委婉。另外的一些诗，则写得清新流利，嘉靖时的康大和论柯潜诗，称：“其为诗冲淡清婉，不落畦径，庶几登陶、谢、王、孟之堂。”[20] 他的诗歌创作倾向，与他所提倡的敦厚和平典则雅正之音的理论，与台阁文学思想观念显然是不同了。

台阁文学思潮的基础是政权的支持，景泰后此种支持已不复存在。

台阁文学的生存环境是盛世，景泰后环境亦已发生巨变，已无可颂美之太平景象。台阁文学思潮的领导核心是台阁重臣，景泰后的台阁重臣，有的虽仍有台阁文学观念，但已失去影响力；有的台阁文学观已经淡化，文学思想中已经出现了一些新的倾向。台阁文学思潮的领导核心已不复存在。这一思潮的衰落也就在所难免了。

二

文学思潮更重要的变化反映在创作实践中。这时的大多数士人，已经没有了前辈台阁作者三杨们那样对于朝政的热情。他们虽亦在官任职，但心态已经与朝廷有了这样那样的隔膜。他们的吟咏，也便从鸣国家之盛转向了个人喜怒哀乐、个人得失、一己感悟的发泄，转向了私人生活情趣的抒写。他们有的在论及文学时，虽亦提倡崇圣宗经，但着眼点则在独抒个人情怀。他们的创作倾向，已然是不知不觉地发生不可否认的变化了。

张宁（1426 ~ 1498？）是此一时段留下文论较多的一位。他论文，杂取政教文学观与独抒情怀的观点。但是他的创作则极重抒情。他曾出使朝鲜，沿途写了不少诗。他说所见景物，“其间留连悲啸之情，盖有出于吊古询风之外者，虽余亦既知之矣。然兴发成章，政自不能不尔也。”[21] 留连悲啸之情，既已逸出吊古询风之外，自己亦知此种之感情非身为使者所应有，而情之所发，却不能自已。他似乎极重视悲苦之音。他说：“气满志得者，虽有所著，多不能胜寒微之士。彼交于物也深，则其达于天也必浅。理趣之妙，固非贪荣乐富者所能与也。”[22] 这段话值得注意的是交于物深而达于天必浅和理趣之妙两处。交于物深而达于天必浅，就是庄子所说的嗜欲深者天机浅，意谓若摆脱利欲之纠缠，则可达到与道泯一之境界。此一种之人生境界，是非功利的。在《物外心诗文卷序》中，张宁也有类似的言说。他提到“富贵若大梦，功名撚指间，吾何以此而挠吾心哉！恒当遨游于湖山风月，托兴于书画文字，寄跡于斯而不泥于斯，人知之嚣嚣，人不知亦嚣嚣，世上事与我了不相涉，物外期可久也云尔而已”[23]，这说明庄子的物不撄心的思想已经对他产生了影响。这与他的台阁前辈严守程、朱理学的人生理念，已经大异其趣了。而此一种之思想，正是他非功利诗歌创作的基础。他所说的理趣之妙，自创作之思想渊源说，来自宋人之诗歌理念。而从他在其他地方的论述看，则此一“理趣”，似更近于宋人严羽所说的“兴趣”。严羽在《沧浪诗话》中说的“兴趣”，是指“言有尽而意无穷”的一种诗歌境界，强调的是诗的艺术的特质。与理趣说相联系，在《西湖百咏诗序》中，张宁也提到了诗的言外之趣。他说：“然善作者，言多隐约微婉，非因辞逆志，体事得情，茫然声韵之末，终无以达其本旨。”[24]这同样是从诗的艺术要求上说的。此种诗歌理念，与台阁体文学观的强调政教目的，侧重点是很不同的。他的创作实践与上述他对于诗的理解相一致。他存诗1176首，其中题画诗482首，八景诗（写八景诗为此时之时髦）103首，寄、赠、酬、送别诗110首，其余695首为倡和、登临、感悟、寿丧贺輓等作。他的古体诗写得很好，如《记事》、《送刘廷信兄归闽》、《癸卯寓杭，戏写目送归鸿手挥五弦图，潦草，为婢子所笑，因题与女玉祥收为刘氏清话》、《诗送友人刘宗大》诸作，娓娓而言，流易生动，与台阁体的典则雅正情调完全不同。他的不少诗，常有一缕淡淡愁情，如《夜行舟中闻笛》：“白露青枫夜色寒，何人吹笛向江干？风廻浦溆滩声合，月落关山客梦残。金殿几时闻旧吹，画楼何处倚危栏。天涯早已难为听，况复怀人泪不干。”[25]《除夕风雨，卧病郡斋》：“萧萧风雨到闲廷，愁病相兼酒易醒。身外功名何潦倒，眼前儿女尚伶仃。清霜客鬓随年白，芳草云山入梦青。底事夜深眠不得，自烧银烛看医经。”[26]他的有些诗，写日常生活甚至入于香艳，完全背离了台阁体的最基本的观念。《舟中与徐文海叙旧，追赋旧事三首。词虽婉媚，意实经常，总不能效丽则之言，然亦非香奁体也》之一、二：“龙髻盘云翠作翘，绣鞋尖小束轻绡。鳞鸿附託芳心许，弟妹传呼小字娇。彩凤竟分萧史伴，黄花瘦减易安腰。无端却忆朱簾下，手劈云香待月烧。”“曾将玉杵捣玄霜，红叶无情逝水长。明镜已孤鸾凤影，罗衣空染蕙兰香。东风梦觉空凝涕，秋月诗成欲断肠。唯有谢家兄弟在，时时相见一凄凉。”[27] 所谓“总不能效丽则之言”，意谓此种曾经有过之香艳往事，实无法用典雅之言辞表达。他自辩说非香奁体，其实这个辩说是不能成立的，从用词到意象，与香奁体并无区别。写这类诗的还有丘吉等人。拿这类诗与台阁诗人的作品比，我们就可以清楚看到二者的差别。创作倾向是在悄悄地发生变化了。

此一时段另一位独抒个人情怀，诗写得很好的人是王越。王越（1426 ~ 1498）以儒官拜将，虽然他一生征战边陲，但他从不正面写征战。他写边塞生活的诗也不多，且涉及边塞生活时，亦少写边塞生活之风貌，而以传达一己之感觉情思为主。他存诗 656 首[28]，其中涉及国家、朝廷的诗作是少数，其余多为登临、咏怀、感悟人生之作。有的诗写得很重情，如《新秋写怀寄定襄》二首之一：“西风黄叶又经秋，浪迹何时得暂休！万里胡天双倦翼，十年宦海一虚舟。炎凉世态谁青眼，辛苦人生自白头。赢得双肩吟骨瘦，天教收拾杜陵愁。”[29] 把边塞生活写得如此的无奈与失落，“倦翼”言已经疲惫不堪；“虚舟”言仕途之难以预料。一位屡建战功的将领，何以有如此之失落与感喟，这或者与他私交宦官汪直而受到指责有关。汪直当时权倾朝野，王越与其有所来往，但亦并未助其为孽。在复杂的政局中，人际交往的复杂性远非后人所能想象。正直与邪恶、是与非，亦远非判然划线所能解决。王越还是一位较为正直的人，竟因与汪直的交往而备受指责，史臣曾为此发为感慨，这也是他在许多诗中发牢骚的原因。他写世事的无奈：“既然如此且如此，无可奈何将奈何？只好醉翻双老眼，看人平地起风波。”写对人世险恶的感慨：“自古论交重读书，于今翻为读书迷。既推下井还投石，才送登楼便去梯。”翻为读书迷，迷，迷误，意谓误信书上道德仁义之言说，现实并非如书上之所言。现实是人心险不可测。他眼中的社会，已非盛世。对于这个社会，他已无颂美之心。他只有失望与伤感，有一种对于人生的感悟：“已知世事只如此，借问古人安在哉！”“将来世事应难料，已往年光竟不同。”“莫把青灯照歌舞，五侯亭馆半丘墟。”[30] 有时他也在诗中表现超脱的人生态度："爱饮村醪懒赋诗，此中真趣有谁知？教成白鹤如人舞，买箇黄牛当马骑。池草涧边春意足，衔云洞口夕阳迟。吟成独坐空庭久，正是纱窗月上时。"[31] 他有一些小诗，写得有如南宋杨万里辈的诗那样清新小巧，那样的富于生活小情趣，如："一箇小茅亭，人间境自清。巧云涵画意，幽鸟做诗声。""结茅如斗大，终日自徘徊。窗破蝇钻入，门虚犬撞开。"[32] 一位惯于沙场征战的将领，何以对人生有如此的失望与落寞的心境，除了上面提到的因与汪直交往而备受指责、因而气愤不平之外，这背后的因由也仍然与政局有关。"土木之变"的阴影，一直存留在这位将领的心头。直至天顺八年（1464），那是朱祁镇已复辟的八年之后，王越还为此事感伤不已。这年正月朱祁镇死，秋天，王越登上古云中城楼，写下了《登云中城角楼次古人韵》二首，当时他正以副都御史巡抚大同，面对发生过耻辱事变的边关发为感慨："都将十五年前泪，洒落桑乾水共流。"十五年前，就是正统十四年，是皇帝朱祁镇被瓦剌俘虏的国之大辱的年份。在这首诗里，他说"青山不管兴亡事，白日长含天地愁"，说"谁有雄才能破虏"，说"谁是先忧范仲淹？"在他的心中，朝廷之上，已经没有人为国分忧，没有人能为国尽力了。这使他有无限的伤感，在潇潇暮雨中沉浸于对朝政失望的心绪中。[33] 一位有名的将领，有如此的心态，并非仅仅是他个人性格与个人遭际的问题，说到底还是整个政局所形成的一种环境、一种氛围、一种普遍的心态的影响。

同是名将而且诗也写得很好的郭登（？～1472），面对其时的局势，也有类似的心态："满地飞花春已阑，溪风山雨更生寒。浮云蔽日终难散，腐柱檠天恐未安。西北兵戈犹扰扰，东南民庶半凋残。先朝遗老惭无补，独对西风把泪弹。"[34] 王越登楼是"土木之变"的十五年后；郭登登楼是"土木之变"的当年，那时他正以都督佥事充参将守大同。皇帝被俘之后，瓦剌曾带着这位被俘的皇帝来到大同城下，要叫开城门。守城的正是郭登，他负国重任，拒绝开门，但内心却有一种强烈的失望与彷徨。对于朝廷中奸佞误国的不满，对自己无力回天的不安，"腐柱檠天”之喻，就是这无力回天的心境的流露。在郭登的诗里，有的对朝政的不满还表现得十分激烈。五古长篇《枭》借对枭的凶残和上帝的纵容影射朝廷的是非不分。此种不满，也反映在他的咏物诗里。《蝇》：“眇形才脱粪中胎，鼓翅摇头可恶哉！苦不自量何种类，玉阶金殿也飞来。”此诗作于郭登谪戍甘肃时，讽刺的可能是借着朱祁镇复辟而祸乱朝政的石亨辈。《棋》：“看来总是争闲气，笑杀旁观袖手人。”讽刺的也还是天顺复辟之后朱祁镇不问是非，杀戮、更换大批朝臣；朝臣中又明争暗斗，不从国家安危着想。他所说的“争闲气”指此。从谪所放还，他对当时的政局，仍然失望，而且带着深沉的伤感：“寒窗儿女灯前泪，客路风霜万里家。……独醒空和骚人咏，满耳斜阳噪暮鸦。”[35]我们把王越、郭登上述诗的情调拿来与台阁体作者同类诗相比，就能看到此时在创作倾向上的变化。台阁体的代表人物杨溥《东征》诗：“搀枪耀齐分，龙御勤六师。出门驰马去，不暇告妻儿。亲友送我行，欲语难为辞。死生岂不恤，国事身以之。”金幼孜《早发禽胡山》：“六师严号令，车骑肃前征。塞云月中暗，胡尘雨后清。沙鸡随箭落，野马近人惊。咫尺闻天语，常依御辇行。”杨荣《围猎》：“关塞霜清晓色明，銮舆校猎出边城。六龙扶辇旌旗合，万骑连营鼓角鸣。远火依微秋草薄，惊沙寂历暮云平。小臣躬覩三驱乐，願效嵩呼播颂声。”[36]同样写边塞，杨溥们的诗表现的是壮大、信心。他们的诗写得并不好，但情调却是明朗的，强调的是要表现“性情之正”。这个“性情之正”，就礼乐说，是有节。最早是《礼记·乐记》的有关论述。后来程明道与朱熹，对此都有引说。明道说：“礼乐只在进反之间，便得性情之正。”朱熹对此的解释是：“记得‘礼减而进，以进为文。乐盈而反，以反为文’礼，如凡事俭约，加收敛恭敬，便是减。须当着力向前去做，便是进。故以进为文。乐，如歌咏和乐，便是盈。须当有箇节制。和而不流，便是反。故以反为文。礼减而却前进去，乐盈而却反退来，便是得情性之正。”[37]礼与乐都要适中，不要过分。“性情之正”也被引申到心性的存养上来。永乐朝编写的《性理大全》，也提到性情之正。此一种之思想，正是其时推行程、朱理学以规范士人思想之一要求，亦台阁体作者抒情之一准则。台阁体重要作者于此都有所论。杨士奇论杜甫，就说杜诗之所以好，是“一由于性情之正”。[38] 杨荣与杨士奇他们在东郭草亭宴饮赋诗，他提到此次倡和之诗，表现的是性情之正。而此种性情之正，是为了使人识见盛世之气象：“意之所适，言之不足而咏歌之，皆发乎性情之正，足已使后之人识盛世之气象者，顾不在是欤？”[39] 金幼孜也有这方面的论述，他说：“大抵诗发乎情，止乎礼义。古之人于吟咏必皆本于性情之正。”[40] 台阁文学思潮之重要人物视性情之正为诗歌抒情之一准则。这个准则与修身去欲、情而有节，与鸣国家之盛是一体的。而景泰之后的四十余年间上引柯潜、张宁、王越、郭登们的诗，则既没有表现盛世之气象，感情的抒发或悲慨、或牢骚不平，亦并非发而有节之情。他们的抒情特点，已经有违于性情之正的准则。诗歌的创作倾向是不知不觉地变化了。

三

景泰之后文学思想的转变，还与思想领域的变化有关。此时思想领域的重要变化，是儒学中出现了由理学向心学发展的一支。被视为由程、朱理学向阳明心学发展中间环节的白沙心学的出现，打破了程、朱理学在思想领域一统的局面。这不仅具有思想史的意义，也影响着文学思想、文学创作倾向的变化。

白沙心学对文学思想的影响，最为重要的一点，就是由理入心，由外在言说而入于心灵，归于本真，在创作中表现真性情。而在审美趣味上，则是由典则雅正而转为纯任自然的明净之美。

陈献章（1428 ~ 1500）是主张通过个人的修持而至圣的。黄宗羲在《明儒学案》“白沙学案”中说：“故有明儒者，不失其矩矱者亦多有之，而作圣之功，至先生而始明，至文成而始大。”[41] 献章论由修持而至圣人：“夫人之去圣人也，远矣。其可望以至圣人者，亦在乎修之而已。”[42] 他所说的修持，就是修心：“天道至无心，比其著于两间者，千怪万状，不复有可及。至巧矣，然皆一元之所为。圣道至无意，比其形于功业者，神妙莫测，不复有可加。亦至巧矣，然皆一心之所致。心乎，其此一元之所舍乎！”[43]天道无心，是说天道自然而然运行，非有意为之。圣人无意，是说圣人顺自然之道，无意于改变之。而心止于一，“一”就是无欲。“一者，无欲也。”[44]道在心中，心中所存止的道，就是本然之道，无欲之道。要体认此一存于心中的本然之道，就要去欲。去欲要通过静坐悟入。他说：“为学须从静坐中养出个端倪来，方有商量处。”[45]他说他二十七岁从吴与弼学，读古圣贤之书，但不知从何处入手。直到回白沙，终日静坐，“然后见吾此心之体隐然呈露，常若有物。日用间种种应酬，随吾所欲，如马之御衔勒也。体认物理，稽诸圣训，各有头绪来历，如水之有源委也。于是涣然自信曰：‘作圣之功，其在兹乎！’”[46]他通过静坐呈露的心之体，是本真，是随处体认得来的天理。悟得此心，处事也便皆合于圣人之道。

但是，他通过静坐所悟入的这个圣人之道，其实有着相当多的庄子思想的成分。他在送张廷实的序中，赞许张廷实说：“盖廷实之学，以自然为宗，以忘己为大，以无欲为至，即心观妙，以揆圣人之用。”[47]去欲，是儒家思想修持的要点；以自然为宗，忘我，则是庄子的思想。在庄子那里，我既忘我，于万事万物无所系心，也就不存在欲的问题。在与贺克恭的信中，他也提到修持的最高境界就是物我两忘：“接人接物，不可拣择殊甚，贤愚善恶，一切要包他。到得物我两忘，浑然天地气象，方始是成就处。”[48]他崇尚自然之道，说：“宇宙内更有何事，天自信天，地自信地，吾自信吾：自动自静，自阖自辟，自舒自卷；甲不问乙供，乙不待甲赐；牛自为牛，马自为马；感于此，应于彼，发乎迩，见乎远。故得之者，天地与顺，日月与明，鬼神与福，万民与诚，百世与名，而无一物奸于其间。”[49]天地万物，都顺其自然，不要人为地干预它。这正是庄子的自然之道。我们在陈献章的诗里，可以找到大量关于这方面思想的描述，如《观物》：“一痕春水一条烟，化化生生各自然。七尺形躯非我有，两间寒暑任推迁。”[50]万物自然运行，我与万物为一体，我亦非我。又如《题庄子泉》：“闲看千丈雪，飞下玉台山。争知白沙子，不是南华仙！”[51] 我既非我，彼亦非彼，则我亦是彼。这正是《庄子·齐物论》所说的“物无非彼，物无非是”之意。又《饮酒》二首之二：“君莫停杯我为歌，我今忘我是谁何。”[52] 亦此意。我既非我，我已忘我，则我本为虚。道也是虚。《赠陈頀湛雨》二首之一：“君若问鸢鱼，鸢鱼体本虚。我拈言外意，六籍亦无书。”[53]《示诸生》二首之一：“无我无人无古今，天机何处不堪寻。风霆示教皆吾性，汗马收功正此心。水火鼎中非玉液，鸳鸯谱里失金针。道人欲向诸君说，只恐诸君信未深。”[54] 我既与万物为一，则我与万物皆泯于一，故言“无我无人无古今”。风霆示教，原是儒家的传统说法，意指天地无私，化生万物，圣人则之，以之为教。此处却渗入庄子与物泯一的思想，以风霆示教为己之性，意指我既已泯一于大化之中，则物性亦我性。我于诸君，亦当以道之本然为教。我之修心亦如是，悟入于本然之性，则法本无法。我于诸君，亦无金针可度。诸君也只有悟入自得。与道为一，与万物为一体，是他的思想的核心。《对竹》二首之二：“窗外竹青青，窗间人独坐。究竟竹与人，原来无两个。”[55] 以万物为一体，性之本然本无任何之系累，无任何之干扰，“天地之大，且不我逃，而我不增损，则举天地间物既归于我，而不足增损于我矣。天下之物尽在我而不足以增损我，故卒然遇之而不惊，无故失之而不介。舜禹之有天下而不与，烈风雷雨而弗迷，尚何铢轩冕尘金玉之足言哉！”[56] 这就是庄子所说的“举世而誉之而不加劝，举世而非之而不加沮”的意思。我便是无所系念的本然之我。凡所言说，皆我的本然之心。在《送李世卿还嘉鱼序》中，他说与世卿在白沙：“朝夕与论名理。凡天地间耳目所闻见，古今上下载籍所存，无所不语。所未语者，此心通塞往来之机，生生化化之妙，非见闻所及，将以待世卿深思而自得之，非敢有爱于言也。时时呼酒与世卿投壶共饮，必期于醉。醉则赋诗，或世卿唱，予和之；或予唱而世卿和之，积凡百馀篇。其言皆本于性情之真，非有意于世俗之赞毁。”[57] 本于性情之真，是指不受外物干扰的自然的真性情。这也是他诗文创作的理念。在《夕惕斋诗集后序》中他说：

受朴于天，弗凿以人；禀和于生，弗淫以智。故七情之发，发而为诗，虽匹夫匹妇，胸中自有全经。此《风》、《雅》之渊源也。而诗家者流，衿奇眩能，迷失本真，乃至旬锻月炼，以求知于世，尚可谓之诗乎？[58]

此一思想甚有价值，是说诗不是作出来的，是情有所动，不得不发的产物。此一种之情，指人性自然禀赋之七情，是“受朴于天”的本真之情。他反对迷失本真，反对人伪。人伪是巧智伤真，自诗而言，是只注重技巧。他认为只落在技巧工夫上，于诗有害：“诗之工，诗之衰也。……率吾情盎然出之，无适不可。”[59] 从此一基本思想出发，他在评论诗歌发展史时，甚至有极端的说法：

魏晋以降，古诗变为近体，作者莫盛于唐。然已恨其拘声律、工对偶，穷年卒岁，为江山草木、云烟鱼鸟粉饰文貌，盖亦无补于世焉。若李、杜者，雄峙其间，号称大家，然语其至则未也。[60]

他之所以认为李、杜尚且未至，是轻其“技”。在《与王乐用佥宪》中，他也有类似的论述：

夫诗之盛莫如唐，然而世之大儒君子类以技目之，而不屑效焉，则所谓诗之至者，果何人哉？仆于此道，未尝一得其门户。寻常间闻人说诗，辄屏息退听，不敢置一语可否。问其孰为工与拙，罔然莫知也。比岁闻南京有庄孔旸者，能自树立，于辞不一雷同今人语，心窃喜之。稍就而问焉，果出奇无穷。及退取陶、谢、少陵诸大家之诗学之，或得其意而亡其辞，或得其辞而遗其意，或并辞意而失之。盖其所谓夙生晕血，终欠一洗之力，而又惧其见讥于大儒君子。终所谓技，不可旷岁月于无用，故绝意不为。凡学于仆者，亦以是语之，而无有疑焉者矣。[61]

庄孔旸就是庄昶。他的诗与陈献章的诗当时被称为“陈庄体”，以其创作倾向相似之故。在这里献章说庄昶能自树立，不与人同。说自己受到庄昶诗论的启发，以之衡量陶、谢、杜诗。他说他未能理解陶、谢、杜诗之好处，乃知“技”之无用，故绝意不在“技”上下工夫。

不重视技而重视感情的自然发抒。他反复论述诗之本体是情：“若论道理，随人深浅，但须笔下发得精神，可一唱三叹，闻者便自鼓舞，方是到也。须将道理就自己性情上发出，不可作议论说去，离了诗之本体，便是宋头巾气也。”[62] 他重诗之感情自然抒发，同时主张诗应该有韵味，辞气应该自然。在《与汪提举》中，他提出了风韵问题：“大抵论诗当论性情，论性情先论风韵，无风韵则无诗矣。今之言诗者异于是，篇章成即谓之诗，风韵不知，甚可笑也。情性好，风韵自好；性情不真，亦难强说，幸相与勉之。”[63] “性情好”，就是指本真的自然秉赋之性情。任受之于天的真性情自然呈露，也就能有好的风韵。所谓好的风韵，就是表现在诗中的诗人的气象。他所追求的是物我两忘、浑然一体的天地气象，是一种平和的胸襟韵味。所说的论诗先论风韵，从风韵看性情，也就是从诗中所呈现的诗人胸襟气韵，看其性情之真假。重诗的感情特征，重神韵，重自然的特点，也就与宋人严羽的诗学主张有了相通之处。他接受了严羽的“诗有别材”说，和严羽一样，他对于诗的理解，也重在妙悟。这悟入说，与他修持的静坐说是相通的。

与他的诗歌主张相联系，他在创作上追求一种自然的明净的境界。自诗中所表现的情思言，是平静悠然，所谓“百感交集而不动”[64]。不动，是诗情兴发感动之后复归平静，由此种平静之心境自然说出，有时是心中幻象，有时是一种直感，毫无雕琢痕迹。由直感而生心象的，可用他的一首诗来形容这类诗境形成的过程：“江云欲变三秋色，江雨初交十日秋。凉夜一蓑摇艇去，满身明月大江流。”[65] 外物之不断变化，心必有所感，而我于外界此种不断之变化中，自思得之，所感复归于平静，“凉夜一蓑摇艇去”，我自回归于无所系念之我，于是有所悟入，展现“满身明月大江流”的境界。这满身明月、大江，就是我有所感之后生发的心中幻象，是一个澄明的心境的影像。又如《睡起》：“天地蜉蝣共始终，十年痴卧一无穷。道人试画无穷看，月在西岩日在东。”[66] 十年修持悟道，“无穷”指谓道。“痴卧”者，谓本在道中而不觉，睡起忽有所悟：道就在日升月落中。道无形，日升月落就是道之象，道在万物之中。

他的大多数诗，则是直感，没有任何的尘杂干扰，有所感即直接说出。这些诗表现的是他超脱世俗的平淡自然的情趣。陈献章存诗2030首[67]，表现的多是此种境界。《题闲叟》：“前村烟火熟朝炊，正是先生睡足时。身带江山人在画，目穷今古世争棋。花边击鼓诸孙戏，竹下扶筇一鹤随。应笑书生闲未得，白头忧世欲何为！”[68]《舫子》：“此身天地一虚舟，何处江山不自由。六十一来南海上，买船吹笛共儿谋。”[69]《偶成》：“墙角经春卧短筇，千秋塔骨不如公。科头坐转茅簷日，闲看蛛丝荡午风。”[70]《春中杂兴》三首之二：“小雨如丝落晚风，东君无计驻残红。野人不是伤春客，春在野人杯酒中。”[71]《赠张叔亨侍御》：“天下原无事，劳劳我有心。相携沙上语，山月二更深。”[72] 昔人论白沙诗，称其脱略凡近，意谓其境界之脱俗。也有人称其诗自《击壤》来。白沙诗因其由理入心，心中原有所悟，将此所悟直接说出，也就有似理语，或从此一点，以之比同于《击壤》。其实，白沙诗与《击壤》是不同的。这不同，就在于其中有情趣。朱彝尊说“然白沙虽宗《击壤》，源出柴桑”[73]，正是看到了白沙诗的自然情趣。

陈献章创作倾向的意义，就在于从感情上与朝政疏离，从而将文学完全带离了政教附庸的地位。这不仅完全背离台阁文学思潮之基本要求，且也深刻而内在地影响了晚明文学思想的发展。正如他的哲学思想是阳明心学的先声一样，他的文学观念、创作倾向，也可以看做晚明重个人情趣的文学思潮的先声。他的文学观念与晚明文学思潮的联系，亦从心学之发展开始。既然受朴于天，回归本真便是题中应有之义。回归本真之一开放点，存在着重自我、重个性之通道，感情观也就存在着七情本有之解读空间。此一点后来王阳明有进一步表述：“喜怒哀惧爱恶欲，谓之七情。七情俱是人心合有的，但要认得良知明白。……七情顺其自然之流行，皆是良知之用，不可分别善恶，但不可有所着；七情有着，俱谓之欲，俱为良知之蔽。”[74]良知为性之本然，七情流行俱是良知之用，只是不要“有所着”，“有所着”便是欲。何者为“着”，何者为“不着”，他并没有明确的度之界定，因之也就失去约束的意义。而且，既认七情为性之本然，也就为任情而行留下了可能。白沙与阳明在七情问题上留下之此一模糊空间，到了晚明，便被完全放开，无所约束，走向纵欲了。[75]此种思潮反映到文学上，就是求真，重情。没有偶像，不尊唐，不尊宋，不尊汉魏六朝；亦喜唐，亦喜宋，亦喜汉魏六朝，自己喜欢就是好，不喜欢就不好。“各任其性耳。性之所安，殆不可强，率性而行，是谓真人。”[76]一切以情之真假为依归。晚明重情思潮之产生，原因固甚复杂，但回归自我，把文学带离政教之用的路径，却不能不说与前此的回归真情说有关，尤其是白沙所主张的受朴于天的性之本然之情。当然，白沙所理解的性之本然之情是去欲的纯净之情，是明净心境的产物。而晚明重情思潮所表现的情，却复杂得多，既有纯情，亦有纯欲，亦有情欲一体者。但同样回归性之本然，在此一点上与陈献章、王阳明是一脉相承的。

四

台阁文学思潮的全盛，推动的主要力量是政权。景泰之后，文学思想开始转变，也与政局有关。“土木之变”以后，台阁文学思潮已经失去它的政治基础。台阁重臣的台阁文学观已经淡化，这一思潮的领导核心也已失去他们作为领袖的影响力。创作实践中出现了新的倾向，从鸣国家之盛转向了私人生活情趣的抒写。更为重要的是，白沙心学的出现，打破了程、朱理学一统的局面，由理入心，追求心灵的本真，在文学创作中表现真性情，在审美情趣上由典则雅正转向纯任自然的明净的美。文学思想的这一转变，说明台阁文学思潮已经退出主流地位，开启了一个新的时期。

这是文学思想发展的一个过渡期。台阁文学思想退出主流，下一个大的文学思潮即复古思潮还没有到来。这一过渡期有如下特点：

一是思想的衔接。文学思想的演变是缓慢过程的渐变，而不是突变。在这个过程中，台阁文学思想并没有立刻消亡，它的存在虽然已非主流，但也还存留在有的人身上，直到成化后期，也仍然有秉持台阁文学观念者，如丘濬等。台阁文学思潮的一些观念，遗存的时间就更长，不惟如前述景泰后四十余年间李贤、岳正、刘珝、柯潜们身上有，下一时段的李东阳、程敏政、邵宝们也还有。虽然在他们身上，表现的程度深浅不尽相同，但承传却是明显的。这些存留下来的观念，大多是儒家传统文学观中较为稳定的部分，如政教之用、表现性情之正等等。

一是新的文学观念的开启。作为过渡期，既有台阁文学观的承传，也有新观念的出现。这四十余年间最为重要的新观念的开启，就是重性情的文学观特别是陈白沙的文学观的出现。重情文学观衔接后来的重情说。下一时段的李东阳的一个主要观点，就是说人不能无所动情，情动则必有所发抒，于是有诗，说情之发动不可止。白沙主情之自然流露，反技巧，东阳亦谓以法模拟，必失天真兴趣，“求其流出肺腑，卓尔有立者，指不能一再屈也”[77]。后来的复古派也提出重情说，虽然他们由重情而走向复古。抒发真情是从我，复古是从他，从抒发真情到模仿古人，初心与路径背反。这正是复古派的悲剧。不论后人如何为之辩说，在文学的历史长河上，他们的创作并无大的成就，已然是不争的事实。当然，他们之提出回归真情，却是台阁体思潮的必然反拨，是景泰开始的重情说的自然发展。

既有台阁文学思想的遗存，又有新观念的出现。交叉错落，没有形成有系统的新的理论主张，没有共同追求的新的文学创作倾向。它只是两个大的文学思潮之间的一种过渡。它之后是李东阳们，再之后才是前七子掀起的复古思潮。它只是文学思想链条中的一个环节，但也是一个不可缺少的环节。

（原刊于《学术研究》2008年第十期）

---

①最早提出茶陵派者为四库馆臣。在顾清《东江家藏集》提要中说：“其诗清新婉丽，天趣盎然；文章简炼醇雅，自娴法律。……在茶陵一派之中，亦挺然翘楚矣。”

在黄佐《泰泉集》提要中说黄佐："然在茶陵宗派消歇之馀，七子议论方兴之会，独能力追正始，不失雅音，犹为不惑于歧趋者焉。"有的地方，虽未明言何人属茶陵派，但可作茶陵派理解者，如在石瑶《熊峰集》提要中说"瑶诗文皆平正通达，具有茶陵之体。"在郑岳《山斋文集》提要中说郑岳："犹恪守茶陵之矩度。"在吴宽《匏翁家藏集》提要中说宽："以之羽翼茶陵，实如骖之有靳。"此数处所说"茶陵"，可理解为指东阳个人，也可理解为指茶陵派。陈田《明诗纪事》承其说，如论邵宝，称："在茶陵诗派中，不失为第二流。"然亦有持不同看法者，如朱彝尊《明诗综》论石瑶，就说："近见东南文士，有推少保诗为北方之冠者，又或谓得长沙之指授。俱未尽然。其诗颇类明初江西一派。"他以陈卧子论李东阳："文正网罗群彦，导扬流风，如帝释天，人虽无与宗派，实为法门所贵。"意谓东阳在当时之地位，有如帝释天之尊严，然相从者亦无预于宗派。在东阳周围，是否存在一个茶陵诗派，应该从文学观念、创作倾向和各人在当时不同时段之影响诸方面考虑。此一问题远较想象更为复杂。

②李东阳在翰林修撰和翰林侍讲期间，虽在交往中颇富文名，但是他的影响的扩大，是在成化二十二年（1486）为顺天府乡试考官之后。而真正成为文坛领袖，则是弘治八年他入阁预机务之后。何良俊在《四友斋丛说》中提及此点时，说："李东阳当国时，其门生满朝，西涯又喜延纳奖掖，故门生或罢朝或散衙后，即全集其家，讲艺谈文，通日彻夜，率岁中以为常。"后人把李东阳看做成化文坛的领袖，是不确的。

③《明史》卷一百三十八《陶凯传》称，陶自号耐久道人，朱元璋厌恶他这个号，就借他在接待高丽使者误用符验，把他杀了。《大诰三编》说苏州士人姚叔润、王谔藏匿不出仕，被朱元璋杀了；贵溪儒士夏伯启叔侄各截去左手大指，以示不仕，朱元璋便将其枭首。《明史》卷一百三十九《李仕鲁传》说仕鲁劝朱元璋不要太宠遇僧人，朱大怒，命武士当场搏杀之，等等。

④《明太宗实录》卷三十八，页643。

⑤《明太宗实录》卷二百三十，页2231。

⑥黄瑜《双槐岁钞》，卷四，页63，《元明史料笔记丛刊》中华书局1999年版。

⑦见黄景昉著，陈士楷、熊德基点校《国史唯疑》卷三，页75、72，上海古籍出版社2002年版。

⑧同上书，卷四，页99。

⑨《明史》卷一百六十八，页4524《万安传》。

⑩《国史唯疑》卷四，页103。

⑪同上书，同上卷，页95。

⑫李贤《行稿序》，《古穰集》卷九，文渊阁四库全书本。

⑬同上书，卷九。

⑭《类博稿》卷四，文渊阁四库全书本。

⑮《庄子》卷六《秋水》:“何谓天?何谓人?北海若曰:‘牛马四足，是谓天;络马首，穿牛鼻，是谓人。’”郭庆藩《庄子集释》页590，中华书局1961年版。

⑯《九日感怀诗序》,《类博稿》卷四。

⑰《类博稿》卷二。

⑱《古直先生文集》卷十一,四库全书存目丛书本。

⑲ 原诗四首，今存二首，见《竹岩集》补遗，文渊阁四库全书本。

⑳《竹岩集序》,《竹岩集》卷首。

㉑《登太平馆楼六十韵》,《方洲集》卷十三，文渊阁四库全书本。

㉒《冰蘖稿跋》,《方洲集》卷二十。

㉓同上书，卷十四。

㉔《方洲集》卷十七。

㉕同上书，卷九。

㉖同上书，同上卷。

㉗同上书，同上卷。

㉘存世的《黎阳王太傅诗文集》存诗474首,《黎阳王襄敏公疏议诗文辑略》存诗476首，去其重复，共得诗656首。

㉙《怀友》,《黎阳王太傅诗文集》，四库全书存目丛书影印明嘉靖九年刻本。

㉚依次为《结屋》、《怀友》、《辞朝归》、《榆林灯下独酌》、《李汉章东山书屋》，均见《黎阳王太傅诗文集》卷上。

㉛《自咏》，同上书，卷上。

㉜《小亭杂咏》五首之三、四，同上书，同上卷。

㉝《黎阳王太傅诗文集》卷上。

㉞郭登《暮春登大同西北城楼同仰寺丞瞻潘侍御洪赋》，钱谦益撰集，许逸民校点《列朝诗集》页2337，中华书局2007年版。

㉟引诗依次为《列朝诗集》页2330、2344、2342、2339,《保定途中偶成》。

㊱《列朝诗集》页2186、2189、2184。

㊲陈荣捷《近思录详注集评》卷二，页99，台湾学生书局1992年版。

㊳杨士奇《读杜愚得序》,《东里集·东里续集》卷十四，文渊阁四库全书本。

㊴《重游东郭草亭诗序》,《文敏集》卷十一，文渊阁四库全书本。

㊵金幼孜《吟室记》,《金文靖集》卷八，文渊阁四库全书本。

㊶黄宗羲《明儒学案》卷五，“白沙学案”上，页79，中华书局1985年版。

㊷陈献章《重修梧州学记》,《陈献章集》页32，中华书局1987年版。

㊸《仁术论》，同上书，页57。

㊹《复赵提学佥宪》，同上书，页147。

㊺《复贺克恭黄门》，同上书，页133。

㊻《复赵提学佥宪》，同上书，页 145。

㊼《送张进士廷实还京序》，同上书，页 12。

㊽《与贺克恭黄门》十首之十，同上书，页 135。

㊾《与林时矩》，同上书，页 242。

㊿同上书，页 683。

51同上书，页 540。

52同上书，页 471。

53同上书，页 524。

54同上书，页 494。

55同上书，页 516。

56《论前辈言铢视轩冕尘视金玉》三则上，同上书，页 55。

57《陈献章集》页 16。

58同上书，页 11。

59《认真子诗集序》，同上书，页 5。

60《夕惕斋诗集后序》，同上书，页 11。

61同上书，页 154。

62《次王半山韵诗跋》，《陈献章集》页 72。

63同上书，页 203。

64黄宗羲《明儒学案》卷五，页 78，中华书局 1985 年版。

65《偶得示诸生》二首之二，《陈献章集》页 631。

66同上书，页 612。

67李明君又从地方文献中辑出“逸诗”52 首，（见其刊于广东文史馆《岭南文史》2006 年 3 期之《陈白沙诗辑逸》）但此 52 首中，有 17 首已在《陈献章集》中，李先生失检。所谓逸诗，有的只是题目不同，如《题画》，《集》作《题和靖画》;《弘治二年冬子长命书是日应之》，《集》作《梅花》;《阅周溪图赠刘肃庵主》六首之一、二、三、五，《集》作《阅周溪图作，赠刘景林归呈尊甫翁肃庵程乡令》，之四、六，《集》作《东白张先生借予藤蓑不还，戏之》;《与华山范规小酌》，《集》作《是夕范生小酌》;《舟泊金洲》，《集》作《金洲石》;《访山家》，《集》作《访山家次韵》;《寄题吴处士黄冈书屋次湛民泽韵》,《集》作《寄题小圆冈书屋和民泽韵》;《赠蔡亨嘉还饶平》，《集》作《次韵世卿赠蔡亨嘉还饶平》;《游峡山》，《集》作《石门次林缉熙韵》。

68《陈献章集》页 413。

69同上书，页 588。

70同上书，页 546。

71同上书，页 567。

72同上书，页 515。

⑬朱彝尊《静志居诗话》卷七，页 182，人民文学出版社 1990 年版。

⑭《王阳明全集》卷三，《语录》三，页 111，上海古籍出版社 1992 年版。

⑮此一问题之内在理路非三言两语所能说清。我在拙著《明代后期士人心态研究》（南开大学出版社 2006 年版）中已有论述，此处不赘。

⑯袁宏道《识张幼于箴言后》，钱伯城笺校《袁宏道集笺校》页 193，上海古籍出版社 1981 年版。

⑰参见《怀麓堂诗话》，《李东阳集》第二卷，页 531、534。

隆庆万历初当政者的文学观念

——以 1567 至 1582 年为中心

1567 至 1582 这十六年，发生了明朝走向衰败过程中一次相当成功的改革[①]。我们都知道嘉靖朝初年，朝政有过若干起色，但那次改革没有进一步发展下去。随着嘉靖皇帝的怠政、权臣的弄权，嘉靖后期朝政已经到了不可收拾的地步。嘉靖是一个刚愎自用、生性残暴而又沉迷于服药求长生[②]，以致长期卧病的皇帝。嘉靖中期以后，严嵩当政，卖官鬻爵、贿赂公行，官场上下腐败成风。国库无可用之钱粮、边境无可用之兵[③]。嘉靖皇帝留下的是一个飘摇的政局。应该说，嘉靖一朝，已经决定了这个王朝的必然没落。但是，就在这个时候，先后出现了几位有志于振兴朝政的大臣，他们起来整顿这个飘摇的政局。他们的性格、思想、以至政治理念虽然各不相同，他们之间亦矛盾、争斗，但是在求实、希望有所作为这一点上，却有相似之处。

嘉靖四十五年十二月十四日，嘉靖皇帝驾崩，十五日颁下《嘉靖遗诏》。这个遗诏，是首辅徐阶和他的学生张居正商议起草的，反映着他们对于新皇帝登极将要进行的改革的见解。遗诏以嘉靖皇帝悔过的口气废除嘉靖一朝的部分弊政：停止建斋醮等一切活动，停止一切织造、采买事项，平反冤狱。这三项，涉及其时朝政急须解决的主要问题。可以说，嘉、隆交替之际，徐阶的作用在于缓和已经激化了的朝廷内外的矛盾，也为后来的改革做好了准备。以后便是高拱在隆庆中期的改革和张居正在万历初期的改革。他们对朝政的改革，最主要的成就，是使各级政权有效地运转起来，恢复经济，加强边防。特别是张居正，他善于用人，以极严厉的手段考查官吏的工作，使原来已经疲软涣散的各级机构和官员能够恪尽其职，为他的改革目标服务[④]。他在经济上的主要改革是清丈田亩、实行一条鞭法，改革赋役制度；减少开支、增加税收。不到十年，国库充盈[⑤]。他加强边防，平盗贼，御外寇，得到一个数十年未有之安定环境。从徐阶、高拱到张居正，他们虽有许多弱点，但都是有意革新朝政的实行家。特别是高拱和张居正的改革，给行将衰败的明王朝，带来了最后的一片亮色。他们是实行家，不是空谈者。他们看问题的角度，往往从施政的得失着眼。本文试图要探讨的，就是他们和他们周围的主要人物，作为施政者，究竟有着什么样的文学观念。

一

隆庆四年七月二日，高拱上疏请禁繁词。疏称：

> 臣惟尚实之世不多言，守法之臣无曲说。况君上日有万机，岂宜烦渎；而人臣进言当谨，安可虚浮？查得先朝奏章具各简实，不敢繁词。近自三二十年来，率务为支叶，铺缀连牍，日新月盛，有增无减。曾不思蔓延长语，徒劳圣览。且言多意晦，绪理难寻，翻可窜匿事端，支调假饰。人臣奏对之理不当如此。伏望敕下该部，严加禁约通行，内外大小衙门，凡有章奏，务要直陈其事，意尽而止，不得仍前铺缀。违者，听该部科官参奏治罪，庶存恭肃之体，且还简实之风。其于治理，所裨不细。

这个奏疏很快就得到隆庆皇帝的御批：

> 卿说的是。近来章奏委多繁词，且语涉肆慢，甚非人臣奏对之礼。着便通行严禁，有违的，部院该科参来处治。[⑥]

不久，刑部侍郎游居敬上疏请以宋罗从彦、李侗从祀孔庙，而疏数百言，且事文饰，第一个犯禁，被夺俸三个月。[⑦]

高拱是一位用心于吏治的改革者。他是从吏治的角度来看待文的。嘉靖四十四年六月，他被任命为礼部尚书，有《挽颓习以崇圣治疏》，分析了当时“内则吏治之不修，外则夷狄之不靖”的原因。他以为，那不是由于兵不强与财不充，而是由于积习之败坏。他提出积习之败坏有八个方面，其中之一就是浮言之习其流，也就是说，浮华的言词成了一种风气。他说：“辞有要则政有恒，议论多则成功少。而乃彼之所是，此之所谓非也；甲之所否，乙之所谓可也。事方立而忽夺其成，谋未施而已泄其计，苍黄翻覆，丛杂纷纭。谈者各饰其私而听者不胜其眩。”⑧ 浮华的言辞不惟空言误事，而且往往隐匿、混淆是非。我们看隆庆四年高拱为首辅之后与下属论吏事的书信，就可以清楚地看到他处处以一种求实的态度去处理政事，一切以是否有益于施政为转移，没有一点虚文缛礼。他劝他的僚属“共倡务实之风，以正人心、挽颓俗”⑨。他谈的是“文”，是以依附于吏治为前提的。他并不重视诗文的艺术特质。他说：“若后世所谓诗者，只是吟美声韵，而无关于性情；所谓礼者，只是虚饰仪文，而不本于恭敬；所谓乐者，只是嬉戏淫俗，而反乖于中和，则非所当务也。有志于学者，必当求诗、礼、乐之本然者而后可。”⑩ 他主张用人取其大。所谓大，就是既有德而又有才干，能够慷慨任事，而不是徒有艺文。他说：“科目以文艺取士，士只文艺是竞，父兄师友之所督勉，惟此而已。而性命之理，礼乐之实，存心制行之方，事君泽民之术，漫然其不知也。”⑪ 他这一类论述不少，如：

> 后世韦布之士，徒事章句，无复格致、诚正、修身之功，齐家、治国、平天下之具。
>
> 成祖始制内阁，以翰林官七人处之，备问代言，商确政务，极其宠密，然未有平章之任也。其后遂理机务庶政。比其久也，则遂隆以师保之官，称辅臣焉，虽无宰相之名，有其实矣。然皆出诸翰林。翰林之官，皆出诸首甲与夫庶吉士之选留者。其选也以诗文，其教也以诗文，而无他事焉。夫用之为侍从而以诗文，犹之可也；今既用之平章，而犹以诗文，则岂非所用非所养，所养非所用乎？⑫

高拱在隆庆改革中有着不可忽视之贡献。他是一位有才干、有大气魄的革新者，他的求实的思想，在隆、万之际有着现实的积极意义。他的悲剧在于他的张扬、专权，傲视群僚而又缺乏心计，终于未能把自己设计的改革进行下去。黄景昉说："高新郑踉跄去国，诚非其罪……好胜过敌，物极必反，亦其报也。"[13] 他之反对繁辞，完全是从施政着眼的。从高拱，我们可以思考政治家看待文艺的视角特点。从政治看与从文艺看，不同的视角会有不同的结论，这是很自然的事。

张居正也是一位重吏治的改革家。他对待事物的态度，亦以是否有利于富国强兵为转移。他初入内阁时，有人批评他，说："吾辈谓张公柄用，当行帝王之道，今观其议论，不过富国强兵而已。殊使人失望。"他回答说，这是太赞誉我了。"吾安能使国富兵强哉！孔子论政，开口便说足食足兵……后世学术不明，高谈无实，剽窃仁义谓之王道，才涉富强，便云霸术。不知王霸之辩，义利之间，在心不在迹，奚必仁义之为王富强之为霸也？"[14] 他说他为国家的富强，是什么都可以做的，"苟利社稷，生死以之"。对于他对待文化、对待文的态度，均应从此一基本点来理解。万历七年正月，下令毁天下私设书院。此事由原任常州知府施观民所引起。施观民聚敛民财，私设书院，于是被革职闲住。其所创设之书院与各省书院之私建者，改为公廨衙门，田产收归里甲；同时禁止聚众讲学。[15] 也是在这一年，张居正借故杀了阳明学派的学者何心隐。心隐原名梁汝元，聚徒讲学，在讲学过程中议论朝政，声言张居正专制朝纲，他将要入京倡言驱逐之。于是被逮入狱，其友人罗巽亦未免于难，万历八年亦冤死狱中。[16] 张居正之毁书院、禁讲学，为后世所普遍非议，今人甚至拟之为文化专制。其实此事有甚为复杂之原因。自思想倾向而言，他虽然对罗洪先有好感，也极赞赏王门弟子王宗沐，但他对于王学的基本态度，则是反感的。他赞赏王宗沐，是赞赏他的吏治的才干。宗沐主管漕运，成就斐然，张居正在谈到此一点时，兴奋之情，溢于言表。在给王宗沐的信中说："四百万军储江海并运，洪涛飞越，若涉平津。自仆有知以来，实未见有如是之盛者。一日侍上，语及今岁漕事，天颜喜悦，殿上侍臣，咸呼万岁。”[17]王宗沐的工作是让南粮顺利北运，这对于张居正的改革有甚大之关系。在另一给王宗沐的信中，他说：“辱示，知运艘已于三月十一日尽数过淮……若前途通利，则额赋可以毕达，国储日裕矣。今太仓之粟一千三百馀万石，可支五六年。鄙意欲俟十年之上，当别有处分，今固未敢言也。”[18]他是从朝政得失的角度欣赏王宗沐的。他甚至写信与宗沐讨论改革大计。但是，从思想倾向上说，他与王学实存歧异。加之有的讲学者公然反对他的改革，这是他无法接受的。他之毁书院，禁讲学，主要原因在此。

他毁书院、禁讲学，是从他的改革能否不受干扰着眼。他对待诗文，也无不着眼于朝政。万历皇帝登极时年仅十岁，张居正给安排了严格的学习制度，教材《帝鉴图说》与《四书集注直解》就是他亲自编写的。从《四书集注直解》中我们可以看到他如何借论诗以说朝政。《论语·阳货》：“子曰：小子何莫学乎诗？诗可以兴，可以观，可以群，可以怨。迩之事父，远之事君，多识于鸟兽草木之名。”朱熹《集注》只是说“感发意志，考见得失，和而不流，怨而不怒，人伦之道，诗无不备。二者举重而言，其余绪又足以之多识。学诗之法，此章尽之。读是经者，所宜尽心也”。[19]而居正解此，除明字义之外，又着重讲了为政的问题：

> 盖诗之为教，不但学者所当诵习也。《关雎》、《麟趾》，为风化之原；《凫鹥》、《既醉》，乃太平之福；《天保》以上，所以治内；《采薇》以下，所以治外。王道莫备于斯矣。为人主者，可以不究心焉？[20]

朱熹是从学诗者应该注意什么的角度，来理解孔子这段议论的。而张居正则把他解释成治国的手段。《论语·雍也》：“子曰：质胜文则野，文胜质则史，文质彬彬，然后君子。”朱熹注此，谓：“言学者当损有余，补不足，至于成德，则不期然而然矣。”[21]他只是从道德修养上说的，张居正解此，则曰：

> 若专尚质实，胜过乎文，则诚朴有余而华采不足，就似那村野的人一般，一味是粗鄙简略而已，岂君子之所贵乎！若专尚文采，胜过乎质，则外虽可观而中无实意，就是那掌管文书的一般，不过是虚浮粉饰而已，亦岂君子之所贵乎！惟是内有忠信诚悫之心，外有威仪文词之饰，彬彬然文质相兼，本末相称而无一毫太过不及之偏，这才是成德之君子……盖周末文胜，古道尽亡，孔子欲矫其偏而归之正，故其言如此。但当时之君，安于弊政而不能变更，公卿大夫流于习俗而不知救正，此周道之所以日衰也。有挽回世道之责者，其念之哉！[22]

孔子此处原来是就广义的文，主要是礼文而言的，张居正在礼文之外，加上了文词，而且又联系到治道上来，不忘告诉年幼的万历皇帝负有治国之责，要他一定注意这一点。万历皇帝喜欢书法，经常练习，还喜欢书写送给几位顾命大臣。张居正就劝他，说书法是小技，帝王的职责是治国，不要沉迷于书法中。

徐阶与高拱、张居正不同，高、张从施政的角度看待文，而徐阶则从道德修持的角度论文，当然，他讲道德修持，终极目的仍归之于为政。他是王阳明的私淑弟子聂豹的学生。他为首辅时，推动着阳明学的讲学活动。嘉靖四十四年的灵济宫大会，官员、生徒云集至千人，欧阳德、聂豹、程文德、罗汝芳这些王学的著名人物都曾赴讲，听讲者中有许多重要官员[23]，外官自方伯以下，内官自亚相李春芳以下，分列左右。以首辅而主持阳明学之讲学活动，在明代这是首次。可见，徐阶是把道德修持看做他主持朝政的重要部分的。我们如果联系阳明学提出的初衷原在于正人心以治平天下，则对于徐阶的这一行为也就可以理解。徐阶论文，重在道德。他为陆深的文集作序，说：

> 夫文之用广矣大矣。其体诸身为德之纯，其措诸事为道之显，其书诸简册为训之昭。古昔圣人以此经纬天地，纲纪人伦，化成海内，贻则万世。故夫播而为训诰，萃而为典谟，删述而为经，笔削而为史，虽出

于圣人之手，犹文之一端也。而后世不察，独以文字当之。于是道德、勋业、文章判为三途。至其甚也，又举所谓文字者归之于浮靡诡诞之作，而其为文，因亦流于俳优之末技，家人之俚语，则何所系于人文世道以庶几古之作者之万一哉！[24]

这里他特别提出来道德、勋业、文章三者应该一致，而且为文应该系于世道人心的问题。在《金精吟社集序》中，他又提到先道德而后诗文的问题：

国家乡举里选之法废而专以文辞为登用之途。士之生者不患其无文，患其无行。诗又文之一也，其学传与不传无足深论，诸君子犹不忍坐观其然。至道学不明，里无善俗，寡廉鲜耻，以利为义，近世大儒力救之而未能者，其亦尝思以倡之乎？倡之如何？修身以及人，笃近以举远，善者与之又从而进之，恶者惩之又从而教之，积之以岁时，感之以诚意，则人心之天复而俗可自敦。俗敦而其用普矣。区区文词之学，徐而议焉可也。[25]

他是讲性命之学的。通常的说法是文本于性情，他却说是本于性命与学术。他在为朱廷立的《两厓集》作序时，赞扬朱廷立的文章说："公为文，根本性命，发抒学术，上取正于六经，下取材于诸子。"[26]他主张心之常虚常灵，没有私欲之扰，着眼于心之修持，因此而轻视文。在给欧阳德的信中，他说：

阶少役志于富贵，三年而知其无益，始刻志于文词，冀可不朽。今又四年，始觉文词之与富贵，均为外物。[27]

其实他讲修持，也是一种政治的需要，并非真的实行。他是一位极有心计的人，看他不动声色，最后完全置严嵩于死地，就可以了解他机心之深。他的子弟横行乡里，霸占、兼并田地二十四万亩。[28]隆庆三年海瑞为应天巡抚时，整治侵夺民田的地方缙绅，首指徐氏。但结果徐阶还是只交出很少的一部分田产。我们看阳明的门人，理论与行为之间的背离，非只徐阶一人如此。此一点，似未引起学界之必要重视。学界以极大之精力，阐释王学之理论范畴与理论体系，而不问此一以思想践履为终极目的之理论，究在何种程度上付之实践，从而论其实践性品格又从而论其价值之所在。

徐阶、高拱、张居正、申时行先后四位首辅之间，论文最多的是申时行。申时行在性格和处事上与徐、高、张都不同。他和缓沉稳，不事张扬也不为过激之行。在《答顾冲庵巡抚》中，他说"鄙性柔懦，好下人而深畏事"。他是张居正提拔起来的人，辅助张居正进行改革。他对张居正改革的急迫与苛繁其实有不同看法，但他不说。直到张居正死后被清算，他才流露出来。张居正的改革被彻底否定之后，申时行作为参与改革者之一,一反张居正之政策，变严苛而为和缓。[29] 在群攻（特别是年轻官吏）张居正之时，因他与张居正的关系，他也备受责难，如置火上。他说:"仆盖处安危疑信之间，以诚意不孚，智术不足，无以服反侧之心，而制倾邪之命。故险夫横议，出而相轧，人情杌陧，国是混淆，几有不测之患。""赖天心默佑，圣志不摇，危而复安，疑而复信。此殆天意，非人谋所及也。其中曲折，仓卒难言。"[30] 在大反复，朝政一片混乱之中，他说是有赖于万历皇帝对他的信任，才逃过劫难。其实，也有赖于他的沉稳，当然与他顺着反张的势力而一反张居正的改革措施也不无关系。《明史》卷二百一十八《申时行传》说他"外畏清议，内顾恩宠，依阿自守，掩饰取名，弼谐无闻，循默避事"。《明史》撰者对于申时行的这一评价似嫌苛刻。在张居正改革失败、朝政是非不分、加之他所处地位极其困难的环境中，他能够维持一个较为平稳的政局，当了近九年的首辅，实亦不易。这与他的机敏与沉稳和缓的性格不无关系。他论文与他的性格有关，虽与徐、高、张一样重政、重道，但较为圆融。作于万历八年的《会试录序》和《会试录后序》，有过有关的论述:

当成、弘之际，文教醲蔚，士皆重博雅，奖恬退，耻不修，不耻不闻，耻不能，不耻不达。时则彬彬，质有其文而不诡于正。又百年而天下之文日盛而入于侈，士乃委蛇其道，繁缛其节，竞斧藻而工鞶帨。其甚也，浮游夸诞，称引夔魑象罔、叛道离经之说而号为奇士。至于好奇而习愈坏，殆孟氏所谓诐行淫词生于心而害于政事者，其为世道病，非浅鲜也。

二百余年，士之秉道循法称学术事功者，炳焉可述，即成周何以异。然臣尝过计，以为文敝于太盛，法玩于久安。敝则缘饰愈巧而实不修；玩则检柙常疏而节不立。此士之所大患也。比见占毕之士，多骛诡奇；谈说之家，常持空幻，非徒绣其鞶帨，又设淫词而助之。当官莅众，则微文避课，先名誉而后职业，即重禁之，其势不止，何也？则习尚已成而溺焉者众也。[31]

这是从取士的角度论文与为政之关系。在这两篇序里，他主张取士不贵其言而贵其用。在为陈鎏的《已宽堂集》作序时，他也提到繁辞之弊：

而顷者文敝滋甚。纤秾绮靡、浮淫险怪之词横骛捷出，至剽剥异端，决裂经训，散淳朴而漓本真，于人心世道有遗虑焉。[32]

当他从为政的角度考虑问题时，他并没有注意诗文的艺术层面。但他其实是一位极有才华的人，诗也写得好。他不从为政的角度考虑问题时，是很注意诗文的艺术特色的，无论从创作实践上还是从理论上，都如此。这一点，我们留待下面谈。

万历十一年曾为次辅的许国，也提到文应该与德功并传，“士之所托不朽者，独文辞哉？要以穷理而致用也”[33]。曾为吏部尚书的张瀚，则把词人墨士之文与有道者之文区分开来。他为吴廷举的诗文集作序，称其诗文非饰章绘句争骛淫丽以炫观听，而于忧国忧民砥砺廉隅敦笃信义三致意。他进一步论诗文之要，谓：

夫文以气为主，气得其养，至大至刚，敛之不逾一身，放之塞乎天地；以之策勋，泛应不匮；以之修辞，亹亹无穷。凡其感于物而形于言者，要皆厚人伦，美教化，达于事变，关乎政治，协匡正之义，得风人之旨。其气全，其道备也……若曰：诗缘情而绮靡，奏平彻以闲雅，词贵体要，论主精微。公作或不尽然。斯词人墨士之科条，不可例于有道之绪余也。[34]

隆庆、万历初这几位负有治国重任者的诗文观，着眼点都在治道上。他们看待文的价值，以是否有益于治道为转移。以往当我读到隋代的李谔《上书正文体》提出文表华艳应该治罪时，以其反文学之倾向而十分反感。如今审视隆庆、万历初期的这几位左右政局的重要人物对于文的看法，忽然若有所悟。处于不同的地位、不同的社会群落，由于不同的利益驱使，对于同一个问题的看法，必然会有不同的着眼点。

二

从吏治的需要而反对繁辞，确实于吏治有益。试想臣工之奏章雕章琢句，会有什么样的效果？试想一位负有责任的官员整日里雕章绘句，那是什么情景？有明一代，多次下诏反繁辞，就因为繁辞不便省览，浪费时间。为严禁繁辞，万历五年张居正考核各级官员，还特别下了一条规定给吏部各衙门：考语以四句为限，无得浮词虚美，以伤政体。[35] 办事人的想法与文士的想法是不同的。办事人想的是效率。他们在处理政务时考虑的是把事情办好，而不是审美的享受。一篇奏章写得华词丽藻、声韵排比，不惟读者费时，且轻则模糊真相，造成模棱两可之效果；重则隐慝藏奸，败坏吏治。取士的标准重德行与实干而轻文才，也是考虑吏治的需要。办事人首先要考虑的是办事能力，至于欣赏华辞丽藻，那是吏事之外的事情。张居正是一位很能知人用人的首辅，他在一封给舒念庭的信中，谈到使用王世贞的问题：

重承华翰，深荷雅情，铭心之感，言不能悉。新任王廉宪凤洲，娴于文词，委以程试之作，必能代劳，有裨盛典。差旋敢谩附此，诸惟鉴存。[36]

张居正和王世贞为同科进士，关于二人是否存在矛盾的问题，有诸多猜测，然似都未有充足之证据。从这封信，我们却知道张居正对于如何发挥王世贞的特长是用心的。万历元年二月，王世贞除湖广按察使，八月，主湖广乡试，张居正给舒念庭的信指此。这正是发挥王世贞文才之所长。居正还写信给世贞，说“今岁程式，必将为海内冠矣”，加以鼓励。两信同时，说明张居正深知王世贞之所长不在吏治，而在文词。为发挥其所长，考虑既周详，安排又细致。他还苦心为世贞设计并安排了一条从按察使内转为京官的途径。世贞八月主持湖广乡试，九月就改广西右布政使。为什么有这一改任，居正在给王世贞的信中有说明：“汪伯玉言公雅不乐行；且循资量移，晋右辖，旦夕便可为内转之阶。”大概是汪道昆传过消息给居正，说世贞不乐于赴广西任，故居正有如此之说明。万历二年二月，世贞内转为太仆寺卿。九月，以都察院右佥都御史督抚郧阳。这其间，世贞尝为居正之父母撰写过寿辞，居正去信说：

前老父诞辰，已承伟制。兹老母七袠，复拜雄篇。天孙之锦，后先相映；昭华之宝，璀璨盈庭。珍重感切，诚不能喻之于言也。[37]

现在保存在《张太岳文集》中张居正给王世贞的十五封信，可看出他对于王世贞是很关心的。他后来还为王世贞安排了大理卿、京兆尹等职。这就说明，他对于当时文坛的这位重要人物，相当的欣赏，而且是欣赏其文才，其词采。在私下的场合，他并不反对文采，他自己的文字极流畅美丽。《游衡岳记·后记》：

余前来，道大江，溯汉口，而登赤壁矶。观孙曹战处，慷慨悲歌，俯仰今古。北眺乌林，伤雄心之乍衄；东望夏口，美瑜亮之逢时。遐想徘徊，不知逸气之横发也。继过岳阳，观洞庭，长涛巨浸，惊魂耀魄，诸方溟涬，一瞬皆空，则有细宇宙、齐物我、吞吐万象、并罗八极之心。及登衡岳，览洞壑之幽邃与林泉之隈隩，虑澹物轻，心怡神旷，又若栖真委蛇历遐蹈景之事不难为也。嗟乎！人之心何其易变而屡迁耶！[38]

他的许多书信都写得流利省净，特别是那几封为报顾璘的知遇之恩而托人照顾顾之儿子的信，更是写得真挚深情，感人至深。与他作为无情政治家的形象迥异。这就说明，从施政的角度论文，与他私生活中对于文的态度，是不同的。这不同，是缘于考虑问题的不同视角所致。

申时行在这一点上表现得更为明显。他论诗主真性情，重含蕴深厚。他写有 656 首诗。这些诗都收在《赐闲堂集》里。在四位首辅中，他不惟诗写得最多，而且也写得最好。他实在是一位甚具诗才的人。在他的诗里，完全没有道德说教的意味，而是人生的感慨。他的不少诗里，都有庄子思想的痕迹。《杜机园为龚侍御惟长赋》:

君宾风节何矫矫，青骢蹀躞长安道。指佞曾飞柱后霜，避人欲毁囊中草。自从鼓枻向江皋，百尺纶竿手自操。已选一丘寻薜荔，仍营五亩刈蓬蒿。蓬蒿旧径柴桑里，日展《南华》诵《秋水》，枯槁宁同南郭綦，玄虚且学壶丘子。穷探妙理入希微，静坐冥心息是非。逍遥自悟寥天一，止观还称杜德机。世间机事何不有，为云为雨翻复手。炊粱一遇邯郸翁，抱瓮全输汉阴叟。君不见昔时揽辔埋车轮，今日联翩作逐臣……[39]

诗为龚仲庆在公安所修建的杜机园而作。张居正被清算之后，原先被居正治罪的官员纷纷被诏回朝。他们回朝之后，对于张居正的一系列改革政策进行激烈地攻击，也常常借故攻击曾为张居正所选用的官员。龚仲庆时为御史，对他们的这些行为表示不满。他在那样反复的政局之中，弹劾过攻击张居正最激烈的李植等人。所以申时行在诗中说他曾“指佞”，说他“避人”。他后来被放归乡，世事的反复使他从谏臣的冒死争是非转向了庄子式的冥一是非，走向逍遥以处世之人生。命园名为杜机，暗示着入世之一念已然消失之意。虽未能达到与道冥一之境界，但也朝着与道冥一之境界努力。[40]而此一人生态度之转变，实由于世事之反复无常所引起。正是这一点，引起了申时行的强烈共鸣，所以他在诗中对于政局的反复发出了无限的感慨。这诗里反映了张居正之后申时行虽身为首辅，但是他所承受的压力却是十分巨大的。他同情龚仲庆人生态度的转变，他也由于处境的艰难而对庄子思想有一种亲近感。这在他的不少诗中都有表现。这大概是对于压力的一种消解。在巨大的压力下，有时他甚至连自己还能不能守住节操都产生了怀疑。这种情绪在诗中每有流露。《咏雪中折竹》：

> 乍听风敲玉，俄惊雪压枝。亦知刚易折，无乃重难持。划似鲛冰断，纷如凤羽披。岁寒不自保，抗节使人疑。[41]

这雪下之竹正是处于压力之下的申时行的自我形象。在一些诗中，他对于其时政局的混乱、是非不分、阴谋争斗，表示不满和深深的忧虑。《感怀》四首之三：

> 众煦欲漂山，群轻能折轴。一言变是非，究至邦家覆。况乃怀百心，曹伍相角逐。纷若调沸羹，捷如蛾赴烛。戈矛出唇吻，鳞甲藏胸腹。珸玏杂碔砆，椒兰混薋菉。塞纩虽弥高，叫阍一何渎。狂澜欲襄陵，高岸倏成谷。乱唐肇牛李，祸宋基洛蜀。失路戒前车，深规存往躅。包荒涣其群，《易》义当三复。

在《感怀》四首之二中，他从这种不满和忧虑转向了庄子：

> 白鹤鸣高岗，矫吭欲闻天。朱鳞戏清沼，适意在沉渊。翔泳任真性，俯仰具悠然。达人秉高尚，用世常随缘。扬采升云霄，戢耀归林泉。为

龙亦蠖伏，抱璧仍瓦全。时事总乖迕，物役无纠缠。冥鸿日以远，弋人何慕焉。逍遥观物化，载诵《南华》篇。[42]

他多次乞休，也表达从艰危的政局脱身走向隐逸之意。《乞休》二首：

才疏敢谓济川舟？如此风波不可留。总为浮云连北极，谁堪底柱在中流。行当九折车难度，听到三言杼易投。圣主倘容骸骨去，青山长伴赤松游。殿阁承恩十载馀，自怜头白未悬车。长驱紫塞无奇策，痛哭青蒲有谏书。老去空悲千里骥，秋来真忆四腮鱼。不才自合投樗社，敢向明时学二疏。[43]

他的诗重在抒发个人怀抱，而且也重技巧的运用。他常在诗中大量用典。前二诗用典九。他的一些诗，用典与抒情融为一体，如《哭王子幻》二首之一：

惨澹江天里，何人问客星？空传怀旧赋，无复草玄亭。物外悲长往，人间忌独醒。床头孤剑在，永夜泣青萍。[44]

王子幻是申时行青年时代的好友，申时行有多篇诗提到他。这里四联诗用典六，有的明用，有的暗用，全都融入浓烈的悲情之中。又如《袁子建卧病吴中，诗以讯之》：

闻君多病卧江干，门巷萧疏雨雪寒。双刖可堪投玉璞，九还谁为觅金丹。梁间落月疑颜色，原上秋风想急难。千里故人聊问讯，尺书何日报平安！[45]

用事典四，有的是辗转地用，以传达他与袁子建兄弟般之深情。从他诗中的善于用典，可以看出他其实是很重视诗的技巧的。他也重视词采的华美。这从他的十首《落花诗》和后二十首《落花诗》中可以看出来。《落花诗》十首之七：

香阁缤纷可自由？艳姿狼籍倩谁收？铅华有恨空辞辇，罗绮无情宛坠楼。流出御沟春脉脉，迷来仙洞水悠悠。风光递转寻常事，可奈年年送白头！

之九：

春风吹老夕阳斜，一笑嫣然度岁华。暂与名园敷锦绣，终怜幻质委泥沙。白头吟罢空相忆，红颊啼残转自嗟。疑是瞿昙新说法，故教天女散空花。

后二十首之八：

点染胭脂错绣文，林端陌上太缤纷。淋漓香滓粘約履，琐碎残霞入茜裙。白日长飞梁苑雪，青霄忽散楚台云。繁华胜事看如许，独倚危楼对夕曛。

之十：

几番花信弄轻寒，万斛春光半已阑。闺阁有人悲落莫，园林无使报平安。随缘欲布黄金埒，学舞频翻白玉盘。虹采电光同一瞬，逢时莫放酒杯干。[46]

这些诗并没有多少思想深度，但每一首都用典圆融，词采美丽。从这三十首落花诗，我们似可推测，他的诗歌思想中有重诗的艺术形式的倾向。这和他作为首辅对于文的看法，显然是不一样的。

高拱不写诗，而徐阶的诗写得实在不好，因此对他们作为常人在创作实践中反映出来的诗文观无从推测。但仅从张居正和申时行的创作实践中，我们似可提出一个问题，这就是这些负有重大政治责任的大臣，当他们从吏治的角度看文的时候，他们讲实用；而他们日常的爱好却是另一回事，他们往往注重文的艺术特色。

嘉靖皇帝也曾反对繁词，如嘉靖十八年十二月，“河南道御史闻人诠奏言：‘今时文体诡异已极，乞申饬天下力崇古朴，其要在先责学校，使提督宪臣，痛加黜罚；次责场屋，使考校等官，公为品骘。’上是其言，命：‘自后遇乡试，礼部必评阅试录，与各生公据。有仍前离经叛道，诡词邪说者，则治监临考校官之罪，而黜其中式者为民。’”其实，嘉靖皇帝自己是很喜欢美丽词采的。他十分欣赏青词词采的骈俪华美。凡青词中有美丽的词采，他都要让小内臣抄出来，以备日常欣赏。[47] 这又一次说明，当执政者从吏治着眼时，他们对文词的看法是一回事，而他们的个人爱好往往是另一回事。

对于诗文的社会角色，对于它的功用问题，一直争论不休。我们对于古文论中关于诗文观念的评价，也往往从一个视角着眼。我们很少研究各朝的文艺政策。其实，不同的社会阶层，不同的社会群落，出于不同的目的，会有不同的认知。同一社会群落，处于不同的地位时，也会有不同的认知。这里面牵连到实际利益，很难用一个标准来定是非。从政治家来说，他需要有益于治道。没有任何一位政治家，会愚蠢到希望诗文对他的事业起破坏作用。从李谔上书正文体，到高拱上疏请禁繁词，都说明这一点。但是，当繁词不影响治道时，他们则又是宽容的。张居正与申时行，不仅自己的诗文词采美丽，而且亦未见他们干预在野文人的创作。那时不惟文风多样化，甚至连儒家眼里必定被视为淫佚的作品，也正在文士之间传阅。

文学是一个多面体，隆庆、万历初的人们似乎对它作了不同层面的解读。

（原刊于《文学遗产》2005年第4期）

---

①韦庆远《张居正和明代中后期政局》已提出此问题，见该书第177页，广东教育出版社1999年版。

②嘉靖一朝谏臣屡遭酷刑，触目惊心，即是例子。参见《明世宗实录》，中央研究院历史语言研究所校印本。

③隆庆元年十二月，户部尚书马森奏：“太仓存银一百三十万四千六百五十二两。岁支官俸银一百三十五万有奇，边饷二百三十六万有奇，补发年例一百八十二万

有奇，通计所出须得银五百五十三万有奇，以今数抵算，仅足三月。京粮现存粮六百七十八万三千五百五十一石，岁支官军月粮二百六十二万一千五百余石，遇闰月又加二十二万余石，以今数抵算，仅足二年有余……似此可谓匮乏之极矣。"《明穆宗实录》卷十五，页414、415。

④万历元年实行"考成法"，有了很好的成效。万历六年正月，户科给事中石应岳等言："自考成之法一立，数十年废弛丛积之政，渐次修举。"(《明神宗实录》卷七十一，页1534)《明史》卷二百十三《张居正传》说"考成法"行，"自是，一切不敢饰非，政体为肃。"还说："居正为政，以尊主权、课吏职、信赏罚，一号令为主。虽万里外，朝下而夕奉行。"中华书局校点本1974年版，页5645。

⑤黄景昉《国史唯疑》卷九："万历四年，以京通仓米业足支七八年，准改折次年漕粮十分之三，得银九十万有奇，扣除运军行粮料价等银复十余万。盛哉！视迩来何啻盈虚消息之异。"上海古籍出版社2002年版，页252。又《明史》卷二百十三《张居正传》说："行之久，太仓粟充盈，可支十年。"中华书局校点本1974年版，页5645。

⑥高拱《高文襄公集》卷三《请禁章奏繁辞以肃朝廷疏》，四库全书存目丛书本。此事未能彻底推行。隆庆六年十二月，候选训导侯贵上疏言六事，谓："近来时文，寖失旧制，险怪钩棘，破析文义，冗长厌观。虽时加禁革，难以猝改。"见《明神宗实录》卷八，页290。嘉靖朝亦多次整顿文风。如嘉靖十一年正月，礼部尚书夏言上疏，谓："近年以来，文章日趋卑陋，往往剽劖摹拟《国》、《左》等书，以相矜眩，不过以艰深之辞，饰浅近之见；用奇僻之字，盖庸拙之词。而纯正博雅之体，温柔昌大之气，荡然无存。……乃昨岁天下进呈录文，类皆猥鄙不经，气格卑弱，背戾经旨，决裂程式。其刻意以为高者，则浮诞谲诡而不协于中；骋词以为辩者，则支离磔裂而不根于理。文体大坏，比昔尤甚。今年望敕考官，务取醇正典雅、温柔敦厚之文，一切驾虚翼伪，钩棘轧茁之习，痛加黜落，庶几士知所向，文体可变。"嘉靖皇帝批曰："文运有关国运，所系不细。近来士子经义诡异艰深，大坏文体，诚为害治。其出榜晓谕：今年会试文卷，必醇正典雅；明白通畅者，亦得中式。若有仍前钩棘奇僻，通加黜落，甚则令主考官奏闻处治。"《明世宗实录》卷一百三十四，页3176～3178。

⑦《明穆宗实录》卷四十七，页1192。

⑧《高文襄公集》卷二十二。

⑨《高文襄公集》卷七，《答杨大参》。

⑩高拱著，流水点校《高拱论著四种·日进直讲》，中华书局1993年版，页348。

⑪《高拱论著四种·本语》，页59。

⑫《高拱论著四种·本语》，页25、47。

⑬黄景昉《国史唯疑》卷八。关于高拱的评价，《明史》卷二百十三《高拱传》谓："拱练习政体，负经济才，所建白皆可行。"又说："高拱才略自许，负气凌人。"王世贞《嘉靖以来首辅传》卷六《高拱传》谓："拱为人有才气，英锐勃发，议论蜂起，

而性急迫，不能容物，又不能藏蓄需忍，有所忤，触之立碎。每张目怒视，恶声继之，即左右皆为辟易。既渐得志，则婴视百辟，朝登暮削，唯意之师，亡有敢抗者。”（文渊阁四库全书本）

⑭张居正《新刻张太岳先生诗文集》卷三十一，《答福建巡抚耿楚侗谈王霸之辩》，四库全书存目丛书影印万历四十年唐国达刻本。

⑮参见《明神宗实录》卷八十三，页1752；谈迁《国榷》万历七年，续修四库全书影印清抄本。

⑯《明神宗实录》卷九十五，万历八年正月，“先是江西永丰人梁汝元聚徒讲学，讥议朝政。吉水人罗巽与之游。汝元扬言江陵首辅专制朝政，必将入都倡言逐之。首辅微闻其语，露意有司，令简押之。有司承风旨，毙之狱。已而湖广贵州界获妖人曾光等，造为妖语，煽惑土司。事发，插入汝元、罗巽姓名于内，且号汝元为玉知子，罗巽纯一真人……汝元已先死，罗巽亦继毙，狱竟不成。”（页1915、1916）七年七月杀何心隐，八年元月罗巽死狱中，而终为一冤案。

⑰《新刻张太岳先生诗文集》卷二十五《答河漕王敬所言漕运》。

⑱《新刻张太岳先生诗文集》卷二十六《答河漕王敬所》。

⑲朱熹《四书章句集注·论语集注》卷九，《新编诸子集成》第一辑，中华书局1983年版，页178。

⑳张居正《四书集注直解》卷十二，清八旗经正书院刻本。

㉑朱熹《四书章句集注·论语集注》卷三。

㉒张居正《四书集注直解》卷六。

㉓参见黄宗羲《明儒学案》卷二十七，页618；王时槐《王塘南先生自考录》嘉靖四十四年条。转引自吴震《明代知识界讲学活动》页266，学林出版社2004年版。

㉔徐阶《世经堂集》卷十三，《陆文裕公集序》，四库全书存目丛书影明万历徐氏刻本。

㉕《世经堂集》卷十一。

㉖《世经堂集》卷十三《两厓集序》。

㉗《世经堂集》卷二十二《复欧南野太史》。

㉘关于徐阶兼并田地的数量，史有不同记录，多至二十四万亩，少至四万亩。四万亩之说，据徐阶自己的说法。

㉙这从他的《赐闲堂集》大量的书信中可以得到说明，例如《答陆阜南巡抚》：“海内连年灾沴，一困于征敛之急迫，再苦于法令之烦苛。今解网改弦，务从宽简。至于吏治，尤宜奖廉训俭，优礼悃愊，以渐变其颓风。此鄙劣之有志而重望于吾丈也。”《答朱镇山尚书》：“向来吏争于操切，民苦于苛烦，士习靡然，人心涣甚。计莫如缓征厚恤以安黎庶，屏奸进贤以清朝廷，一切以宽大简静，与天下休息，庶可以补偏救弊，臻于治理。”（四库全书存目丛书影印万历刻本）

㉚申时行《赐闲堂集》卷三十五《答冯文所学宪》。

㉛《赐闲堂集》卷九。

㉜《赐闲堂集》卷十，《陈雨泉先生已宽堂集序》。

㉝许国《许文穆公集》卷二，《文章正宗序》，明万历刻本。

㉞张瀚《奚囊蠹馀》卷二十，《刻吴清惠公诗文序》，四库全书存目丛书影印明隆庆六年刻本。

㉟《明神宗实录》卷六十八，页1487。

㊱《新刻张太岳先生诗文集》卷三十五，《附答楚按舒念庭》。

㊲上引均见《新刻张太岳先生诗文集》卷三十五《答廉宪王凤洲》。

㊳《新刻张太岳先生诗文集》卷九。

㊴《赐闲堂集》卷二。

㊵参见《庄子·应帝王》，庄子通过季咸见壶子的故事，描述出杜德机、善气机、衡气机与未始出吾宗的不同境界。杜德机，指杜塞生机，心无所动。郭庆藩《庄子集释》，中华书局1981年版。

㊶《赐闲堂集》卷三。

㊷《赐闲堂集》卷二。

㊸《赐闲堂集》卷四。

㊹《赐闲堂集》卷三。

㊺《赐闲堂集》卷四。

㊻均见《赐闲堂集》卷五。

㊼闻人诠奏疏见《明世宗实录》卷二百三十二，页4771。嘉靖皇帝喜欢美丽词藻，事见沈德符《万历野获编》卷十，页270，沈德符谓："四六虽骈偶馀习，然自是宇宙间一种文字。……本朝既废词赋，此道亦置不讲。惟世宗奉玄，一时撰文诸大臣，竭精力为之，如严分宜、徐华亭、李馀姚，召募海内名士几遍。争新斗巧，几三十年，其中岂少抽秘骋妍可垂后世者！惜乎鼎成以后，概讳不言。然戊辰庶常诸君，尚沿馀习……此后遂绝响矣。又嘉靖间倭事旁午，而主上酷喜祥瑞。胡梅林总制南方，每报捷献瑞，辄为四六表，以博天颜一启。上又留心文字，凡俪语奇丽处，皆以御笔点出，别令小内臣录为一册。以故东南才士，缙绅则田汝成、茅坤辈，诸生则徐渭等，咸集幕下。"（中华书局1997年版）

读《沧溟先生集》手记

明代嘉靖后期再度兴起的文学复古思潮，应作何种之评价，学界一直存在不同看法。此一思潮再起之原因；它的价值取向、思想实质，它在文学和文学思想发展过程中具有何种之价值，学者们都作了广泛而深入的研究，提出了种种的看法。这些研究成果使我获益匪浅。最近几个月，我重读了这一思潮的主要人物李攀龙的《沧溟先生集》。李攀龙的文字“聱牙戟口”、思路展开曲折隐约、表述晦涩，要理解他的真实想法，需要反复思索。因之，这《沧溟先生集》也就读得很慢，读得兴味索然，每每不能终篇。常常是读了一半就放下，过一阵又硬着头皮重读。读这样的著作，实在是一个并不愉快的经历。这部不大的别集，虽然读了几个月，我仍然无法把它所涉及的问题都弄清楚。我只是就其涉及文学思想的问题，作了一点零碎札记，以就正于研究李攀龙著作有成就的方家。

一

关于第二次文学复古思潮的首揭者与起因问题。

《沧溟先生集》卷十六有一篇《送王元美序》。这篇序涉及两个问题：一是文学复古思潮之再起谁是首倡者与领袖人物；一是复古思潮再起之原因。

关于第一个问题，《序》有如下一段话：

先是濮阳李先芳亟为元美道余。及元美见余时，则稠人广座之中而

> 已心知其为余。稍益近之，即曰："文章经国大业，不朽盛事。今之作者，论不与李献吉辈者，知其无能为已。且余结发而属辞比事，今乃得一当生。仆愿居前先揭旗鼓，必得所欲，与左氏、司马千载而比肩。生岂有意哉？"盖五年于此，少年多时时言余。元美不问也，曰："世贞奈何乃从诸贤大夫知李生乎！"自是之后，少年乃顾愈益知余。齐鲁之间，其于文学虽天性，然秦汉以来，素业散失。即关洛诸世家，亦皆渐由培植，竢诸王者。故五百年一名世出，犹为多也。[1]

攀龙此《序》作于嘉靖三十一年。这年七月，王世贞以刑部员外郎奉使决狱庐、扬等四州，攀龙为序送行。这段文字在逻辑上有点混乱。《序》先是回顾与世贞结识之因由，说两人结识是由于李先芳的推荐。接着说初见面时即神遇而心许。接下引出"即曰"一段话。这几句话是谁说的呢？是攀龙自己，还是世贞？前文既言"及元美见余时"，"稍益近之，即曰"，自行文之逻辑言，应是世贞的话。但是，说话者其实是攀龙自己。是他在这送行序中回忆两人初识时即向世贞表明自己将要充当复古旗手的意向。这可以从世贞后来的回忆里得到证明。王世贞在《王氏金虎集序》中，也记此事："而是时有濮阳李先芳者雅善余，然又善济南李攀龙也。因见攀龙于余。余二人者，相得甚驩。间来约曰：'夫文章者，天地之精，而不朽之盛举也。……诗书，吾窃有志焉，而未之逮也。诗变而屈氏之《骚》出，靡丽乎长卿，圣矣。乐府，三《诗》之馀也。五言古，苏、李其风乎！而法极黄初矣。七言畅于燕歌乎，而法极杜、李矣。律畅于唐乎，而法极大历矣。书变而左氏、战国乎，而法极司马《史》矣。生亦有意乎哉？'于是吾二人者益日切劘为古文辞。"[2]"间来约曰"，明确说这是攀龙来相约提倡复古。"生亦有意乎哉"，与攀龙《序》中的"生岂有意哉？"都是攀龙对世贞说话的口气。自行文之逻辑言是世贞的话，而说话者其实是攀龙自己。攀龙文章常常夹缠着说。

攀龙与世贞相约为古文辞，并且自称要当揭旗者与鼓吹者。究竟谁是文学复古的首倡者与领袖，此一问题说简单也简单，说复杂也复杂。说简单，是其时与后世，都承认攀龙为此次文学复古之领袖人物。说复杂，是细辨起来，似有一些问题须加说明。

诗宗盛唐，此时再被提起，是否起自攀龙，有待证明。谢榛《诗家直说》有如下一段记载：

> 予客京时，李于鳞、王元美、徐子与、梁公实、宗子相诸君招予结社赋诗。一日，谈初唐、盛唐十二家诗集，并李、杜二家，孰可专为楷范。或云沈、宋，或云李、杜，或云王、孟。予默然久之，曰："历观十四家所作，咸可为法。当选其诸集中之最佳者，录成一帙，熟读之以夺神气，歌咏之以求声调，玩味之以裒精华。得此三要，则造乎浑沦，不必塑谪仙而画少陵也。……"诸君笑而然之。[③]

我们知道，其时有诗学初唐一派。从谢榛这段记载中，他们六人对于应学初唐还是盛唐并未有明确之认识。谢榛并取初、盛，且得到诸人认同。同书还记载嘉靖二十八年谢榛与攀龙、世贞赏月谈诗的事。谢榛侃侃而谈，攀龙暗示他不要再谈下去，说："子何太泄天机？"所谓"太泄天机"，是说不要把关键的问题说透。这次谈的究竟是什么问题，未有明确地说出，但其中已谈及盛唐，则是无疑的。这两则材料，或可说明京师谈诗，最初可能谢榛是主角。梁有誉作《五子诗》，是把谢榛排在第一位的。这当然与谢榛年长有关，但也可以理解为其时六子论诗谢为首。李庆立先生在笺注上一段记载时，引钱谦益、陈伯玑、吴乔诸人评谢榛此一则论述，都公正指出攀龙对唐诗的理解，实自谢榛发之。[④]钱谦益认为其时执牛耳者乃是谢榛。吴乔更明确说谢榛的论述"成七才子一路"。或者由于谢榛的布衣身份，或者由于谢榛论诗而未及文，未涉及文学复古之整体问题，或者更由于谢榛没有王、李辈之大肆张扬，故旗手的称号没有落在他身上，让攀龙得以称自己才是揭旗鼓者。

至于复古思潮展开之后，谁是领袖的问题，似亦尚有细说处。王世贞在《书与李于鳞论诗事》中记嘉靖三十八年两人的一次对话，颇可窥测两人在此一问题上之心态。攀龙说：

吾起山东农家，独好为文章，自恨不得一当古作者。既幸与足下相下上，当中原并驱，时一扫万古，是宁独人间世哉！奈何不更评摧所至，而令百岁后傅耳者执柔翰而雌黄其语也。……其不以吾二人更标帜者几希，请为世人实之。

这是说，两人并驱文坛，可一扫万古。但两人上下之论定，不应由后来人雌黄其间；也不应由当世之人评说。“请为世人实之”，“实”，事实，应该由我们两人根据事实来论定。在攀龙这话里，已经含有与世贞争谁为旗帜的一种心态。以下是攀龙论自己与世贞之间各体诗文之优劣：

吾于骚赋未及为耳，为当不让足下。足下卢枏俦也。吾拟古乐府少不合者，足下时一离之。离者，离而合也，实不能胜足下。吾五言古不能多足下，多乃不胜我。歌行其有间乎，吾以句，若以篇耳。诸近体靡不敌者。谓绝句不如我，妄。七言律遂过足下一等。足下无神境，吾无凡境耳。[5]

这是说，在诗的各体中，只有拟古乐府与绝句不如世贞，其余均比世贞好。更重要的是说世贞之作品属凡境，而自己之作品已进入神境。在攀龙心中，就诗而言，他在世贞之上。世贞回答说：

吾于足下，即小进，固雁行也。岂敢以秦齐之赋而匹盟主。吾之为歌行也，句权而字衡之，不如子远矣。虽然，子有待也，吾无待也。兹其所以埒欤。子兮雪之月也；吾风之行水也。更子而千篇乎，无极我之变。加吾十年，吾不能长有子境矣。

世贞表面谦称自己不如攀龙，若小有进步，或可与其雁行。但其实是说我比你强。用《庄子》有待无待之说，以拟自己与攀龙之不同。有待是有所凭依，无待是与道为一，入于化境；说自己的诗是风行水上，行于所当行而止于不可不止；又说攀龙的诗极少变化；若再加十年，则我不会停留在目前你所达到的境界上。表面谦逊中，其实是说自己的诗在攀龙之上。接着论文。世贞又把攀龙吹捧了一番，但仍然是面服心不服。“又一日，于鳞因酒，踞谓余曰：‘夫天地偶而物无孤美者，人亦然。孔氏之世，乃不有左丘乎。’”把自己比为孔子，而以世贞为左丘明。对于此一比喻，世贞非常不高兴，“余瞪目直视之，不答”。[⑥]世贞的内心其实对攀龙在他之上并不许可。攀龙也称世贞为“一代辞宗”[⑦]。在攀龙于隆庆四年（1570）逝世之前，或者由于其时攀龙名声甚人，世贞一直尊攀龙为领袖，反复言说，类于吹捧，但又不忘将自己与攀龙并列。《喜于鳞视关中学，因寄二首》之二称于鳞为人中龙：“人龙自起中原卧，天马争从两极米。”[⑧]《于鳞有重寄余兄弟作，再答》：“客有将归金错刀，暮云寒色动江皋。故人知未驯龙性，小弟凴谁与凤毛。”[⑨]以攀龙为龙，己为凤。《与宗子相书》说：“早夜韦弦之佩，以嘉承君之大贶，抑世贞有言，嚮者吾与足下僇力矫志，寔左右济南，以启不朽。龙凤之喻，中心藏之。”[⑩]对于以己与攀龙为龙凤的说法，心许而且不忘。《于鳞自浙藩迁长汴臬时，予实为代有赠》：“盛世词坛牛耳在，中原宦迹凤毛多。”[⑪]承认攀龙执文坛之牛耳，而自己为凤。《过德州不及访于鳞，有寄》：“我自可无衰凤叹，君今仍作卧龙看。”[⑫]婉转地把自己比之于孔子，而把攀龙拟之于诸葛亮。《秋思》：“天涯岁月终衰凤，海内文章有似龙。”[⑬]他一会儿比攀龙于李白，一会儿比攀龙于屈原。一会儿又说自己与攀龙“即古所著屈、宋；苏、李；扬、马；甫、白之俦”[⑭]。他们之间，互相激赏，亦互相标榜。世贞在给吴国伦的信中说：“于鳞再发关中书，大赏仆诗，以为秦汉来二三千年，仅见此物耳。知言哉！”[⑮]“知言”，知音，意谓自己的诗作确是二三千年来所仅见。世贞也吹捧攀龙，说他的《太华山记》为“千古第一记”[⑯]。这些诗和《记》，我们今日冷静读之，衡之于其前或于其当代，“二三千年所仅见”与“千古第一”之赞誉，也就让人一笑了之而已。以攀龙为领袖，为其时之一种普遍言说，尤其在攀龙的追随者中。徐中行《重刻李沧溟先生集序》说：“自汉而下千五百余年，擅不朽之业以明当日之盛，孰如于鳞者？所成不既多乎哉！”[17]《滇南闻于鳞讣，哭之》四首之二：“燕台绝迹惊图骏，鲁国遗书叹获麟。”[18] 也是把攀龙比为孔子。攀龙死，世贞有《哭李于鳞一百二十韵》，其中提到“念尔千夫俊，生操万古权”，“春秋获麟日，庚子鹏来年”。[19] 庚子，嘉靖十九年，攀龙举于乡，比攀龙为鲲鹏，为孔子。他们两人都视对方为唯一知己。在世贞《四部稿》的4550首诗中，写给攀龙的就有169首，在他有诗往来的数百人中，是最多的。[20] 有意思的是，攀龙死后，领袖问题有了变化。世贞开始指出攀龙作品的缺点，他开始吹捧汪道昆，要与道昆共同主盟文坛。《别汪仲淹序》：“仲淹念以李于鳞没，独吾与伯玉不废操觚业，而两家兄弟为之左持右挈，以狎主齐盟，夫亦能不视我伯也。”[21] 仲淹，汪道贯，道昆之弟。汪道昆在攀龙生前给攀龙的信中，也说过“足下主盟当代”的话。[22] 后来在为世贞的《四部稿》作序时，把攀龙与世贞，比为汉代两司马，又比为春秋五霸中的齐桓公与晋文公：“于时济南则李于鳞，江左则王元美，画地而衡南北，递为桓、文。”[23] 攀龙与世贞，就成了文坛两领袖了。攀龙死后，世贞要以己与道昆并为文坛领袖。若就嘉靖末至万历初之文坛状况言，则两人地位甚高，似合事实，而吹捧太过，则亦言语俱在。攀龙自持其才气，狂傲不可一世，别人称其狂生，他就说，我而不狂，谁为狂者。世贞后来以文坛霸主自居，仿佛登坛命将，点出五子，后五子，广五子，续五子，四十子等等。这些人中，不少人创作倾向与他并不一致，也不能拢入复古思潮之内。此一种之行为，不能不说带有炒作之成分。

攀龙作《送王元美序》之嘉靖三十一年，“主吴中风雅三十余年”，地位甚高之文徵明；博学多才地位同样甚高之杨慎都还在世。当此之时，攀龙暗示自己为五百年一出之人材，自称将要与世贞为左、马，为文坛之揭旗鼓者。此一种之言说，故可视为自信，或亦与再次复古之动因有关。上面不殚辞费，引述他们互相标榜之种种言说，意亦在于提出一个问题：明代第二次文学复古思潮之原初动力除了再次提出诗必汉、魏、盛唐，文必秦、汉的主张之外，是否在于为自己在文坛争地位，是否存在炒作的问题。前辈学者多次指出此时互相标榜之风气，并非毫无道理。或者注意到这一点，我们对于明代第二次文学复古思潮之评价，或有另一种之看法。

《送王元美序》涉及的第二个问题，是引发此次复古思潮之起因。《序》说：

> 今之文章，如晋江、毘陵二三君子，岂不亦家传户诵？而持论太过，动伤气格，惮于修辞，理胜相掩。彼岂以左丘明所载为皆侏离之语，而司马迁叙事不近人情乎？……后生学士，乃唯众耳是寄，至不能自发一识，浮沉艺苑，真伪相含，遂令古之作者谓千载无知己。
>
> ……吴越尠兵火，诗书藏于闤闠，即后生学士无不操染；滥竽不可区别，超乘而上，是为难耳。

这段话，明白地表现出对于其时两种文风的不满，一是以王慎中、唐顺之为代表的宗宋文风，一是江南文风。为反对这两种文风，应是再次提出文学复古之一重要口实。

起于对王、唐所倡导的文学宗尚的不满，而思有以改变之。这我们可以从他们的一些言论中得到说明。王世贞《赠俞山人允文》：

> 长沙、新建，据高收广，挟声起听，号为霸儒。逮迩晋江、毘陵歘起创立，耳观之辈，蝇袭若狂。五鹿嶽嶽，畴能折角哉！仆每心语，未尝不扼腕发噫也。[24]

长沙，李东阳；新建，王阳明。世贞把他们称为“霸儒”。一是台阁重臣，一是心学领袖。他们都门人众多。世贞在这里没有明确提及他们的文学。对他们之不满，大概就其以声势左右舆论而言。对王慎中、唐顺之的不满，则明显就其宗宋文风之巨大影响言。《赠李于鳞序》说李攀龙所肯定的是李梦阳、何景明、徐祯卿，“而其微词多讥切某郡某郡二君子。二君子固蠖伏林野，其声方握柄，所褒诛足浮沉天下士。而其徒某某诸贵人，日相与尊明其道”[25]。

“某郡某郡”，指毘陵、晋江二郡；“二君子”指王慎中、唐顺之。攀龙所讥切的就是其时影响巨大、从之者众的王、唐二人。世贞在给王文禄的信中，提到明文五变：

> 国初诸公，承元习一变也，其才雄，其学博，其失冗而易。东里再变之，稍有则矣，旨则浅，质则薄。献吉三变之，复古矣，其流弊蹈而使人厌。勉之诸公四变而六朝，其情辞丽矣，其失靡而浮。晋江诸公又变之为欧、曾，近实矣，其失衍而卑。故国初之业，潜溪为冠，乌伤称辅。台阁之体，东里辟源，长沙导流。先秦之则，北地反正，历下造玄。理学之逃，新建造基，晋江、毘陵。藻棁六朝之华，昌穀示委，勉之汎澜，如是而已。[26]

在这里他提及明文发展的五次变化，及其代表人物宋濂、王禕、杨士奇、李东阳、李梦阳、边贡、黄省曾、王慎中、唐顺之。还提到王阳明，认为他是王慎中、唐顺之文学主张的思想基础。说明他对于明文的发展是经过认真思考的。他对于这五次变化得失的看法，正是他主张再次复古的原因。从这五次变化的发展脉络看，他理出了一条线：五次的变化都有弱点，明初是冗而易，冗，平庸；易，浅显。杨士奇、李东阳，是浅薄。李梦阳复古，回到先秦的准则，他当然给了肯定；但是梦阳辈跟随者摹拟的流弊使人厌恶。江南的追求靡丽自徐祯卿始，黄省曾发扬之。王慎中与唐顺之，学宋人欧、曾，失之于衍与卑，衍，繁；卑，卑俗。李东阳以前文风之弊端，已成过去。他要面对的是江南文风的靡丽；王慎中、唐顺之学宋文风的繁杂与卑俗，与前七子复古所产生的摹拟的流弊。世贞与攀龙们要矫正的就是这三种文风。

对明诗的发展，世贞也有论述。他认为，明初可为代表的诗家，就是高启和刘基："才情之美，无过季迪；声气之雄，次及伯温。"成化、弘治之际，"颇有俊民，稍见一斑，号为巨擘。然趣不及古"。于是李梦阳他们起而提倡复古，"敦古仿自建安，掞华止于三谢，长歌取裁李、杜，近体定轨开元，一扫叔季之风，遂窥正始之途"。但是复古思潮起来之后，摹拟剽窃之风盛行，于是又有起而反对者，诗风又一变："以故嘉靖之季，尚辞者醖风云而成月露，存理者扶感遇而敚咏怀，喜华者敷藻于景龙，畏深者信情于元和，亦自斐然，不妨名世。第感遇无文，月露无质，景龙之境既狭，元和之蹊太广，浸淫诸派，溷为下流。"他认为诗风又到了该改革的时候。李攀龙出来提倡复古，"中兴之功，则济南为大矣"[27]，和文风的发展同步，诗风的发展同样面临三个问题，一是李梦阳他们复古所造成的摹拟之流弊；一是诗学六朝的"尚辞者"；一是王慎中、唐顺之们的"存理者"。他们要反对的就是这三者。

世贞对其时文风之不满，如在给汪道昆的信中说："以为世人方蝇袭庐陵、南丰之遗；不则亦江、庾家残瀋耳。公独厌去不顾。顾为东、西京言。自仆业操觚，睹世所搆撰，入班氏室者唯公，而于鳞与不佞，亦窃幸同所嗜。"[28] 他的反感明确地针对学宋和学六朝之风。在给攀龙的信中，他贬抑吴中文人，说："吴下诸蒙，政若八百人俱迷阴陵道者。然一俞允文能熟建安以上诗，便许仆天下士，知否。"这是说，吴中文士，都不懂得建安以上诗的好处，只有俞允文一人懂得，因之他是世贞的知音。又说："吴下诸生，则人人好褒扬其前辈。燥发所见，此等便足衣食志满矣，亡与语汉以上者。其人与晋江、毘陵固殊趣。然均之能大骂献吉云：'献吉何能为太史公、少陵氏？为渠剽掠尽一盗侠耳。'仆恚甚，乃又笑之，不与辨。"[29] 在《玄峰先生诗集序》中，他借对章道华的诗的赞美，贬吴中诗风："吴中诸能诗者，雅好靡丽，争傅色；而君独尚气。庸立；而君独尚骨。务谐好；而君独尚裁。吴中诗即高者剽齐、梁，而下者不免长庆以后；而君独称开元、大历。"[30]《李氏山藏集序》

说："某吴人也，少尝从吴中人论诗，既而厌之。夫其巧倩妖睇，倚闾而望欢者，自视宁下南威夷光哉！然亦亡奈乎客之浣其质而睨之也。"[31]

他们之所以再次出来提倡复古，目的就是对其时之文风不满，要改变其时之文风。也可以说，这也是明代中期第二次文学复古思潮出现之主要原因。关于第二次复古思潮出现之原因，研究者有种种分析。或归之于其时之政局，将前后两次复古并论，谓其时政局安定，因而出现复古思潮。其实两次复古所面对之政治局面，并不相同。嘉靖后期之腐败已萌后来祸乱之机。此一说之不确自不待言。或以为此一次之复古，与反严嵩有关。此说亦颇可商榷。后七子京师聚会论诗，在嘉靖二十六年至三十四年；攀龙《送王元美序》中提出复古，在嘉靖三十一年。严嵩杀杨继盛，王世贞与吴国伦、宗臣为正义感所激扬，酹酒为奠，经纪继盛丧事，因之触怒严嵩，在嘉靖三十四年十月之后。提出复古在前，触怒严嵩在后，怎么能将文学复古的提出，归之于反严嵩呢？他们以后的仕途踪迹，是否全归于严嵩，亦大可怀疑。世贞嘉靖三十四年十二月，察狱北直隶，三十五年十月升山东按察司副使，是升不是降。李攀龙出守顺德是三十二年春，也在"触怒严嵩"之前。被贬的只有吴国伦，而两位文学复古的主要人物尚看不到他们的外任与反严嵩有关之证据。他们中有的人也说过自己仕途坎坷与严嵩有关，但要归之于文学复古的提出，连他们自己也未曾有如此之认识。也有研究者认为，此时之所以出现文学复古思潮，与整个思想领域的复古思想倾向有关。此一种之看法，似亦大可讨论。我们知道，弘、正以后，随着商业的发展，思想多元化的局面已经出现，程、朱理学，阳明心学，神仙道教、佛教在不同的士人群落间不同地存在着，甚或同一士人而多种思想并存。把此一时期之社会思潮归之于复古，是不确的。又有研究者认为，此时之文学复古与阳明心学有关。此说似亦缺乏实证。世贞有一首《谒阳明先生天真书院》诗，虽说阳明致良知"三字抉灵机，万古意忽新"；但接着又说"重恐鱼目多，冥然骄自珍"。他在《读书后》中有两则论及阳明，论其文，则贬意多而褒意少："余十四岁从大人所得王文成公集读之，而昼夜不释卷，至忘寝食，其爱之出于三苏之上。稍长，读秦以下古文辞，遂于王氏无所入，不复顾其书。”他对阳明的诗文，评价并不高：“王氏之为诗，少年时亦求所谓工者，而为才所使，不能深造而衷于法。晚节尽举而归之道，而尚为少年意所累，不能浑融而出于自然。其文则少不必道而往往有精思，晚不得法而匆匆无深味。其自负若两得，而几所谓两堕者也。”[32] 论阳明之“致良知”，则是肯定的，说阳明致良知之说：“诵之使人跃然而自醒，人皆可以为尧舜，要不外此。”[33] 但是，我们都知道，世贞醉心的是神仙道教，他那样真诚崇拜昙阳，拜其为师，就是最好的说明。从攀龙与世贞的言说中，我们无法找到他们奉行“致良知”学说之证明。其时以阳明思想为基础的，是王慎中与唐顺之们的文学思想，而不是攀龙和世贞他们。

以上我是要说明，明代第二次文学复古思潮之动因是为了反对前面提到的其时之三种文风，是文风问题。此一次之复古思潮，与唐代文以明道的复古思潮不同，也不像李梦阳们复古主张中含有重道的成分。它的目标，是文风问题。而且如前述，在反对其时之文风时，带着张扬、互相标榜、争名位的浓重色彩。

二

关于李攀龙“文必秦、汉”的言说，及其在创作实际中的践履。

《沧溟先生集》卷十八《许母张太孺人序》，攀龙回忆弱冠读书时与许殿卿交往的情景，说：

> 余弱冠时，吾党士盖多从殿卿游矣。……余与殿卿读书负郭穷巷，不能视家生产，落落羁身乡校内占毕业，为之俊杰相命，以好古多所博外家之语，慕《左氏》、司马子长文辞，与世枘凿不相入。日月省试有司，伎不能称。[34]

这说明他与许殿卿入仕之前已有文崇秦、汉的思想，虽然还没有加以提倡。殷士儋在为攀龙撰的墓志铭中也提及他的文学复古之观念：

> 乙巳以疾告归。归则益发愤励志，陈百家言，附而读之，务鉤其微、抉其精，取恒人所置不解者，拾之以积学。盖文自西汉以下，诗自天宝以下，若为其毫素污者，辄不忍为也。[35]

《沧溟先生集》卷二十八《答冯通府》：

> 文，大业也；校文，大役也。秦、汉以后无文矣。今目古今文十卷有之乎？明兴，一二君子天启其衷，辄窥此契。然而一经传诵，动骇耳目，未尝不以为不近人情者。不知千有余岁，精气旋复，遂跨迁、固，势必至尔。滔滔者天下皆是也，而谁以易之哉！[36]

此信作于隆庆三年，这一年闰六月，攀龙母死，丁忧回原籍。信中说"不佞忧居"指此。冯通府指冯惟敏，他于隆庆三年为保定府通判。"秦、汉以后无文"，是他文必秦、汉的又一次明确表述。"一二君子"，"动骇耳目"，"遂跨迁、固，势必至尔"，指的其实就是他与世贞辈。

这是说他们之学秦、汉古文，遭到批评，但他们自信将跨越司马迁和班固。

《报刘子威》说：

> 重玩佳集，则足下以才自雄，……然体裁各率所自至，而风尚不可不一。谕盖曰："汉魏以逮六朝，皆不可废，惟唐中叶不堪复入耳。"见诚是也，于不佞奚疑哉？佳集取材班、马，气骨卓然。古乐府等书，兴寄不浅；固谊一洒凡近，动盈尺牍，乃旁及章箓灵异，自赏不能辄止。[37]

此一段论及诗文。关于诗的部分，我们留在后面谈。论及文，仍然是重汉，以班、马为楷模。前引《送王元美序》提到左氏与司马迁，《送王元美》二首之二提到“夙昔二二子，慷慨扬奇声。文章凌先秦，词赋无两京”；《送徐汝思郎中入蜀》提到“司马长卿《子虚赋》，其文可以凌太苍”；《答元美问余近事》二首之二“赋罢凌云气不降，《长杨》、《羽猎》妙无双”。[38] 除了左氏、司马迁之外，这些地方亦提到司马相如。攀龙无系统论文语，言及文学复古，文宗秦、汉，亦止于如是之片言只语。王世贞在《李于鳞先生传》中引攀龙论文语：“以为纪述之文厄于东京，班氏姑其狡狡者耳。不以规矩，不能方圆，拟议成变，日新富有。今夫《尚书》、《庄》、《左氏》、《檀弓》、《考工》、司马，其成言班如也，法则森如也。吾摭其华而裁其衷，琢字成辞，属辞成篇，以求当于古之作者而已。”[39] 在这里他提到“拟议成变”、“日新富有”的问题，说明他学古也要求新变；又提到“法”的问题。但这个“法”指什么，他只说“琢字成辞，属辞成篇”，如何“琢”和如何“属”，并没有说。在《王氏存笥稿跋》中，他也提到“法”：“余观大宗伯孙公所称：祭酒文章法司马子长氏。其然哉！今之不能子长文章者，曰：‘法自己立矣，安在引于绳墨？’即所用心，非不濯濯，唯新是图。不知其言终日，卒未尝一语不出于古人，而诚无他自异也。……且三十年为文章，其用心宁属辞比事未成，而不敢不引于绳墨也。且三十年为文章，其用心宁属辞比事未成，而不敢不引于绳墨，原夫法有所必至，天且弗违者乎！”[40] 借着对于王维桢《存笥稿》的评论，批评其时主张法自己立，反对学习古法的人。提出属辞比事，必引于绳墨，“绳墨”显然指的是秦、汉古文之绳墨。他认为，此一种之绳墨，乃是自然存在的，“天且弗违”。但这个“法”的具体内容是什么，他也仍然没有说。自理论主张言，文必秦、汉之理想目标，并未超越前七子所追求。

前七子在创作实践中，逐步提出复古的一些具体的要求，如重道、求质朴、重抒情、讲格调。之后，至嘉靖初，王九思才明确表述为：“今之论者，文必曰先秦、两汉，诗必曰汉、魏、盛唐，斯固然矣。”[41] 王九思所说的“今之论者”，“必曰”，是指其时在创作中逐步提出复古的具体要求之后，形成的一种共识。“文必秦、汉”的明确表述，是王九思嘉靖初才完成的。攀龙追求的目标，其实与前七子相同。目标相同，都是文学秦、汉，虽然他说过，不能和梦阳一样，要有新变：“能为献吉辈者，乃能不为献吉辈者乎！”这是说，真学梦阳，不应该像梦阳。关于“法”的问题，其实他也没有超出前七子的范围。李梦阳与何景明，不就有过“尺寸古人”与“学古而不泥其法”的争论吗？

在文必秦、汉与学习古法的理论表述上，攀龙既然没有超越前七子之主张，那么，他是如何地将此一种之理论，付之于创作实践的呢？我们来从作品分析开始。《沧溟先生集》卷二十五《戏为绝谢茂秦书》：

> 昔逮尔在赵王邸中，王帷妇人而笑之，尔犹能涉漳河也。则之长安，在大长公主家，又不负一蒯缑剑。令主家王先亟断席，与尔别坐。家监乃置恶齧马尔邸中，辄怒马使踶于庭，践溺沃尔冠。无何，又迁尔于传舍，使与骑奴同食。传舍长三投尔屦于户外，岂其爱士而结袜？躠足以游。居期年，传舍长迁尔于僦舍，舍人责尔偿僦也。若使尔在，我之他境，我何知焉？告者曰：“有君子眇而躁，视事左右必得志。然吾惮其为人也。”则尔既已谒我门下三日矣。我躬授尔简，坐尔上客，宠灵尔以薦绅先生，出尔否心，荡尔秽疾。元美偃蹇，我实属尔。时尔实有豕心，不询于我，非其族类，未同而言，延颈贵人，倾盖为故，自言多显者交，平生足矣。二三兄弟将疏间之，我用恐惧，贻尔卢生，游尔义问，不以所恶废乡，绥静二三兄弟。尔乃克还无害，是我有大造于尔也。不佞守臣，以敝邑在尔之宇下，不治执讯。尔为不吊，跋屦敝邑，不入见；长者我先匹夫尔，实要我，辱我台人，殄置我不腆之币于涂，张脉偾兴，訾謷俱裂，曰“昔在长安邸中，殊厌贵人，曾尔一守臣也！”尔何乃去赵王邸中？既已释憾于我，我以二三兄弟之故，犹愿不忘旧勋于尔。尔且以敝邑之顽民，行而即长安贵人谋我。天诱其衷，元美弗二，尔是以不克逞志于我。㊷

繁引这一大段文字，是要说明攀龙复古，用的是什么样的方法。在这段文字中，“实有豕心”，“不询于我”，“非其族类”，“不以所恶废乡”，“克还无害”，“张脉偾兴”，“天诱其衷”，“不克逞志于我”，均一字不差出自《左传》。[43]“未同而言”，则出自《孟子，滕文公下》。“绥静”、“宠灵”、“鼞”等词，也均出自《左传》。其中“宠灵”一词，原用之于国家、朝廷、帝王对臣下之宠幸赐福，一般用于公文中。在李攀龙、王世贞之前，极少有人用之于平辈。攀龙用此词于平辈。[44]对平辈如何能自称宠幸赐福于友朋呢？从上述这段引文中，我们可以看到李攀龙“文必秦、汉”，以秦、汉为法，“不敢不引于绳墨，原于法有所必至”在创作中的表现，其实不过是生吞秦、汉古文的话语，有的是整句话搬来，有的是用其词汇，其中的一些词，后代已基本不用，如“鼞”。这样的学古，实在是食古不化。这类例子，还可举出不少，如《送济南郡丞陈公上绩序》：“郡州县三十，即游徼吏更十数辈，终岁不能徧陌落，何以令皆如其身家至焉者，盗起必觉，捕必得乎？渠展之田，濒于东北，煮沸无穷，时必以筴，市无所积之贩者。豪岁以一二群辈，非必主名逋逃，泛为引逮，乃旁规赂免。不则以为捕者辈课，捕者辈以其课自赎为之赎，寻受记出，而贩者相庆矣。”[45]“陌落”，伯落，汉代有伯落长，一种察奸小吏。此处似借用以称各地。“渠展”，《禹贡锥指》引《管子》称：“齐有渠展之盐。”注称：“渠展，今不知所在。”[46]或以为海隅之别名。后来极少有人以此一词语指盐池。“煮沸”，出自《管子》卷二十三《地数》：“伐菹薪煮沸水为盐。”“煮沸”一词后来也极少用。语言是发展的，引用秦汉文章成句，用秦、汉词语，以表现千余年后之现实，不惟有隔阂之感，且亦奥涩难解。当时有人批评攀龙的文风，说他学《史记》，一点也不像《史记》。《史记》明白晓畅，而攀龙的文章则诘曲聱牙。对此，王世贞为其辩护，说：“李于鳞文，无一语作汉以后，无一字不出汉以前。……世之君子，乃爱浅摘而痛訾之，是訾古人也。”[47]攀龙死后，世贞为其编文集，请汪道昆为序。在给道昆的信中，再一次为攀龙辩解，说：“而世眼龃龃，谓此子文多诘曲聱牙语。即一二稍习太史氏者:‘我太史氏无是也’不知于鳞法多自左丘、子长、韩非、吕览。渠固未尽习也。”[48]这样的辩解当然是无力的。评攀龙并非评古人,怎么会是“訾古人”呢?批评攀龙学《史记》学得不好,怎么能拉扯到批评者的知识面呢?实在是强辞夺理。

其实,世贞虽然为攀龙辩护,他心里是明白泥古之不可为的。他有一段论述,涉及此一问题:

> 呜呼!子长不绝也,其书绝矣。千古而有子长也,亦不能成《史记》,何也?西京以还,封建、宫殿、官师、郡邑,其名不雅驯,不称书矣,一也。其诏令、辞命、奏书、赋颂、鲜古文,不称书矣,二也。其人有籍、信、荆、聂、原尝、无忌之流,足模写者呼?三也。其词有《尚书》、《毛诗》、左氏、《战国策》、韩非、吕不韦之书,足苍蕞者乎?四也。呜呼!岂惟子长,即尼父亦然,《六经》无可着手矣。[49]

这是说,《史记》是根据当时的官制、名物、人和事写出来的,后世不可能再写出《史记》那样的作品。不惟《史记》,其他典籍也一样不可能重复出现。世贞的这段论述中,也包含着对于引用古代文章的名物、词语不可为的认识。王世贞的朋友徐学谟有大量反对复古的言论,姑引数则,以见其时之不同观点。学谟在给屠隆的信中说:

> 方今学士大夫,诗宗唐,文宗两汉,称斌斌矣,而卒不能造其域、齐其截,何哉?古之人皆有其事而言之,今之人无其事而亦言之,如婴儿学语,初不当于名实,暂听之可喜,久则厌之矣。龆齿发既壮,而犹哓哓然学语不置,不亦重自懑乎![50]

他又举例说:“昌黎大家,其文不模《史》、《汉》而自得其精神。皮相者为诮。”[51]学谟还有不少对诗宗盛唐的批评。屠隆也是世贞的朋友,话说得较徐学谟客气一些,他没有点名,但批评的是攀龙“琢字成辞,琢辞成句”的主张：“愚意作者必取材于经史，而融意于心神，借声于周、汉，而命辞于今日，不必字字而琢之，句句而拟之，……今文章家独有周、汉之句法耳，而其浑博之体未备也，变化之机未熟也，超妙之理未臻也。”[52] 屠隆说复古者模拟的是秦、汉句法，实在是说到了要害上。攀龙模拟的正是秦、汉句法。而他的失败，也正在这一点上。罔顾语言发展之事实，将话语拉回到秦、汉去，既不可能贴合现实，亦不易为时人所接受，这是很自然的事。庄元臣对攀龙的批评更为激烈：“今世之士，负才自喜，采难字，集涩句，以诘曲聱牙为高，以谬悠难解为玄，自谓欲凌秦、汉而上，而不知反让唐、宋而下也。”[53]

当然，张扬新说，耸人视听，往往亦群附影从。由于攀龙在其时影响甚大，学他的人也不少，以至形成一时风气。其影响之坏，从李乐《闻见杂记》的一则记载中可知其大略：万历间“二十余年来，士子作文变怪不必言矣。凡公府告示，余一日偶出城得见之，词古意深，仓卒不能句解。若令细民仰读，何以洞见官长心胸？余不知其何意！”[54] 文章写到让人看不懂的地步，实在不能算是好文章。有研究者举出攀龙少数写得还算明白的文章而加以肯定，这是对其创作倾向的一种误解。即使是这部分较为明白的文章，衡之其时归有光们的作品，实在也不能称为优秀之作。

同是文学复古思潮主要人物后七子中的其他人，对于“文”的复古，无论是理论上还是创作实践上，与李攀龙其实有着不同程度的差别。首先是王世贞。他在复古理论上较比攀龙有更为全面地展开。他论文虽也推崇汉以前，但说得较为细致。《重刻尺牍清裁小序》：

先秦两汉质不累藻，华不掩情，盖最称笃古矣。东京宛尔具体，……齐、梁而下，大好缠绵，或涉俳偶。[55]

《艺苑卮言》：

《檀弓》、《考工记》、《孟子》、左氏、《战国策》、司马迁，圣于文者乎！其叙事则化工之肖物。班氏，贤于文者乎！人巧极，天工错。《庄子》、《列子》、《楞严》、《维摩诘》，鬼神于文者乎！其达见，峡决而河溃也，窈冥变幻而莫知其端倪也。

西京之文质，东京之文弱，犹未离实也。六朝之文浮，离实矣。唐之文庸，犹未离浮也。宋之文陋，离浮矣，愈下矣。元无文。

韩、柳氏振唐者也，其文实。欧、苏氏振宋者也，其文虚。临川氏法而狭。南丰氏饫而衍。

《檀弓》简，《考工记》烦；《檀弓》明，《考工记》奥，各极其妙。虽非圣笔，未是汉武以后人语。

孟轲氏，理之辨而经者；庄周氏，理之辨而不经者。

《吕氏春秋》文有绝佳者，有绝不佳者，似非出一手故耳。《淮南鸿烈》虽似错杂，而气法如一，当由刘安手裁。……《韩非子》文甚奇。

西京之流而东也，其王褒为之导乎！……东京之衰也，其始自敬通乎！蔡中郎之文弱，力不副见，差去浮耳。王充野人也，其识琐而鄙，其辞散而冗，其旨乖而稚。[56]

从上引言说中，我们可以看到四点：一是文学秦、汉，所学对象不止儒家一家，道家、法家、杂家都在学习的范围之内。二，在秦、汉诸家中，他分出了圣于文、贤于文与鬼神于文之不同。不同，是指写作所达到的成就，非指其思想内容。化工、人巧，窈冥变幻、不知端倪等等，说的都是写作技巧的特点与所达到的境界。三，秦、汉之文文质相兼。四，秦、汉之文也有不同之风格，而且其中也有不佳者。这就提出了一个如何学与学谁的问题。从世贞的创作实践中，我们可以看到他与攀龙的差别，特别是他的后期。他的前期文章，有攀龙文章的毛病，后期文风有所改变。前期受到归有光的批评，有光说他是“妄庸巨子”[57]。后期世贞心服有光，在《归震川先生像赞》中说：“千载有公，继韩、欧阳，余岂异趋，久而始伤。”[58]“久而始伤”说明他后期思想转变之后的一种反思心态。世贞还提出了其他的一些问题，如情、格调、法等等，这些问题涉及文学思想传统与其时其他思潮之牵缠，较为复杂，此处暂不论议。

三

关于李攀龙“诗必汉、魏、盛唐”的主张，及其在创作中的践履。

攀龙复古的主要努力在诗。他论诗，最著名的有两处，一是他的《古乐府序》，一是他的《选唐诗序》。此两处论述，都引起种种的解读，种种的争论。

《古乐府序》：

> 胡宽营新丰，“士女老幼相携路首，各知其室；放犬羊鸡鹜于通涂，亦竞识其家”。此善用其拟者也。至伯乐论天下之马，则若灭若没，若亡若失，观天机也；得其精而忘其粗，在其内而忘其外，色物牝牡，一弗敢知，斯又当其无有拟之用矣。古之为乐府者，无虑数百家，各与之争片语之间，使虽复起，各厌其意。是故必有以当其无有拟之用。有以当其无有拟之用，则虽奇而有所不用也。《易》曰：“拟议以成其变化”；“日新之谓盛德”。不可与言诗乎哉！[59]

此《序》颇费解。胡宽事引自《西京杂记》[60]，以此事说明拟古乐府之作与古辞题旨完全相似是“善用其拟”。他对此一种之拟作，显然加以肯定。接着又说“当其无有拟之用”，引伯乐相马为喻：捨其形而取其神，并且引《易》以为理据，求变化与日新。一是称形似者“善用其拟”，一是求神似。对二者都加以肯定，这在逻辑上实有所扞格。他推崇的究竟是何种之方法，我们或者可以从他的创作实际中得到说明。

攀龙乐府，当时影响甚大，后来遭非议最多的，也是他的乐府。钱谦益对他的拟古乐府有极尖锐之批评：“其拟古乐府也，谓当如胡宽之营新丰，鸡犬皆识其家。……《易》云‘拟议以成其变化’，不云拟议以成其臭腐也。易五字而为《翁离》，易数句而为《东门行》、《战城南》；盗《思悲翁》之句而云‘乌子五，乌母六’；《陌上桑》窃《孔雀东南飞》之诗而云‘西邻焦仲卿，蘭芝对道隅’。影响剽贼，文义违反，拟议乎？变化乎？”评他的《古诗后十九首》：“今也句摭字捃，行数墨寻，兴会索然，神明不属，被断菑以衣繍，刻凡铜为追蠡，目曰《后十九》，欲上掩平原之十四，不亦愚乎！”[61]朱彝尊说：“于鳞乐府，止规字句，而遗其神明。……惟相和短章，稍有足录者。”[62]现代研究者甚至有以为攀龙古乐府，句句模仿者：称其拟古诗如《古乐府》、《录别》、《古诗后十九首》等，几乎是句句模拟，篇篇模拟，毫无艺术性可言。这些评论自攀龙乐府艺术之平庸言，自有其道理。但称攀龙之古乐府句句模拟，篇篇模拟，则并非事实。其古乐府艺术上之平庸，另有原因。我们从作品的具体情况分析，即可了解此点。

《沧溟先生集》第一、二卷乐府共217首。其中题旨与古题相同的158首，题旨相近的19首，题旨不同的30首，从同题古辞某一句或其本事引出题旨的5首，不明古题辞义、臆度猜测的有《石流》一首，找不到乐府旧题的有《瑶池谣》、《蹯林歌》、《五凤曲》、《安期生》4首。对于这些不同的部分可以作具体地分析。

关于古乐府的写作，元稹说：“在音声者，因声以度词，审调以节唱，句度短长之数，声韵平上之差，莫不由之准度，而又别其在琴瑟者为操、引，採民甿者为讴、谣，备曲度者总得谓之歌、曲、词、调，斯皆由乐以定词，非选调以配乐也。”他说：“由操而下八名，皆起于郊祭、军宾、吉凶、苦乐之际。”又说：“沿袭古题，唱和重複，于文或有短长，于义咸为赘賸。尚不如寓意古题，刺美现事，犹有诗人引古以讽之义焉。”[63]他在这里谈了四个问题，一是乐府古题原题之产生，各有其因由、目的与功用；二是合乐者皆备曲度，依曲填词，当然也就必然有一定的体制；三是沿袭古题，重复其原有之题旨，毫无意义；四是他提倡借古题以写现事。汉、魏以后，乐府之作，有一个合乐与否的问题，有一个是否依古题原旨的问题。在明代，这两个问题依然存在。少数的乐府诗还合乐，如《朱鹭》。杨慎《十二月朔旦南郊扈从省牲》：“天仗云门外，宵衣晓漏前。苍龙旂影动，《朱鹭》鼓声传。”[64] 宋濂叙宋太祖功业之盛，作《宋铙歌鼓吹曲》，《序》称：“古乐久已亡失，至汉有《朱鹭》等十二曲列于鼓吹，谓之铙歌，今尚可考见。……臣虽不佞，自幼以文字为职，辄取法汉唐，穷思毕精，作为歌辞，以侑戎乐。”[65] 他说是拟《朱鹭》十二曲以合戎乐。鼓吹自唐代已杂用胡乐，《朱鹭》在明代演奏，如宋濂所说，当亦并非汉曲。又如盛行于江南、用于祭神的《神弦歌》，元明仍可见演奏的记载。元柳贯《浦阳十咏》记白石郎庙：“白石灵山望赞皇，湫潭此复见苍苍。……传芭奏罢《神弦曲》，松盖成阴泽气凉。”[66] 明黎遂球《素馨赋》：“复有三五之夕，月出朦胧，巫坛礼斗，《神弦》舞风。”[67] 可知《神弦曲》在明代亦合乐。但是否仍用汉曲，亦难确定。《神弦歌》祀吴楚民间信仰之鬼神。但祭祀对象似时有不同。尹耕《关壮缪侯祠》：“盪寇襄樊日，长涛滃魏军。……鬼马腾空皂，灵旗掣乱云。《神弦》朝暮曲，长向岭头闻。”[68]《神弦歌》古辞所祀鬼神中并无关云长，这或者也可解释唐以后《神弦歌》描写之鬼神对象不同的原因。

但是在明代，更多的古题乐府是不合乐的。这些已失其乐曲的古题，拟作时失去乐曲之约束，就只能从古辞或其本事推知其本义。略早于攀龙的朱承爵说：“古乐府命题，俱有主意。后之作者，直当因其事用其题始得。往往借名，不求其原，则失之矣。……彼知《铙歌》二十二曲中有《朱鹭曲》，由汉有朱鹭之祥，因而为诗，作者必因纪祥瑞，始可用《朱鹭》之曲。《相和歌》三十曲中有《东门行》，乃士有贫行，不安于居，拔剑将去，妻子牵衣留之，愿同餔糜，不求富贵。作者必因士负节气未伸者，始可代妇人语，作《东门行》沮之。余不尽述，各以类推之可也。”[69] 这种依古题题旨拟作的思想，为明代中期乐府创作之主要倾向。攀龙 158 首题旨与古辞同之作，就是此一倾向之产物。这 158 首中，有的文字明显模仿，如《琅琊王歌》：“单衫繍两裆”，“挈手逐阴凉”，“琅琊大道王，新买五尺刀，摩挲不离手”诸句，均直接引自古辞。《地驱乐歌》：“萧萧条条，风雨飘摇，饿杀鶴鶉，樑杀鸱鸮。”

仿自古辞“青青黄黄，雀石颓唐，槌杀野牛，押杀野羊”。《李夫人歌》，汉武帝辞：“是邪？非邪？立而望之，偏何姗姗其来迟！”[70] 攀龙辞：“去邪？来邪？就而视之，纷何被被其徘徊！寤邪？梦邪？就而视之，包红颜其弗明！步傩傩者谁邪？就而视之，风何萧萧其蔽帷！”[71] 文字从古辞引伸，题旨完全相同而繁琐失却韵味。个别虽文字有很大不同，而题旨与古辞完全相同，如《团扇郎》、《满歌行》。158首题旨与古辞相同之作，表现特点大抵如此。这可以看做他在《序》中说的胡宽营新丰式的写法。题旨与古辞近的，如《君马黄》，古辞叹无罪见逐，攀龙辞则写怀才不遇。此题题旨近，是说二者皆出于不平。题旨与古辞异的，如《精列》，魏武之作，叹人生短促而希求长生，攀龙写怀才不遇。《东光》古辞为征人怨，攀龙则写抗倭。《对酒》魏武歌太平，攀龙则写怀才不遇。《东门行》二首之一，古辞叙离别，言无求富贵，但愿贫贱相守，攀龙则写少年任侠，等等。这30首题旨与古辞异的作品，或者如他所说，是“有以当其无有拟之用”，即用其神的。《石流》一首，则古辞无法句读，题旨难晓。攀龙拟作，纯系猜测附会，毫无意义。他对自己的乐府之作，有一个评价：“不佞七言律成篇而已。乐府落落，似合似离。”[72] “合”，指如同胡宽之营新丰，毕肖古题；“离”指如同伯乐之相马，意欲取其神似。王世贞对攀龙乐府，亦有类似之评论。

无论是“合”还是“离”，仅就题旨言。由于不合乐，体制是否与古题合，也就难以判断。后七子也都讲声调之抑扬吟唱，但那并非合乐，无关乎体制。攀龙乐府题旨与古题“合”的158首，当然是说了等于没说，“于辞咸为累赘”。与古题“离”的30首，有的论其意，尚具价值，如《东光》：“胡儿平，倭奴何不平？倭奴利水战，海堑船为城。诸军彀骑士，驰射难纵横。”[73] 就其思想言，虽尚具价值，但写法只是议论，并无感人之力量。《紫骝马歌》古辞十分动人，言征人归来，村落已经荒芜，家已成荒冢，亲人已经丧尽，“出门东向看，泪落沾我衣”。[74] 杜甫《无家别》受其深刻影响。攀龙同题写侠少年，“拔剑出门去，报雠燕市里”。[75] 旨虽异，而所写为乐府诗常有之陈辞滥调。要之，攀龙乐府之致命弱点，就是缺乏想象，缺乏感情，因之给人平庸之感。后代文人拟古乐府，因其侧重点已不在合乐，受体制与原题旨约束较少，成就大者多在创意，在真情，如李白、李贺的诸多作品。

攀龙另一处重要论诗，在《沧溟先生集》卷十五《选唐诗序》:

> 唐无五言古诗，而有其古诗。陈子昂以其古诗为古诗，弗取也。七言古诗，唯杜子美不失初唐气格，而纵横有之。太白纵横，往往强弩之末，间杂长语，英雄欺人耳。[76]

攀龙的话总是夹缠着说。这段论述因之引发众多解读。其实他是要说：唐代的五言古诗与汉、魏的五言古诗不一样。陈子昂以为自己写的五言古诗像汉、魏古诗，不是的。写古诗不能像陈子昂那样写法。本来很明白的一个意思，把它说得玄而又玄，这正是攀龙文章的特点。说唐代的五言古诗不同于汉、魏五言古诗，这话说了等于没说，唐代的五言古诗当然不同于汉、魏五言古诗。时代因素决定了这一点。历代那么多人和陶、学陶，没有一个学得像，就是这个道理。问题是攀龙要以汉、魏五古为标准，提倡写五言古应该写得像汉、魏五言古诗一样。他的这一主张当然是不可能做到的。因此有人说，按照攀龙的观点，也可以这样说：明无五言古诗而有其古诗，攀龙以其古诗为古诗，弗取也。

这就涉及对第二次文学复古思潮的评价问题。有研究者认为，明代的文学复古思潮是为了恢复古代的审美理想。又有人说，是为了反对其时之台阁体。从不同的视角不同的层面对复古思潮作出评价，当然各有其道理。但是，也都存在一些须要进一步解释的问题。自动机言，复古者之追求，确实是汉、魏、盛唐的审美理想。但自其创作实践言，则并非如此。攀龙的文章写得实在不像《左》、《史》，已如前述。他的诗，也并没有汉、魏、盛唐气象。审美理想受制于时代与个人遭际、个人气质与素养，这也就是苏轼的和陶诗为什么怎么写也不像陶诗的根本原因。攀龙的五古写得实在不敢恭维。他的七古还好些，如送靳学曾："华阳馆前桑叶飞，荆轲台上送将归。为言击筑悲歌者，当时酒人今是非。……"[77]《岁杪放歌》："终年著书一字无，中岁学道仍狂夫。劝君高枕且自爱，劝君浊醪且自沽。何人不说宦游乐，如君弃官复不恶。何处不说有炎凉，如君杜门复不妨。纵然疎拙非时调，便是悠悠亦所长。"[78]但这也不是由于学习了古代的审美理想，而是由于其真情的表述，发涉牢骚，气势流贯，充分表现了他的个性。至于说复古是为了反台阁体，则是一种误会，景泰之后文学思想已转变，台阁体已衰落；把李东阳的诗归之于台阁体，也并不准确。何况，攀龙们面对的是杨慎的多元文学观念，王慎中、唐顺之、归有光的宗宋文风，和以文徵明为首的江南文人活动于文坛的时代，台阁体何在？这些问题解决了，才有可能对攀龙们的文学复古主张作出合理的判断。

攀龙看重的是古体诗。他论诗也主要论古体。其实他写得较好的是新体诗。有的诗也写得较为真情，如《忆弟》："新醪杨柳色，不醉欲何如！蓟北三春雁，山东二弟书。宦情闲遂浅，人事病全疎。未拟酬恩去，空令忆旧庐。"[79]《登黄榆马陵，诸山是太行绝处》四首写景也较好。五言排律《得殿卿书，兼寄张简秀才》自叙心事兼议世态时势，也写出真情与深思："久客疎归计，吾徒足醉眠。风尘犹逆旅，服食岂神仙。老母须微禄，郎官亦冗员。时名非我意，诗句众人传。……窃笑吹竽滥，深惭抱瓮贤。青云浮世外，白眼贵游前。流俗终违性，徉狂始入玄。……直觊亡胡虏，殷忧切御筵。逐臣收佩玦，大将与兵权。报主谋安出，和戎议已偏。……帷幄今何事，京师未晏然。乾坤多垒后，仕宦畏途边。海岱生瑶草，朋从拾紫烟。伊余方物役，回首蓟门天。"[80]首言自己之所以为官，因为需要微禄奉养老母。嘉靖三十年正月，攀龙升刑部山西司郎中，"郎官亦冗员"指此，意谓虽升官，其实并无实在的意义。世态炎凉，而自己的性格与流俗不合，"流俗终违性，徉狂始入玄"指此，对自己的狂傲作出解释。次言朝廷之隐忧。也是在攀龙为郎中的这个月，锦衣卫经历沈炼上书弹劾严嵩，被廷杖并发配口外为民，"逐臣收佩玦"指此，表达了他对忠于朝廷的谏臣的同情。上一年八月，掩答兵临北京城下，仇鸾为大将军，节制诸路兵马备敌，“大将与兵权”指此。京城危急，皇帝集廷臣议对策。徐阶与毛起均主议和，而赵贞吉抗言，力主抗敌。“报主谋安出，和戎议已偏”指此，表达了他对于国家边患的关心。到他写这诗的时候，“京师未晏然”，他仍然心存忧虑。这诗较为真实地反映了他仕宦的心态，与他对于国家命运的忧虑。叙事夹议论，这是他学杜诗的写法较为成功的一首诗，但是像这样的诗并不多。

他有些七律也还可读，如在陕西按察副使任上的有些诗，或者因西北景色之壮阔而触动诗思。《杪秋登太华山绝顶》四首之一、二：“华顶岧峣四望开，正逢萧瑟气悲哉！黄河忽堕三峰下，秋色遥从万里来。北极风尘还郡国，中原日月自楼台。君王傥问仙人掌，愿上芙蓉露一杯。”“缥缈真探白帝宫，三峰此日为谁雄？苍龙半挂秦川雨，石马长嘶汉苑风。地敞中原秋色尽，天开万里夕阳空。平生突兀看人意，容尔深知造化功。”[81]这或者就是时人常说的他的诗雄俊、格调豪迈吧！他有一些绝句写得也还好，如《东村同殿卿送子坤赴选》：

> 短褐怜君又远游，如今白璧好谁酬？座中楚客曾三献，才说连城泪已流。[82]

座中许邦才就是曾经京试不酬、浮沉场屋者，于此一种之场合，生怀才不遇之感。这诗也写得真挚动人。他也有一些绝句，写得清新，如《答张秀才简病中见寄》：“一瓢春酒一渔矶，羡尔江湖老布衣。此日故人谁问疾，柴门深闭雪霏霏。”[83]不过这诗的风格已经有点像晚唐了。细究起来，攀龙写得好的诗，多是因其有了真实的感受，有了真感情的表达，与他“诗必汉、魏、盛唐”的复古主张似乎并没有必然的联系。

攀龙写得还好的诗主要是有真感情的那一类。他与王世贞他们都是强调情的。他说：“诗可以怨，一有嗟叹，即有永歌，言危则性情峻洁，语深则意气激烈，能使人有孤臣孽子摈弃而不容之感，遁世绝俗之悲，泥而不滓，蝉蜕滋垢之外者，诗也。”[84] 从诗主言情这一点说，攀龙们也并无新的发现。明初以来，言情说不断。[85] 攀龙的言情说受到他的拟古思想的束缚，未能得到很好的发挥。他的好诗并不多。同是后七子之一的谢榛，诗写得就比他好。稍后于他的屠隆、徐渭的诗，那就比他要好得多多了。

读《沧溟先生集》，我常常想起一个问题：我们究竟应该如何看待明代的文学复古思潮？我们应该用什么样的衡量标准？明代文学思潮发展的实际情形究竟是怎么样的？从文学发展的历史看，他们的创作究竟有着怎么样的成就？这些似乎都尚有可议处。

（原刊于《文学遗产》2010 年第三期）

---

①包敬第标校《沧溟先生集》页 395，上海古籍出版社 1992 年版。《沧溟先生集》三十卷，初刻于隆庆六年。本文引文据包敬第标校《沧溟先生集》，标点时有不同，个别文字据隆庆刊本改。

②《弇州四部稿》卷七十一，义渊阁四库全书本。

③李庆立《谢榛全集校笺》页 1209，江苏古籍出版社 2003 年版。

④钱谦益曰："当七子结社之始，尚论有唐诸家，茫无适从。"谢榛曰"……诸人心师其言。厥后虽争摈茂秦，具称诗之指要，实自茂秦发之。"朱彝尊引陈伯玑曰："近人多以王、李为口实，并谢集亦束之高阁，不复寓目。"吴乔曰："于鳞成进士后，有意于诗，与其友请教于茂秦。……于鳞从之，再起何、李之死灰，成七才子一路。"

⑤《弇州四部稿》卷七十七。"离"，谓拟古乐府未能毕肖乐府古题；"离而合"，谓貌离而神合。世贞在给吴国伦的信中，也谈到这一点："刻成古乐府，独以元美、于鳞耳，乃又得足下而三。然不佞伤离，于鳞伤合，足下亦不胜其合矣。夫离者病独览，合者病双阅，此在连城不无微纇也。"《弇州四部稿》卷一百二十一。

⑥《弇州四部稿》卷七十七。此事也记于《艺苑卮言》卷七，"余瞪目直视之，不答"，作"余不答，第目摄之。"

⑦《送河南按察副使王公元美自大名之任浙江左参政序》，《沧溟先生集》页 397。

⑧《弇州四部稿》卷三十五。

⑨《弇州四部稿》卷三十七。攀龙《沧溟先生集》卷四《送元美》二首之一，比世贞为凤："有凤衔灵文，栖栖北海湄。临流理羽毛，五采以自奇。"

⑩《弇州四部稿》卷一百十九。

⑪《弇州四部稿》卷四十。

⑫《弇州四部稿》卷三十八。

⑬《弇州四部稿》卷三十四。

⑭《李于鳞》,《弇州四部稿》卷一百十七。

⑮《报吴明卿》,《弇州四部稿》卷一百二十一。

⑯《李于鳞》,《弇州四部稿》卷一百十七。

⑰《天目先生集》卷十三,四库全书存目丛书本。

⑱《天目先生集》卷八。

⑲《天目先生集》卷三十二。

⑳以下次数最多的依次为徐中行80首，吴国伦65首，宗臣43首，张九一36首，谢榛30首，吴峻伯25首，许邦才20首，梁有誉、张佳胤各16首。

㉑《弇州四部稿》卷五十六。

㉒《李于鳞》，胡益民、余国庆点校，予致力审订《太函集》页1980，黄山书社2004年版。

㉓《弇州山人四部稿序》，同上书，页478。

㉔《弇州四部稿》卷十三。

㉕《弇州四部稿》卷五十七。

㉖《答王贡士文禄》,《弇州四部稿》卷一百二十七。此则文字又见于《艺苑卮言》卷五，文字略有不同。

㉗《艺苑卮言》卷五，周维德集校《全明诗话》页1933、1934，齐鲁书社2005年版。

㉘《答汪伯玉》,《弇州四部稿》卷一百十八。

㉙《弇州四部稿》卷一百十七。

㉚《弇州四部稿》卷六十六。

㉛《弇州四部稿》卷六十四。

㉜《书王文成集后一》,《弇州四部稿·读书后》卷四。

㉝《书王文成集后二》，同上书，同上卷。

㉞《沧溟先生集》卷十八，页443。

㉟《沧溟先生集》附录二，页717、718。

㊱《沧溟先生集》卷二十八，页647。

㊲《沧溟先生集》卷二十六，页599。

㊳《沧溟先生集》依次为页94、107、357。

㊴王世贞《李于鳞先生传》,《沧溟先生集》附录二，页721。

㊵《沧溟先生集》卷二十五，页584。

㊶王九思《刻太微后集序》,《美陂续集》卷下，四库全书存目丛书本。

㊷《沧溟先生集》卷二十五，页574～575。

㊸杨伯峻编著《春秋左传注》，依次为页1493、862、487、1647、862、355、469、863，中华书局1981年版。

㊹如《沧溟先生集》卷二十八《报朱用晦》、卷三十《与徐子与》等。

㊺《沧溟先生集》卷十七，页413。

㊻清胡渭《禹贡锥指》卷四，文渊阁四库全书本。

㊼《艺苑卮言》卷七，周维德集校《全明诗话》页1963。

㊽《汪道昆》，《弇州四部稿》卷一百十九。

㊾《艺苑卮言》卷三，《全明诗话》页1905。

㊿徐学谟《复屠青浦》，《归有园稿》卷十六，四库全书存目丛书本。

51《麈谐》，同上书，卷十一。

52屠隆《由拳集·文论》，王水照编《历代文话》第三册，页2301。

53庄元臣《论学须知·论苏文当熟》，王水照编《历代文话》第三册，页2211。

54李乐《闻见杂记》卷八。

55《弇州四部稿》卷六十四。

56《艺苑卮言》卷三，周维德集校《全明诗话》页1905。

57《明史》卷二百八十七《归有光传》，页7383，中华书局1974年版。

58《弇州四部稿·续稿》卷一百五十。

59《沧溟先生集》卷一，页1。

60《西京杂记》卷二，文渊阁四库全书本。

61钱谦益《列朝诗集》页4406，中华书局2007年许逸民等点校本。

62朱彝尊《静志居诗话》页381，人民文学出版社1998年黄君坦校点本。

63《乐府古题序》，冀勤点校《元稹集》卷二十三，页254、255，中华书局1982年版。

64王文才万光治主编《杨升庵丛书》第三册，页352，天地出版社2002年版。

65《宋濂全集》页1869、1870，浙江古籍出版社1999年版。

66《浙江通志》卷二百七十六，文渊阁四库全书本。

67《御定佩文斋广群芳谱》卷四十三，文渊阁四库全书本。

68《明诗综》卷四十一，页2033，中华书局2007年版。

69朱承爵《存馀堂诗话》，《全明诗话》页1213。

70郭茂倩《乐府诗集》卷八十四，页1181，中华书局1979年版。

71《沧溟先生集》卷一，页4。

72《报朱用晦》，《沧溟先生集》卷二十八，页656。

73《沧溟先生集》卷一，页11。

74《乐府诗集》卷二十五，页365。

75《沧溟先生集》卷二，页27、28。

⑯《沧溟先生集》卷十五，页377～378。

⑰《送靳颖州子鲁》，《沧溟先生集》卷五，页103。

⑱《沧溟先生集》卷五，页120。

⑲《沧溟先生集》卷六，页128。

⑳《沧溟先生集》卷十一，页277～278。

㉑《沧溟先生集》卷八，页214。

㉒《东村同殿卿送子坤赴选》三首之二，《沧溟先生集》卷十三，页318。

㉓《沧溟先生集》卷十四，页343。

㉔《送宗子相序》，《沧溟先生集》卷十六，页403。

㉕明初王行、凌云瀚、赵撝谦，成化、弘治初李东阳等，都有这方面的论述。前七子中李梦阳《鸣春集序》、《题东村饯诗后》、《论学上篇》；康海《太微山人张孟独诗集序》；徐祯卿《谈艺录》。杨慎《李前集诗引》、《云诗解》。吴中的诗人们，也都有论诗重情的言说。

嘉靖壬午本《三国志通俗演义》所反映的文学思想

在文学思想发展过程中，小说文体所反映的文学思想观念是相对独立的一个系统。

在论及历史演义小说所反映的文学思想时，我们首先要面对的，就是一个时间跨度问题。它的不少作品，属世代积累型，它的创作倾向，受积累过程诸种因素之影响，不易从文学思潮发展的某一时间段落加以说明；它受制于历史素材，必须处理实录与虚构之间的关系，文学思想倾向在两者之间游走，也就不容易辨别它的形态；它受制于民间情怀的走向，这就存在一个如何判别作者主观愿望与民间情怀纠结的问题；历史演义小说的理论批评（序跋、评点等等）与作品所反映的文学观念，离合之间，如何构成小说文学思想的整体，也是一个值得探讨的问题。最后一个问题是不同版本的修改，也反映着不同的思想倾向。本文无法涉及所有这些问题，只想就嘉靖壬午本《三国志通俗演义》，探讨它所反映的文学思想。

一

首先涉及的是创作倾向问题。

嘉靖壬午（1522）本《三国志通俗演义》为今天所能见到的最早刊本。[①] 前有弘治七年（1494）署名庸愚子的蒋大器的《序》，嘉靖元年署名修髯子的张尚德的《引》。《序》称《三国志通俗演义》“书成，士君子之好事者争相誊录，以便观览”。说明在弘治七年蒋大器写序时，《三国志通俗演义》的传播靠的是“誊录”，而且争相誊录的是“士君子”，而非民间。待到嘉靖元年，也就是张尚德作《引》的时候才镌行。在这个本子中加入了刊行于弘治十七年（1504）尹直《名相赞》中的《丞相武侯诸葛公孔明》赞。这就说明这是一个在传播过程中经过加工修改的本子。

这个本子是否接近罗贯中原作的面貌，学界有不同的看法。大致说来，一种看法认为嘉靖本是最早也是最接近原作的本子；一种看法认为后出的万历年间建阳书坊镌行的《三国志传》系统更接近于原作。这后一种看法的主要理由，一是建阳镌本语言较为粗糙通俗；二是加入了关索、花关索故事。三国故事从史书记载，到民间传说、说书，到戏曲、平话，到演义，是一个积累的过程。这个过程是由简而繁，由粗糙到精细。因此，建阳镌本系统更接近于原作的面貌。[2] 此种认识，必须有一个前提，那就是先假定原作者是一位更接近于平话作者的底层文人，没有较高的文化素养。以较为粗糙、语言较为通俗推定建阳镌本更近于原作，就是建立在此一假设上的。如果此种假设不能成立，那么就有另一种之可能：万历年间较为粗糙、通俗的建阳刊本，是在嘉靖本的基础上为适应民间传播，由书商通俗化的。[3] 索（花关索）故事亦可能在此一时间加入，成化年间就流传有说唱词话《花关索传》，适应民间喜好，《三国志演义》成书之后在流传过程中加入，也非不可能。[4] 究竟何者更接近于原作，此问题一时难以论定。

嘉靖壬午本《三国志通俗演义》署名明说“晋平阳侯陈寿史传，后学罗本贯中编次”。这是说，《演义》是根据史传来的。“演义”一词，原用于对经、子书的阐释解读，通训诂，辨名物，订故实，循文演义。佛门讲经亦称演义：“云掩莲花峰下座，若人演义若人听。”[5] 有学者指出，《史》之演义，指对《史》事之敷演、演绎。[6] 嘉靖本在“演义”之上，又加“通俗”二字，意在说明此书之性质，非如说正史之正襟危坐，而是以世俗语说史事，使妇孺亦能知晓。蒋《序》与张《引》，都论及此一问题。蒋《序》称：

然史之文，理微义奥。……其于众人观之，亦尝病焉。故往往舍而不之顾者，由其不通乎众人。而历代之事，愈久愈失其传。前代尝以野史作为评话，令瞽者演说，其间言辞鄙谬，又失之于野，士君子多厌之。若东原罗贯中……《三国志通俗演义》，文不甚深，言不甚俗，事纪其实，亦庶几乎史。盖欲读诵者人人得而知之，如《诗》所谓里巷歌谣之义也。

张《引》亦称：

史氏所志，事详而文古，义微而旨深，非通儒夙学，展卷间鲜不便思困睡。故好事者以俗近语檃括成编，欲天下之人，入耳而通其事，因事而悟其义，因义而兴乎感。

《序》说是“文不甚深，言不甚俗”，是介乎雅俗之间；《引》说是“俗近语”。这都说明《演义》是为了适合社会大众的阅读，它的主要读者对象是社会大众。[⑦]

《序》和《引》也都说明《演义》与史之关系。《序》称“事纪其实，亦庶几乎史”；《引》称“是可谓羽翼信史而不违者”。这里可注意的是蒋《序》所说前辈以野史作为平话，言辞鄙陋，失之于野的问题。这就联系到《三国志通俗演义》的创作倾向问题了。我们现在看到的《三国志平话》，除了开头和结尾加上因果报应的言说之外，在叙述历史的时间跨度上与《三国志通俗演义》大致相近，起于黄巾起义而终于孔明秋风五丈原。但是《三国志平话》大脉络虽亦引历史故事，而“所叙事迹，本于史传者少，根据民间传说的多”[⑧]。胡士莹先生举出荒唐者如刘、关、张往太行山落草、汉帝斩十常侍之首、命人招安、庞统变狗及诸葛亮庄农出身诸例，还可举出学究得天书、孙夫人要杀刘备、见金蛇盘于刘备身上等处。《平话》在处理虚实关系上，粗糙而未能融通。《三国志通俗演义》在平话的基础上，把虚实关系的处理推向成熟。

在这部历史演义小说的巨制里，我们看到了我国传统文化里史官的实录精神与文学的想象世界的完美结合。[9]

《演义》的构架以史为依据。蒋大器的《序》说罗贯中“以平阳陈寿传，考诸国史，自汉灵帝中平元年（184），终于晋太康元年（280）之事，留心损益，目之曰《三国志通俗演义》”。情节的展开，就在这九十七年里。这九十七年展开的种种事象，一个基本的构架，就是“史”的基本事实。所谓“史的基本事实”，并非只有正史，也包括野史小说，如高儒所说：“据正史，采小说，征文辞，通好尚，非俗非虚，易观易入，非史氏苍古之文，去瞽传诙谐之气，陈叙百年，该括万事。”[10]说是“损益”，“该括”，署名也说是罗贯中“编次”，就是说虽据《史》事，而并非史之原貌，而是有所选择、有所集中，是重新编纂。据史实，蒋《序》说是据陈寿传，若自人物之描写言，与《三国志》及裴注当然有极大之关系。若自历史事件之发展言，则主要依编年体之《资治通鉴》为基本构架。[11]《三国志传》系统卷首多题《新刻按鉴全像三国志传》，“按鉴”，谓据《通鉴》以演义。我们将按时间顺序，将《演义》之基本构架与《资治通鉴》作一简要排比：

《通鉴》卷五十八：“初，巨鹿张角奉事黄老，以妖术教授，号‘太平道’。咒符水以疗病，……十余年间，徒众数十万，自青、徐、幽、冀、荆、扬、兖、豫八州之人，莫不毕应。”“中平元年，一时俱起，皆著黄巾以为标帜，……旬月之间，京师震动。”

《演义》第一节《祭天地桃园结义》叙故事之开局，展开刘、关、张起事之背景：亦从张角之黄巾军开始，称中平元年，张角山中遇南华老仙，授以太平要术，以符咒为人治病，讹言苍天已死，黄天当立，青、徐、幽、冀、荆、扬、兖、豫八州之人从张角反者四五十万。

接着便是曹操出场，《通鉴》中平元年记曹操破黄巾军，称曹操：“操少机警，有权数，而任侠放荡，不治行业。”通过桥玄、何颙、许劭之口，论曹操：“天下将乱，非命世之才，不能济也。能安之者，其在君乎！”“汉家将亡，安天下者，必此人也。”“子，治世之能臣，乱世之奸雄。”此一种评论，为《演义》展开曹操情节定下基调。

《演义》第二节《刘玄德斩寇立功》写曹操出场，也有一番介绍："少机警，有权数，游荡无度。"同时引《通鉴》中桥玄、何颙、许劭评曹操的话。

《通鉴》中平六年八月，十常侍杀何进，袁绍杀十常侍，董卓入宫专权。

《演义》第四节《何进谋杀十常侍》，第五节《董卓议立陈留王》主要情节全同《通鉴》。

《通鉴》中平六年九月，董卓废帝，立陈留王。

《演义》第七节《废汉君董卓弄权》。

《通鉴》初平三年春，司徒王允设计，由吕布诛董卓。

《演义》此事铺演为第十五节《司徒王允说貂蝉》、第十六节《凤仪亭布戏貂蝉》、第十七节《王允授计诛董卓》，由展开而虚构之空间虽很大，但情节展开之核心，均据《通鉴》如下一段话："布由是阴怨于卓。卓又使布守中阁，而私于傅婢，益不自安。王允素善待布，布见允，自陈卓几见杀之状，允因以诛布之谋告布，使为内应。布曰：'如父子何？'曰：'君自姓吕，本非骨肉。今忧死不暇，何谓父子？掷戟之时，岂有父子情耶！'布遂许之。"《演义》王允与吕布对话一段，全同《通鉴》，《通鉴》采自《三国志·魏书》董卓传、吕布传。

董卓被杀之后，曹操进入权力中心。《演义》用了很大篇幅展开曹操的行动，而重大线索也仍然以《通鉴》为依据。

《通鉴》兴平三年十二月，曹操破黄巾军，收其兵三十余万，号青州兵。建安元年，曹操迁天子于许都。此后一系列以曹操为核心的事件逐一展开。

《演义》第二十节《曹操兴兵报父仇》、第二十四节《曹操定陶破吕布》、第二十七节《迁銮舆曹操秉政》主要事迹与《通鉴》记述相同。

《通鉴》建安五年，曹操击刘备，获其妻子，擒关羽。关羽斩袁绍大将颜良，为曹操解白马之围。"初，操壮关羽之为人，而察其心神无久留之意，使张辽以其情问之，羽叹曰：'吾极知曹公待我厚；然吾受刘将军恩，誓以共死，不可背之。吾终不留，要当立效以报曹公乃去。'辽以羽言报操，操义之。及羽杀颜良，操知其必去，重加赏赐。羽尽封其所赐，拜书告辞，而奔刘备于袁军。"

《演义》据此演为第四十九节《张辽义说关云长》、第五十节《云长策马刺颜良》、第五十二节《关云长封金挂印》、第五十三节《关云长千里独行》和第五十四节《关云长五关斩将》。《通鉴》在云长斩颜良之后，叙操军与袁绍军作战，并未明言斩文丑者为关羽。《演义》于斩颜良之后，铺演出第五十一节《云长延津诛文丑》。

《演义》至此开始为全书高潮——火烧赤壁作铺垫，亦据《通鉴》之顺序展开。《通鉴》建安五年，磐据江东之乌程侯会稽太守孙策卒，弟孙权领会稽太守。

《演义》演为第五十八节《孙权领众据江东》，周瑜、鲁肃相继登场。此回叙孙策临死嘱付诸将，称"中国方乱，夫以吴越之众，三江之固，足以观成败。汝等善相吾弟"。喊孙权近前，曰："举江东之众，决机于两阵之间，与天下争衡，卿不如我。举贤任能，各尽其心以保江东，我不如卿。"此事之叙述与对话，均来自《通鉴》。

《通鉴》建安十二年，记诸葛亮寓居隆中，自比管仲、乐毅。刘备在荆州，司马徽荐诸葛亮，"备由是诣亮，凡三往，乃见"。与论三分天下。

《演义》据之演为第六十九节《刘玄德遇司马徽》、第七十节《玄德新野遇徐庶》、第七十二至七十五节《徐庶走马荐诸葛》、《刘玄德三顾茅庐》、《玄德风雪访孔明》、《定三分亮出茅庐》。接下便以较大的篇幅写诸葛亮。

《通鉴》记建安十三年秋，曹操南击刘表，进军江陵，追刘备于襄阳。刘备弃妻子，张飞断桥，赵云抱刘禅突围，与关羽船会济沔，同至夏口。

《演义》据此演为第八十一至八十四节《刘玄德败走江陵》、《长阪坡赵云救主》、《张益德据水断桥》、《刘玄德败走夏口》。

《通鉴》卷六十五，建安十三年，言曹操军自江陵顺江东下，诸葛亮说孙权抗曹。

《演义》铺演为第八十五节《诸葛亮舌战群儒》、第八十六节《诸葛亮智激孙权》。

《通鉴》又记赤壁大战，黄盖向周瑜献诈降火攻之策："操军方连船舰，首尾相接，可烧而走也。""时东南风急，盖以十舰最著前，中江举帆，余船以次俱进。……同时发火，火烈风猛，船往如箭，烧尽北船，延及岸上营落。顷之，烟炎张天，人马溺死者甚众。……北军大坏。操引军从华容道步走，遇泥泞，道不通……羸兵为人马所蹈藉，陷泥中，死者甚众。"《通鉴》记赤壁之战仅二百九十八字。此二百九十八字，就记下了此一战役的三方参加者、黄盖诈降、趁东南风火攻、曹操败走华容道等基本事实。

《演义》据此一基本事实，铺演为第八十七节《诸葛亮智说周瑜》、第八十八节《周瑜定计破曹操》、第八十九节《周瑜三江战曹操》、第九十节《群英会瑜智蒋干》、第九十一节《诸葛亮计伏周瑜》、第九十二节《黄盖献计破曹操》、第九十三节《阚泽密献诈降书》、第九十四节《庞统进献连环计》、第九十五节《曹孟德横槊赋诗》、第九十六节《曹操三江调水军》、第九十七节《七星坛诸葛祭风》、第九十八节《周公瑾赤壁鏖兵》、第九十九节《曹操败走华容道》、第一百节《关云长义释曹操》等共十六节，一万四千余字。在基本事实之上，展开了巨大的虚拟空间，完成了情节发展的一个高峰。

《通鉴》建安十四年，孙权以妹妻刘备；十六年，西川刘璋派法正迎刘备入川；孙权遣舟迎妹，赵云截江夺阿斗。三分天下至此完成。

《演义》铺陈为第一百零八节《刘玄德娶孙夫人》、一百二十节《庞统献策取西川》、一百二十一节《赵云截江夺幼主》、一百三十节《刘玄德平定益州》。

《通鉴》建安二十年，孙权派鲁肃向关羽讨还荆州，《演义》有《关云长单刀赴会》。《通鉴》建安二十一年，曹操进爵为王。《演义》有《魏王宫左慈掷杯》。《通鉴》建安二十四年秋，刘备称位汉中王。《演义》有同名节目，在这几节里，不少文字《演义》均来自《通鉴》。

《通鉴》建安二十四年孙权夺回荆州，关羽败走麦城，被杀于章乡。

《演义》第一百五十一节《关云长夜走麦城》、第一百五十四节《汉中王痛哭关公》。此一事件实为情节发展之重大转折，预示刘备、张飞亦将相继退出情节之主线，与全书开端之祭天地桃园结义作一呼应。

《通鉴》黄初元年曹操死，曹丕篡汉称帝。

《演义》据以铺演为一百五十五节《曹操杀神医华佗》、一百五十六节《魏太子曹丕秉政》、一百五十九节《废献帝曹丕篡汉》。

《通鉴》黄初二年，刘备称帝于成都。

《演义》第一百六十节《汉中王成都称帝》。

《通鉴》黄初三年闰五月，吴将陆逊击败刘备。刘备败走白帝城。次年三月，刘备白帝城托孤。

《演义》第一百六十六节《陆逊定计破蜀兵》、第一百六十七节《先主夜走白帝城》、第一百六十九节《白帝城先主托孤》。

《通鉴》黄初六年七月，诸葛亮出兵南中，擒孟获，“七纵七擒而亮犹遣获，获止不去，曰：‘公，天威也，南人不复反矣。’”

《演义》据《通鉴》记述此事之一百四十三字，铺演为第一百七十三节《孔明兴兵征孟获》至第一百八十节《诸葛亮七擒孟获》共八节近一万字。

《通鉴》太和元年，诸葛亮初上出师表，出军汉中。二年，诸葛亮再上出师表，出祁山，到青龙二年，秋，卒于军中。

《演义》铺演为第一百八十二节《孔明初上出师表》、第一百八十六节《孔明祁山破曹真》、第一百九十三节《孔明再上出师表》、第一百九十四节《诸葛亮二出祁山》、第一百九十六节《诸葛亮三出祁山》、第一百九十九节《诸葛亮四出祁山》、第二百零一节《诸葛亮五出祁山》、第二百零三节《诸葛亮六出祁山》，第二百零七节《孔明秋风五丈原》。

此后，嘉平元年正月高平陵兵变，司马懿杀曹爽；至蜀亡；至泰始元年司马炎篡魏立晋；灭吴，分久而合。《演义》都有相应回目。

从上述简单之列举中，我们清楚看到《演义》情节结构之展开，主线来自《通鉴》。这就是《演义》实录思想之一表现。本意是据史演义，目的是使人相信史有其事。

据《通鉴》以展开叙事主线，《演义》又从史传中采集历史人物之言论。除上举已涉及者外，又如第八节《曹孟德谋杀董卓》写曹操杀吕伯奢全家一事，“宁使我负天下人，休教天下人负我”，采自《三国志·魏书·武帝纪》裴注所引孙盛《杂记》。第六十节《曹操乌巢烧粮草》写许攸见曹操一事，展示曹操奸诈之性格，情节与对话，全来自裴注所引《曹瞒传》。第一百一十一节《曹操大宴铜雀台》写曹操自叙生平功业一大段文字，全来自裴注所引《魏武故事》。此一段文字，描写曹操之雄心与自满：“身为宰相，人臣之贵已极，意望已过。如国家无孤一人，正不知几人称帝，几人称王！”第四十五节《祢衡裸衣骂曹操》，采《后汉书·祢衡传》对祢衡恃才傲物之种种描写，既引祢衡言语，亦引曹操言语，意亦在明此乃史之实有。刘备、诸葛亮、关羽、张飞、孙权、周瑜等主要人物，亦多从列传引据材料，在关节点上近于史之叙述，以图给人以真实之感。我们试举一例以明此一种之意图。《演义》第六十九、第七十、第七十二、第七十三、第七十四、第七十五以六个节目，六千余字的巨大篇幅，浓墨重彩描写诸葛亮出山，其中许多引人入胜的情节与对话，都缘于虚构，但在关节点上，引入史传材料，以还其真。《刘玄德遇司马徽》写刘备与司马徽的一段对话：

玄德曰：“备屈身恭己，求山谷之遗贤，奈何未得其人也。”水镜曰：“儒生俗士，不识时务。识时务者，在乎俊杰也。”

此一段对话，采自《三国志·蜀书·诸葛亮传》裴注引《襄阳记》。《定三分亮出茅庐》中，有刘备与诸葛亮的一大段对话：

（刘玄德曰：）“汉室倾颓，奸臣窃命，主上蒙尘，孤不度德量力，欲信大义于天下，而智术浅短，遂用猖獗，至于今日。然志犹未已，君谓计将安出？”孔明答曰：“自董卓以来，豪杰并起，跨州连郡者，不可胜计。曹操比袁绍则名微而众寡，然操遂能克绍。以弱为强者，非惟天时，抑亦人谋也。今操已拥百万之众，挟天子以令诸侯，此诚不可与争锋。孙权拒有江东，已历三世，国险而民附，贤能为之用，此可与为援，不可图也。荆州北据汉沔，利尽南海，东连吴会，西通巴蜀。此用武之国，非其主不能守。此殆天之所以资将军。将军其有意乎？益州险塞，沃野千里，天府之土，高祖因之以成帝业。刘璋闇弱。张鲁在北，民实国富，而不知存恤，智能之士，思得明主。将军帝室之胄，信义著于四海，总揽英雄，思贤如渴。若跨有荆、益，保其岩阻，西和诸戎，南抚夷越，外结好孙权，内修正理，以待天下有变，则命一上将将荆州之兵，以向宛洛。将军身率益州之众，以出秦川。百姓孰敢不箪食壶浆以迎将军者乎！诚如是，则霸业可成，汉室可兴矣。”

此一大段文字，全来自《三国志·蜀书·诸葛亮传》。《演义》前此之众多描写、烘托，皆落实于此一段文字。未出山而定三分，见之于史，自此一核心材料展开三顾茅庐之种种如诗如画之描写，亦因此一见之于史实之核心材料的存在，而令人信其为真实。历史记下来的只是重要事件的核心部分，细节往往被忽略。刘备当年三顾茅庐，究为何种之情状，是否确在风雪之时，叩门时是否确有童子出问；司马徽是否曾对刘备说过“虽卧龙得其主，不得其时”的话，然后飘然而去；是否曾于路上遇崔州平，崔州平是否曾发一通是非相因依之道家理论；诸葛亮是否有位弟弟拥炉抱膝而歌；刘备见诸葛亮之时，诸葛亮是否卧于草堂几榻之上，刘备是否立于阶下一个时辰，听他吟诵“大梦谁先觉”之诗句？所有这些如诗如画之细节，或纯为虚拟，或史上确为真有，都无须考究。史上确有三顾，确有此一未出茅庐而知三分天下之高人，种种之烘托也就有存在之合理性，而让人信其真有。

实录精神影响《演义》之创作，又一点是作者为强调真实性而大量引入章表奏对。第一节写桃园结义之背景，是宦官专权，民不聊生，灾异频发。汉灵帝召群臣问灾异之原由，杨赐与蔡邕都有对。杨对见于《后汉书》卷八十四《杨赐传》，蔡邕对见于《后汉书》卷九十下《蔡邕传》。第五十七节《孙策怒斩于神仙》孙策遣张纮往许都上表，表文引自郝经《续后汉书》卷四十九。第六十七节写曹操打败袁绍，得其兵五六十万，班师回许都，议封功臣，上表为其谋士郭嘉请封，《表》文全文见于《艺文类聚》卷五十一。第一百三十六节《魏王宫左慈掷杯》写建安二十一年曹操进爵为王。先是，操自合淝还都，王粲上诗颂功，"遂拟进爵为王"，献帝令钟繇草诏。《诏》文全文见于《三国志文类》卷一。第一百四十五节《刘备进位汉中王》记建安二十四年，孔明劝刘备进位汉中王，命谯周作《表》奏献帝。所引《表》文见于《三国志·蜀书》卷二。第一百五十六节《魏太子曹丕秉政》写曹操死后，曹丕立为太子，华歆事先代献帝拟好诏命，所引诏命全文引自袁宏《后汉纪》卷三十。第一百五十八节《汉中王怒杀刘封》写孟达、申耽降魏，刘封上表刘备，《表》文引自宋人萧常所编《续后汉书》卷十三。第一百五十九节《废献帝曹丕篡汉》引献帝禅魏册文，见于《三国志·魏书》卷二。第一百六十节《汉中王成都称帝》写孔明等上表谏汉中王即帝位，《表》文引自《三国志·蜀书》卷二。第一百九十三节《孔明再上出师表》写赵云病死，后主下诏厚葬，《诏》文引自萧常《续后汉书》卷九。第一百九十七节《孔明智败司马懿》写失街亭之后，诸葛亮斩马谡，之后自罚去丞相之职，后主下诏，复其丞相职位，《诏书》全文引自《三国志·蜀书》卷五。第一百九十八节《仲达兴兵寇汉中》引两篇《疏》，一为华歆上疏，引自《三国志·魏书》卷十三；一为杨阜上疏，引自《三国志·魏书》卷二十五。第二百零二节《木门道弩射张郃》贬李嚴为庶人表，引自元人郝经《续后汉书》卷二十。第二百零七节《孔明秋风五丈原》孔明遗表，引自《三国志·蜀书》卷五。第二百二十二节《司马昭破诸葛诞》之诸葛诞上《表》，表文全文引自《册府元龟》卷三百七十。第二百三十五节《后蜀主舆櫬出降》写后主拟降魏，谯周以为不可，乃上疏，《疏》文全文引自《三国志·蜀书》卷十二。第二百三十六节《邓艾钟会大争功》司马昭封邓艾诏，给钟会密诏，两《诏》诏文全文均引自《三国志·魏书》卷二十八。

情节的基本构架建立在史书叙述的事实之上，情节主线的展开以编年体的《资治通鉴》为主要依据；人物言行杂取史传；加上章表奏对引自史书所载原文，这一切的目的，都是为了说明要讲的是史，是历史上曾经发生过的事实，是“真”。而求真的目的，如蒋大器的《序》所说，是要以史为鉴。但是史书因其“理微义奥”，不易为群众接受，《演义》之作，是要将史通俗化，使诵读者“人人得而知之”。而通俗化不是要离开史之事实，而是依陈寿的《三国志》，再“考诸国史”。我们从书中所引章表奏对与书信看，并非都出自《三国志》及裴注。除《三国志》及裴注之外，有的出自范晔《后汉书》、袁宏《后汉纪》、郝经《续后汉书》、宋人编撰的《三国志文类》，有的甚至出自类书。还有一些，我们今天已无从查考，或出自当时尚能看到、后来遗失的典籍。这都说明，罗贯中作《演义》，是认真“考诸国史”了的。这就说明，《演义》的主要创作倾向是求真。求真之此种观念，源于我国人重视历史之传统思想。民间故事、说话、戏剧，都以种种之手段，强调实有，以实有为可信，因实有而感动。《三国志通俗演义》接受的正是这个传统。

但是，这个“真”，只是基本的史实。无论情节还是人物，进一步展开之后，就渐渐地离开史之记述，进入虚构，王允设计，吕布杀董卓一事，《通鉴》记此事不足二百字，并无貂蝉这个人物，只说吕布“私傅婢，心不自安”。《通鉴》所记，来自《后汉书》与《三国志》。《后汉书》卷六十六《王允传》极简略，称士孙瑞劝王允图董卓，“允然其言，乃潜结卓将吕布，使为内应。会卓入贺，吕布因刺杀之”。《后汉书》卷六十二《董卓传》记此事略详，约三百字，称李肃与吕布共诛卓，未提及吕布与傅婢私通事。《后汉书》卷七十五《吕布传》记此事，亦只言及“卓又使布守中阁，而私与傅婢情通，益不自安”。傅婢姓甚名谁，史书未载，貂蝉这个人物，来自民间故事。元代杂剧《关云长单刀劈四寇》中，已有貂蝉名字。在该剧里貂蝉是王允义女。吕布是董卓义子。王允安排了一个“美女连环计”，先将貂蝉许与董卓，“后不知怎的，又许与吕布”，使他们父子不和，由吕布杀了董卓，又带兵到郿坞城，把董卓一家老小三百口都杀了。故事已基本成形。以貂蝉为主角的还有《刺董卓》、《貂蝉女》。《三国志平话》也有貂蝉故事。在那里，貂蝉是吕布妻子，自临洮府失散之后不曾见面，在王允府上，允视之如亲女，成为王允使美人计的重要角色。貂蝉故事已由积累而渐渐成型。从没有姓名的“傅婢”，到生出一个貂蝉的名字，把这个貂蝉安排为王允的义女；把她安排到刺杀董卓谋略的关键位置上，利用貂蝉的美色离间董卓与吕布，使刺杀成为可能。史书中吕布与“傅婢”情通，心中不安，只是暗示着此事或与吕布之杀董卓有一种潜在之关系。《演义》作者吸收金院本、元杂剧和《平话》的貂蝉故事，将此一种之潜在关系，变为实有。而此一种之实有，只存在于民间的虚拟里，并非历史之真有。它只是一种民间想象，是一种或有，似真而非真。

貂蝉故事从一种潜在之可能，演绎为实有。此一过程较为简单，主要是借美色之离间得以完成。而《演义》情节发展之高潮火烧赤壁，由史之实有演绎为或有，过程则要复杂得多。

《通鉴》卷六十五记曹操大军自江陵将顺江东下，诸葛亮对刘备说：“事急矣，请奉命求救于孙将军。”于是与鲁肃同赴柴桑见孙权。《演义》写此事，诸葛亮激孙权之策略、两人之对话，与《三国志·诸葛亮传》、《通鉴》所载，话语繁简曲折虽略有差别，但大体一致。大不同处，是《演义》在智激孙权之前，虚构了《诸葛亮舌战群儒》一节。此一节之所有言语行迹，于史纯为非有。首先是参预舌战的群儒此时多不在柴桑。“出场的群儒，有史可查的，仅张昭在柴桑孙权处，其余人等尚散在地方，如顾雍时或任会稽丞（行太守事），步骘时任海盐长，程秉、薛综尚避难交州，陆绩在郁林，张温年始成童，尚未出仕，虞翻因罪在泾县。严畯记述不详。”[12] 但是此一节之虚拟，给人以或有之实感。此种或有之实感，或由乱世中或有之价值判断所引发。诸葛亮舌战群儒之辩难，反映了乱世之价值取向。乱世与治世，价值取向是不同的。治世重文，儒生受重视。乱世重武。文以经传道，武以济世兴邦为能事。诸葛亮在辩难中一再提到君子之儒与小人之儒的区别。他驳严畯“寻章摘句，世之腐儒也，何能兴邦立事！”驳程秉：“有君子之儒，有小人之儒。夫君子之儒，心存仁义，德处温良，孝于父母，尊于君王。上可仰瞻于天文，下可俯察于地理，中可流泽于万民，治天下如盘石之安，立功名于青史之内。此君子之儒也。夫小人之儒，性务吟诗，空书翰墨，青春作赋，皓首穷经。笔下虽有千言，胸中实无一物。……此乃小人之儒也。”君子之儒与小人之儒，原指儒之本与儒之末。君子之儒，教之以本，明六经之义，合先王之道。小人之儒，教之以末，明六经之注与六经之疏。将君子之儒与小人之儒的区别，从原义的治经之别，转定在济世兴邦与谨守文墨的差别上，反映的正是乱世价值取向之真实。我们似可将此一种之真称为或有之真，或称之为似真。

关于火烧赤壁，史有不同记载。《三国志·魏书·武帝纪》裴注引《山阳公载记》称烧曹军的是刘备：“公船舰为刘备所烧，引军从华容道步归，遇泥泞，道不通，天又大风，悉使羸兵负草填之，骑乃得过。羸兵为人马所蹈藉，陷泥中，死者甚众。军既得出，公大喜，诸将问之，公曰：‘刘备，吾俦也。但得计少晚；向使早放火，吾徒无类矣。’备寻亦放火，而无所及。”《三国志·吴书·周瑜传》及裴注引《江表传》讲火烧赤壁的是周瑜。《通鉴》取《周瑜传》说。不论何种之说法，都没有诸葛亮与周瑜共同研究火攻之事；东南风为江南其时本有之季候风，也非诸葛亮祭来；草船借箭的也不是诸葛亮；黄盖诈降，亦无蒋干中计之事；曹操战船为自相连接，《通鉴》引黄盖语：“操军方连船舰，首尾相接，可烧而走也。”并非由庞统献计所致；曹操败走华容道，并无关羽义释曹操之事。《演义》从火攻谋略之策划，一环扣一环之推进，大量生动情节的展开、人物行为、言语描画，壮阔场面与氛围之描写渲染，本非真有，而由于史书确有火烧赤壁、曹操确曾败走华容道；赤壁大战中确有曹操、周瑜、黄盖、诸葛亮、刘、关、张等人物的参与。其他的一切描写，都是在这一核心事实之上，吸收民间传说、借助虚构展开。这些民间传说，大量反映在元杂剧里。《刘玄德独赴襄阳会》中，司马徽就对刘备提到“南卧龙北凤雏”。《刘玄德醉走黄鹤楼》中诸葛亮的道白几句话，已经道出火烧赤壁的故事大概：“来至三江夏口，主公命某过江，问东吴借水兵三万。周瑜为帅，黄盖为先锋，俺两家合兵一处，拒敌曹操。贫道祭风，周瑜举火，黄盖诈降，烧曹兵八十三万，片甲不留。”⑬《三国志大全·羽赴单刀，鲁肃送关王》也有“卧龙台上祭东风，凤雏先进连环策”的唱词。⑭《三国志平话》已有火烧赤壁的大致构架，但也并无舌战群儒、曹操月夜慷慨赋诗种种生动之描写。《演义》据史书之基本事实，吸收元杂剧、平话之简单故事，铺演开来，作大量的细节描写，展开曲折的情节，有人物，有过程，有主线，有分支，有宏大场面，有细部，众多的非有也就给人以实有之感。非真而似真，而其实似真而非真。

至此，我们可以说：似真非真，非真似真，反映着《三国志通俗演义》的创作倾向。用真的历史虚构故事，借虚构故事演绎历史。

二

与亦真非真、非真亦真相呼应，《三国志通俗演义》所追求之趣味，在雅俗之间。这首先表现在语言风格上。依史以演义，必采史之主要事件与表述该事件之语言，章表奏对自不待言，都是书面语言之“文”，是雅。将所采史事放入《演义》表述，不可避免存留有雅之印记。有的引用《通鉴》或史传原有文字，不易俗化。而且作为文人，虽欲俗化，笔下亦不免留下雅的痕迹。但是，三国故事的演变来自民间，展开情节，创造人物，形成故事，自然有一个通俗化的过程。于是雅与俗交混，也就在所难免。《演义》在语言处理上的成就，就在于使此一种之交混融合无间。我们试举一例以明此。《周瑜定计破曹操》有如下一段话：

> 权抚周瑜臂，曰：“公瑾，卿言至此，甚合孤意也。子布无谋，各顾妻子，挟持私虑，深失于所望，独卿及子敬与孤同耳。天以卿二人赞孤

也。已选三万人，船筏战具俱办，卿与子敬、程普便在前发，孤当续发。人众多载资粮为卿后援。”

此一段话，引自《三国志·吴书·周瑜传》裴注引《江表传》，是史传常用之文言。但就在同一节里，诸葛瑾奉周瑜之命来说诸葛亮为孙权所用，没有成功，有如下一段话：

（瑾思曰）我来说他，倒被他说了我也。因此不能回答。

这就全是口语了。同在一节里，我们看不到语言有何不和谐处。作者把史传、章表奏对的文言，或用一种浅易的文言连串起来，或干脆就文白夹杂，半文不白，“说”与“曰”、“了”与“也”（《刘玄德斩寇立功》写卢植被冤押送京师问罪，遇刘备，刘备问往何处。卢植回答说：“取我回京师问罪去也。”张飞要救他，被云长拦住。“军士簇拥卢植去了。”一小段文字，也、了并用。）、“这”与“此”并用（《诸葛亮舌战群儒》：“这人言语挑我，遂答应之。”《诸葛亮智激孙权》：“此人只可激，不可说。且等他问时，便动激言。”）、“者”与“的”并用（《诸葛亮智说周瑜》：“瑜请入，所说此事。有要战者，有要降者，互相争论。”《诸葛亮智激孙权》：“武将有要战的，文官有要降的，纷纷议论不一。”）。诸如此类文、白词语的杂用，句子结构与语言风格上雅非雅，俗非俗，亦雅亦俗的文字，贯穿于《演义》全书。就如蒋大器所说“文不甚深，言不甚俗”，就是说，介于雅俗之间。此一种雅俗混之语言风格，我们可以再举一些例子，看语言在雅俗之间的特点：

《祭天地桃园结义》写关羽出现：“见一大汉，推一辆小车，到店门外，歇下车子，人来饮酒，坐在桑木凳上，唤酒保：‘即釃酒来，我待赶入城去充军，怕迟了。’”完全是口语风格。但就在同一小段文字里，刘备问关羽姓名，关羽的回答却是文雅口气：“吾姓关名羽，字长生，其后改为云长，乃河东解良人也。”

有时纯为口语，如第二十九节《孙策大战太史慈》有如下一段文字：

> 慈心中自忖：这厮有十三从人，我只一个，便活捉了他，也吃众人夺去。再引一程，教这厮每没寻处。

有时整段是文言，如第十一节《董卓火烧长乐宫》有如下一段文字：

> 董卓逆天无道，荡覆王室。吾欲尽夷九族，悬头四海，以谢天下。如其不然，则吾死不瞑目，安肯与逆贼结亲耶？

语言处于雅俗之间，目的是既要适应世俗阅读之需要，使“读诵者人人得而知之”；也要适合士君子之所好。言辞鄙谬，则为士君子之所厌弃。或者正是由于语言的不甚深又不甚俗，到了嘉靖前后，《演义》锓板发行，便得到了迅速的传播。

此一现象说明，嘉靖前后文学思想正在缓慢地发生变化。文学思潮逐渐向着多元化的方向发展。此时既有文学复古思潮兴起，江南一带，又有重抒情的文学创作倾向的出现。而市民社会的文化生活也逐渐地影响着士人的趣味。商业繁荣，正在改变着市民社会的生活方式和生活趣味，阅读的娱乐化成为市民社会之一文化内容。元末明初《演义》成书之后，以传抄方式传播，说明传播面尚未广及世俗社会。嘉靖（或者前至弘治）《演义》刊行，得以广泛传播。而且，自此之后，一版再版，在再版的过程中不断通俗化，读者群的相当一部分就是市井平民。此一种娱乐化的阅读，也影响着士人阶层，改变着士人的审美趣味，影响着士人家庭。下面这一则材料说明此时士人家庭阅读《演义》的情状：

> 文良卿，长洲人，都宪森女。森疏劾刘瑾，家人群沮之，良卿独否。人问故。答曰：“大人居言路，如是，分也。”字孝廉毛锡朋。姑韩，喜读书，尝撰《北齐史演义》以娱之。[15]

文森，长洲人，成化二十三年进士，主要活动于弘治、正德间。说明此时演义类小说已受到喜爱之情形，毛韩老太喜欢读《演义》，文良卿就写了《北齐史演义》供她消遣。这是一个士人家庭，以《演义》为消遣，妇女不仅喜欢读，而且还能写。这是《演义》类作品所表现的情趣处于雅俗之间，得以供雅俗共享的一个例子。

情趣追求在雅俗之间的又一表现，是《三国志通俗演义》所传递的是非观念在很大程度上受到民间是非观念的影响、制约。民间长期以来从传说、故事、戏剧、平话中形成的集体潜意识，他们对于三国人物、三国历史的看法，影响着《三国志通俗演义》的作者。《三国志通俗演义》作者对三国历史的看法，对三国人物的描写，既有历史的影子，又有存活在民间的形象，是二者的交融，既适合士人口味，又反映民间感情趋向、民间是非观念。是雅俗情趣的交融，亦雅亦俗。

我们先举一个正统观念的例子。欧阳修《魏论》以魏为正统。他说什么是正统？衡量正统的标准，就要看在朝代更叠兴亡之际，后起者行为之逆顺，看他成功与否。“故魏之取汉，无异汉之取秦而秦之取周也。夫得正统者，汉也；得汉者，魏也；得魏者，晋也。晋尝统天下矣，推其本末而言之，则魏进而正之，不疑。”[16]司马光的正统观，与欧阳修相似。他在《资治通鉴》里，也以魏为正统，理由与欧阳修同。但是我们在《三国志通俗演义》里看到的，则蜀汉是正统。三国谁是正统这个观念的转变，故有多方面之原因，但有两点是主要的，一是思潮背景的变化，自南宋朱熹《通鉴纲目》正统观念的转变，影响及于士人，对三国谁是正统的问题，有了一个理论上的明确阐释。他以道德名份而不以胜负强弱论正统，以刘备为正而以曹操为贼。学生问诸葛亮出处，他说：“曹操自是贼，既不可从。孙权又是两间底人。只有先主名分正，故只得从之。”[17]学生问作诗，他就说：“曹操作诗必说周公，如云：‘山不厌高，水不厌深；周公吐哺，天下归心。’……他也是做得个贼起，不惟窃国之柄，和圣人之法也窃了。”[18]朱子之后，士人之正统观有了变化。论三国，多从朱熹之说。元人鲁贞说：“曹操，汉之逆贼也。孙权，汉之叛臣也。彼荀（彧）、马（司马懿）、周（瑜）、吕（蒙）之徒以之为主，而不知事非其主之为非义也。先主虽弱，事之则中兴汉室，岂非义哉！”[19]元代夷陵地区曾拆毁曹操庙，理学家吴澄有诗赞其事，诗的序说：“夫篡逆之贼，虽去之千载，见其姓名，犹起人恶怒，庙而祀之何居？”[20]明初诗人王禕在《续志林》中也说：“曹操者，天下之奸雄，怀其鬼蜮之智，虽外示恭逊，而篡汉乃其本心。”[21]正统观念的转变，为士人的三国正统观提出新的理论依据，也成为《三国志通俗演义》的正统观的理论基础。

但是，《三国志通俗演义》的正统观更重要的是受到民间观念的影响。当欧阳修与司马光以魏为正统时，民间的看法却与之不同。研究者常引东坡《志林》下面这段话说明宋时三国故事的盛行，其实也说明民间对三国人物的态度和倾向：

王彭尝云：“涂巷中小儿薄劣，其家所厌苦，辄与钱令聚坐听说古话。至说三国事，闻刘玄德败，颦蹙有出涕者；闻曹操败，即喜唱快。以是知君子小人之泽，百世不斩。”[22]

在当时，在民间，即使是小儿，也持尊刘反曹的态度。在宋元讲史平话中，在金院本和杂剧中的三国故事，也普遍反映着尊刘贬曹倾向。《三国志平话》尊刘贬曹的倾向明显。在不少杂剧里，刘备一方处于正统地位，作者们常常以一种同情心写刘、关、张，给予歌颂。《曹操夜走陈仓路》张飞的一段唱辞，把曹、刘谁是正统说得很清楚：

【仙吕·点绛唇】则为那汉室倾危，豪杰并起，那个肯行忠义？那曹操待不轨谋为，相战斗，施权势。

【混江龙】俺哥哥合当承继，他是那汉家枝叶理合宜。孙权他仗父兄之力，曹操他窃命朝仪。我则待立国安邦扶社稷，除危定乱保华夷。想俺便结会在桃园内，俺哥哥功成名就，也是他福力相摧。

曹操败阵，弃袍割须；杨修有一段唱词，夸刘备、贬曹操：

【感皇恩】刘玄德汉室宗枝，诸葛亮定策施功。有一个赵云强，张飞勇，马超雄。见如今阳平关路通，又收了葭萌。俺如今粮储尽，军马疏，智先穷。

《阳平关五马破曹》黄忠、张飞、赵云、马超等人打败曹军之后，马超的一段唱辞也表达了同样的思想倾向：

【殿前欢】今日个望彤闱一齐的扬尘舞蹈，拜丹墀讬赖着宗尧祖舜居大位。见如今九五龙飞，拜金銮拱紫微，保日月光天德。今日个宴享昇平世。则愿的山河宁静，万万岁洪福天齐。

是宗尧祖舜，是正统。杂剧里对刘备一方的人物的描写，多带着赞美、同情的口气，写他们的仁心、忠义、智慧。而仁心、忠义、智慧，正是民间论人的最高标准。而对曹操，杂剧则多写他奸雄的一面，写他残忍奸诈。曹营将领，常被贬抑。《阳平关》一剧，奚落曹操大将夏侯渊，让他一登场就贬自己，道白说："我是军健汉，凡事不会干，听得敌军来，唬了一身汗。某乃夏侯渊是也。"写曹操因张鲁战败就要杀张鲁，杨修聪明就要杀杨修。杨修的一段唱词说曹操："你是个刻薄跋扈的贼，他须是忠孝贤良的臣。则我这忠言逆耳怀仇恨，直杀的你人慌将遁。你久以后到头来归向圣明君。"是说他终归要失败。《三国志通俗演义》里描写蜀汉一方的英雄人物，也常常受到讲史平话和杂剧的影响，反映着民间的感情趋向。对关羽的描写就是一个明显例子。赤面美髯，《三国志平话》已有此种描写，杂剧《莽张飞大闹石榴园》第二折写关羽："家住蒲州是解良，面如挣枣美髯长，青龙宝刀吞兽口，姓关名羽字云长。""挣枣"，形容枣的紫色光亮。史书上并无关羽挑灯夜读《春秋》的记载，挑灯夜读的情节也来自杂剧。《三国志大全》写关羽夜读《春秋左传》："明月如渊，向晚灯前，饱看着《春秋左传》。"《虎牢关三战吕布》中张飞的唱词里，也有一句"二哥哥你枉将左传春秋看"。在杂剧中，关羽已是一位文武双全的名将，就是后来评论家所说的“青史对青灯，则极其儒雅；赤心如赤面，则极其英灵。秉烛达旦，人传其大节；单刀赴会，世服其神威”[23]。《三国志通俗演义》里有一节《玉泉山关公显圣》，史书里也是没有的，也来自民间传说。这从关羽的神化过程中可见其中消息。蜀汉景耀三年追谥壮缪侯；之后，历代帝王对关羽多有封号；到了元文宗天历元年九月，加封“显灵义勇武安王”，就把显灵之事明示出来了。传说关羽隋朝显灵于荆州玉泉寺。显灵之事，或亦见于解州民间传说，元杂剧《关云长大破蚩尤》写宋代解州地区邪神蚩尤作乱，盐池枯干，关云长奉玉帝之命，破蚩尤，救民困。那个关云长，与生前气概一样，他有个唱词：

【笑歌赏】一骑马刺颜良赶路尘，三停刀诛文丑报仇恨，数挝鼓斩蔡阳登时分。在生时有政声，死之后便为神。来来来则今朝破蚩尤不索挂黄金印。

神化的关云长从民间传说进入戏剧，又由戏剧进入《平话》、《演义》。《三国志通俗演义》中《玉泉山关公显圣》一节，反映的正是这种民间信仰，民间感情趋向。

民间信仰，民间感情趋向之影响《三国志演义》，还可举出关索（花关索）的例子。如周曰校本、余象斗本的关索故事；汤宾尹本的花关索故事。关索（花关索）事迹盛传于民间，特别在云南贵州一带。早在宋代，关索故事就已在民间流传。宋人徐梦莘《三朝北盟汇编》就有小关索的名字。[24] 吴自牧《梦粱录》记善角觝者也有赛关索名字。相朴之名家名之为关索或赛关索，则民间传说中之关索或为有大力者。到了《三国志平话》，关索就进入三国故事，成为关羽之子。云南、贵州一带，还有关索岭、关索庙，民间传说，遂附会为神。周曰校本和建阳刊本之加上关索（花关索）故事，亦为民间信仰、民间感情趋向影响《三国志演义》之一显例。

要之，《三国志通俗演义》所表现之观念与感情趋向，受到正统观念变化之影响，也受到民间信仰和民间感情趋向之影响，亦雅亦俗，既易于为士人所接受，也更适合民间口味。

三

《三国志通俗演义》的出现，宣告了我国历史演义小说文体的成熟。此一种新文体，如前所述，吸收了纪年体叙事的体例，大体上按历史事件发生之时间顺序展开（钟惺评本每十回末更标出前十回年代起讫）；吸收了史传体叙述传主事迹的写法，勾画人物。它将纪年体的时间顺序叙事，变为小说情节的主线，而以一场场战争、一个个谋略、一个个人物和他们之间的复杂关系，构成围绕情节主线的众多情节支线，纵横交错，描写人物，叙述故事。它将历史记事变成了围绕人物展开情节的小说。它将史书语言俗化，将史书的读者面扩大至世俗社会的大众，创造了一种适合大众阅读的文体。

此一种文体之形成，有一个漫长的过程。它发源于讲史，而成熟于历史演义小说。我们从今存讲史平话中，可以清楚看到此一文体形成的过程。在处理虚实关系、体式、文体结构、人物描写与语言表达诸方面，都从稚嫩粗糙走向精致成熟。我们来从《三国志平话》与《三国志通俗演义》的关系说明此一点。三国故事长期在民间流传，李商隐《骄儿诗》和苏轼《志林》都有坐听说三国故事的记载。从记载看，人物与情节都已经相当生动。但讲说的具体情形，今天已不得而知。元刊《三国志平话》或自说话人之底本加工而成。我们权且以之为例，拿它来与《三国志通俗演义》比较。

《三国志平话》开头有一个因果报应的故事，结尾有一个因果报应的事件。但中间所反映的历史事件，起于三结义，而止于一统于晋，则与《三国志通俗演义》相同。

自体式言，《三国志平话》有小标题，不分回，标题的句式长短不齐。到了嘉靖本《三国志通俗演义》，分为二百四十则，每则标题为整齐的七言句式，奠定了章回小说的早期形式。[25] 分回，为历史演义小说体式之一特点。

自结构言，《三国志平话》情节的展开和前后衔接都极为简单。而《三国志演义》的结构则繁富得多。它有一个既复杂又统一的情节构成的完整结构。它写的是合久必分，分久必合近百年的一段历史。以此一分合之过程为主线叙述故事。清人毛宗岗把它叙事的过程归结为六起六结。他说："《三国》一书，总起总结之中，又有六起六结。其叙献帝，则以董卓废立为一起，以曹丕篡夺为一结。其叙西蜀，则以成都称帝为一起，而以绵竹出降为一结。其叙刘、关、张三人，则以桃园结义为一起，而以白帝托孤为一结。其叙诸葛亮，则以三顾草庐为一起，而以六出祁山为一结。其叙魏国，则以黄初改元为一起，而以司马受禅为一结。其叙东吴，则以孙坚匿玺为一起，而以孙皓衔璧为一结。凡此数段文字，联络交互于其间，或此方起而彼已结，或此未结而彼又起，读之不见其断续之迹，而按之则自有章法之可知也。"[26] 他这里说的六起六结，其中之四次起结，就政权之兴灭说，两次起结就人物之命运说。此一衡量标准带着更多的史学色彩。他说这六起六结联络交互，是就情节的展开说，已经与史之叙述有了不同。事实上，《演义》在情节发展的过程中，围绕分合，在蜀、魏、吴之间展开；其间又穿插着何进、董卓，袁绍、袁术，刘表、刘璋不同的政治势力与军事集团。一条主线是分合；三条分支是三国之兴衰；分支之间又有分支。人物在情节展开中活动，他们的命运随情节之展开而生灭。三条分支的情节并非单线发展，而是互相纠结，有时是双方，有时是三方。在三条支线中，刘备一方占有最大的篇幅。在《三国志通俗演义》的二十四卷二百四十则中，以描写刘备一方为主的，占了一百二十九则；以描写曹魏一方为主的，占了六十一则。而以孙吴一方为主的，只占二十六则。其他加入董卓、袁绍、袁术、司马氏等等。所谓为主，是指叙写该则之主要目的所要说明的一方，在叙写的时候当然牵涉诸种之关系。叙刘、关、张，已纠结着献帝废立、曹魏之兴衰，江东之成败。而叙曹魏，亦并非自黄初改元始，而始于曹操之谋杀董卓，纠结着与东吴、蜀汉之争战。叙东吴亦然，始终纠结着刘、关、张与曹魏。我们举一个例子，来说明《三国志通俗演义》情节叙写之复杂性。如写董卓，用了十则的篇幅。[27] 这十则，主要写董卓从弄权到被杀的过程，又预告了曹操将要取董卓而代之，还交错着曹操、刘、关、张和吕布的复杂关系。又如，用了十八则写关云长。这十八则，是浓墨重彩地写，其余在不少则里，也都有关云长的一些活动。在这十八则里，交错着刘、曹的矛盾，刘与孙的矛盾，曹与袁绍的矛盾等等。《三国志通俗演义》最为精彩的情节，贯穿于诸葛亮的一生，用了五十四则集中写诸葛亮，这是指集中写他的智慧与谋略。至于与他有关的情节就更多，可以说自他出山之后，他的活动贯穿于整个斗争之中。上面这几个例子，是从人物命运的角度构成的情节说。从事件构成的情节说，又可寻找出许多的线，如关于火烧赤壁，关于七擒孟获，关于六出祁山等等，由一个个战役、一个个故事，串起了蜀、魏、吴三条支线，又串成合分、分合的主线。我们从《三国志通俗演义》中看到了情节展开的既复杂多元又完整统一的美。

《三国志通俗演义》情节展开的又一特点，是波浪起伏，往往在激烈的斗争场面之后，在节奏急促进行之后，舒缓下来。例如，在赤壁之战的紧张氛围中，插入了曹孟德横槊赋诗；在火烧赤壁、曹操大败之后，插入了大宴铜雀台。这写舒缓的节奏，在《三国志平话》中都是没有的。在刘备几乎走投无路的时候，插入了三顾茅庐，把一个故事舒展开来，从容不迫地慢慢地写，写得如诗如画，写出了战乱环境中的一片宁静天地，和这片天地中几个智者的高情逸致，写出了在如诗如画氛围中展示的雄才大略与耀眼智慧，把这个宁静天地与残酷的战争联系起来，引出了整个三国故事中核心的核心人物。在《三国志平话》中三顾只是极简略的交代，也没有氛围的描写，没有形成情节发展的节奏。[28] 情节展开的这种波浪起伏，如音乐旋律般的美，是史书与《平话》所无法达到的。情节构成的这些特点，正是历史演义小说作为一种成熟文体之重要表现。

《三国志通俗演义》作为历史小说文体，有它人物形象描写的特点。它既是演绎历史，它的人物描写，除个别历史上本无其人之外，多以历史实有之人物为依据。此一种之依据，也就决定了它人物的命运与性格有一条应该遵守的底线，它不能完全违背历史人物的基本特点。但三国故事在流传过程中，情节与人物命运都起了变化，加入了民间对于历史的理解，加入了民间愿望，它已经不是历史人物的复述，它与历史人物之间，似即似离，既像又不像。我们在《三国志通俗演义》中看到，忠的更忠，奸的更奸，它把邪正是非都强化了，像鲁迅说的："写好的人，简直一点坏处都没有；而写不好的人，又是一点好处都没有。"[29] 鲁迅有过一个有名的论断，说："至于写人，亦颇有失，以致欲显刘备之长厚而似伪，状诸葛之多智而近妖。"[30] 现代研究者于鲁迅之此一论断似颇不以为然。其实鲁迅此一论断正说到了《三国志通俗演义》人物描写之一特点，受着民间爱憎分明观念之影响，好则爱之深而极尽颂扬，如对刘、关、张、诸葛亮的描写；憎则厌之切而屡加贬抑，如对曹操的描写。自忠则大忠、奸则大奸此一点言，是把人物脸谱化了（有人称之为类型化）。这一点，在《平话》中已有了表现，这是说书人为强调是非而长期形成的一种倾向。在《平话》中，人物描写较为简单，往往三言两语交代过（在说书的过程中也可能有详细的种种的夸张，但底本或记录则较为简单）。但是，到了《三国志通俗演义》，人物描写则大大地丰富了，"脸谱化"已不能概括其人物描写的全貌。它既不同于史传，也不同于《平话》。它之所以不同于史传，就在于它写出了人物的复杂性。正是此一点，它由史传向着小说转化。有学者说，它是历史演义，不是历史小说。这样一种认识似不确切。铺演三国事相之意义，是谓演义，它是侧重于观念上的。而展开想象空间多面描写人物，则属于艺术的范围，远非观念所能涵盖。它之所以不同于平话，也在于它人物描写的丰富性。曹操、诸葛亮、关云长、刘备等人物，都是性格丰满的人物，既写他们性格的主要方面，也写他们性格的次要方面。是人物性格的多样性，而不是所谓"反讽"。

在处理虚实关系方面,《演义》也表现了它作为历史小说文体的成熟。《平话》也有虚构，但他的虚构往往背离历史的真实，带着随意性。[31]《三国志通俗演义》虽有虚构，拓展想象空间，在更为广阔的画面上展现历史，但给人以历史真实性的感觉。它不同于史传而又更为生动地展现史传人物的面貌。由史传转向小说，想象空间由之而拓展。想象空间之拓展，不可避免地超越历史人物之原貌，且时或超越原初之立意，“如他要写曹操的奸，而结果倒好像是写了他的豪爽多智；要写孔明的智，而结果倒像是写了他的狡猾”。[32] 写曹操，主要写他背仁弃义、狡诈残忍。写他杀吕伯奢全家，背仁弃义；杀吉平，截指割舌，极其残暴；写他勒死董贵妃、杖杀伏皇后，虽未有篡位之名，已行篡位之实；写他对待祢衡，以显其狡诈；杀杨修，显其忌才；杀华佗，显其多疑；但是写他对待许攸、郭嘉和关云长，则他实在是个爱才的人；而写他煮酒论英雄，写他横槊赋诗，则展示着他的雄才大略与慷慨情怀。自此一层面言，则《三国志通俗演义》中的曹操，并非“脸谱化”的人物，他有着复杂的性格。刘备、关云长、诸葛亮，在书中同样性格丰满。关羽是作者着力描写的一位“绝伦逸群”大忠仁义大勇的武将，几近神化。但是在关羽身上，同样写出了他的弱点，如自信而至于自傲，大意失荆州，从而导致了形势的重大转折，因义而刘备兴兵伐吴，以致败走白帝城。刘、关、张以桃园结义始，而以白帝托孤终。诸葛亮是作者着力描写的“智绝”的人物，集超人的智慧、神出鬼没的谋略、从容不迫的名士风度、鞠躬尽瘁死而后已的名相形象于一身。在这个形象身上，集中了民间对于理想政治家的向往之情。但是在这个形象身上，我们同样看到了他的弱点，除了鲁迅说的“多智而近妖”之外，气死周瑜之后，又到周瑜灵前吊丧大哭，由是而显其伪。《三国志通俗演义》的人物，之所以不同于史传中的人物，就在于他们更富于血肉，更为丰满完美。他们之不同于《平话》中的人物，也在于此。他们既来自于世代积累，而又极大地趋向完善，是艺术创造的功劳，是构成小说的最为主要的因素，也是这一文体成熟的重要标志。

按历史纪年之时间顺序展开情节，而变单线为多线之交叉起伏：以史传人物为依据，而展开想象，使人物性格更加丰满，更富于血肉。再加上大量的细节描写。主要事件在历史提供的线索之内，而想象越出历史提供的线索之外，虽铺演历史而实由艺术之创造。这就是《三国志通俗演义》为我们提供的历史演义小说的文体成熟的特点。此一种之文体特点，在我国文体学的发展上有着独特之贡献。

四

《三国志通俗演义》所反映的文学思想的又一点，是功利目的与娱乐倾向兼备的创作动机。

蒋大器的《序》已点出了此书劝善之用意："一开卷，千百载之事豁然于心胸矣。其间亦未免一二过与不及。俯而就之，欲观者有所进益焉。……若读到古人忠处，便思自己忠与不忠；孝处，便思自己孝与不孝。至于善恶可否，皆当如此，方是有益。……观《演义》君子，宜致思焉。"张尚德的《引》，也说此书之用处，"欲天下之人，入耳而通其事，因事而悟其义，因义而兴乎感，不待研精覃思，知正统之必当扶，窃位必当诛，忠孝节义必当师，姦贪谀佞必当去，是是非非，了然于心目之下。裨益风教广且大焉"。《序》和《引》确切地揭示了《三国志通俗演义》的创作动机。

此一种之创作动机，在以后不同的《三国志演义》刊刻本的序中不断出现。李祥说："前事之不忘，后事之师也。余观炎祚之季，三强鼎峙，英雄迭出。然吴、魏僭窃，竟不能与蜀共居正统。固知神器有主，不可以智力奸也。至毅然不拔，关将永为称首；而托孤寄命，矢志靡二，孔明又何忠贞乎！试读《出师》二表，令千载而下慷慨激烈，宁非扶纲植常之一大枢机哉！"[33]他是看到《三国志传》所要达到的"扶纲植常"的目的了。后来的历史演义，大体如《三国志演义》以史为鉴之撰写目的。嘉靖三十一年熊大木《序〈武穆王演义〉》称："以王本传行状之实迹，按《通鉴纲目》而取义。"在该书的体例中，他也说："演义武穆王本传，参诸小说，难以年月前后为限，惟于不断续处录之，惧失旨也。”“大节题目，俱依《通鉴纲目》牵过。”[34]所谓依《通鉴纲目》而取义，说的也是该书之所欲张显者，亦《通鉴纲目》所张显之忠义而已。托名林瀚的《隋唐志传叙》称：“前岁偶寓京师，访有此作，求而阅之，始知实亦罗氏原本。因于暇日，遍阅隋唐之书所载英君名将忠臣义士，凡有关于风化者，悉编为一十二卷，名曰《隋唐志传通俗演义》。……予颇好是书，不计年劳，抄录成帙。”[35]这《序》讲的也是张扬忠义的风化问题。我们由是可知历史演义小说创作之一目的，就是借说史事以助教化。这是我国传统重功利的文学思想在小说这一文体中的反映。虽然这一文体创作的繁荣，很大程度由于商业利益之促成，它才得以广泛传播，适应广大社会大众之阅读趣味。它的写作目的带有娱乐读者之性质，但是借讲故事以行教化则是确实存在的，其实是教化与娱乐并存，或者更确切地说，是借娱乐以行教化。

---

①嘉靖壬午本之前是否还有刊本，难以论定，例如，蒋大器《序》作于弘治七年（1494），其时是否已有刊本，今未见。上海图书馆曾在嘉靖间周显宗刻本《陶渊明集》衬页中发现《三国志演义》约五百字。据沈津先生刊于《文献》1990年第二期《〈楚辞〉及汉魏六朝别集》称：“今据残存之二页衬纸字体、纸张、文字等进行鉴定，此种刻本应在明嘉靖刻本之前，或在明成化、弘治间。”然学界于此也有怀疑者，谓尚难论定。

②柳存仁先生《罗贯中讲史小说之真伪性质》即持《志传》本在前之说，《和风堂集》页1418～1438，上海古籍出版社1991年版；马兰安《〈花关索说唱词话〉与〈三国志演义〉版本演变探索》即认为，有关索故事的《志传》本在先，嘉靖壬午本删去了关索故事，周兆新主编《三国演义丛考》页128～186，北京大学出版社1995年版。

③浦安迪在《〈三国志演义〉：义士气概的局限》中论及《三国志演义》的版本问题时说：“有些人特别注意一组不太闻名的明末版本，如《三国志传》、《三国全传》、《三国志传评林》等等，……柳存仁等人进而考虑哪一种版本系统居先的问题：是这种相对粗俗的本子，还是以1522年本及后来托名李贽、李渔的本子和毛宗岗评本为代表的精印本？他们得出一个结论，说各‘志传’本经过直接或一些中间的阶段显得更像是接近所传的罗贯中的‘原著’。……照我们的看法，并不像上述说法所暗示的那样

从俗本发展后来的精本，而倒是从高度精美的1522年刻本退回到了更通俗的本子。”提出文字粗俗者更接近原貌的研究者，是小川环树1986年的《中国小说史研究》，柳存仁1977年《罗贯中讲史小说的真伪性质》（见其《和风堂文集》，上海古籍出版社1991年版）。

④我们可以余象斗《双峰堂本批评三国志传》为例，来说明此一点。该书今存十四卷中有十一段提到关索。在这十一段中，只有《关索荆州认父》一段，（此段段名他本作《黄忠魏延献长沙》，如壬午本，叶逢春本等，下面均称他本）有关索的较为详细的叙述，称在张飞取武陵，刘备派张飞去荆州替换关云长，以便关云长去取长沙，中间插入关索荆州认父并随父征长沙一大段文字。后来十段出现关索的地方，都只是加入关索名字，而并无具体行为。《庞统献策取西川》中，他本“玄德自与刘封、关平在中军”一句，余本将关平换成关索。《落凤坡乱箭射庞统》余本三处将关平改为关索；《张翼德义释严颜》他本“教关平赍书到此”，余本改成“教关索赍书到此”。同段他本孔明教赵云带一枝兵为先锋，“拨一万精兵教张飞部领”，余本作教赵云为先锋，“教张飞、关索部领”。张飞与赵云是平辈，关索是晚辈，孔明不可能让关索与张飞共同部领大军，此处似可看出关索为后来加入之痕迹。《孔明定计捉张任》他本“背后严颜引兵大进”一句，余本作“背后关索、严颜引兵大进”；他本“张飞在左，玄德在右”，余本作“张飞在左，关索在右，玄德接应”；他本“军师自去引敌”余本作“同关索去诱敌”，此后数例，亦于孔明或玄德之后，加上关索；《葭萌关张飞战马超》他本“遂遣黄忠、魏延领兵前进”，余本作“遂遣黄忠、魏延、关索领兵前进”；他本“前面魏延引军摆开”，余本作“前面魏延、关索引军摆开”；他本“孔明令魏延带五百哨马先行，张飞第二，玄德押后”，余本作“交魏延带五百哨马先行，教关索……望葭萌关进发”；他本“遂选五百骑，跟着张飞冲下关去”，余本作“选四五百骑，令关索跟着张飞冲下关去”。《耿纪韦晃讨曹操》，他本“令雷铜为先锋”，余本作“令关索为先锋”。他本《瓦口张飞战张郃》，余本作《张飞关索取阆中》，此段雷铜或改为关索，或加上关索。《黄忠馘斩夏侯渊》，他本“替张飞、魏延，令飞、延回来守汉中”，余本作“替张飞、魏延、关索回来守汉中”。从以上有关索的地方，除荆州认父一段有实际行为之外，其余均可看出多余之外加痕迹。或有一种之解释：当关索故事在民间大受欢迎之时，加入认父一段，然后在后面相关段落插入关索名字以呼应。那种以有关索故事的本子为更近于《三国志演义》原貌说法，似难以论定。金文京先生曾指出，关索故事可能是后来加入的，只是未深论，见其《三国志演义版本试探》，周兆新主编《三国演义丛考》。

⑤董嗣杲《翻经台》，《西湖百咏》卷下，文渊阁四库全书本。

⑥黄霖杨绪容《“演义”辨略》，《文学评论》2003年第6期，可参阅。

⑦《三国志演义》成书之后，在近百年间以传抄的方式传播。直到嘉靖元年（或早至弘治）才镌行，或有多方面之原因。但由于市场之导向。商业繁荣，市民文化之

发展，适应社会大众阅读的需要，或为主要之原因。

⑧胡士莹《话本小说概论》页727。

⑨关四平在《三国演义源流研究》中已提到我国史学的实录精神为《三国演义》之源流。

⑩高儒《百川书志》卷六。

⑪研究者常称《三国志演义》史事依据朱熹之《通鉴纲目》。就正统观来自《通鉴纲目》言，是对的。但就史事之系列言，则更近于司马光之《资治通鉴》。

⑫盛巽昌补证《三国演义补证本》页245、246，上海人民出版社2007年版。

⑬王季思主编《全元戏曲》第五卷，页203，人民文学出版社1999年版。

⑭同上书，第十二卷，页324。

⑮《江南通志》卷176，文渊阁四库全书本。

⑯欧阳修《魏论》，《文忠集》卷五十九，文渊阁四库全书本。

⑰《朱子语类》卷一百三十六，中华书局1986年版。

⑱《朱子语类》卷一百四十。

⑲鲁贞《武安王庙记》，《桐山老农集》卷一，文渊阁四库全书本。

⑳吴澄《毁曹操庙诗序》，《吴文正集》卷二十一，文渊阁四库全书本。

㉑王袆《王文忠集》卷十八，文渊阁四库全书本。

㉒苏轼《东坡志林》卷一，《丛书集成》初编本。

㉓毛宗岗《读三国志法》。

㉔《三朝北盟汇编》卷七十七：记靖康二年正月二十二日，京城有造谣言者，“乃捕造语言鼓众者一十七人，戮于市，李宝其首也。宝善角觝，都人号为小关索”。

㉕参见胡士莹《话本小说概论》页737、738，中华书局1980年版。

㉖毛宗岗《读三国志法》。

㉗《董卓议立陈留王》、《吕布刺杀丁建阳》、《废汉君董卓弄权》、《曹孟德谋杀董卓》、《曹操起兵伐董卓》、《虎牢关三战吕布》、《董卓火烧长乐宫》、《司徒王允说貂蝉》、《凤仪亭吕布戏貂蝉》、《王允授计诛董卓》。作为董卓事件的延续，还有《李傕郭汜寇长安》、《李傕郭汜杀樊稠》二则。

㉘当年说话艺人说三国故事，或有种种生动之表演，或有大量的人物与情节的细部描述，但这些都没有留传下来。记录到话本里，则是极其简略粗糙的。

㉙鲁迅《中国小说的历史的变迁·宋人之“说话”及其影响》，《鲁迅全集》第八册，页336，人民文学出版社1957年版。

㉚同上书，页104。

㉛胡上莹先生曾举出十二例，称其“离史实太远，有些又是荒诞无稽的”。见《话本小说概论》页740。

㉜《鲁迅全集》第八册，页336。

㉝《全相英雄三国志传》卷首，明万历间刘氏乔山堂刊本。

㉞《大宋中兴通俗演义》卷首，侯忠义主编《明代小说辑刊》第二辑，巴蜀书社1995年版。

㉟《隋唐两朝史传》卷首，侯忠义主编《明代小说辑刊》第三辑，巴蜀书社1999年版。沈伯俊先生认为此书非罗贯中所作。

嵇康的心态及其人生悲剧

嵇康是玄学思潮造就出来的典型人物。他有着高度的思辨能力，有着返归自然的气质，有着玄学思潮所要造就的那种理想的心态，然而他却是一个悲剧的典型。这其中包含有甚深的历史意蕴，例如，玄学作为人生哲学的弱点，玄学与中国传统政治的不相容性，玄学在中国文化传统中的历史命运等等问题。本文不拟涉及如此广泛的问题，只想就嵇康的心态和他的人生悲剧作一点探索，以祈为魏晋士人心态的研究做一点准备工作。

一

在竹林七贤中，嵇康不像阮籍那样依违避就，领受临深履薄的苦闷与孤独；不像山涛、王戎那样入世，领受现实人生的种种满足；也不像向秀那样视名教与自然为一体，终于举郡计入洛；也不像刘伶、阮咸那样放诞；在七贤中，甚至在整个玄学名士群体中，他都是非常独特的。他始终以执著的精神，追求一种恬静寡欲、优游适意、自足怀抱的人生境界。

他是一位非常认真对待人生的人。对于如何处世，他作了认真的思考。在《卜疑》中，他一连提出了二十八种处世态度作为选择，归纳起来，大抵是三类。一类是入世。入世有种种方式，或建立大功业，“将进伊挚而友尚父”；安享富贵逸乐，“聚货千亿，击钟鼎食，枕藉芬芳，婉娈美色”；或“卑懦委随，承旨倚靡”；或“进趋世利，苟容偷合”；或“恺悌弘覆，施而不德”；或为任侠，如“市南宜僚之神勇内固，山渊其志”，“如毛公蔺生之龙骧虎步，慕为壮士”，等等。另一类是游戏人间，“傲倪滑稽，挟智任术”。再一类便是出世，出世也有种种方式，或不食人间烟火，“苦身竭力，剪除荆棘，山居谷饮，倚岩而息”；或隐于人间，“外化其形，内隐其情，屈身隐时，陆沉无名，虽在人间，实处冥冥”；或逃政而隐，“如箕山之夫，颍水之父，轻贱唐虞，而笑大禹”；或修神仙之道，“与王乔赤松为侣”；或如老聃之清静微妙，守玄抱一；或如庄周之齐物，变化洞达而放逸，等等。他列出的这28种处世态度，可以说几乎包括了士人出处去就可能有的各种方式。最后，他通过太史贞父之口，说出一种选择：“内不愧心，外不负俗，交不为利，仕不谋禄，鉴乎古今，涤情荡欲。”这个选择就是自洁、自足、返归自然而不纵欲。他并不像任情纵欲的思潮起来之后多数士人那样把返归自然当做只是生之本能。从嵇康的诗文里，我们可以看到，他的返归自然，是追求一个如诗如画的人生境界。这个理想的人生境界，既来源于庄子，又不同于庄子，它返归自然，但不进入虚无，而是归之实有；它归诸实有，而又超脱于世俗之外。它是独立于世俗之中的一块洁净的人生之地。

嵇康是第一位把庄子的返归自然的精神境界变为人间境界的人。

庄子是主张返归自然、泯灭自我的大师。他把物我一体、与道为一看做是人生的最高境界。他以为至人是世事无所系念于心的，因之也就与宇宙并存。要做到这一点，就要游于形骸之内，而不游于形骸之外。游于形骸之内，就要以死生为一条，以可不可为一贯，既要泯灭是非界线，无可无不可；又要泯灭物我界线，做到身如枯木、心如死灰，达到坐忘的境界。进入这个境界之后，便可以随物化迁。我既不必执著为我，任自然而委化，也就一切不入于心。庄子妻子死了鼓盆而歌；他处穷闾厄巷，槁项黄馘，而泰然自若。他完全地进入了一种内心的境界中，舍弃人间一切的礼仪规范、欲望要求，而“树之于无何有之乡，广漠之野，彷徨乎无为其侧，逍遥乎寝卧其下”。心与道合，我与自然泯一，这就是庄子的全部追求。这种追求，与其说是一种人生境界，不如说是一种纯哲理的境界。这种境界，并不具备实践的品格，在生活中是很难实现的。庄子多处提到生之如梦，梦亦如梦，都说明这种纯哲理的境界之难以成为可捉摸的实在的人生。在庄子，是要以这样的精神境界去摆脱人间的一切痛苦，是一种悲愤的情绪走向极端之后的产物，其实是对现实的一种回避。

但是对于后人，庄子这一基本思想的影响则要广泛得多，各人从不同的角度，去领悟庄子的返归自然：返归自然而寡欲，返归自然而纵欲，返归自然而无欲，等等。但是，真正做到物我两忘，身如枯木，心如死灰，虽枯项黄馘而仍然泛若不系之舟，于无何有之乡遨游，则是很难的，可以说是不可能的。庄子所追求的人生境界，并不是一个实有的人间境界。

嵇康的意义，就在于他把庄子理想的人生境界人间化了，把它从纯哲学的境界，变为一种实有的境界，把它从道的境界，变成诗的境界。

庄子是枯项黄馘，而嵇康的返归自然，却是“土木形骸，不加饰厉，而龙章风姿，天质自然”[①]。

《世说新语·容止》：

> 嵇康身长七尺八寸，风姿特秀。见者叹曰：“萧萧肃肃，爽朗清举。”或云：“肃肃如松下风，高而徐引。”山公曰：“嵇叔夜之为人也，岩岩若孤松之独立；其醉也，傀俄若玉山之将崩。”

他虽然不加修饰，完全是自然面目，但已是名士风姿，无半点枯槁困顿的仪态了。

最重要的，是嵇康把坐忘的精神境界，变成了优游容与的生活方式：

> 息徒兰圃，秣马华山；流磻平皋，垂纶长川。目送归鸿，手挥五弦。俯仰自得，游心太玄。（《兄秀才公穆入军赠诗》十九首之十五）
>
> 琴诗自乐，远游可珍，含道独往，弃智遗身。寂乎无累，何求于人？长寄灵岳，怡志养神。（同上诗之十八）

流咏兰池，和声激朗。操缦清商，游心大象。顷昧修身，惠音遗响。钟期不存，我志谁赏！（《酒会诗》七首之四）

淡淡流水，沦胥而逝，泛泛柏舟，载浮载滞，微啸清风，鼓楫容裔，放棹投竿，优游卒岁。（同上诗之二）

优游，了无挂碍，怡然自得的生活，充满着闲适情趣。他所追求的这些优游闲适的生活，当然有庄子返归自然的精神，不是富贵逸乐，不是任情纵欲，而是一种不受约束、随情之所至的淡泊生活。这种生活与建安士人的及时行乐、诗酒歌吹，已经完全不同了。建安士人是在感喟时光流逝、人生短促之后尽情地享受人生，纵乐中带着一种悲凉情调。而嵇康则是在一种对于自然的体认中走向人生，闲适中透露出一种平静心境。他的琴、歌、酒，都在对于自然的体认中展开的，他的游猎垂钓，他的鼓楫泛舟，也是为了游心于寂寞。这些当然也来源于庄子。他的垂纶长川，便使人想到庄子的避世，想到《庄子·秋水》中说的庄子钓于濮水的故事。他从优游容与的生活中要体认的，正是庄子所要追求的道的境界，游心大象、游心太玄、含道独往等等，都说明了这一点。他在许多地方中提到主于内，不主于外，更重精神的满足，而轻荣华富贵，也说明了这一点。但是，他到底是改造庄子了。他的游心太玄，他的求之于形骸之内，求意足，已经不是空无，不是梦幻，不是不可捉摸的道，而是实实在在的人生，是一种淡泊朴野、闲适自得的生活。在这种可感可行的生活里，他才进入游心太玄的境界。“目送归鸿，手挥五弦”，是一种体验，在无拘无束的悠闲自得的情景中，忽有所悟，心与道合，于是我与自然融为一体。这种心境是难以言状的，言所不能传的意蕴，正在“目送归鸿”之中，前人称其“妙在象外”[②]。所谓有悟于道，言语道断者，大概就是这种境界。有悟于道，故俯仰自得。从其中得到一种心境的宁静，得到一种享受，又回到现实中来。这不可言说，是现实体验中的一种不可言说，不是进入庄子式的“太冲莫胜”抑或“未始出吾宗”的境界，并未归于空无。它既是对于道的了悟，又是一种审美，一种对于宁静美的体验。

嵇康从未进入一个坐忘的境界，他追求的只是一种心境的宁静，一种不受约束的淡泊生活。这种生活是悠闲自得的，应该有起码的物质条件，起码的生活必需，必要的亲情慰藉，是在这一切基础上的返归自然。在《与山巨源绝交书》中他说他“游山泽，观鱼鸟，心甚乐之；一行作吏，此事便废，安能舍其所乐，而从其所惧哉？”他向往的是摆脱世俗的羁缚，回到大自然中去。他还提到当他醉心于大自然中时，喜欢一个人自由自在的独处。他说如果做了官，“抱琴行吟，弋钓草野，而吏守之，不得妄动，二不堪也”。他是很喜欢自由自在的，信中把这种自由自在陈述得相当充分，说一做了官，这种生活方式受到干预，他便受不了：

> 卧喜晚起，而当关呼之不置，一不堪也。……危坐一时，痹不得摇，性复多虱，把搔无已，而当裹以章服，揖拜上官，三不堪也。素不便书，又不喜作书，而人间多事，堆案盈几，不相酬答，则犯教伤义，欲自勉强，则不能久，四不堪也。不喜吊丧，而人道以此为重，……然性不可化，欲降心顺俗，则诡故不情，亦终不能获无咎无誉，如此，五不堪也。不喜俗人，而当与之共事，或宾客盈坐，鸣声聒耳，嚣尘臭处，千变百伎，在人目前，六不堪也。心不耐烦，而官事鞅掌，机务缠其心，世故繁其虑，七不堪也。

七不堪，不是说他什么生活享受都不需要，无欲无念，而只是说要自由自在，不受约束，在纯朴的自由自在的生活中，得到快乐，得到感情的满足：

> 今但愿守陋巷，教养子孙，时与亲故叙阔，陈说平生，浊酒一杯，弹琴一曲，志愿毕矣。

嵇康的这种人生追求，虽超脱于世俗之外，而又不同于遁迹山林的隐士，他实处人间；他又不同于入世的士人，他事实上是要在政争激烈、政局变幻莫测的环境里，完全摆脱政治的牵制，独立人间。这种人生境界无疑有小国寡民的理想社会的味道，但又不像小国寡民理想社会那样复归原始，它有浓厚的文化氛围和审美意味，带着一种审美的心境：

南凌长阜，北厉清渠，仰落惊鸿，俯引渊鱼，盘于游畋，其乐只且。（《兄秀才公穆入军赠诗》十九首之十一）

轻车迅迈，息彼长林，春木载荣，布叶垂阴。习习谷风，吹我素琴。咬咬黄鸟，顾俦弄音。感寤驰情，思我所钦。（同上诗之十三）

临川献清酤，微风发皓齿，素琴挥雅操，清声随风起。（《酒会诗》七首之一）

这些景物的描写，或设想对方将经历之境界，或为自身所亲历，但写来都一往情深，其中蕴含着对于大自然的眷恋，对于自然美的体味。在嵇康的诗里，我们常常可以感受到一种清泠韵味，这种飘浮于清峻基调之外的淡淡的清泠韵味，正是他自由自在、闲适愉悦的生活中审美意味的反映。

事实上他生活中也处处表现出审美的情趣。他是一个很有艺术修养的人，精于音乐，能书能画。他的音乐素养，可以从他的《琴赋》、《声无哀乐论》中得到说明。他还善于弹琴，《琴赋》所反映的他对于琴声的形象体验，前无古人，其美感之细腻敏锐，亦属空前。他能作曲，有琴曲“嵇氏四弄”，《声无哀乐论》从韵的艺术特质上立论，一扫儒家乐论之功利说，亦为前此所仅有。若非对音乐有精心之理解，绝难道出。[③]嵇康虽自己说不喜作书，而其实他是极善书的。唐人张怀瓘于《书断》中列康草书为妙品。怀瓘《书议》谓：“曾有其草写《绝交书》一纸，非常宝惜，有人与吾两纸王右军书不易。”《书断》又谓：“叔夜善书，妙于草制。观其体势，得之自然，意不在乎笔墨。若高逸之士，虽在布衣，有傲然之色。”韦续《墨薮》：“嵇康书，如抱琴半醉，酣歌高眠。又若众鸟时翔，群鸟乍散。”唐人所见嵇康书，是否为真迹，前人已颇怀疑，然嵇康之善书，似为事实。又张彦远《历代名画记》：“嵇康工书画，有《狮子击象图》、《巢由图》传于世。”了解这些，就可以知道他其实是一个很有艺术气质的人，是一个纯情的人。他说的“浊酒一杯，弹琴一曲”的话，充满着对于生活的艺术情趣的向往。

凡此种种，都说明嵇康追求一种自由自在、闲适愉悦的、与自然相亲、心与道冥的理想人生。这种理想人生摆脱世俗的系累和礼法的约束，而又有最起码的物质生活必需，有朴素真诚的亲情慰藉。在这种生活里，他才能得到精神的自由，才有他自己的真实存在。庄子的纯哲理的人生境界，从此变成了具体的真实的人生。也从此，以其真实可感、如诗如画的理想人生，正式进入了文学的领域。可以说，嵇康第一个把庄子诗化了。④

说嵇康第一个把庄子诗化，可从历史的考察中得到证实。隐士早有。然隐之为义，要在不事王侯，高尚其事。《后汉书·逸民列传序》论逸民，谓：“长往之轨未殊，而感致之数匪一。或隐居以求其志，或回避以全其道，或静己以镇其躁，或去危以图其安，或垢俗以动其概，或疵物以激其清。然观其甘心畎亩之中，憔悴江海之上，岂必亲鱼鸟乐林草哉，亦云性分所至而已。”大抵说来，或在逃政，或在全己，与其说是一种感情的选择，不如说是一种道德的选择。未若嵇康之把一种任自然的生活作为理想人生的境界去自觉追求，更没有把这种任自然的生活引向如诗如画的现实人生。

二

嵇康追求的这样一个理想的人生境界，与当时处于激烈政争中的士人生活的现实，无疑有着甚大距离。而对于这种距离，他不仅丝毫没有要缩短的想法，而且取一种对立的态度，主要的便是“越名教而任自然”，“非汤、武而薄周、孔”，并且对于仕途带着一种近于本能的厌恶情绪。

嵇康厌恶仕途，后世有种种解释。其中一种很流行的解释认为，他是曹魏的姻亲，心存魏室，不愿为司马氏所用。这种观点的更为极端的说法，是说嵇康在毌丘俭起兵反司马氏中起了作用。这条材料来自《三国志·王粲传》注引《世语》。这是唯一的一条材料。其实，这条材料的可靠性是大可怀疑的。唐人修《晋书》已经注意到了这一点。《晋书·嵇康传》说："（钟会）言于帝曰：'嵇康，卧龙也，不可起，公无忧天下，顾以康为虑耳。'因谮：'康欲助毌丘俭，赖山涛不听。'"用一"谮"字，以明本无其事，实为钟会之诬词。嵇康之不可能参预毌丘俭起兵，可从毌丘俭起兵的经过推断。据《三国志·毌丘俭传》记载，可知毌丘俭之起兵，虽先有谋虑，厚结文钦，然决定起兵之时日实甚为仓促。《晋书·天文志》云，正元二年（255）正月因彗星见，旋即起兵。在这样短的时间内，要与洛阳方面联络，是极不可能的。且《世语》所说，是"毌丘俭反，康有力，且欲起兵应之，以问山涛。涛曰：'不可。'俭亦已败"。不仅指毌丘俭之起兵与嵇康有关，康曾为出力，且谓康欲起兵应之。此更为无稽。从任何角度说，嵇康都没有在洛阳起兵的条件。他当时的官职是中散大夫，是一个被议论的闲散位置，并没有什么实际的权力。在当时的军队中，他也没有任何力量。有的学者认为，嵇康可能会发动太学生，占领洛阳城。[⑤] 这纯然是一种想象之词。这些观点的产生，建立在嵇康为曹魏政权效力这样一种认识上，并不了解嵇康的为人。《与山巨源绝交书》作于景元二年（261），一开始就说："足下昔称吾于颍川，吾常谓之知言。然经怪此意，尚未熟悉于足下，何从便得之也。前年从河东还，显宗阿都，说足下拟以吾自代，事虽不行，知足下故不知之。"这里说明，山涛初尝称道嵇康之不愿出仕于山嵚，嵇康以为这是深知他的为人；后来又举他自代，说明其实还是不了解他。这里所说的前年，即甘露四年（259），距毌丘俭起兵已过四年，就是说，在甘露四年以前，嵇康还认为山涛是了解他的，甘露四年以后，才知山涛对他其实并不了解。了解他什么呢？就是了解他不愿入仕，不愿参预政事，不愿忍受七不堪。这就说明，甘露四年以前，嵇康以其不愿参预政事之心态，绝不可能参预毌丘俭起兵，更不可能有在洛阳起兵的愿望。以嵇康忠于魏而反晋者，仅因其为魏之姻亲。其实，无论从史料还是从嵇康自己的诗文中，都找不到明确的忠于曹魏的证据。嵇康少年时代，魏明帝倡名教，并不支持玄论派，以嵇康之气质，不可能对曹魏产生好感；正始中，嵇康与阮籍、向秀、山涛等游，与其时掌握大权的何晏、夏侯玄等也没有什么关系；在他二十多岁的时候，娶了曹操的儿子曹林的女儿长乐亭主为妻（一说是曹林的孙女，然亦无确证）。但曹林这一系在正始年间似未进入权力中心，所以嵇康娶长乐亭主之后，只补了个郎中的小官，不久拜中散大夫，也只是个七品的闲职，而且这个闲职他似乎也未认真做过，因为他生儿育女之后，还依然锻铁洛邑，灌园山阳，依然优游山林。直到景元四年（263）他被杀，都找不出他心存魏室的言行。当然，能够最有力证明嵇康并未直接卷入反对司马氏的政治斗争的事实，是他对于荣华名利的基本态度。就是说，嵇康并不是因为反对司马氏才不愿做官的，实实在在是因为他有一种厌恶荣华名利的强烈情绪。他在诗文中多次表现了这种情绪："泽雉虽饥，不愿园林。安能服御，劳形苦心？身贵名贱，荣辱何在？贵在肆志，纵心无悔。"（《兄秀才公穆入军赠诗》之十九）"多念世间人，夙驾咸驱驰。冲静得自然，荣华安得为？"（《述志诗》之一）"哀哉世俗殉荣，驰骛竭力丧精。得失相纷惊扰，自是勤苦不宁。"（《六言》之四）"三为令尹不喜，柳下降身蒙耻。不以爵禄为己，静恭古惟二子。"（同上诗之八）《秋胡行》之一、《答二郭》等诗，也都表现了类似的厌仕的情绪。这些诗作于不同时期，而厌仕的思想却始终一致，在文中，他也多处表达了类似的思想。《答难养生论》说："不以荣华肆志，不以隐约趋俗，混乎与万物并行，不可宠辱，此真有富贵也。……以大和为至乐，则荣华不足顾也；以恬淡为至味，则酒色不足钦也。"这些都说明，他从内心深处不愿追求仕禄，不愿参预政争。因为他把这些看做是对自己的自由的束缚。他之与山涛绝交，最基本的原因正是这一点。如果把嵇康拒绝山涛的推荐归于政治的原因，那就把玄风对于士人从生活态度到生活方式的影响低估了。有的学者把山涛荐嵇康看做是整个名士集团或者说站在曹魏一边的政治势力与司马氏的较量[⑥]，这不仅把竹林名士的政治色彩看得太浓重，而且把他们的政治一致性看得过于绝对。事实上，他们在醉心玄风上的一致性比他们政治上的一致性更为鲜明。山涛更加靠近司马氏，阮咸与刘伶都并未显示其倾向曹魏的态度。其时政局中曹魏与司马氏两种势力的斗争固甚激烈，但并非士人的一切行为都可以归入这种斗争中。山涛荐嵇康，并非为了“表明他自己在面对着一个重要的邀请时没有离开自己的群”[⑦]，而是因为他觉得嵇康较自己才致更佳，他更多的是出于对嵇康的赞赏（《世说新语·贤媛》有关于山涛引嵇、阮家中留宿，山涛与其妻论嵇、阮才佳的话）。山涛后来任选曹，以正直处事为其准则。他之所以推荐嵇康，正是因为嵇康刚直不阿，符合他心目中吏部郎的理想标准。山涛从积极入世的态度要求嵇康，而嵇康却以一种厌恶仕禄的心态拒绝山涛的推荐。《与山巨源绝交书》可以说是嵇康厌恶仕禄的心态的很典型的反映。

出于与不愿追求仕禄，不愿参预政争的同样的原因，嵇康强烈地反对名教。在《绝交书》中说，他自己“每非汤、武而薄周、孔”。他如何非汤、武而薄周、孔，没有留下来多少材料。钱锺书先生谓：

> 按其菲薄之言，不可得而详；卷五〇《难张辽叔〈自然好学论〉》谓“六经未必其为太阳”，“何求于六经”，又《管蔡论》谓管蔡“顽凶”之诬，周公诛二人，乃行“权事”，无当“实理”，亦足示一斑。[⑧]

除了钱先生指出的以外，在《答难养生论》中，他对孔子颇多非议：

> 或修行以明污，显智以惊愚，藉名高于一世，取准的于天下；又勤诲善诱，聚徒三千，口倦谈议，身疲磬折，形若求孺子，视若营四海，神驰于利害之端，心惊于荣辱之涂，俯仰之间，已再抚宇宙之外者。若此

之于内视反听，爱气啬精；明白四达，无执无为；遗世坐忘，以宝性全真；吾所不能同也。

他所写的这个孔子，是庄子眼中的孔子[9]，是一个为名利奔忙的孔子，所以他说是“神驰于利害之端，心惊于荣辱之涂”。这对于名教中人来说，是不可思议的，是对孔子的大不敬。

“非汤、武而薄周、孔”，可以看出来他对于名教的厌恶心态。这就可以了解他为什么要“越名教而任自然”。任自然，就是任心之自然，只有超越名教的约束，才能达到任心之自然。他是在《释私论》中论述这一思想的：

夫气静神虚者，心不存乎矜尚；体亮心达者，情不系乎所欲。矜尚不存乎心，故能越名教而任自然；情不系于所欲，故能审贵贱而通物情。物情顺通，故大道无违；越名任心，故是非无措也。

无矜尚，是非不存于心，气静神虚，体亮心达，通万物之情，一事之来，不人为地考虑得失，任心而行，则自然是是而非非，心中无私，就能越名教而任自然。不能做到越名教而任自然，便有伪饰。他在这篇文章的后面说到：“抱私而匿情不改者，诚神已丧于所惑，而体已溺于常名，心已制于所慴，而情有系于所欲，咸自以为有是而莫贤乎己。未有攻肌之惨，骇心之祸。遂莫能收情以自反，弃名以任实。”任实，就是任情实，即任心。有伪饰就不能任情实，要任情实就要反伪饰。这也可以看出来，他之主张“越名教而任自然”，实带着强烈的反对名教虚伪的性质。

从他厌恶仕途，反对名教看，他有着一种傲视世俗、以己为高洁、以世俗为污浊的心态。他要独立于世俗之外，保持自己的高洁，不为世俗所沾染、所迷惑。他对于当时充满伪饰的名教中人，对于以名教为伪饰的司马氏政治势力，确实存在一种对立的情绪，不过不是从维护曹魏势力出发，而是出于自己的人生操守。

三

嵇康这样一种人生理想，这样一种心态，却不幸伴有一个过于执著、过于切直的性格。《世说新语·德行》注引《嵇康别传》,《三国志·王粲传》注引《魏氏春秋》,《晋书·嵇康传》，都说嵇康喜愠不形于色，这显然是他的玄学思想修养、他所追求的和平宁静的人生境界对于自己情性的一种自我制约的结果，而其实并不是他性格的表现。他的性格，是刚直峻急。他在《绝交书》中就说，降心顺俗，就感到那是“诡故不情”。又说自己“刚肠疾恶，轻肆直言，遇事便发”。他其实是个是非之心十分分明的人，对于他认为非的，便加以愤激的驳斥。例如，他对于吕巽的行为，便极其愤慨，以至与之绝交。《与吕长悌绝交书》说明，他原来与吕巽是至交，但是因为吕巽诬陷吕安[10]，他便慨然与之决裂。与山涛绝交，是因为他的行为与己之人生理想、与己之情趣操守大相背离。他对于与自己情趣不同的人，采取一种傲视轻蔑的态度，如对钟会。嵇康的这些性格特点，孙登早就指出来，以为这正是他的致命弱点。《三国志·王粲传》注引《嵇康别传》:“孙登谓康曰：‘君性烈而才俊，其能免乎？’”性烈，而且感情也极为浓烈，他不是庄子式的那种死生无所动心、是非不系于怀的人。他一旦感情激荡起来，便难以自已。看他的《幽愤诗》，看他的《思亲诗》，便可以明白感受到这一点。这样一位感情如此浓烈，性格又刚直峻急的人，感情性格与人生理想之间，与在这个人生理想指引下的心态之间，便不可避免地产生了矛盾。

“越名教而任自然”，可以有许多可供选择的生活方式，例如，可以放纵，不受名教的约束。任情而行，而对于人间的是非，也不管不问，置之不理，例如阮咸与刘伶。他们的行为，当然是违背名教的。但是他们虽“越名教而任自然”，却与世无争。他们只求自己的放纵任情，而于社会并无妨碍，特别是于当政者并无妨碍。他们的行为虽有悖于名教，却并无反名教的言论，不像嵇康的“非汤、武而薄周、孔”。从他们的心态看，他们其实只是求自适而已。他们处世，是极不认真的，无可无不可。两人后来也都并不拒绝做官，所以他们也就得以寿终。

“越名教而任自然”还可以有另一种生活方式，如孙登，岩居穴处，当然亦于世无碍。

但是嵇康与他们都不同，他太认真。他的“越名教而任自然”，是认认真真执行了的，分毫不爽。这样认真，这样执著，就使自己在整个思想感情上与世俗、特别是与当政者对立起来，就使自己在思想感情上处于社会批判者的立场上。刘伶、阮咸、孙登他们都不存在“非汤、武而薄周、孔”的问题，也不存在羡慕阮籍“口不论人过”的问题，因为他们根本就没有想到要论人过，没有想到要是是而非非。

嵇康的本意，是要在世俗之中寻一块独立的人生之地，超然于世俗之外。但是当他在思想感情上把自己和世俗对立起来，特别是把这种对立落脚到“非汤、武而薄周、孔”之后，他便把自己从超越名教、返归自然的愿望中拉回到世俗的敌对者的位置上，而这正是他完全预料不到的，与他的初衷完全相反。出现了以己为高洁，以世俗为污浊这样一种局面之后，世俗、特别是当政者也便把他视为对立面，他所要求的闲适愉悦、与自然相亲、自由自在的独立人生便也不可能实现了。

以己为高洁是可以的，以世俗为污浊则不可。与嵇康处于完全相同的环境中的皇甫谧，正是在这一点上掌握得恰到好处。因此，他高洁之名甚大，而世俗与当政者亦始终对其备加崇敬。皇甫谧当然不完全是玄学思潮造就的人物，他既熟习老、庄，且著《玄守论》，谓：“又生为人所不知，死为人所不惜，至矣。……苟能体坚厚之实，居不薄之真，立乎损益之外，游乎形骸之表，则我道全矣。”但他也博通儒家经典，而且既作《高士传》，又作《列女传》，并未非议名教。他虽隐居不仕，屡辟不就，但他申述不应聘的理由，并不像嵇康那样提出“七不堪”、“二不可”一类内容，而只是说自己有病。晋武帝也知道他“与流俗异趣”[11]，但这异趣并不是菲薄名教，而是说他立身高洁，他上疏说，

"久婴笃疾"，"于今困劣，救命呼噏，父兄见出，妻息长诀"。情词恳切，丝毫也没有超尘出俗，不与世俗为偶的意味。不仅如此，他后来还上表，向皇帝借书。皇帝便送了他一车书。皇甫谧这样做，既无损于己之高洁，又给皇帝增加了礼贤下士的美名。于己，是让朝野都知道自己无心仕禄，趣在读书；于皇帝，是奉献他一点风流儒雅，让他感到舒服，两相无碍而又两相获益。皇甫谧后来当然也得以善终。不惟得以善终，且在朝在野，在当时在后世，都获得了甚高评价。皇甫谧成了中国古代士人如何处理与皇帝的关系的一种最佳模式。当然，这个模式的劣化，便是在中国历史上出现了一批虽有甚高才气而品行极差、却始终能取得皇帝欢心的文人。

嵇康却是处处以己之执著高洁，显名教之伪饰。而伪饰，正是当时围绕在司马氏周围的名教之士的一大要害。

当时反对"越名教而任自然"最激烈的人，就是维护名教最出力的人，如何曾等。而这些人，同时又是最虚伪的人。何曾是一位穷极奢侈的人，衣食之奢华，过于王者。以儒家之道德观衡量，此种行为，实有悖于修身之准则，且亦有僭越之嫌。但他一方面穷奢极欲，一方面却以道德家自居，视玄学名士之行为为大逆不道。他数次在司马昭面前责问阮籍，说阮籍纵情背礼败俗，劝司马昭杀阮籍。他指责阮籍不孝，其实阮籍是个真正的孝子，只不过他的孝表现在真感情而不是表现在礼的形式上而已。何曾却是个极端伪饰的人，他是司马氏政权的台柱，但其实对司马氏却三心二意。有一次他对子孙说，晋室是长久不了的，孙子辈可能赶得上晋室的败亡。但是在司马氏面前，他却没有为晋室的长治进过谋议。都官从事刘享曾弹劾过何曾的奢华行为，何曾便辟刘享为掾，人们以为他宽宏大度，其实却是为了借小故对刘享横加杖罚。权臣贾充，人品极坏，何曾心鄙之而身附之。何曾诈伪，大抵如是。他死的时候，礼官议谥，博士秦秀议谥以"缪丑"。可见当时士人对他的一些看法。

何曾当然与嵇康无直接关系，但是作为当时名教势力之一种代表，却是与嵇康的操守完全对立的。与嵇康有直接关系的是钟会与吕巽，他们在行为上的伪饰也和何曾一样。当然，更重要的是司马氏。司马氏杀戮异党，极其残忍，从司马懿杀王凌而夷其三族，到司马炎的杀张弘而夷其三族，二十二年间夷三族的就有六起，而司马氏是以孝治天下的。很显然，当时朝廷之上其实充满着一种虚伪风气，虽讲名教而其实不忠不孝。这样一种政治气氛，可以容忍阮咸、刘伶辈的狂放，可以容忍孙登、皇甫谧辈的隐逸，而决不能容忍嵇康的“越名教而任自然”。嵇康的执著的存在，对于伪饰的名教中人实在是一种太大的刺激。他之为司马氏所不容，乃是必然的事。

历代论者，差不多都注意到了这一点。《颜氏家训·养生篇》说：“嵇康著养生之论，而以傲物受刑。”《勉学篇》说：“嵇叔夜排俗取祸，岂和光同尘之流也？”《竹林七贤论》说：“嵇康非汤、武，薄周、孔，所以迕世。”（《太平御览》卷一三七引）《世说新语·雅量》注引张骘《文士传》，有钟会廷论嵇康的一段话：

> 今皇道开明，四海风靡，边鄙无诡随之民，街巷无异口之议，而康上不臣天子，下不事王侯，轻时傲世，不为物用，无益于今，有败于俗。昔太公诛华士，孔子戮少正卯，以其负才乱群惑众也。今不诛康，无以清洁王道。

《文士传》这段话是否为钟会所说，颇可怀疑。而其反映的一种心绪，却颇为符合其时之历史真实。康之被杀，要在忤俗、乱群惑众。特别是这“乱群惑众”，于行名教实大有妨碍，是非杀不可的了。

这就是嵇康的人生悲剧所在。他要寻找一个如诗如画的人生。这个人生本是可行的，他已经完全把庄子的纯哲理的人生境界变为人间的境界，把道的境界变为诗的境界了。但是他在把这个理想人生付之实施的时候，却把自己独立于世俗之外。他既无力改变世俗，又不肯依违避就，他要以己之高洁，去显世俗之虚伪，以己之真情，去显名教之伪饰，而当时政权中的显贵，正赖伪饰的名教以生存。他为当政者所不容，也就在所难免。

后来的士人，在这一点上比嵇康要聪明得多。他们不少人，以高洁自持，却不忤俗，不过于认真，而是采取一种无可无不可的态度。王维论嵇康，有一段非常精彩的话：

> 降及嵇康，亦云“顿缨狂顾，逾思长林而忆丰草”。顿缨狂顾，岂与俛受维絷有异乎？长林丰草，岂与官署门阑有异乎？异见起而正性隐，色事碍而慧用微，岂等同虚空，无所不遍，光明遍照，知见独存之旨也。（《与魏居士书》，《王右丞集笺注》卷十八）

果真泯灭有无是非之界线，则归卧自然，自持高洁，不惟不违俗忤世，且可获闲适怡悦于生前，留高士美名于身后。所以王维就做得比嵇康要高明得多，既归卧山林，又不离轩冕。

四

嵇康的人生悲剧，其实也是玄学理论的悲剧。

毫无疑问，嵇康以其高洁之品格，赢得了广泛的同情与崇敬，试想他入狱之时，名士争相入狱以求替其赎罪，太学生上书请以其为师；临刑时顾示日影，从容弹一曲《广陵散》，这是一种怎样的潇洒风流！他的悲剧，确令千载之下无数士人为之感慨哀伤。但是这个悲剧的历史含蕴却未曾为人所注目。

两汉之后，儒家的处世哲学一直成为中国士人人生观的基本构架，或出或处，都以之为基本准则。玄学思潮出现之后，士人的生活情趣、生活方式有了很大的变化。但是，正始玄学家如何晏、王弼、夏侯玄等人，都并没有寻找到一个反映玄学思潮的新的人生观。就是说，玄学理论本身是在现实需要中产生的，它是个性解放之后的产物，它的特质是返归自然。但是这些玄学家还没能把这个返归自然的理论变为一种人生观，而把这变为一种人生观的，是嵇康。

这个人生观的本质，是把人性从礼法的束缚中解放出来，是追求个性的自由。但是，任何个性的自由都存在如何处理个人与社会关系的问题，如何处理感情欲望与理智关系的问题。人是社会的人，他既是自我，也是社会群体中的一员，不可能不受任何约束而独立于社会群体之外。两汉以后，礼法已经成为维系社会的基本准则，深入到政治生活、伦理道德的一切领域。要摆脱它的约束，必须提出新的道德准则，新的人际关系的构架，而嵇康的玄学人生观却并未能解决这些问题。他只提出了以自制的办法来约束个人欲望的无限膨胀，如他在《养生论》、《答难养生论》中所论述的。这样一种玄学人生观，不可能维系社会的存在，不会为社会所接受，因为它没有外在的必要约束。

这样一个玄学人生观，作为维护个性的自由来说，它是意义重大的；但是由于它没有解决个人对社会承担的责任，它注定为社会所摈弃，也就势在必然。高尚的并不都是现实的。因其高尚，而感动人心；因其远离现实，却必然要以悲剧而告终。

嵇康的人生悲剧，也可以说是玄学理论自身的悲剧：从现实需要中产生而脱离现实，最后终于为现实所抛弃。玄学有着极高的理论思维的成就，却没有能在中国的文化传统中占据重要的地位，最为重要的原因，就在于它作为一种人生哲学所存在的无法克服的弱点，它无法解决社会关系中的种种问题，无法取代儒家已经建构起来的伦理道德关系的构架。虽然玄学理论在此后的一百八十余年间还影响深远，但它的悲剧结局却是一开始便注定了的。

嵇康的人生悲剧，还纠结着当时士人与政权的关系的种种复杂因素。嵇康强烈反名教的言行，作为玄学人生观的典型代表，它显然代表着当时崇尚玄风的激进士人的情绪倾向。而这个情绪倾向，本来就与立于朝廷的何曾辈的势力、与以名教为伪饰的司马氏势力相抵触，由于也是名士的何晏、夏侯玄等的被杀而变得与司马氏政权处于更加对立的状态。这只要从三千太学生上书这一行动中，就可以体味到这种情绪的存在。嵇康自身，并非以反司马氏之行动而被杀，但司马氏之杀嵇康，却实在包含有打击名士们的对立情绪、给予警告的意味。从思想上说，嵇康的被杀是“非汤、武而薄周、孔”，“越名教而任自然”的言行为名教所不容；从政治上说，他却是不知不觉代表着当时名士们对于司马氏势力的不满情绪，他的被杀是司马氏在权力争夺中的需要，借一个有甚大声望的名士的生命，以弹压名士们的不臣服的桀傲。这当然也是嵇康所始料不及的。

（原刊于《中国社会科学》1991年第二期）

---

①见《世说新语·容止》注引《嵇康别传》。

②王士祯:《古于夫亭杂录》卷二论及“手挥五弦，目送归鸿”时，说:“嵇语妙在象外。”

③钱锺书先生论嵇康《声无哀乐论》谓:“盖嵇体物研几，衡珠剖粒，思之慎而辨之明，前载所得未曾有。”见《管锥编》第3册第1087页。

④嵇康把老庄思想诗化的提法，首见于王韬同志的硕士学位论文《嵇康的诗歌美学思想》(待刊，原作存南开大学图书馆)。王文谓:“嵇康不同于哲学思辨派和放浪派的关键之处，就在于嵇康使老庄思想诗化、艺术化了:老庄第一次步入了文学艺术的殿堂，使中国的文学艺术放射出夺目的光辉。”笔者从中受到启发，更引而论之，而稍有不同。

⑤庄万寿:《嵇康年谱》，台湾三民书局1981年版，第167页。

⑥徐高阮《山涛论》(台湾《中央研究院历史语言所集刊》第四十本第一部分)对山涛所处政局之种种矛盾有甚为精细之分析，但其中亦颇多推测之词，如对嵇康《与山巨源绝交书》的分析即一例。他认为:“吏部郎的任命，加上山涛的提议以嵇康自代，大概可以推想是两派政治力量之间的一种协商。山涛用行动使人明白，没有个人的就范或交易。”而嵇康的《绝交书》，则是“假借了一个没有实在意义的谢绝推行的题目针对眼前时势而发的一份反抗宣言”。

⑦徐高阮:《山涛论》。

⑧钱锺书:《管锥编》第三册，中华书局1979年版，第1088页。

⑨《庄子·渔父》:子路问曰:“今渔父杖拏逆立，而夫子曲腰磬折，言拜而应，无得太甚乎?”《外物》:“老莱子之弟子出薪，遇仲尼，反以告曰:‘有人于彼，修上而趋下，末偻而后耳，视若营四海，不知其谁氏之子?’老莱子曰:“是丘也。’”这就是庄子眼中的孔子。

⑩《三国志·王粲传》注引《魏氏春秋》:“康与东平吕昭子巽，及巽弟安亲善，会巽淫安妻徐氏，而诬安不孝，囚之。安引康为证，康义不负心，保明其事。”

⑪参阅刘道荟《晋起居注》，《黄氏逸书考》辑本。

论阮籍的心态

对于阮籍，历来论说纷纷。有谓其因反抗司马氏而陷入苦闷者，有谓其因觉醒的人生意识受到压抑而苦闷者。这些问题，可讨论者其实尚多。说他反对司马氏，并无充分的史实可作证；而汉末开始的士人的个体意识的觉醒，其实有着甚为深刻的政局的、思潮的与学术思想史方面的原因。中国古代的士人，与政治有着极为密切的关系，因之政局的变化，往往改变着士人的心态。脱离开具体的历史背景，谈人性，谈生命意识，虽不能说就是无根游谈，但总觉得那是可以放到很多时代很多人身上的，与具体的历史人物的心态隔着一层。而对历史人物的心态缺乏确切的了解，要认识他们的作品便也不易。基于这种考虑，本文拟对阮籍的心态作一具体的考察。

一

首先接触到的，便是阮籍的精神支撑点的问题。

阮籍的一生，对于人生无疑有着极为深沉的感慨。他始终感慨人生的无常。不过这种感慨有两点值得注意，一是他在慨叹人生无常的同时，也体认道的无穷，这正是老、庄和玄学的基本观点。二是叹人生之短促，即使明君和圣人也不例外，而这与当时玄学讨论的热点问题之一“圣人有情无情”有关。此两点说明，阮籍对于人生无常的叹息，明显地带着玄学思潮的印记。

阮籍心绪的又一点，是他对于其时世俗的污浊有深深的厌恶与愤慨，这在他的诗文中都有反映。东平是他向往的地方，是他自己向司马昭要求到那里去，并因此被任命为东平相的，但是他写的《东平赋》，却极写东平风土人物之恶浊。他还有一篇《亢父赋》，也写同样情状："故人民被害嚼齧，禽性兽情"；"故其人民狼风豺性，鳖电无厚"；"故其人民侧匿颇僻，隐蔽不公，怀私抱诈，爽慝是从，礼义不设，淳化匪同"。他对于东平与亢父民风的评价，显然带有借题发挥、兼及世俗的痕迹，把一肚子对于世俗的不满与牢骚，借写东平与亢父发泄出来。这种发泄，在《咏怀》之二十五、三十中都有反映。当然反映最集中的是《猕猴赋》，这是阮籍一篇非常成功的赋。把咏物赋写成讥讽文学，而且写得如此成功，阮籍是第一人。同时人钟毓写有《果然赋》，从片断看，只是实写；傅玄写有《猨猴赋》，是写猴戏，从存留的片断看，也是实写。二赋均未见借猿猴以讥刺。而阮籍写来，显然激愤满怀，全是借猕猴以嘲笑干进邪佞之徒。有人认为此赋有所实指，或为讥刺曹爽而作。其实不必坐实，把它看做对世态的一种描述，似更近于阮籍的本意。此赋所表现的基本思想，与《亢父赋》是相似的，只不过说法不同而已。

在一个政局动荡不定、政治生活充满风波的险恶环境里，既有人生无常、生命短促的叹息，又有甚深的对于污浊现实的愤懑之情，是很难使一个人安静生活下去的。要摆脱这种思想感情的压力，需要找到精神的支撑点，一种生活下去的精神力量。

阮籍找到一个什么样的精神支撑点呢？他找来了一个虚幻的根本无法实现的人生理想，这在《清思赋》中有具体描述。《清思赋》在反映阮籍心态中有着十分重要的地位，而这一点，以往并未受到应有的重视。把《清思赋》和阮籍其他诗文相印证，可以清楚地看到这一点。

> 夫清虚寥廓，则神物来集；飘飖恍惚，则洞幽贯冥；冰心玉质，则皦洁思存；恬淡无欲，则泰志适情。伊衷虑之遒好兮，又焉处而靡逞。

清虚寥廓，飘飖恍惚，冰心玉质，恬淡无欲，都是指心境。无所系念，空灵，不执著于实有，皎洁，无欲念之系累，此为其理想之心境，亦为其理想之人格、理想之人生境界。这种思想显然来自庄子。《庄子·田子方》中论及“人貌而天虚”的境界，意谓形貌如常人而心契合天然，与自然一体，因其与自然一体，故能顺应外物而保其天真；因其与自然为一体，清虚寥廓，故能容物。这是一种没有物累，妙合于道的人生境界。在《知北游》中，庄子也描述了这样的境界：

> 尝相与游乎无何有之宫，同合而论，无所终穷乎！尝相与无为乎！澹而静乎！漠而清乎！调而闲乎！寥已吾志，无往焉而不知其所至，去而来而不知其所止，吾已往来焉而不知其所终；彷徨乎冯闳，大知入焉而不知其所穷。

这也是说的心任自然而无为，清虚寥廓，与道冥合。阮籍追求的，就是这样的心境，这样的理想人生境界。

这样一个人生境界，实非人间所能有。他常常把它幻想成为一个超脱尘寰、远离人间、美妙绝伦而又虚无飘渺的神仙般的境界。《清虚赋》接下便写有所惊悟，幻想进入这样一个境界：

> 遂招云以致气兮，乃振动而大骇。声飂飂以洋洋，若登昆仑而临西海，超遥茫渺，不能究其所在。心瀁瀁而无所终薄兮，思悠悠而未半，邓林殪于大泽兮，钦邳悲于瑶岸。徘徊夷由兮，猗靡广衍。游平圃以长望兮，乘修水之华旂。长思肃以永至兮，涤平衢之大夷。循路旷以径通兮，辟闺闼而洞闱。

神思之飞驰，仿佛登昆仑而临西海，瀁瀁悠悠，无所终止，唯恐神思之驰骋，到达不了那样一个境界。他用“邓林殪于大泽兮，钦邳悲于瑶岸”来比喻自己对于那样一个理想境界的不渝追求。邓林与钦邳的故事给阮籍以甚深的印象，他多处引用这两个典故。《咏怀》其十：“焉见王子乔，乘云游邓林。”其二十二：“夏后乘灵舆，夸父为邓林。”其五十四："夸谈快愤懑，情慵发烦心。西北登不周，东南望邓林。"此三处用"邓林"典，都带有对理想的追求的意味。《咏怀》其十，全诗主旨盖反世俗之纵欲，而主淡泊以养生，谓纵欲淫佚，亦稍纵即逝，唯有淡泊可以永年。此处之"游邓林"，显与人生理想境界之追求有关。《咏怀》二十二之主旨，盖谓己所追求之境界，非不可得而见，青鸟若有，当可知我之用心。此处用"邓林"典，亦带理想追求之意味，谓沧海桑田，人生短促，一切终将逝去，唯有王子晋登仙之事，为历代所向往。以夏启、夸父起兴，示喻"我心"对此一理想追求之坚决。《咏怀》五十四，全诗主旨盖言宇宙无穷，而人生有限，然念及玉石俱焚，不禁悲从中来耳。此处用"邓林"典，盖承首两句而来：世俗污浊，令人愤懑，夸谈只是暂抒愤懑之情，若求彻底之摆脱，只有遗世远游，"望邓林"者，向往于超脱尘寰之境界也。此三诗之用"邓林"典，均未离其人生追求。《与晋王荐卢播书》："诚以邓林、昆吾，翔凤所栖；悬黎和肆，垂棘所集。"也说明"邓林"典在阮籍心中是作为理想境界的喻示来使用的。《清思赋》中这一段关于神思驰向理想境界的描写，正表现他追求的决心。继而便进入幻境，自己仿佛飘飘仙去，把自己的理想追求比喻为神女：

> 美要眇之飘游兮，倚东风以扬晖。沐洧渊以淑密兮，体清洁而靡讥。厌白玉以为面兮，披丹霞以为衣，袭九英之曜精兮，珮瑶光以发微。服儵煜以缤纷兮，綷众采以相绥。色熠熠以流烂兮．纷错杂以葳蕤。象朝云之一合兮，似变化之相依。麾常仪使先好兮，命河女以胥归。步容与而特进兮，眄两楹而升墀；振瑶溪而鸣玉兮，播陵阳之斐斐。蹈消漠之危迹兮，蹑离散之轻微。释安朝之朱履兮，践席假而集帷。敷斯来之在室兮，乃飘忽之所晞。馨香发而外扬兮，媚颜灼以显姿。清言窃其如兰兮，辞婉娩而靡违。

接下又写神女离去，恍恍惚惚，最后发为感慨："既不以万物累心兮，岂一女子之足思。"以佳人比喻自己所要追求的人生境界，这种写法，在《咏怀》诗中可以得到佐证。《咏怀》之十九所写的佳人形象，与《清思赋》所写神女十分相似，结尾的感慨与《清思赋》“假精气之清微兮，幸备谳以自私，愿申爱于今夕兮，尚有访乎是非”一段意思也相近。《咏怀》之六十四亦足以佐证《清思赋》：

> 朝出上东门，遥望首阳基。松柏郁森沉，黄鹂相与嬉。逍遥九曲间，徘徊欲何之。念我平居时，郁然思妖姬。

此诗前人多不得其解，或有以其实指某人某事者，然说皆不可通。陈伯君谓似应与《清思赋》结尾“既不以万物累心兮，岂一女子之足思”联系起来考虑，这意思是对的。“妖姬”亦《清思赋》所写之神女也。“郁然”状“思”之浓烈，盖言望首阳而思超尘出世耳。

这就是阮籍对于理想人生境界之追求。这个理想人生境界，也就是《大人先生传》中那位“飘飖于天地之外，与造化为友，朝餐阳谷，夕饮西海，将变化迁易，与道周始”的大人先生的人生境界。不过《大人先生传》较之于《清思赋》，写得更为明白具体，不像《清思赋》之朦胧恍惚；然而也繁冗杂沓，不如《清思赋》之精深简洁。

阮籍追求的这样一个人生境界，纯然是庄子式的，它在现实人生中是不可能实现的。它是一种幻境，是庄子的翱翔于太空的大鹏，是庄子的神游于无何有之乡。这个理想的精神自由的境界，是阮籍一生赖以生活下去的精神支柱，在险恶的政治环境中，在苦闷的心境里，他从这个理想境界得到慰藉，得到暂时的超脱。但超脱仅仅是短暂的，他不得不又回到现实中来，品味更为深沉的苦闷与悲哀。

二

阮籍心态的又一侧面，是他有一种生活于狭缝中，无法摆脱的苦闷心境。

无疑阮籍是非常自傲的。他早年也有壮志，这从《咏怀》之三十八、三十九中可以得到说明。三十八似为抒写早年情怀之作：

> 炎光延万里，洪川荡湍濑。弯弓挂扶桑，长剑倚天外。泰山成砥砺，黄河为裳带。视彼庄周子，荣枯何足赖。……岂若雄杰士，功名从此大。

此诗与阮籍其他《咏怀》诗在感情基调与表达方式上都有很大不同。感情基调是慷慨昂扬的，表述则明快质实，不像其他咏怀之作的隐约朦胧。其三十九或为赞扬正始五年曹爽征蜀而作[①]，也是一首向往建功立业的诗。在阮籍内心深处，并不是完全没有入世的思想，这点是与嵇康很不相同的。他之所以登广武古战场，观楚汉战争处，而叹“时无英雄，使竖子成名乎”[②]，就说明内心潜藏着平时并没有表现出来的入世思想。《历代名贤确论》引苏轼论此事，谓“嗣宗虽放荡，本有意于世，以魏晋间多事，所以放于酒耳”（卷五十八）。明人杨维桢论此事，亦称其“盖以英雄自命，不在刘项之下，慨然有济世之志者也”。[③]苏轼和杨维桢都看到了阮籍内心深处的这种抱负。但是，阮籍并未找到实现自己抱负的条件，他便处处逃避着自己抱负的实行。正始初他入仕，本非自愿，是在乡人劝说下才去的，中间又以疾归里；后来虽做了司马氏的官，但都并不认真，日以纵酒为事，与其抱负大异。这里有几件事可以注意。一件是“禅让”问题。这是魏晋政治生活中的一个重要事件。曹魏与司马氏在争夺政权的斗争中都用了奸诈权术，魏迫汉禅与晋迫魏禅，都是一样的手段。这类事件对阮籍的影响当是很大的。汉禅于魏时，阮籍才十一岁，而晋受魏禅，阮籍代郑冲写劝进笺时，已经五十四岁，写完劝进笺不久，他便离开了人世。因此，政局中的禅让事件，可以说伴随他一生。他对于此一问题，有极深切的体察与深沉的感慨。这种感慨，隐约曲折地反映在《咏怀》之二十中。[④]他用“揖让长离别，飘颻难与期”，表示了他对一再演出的奸诈丑恶的“禅让”事件的失望与反感。对于政局如何发展，他又感到彷徨，“杨朱泣路岐，墨子悲素丝”，反映了他这种彷徨失望的心绪。不论是对曹魏还是对司马氏，他都是失望的。他都感到现实政治没有出路。但是，他又无可奈何地卷进“禅让”事件之中，诗末“嗟嗟涂上士，何用自保持”就是这种无可奈何的慨叹。此诗显然是在写劝进笺之后写的，反映着被卷进禅让事件的痛苦心情。由此一诗，我们可以窥测到阮籍内心对当政者的一种鄙薄心理。

又一个可注意的事件，便是司马氏杀曹爽。司马氏杀曹爽，继而杀夏侯玄，是夺取曹魏政权的两个关键步骤，也正是在杀曹爽与夏侯玄这两件事上，非常生动地表现出司马氏父子的奸诈、老谋深算与残酷无情。而且，杀曹爽与夏侯玄，不仅事涉政界，且亦涉大批名士。这两件事的处理，对士人的影响是很大的。杀曹爽时，同时杀了何晏、邓飏、丁谧、毕轨、桓范等人，史称天下名士去其半。这件事在阮籍心中引起了强烈反响，这反映在《咏怀》之六、十一、四十二中。之四十二大约作于曹爽网罗名士，正掌握大权时。阮籍已经看到政局错综复杂、危机隐伏的种种迹象。对于曹爽网罗的这一大批名士，他是给了肯定的评价的，诗的首四句正是写的这件事。但是他已经预感到曹爽未必能成功，故接以“阴阳有舛错，日月不常融；天时有否泰，人事多盈冲”。一切都难以预料，善始未必能善终，隐遁才是保身的唯一途径。这种认识或者正是他以疾辞曹爽参军的原因。之六和之十一，大约均作于曹爽、何晏被杀之后，其中带有感慨与悲哀，膏火自煎，山木自寇，爽等之败，招祸者正是荣名宠禄；而一旦失败，则已无可挽回，徒令千古为之悲叹而已。从这三首诗，可以看到何晏等被杀，阮籍是受到很大震动的。这对于他后来在司马氏那里做官，口不论时事，当有甚大之关系。司马昭说过，天下之至慎者，唯有阮嗣宗。司马昭所指的是他不评论时事与时人，并非指他处事的谨慎。而对于司马昭来说，不评论时事与时人，是非常需要的。他之所以提出阮籍为至慎之典范，意正在于示臣下以不应评论时事，不应评论时政。他对于阮籍的最大希望，也就是不要评论时政。阮籍在当时是影响很大的一位士人，伏义《与阮籍书》说：

> 骤听论者洋溢之声，虽未倾盖，其情如旧。……或谓吾子英才秀发，

邈与世玄，而经纬之气有蹇缺矣；或谓吾子智不出凡，器无隈奥，而陶变以眩流俗。……行来之议，又传吾子雅性博古，笃意文学，积书盈房，无不烛览，目厌义藻，口饱道润，俯咏仰叹，术若纯儒，然开阖之节不制于礼，动静之度不羁于俗。

伏义这封信显系写于阮籍入仕之前，其时嗣宗声名已远播儒林。《三国志·王粲传》注引孙盛《魏氏春秋》谓："后朝论以其名高，俗显崇之，籍以世多故，禄仕而已。"这是说他入仕以后，朝廷对他的盛名也甚为看重。阮籍在其时士林中之地位，显为一代名士之代表人物。司马氏杀何晏、夏侯玄、嵇康，而没有杀阮籍，原因固甚复杂，但最重要的一点，便在政治利益上。何晏、夏侯玄直接卷入政争，非杀不可；嵇康持一种与名教直接对抗、誓不两立的态度，于当权者有碍，也非杀不可。而阮籍的行为虽亦有悖于名教，任诞不羁，但那只是停留在生活方式上，对政治上的是非无所议论，对当时的人物无所臧否，他对于政权实无害处。名声甚大而于政权无妨碍，杀了既于当政者无所裨益，且蒙残害名士之恶名。从这里我们或者可以窥见司马昭保护阮籍的用心所在。

在中国历史上，士与政权的关系一直是政治格局中一个非常重要的问题。这个问题牵涉的面极广，非本文所拟理论。这里只就阮籍与司马氏的关系谈士与政权关系中的一个问题：政权与士的相互依存问题。大多数的政权，总想得到士的支持，这不仅因为政权的维护与巩固需要它的智囊，而且政权的正义性需要借助社会舆论。东汉末年党锢事件之后，整个士阶层可以说已经处于与宦官外戚势力完全对立的地位，整个社会舆论对于腐败势力是极为不利的，这时宦官曹节便上书汉灵帝，建议收买韦著，以减轻社会舆论的压力。《后汉书·韦著传》：

灵帝即位，中常侍曹节以陈蕃、窦氏既诛，海内多怨，欲借宠时贤以为名，白帝就家拜著东海相。

韦著是隐士，名声很大，数征辟不就，但是这一次他竟赴任。赴任之后，大概是遵循“乱世用严刑”的原则行事，结果为受罚者所奏，竟输作左校之后罢归，闹得声名狼藉。不过从这件事，可以看到士与政权关系的一个侧面。在阮籍之后，晋元康中赵王伦杀张华、裴頠。这是当时两位很著名的士人，刘颂对张华甚表同情，赵王伦的党羽张林大怒，将害刘颂，孙秀劝阻，理由也是时论倾向的问题，他说：

诛张、裴已伤时望，不可复诛颂（《晋书·刘颂传》）。

阮籍与司马氏的关系，其中也包含有这一点。杀何晏、夏侯玄、诸葛诞等人，使司马氏已经处于与名士群体对立的地位；在司马氏周围的，是名教之士如何曾辈。但是其时名士在社会上实有甚大之影响，它是玄学思潮的代表者，而作为东汉末年经学衰落之后代之而起的新思潮，玄学代表人物在士人中的影响远胜于名教中人物。如果司马氏把名士群体完全排斥于这个政权之外，把它当做敌对力量加以消灭，这不仅在当时是做不到的，而且对政权的巩固极为不利。阮籍为名士群体的重要代表人物，受到特别的保护，也就可以理解了。

司马昭不仅保护了阮籍，而且为其子司马炎（就是后来的晋武帝）求婚阮籍女，其中当然也不排除政治上的考虑。阮籍为此一醉六十日而婉拒之，司马昭不仅不加怪罪，而且以后对他仍然甚为宽容。《世说新语·任诞》注引《文士传》：

晋文帝亲爱籍，恒与谈戏，任其所欲，不道以职事。

《世说新语·傲简》：

晋文王功德盛大，坐席严敬，拟于王者。唯阮籍在座，箕踞啸歌，酣放自若。

这除了从政治上的考虑加以解释外，似无别种解释。阮籍既非其智囊，亦非实任重要职事者，于其政权实无事功可言。而司马氏亦非名士，非出于与阮籍之共同爱好而袒护之。阮籍之所以获得如此之特殊待遇，只有一种解释，那便是社会舆论问题，通过阮籍，影响名士群体，使他们不与司马氏政权为敌。

应该说，阮籍是明白司马氏政权的用意的。这从他的行为中可以得到说明。他在生活上任诞不羁，纵酒，不拘礼法，但是在政治上却极为谨慎小心，对政治上的是非得失，从不加以谈论。《晋书》本传说："钟会数以时事问之，欲因其可否而致之罪，皆以酣醉获免。"在一个错综复杂的政局中，居心险恶者是可以从任何一个角度加人罪名，置人死地的。阮籍对此非常清醒。他知道对于时事表示可否都免不了获罪，唯一的办法便是借酣醉加以回避。他终生对于政治都采取了这一态度：不置可否。不仅不置可否，而且处处避免引起误会。他为东平相，"至，皆坏府舍诸壁障，使内外相望。"这样做的目的甚为明显，意在表示自己并无阴谋行为。从这件事可以看出他日子过得是何等吃力。

玄学思潮深刻地影响着他，给了他一个无法实现的人生理想，给了他甚大的诱惑力；但现实政治又是如此严酷地威迫着他，虽然司马氏给了他特别的保护，但是他付出的代价却是对于政局是非缄口不言。他内心是非常孤独、非常苦闷的。《咏怀》之十七说没有人理解他，不管是独坐空堂还是登高四望，都无法摆脱孤独感。他外表上是很狂放的，内心却很暗淡。他很喜欢写黄昏。黄昏与他的心境，有一种情思的共鸣。《首阳山赋》："时将暮而无俦兮，虑悽怆而感心。振沙衣而出门兮。缨委绝而靡寻；步徙倚以遥思兮，喟叹息而微吟。"《咏怀》之八："灼灼西颓日，余光照我衣。迴风吹四壁，寒鸟相因依，周周尚衔羽，蛩蛩亦念饥。"之二十四："殷忧令志结，怵惕常若惊。逍遥未终晏，朱晖忽西倾。蟋蟀在户牖，蟪蛄号中庭。心肠未相好，谁云亮我情。"有时他写夜，《咏怀》之一："夜中不能寐，起坐弹鸣琴。薄帷鉴明月，清风吹我襟。孤鸿号外野，翔鸟鸣北林。徘徊将何见，忧思独伤心。"有时他直接用黄昏来比喻人生，如《咏怀》之八十、八十一。他感到世上无可与语者。《咏怀》之十四：“感物怀殷忧，悄悄令人悲。多言焉所告，繁辞将诉谁！”无可与语固然有志向操守方面不易找到知音的原因，但主要的是政治考虑。因为竹林之游的朋友，是与语了的；非政治问题，也是与语了的，他与司马氏在一起时不是不说话，而是“言及玄远”。无可与言，是不能说出自己的政治见解与臧否人物。他其实是一位对政治有敏锐是非感的人物，但对于政治上的是非又没有地方可说，没有人可说，不是不想说，而是不敢说。他时时刻刻都处在一种自我压抑的心绪中。强大的政治压迫感，给他留下的是一个窄小的精神活动的空间。他在这个精神狭缝中苦闷、孤独地生活着。这种压迫感伴随着他终生，直至他违心地写下了劝进笺，痛苦地走完了自己的人生道路。他只是给后世留下了一个使人黯然却非常明确的内心的讯息：“终身履薄冰，谁知我心焦！”

三

从狭缝的苦闷与孤独中，阮籍寻找到的唯一出路，便是玩世。玩世是他心态的又一重要侧面。

当他孤独苦闷时，他常常借助于那个虚幻的人生理想以求得慰藉。而由于那虚幻的人生理想的高远无法实现，他又常常自甘于平庸。他原本是向往于逍遥游的，逍遥游不可能，做燕雀也就可以无愧于心。他就是这样矛盾地存在着，当自视极高时，傲视一切，高自标持；而当自己事实上也处于一筹莫展的平庸境况时，便把那抱负变作一声自忧自怜的叹息。我们在阮籍的作品中找到了这种心态。《咏怀》四十六：

鷽鸠飞桑榆，海鸟运天地。岂不识宏大，羽翼不相宜。招摇安可翔，不若栖树枝。下集蓬艾间，上游园圃篱。但尔亦自足，用子为追随。

黄侃评此诗，谓“用子追随，阮公所以自安于退屈也”。阮籍意谓非不慕大鹏之逍遥游，盖乏逍遥游之条件，不若学燕雀之栖于一枝。以此种心态视《咏怀》二十一、五十八所表现的心态，不啻天壤之别。这种心态，也反映在四十七中：

> 生命辰安在，忧戚涕沾襟。高鸟翔山岗，燕雀栖下林。青云蔽前庭，素琴悽我心。崇山有鸣鹤，岂可相追寻。

《咏怀》之八，也有：“宁与燕雀翔，不随黄鹄飞。黄鹄游四海，中路将安归！”退屈自安是自我解脱的方法，当然也是无可奈何的方法。

另一种自我解脱的办法便是任自然。穷达有数，非可强求得之，不若任其自然，使心境取得暂时的宁静。《咏怀》二十八：

> 严达自有常，得失又何求？岂效路上童，携手共遨游。阴阳有变化，谁云沉不浮？岂若遗耳目，升遐去殷忧。

《咏怀》之四十五：“竟知忧无益，岂若归太清。”二十六：“鸾鹥时栖宿，性命有自然。建木谁能近，射干复婵娟。不见林中葛，延蔓相勾连。”都是这种心情的表现。

另一种自我解脱的方法，便是佯狂。史有许多关于他放诞不羁的记载。那些行为，当然有一种任自然的思潮的印记，但也包含着一种自全心理的印记。这一点，余嘉锡有非常精彩的论述。他说：

> 嗣宗阳狂玩世，志求苟免，知囊括之无咎，故纵酒以自全。然不免草劝进之文词，为马昭之狎客，智虽足多，行固无取（《世说新语笺疏》页537）。

四

显然，阮籍所受玄学之影响，没有嵇康彻底。嵇康是越名任心，阮籍却仍然是依违避就，结果嵇康为社会所不容，阮籍却得以善终。为社会所不容的，留下了一腔悲愤，最后还有那一曲荡人心魄的《广陵散》，留下了一出让后人同情、惆怅而且景仰的悲剧。得以善终的，又以苦闷伴随一生。谁得谁失，殊难判断。

阮籍之所以幻想逍遥游而终于依违避就，根本的原因，就在于他内心深处终究还有儒家的思想基础。他早年的入世壮志固是一表现，更重要的表现，是在《乐论》中。《乐论》中充满《礼记·乐记》的基本观点。虽然有学者认为,《乐论》乃嗣宗为高贵乡公讲《礼记》而作，然亦并无确实之证据，即令为讲授《礼记》而作，也不能否定其中儒家的礼乐观为阮籍之一思想认识。正是因为有了这一个儒家思想的基础，阮籍才未能像嵇康那样，采取一种彻底的越名任心的态度。

不过阮籍倒是给予后来士人的处世态度以很多方面的影响。

首先，就是余嘉锡所说的，为后来慕浮诞者之宗主。其实，和阮籍同时的王戎、阮咸、刘伶，也都可以作为浮诞者的代表，他们的功业，便是以浮诞反名教。这其实是玄风反映在生活方式上的一种扭曲的表现，而这一类表现，后来却发展成为玄风生活方式的主流。应该说，嵇康才是玄风生活方式的正统的一路，而正统的这一路，因嵇康的被杀，宣告此路不通，便没有发展下去。

其次，便是阮籍从逍遥游中寻找到的解脱人生苦恼的方式，为后来士人所普遍运用。庄子思想对于士人的影响，阮籍之前主要是任自然，任由情性自由发泄。到了阮籍，才被用来作为解脱人生苦恼的精神力量。后来苏轼把这一点发展得相当成熟。当他受到挫折的时候，他便从庄子是非齐一、物我两忘的思想里得到解脱，“聚散细思都是梦，身名渐觉两非亲”;“生前富贵，死后文章，百年瞬息万世忙，夷齐盗跖具亡羊，不如眼前一醉，是非忧乐都两忘”；“古今如梦，何尝梦觉，但有旧欢新怨”；“回首向来萧瑟处，归去，也无风雨也无晴”。他就是用这种看透一切的态度，走向旷达。无怪苏轼给了阮籍很高的评价，说是“千古风流阮步兵，……空留风韵照人清”。[5] 在以庄子思想解脱人生苦闷上，阮籍是苏轼的先导。

（原刊于《社会科学战线》1990年第四期）

---

①从陈伯君说，见其《阮籍集校注》页323～324。

②《三国志·王粲传》注引孙盛《魏氏春秋》。

③《竹林七贤画记》，《东维子文集》卷十八。

④周勋初先生对此诗有精辟之解释，见其《阮籍〈咏怀〉其二十新解》，载其《文史探微》，上海古籍出版社、1987年版。

⑤依次为：《至济南，李公择以诗相迎，次其韵二首之二》、《薄薄酒二首之二》、《永遇乐·登燕子楼作》、《定风波·沙湖道中遇雨》、《定风波·送元素》。

心学另类之人生悲剧

一、阳明心学为情欲留出之模糊空间

王阳明学说的一个重要开放点，是人人皆可为圣人。此一点，阳明之本意，原在于激励同人之道德修持，以达到圣人之境界。阳明希望于他的弟子、希望于人众的，是人人能追求一种极高之道德境界，能具圣人之气象。但此种激励，其带来之自信与对于权威束缚之解除，影响则至为深远。他说："夫学贵得于心。求之于心而非也，虽其言之出于孔子，不敢以为是也，而况其未及孔子者乎！求之于心而是也，虽其言之出于庸常，不敢以为非也，而况其出于孔子者乎！"他在解释与朱子不同的观点时，说："平生于朱子之说如神明蓍龟，一旦与之背驰，心诚有所未忍，故不得已而为此……盖不忍牴牾朱子者，其本心也；不得已而与之牴牾者，道固是也，不直则道不见也……夫道，天下之公道也；学，天下之公学也，非朱子可得而私也，非孔子可得而私也。"[①]他的学生王畿也说："事势物理，只在人情中。此原是圣门宗旨。祖龙焚书，道脉未尝坏，至汉将圣门道学著为典要，变动周流之旨遂不复见于世。是谓迹似而情非，所以大坏。"[②]把汉代将儒家著作经典化看做是一种阻碍进步的行为，这当然是一种极大胆的见解。王畿如此，更不用说王艮和阳明的再传弟子辈如颜钧、何心隐、李贽们了。此种不惟圣而已即圣之极大胆之观念，对于千余年来圣人至上、惟圣人之言是听、不敢越雷池一步之思想禁锢，实为一极难得之思想突破，为思想之一大解放。对于晚明士人之重自我、重个性之思想，无疑有着不可忽视之影响。此一点原非阳明之所料。

王阳明心学内含有通向重自我、重个性之通道，其中亦存在一种情欲自然存在的解释之可能。王阳明和他的弟子们，对于人有没有情欲，情欲的自然存在如何处置的问题，始终含混不清，解决起来也就模棱两可。阳明说："夫率性之谓道。"道心为无欲之心，人心则为有欲之心。率性自无欲之道心，自当通向道；率性自有欲之人心，则就可能走向反道学。在此一问题上，阳明学说实存在作出不同解释与不同践履之因素。

阳明的学生陆澄，在给王阳明的信中，也提出了如下的一些问题：

> 聪明睿知果质乎？仁义理智果性乎？喜怒哀乐果情乎？私欲客气果一物乎？二物乎？

阳明回答说：

> 性一而已，仁义理智，性之性也；聪明睿知，性之质也；喜怒哀乐，性之情也；私欲客气，性之蔽也。质有清浊，故情有过不及，而蔽有浅深也。私欲客气，一病两痛，非二物也。[③]

这是说，性中有情，情是本然之性中合有的。情之过与不及才是性之蔽，而性之蔽就是私欲客气。有一次陆澄得到了儿子病危的家信，很是忧虑。阳明就批评他，说平时讲学何用，此时正是自己道德修持最好之时，要节制自己的感情：

> 父子之爱，自是至情。然天理亦自有个中和处，过即是私意。人于此处多认做天理当忧，则一向忧苦，不知已是有所忧患，不得其正。大抵七情所感，多只是过，少不及者。才过便非心之本体，必须调停适中始得。[④]

这是说，情之所感，要适中，喜不能太喜，悲不能太悲。然而事实上情之感发流行，又多只是"过"，"过"便非心之本体，便要调停适中。

既然情之感发流行多只是“过”，那么七情之最合理的状态便是寂然未动时之状态。他说过喜怒哀乐是性之情，是未发之中，当其未发，是心之本体合有的，是纯乎天理而无人欲之私的。陆澄问：“昔周茂叔每令伯淳寻仲尼、颜子乐处。敢问是乐也，与七情之乐，同乎？否乎？”他回答说：“乐，是心之本体，虽不同于七情之乐，而亦不外于七情之乐。虽则圣贤别有真乐，而亦常人之所同有。”[5] 这一段有些绕弯的回答，说的也是情为性之本然，是未发时之状态，人人所同有。乐是七情之一，所以说不外于七情。但陆澄问的是颜子之“乐”，是不是七情之乐。颜子箪瓢陋巷，而不改其乐的“乐”，当然是发用流行之乐，而非未发之中的“乐”。所以阳明又说“不同于七情之乐”，就是说，它不是未发之乐。就颜子之乐而言，它是圣人所别有之乐，非人人所同有。但是性之本然中之乐，则是人人所同有的。那么发用流行之“真乐”为圣人所独有，而人人所共有者实为未发之乐，即自性本有之情，未动之情。陆澄又问：“学务无情，累虽轻而出儒入佛矣，可乎？”陆澄之问，其实提出了一个无法回避的问题：圣人之乐是发用流行之乐，是独乐；而常人所俱有的只是自性本有的未发之乐。而未发之乐，必不现诸形相，事实上又必导致对于情之实际否定。王阳明的回答是：

> 圣人致知之功至诚无息，其良知之体皦如明镜，略无纤翳。妍媸之来，随物见形，而明镜曾无留染。所谓情顺万事而无情也。无所住而生其心，佛氏曾有是言，未为非也。明镜之应物，妍者妍，媸者媸，一照而皆真，即是生其心处。妍者妍，媸者媸，一过而不留，即是无所住处。[6]

这实际上又承认了未发之情同于佛家的空无之说。一照皆真而未照之前必皆无。但是他在另一处又说：

> 喜怒哀惧爱恶欲，谓之七情。七者俱是人心合有的，但要认得良知明白。比如日光，亦不可指着方所；一隙通明，皆是日光所在，虽云雾四

塞，太虚中色象可辨，亦是日光不灭处，不可以云能蔽日，教天不要生云。七情顺其自然之流行，皆是良知之用，不可分别善恶，但不可有所着；七情有着，俱谓之欲，俱为良知之蔽。然才有着时，良知亦自会觉，觉即蔽去，复其体矣。[⑦]

这又说七情未发之时皆已有，如日光之无处不在。不惟已有，而且当其自然流行之时，七情皆是良知之用。这与上面说的“情顺万事而无情”意思相近，都是说的七情之自然流行皆合良知之用。什么是自然流行？自然流行当然可以指在心体本明、良知自然发用之下的情之感发；但也可以理解为情之无所约束。他所说的不要“有所着”的度呢？没有明确的度的制约，当然就为任情留下了一个解释的空间。他的学生欧阳德就说：“无所住而生其心之说，若善用之，即是情顺万事而无情。情顺万事而无情之说，苟不善用，即流于猖狂自恣。”[⑧] 欧阳德对此之理解，说明情顺万事而无情确实存在着任情之可能。而且，王阳明在这段话里，对于情之有无还与前面的认识存在差别。他这里说七情之自然流行皆合良知之用，自然流行，当然是已发而非未发。已发既然是良知之用，那么与前面提及的七情所感，多只是过；只是在其未发之时才是中，才是良知之本体，也就并不一致。

阳明对于情的认识，既承认其为自性所固有，时而以为此种之固有，原为“一过不留”，当其有所感时，它是有；当其无所感时，它是无。时而又认为当其未发之时，已如日光之无所不在。他承认情之存在，并不是“一过不留”的无。他时而认为情顺万事而无情，就是说七情之自然感发流行自合于良知；时而又认为七情之感发流行多只是过，要人为的节制它，要无所着。无所着，就是要无过与不及，主要是无过，要适中。但是什么是适中？适中与不适中，界线在什么地方，他并没有说。既然七情之自然流行皆是良知之用，那么对于这个“线”，也就可以作多种之解读。

王门弟子对于情欲的问题，也就作出了不同的解释。陈明水说：

故君子之学，求喜怒哀乐中节而已矣。节也者，非有预定之式可以求诸师友简册而得也，吾心昭然权度，随事著见，有不可过焉者，所谓帝之则也。⑨

这就是说，情之感发而中节，是没有预定的标准的，惟一的标准就是“帝之则”，即天理。而此一天理，乃在于“吾心之权度”。他又说：

哀痛忧患，人情应感所不能无者，但当论中节与否。骨肉之丧，扳号僻踊，自是天然，若强之以从容体貌，平和意气，非天则也。所谓则者，亦非有一定之式在简册之可循，求诸良知，则自见矣。⑩

在由自性良知衡量是否中节这一点上，他的说法与王阳明并无不同，但他的衡量标准实与阳明大异。我们前面曾引用陆澄因儿子病危过于忧伤而遭阳明批评的事，阳明认为过于忧伤违背了中和，违反了良知之天则。而这里陈明水则认为“扳号僻踊，自是天然”，若是人为地使其“从容体貌，平和意气”，才是违反天则的。为什么同是主张良知之自然流行应合乎天则，而两人对于骨肉之丧的感情表达如何才合于天则的理解却如此之不同呢？问题就在于衡之在我，在于对自然流行的度之把握上。

王畿对于情之感发流行之要求，则是“真”。在《天柱山房会语》中他记载了一段他和学生的对话：

子充曰：“阳明子居丧，有时客未至恸哭，有时客至不哭。阳和终以不哭为疑，敢请。”先生曰：“凶事无诏，哀哭贵于由衷，不以客至客不至为加减也。昔人奔丧，见城郭而哭，见室庐而哭，自是哀心不容已。今人不论哀与不哀，见城郭室庐而哭，是乃循守格套，非由衷也。客至而哭，客不至而不哭，尤为作伪。世人作伪得惯，连父母之丧亦用此术以为守礼，可叹也已！毁不灭性，哀亦是和。悟得时，即此是学。”⑪

既求真，又要毁不灭性，也就是既真又合于天则，也就是情顺万事而无情。王畿主张节欲，但反对人为，而主张顺乎天则。他与赵尚华论节欲，谓：

> “嗜欲深痼，割情极难。”此已一句道尽。若非极下苦功，令本心时时作得主宰，未有不以纵欲为自然者。孔子年七十，方能从心所欲不逾矩。吾人岂可容易放过！然此却非禁绝所能制。须信本心自有天则，方为主宰。须信种种嗜欲皆是本心变化之迹，时时适应，不过其则，方为锻炼。若不信得这些子，只在二见上凑泊支持，下苦工时便是有安排，讨见成时便成无忌惮，未免堕落两边。其为未得应手，则一而已。⑫

这封信涉及了三个问题，一是其时有以纵欲为自然者，此一点正是王学的发展在情欲问题上开出之一路向，暂且不谈。二是相信嗜欲皆为本心变化之迹，不能绝对禁绝，只是要时时适应它，使其合乎天则。三是反对现成，又反对安排。这反对安排，正是他的主张要点所在。他常常说：才涉安排，即非神机之感应。既然反对安排，则“极下苦工”也就只能是令本心作主宰。由本心作主宰和以“真”为准,这个天则的“度”都是弹性极大的。在践履的过程中只能是各说各话。

七情为性之本有，自合良知，未发之时，人人皆俱。感发流行，则须使其中节。然已发未发，究有何种之关系，则可以作出不同之解释。欧阳德的学生王宗沐对于此一点亦反复辨析而似明非明。他给李见罗的信中说：

> 未发已发，自《或问》中所载，程子之门人与朱子所论，不为不多，要已不可尽解。而今日之论，尤为纷纷。然此实圣学头脑，不可不辨。今后以《中庸》为讲，则辞虽费而愈不明。仆请与执事道见在之心可乎？现在心明，则《中庸》自当了然矣。喜怒哀乐，仆与执事无一时不发者也。当其发时，若以为知即在喜怒哀乐中，则不当复有不中节处。而未发之中，常人皆有之矣。若以为知不在喜怒哀乐中，则别有一物存主于

> 内而随物应付。今观仆与执事之怒时也，知安在乎？而知与喜怒之际不可指矣。若以为学者但当求之未发也，则仆与执事未怒时，功夫可以打点其为明者乎？但求之于已发也，既知求即觉，觉即无不中节处，而已发之和，常人皆有之矣。比及睡时，不知又当属在何处？以为未发，则庸有梦时？以为已发，则无物在！
>
> 似此数论，似是而实非，似非而亦是者，良以心之神明，两在不测，指其一处，未或不是；而要其精微，则又难定方。以故须由自家体贴，然后下一转语，乃见分晓尔！[13]

引此一大段文字，盖此段文字极生动地反映王门子弟对于此一问题思索之困惑。此一大段文字所辨析之要点，在于从实际之体认，论情之有无、状态和中节与否。他说若以为良知在喜怒哀乐中，那么发必中节，更无须修持；若以为良知不在喜怒哀乐中，则必存于另处，而你我发怒时之实际体验，则另处亦并无此物在。结论是良知与喜怒之间的关系不可指认，亦无法用文字表述，只有自家体认，寂感无时、体用无界、无前后、无内外，而浑然一体，无所谓已发未发。而此一结论其实并未解决他上面提到的困惑，上面那一大段怀疑，其实已经否定了此一结论。

对于情欲的节制在理解与践履上既存在许多的困难和模糊空间，做到情顺万事而无情，如欧阳德所说：苟不善用，则流于猖狂自恣。要求纤欲不留，则有可能走向言行不一。在现实生活中，两者都出现了。流向猖狂自恣的一路，产生的原因更为复杂，留待后论。走向言行不一的一路，则在思想领域引发过一场激烈的争论。那场争论虽主要在两个人中进行，旁及几位友朋，而其实涉及的却是王学发展过程中言行脱节的问题。

二、一场争论带出之问题——真我与假道学

这场论争是在李贽和耿定向之间展开的。两人都是阳明心学的信奉者，但是对阳明心学的理解存在差异，思想构成亦不同，耿定向思想

中儒家的正统观念，特别是程、朱的思想多些，而李贽思想中则庄、禅多些。争论亦缘于人生理念、人生态度之不同，性格之不同。此次之争论，牵涉不少理论问题，但争论之核心，则是人生态度问题。争论是通过书信进行的，最为激烈的一段话，是李贽在万历十四年（1586）给耿定向的信中说的：

> 试观公之行事，殊无甚异于人者。人尽如此，我亦如此。自朝至暮，自有知识以至今日，均之耕田而求食，买地而求种，架屋而求安，读书而求科第，居官而求尊显，博求风水以求福荫子孙。种种日用，皆为自己身家计虑，无一厘为人谋者。及乎开口谈学，便说尔为自己，我为他人；尔为自私，我欲利他；我怜东家之饥矣，又思西家之寒难可忍也；某等肯上门教人矣，是孔孟之志也，某等不肯会人，是自私自利之徒也；某行虽不谨，而肯与人为善，某等行虽端谨，而好以佛法害人。以此而观，所讲者未必公之所行，所行者又公之所不讲，其与言顾行、行顾言何异乎？以是谓为孔圣之训可乎？翻思此等，反不如市井小夫，身履是事，口便说是事，作生意者但说生意，力田作者但说力田。凿凿有味，真有德之言，令人听之忘厌倦矣！⑭

这一段激烈的言辞，对耿定向的指责除了没有直接说出“假道学”三字之外，指的就是定向的假道学。此种之指责，究有何种具体事实之根据，贽并未明言。“所行者未必公之所讲”一句，或有所指而未明说，信中提及邹守益，说守益“以继往开来为己任，其妙处全在不避恶名以救同类之急”，接着便直指定向：

> 公其能此乎？我知公详矣，公其再勿说谎也！

“再勿说谎”，是说他已不止此一次说谎。有研究者认为，此似指定向于何心隐被逮下狱之时，未能援手救之。李贽在《何心隐论》中，也提到何心隐下狱之后无人援救的事："然公岂诚不畏死者？时无张子房，谁为活项伯；时无鲁朱家，谁为脱季布？吾又因是而益信谈道者之假也。"他所指的没有人伸出援手的事，似还不仅指耿定向一人，而及其他有援救之条件而不予援救之讲学者，他说："由今而观，彼其含怒称冤者，皆其未尝识面之夫；其坐视公之死，反从而下石者，则尽其聚徒讲学之人。然则匹夫无假，故不能掩其本心；谈道无真，故必欲划其出类：又可知矣。""谈道无真"，真是把他对于言行不一的讲学者的不满一句道尽。[15]

李贽对何心隐评价极高，以之为龙，谓其非他物可比。他视何心隐为敢作敢为，言行一致者。对于心隐下狱之后无人援之以手甚感不平。[16]其实耿定向亦并非毫无援人之记录。黄景昉《国史唯疑》称其"督学南畿，论救罗汝芳、王道行；协理北院，论救陆光祖；总南宪，论救陈有年、徐元太、王世贞皆力"[17]。定向似亦曾救何心隐，沈德符《万历野获编》称："耿楚侗亦厚心隐，曾劝王中丞贷其死，而王不从。"[18]或者由于李贽不甚了解个中情形，故举此一例以指其言不顾行。但此一段激烈批评之关键所在，乃在于李贽对于假道学之极端之厌恶。他追求真实做人，而反复论及假道学。

万历十五年（1587），李贽移居麻城。麻城县令邓应祈是耿定向的学生，耿定向对应祈说李贽教坏了耿家子弟。李贽便写信给应祈，为此辩护，说自己教给定向的子弟的，都是日常的道理。这些道理，就是"迩言"。《中庸》说："舜其大知也与，舜好问而好察迩言，隐恶而扬善。"[19]迩言，就是近言。《中庸》说的是舜喜欢了解日常的浅近之言，择其中隐其恶而扬其善。李贽对"迩言"作了自己的解释，他说："如好货，如好色，如劝学，如进取，如多积金宝，如多买田宅为子孙谋，博求风水为儿孙福荫，凡世间一切治生产业等事，皆其所共好而共习，共知而共言者，是真迩言也。"他说，迩言是自然天成的，"凡今之人，自生至老，自一家以至万家，自一国以至天下，凡迩言中事，孰待教而后行乎？趋利避害，人人同心，是谓天成，是谓众巧，迩言之所以为妙也”。接着他便批评了定向的假道学：

> 令师之所以自为者，未尝有一厘自背于迩言；而所以诏学者，则必曰专志道德，无求功名，不可贪位慕禄也，不可患得患失也，不可贪货贪色、多买宠妾田宅为子孙业也。视一切迩言皆如毒药利刃，非但不好察之矣。审如是，其谁听之？[20]

李贽所理解的“迩言”，是一切治生产业之事。他认为，这些治生产业之事是自然而然存在的，各人表现不同，但是本来面目而非强为。察知本来面目而有所悟入，则一了百了，有何不可？定向对于“迩言”的理解，却与李贽不同。他是从伦理道德准则着眼的。他在读到李贽给邓应祈的信之后，说：“卓老所云迩言，又是何等迩言也？窃谓善察迩言者，莫如舜。舜察迩言已，隐恶而扬其善，即善矣，又且择而用其中，其审也如此！如父子有亲，君臣有义，此迩言也。”他讥讽李贽说：“不闻曰君臣父子是假合，而以忠孝为剧谈也。……不闻惟以食色为性，谓见境即动，动则为人至极无廉耻，乃性真也。”他把李贽对迩言的解释，比为“枭鸣狐号”[21]。君臣父子乃假合，和食色为性、见境即动，都是李贽说过的话。李贽看重的是作为个体的我的天然本性，定向虽亦具此天然之本性，但他否认此种存在，而强调道德约束，把讲自然本性存在的言论看做邪说。在此一问题上，两人水火不相容。

万历十七年（1589），李贽写信给焦竑，提到他的一位友人郑子玄不肯讲学，大加赞赏，并由此而又再次论及假道学：

> 郑子玄者，丘长孺父子之文会友也。……不肯讲学，亦可喜，故喜之。盖彼全不曾亲见颜、曾、思、孟，又不曾亲见周、程、张、朱，但见今之讲周、程、张、朱者，以为周、程、张、朱实实如是尔也，故耻而不肯讲。不讲虽是过，然使学者耻而不讲，以为周、程、张、朱卒如是而止，则今之讲周、程、张、朱者可诛也。彼以为周、程、张、朱者

皆口谈道德而心存高官，志在巨富；既已得高官巨富矣，仍讲道德，说仁义自若也；又从而哓哓然语人曰："我欲厉俗而风世。"彼谓败俗伤世者，莫甚于讲周、程、张、朱者也，是以益不信。不信不讲。

……由此观之，今之所谓圣人者，其与今之所谓山人者一也，特有幸不幸之异耳。幸而能诗，则自称曰山人；不幸而不能诗，则辞却山人而以圣人名。幸而能讲良知，则自称曰圣人；不幸而不能讲良知，则谢却圣人而以山人称。展转反复，以欺世获利，名为山人而心同商贾，口谈道德而志在穿窬。夫名山人而心商贾，既已可鄙矣，乃反掩抽丰而显嵩、少，谓人可得而欺焉，尤可鄙也！今之讲道德性命者，皆游嵩、少者也；今之患得患失，志于高官厚禄，好田宅，美风水，以为子孙荫者，皆其托名于林汝宁，以为舍不得李卓老者也。然则郑子玄之不肯讲学，信乎其不足怪矣。[22]

此书作于《答耿司寇》之后三年，他还是念念不忘假道学，随时发泄对于假道学的厌恶之情。对假道学的反感，他时时以嬉笑出之：

有一道学，高屐大履，长袖阔带，纲常之冠，人伦之衣，拾纸墨之一二，窃唇吻之三四，自谓真仲尼之徒焉。时遇刘谐。刘谐者，聪明士，见而哂曰："是未知我仲尼兄也。"其人勃然作色而起曰："天不生仲尼，万古如长夜。子何人者，敢呼仲尼而兄之？"刘谐曰："怪得羲皇以上圣人尽日燃纸烛而行也！"其人默然自止。然安知其言之至哉！李生闻而善曰："斯言也，简而当，约而有余，可以破疑网而昭中天矣。其言如此，其人可知也。盖虽出于一时调笑之语，然其至者百世不能易。"[23]

类似的话，也见于《答耿中丞》："夫天生一人，自有一人之用，不待取给于孔子而后足也。若必待取足于孔子，则千古以前无孔子，终不得为人乎？"[24] 孔子之是未必皆是，孔子之非未必皆非，是心学者们普遍存在的一种认识，非自李贽始。但是以嬉笑出之，则实在是大不敬。他对假道学的嘲讽，又见于《初潭集》：

故世之好名者必讲道学，以道学之能起名也。无用者必讲道学，以道学之足以济用也。欺天罔人者必讲道学，以道学之足以售其欺罔之谋也。噫！孔尼父亦一讲道学之人耳，岂知其流弊至此乎！㉕

他对于假借讲良知之学以博高官者，亦时有批评：

嗟乎！平居无事，只解打恭作揖，终日匡坐，同于泥塑，以为杂念不起，便是真实大圣大贤人矣。其稍学奸诈者，又掺入良知讲席，以阴博高官。一旦有警，则面面相觑，绝无人色，甚至互相推诿，以为能明哲。㉖

他批评借助于讲道学而致荣华富贵者：

夫世之不讲道学而致荣华富贵者不少也，何必讲道学而后为富贵之资也？此无他，不待讲道学而自富贵者，其人盖有学有才，有为有守，虽欲不与之富贵，不可得也。夫唯无才无学，若不以讲圣人道学之名邀之，则终身贫且贱焉，耻矣。此所以必讲道学以为取富贵之资也。㉗

他说假道学者分明希望儿子异日为官、异日富贵，而不敢明说，却说希望儿子做圣人：

儿异日为官者，必然幼而聪慧；儿异日致富贵者，必定有致富贵之容。故为人父者，无不欲其子之慧而貌美也。而道学尤甚。然道学多讳言官，讳言异日致富贵，唯曰“予愿我家千金终为至圣大贤”耳。㉘

他引晋人裴叔则之宽宏与和峤吝啬之故事，然后发为议论：

视计核责钱者为何如！世间故自有一种贪夫也。然终胜口谈仁义而心与峤一般者。㉙

计核责钱者指晋人和峤。他家园子里有李子树，他的弟弟们到园里食李，是要按李核之多少付钱的（《世说新语·俭啬》，刘孝标注引裴启《语林》）。借着和峤的故事，说既是贪夫，就明着来，不必装假。口谈仁义而实为贪夫的假道学还不如和峤。他对于假道学，给了极为尖锐的攻击：

> 阳为道学，阴为富贵，被服儒雅，行若狗彘然也。㉚

他之厌恶假道学，此种之心态，似贯穿于他一生。《初潭集》引《礼记·檀弓》的一则记载，说齐国大饥，黔敖于路旁设食以待饥者。有一人以袖掩面前来，黔敖施食给他，他不接受，说不食嗟来之食。孔子评论此事，说："其嗟也可去，其谢也可食。"李贽对于孔子之此一评论，大不以为然，说：

> 道学可厌！非夫子语。㉛

《初潭集》还引《南史·庾域传》：

> 庾子舆五岁读《孝经》，手不释卷。或曰："此书文句不多，何用自苦？"答曰："孝，德之本，何谓不多！"

李贽批道：

> 此子善舌，可讲道学。㉜

这显然是一句对假道学嘲讽的话。他甚至提出整治假道学之方法：

> 自然之性，乃是自然真道学也，岂讲道学者所能学乎！既不能学，

又冒引圣言以自掩其不能……必以不晓事目之矣。

嗟乎！有利于己而欲时时嘱托公事，则必称引万物一体之说；有损于己而欲远怨避嫌，则必称引明哲保身之说。使明天子贤宰相烛知其奸，欲杜此术，但不许嘱托，不许远嫌，又不许称引古语，则道学之术穷矣。㉝

不问事理之是非，不问时移世易，而称引古语、称引圣人之言以证立论或行事之正当，为我国传统文化之一痼疾。多少是非因之而混淆，多少谎言因之被掩盖，多少悲剧因之而被视为正剧。李贽提出以不许称引古语来杜绝假道学，实为思想之一大突破，我们于此似尚未给予充分之评价；若衡之实际，我们于此且有深愧焉。

其实李贽并不反对儒家学说。不反孔，亦不反心学，此点留待后论。

他所激烈反对的，是伪，是假道学，是言行不一者。阳明学者常常承继师说，人人皆可为圣人之话头，他们讲此话之着眼点，是去欲而存本然之良知，以达到成圣之境界。而李贽讲的圣人，却是说实话，言行如一：

一友见，卓老问："你要做圣人么？"

其友方辞逊，卓老曰："圣人也没有异样。常人多是说空头话的人，圣人只是个不说空头话的人。"友有省。㉞

心学发展到后来，流于空谈、流于言行不一。此时不只李贽对之极其反感，其他人也有提及者，如张凤翼，他在《谭辂》中说：

季世讲学辈，只是自以为是，居之不疑。本无事功也，而以功名之士为粗迹；本无才藻也，而以文章之士为浮华。窃佛氏之作用，而复诋其非；盗道家之糠秕，而复辟其短，乱圣贤之道，而坏人心术者，莫此为甚。贤者不可不辨。㉟

张凤翼之视角与李贽有所不同，然均指道学家之伪。

李贽反对假道学，他主张诚实做人。他是一位有什么就说什么的人，毫不掩饰自己的想法，不粉饰自己的行为。他对于讲学者否定情欲的说法，大不以为然。王门子弟对于人有没有情欲，情欲的存在应如何处理的问题，常常含混而未能取得共识，或言纤欲不留，连一念都不许存在，或言情顺万事而无情。而李贽则明确提出情欲存在的合理性：

> 大圣人亦人耳，既不能高飞远举，弃人间世，则自不能不衣不食，绝粒衣草而自逃荒野也。故虽圣人，不能无势利之心；虽盗跖，不能无仁义之心。故伯夷能让千乘之圣人也，闻西伯善养老，则自北海而往归之。太公本鹰扬之圣人也，时未得志，则自东海而来就养于文王。皆以为势利故也。淮阴虽长大，而寄食于漂母，利也；陈平本穷巷，而门外多长者车辙，势也。以此观之，财之与势，固英雄之所必资，而大圣人之所必用也，何可言无也？吾故曰：虽大圣人不能无势利之心。则知势利之心，亦吾人秉赋之自然矣。[36]

他说圣人曾说过“视富贵如浮云”，可是入鲁才三月，“而素衣麑裘，黄衣狐裘，缁衣羔裘等，至富贵显也。御寒之裘，不一而足；裼裘之饰，不一而袭。凡载在《乡党》者，此类多矣。谓圣人不欲富贵，未之有也；而谓不当求，不亦过乎”[37]。在《复李士龙》中，他说名利的思想人人有：

> 名利无兼得之理，超然于名利之外，不与名利作对者，唯孔夫子、李老子、释迦佛三大圣人尔。舍是，非名即利，孰能免此！[38]

他对于那种解释无为就是无心，无心就是无私心的说法，极表不同意。他说：

> 夫私者，人之心也。人必有私而后其心乃见，若无私则无心矣。如服

田者，私有秋之获而后治田必力；居家者，私积仓之获而后治家必力；为学者，私进取之获而后举业之治必力。故官人而不私以禄，则虽召之，必不来矣。苟无高爵，则虽劝之，必不至矣。虽有孔子之圣，苟无司寇之任，相事之摄，必不能一日安其身于鲁也决矣。此自然之理，必至之符，非可以架空而臆说也。然则为无私之说者，皆画饼之谈，观场之见，但令隔壁好听，不管脚跟虚实，无益于事，祗乱聪耳，不足采也。[39]

他说，主张无心和无私心的人，都是自己没有先实行的空话。

李贽是一个重真情的人。他为屈原之死所感动。之所以感动，亦以其出自真情之故：

人故有怨气横臆，如醉如梦，寻死不已者，此等是也。……势之所不能活者，情之所不忍活也。其与顾名义而死者异矣。虽同在节义之列，初非有见于节义之重，而欲博一死以成名也。[40]

为节义而死固可称道，但若欲以节义成名，则与出自内心之一片不可已已之真情而为国献身者，贽以为不可同日而语。贽的友人若无和尚之母来信，敦促若无还俗回家，信说："你想道情，我想世情，世情过得，就是道情。莫说我年老，就你二小孩子亦当看顾他。……你终日要讲道，我今日与你讲心。你若不信，又且证之你师，如果在境，当住金刚；如果在心，当不必远去矣。"贽读到此信，十分感动，称若无之母为"圣母"，所言皆颠扑不破之心髓至言，说：

言出至情，自然刺心，自然动人，自然令人痛哭。想若无必然与我同也，未有闻母此言而不痛哭者也。[41]

若无之母所以感动人者，就在于真情。李贽之所以受感动者，就是此种之真情。他反思自己与若无说过的话，与"圣母"之话相比，就感到那是“隔靴搔痒之言”，是“虚张声势”，与真情实意无关。也就是说，讲的是大道理，无关乎真情。李贽是很重视真情的。他主张真情出于自然。他以此论作诗，也以自然真情为不易之理。他说：

盖声色之来，发于情性，由乎自然，是可以牵合矫强而致乎？故自然发于情性，则自然止乎礼义，非情性之外复有礼义可止也。惟矫强乃失之，故以自然之为美耳，又非于情性之外复有所谓自然而然也。[42]

他重真情，主真情出于自然。《童心说》所讲，亦此一点。关于《童心说》，古往今来有过千言万语之评说，然一言以蔽之，童心即原初一念之真心：

夫童心者，绝假纯真，最初一念之本心也。若失却童心，便失却真心；失却真心，便失却真人。人而非真，全不复有初矣。[43]

他所指的童心，除指未污染的赤子之心之外，重在指其真之一义。[44]从李贽的一生言论、一生行事看，他所追求的童心，“真”处于十分重要的地位。

承认人有情，有欲望。这是他对于人性的理解。而主张应该真诚地说出此种情感，说出此种欲望，则是他的人生态度。不隐瞒，真实做人，是他的心态的基准点。他是一个真诚的人。他的一切优点和弱点，全都呈现人前。他把人生态度分为三类：

弟尝谓世间有三等人，致使世间不得太平，皆由两头照管。第一等，怕居官束缚，而心中又舍不得官。既苦其外，又苦其内。此其人颇高，而其心最苦，直至舍了官方得自在，弟等是也。又有一等，本为富贵，而外矫词以为不愿，实欲托此以为荣身之梯，又兼采道德仁义之事以自盖。此其人身心俱劳，无足言者。独有一等，怕作官便舍官，喜作官便

作官；喜讲学便讲学，不喜讲学便不肯讲学。此一等人身心俱泰，手足轻安，既无两头照顾之患，又无掩盖表扬之丑，故可称也。㊺

做一个假人，一个隐藏自己的内心想法、掩饰自己行为的假人，会活得很累。他在《失言三首》中也说：

念佛时但去念佛，欲见慈母时但去见慈母，不必矫情，不必逆性，不必昧心，不必抑志，直心而动，是为真佛。故念佛亦可，莫太高洁可矣。㊻

他之所以为人赞许者在此，为人垢病、为人诋毁者亦在此。他之所向往、所追求在此，而他一生之悲剧亦在此。

他是一个无所包藏的人，一个正直的人，又是一个复杂的人。他七十岁的时候，老病相寻，便写下了《豫约》，一一交代身后事。这《豫约》写得既周全，又十分真诚，一切无所隐瞒。他说我“虽不能如古之高贤，但我青天白日心事，人亦难及，故此间大贤君子，皆能恕我而加礼我”。在《豫约》中，对徒众作了详细的交代：应该遵守戒律，应该早晚做功课，连山门应上锁都交代了。而其中值得注意的是他提及两件事：一是希望在他归寂后，徒众不要哭，怕引起伤心；要记住他的嗜好：

我爱书，四时祭祀必陈我所亲校正批点与纂集钞录之书于供桌之右……但我爱香，须烧好香；我爱钱，须烧好纸钱；我爱书，须牢收我书，一卷莫轻借人，时时搬出日头晒晒，干便收讫。㊼

这是他明确说他爱钱，而且死后也不可无钱。另一件事是他说明与梅国桢之女梅澹然交往的情况。梅澹然守寡居娘家，落发为佛弟子。她周围还有一些信佛的妇人明因、善因、自信等，常常向李贽问佛法。书信往来，李贽把跟她们讨论的言辞汇编成册，名为《观音问》。贽与她们的交往，在当地引起了一场轩然大波，说李贽大坏风化。贽在《豫约》中特别说明了他对澹然等人的尊敬。他说："亦以众菩萨女身也，又是有亲戚爱妒不等，生出闲言长语，不可耳闻也，犹然一不理会，只知埋头学佛道，作出世人。"在《感慨平生》中也说："善因等众菩萨，见我涅槃，必定差人来看。夫诸菩萨甚难得，若善因者，以一身而综数产，纤悉无遗；以冢妇而养诸姑，婚嫁尽礼。不但各无闲言，亦且咸得欢心，非其本性和平，真心孝友，安能如此！……此皆尔等所熟闻，非千里以外人，百年以远事，或出传说，未可信也。"何以要在《豫约》中提到此一问题？我想他是要提醒跟从他的僧徒，不要相信世间关于他与澹然等人之间的种种流言（以后置他于死地的，此种流言为其中之一原因。此容后述）。在与澹然等人的关系中，李贽有没有动感情？此为一有关他的内心世界之问题。从《豫约》看，他们之间的交往纯为思想之交流，并无男女之感情。后来对他的诬陷，谓其勾引士人妻女，至有携衾枕而宿庵观者，一境如狂云云，纯为无稽之谈。但是在此一交往中，李贽似亦有复杂之内心活动，且此种之内心活动又曾信口说出，当亦授人以柄。贽在《答周柳塘》书中，提到耿定向给周柳塘的信中说卓吾狎妓，说卓吾强其弟狎妓，说卓吾曾率众僧人入一嫠妇之室乞斋，卒令此妇冒帏簿之羞。对定向所说狎妓、强弟狎妓、入嫠妇之室这三件事，贽的回答似明确又似不明确。关于第一件，他说：

> 况我则皆真正行事，非禅也；自取快乐，非机也。我于丙戌之春，脾病载余，几成老废，百计调理，药转无效。及家属既归，独身在楚，时时出游，恣意所适。然后饱闷自消……未及半载而故吾复矣。乃知真药非假金石，疾病多因牵强，则到处从众携手听歌，自是吾自取适。[48]

他没有正面否定他狎妓，只是说他恣意所适是与人携手听歌。而此种之携手听歌，他在《答李见罗先生》中亦有涉及："或时饱后，散步凉天，箕踞行游，出从二三年少，听彼俚歌，聆此笑语，谑弄片时，亦足供醒脾之用，可以省却枳木丸子矣。"[49]可知携手听歌非在歌楼舞榭，而是外出行游中听俚歌。袁中道《李温陵传》说他“体素癯，淡于声色；又癖洁，恶近妇人。故虽无子，不置妾婢”[50]，看来他狎妓的可能性小。但是，他的任性直说，口无遮拦，往往亦易于授人以柄。他有一首为澹然的生日写的诗：

> 闻说澹然此日生，澹然此日却为僧。僧宝世间犹时有，佛宝今看绣佛灯。可笑成男月上女，大惊小怪称奇事。陡然不见舍利佛，男身复隐知谁是。我劝世人莫浪猜，绣佛精舍是天台。天欲散花愁汝著，龙女成佛今又来。[51]

李贽的诗写得并不好。他没有诗才。诗因多义而可能引起的误解他没有注意到。“我劝世人莫浪猜，绣佛精舍是天台”一联，既可以理解为劝他人不必将他与澹然的往来当成与神女之幽会；但是也可以理解为澹然就是天台神女，接下联，意谓干你甚事？天台一典，出自《幽明录》，记刘晨、阮肇入天台山遇神女并成床第之欢的故事。李贽之前，有大量诗歌用此典以喻示男女之情爱。李贽读过《西厢记》，他当然知道《西厢记》写张生和莺莺幽会情事，那里就有“呀，阮肇到天台”一句。此一联可能引起的多义的解释，也许由于他不谙于诗的写作，用词不精细；他大概是想拟澹然于神女，而并未想到接下来联想所及的可能的含意。当然，或者亦不排除一时之情爱念头，虽然此种之念头，或纯为精神之活动。可以佐证此种“或者”的，是他在《与周友山》的信中，提到：

> 男女混杂之揭，将谁欺？欺天乎？即此可知人生之苦矣。此身不向今生度，更来出世为人，殆矣！鳏寡孤独，圣人所矜；道德文章，前哲不让。山居野处，鹿豕犹以为嬉，而况人乎？此而不容，无地可容此身矣。[52]

“鹿豕犹以为嬉”一句，意谓鹿豕尚且如此，何况人！人之有情欲，亦无可非议。袁中道论及李贽内心之此种矛盾时，说：“本屏绝声色，视情欲如粪土人也，而爱怜光景，于花月儿女之情状，亦极其赏玩，若借以文其寂寞。”[53]贽虽然说与澹然等之交往，有出于对鳏寡孤独同情之意识，游戏人间，如此而已。但亦难以排除潜意识中消除寂寞之一念。何况，上述诗句，总是给人留下多义解读之余地，并从而为造作流言者所利用。

关于第二件事，贽解释说：

> 既在外，不得不用舍弟辈相随；弟以我故随我，我得所托矣。弟辈何故弃妻孥从我于数千里之外乎！心实怜之，故自体念之耳，又何禅机之有耶！[54]

此一解释似可理解为弟辈弃妻孥在外，即使有狎妓之事，亦由于怜之，故体谅之。贽自己虽“恶近妇人”，但他对于男女之关系，实持一种相当开放之态度。这或者与其时之士风有关，与之交往的宏道兄弟等辈，就有此种之风尚。而贽对于被道学家扭曲了的男女情爱观念，本就大不以为然。他对于司马相如以琴心挑卓文君，文君夜奔相如一事，极表赞许：

> 谁知琴心……不有卓氏，谁能听之？然则相如，卓氏之梁鸿也。使当其时，卓氏如孟光，必请于王孙。吾知王孙必不听也。嗟乎！斗筲小人，何足计事，徒失佳偶，空负良缘；不如早自决择，忍小耻而就大计！《易》不云乎：同声相应，同气相求，同明相照，同类相招，云从龙，风从虎，归凤求凰，安可诬也！是又一奇也。[55]

贽虽未达到如袁宏道辈之传阅《金瓶梅》的程度，但赞美道学家视为淫奔的卓文君的行为，这在主张去除情欲之私的心学家中，却是一个相当大胆的观念。

关于第三件事，李贽说得很明白，一个年老嫠妇，时时来寺中送茶果，视同十方供佛者。后来知其无子无女，受人欺吓，因怜之而与僧众一同访之，“有冤必代雪，有屈必代申”，如此而已，本无可指责处。贽对流言之诬陷，作一说明。我们既了解此数事之真相，亦可看出其时他的处境。

但从这三件事，我们也可了解李贽是一位有真性情的人。他反对假道学，重真情。他重真情，除了上述他的行为，他对历史人物的看法，他的《童心说》之外，我们还可从他对文艺的看法中得到佐证。

李贽甚重嵇康之为人。他对于嵇康《琴赋》有一段论述：

> 《白虎通》曰：“琴者禁也。禁人邪恶，归于正道，故谓之琴。”余谓琴者心也，琴者吟也，所以吟其心也。人知口之吟，不知手之吟；知口之有声，而不知手亦有声也……吾又以是观之，同一琴也，以之弹于袁孝尼之前，声何夸也！以之弹于临绝之际，声何惨也！琴自一耳，心固殊也。心殊则手殊，手殊则声殊，何莫非自然者，而谓手不能二声可乎？[56]

嵇康《琴赋》，承其《声无哀乐论》之基本思想，谓心有哀乐，而声无哀乐，“是故怀戚者闻之，莫不憯懔惨凄，愀怆伤心，含哀懊咿，不能自禁；其康乐者闻之，则欨愉欢释，抃舞踊溢，留连烂漫，嗢噱终日；若和平者听之，则怡养悦愉，淑穆玄真，恬虚乐古，弃事遗身”。嵇康是第一位以道家的基本理念，系统建立音乐理论的人，他引名教入于自然，重视乐所引发的人之自然情感。李贽论《琴赋》，所强调的也是琴心引发之不同感情问题。他不同意《白虎通》关于琴禁人邪恶，归于正道的道德衡量标准，而归着于感情。

他在《读律肤说》中论诗的律与情之关系，主要的观点也是着落到情上。他说拘于律则五音不克谐，不克谐则无色；不受律的制约则不成律，不成律则无声。而无色与无声，都与自然情性有关：

> 盖声色之来，发于情性，由乎自然，是可以牵合矫强而致乎？故自

然发于情性，则自然止乎礼义，非情性之外复有礼义可止也。惟矫强乃失之，故以自然之为美耳，又非情性之外复有所谓自然而然也。故性格清彻者音调自然宣畅，性格舒徐者音调自然疏缓，旷达者自然浩荡，雄迈者自然壮烈，沉郁者自然悲酸，古怪者自然奇绝。有是格，便有是调，皆情性自然之谓也。莫不有情，莫不有性，而可以一律求之哉？[57]

反假道学，承认情感欲望存在的合理性，重自然情性，乃是李贽的思想在王学思潮发展过程中之一大突破。此一种之突破，与其时社会生活中情感欲望之发展趋向相关联，它是从王学内部发展出来之一支，是思想内部演变之产物。

三、王门另类：狂、侠、妖、圣——李贽、何心隐、颜钧诸人之独立人格

李贽心态之另一特点，是独立人格之张扬。他在《自赞》中描述自己思想性格的特点说：

其性褊急，其色矜高，其词鄙俗，其心狂痴，其行率易，其交寡而面见亲热。其与人也，好求其过，而不悦其所长；其恶人也，既绝其人，又终身欲害其人。志在温饱，而自谓伯夷、叔齐；质本齐人，而自谓饱道饫德。分明一介不与，而以有莘藉口；分明毫毛不拔，而谓杨朱贼仁。动与物忤，口与心违。其人如此，乡人皆恶之矣。昔子贡问夫子曰："乡人皆恶之何如？"子曰："未可也。"若居士，其可乎哉！[58]

这个《自赞》对自己的描述，除对所恶之人"又终身欲害其人"一句无从证实外，其余所说，从他的行为和言辞中，都可得到佐证。"其心狂痴"，这个"狂痴"似指其性格之独立自信，傲视一切，而执著于自己之所信仰而言的。他在《与耿司寇告别》中对"狂狷"作了解释：

狂者不蹈故袭，不践往迹，见识高矣，所谓如凤凰翔于千仞之上，谁能当之？而不信凡鸟之平常，与己均同于物类。是以见虽高而不实，不实则不中行矣。狷者行一不义，杀一不辜而得天下不为，如夷、齐之伦，其守定矣。所谓虎豹在山，百兽震恐，谁敢犯之，而不信凡走之皆兽。是故守虽定而不虚，不虚则不中行矣。[59]

他所强调的狂者，是“不践往迹”，不与凡者为偶。所谓“不践往迹”，是不以古人之是非为是非。孔子所说的狂者，是“狂者进取”，如是而已。苞氏注解此为“进取于善道”，指出进取之道德取向。[60]宋人陈祥道解此，谓：“狂者近智，狷者近义。近智而非所以智则过，近义而非所以义则不及。狂譬则阳，狷譬则阴，中行譬则冲气也。”[61]陈祥道以为狂者近于智者。此一理解，或以其近智故傲视他人。朱熹亦谓：“狂者志极高而行不掩，狷者知不及而守有余。盖圣人本欲得中道之人而教之，然既不可得，而徒得谨厚之人，则未必能自振拔而有为也，故不若得此狂狷之人，犹可因其志节而激励裁抑之以进于道。”[62]明人蔡清解此，亦谓：“大抵天下好人有三样：一等志极高而行不掩者，是之谓狂；又一等智未及而守有余者，是之谓狷；又一等有狂者之志而所行又精密，有狷者之节而又不至于过激，此则所谓中行者也。中行者其上也，狂者其次也，狷者又其次也。”[63]蔡清认为，中行与狂、狷，都是资质上等之人。朱、蔡所说的狂者高大之志向，似亦包含才智之意。孔子论狂者指其进取，苞氏谓进取所取者为善道，之后注者，都只言其志高而行不掩言。王阳明在谈及狂者时，有了一点变化。有一次他和他的几个学生在一起，学生们提及平宸濠之后，谤议日众。阳明要他们各自说出原因所在。有的说功业日高，故忌者日众；有的说先生之学日明，为宋儒争是非者也日多；有的说从学者日众，四方排阻者亦日益力。阳明说，各人说的都有道理，但有一点你们都未言及，“我今信得这良知真是真非，信手行去，更不着些复藏。我今才做得个狂者的胸次，使天下之人都说我行不掩言也罢”[64]。他说的狂者胸次，虽亦指行不掩言，但已经加上了凭真是真非之良知信手行去，这真是真非，是求之于心的。而我们知道，阳明论学贵得之于心，“求之于心而非也，虽其言之出于孔子，不敢以为是也，而况其未及孔子者乎！求之于心而是也，虽其言之出于庸常，不敢以为非也”[65]。他这个得之于心的真是真非，也就包含着不以古人之是非为是非之意。这与他之前对狂者的理解也就有了不同。李贽所说的狂者，就是从阳明这里来的。不以古人之是非为是非。他说，今之师弟子，“皆相循而欲践彼迹者也，可不大哀乎”。他对不践人迹的狂者，给了极高的评价：

> 若柳士师，则狂者流矣。由此观之，放勋狂而帝，文王狂而王，泰伯狂而伯，皆狂也。若舜也禹也汤与武也，以至太公、周、召之列，皆狷也。微子狂而去，箕子狂而奴……管夷吾狂之魁也，汉高帝狂之神，文帝狂之圣也，陶朱狂而哲，子房狂而义，庄周、列御寇，道家之所谓狂也……若陶渊明肆于菊，东方朔肆于朝，阮嗣宗肆于目，刘伯伦、王无功之徒肆于酒，淳于髡以一言定国肆于口，皆狂之上乘者也。难之难者，其东方生乎？避世金马门，以万乘为僚友，所谓“古之狂也肆”，其在斯人欤！
>
> 文章亦然。李谪仙、王摩诘，诗人之狂也；杜子美、孟浩然，诗人之狷也。韩退之文之狷，柳宗元文之狂，是又不可不知也……狂者不轨于道，而狷者几圣矣。[66]

狂者不轨于道，也就是他所说的狂者无迹。他列举了这些不同领域的历史人物为狂者，可以看出他视狂者为至高境界之人。因之他也就认为自古以来狂者少，狂者不可得，乃有狷者。狂者无迹，就是不践他人之迹而自行其是。因之他对于历史人物的评价常常大异于常见。亲君子而远小人，用君子而不用小人，为传统之交友用人准则。李贽却说：“后儒不识好恶之理，一旦操人之国，务择君子而去小人，以为得好恶之正也。夫天有阴阳，地有柔刚，人有君子小人，何可无也？君子固有才矣，小人独无才乎？君子固乐于向用矣，彼小人者，独肯甘心老死于黄馘乎？是皆不可以无所而使之有不平之恨也。使小人而可以无所，则是天地有弃物，而慈母有弃子也。”[67] 庸常之见皆肯定清官而否定贪官，李贽却说：

公但知小人之能误国，不知君子之尤能误国也。小人误国犹可解救，若君子而误国，则未之何矣！何也？彼盖自以为君子而本心无愧也。故其胆益壮而志益决，孰能止之？如朱夫子亦犹是矣。故余每云贪官之害小，而清官之害大。贪官之害但及于百姓，清官之害并及于儿孙。余每每细查之，百不失一也。[68]

人皆非议冯道，他却肯定冯道。肯定冯道之理由，是他不忍生民之涂炭：

以至谯周、冯道诸老宁受祭器归晋之谤，历事五季之耻，而不忍无辜之民日遭涂炭，要皆有一定之学术，非苟苟者。[69]

史家多以冯道为无节操之人，李贽却把冯道列入《吏隐外臣》中，与东方朔等并列。他总论吏隐，意谓迹吏而心隐，之所以为吏，因欲有所为。此种之有所为，或为报国士之知遇，或为知己之感，或为灭国之恨。而冯道之吏隐，则是为了“养民”：

孟子曰：“社稷为重，君为轻。”信斯言也。道知之矣。夫社者，所以安民也；稷者，所以养民也。民得安养然后君臣之责始塞。君不能安养斯民，而后臣独为之安养斯民，而后冯道之责始尽。今观五世相禅，潜移嘿夺，纵有兵革，不闻争城。五十年间，虽经历四姓，事一十二君并耶律契丹等，而百姓卒免锋镝之苦者，道务安养之力也。[70]

其时闽、广之间的巨盗林道乾横行海上数十年，东南沿海数十年来受其荼毒。而李贽对他的才能却大加赞许，说国家弃置此等有才有胆有识之辈不录用，则他们不欲作贼，又安可得？“设国家能用之为郡守令尹，又何止足当胜兵三十万人已耶！又设用之为虎臣武将，则阃外之事可得专之，朝廷自然无四顾之忧矣。唯举世颠倒，故使豪杰抱不平之恨，英雄怀罔措之戚，直驱之使盗也。”[71]他论历史人物，完全断以己意，不以古人之是非为是非，不以他人之是非为是非，亦不以孔子之是非为依傍。他在《藏书世纪列传总目前论》中说：

> 人之是非，初无定质，人之是非人也，亦无定论。无定质，则此是彼非，并育而不相害；无定论，则是此非彼，亦并行而不相悖矣。然则今日之是非，谓予李卓吾一人之是非，可也；谓为千万世大贤大人之公是非，亦可也。谓予颠倒千万世之是非，而复非是，予之所非是焉，亦可也。……前三代，吾无论矣。后三代，汉唐宋是也；中间千百余年，而独无是非者，岂其人无是非哉？咸以孔子之是非为是非，故未尝有是非耳。然则予之是非人也，又安能已？
>
> 夫是非之争也，如岁时然，昼夜更迭，不相一也。昨日是而今日非矣，今日非而后日又是矣。虽使孔子复生于今，又不知作如何非是也？而可遽以定本行罚赏哉？[72]

千百年来独以孔子之是非为是非，真是说到了中国传统文化之又一痼疾。不论时移世易，不论事物之万千变化，以放之四海皆准之一言论列是非，舍行愚民政策者之深心且不论，以此论事物，难避是非之颠倒，以此控言说，思想之发展且将沉滞而不前。

李贽有时以大不敬之调侃举止对待孔子。他题孔子像于芝佛院：

> 人皆以孔子为大圣，吾亦以为大圣；皆以佛、老为异端，吾亦以为异端。人人非真知大圣与异端也，以所闻于父师之教者熟也；父师非真知大圣与异端也，以所闻于儒先之教者熟也；儒先亦非真知大圣与异端也，以孔

子有是言也。其曰："圣则吾不能"，是居谦也。其曰："攻乎异端"，是必为老与佛也。

儒先亿度而言之，父师沿袭而诵之，小子朦聋而听之。万口一词，不可破也；千年一律，不自知也……

余何人也，敢谓有目？亦从众耳。既从众而圣之，亦从众而事之，是故吾从众事孔子于芝佛之院。[73]

谓孔子之所以为大圣，乃是孔子自己所说，是则孔子并非真圣人。他李贽之事孔子于芝佛院，亦非真信奉，只是从众、人云亦云而已。似嘲似讽，完全异于常论。他的友人，了解他的此种思想倾向，为他的《藏书》作序，都指出此一点。刘东星《序》谓，卓吾对于历史人物之评价，"实不与旧时公案同"，"中间治乱兴败，贞佞贤奸，一从胸怀点缀以出。品骘区别，据事直书，真可谓断自本心，不随人唇吻者也"。梅国桢序《藏书》谓："一切断以己意，不必合于儒者相沿之是非。"焦竑序《藏书》，谓："先生程量今古，独出胸臆，无所规放，闻者或河汉其言，无足多怪。"他说李贽之所论，"若蛟龙之兴云雨，雷电皆至"。李贽在《藏书》和《续藏书》中对于历史人物的叙述与评说，确实使人耳目一新。凡他所论议，是非未必都公允，但是一出己意，无所傍依，无所顾忌，则贯穿始终。且由其个性之倔强，爱憎之鲜明，当其论及历史人物时，每每流露出强烈之感情倾向。他论向秀《思旧赋》，谓向秀为七贤中最无骨气者。论嵇康《与山巨源绝交书》，谓此书必非康之所作，理由仅是他所理解之嵇康必不如此。他论嵇康之《幽愤诗》，亦称必非康之所作，谓诗中之自责，非康之所为。他之所以怀疑《绝交书》与《幽愤诗》为康之所作，究其原因，就是他以一种极大之同情面对嵇康，赋予嵇康以极纯美之人格，谓康之自信，故必不自责；谓《绝交书》中以山涛为死鼠，以己为鸳雏；以山涛举康以自代为不相知，尊己卑人，甚不合于康之情实。他之所以否定《思旧赋》，亦因赋中仅论及康之高才妙技，而未及康之人品气骨，而他认为康之人品气骨，则古今所稀。

贽之任己意以断史，时亦不免流于一偏。他在《智谋名臣论》中，论智谋之士与节义之士，谓：

> 夫惟国家败亡，然后正直节义之士收其声名，以贵于后世，则何益矣！……予以谓智谋之士可贵也。若夫惇厚清谨，士之自好者亦能为之，以之保身虽有余，以之待天下国家缓急之用则不足，是亦不足贵矣。是故惇谨之士于斯为下。[74]

对节义之士的此种论述，与他在另一处有关此问题之观点显然矛盾。《续藏书》为方孝孺立传，叙述中充满感情，议论时极言方孝孺之影响，谓“是以四年之内，皆成仗节死义之臣耳。故曰：四方风动。夫以孝孺之风，虽姚靖恭以一好杀之和尚，亦深劝文皇帝以勿杀。何者？一杀孝孺，则后来读书者遂无种也。无种则忠义人才岂复更生乎？故建文之时，死难之臣若此其盛者，以有孝孺风之”[75]。这里给了方孝孺的节义以极高之评价，与前引谓节义之士只是收其名声于后世，显然并不一致。断以己意，加之极其自信，时或不免脱口而出，随意论议。然所论往往刻骨入木。袁中道论李贽之《藏书》，谓：

> 于是上下数千年间，别出手眼。凡古所称为大君子者，有时攻其所短；而所称为小人不足齿者，有时不没其所长。其意大都在于黜虚文，求实用；舍皮毛，见神骨；去浮理，揣人情。即矫枉之过，不无偏有轻重；而舍其批驳谑笑之语，细心读之，其破的中窍之处，大有补于世道人心。而人遂以为得罪于名教，比之毁圣叛道，则已过矣。[76]

“而人遂以为得罪于名教”，是说被人目为另类。李贽的狂痴，除了不以古人之是非为是非（“不蹈故袭”）之外，还包含着傲视凡庸之意，既含有智者的自信，也含有独立不群，不与凡庸为偶的性格取向。此一点，在他的晚年可以说表现得淋漓尽致。

他自小就厌恶道学，对入仕亦无大的抱负。在姚安知府任上，每至佛寺判公事，而坐僧人其间，公事之间隙，即与僧人参论佛理。此种行事，当然引起旁人之惊怪。后来他在麻城维摩庵剃发，又引起旁人更大之惊怪。关于他剃发留须之原因，有种种之说法。他自己就有多种解释，《答焦漪园》称："又今世俗子与一切假道学，共以异端目我，我谓不如遂为异端，免彼等以虚名加我，何如？夫我既已出家矣，特余此种种耳，又何惜此种种而不以此成名耶！或一会兄而往，或不及会，皆不可知，第早晚有人往白下报曰：'西湖上有一白须老而无发者'，必我也夫！必我也夫！"[77] 这是说他之所以落发，是被目为异端，故索性为异端而落发。在《与曾继泉》中，又称："其所以落发者，则因家中闲杂人等时时望我归去，又时时不远千里来迫我，以俗事强我，故我剃发以示不归，俗事亦决然不肯与理也。又此间无见识人多以异端目我，故我遂为异端以成就彼竖子之名。兼此数者，陡然去发，非其心也。实则以年纪老大，不多时居人世故耳。"[78] 这是说除了索性为异端之外，落发也是为了摆脱家庭俗事之干扰。在《感慨平生》中他说出了自己出家的理由："今我亦出家，宁有过人者？盖大有不得已焉耳，非以出家为好而后出家也，亦非以必出家乃可修道然后出家也。在家不好修道乎？缘我平生不爱属人管。夫人生在世，此身便属人管了。幼时不必言；从训蒙师时又不必言；既长而入学，即属师父与提学宗师管矣；入官，即为官管矣。弃官回家，即属本府本县公祖父母管矣。来而迎，去而送；出分金，摆酒席；出轴金，贺寿旦。一毫不谨，失其欢心，则祸患立至，其为管束至入木埋下土未已也，管束得更苦矣。"这是说出家是不得已，只为摆脱种种之管束。类似的意思，也表述在《感慨平生》中："盖落发则虽麻城本地之人亦自不受父母管束，况别省之人哉！"[79] 这是特别强调了不受地方父母官的管束。袁中郎《李温陵传》说是"一日，恶头痒，倦于梳栉，遂去其发，独存鬓须"，这只是说因头痒而落发。此种种之理由，或者都有，怕管束、怕家人干扰当是主要原因，而天热头痒，则为一时之触发。他落发之后，友朋纷纷问讯。祝世禄写信来，问他何以要落发，落发是否消弥英雄气："几茎老发，留之不碍菩提，落之不长菩提，长者乃尔，岂示项羽无东意，抑别有指也？石爝草露，可悲可涕；镜花水月，是非非是，如大事何！仆自惟汩没情缘，所乏者英雄气。而有英雄气者又要消煞！或谓长者发即从刀下落，而英雄气终是消煞不下。然乎？不然？敬此问讯。"[80]一个四品的致仕官员，居然落发为僧，当然会被目为异端。而更违俗的，是他与梅澹然等来往。这就是后来闹得纷纷扬扬的事件。他在日常生活行为上，也充分张扬着强烈的个性。他性格急躁，好骂人，好面折人过。不是意气相投的人，他绝不与言。他有洁癖，不喜俗客，俗客若至，则令其远坐，嫌其臭秽。他的这些行为，当然为礼法之士所难以容忍。邓石阳重朱子之学，以朱子之学劝说李贽。李贽就回答他说："兄精切于人伦物理之间，一步不敢放过；我则从容于礼法之外，务以老而自佚。"[81]这"从容于礼法之外"，正是李贽行为之一重要特点。

贽之狂痴，贽之不以圣人之是非为是非，贽之从容于礼法之外，源于其高度之自信，源于其独立之人格。自信，故自行其是；自信，故自知自重。他豫为身后留言，称："所系皆在我，故我只管得我立身无愧耳。虽不能如古之高贤，但我青天白日心事，人亦难及，故此间大贤君子，皆能恕我而加礼我。"[82]他之所言所行，均坦荡荡无所顾忌。他说他有天生独具之性、情、心眼，一切皆不与人同。"天幸生我大胆，凡世人之所忻艳以为贤者，余多以为假，多以为迂腐不才而不切于用；其所鄙者、弃者、唾且骂者，余皆以为可托国托家而托身也。其是非大戾昔人如此，非大胆而何？"[83]他之张扬自我，违俗独立，或以是而被视为叛逆，在黄、麻一二十年，"即蒙忧世者有左道惑众之逐"[84]，但亦以是而被视为圣人。

其实，他正是另类之圣人。[85]他的思想，从阳明心学脱胎而来。黄节跋《焚书》，称："卓吾学术渊源姚江。盖龙溪为姚江高第弟子，龙溪之学一传而为何心隐，再传而为卓吾。故卓吾书前无往古，今无将来，后有学者可以无复著书矣。夫卓吾以孔子之是非为不足据，而尊龙溪乃至是。由是言之，亦可以知卓吾学所从来矣。”[86] 黄节这里说的不全确切，卓吾与何心隐、与王龙溪均无直接之承传关系，他只是对彼等之学说表示尊崇而已，其中或有思想之影响（特别是王龙溪），而非承传之序列。不过，黄节提出卓吾学说之渊源来自阳明，则是准确的。卓吾在《为黄安二上人三首》其一中，曾叙及何心隐等之思想承传，称：

> 当时阳明先生门徒遍天下，独有心斋为最英灵。……心斋之后为徐波石，为颜山农。山农以布衣讲学，雄视一世而遭诬陷；波石以布政使请兵督战而死广南。云龙风虎，各从其类然哉！盖心斋真英雄，故其徒亦英雄也。波石之后为赵大洲，大洲之后为邓豁渠；山农之后为罗近溪，为何心隐；心隐之后为钱怀苏，为程后台。一代高似一代。[87]

按此一传授统系，可列如下图：

王阳明→王心斋→徐波石、颜山农→罗近溪、何心隐→钱怀苏、程后台

赵大洲→邓豁渠

他并没有把自己列入此一承传系统中。但是他在内心上与此一系统之主要人物甚觉亲近。他在《侍郎储文懿公》后论中说：“心斋之子东崖公，贽之师。东崖之学虽出自庭训，然心斋先生在日，亲遣之事龙溪于越东与龙溪之友月泉老衲矣，所得更深邃也。”[88] 关于李贽师事王襞之事，未见具体记载。从上引文字中，却可以知道贽与泰州学派之关系。学界曾有否定李贽与泰州学派关系之说，从贽自己之言说，此种之关系恐难否认。同时，从上引文字中，又可知李贽一再推崇王畿或者亦与其师从王襞不无关系。王艮曾命其子王襞师事王畿。李贽一再称颂王心斋、罗汝芳、颜山农、何心隐、邓豁渠，就因为他不仅在思想上与他们接近，而且在感情上往往与他们共鸣。

他对何心隐极其崇敬。之所以崇敬，主要在其独立之人格。在给

焦竑的信中，论及此一点时，谓：

何心老英雄莫比，观其羁绊缧绁之人，所上当道书，千言万语，滚滚立就，略无一毫乞怜之态，如诉如戏，若等闲日子。今读其文，想见其为人。其文章高妙，略无一字袭前人，亦未见从前有此文字，但见其一泻千里，委曲详尽，观者不知感动，吾不知之矣。[89]

《柞林纪谭》记一段对话：

问何心隐是何如人。叟张目曰："这样人，甚么人？好轻易！"予方吐痰，叟笑曰："渠吐一口痰，也是自家的。"[90]

他在《何心隐论》中论何心隐，称其时世人对心隐之评论，有三赞许与三不满。三赞许一是心隐家富于财而心隐不治生，欲为圣贤；二是他真诵法孔子，法其以天下为家、以群贤为命而不顾一己之家与田宅；三是独来独往，为道而死。三不满一是人伦有五而心隐舍其四；二是危言危行，自贻厥咎；三是绳人以太难、责人于道路、聚人以货财。三赞许，他借世之论者的话说：

今观其时武昌上下，人几数万，无一人识公者，无不知公之为冤也。方其揭榜通衢，列公罪状，聚而观者咸指其诬，至有嘘呼叱咤不欲观焉者，则当日之人心可知矣。由祁门而江西，又由江西而南安而湖广，沿途三千余里，其不识公之面而知公之心者，三千余里皆然也。

他说他并没有亲见心隐之面，亦未亲听其讲学，只是以意论之。看来，他是在看了心隐的有关文字和听了有关他的行事之后，因心隐之入狱而有此论说。他称心隐为龙，"吾谓公以见龙自居者也，终日见而不知潜，则其势必至于亢矣，其及也宜也。然亢亦龙也，非他物比也。龙而不亢，则上九为虚位，位不可虚，则龙不容于不亢，公宜独当此一爻者，则谓公为上九之大人可也”[91]。他释《易》乾卦，将上九亢龙归之圣。他显然已把心隐视同圣人。他给了何心隐以如此高的评价自有其原因。

何心隐（1517 ~ 1579），本名梁汝元，字柱乾，号夫山（关于他的名字，王士禛《池北偶谈》卷五《司徒公历士录》谓心隐尚有名何两川、梁无忌、梁光益），江西永丰人；二十九岁中乡试，后弃举子业，师事颜钧。为了实行自己的主张，在家乡建聚和堂，以自己之理想教养族人。后讲学四方。万历七年（1579），因他在讲学中讥议朝政，声言张居正专制朝纲，他将入京倡言逐之。或由于此一原因，被湖广巡抚王之垣于祁门逮捕，被杖杀。（关于心隐被捕与死，有各种不同之记载。《明神宗实录》卷九十五记此事，谓：万历八年（1580）正月，“先是，江西永丰人梁汝元聚徒讲学，讥议朝政。吉水人罗巽与之游。汝元扬言江陵首辅专制朝政，必将入都昌言逐之。首辅微闻其语，露意有司，令简押之。有司承风旨，毙之狱。已而湖广贵州界获妖人曾光等，造为妖语，煽惑土司。事发，插入汝元、罗巽姓名于内，且号汝元为玉知子，罗巽为纯一真人……汝元已先死，罗巽亦继毙，狱竟不成”。此说谓心隐之狱，起于在讲学中讥议朝政。而王世贞《嘉隆江湖大侠》则称：“何心隐者，其材高于山农而幻胜之。少尝师事山农。山农有例，师事之者，必先殴三拳而后受拜。心隐既事山农，察其所行，意甚悔。一日，值山农之淫于村妇，避隐处，俟其出而扼之，亦殴三拳使拜。削弟子籍，因纵游江湖。有吕光者，力敌百夫，相与为死友。心隐每言：‘天地一杀机而已，尧不能杀舜，舜不能杀禹，故以天下让。汤武能杀桀、纣，故得天下。’尝游吴兴，诱其豪不轨。又尝与一富室子善，偕之数百里外，忽曰：‘天下惟子能杀我，我且先杀汝。’绁之湖中，而挟使手书取其家数百金，而后纵之。善御史耿定向，游京师，与处，而故相张江陵来访，偶坐，各不及深语。既去，忽谓定向曰：‘此人能操天下柄。’定向不以为然。又曰：‘分宜欲兴道学而不能，华亭欲兴道学而亦不能，兴灭者此子也。’谓定向：‘子识之，此人当杀我。’久之，益纵游江湖间，放浪大言，以非久可以得志于世。而所至聚徒，若乡贡、太学诸生以至恶少年，无所不心服。吕光又多游蛮中，以兵法教其酋长。稍稍闻江陵，属江西、湖广抚按密捕之。后得之岭北。见抚臣王之垣，坐不肯跪，曰：'君安敢杀我，亦安能杀我，杀我者，张某也。'择健卒，痛笞之百余，干哭而已。抵狱，门人涕泣而进酒食，亦一笑而已。途赠金者前后数十，皆不受，独受一乡贡士十金，曰：'而有夙缘，可受也。'遂死。"世贞此处有关心隐见江陵事，出自心隐自身之记述。而其所记述，言及己必为江陵所杀，实出于心隐之臆测。世贞述及心隐之种种不端行为，尚无有力之旁证。而称途赠金者前后数十，则可由李贽《何心隐论》得到旁证。心隐下狱与王之垣有关，后来不少人为心隐抱不平，可能也就牵涉到王之垣。或因此之故，之垣之曾孙王士禛后来在《池北偶谈》中便两次为此事细加辩说。是书卷五谓："湖广有大奸曰何心隐……本江西永丰人，以侵欺皇木银两，犯罪拒捕，杀伤吴善五等六人。初拟死罪，后得末减，充贵州卫军，逃去各省及孝感县，倏来倏往，假讲学为名，聚众扰害地方，种种不法，各省历年访缉不获，皆有卷案。万历七年，新店把总朱心学于祁门县获之，予发候按察使查卷问理。已而心隐病死。后数年，台省诸公尚有为何称冤者。盖以假讲学之名，遂为所惑，实不知其有各省访拿卷案耳。"卷十引王世贞《嘉隆江湖大侠》所述心隐行事，之后，称："先曾祖时为湖广巡抚，捕之，获于岭北，置诸法，罪状昭然。有御史赵崇善者，挟私憾，追劾先公杀心隐媚江陵。而推心隐讲学时，先曾祖久已户部侍郎养亲家居矣。……此事之详，具载大宗伯周寅所先生应宾《识小编》。……崇善此疏，刻入《万历疏钞》，或未详何、颜颠末者，恐辄信之，聊复述及，以质公论云。"士禛所言"各省历年访缉"之案卷，今未见，是否实有，无从论证。他在《居易录》卷二十一中有一句说明："招案惜不存矣。"既然心隐案曾引起当时士人之质疑，质疑之对象为王之垣，则保存当年之案卷乃是当事者说明真相最为有力之证据，何以此种之证据不予保存？由是似可推测，士禛所说有"各省访拿案卷”，应属子虚。赵崇善《明公论正大典伸积冤以彰国是疏》则至今仍收在《万历疏钞》卷六中，疏称：“至今何心隐之死，非是罪死，尤可悯者。盖心隐布衣之士，从事学问，素为缙绅所重，如钱同文辈尝北面而师之。臣未仕时已知有此人久矣。及臣任婺源知县，忽然湖广巡抚王之垣差官带领兵快直抵邻县祁门缉拿心隐，急于星火。心隐既获，不逾时而毙之杖下。臣不胜骇愕，以为心隐何罪而受祸之惨至此！询之士大夫，咸谓心隐素与居正讲学，直言规过以触其怒，后又斥居正不奔父丧。居正恚愤益深，密托王之垣致之死地。之垣不胜其谄媚之心，唯唯听命。此心隐之所以见杀也。又闻刑部侍郎耿定向其时致书之垣，力言心隐无罪，不可轻杀，而之垣不听。皇上倘以臣言为未信，乞召定向而问之。定向正直无私，必不能为之垣讳也。心隐既死，之垣深虑人议，其后又捏无影事迹刊刻传布，欺天网人，无所不至。是心隐之冤，与刘台、吴仕期何异！杀刘台与仕期者，俱已正罪；而杀心隐者，独得优游无事以老于牖下，臣恐天地鬼神昭布森列必不肯容，而心隐之目亦必不瞑于地下也。”崇善此疏，为其时反张居正之浪潮间所上，其中或另有所指向，此可不论。但疏中谓捕心隐时，他为邻县之知县，则杖死之言，当不虚。此可证各种记载中谓心隐病死狱中，或为结案时伪托之辞。《疏》又谓心隐之被捕，缘于触怒居正，此一点《疏》与《实录》所说相近。最为重要的一点是《疏》言此案之后王之垣伪造种种无影之说以刊布四方。上引王士禛《池北偶谈》卷五一段，即引自王之垣《历仕录》。由是，或可推知，王世贞与王士禛所说心隐之种种罪名，皆源于之垣所刊布之无影之辞。

何心隐显然是一位复杂的人物。是之者视之为圣，非之者视之为妖。他充满虚幻之理想，变卖田产，在家乡建聚和学堂，合族共同教养，共同交纳赋税，实行一种均贫富之生活。这是他理想社会的一次实验。他尊君，但是他所理想的君，是能行群、均之道的君，“君其心于君臣，可以群君臣，而君臣可均也。不然，则君不君，臣不臣，不群不均也。均其心于父子，可以群父子，而父子可均也。不然，则父不父，子不子，不群不均矣。至于可以群夫妇而夫妇均，可以群昆弟而昆弟均，可以群朋友而朋友均者，莫非君其心于道也，中也”[92]。李贽推崇何心隐的圣人立志，推崇他的独往独来。他正是从这样的视角去看心隐的。这也正是与他共鸣的地方。何心隐与李贽的一大共同点，就是自信，独行其是。他也讲尊君，讲一切皆君之所赐[93]，但他更重要的是对于人的论述。他论人，强调人的自然属性。他有《原人》一篇，谓人与禽兽之别，在于人有仁义：

> 仁义之人，人不易而人也。人则仁义，仁义则人。不人不仁，不人不义；不仁不人，不义不人，人亦禽兽也。

他说人必好仁而恶不仁，好义而恶不义。而此种之仁义，来自本然之气：

> 人之情则然也，人之才则然也，人之良心则然也，人之远于禽兽则然也。斯仁人也，斯义人也。自旦而昼，自昼而夜，气自冲然而广，气而仁也；气自毅然而正，气而义也，非禽兽之气也，气而人也。气以充乎其才者也，才以干乎其情者也，情以畅乎其心者也，心以宅乎仁、由乎义，以仁义乎人者也。[94]

仁义既然原乎气，则仁义自然属于本然自有。此种之本然自有，近于王阳明所说的良知。他说：

> 夫人，则天地心也。而仁，则人心也。心，则太极也。[95]

其实就是说仁、心、人、太极一体。人与天地万物一体，仁即人心，即源于本然之太极。是则仁义非外加，乃源于人之本性。既源于人之本然之性，则行仁义也就有着更为广泛之意涵。他有《仁义》一篇，专论仁义，谓仁之所亲与义之所尊，必及于一切人：

仁无有不亲也，惟亲亲之为大，非徒父子之亲亲已也；惟亲其所可亲，以至凡有气血之莫不亲，则亲又莫大于斯，亲斯足以广其居以覆天下之居，斯足以象仁也。

他说义必有所尊，而非徒尊君之谓：

义无有不尊也，惟尊贤之为大，非徒君臣之尊贤已也。亦惟尊其所可尊，以至凡有血气之莫不尊，则尊又莫大于斯，尊斯足以正其路以达天下之路，斯足以象义矣。[96]

非徒尊君而尊贤，这就与五伦有了区别。所以李贽说他“五伦去其四”，“而独置身于师友贤圣之间”。他极重师友，其中实包含有一种均平的思想。五伦之要，在“有别”，而他却重在“均”。这恐怕也是他被称为危言危行，被视为妖之一原因。

他重人之自然本性，因之亦重人之自主性。他有《答作主》一篇，首谓：

意者某之言未必为人之言也。然人之所谓主者则知之矣。

这是说，人各有言，人各有主。不过他这里论人各有主，是从类上论的，他说：

为农工则主于农工，商贾之议之论之求不得以入之矣。其竟也，农工而已矣。为商贾则主于商贾，士之议之论之求不得以入之矣；其竟也，商贾而已矣。为士则主于士，圣贤之议之论之求不得以入之矣。其竟也，士而已矣。商贾大于农工，士大于商贾，圣贤大于士。

农工、商贾、士、圣人各有其主。这里的所谓“主”，是指之议、之论、之求，意谓农工有农工之言说、之追求；士有士之言说、之追求等等。传统的说法是士、农、工、商，心隐把商提到农工前面，反映着其时社会现状商人地位的提高，此且不论。他说如果各人之所主不提升，则终其一生只能停留在原来的位置上。人应该提升自己之所主，而不要降低所主。“主其大而小不入焉可也；主其小而大不入焉，是不见大而狃于小也而可乎？”他说，这种提升并不是无所主，而是主于大：

> 有为农工而见于商贾者，商贾之求之议论得入焉；有为商贾而见于士者，士之求之议论得入焉；有为士而见于圣贤者，圣贤之求之议论得入焉。为其为而他之入似不自凭而凭人矣，似无主矣。不知其所为者小而所见者大，奚容复自凭其小而不大之凭，奚容复自主其小而不大之主也。[97]

这是说，人虽各有主，有自身之天然情感、欲望、追求、见解，但这些主，这些情感、欲望、追求、见解，是可以提升的。若自道德言之，则心隐之此种理论，实亦道德修持之一路，不过此种之修持，是在自然本性之上进行罢了。

心隐讲心与太极为一，讲自然之本性，也就涉及人的情感欲望的问题。他写有《寡欲》和《辩无欲》，反对无欲而主张寡欲。《寡欲》谓：

> 性而味，性而色，性而声，性而安佚，性也，乘乎其欲者也，而命则为之御焉。是故君子性而性乎命者，乘乎其欲之御于命也，性乃大而不旷也。凡欲所欲而若有所发，发以中也，自不偏乎欲于欲之多也。非寡欲乎？寡欲以尽性也。[98]

这是说，饮食声色之欲望，皆人生之本有，而御于命，则发皆中节，欲就不至于泛滥。他论人之不可能无欲，谓：

> 且欲惟寡则心存，而心不能以无欲也。欲鱼欲熊掌，欲也；舍鱼而取熊掌，欲之寡也。欲生欲义，欲也。舍生而取义，欲之寡也。[99]

心隐之主张人之本然之性，主张人各有主，主张人有情欲，重师友，他的独来独往，自为圣者之事业，有许多与李贽相似处。李贽之所以对心隐之死给予如许大之同情，或者正是此种同道之感。

何心隐思想之一脉，来源于颜钧。李贽推崇何心隐，亦推崇颜钧。他说山农以布衣讲学，雄视一世。颜钧之思想，亦如何心隐与李贽，甚为复杂，此容后论。他之为李贽所推崇者，当亦此种雄视一世之心态。

颜钧（1504 ~ 1596），字子和，号山农，又号耕樵；后避万历皇帝翊钧讳，改名铎。他曾从王艮的学生徐樾学，后又从王艮学。自思想承传言，属泰州一派。他独来独往的一次异常的行为，是嘉靖十九年（1540）在南昌贴出《急救心火榜文》，鼓动士子听他宣讲。那年八月，正是三年一次的秋试期，到南昌参加秋试的举子，受到他的鼓动，到南昌同仁祠来参加讲会。据他说参加者有一千五百人之多。他的最为得意的门生罗汝芳，就是在这次会讲时受到感动而入他门下的。一个布衣，居然敢于在一个严肃的场合，自我张扬，要向举子们宣讲自己的学说。这个行为本身就有点惊世骇俗。标以“急救心火”，题目本身亦耸动视听。他为什么要张贴这样的榜文？就因为他有一种救世的冲动。在这篇榜文里，反映着他强烈的救世情怀。他说：

> 无乃世降风移，王者迹息，圣学蓁芜，人心汩没，致流覆辙，莫逾今日。游夫目击心感，肌若割切，欲遍移易……为急救心火事……容农假馆，救人心火，以除糜烂，翊赞王化，倡明圣学。[100]

这种救世的圣者情怀，反映在他的多篇文章里，在《告天下同志书》

中，他说：

> 是故君子之学也，将以苏天下之痹者也。人心槃欲，不仁已极，身纳罟获，动遭耻戮，其道穷也。道穷思通，势所必然。吾乘其必然之势，而引之于豁达之衢，民将悦之，犹水就下，吾胡为而不丕正之乎！[101]

丕正之，是大力以正之，充分展示着他的自信。在《邱隅炉铸专造性命》中，他以孔子的继承者自居：

> 是故杏坛也，邱隅也，创始自孔子，继袭为山农，名虽不同，岁更二千余年，学教虽各神设，而镕心铸仁，实无两道两燮理也。[102]

在《引发九条之旨・七日闭关开心孔昭》中，他说：

> 三月底豫，家乡萃和，直若孔子入鲁大治也。[103]

二十五岁时，他受到王阳明学说的感召，在家乡设立三都萃和会，聚合乡里七百余人，讲孝悌，讲耕读做好人，“讲起俗急修诱善，急回良心”[104]。这是他第一次在民间劝善的讲学活动，也是他的学说平民化的第一次实践。他把自己的这一次实践，等同于孔子入鲁。从他后来的言行看，他在《急救心火榜文》中所流露的圣人情结，是他一生主要的心理趋向。这种趋向，是从三都萃和会之创立就开始了的。

《急救心火榜文》中，“心火”指嗜欲。《榜文》提到嗜欲的六种表现。会讲的目的，就是要去嗜欲。“农之学，自授（受）承于东海，单洗思虑嗜欲之盘结，鼓之以快乐，而除却心头炎火。”去嗜欲，是回归自然之本心。在这篇《榜文》中，他提出了本然之心的问题：“窃谓天地之所贵者，人也；人之所贵者，心也。人为天地之心，心为人身之主，默朕渊浩，独擅神聪，变适无疆，统率性融，生德充盈，润浥形躯，亲丽人物，应酬日用，自不虑而知，不学而能者也。”他所说的这个不虑而知、不学而能的心，当然是自然本有之心。他说他从王阳明的良知说受到启悟，又会通王艮的乐学之说。他说他要救心火，就是要“先正其心，完复天真”。他之主张急救心火，是主张存心养性，葆真完神，返归自然之本性。这一思想的渊源，来自阳明的良知说和王艮的乐学说，而更强调自然之人性。

他论心性，谓“夫是心也，自帝秉御，渊浩天性，神莫精仁，以为人道”。帝亦指天；神莫，他自己解读为神实，神实亦神验，言神之实有。谓心为天之自然秉受，广博神妙。所以他又说“心之精神是谓圣”[105]。由心而又论及性情，他认为，性情亦出于自然：“若性情者，本从心帝以生。其成也，人皆秉具，是生之成，自为时出时宜者也。若神莫也，善供心运以为妙为测也。……故曰：性情也，神莫也，一而二,二而一者也。如此申晰，是为‘从心所欲不逾矩’之学。又曰：心之精神是谓圣，圣不可知之谓神，不知其然而然之谓莫。”[106]性情不仅出于自然，且不知其然而然，神妙莫测。性情出于自然，为自然之秉受，而受制于命。而他所理解的命，亦自然之禀赋。“性也，有命焉。命即性之生，生成象，有定分也。”[107]自然之性情要能够做到“从心所欲不逾矩”，就要由命来制约。而这个矩，按他的解释就是命，就是天之性，“夫命，天之生性也”[108]。从心所欲不逾矩，仍然由本然之心决定。此说近于阳明良知之别是别非，是内在约束，而非外在的道德规范。

他极重自我，集中反映在他对《大学》、《中庸》的解读中。他认为自汉以来把《大学》、《中庸》视为书的篇名，是不确的。大学中庸，乃是圣学的精神所在。在《耕樵问答》中，他对此作了解释：

> 大学中庸，学大庸中，中学大庸，庸中学大，互发交乘乎心性，吻合造化乎时育。[109]

他将“大学中庸”四字作为四个范畴颠倒排列，看似不伦不类，这与他文化水平不高，缺乏高度思辨与逻辑推导的能力有关。但他所要表述的意思，还是明白的，就是这四个范畴都交融于心性，只是精神一片，合乎造化之化育万物，神用无穷。他说他一生的行动，都是此四字之用：

> 敢将“大学中庸”四字眼则缕析系状，即知樵夫一生行功矣。夫大之方体也，曰明德，曰至善，曰知在格，曰意心身，曰家国天下也。夫中之主宰也，曰天命性，曰道睹闻，曰隐微独，曰天地万物也。……人人君子，人人中和，以为位育，不遗不过，此庸之所以乘乎其中，达成已成人成天下之化道也。虽有两间作用之纷制，实本《大学》、《中庸》之自能。合而通之，心之乐，性之跃，学以橐，庸为籥，日用流行，几活泼泼，百姓圣神，同此知能。[110]

大指体言，无论明德、至善、格物致知以至天下国家之大事，皆在我心性包容之中，自我心性之包容广远无外。中指主宰言，心之主宰妙运，洞烛幽微而及于天地万物。学指德性之修持言，照他的话说，是“吾心精神只是一片。学贵盘桓，亦惟在此片中，自融性命德道尔”[111]。庸，指用乎中，以成己成物。按他的说法，四者皆交融于心性。他的大中之学，也就是心性之学，而其要则在重自我。他的学生程学颜总结他的大中之学，表述为：

> 信使人人身有之，则皆大自我大，中自我中，学自我学，庸自我庸，纵横曲直，无往不达……自我广远无外者，名为大；自我凝聚员神者，名为学；自我主宰无倚者，名为中；自我妙应无迹者，名为庸。[112]

此一表述是确切的。颜钧的自然之性，重自我之学，正是他的思想的核心所在。

他重自我，主心性自然，也就主张不制欲，认为制欲非仁。此一点似与他在《急救心火榜文》中提出的去嗜欲相矛盾。此种之矛盾，正是他的整个思想矛盾之反映。他传道的目的，在“自申尧舜孔孟典章”，他劝忠劝孝劝行善，而又对儒家典籍自创新解，且将悟道与传道过程神秘化，带上宗教色彩。此点容待后论。他与何心隐、李贽的共同点，在于他不依傍古人他人，不以古人他人之是非为是非。在《道坛志规》中，他立下六条道规，其中四条是属于独来独往，无所傍依，以圣者传道之情怀，鼓动自性默识之学的：

其一曰：自立宇宙，不袭今古，此可以登道坛之人。二曰：青天白日，人皆见仰，此可以立道坛之心。三曰：肩任圣神，万死不回，此可以同道坛之志。四曰：默识天性，以灵于视听言动；鼓运精神，而成乎睟盎礼乐，此为道坛之学。[113]

对于颜钧重自我，主心性自然的思想，黄宗羲曾概括为：

其学以人心妙万物而不测者也。性如明珠，原无尘染，有何睹闻？著何戒惧？平时只是率性所行，纯任自然，便谓之道。及时有放逸，然后戒慎恐惧以修之。凡儒先见闻、道理格式，皆足以障道。此大旨也。[114]

黄宗羲还提到颜钧的游侠行为。嘉靖二十九年（1550）八月，赵贞吉自左谕德兼御史贬广西荔波县典史[115]，颜钧随其赴贬所。嘉靖三十年（1551），云南左布政使徐樾战死沅江[116]，颜钧两次赴滇寻其遗骸归葬。其实李贽亦有任侠之精神。他在《与曾中野》中说：“仆隐者也，负气人也。路见不平，尚欲拔刀相助，况亲当其事哉！”[117]狂与侠，李贽与颜钧相通，虽然行迹之表现有异。

颜钧重自我，主心性自然和他的狂者行径，明显受着王艮之影响。他曾师事徐樾，后又师事王艮。从他的思想与行事看，他受王艮之影响更深。王艮讲现成良知：

良知之体，与鸢鱼同一活泼泼地，当思则思，思通则已。

天性之体，本自活泼。鸢飞鱼跃，便是此体。[118]

明哲者，良知也；明哲保身者，良知良能也，所谓不虑而知，不学而能者也。人皆有之，圣人与我同也。[119]

或问天理良知之学同乎？曰：同。有异乎？曰：无异也。天理者，天然自有之理也。良知者，不虑而知，不学而能者也。……所以为天然自有之理。惟其天然自有之理，所以不虑而知，不学而能。[120]

在《与俞纯夫》中，他说：

只心有所向便是欲，有所见便是妄。无所向无所见便是无极而太极。良知一点，分分明明，亭亭当当，不相安排思索，圣神之所以经纶变化而位育参赞者，皆本诸此也。此至简至易之道。[121]

他是说，良知现成，天性本然自有。良知知是知非，有欲念时，便是良知蔽处。此时则正诸先觉，考诸古训，多识前言往行而求以明之，复其初心。

何心隐的心性自然，颜钧的心性自然，与王艮的良知现成说显然有直接之关系。

而更值得关注的，是何心隐与颜钧的圣者情结和狂、侠行为，与王艮甚为相似。王艮的狂者行径，是有名的。他行为张扬恣肆，以圣人自居。他原是盐场一灶丁，家贫不能竟学，随父从商于山东，自学《孝经》、《论语》、《大学》诸书，参究证悟。他说他在二十九岁时忽梦天坠，万人奔号求救，他将天一臂托起，将失次之日月星辰重新整顿好。三十七岁时开始传道，制五常冠、深衣、绦绖、笏板，行则规圆举方，坐则焚香默识。门上书：

此道贯伏牺、神农、黄帝、尧、舜、禹、汤、文、武、周公、孔子，不以老幼贵贱贤愚，有志愿学者传之。[122]

此后他聚徒讲学，到江西拜王阳明为师。辞归之后，自制小蒲轮，题其上曰“天下一个，万物一体”，服古冠服，后随二小童，招摇过市，入京讲学。他的耸动视听的异常行为，遭到在京的阳明学生欧阳德等人的批评。他们把他的车藏起来，劝他回去，并且将此事告诉了王阳明。他归去之后，向王阳明承认了错误。他死后，黄直在祭奠文中谈及此事时还说：“癸未之春，会试举场。兄忽北来，驾车彷徨。随处讲学，男女奔忙。至于都下，见者仓黄。事迹显著，惊动庙廊。同志曰：吁！此岂可长？再三劝谕，下车解装。”[123]

王艮蒲轮入京的行为，充分反映了他张扬恣肆的狂者性格，也反映了他那种急切的以圣人自任的救世情怀。

由是我们可以了解，李贽、何心隐狂怪行为中反映出来之自信、独立人格、圣人情结，可以上索至颜钧、王艮。再往上追索，则阳明的满街都是圣人的思想，则为此种之圣人情结，为此种之狂怪行为、独立人格，示现出发展之空间。虽然李贽、何心隐、颜钧辈此种之人格与行为，离阳明已颇为遥远。他们是王门之另类。

四、危言危行者之被弃置——李贽之死的思想史意义

现在我们再回到李贽与耿定向的论争上来。李贽之死非缘于与定向之论争，而与定向之论争则实在是李贽人生悲剧之引爆点。

李贽嘉靖六年（1527）生于福建泉州一个塾师的家庭。他自己说“余自幼倔强难化，不信学，不信道，不信仙、释，故见道人则恶，见僧则恶，见道学先生则尤恶”[124]。可知他自幼对“圣学”就不甚以为然。“稍长，复愦愦，读传注不省，不能契朱夫子深心。因自怪，欲弃置不事。而闲甚，无以消岁日，乃叹曰：‘此直戏耳。但剽窃得滥目足矣，

主司岂一一能通孔圣精蕴耶！’”[125]他于仕途亦无大的抱负，自从仕任河南辉县教谕始，到在京任国子监博士、礼部司务，南京刑部员外郎、刑部郎中，到出任云南姚安府知府，在仕途二十余年，既无大业绩，亦无大坎坷。万历五年（1577）出任姚安知府时，他已经五十一岁。赴任途中过团风，遂舍舟登岸，专程到黄安访问耿定理。前此李贽在南京刑部任上时，定理游白下，与贽相见，一见定交。盖定理之不少见解，与贽暗合。此次到黄安，起于对定理之思念，亦有弃官留住之意。他把唯一的女儿女婿寄住定理家中。行前相约，三年任满，当归黄安与定理同归隐。[126]知府是正四品，他从宦的目标并不高，只要有正四品的俸禄，足以供归隐后的生活所需，也就满足。万历八年（1580），他辞姚安知府职；九年（1581）夏，回到黄安，住进耿定理的天窝书院。[127]他到黄安定居的目的，是结交好友，自在读书著书。他要以此安排后半生，心境是平静轻松的，《初到石湖》：

> 皎皎空中石，结茅俯青溪。鱼游新月下，人在小桥西。入室呼尊酒，逢春信马蹄。因依如可就，筇竹正堪携。

幅巾筇竹，隐者行迹。可知他初到黄安定居，原只是怀着隐居之心情。读书、与友人相聚、燕集，有一份愉悦之心境，《春宵燕集得空字》：

> 高馆张灯夜，清尊兴不空。故交来昨日，千里动春风。竹影寒潭下，歌声细雨中。可怜新岁月，偏向旧衰翁。[128]

可怜，谓可爱、可喜，意谓好日子来得晚了一些，可喜之时日来时人已迟暮。他来黄安，既得好友，又得悠闲，心境极佳，希望亦多。来之前，他已受庄、禅之影响，写有《心经提纲》，著有《老子解》、《庄子解》。到黄安之后，又对二《解》作了删改。[129]到黄安的初期，他的心境中庄、佛情趣多一些，重心境之自适，也较为平和。他心中向往的，无疑是随意适性、不受管束之生活。在《庄子解》中，他释逍遥义谓：

> 夫至物难见，至人难知。非难见也，以人之所见者小也。至人无见故无不见，无不见，故无不可而何适之不逍遥哉！

这就是说，无不可之心境，就能达到逍遥之境界。他释《齐物论》，谓不是物本自齐，而是无知则齐，无我则齐：

> 天地一大是非耳！未有能听之者，听之则是非蜂起；不听则闷然无当。听与不听，又自有是非矣，何时一欤！然则如何？曰：是非之争也，起于有知而灭于无知者也。

也就是说，不去管它则物自能齐。正因为有此一种之心境，周思久看到了，他与耿定理评论李贽与耿定向思想之不同时，说了一句相当传神而且颇为确切的话："天台重名教，卓吾识真机。"后来周思久又解释说：重名教就是以继往开来为重，识真机就是以任真自得为趣。李贽到黄安的初期，心境正是以任真自得为趣。[130] 或者也就是这个人生旨趣之差别，成为他们后来爆发论争之思想基础。

万历十二年（1584）三月，定向起都察院副佥都御史，赴京；七月，定理死。这成了李贽在黄安处境和心境变化之一转折点。他的思想和人生旨趣有不少与耿定理相契合，定理一死，他就感到失落。在《哭耿子庸》诗中，他抒发了与定理相知相惜之情怀："我是君之友，君是我之师。我年长于君，视君是先知。君言吾少也，如梦亦如痴。""时来一鼓琴，与君共晨夕。已矣莫我知，虽生亦何益。"[131] 相知者既死，他在思想上感到寂寞，常常感到无可与语者。不久，李贽与耿定向的争论就开始了。

最初引发的似是对于邓豁渠的不同看法。邓豁渠曾从赵大洲讲学，而后落发为僧，言行纵恣。他于嘉靖四十三年（1564）九月到黄安，寄住定理处。他的《南询录》在黄安一带影响很大。定向的学生吴少虞亦甚爱《南询录》，曾传抄。而定向对邓豁渠却是视之为邪淫乱道者。他在《里中三异传》中对邓豁渠有详细之描述，谓其不顾儿女，不顾年过七旬之老父，父死不奔丧。撰《南询录》，谓“色欲，性也，见境不能不动，既动不能不为，羞而不敢言，畏而不敢为者，皆不见性”[132]。他听到吴少虞受豁渠之影响，便给吴少虞写信，信中对邓豁渠大肆攻击：

> 彼邓老以残忍秽丑之行，为是诐淫邪遁之语。兄犹录而玩之。此则窃疑兄糊涂耳。夫近世士大夫好佛者，如吴旺湖、陆平泉之修洁，近佛之清净；赵大洲、陆五台之刚简，近佛之直截；罗近溪之宽和，近佛之慈悲，皆就其质之所近入佛语，而投其所好。余未尝不敬之爱之也。乃邓老之行，兄独未之闻耶？余往丑其人，不欲视其言。今于兄录偶一摄之，撮其大旨曰：见性。其见性之要，曰了情念。其本教然也。即其行考之，渠父老不养，死不奔丧；有祖丧不葬；有女逾笄不嫁，髡首而游四方……乃其高笋塘寺之所为，有不可道者。此其独非情念耶？彼亦自求诸心而不得耶？乃又为之说曰：色欲之情，是造化工巧，生生不已之机云云……彼乃又曰：遇境不容不动，既动不容不为。又曰：恶声者，瞒昧不肯言；爱生者，强执不敢为，皆不见性云云，嗟嗟！是何言与，是何言与！如其言，将混而无别，纵而无耻，穷人欲，灭天理，致令五常尽泯，四维不张，率天下人类而胥入于夷狄禽兽矣。[133]

引此一大段文字，盖此为定向所描述之邓豁渠之全部行迹，而此种之行迹，是否实有，似亦尚可探究。此一段文字中提及之豁渠所言“色欲之情，是造化工巧，生生不已之机云云……遇境不容不动，既动不容不为”数语，在今存《南询录》中未见。今存《南询录》论及有关情欲问题的，主要是如下两段话：

> 管安吾曰："众人之欲，自尧舜为之，皆天理之流行。尧舜之天理，自众人为之，皆人欲之横肆。"渠曰："尧舜在三界外安身，三界内游戏，饮食男女，皆妙有也。众人在三界内安身，不知有三界外玄旨，饮食男女皆纵情也。学者见解在天地万物外，运用在天地万物内，未超数量，有而难化。渠寄身在天地万物内，作用在天地万物外，超于数量，大而能化。"
>
> 渠自赞：质直似宋儒，风流同晋世人豪，飘逸类唐人诗思，趋向在羲皇之上，以天地万物为刍狗，以形骸容色为土苴，七情六欲听其使令，一颦一笑是其变态，做出来惊天动地，收回去敛迹藏踪。不在于人，不在于天，象帝之先。[134]

上一段话谓对于饮食男女，己虽不如尧舜之身在道中而游戏人间，饮食男女皆妙有；亦向道而能在饮食男女问题上做到大而能化。所谓"大而能化"，似指虽放开而能入于化境，也即妙合自然之意。下一段话是对于自己之评价。从此一评价中，可以看出豁渠之狂态。颜钧、何心隐与李贽数人，虽亦有圣人情结，或显或隐，亦每以圣人自居，然如豁渠之将自己说得如此之完美，如此之至尚者，实未有。在这段话里，他说"七情六欲听其使令"，亦与上一段话中说的"大而能化"意近。

豁渠此两段话提出之情欲观，确可作放纵情欲之一种解读。但是此种之解读，有一前提，就是他说自己的"作用在天地万物之外"，"趋向在羲皇之上"。有一个道的约束在内。如果看《南询录》，我们即可发现，豁渠之思想其实颇为复杂。他既受阳明之影响，对于阳明心学评价极高，他说"心斋格物是权乘，阳明良知是神明"；"良知，神明之觉也"；他把阳明看做孔子之后一人而已。但是他又"觉得阳明良知，了不得生死"，因此并非最上乘。阳明对于喜怒哀乐讲要有所节制，而豁渠则说："当机拂逆时，不容不怒。当伤感时，不容不哀。文王之赫怒，孔子哭之痛，皆发而中节，天寄不容自已也。学者不达孔、文这一窍，当怒而怒，谓之动客气；强执而不怒，谓之有涵养。与文之帝侧，孔之从心，大不侔矣。”豁渠此一点之见解，更近于陈明水与王宗沐，而其可能之走向，则是任随情之自然发泄，不加干碍。

嘉靖二十七年（1548）豁渠落发为僧之后，佛家思想明显占有主要地位。他对阳明学说，亦颇有了非议。他说：“讲圣学的，少上一著，所以个个没结果。阳明透神机，故有良知之学。此是后天生灭法，未知究竟处，还可以思议。故曰：但有名言，都无实义。曰：不离日用常性内，直造先天未画前。落渐次，不免沾带。”又说：“讲圣学的，脱不得秀才旧套子。虽说情顺万事而无情，终是沾带，饶他极聪明，会修为，止透视前的向上事，实难悟入。”他主张无作意，无情念。本来一切皆虚幻，“凡所有相，皆是虚妄，离一切相，即名诸佛”。他说，一日，听到酒店的弹唱，横江就说：这最能夺人心志。豁渠就说：“世情中人闻，所以助欲；道人得闻，皆足以养心。”他说他悟道的过程，嘉靖四十四年（1565）迁居耿定理处，才彻底了悟：“不属有无，不属真妄，不属生灭，不属言语，常住真心。”到了嘉靖四十五年（1566），所学才“日渐幽深玄远，如今也没有我，也没有道，终日在人情事变中，若不自与；终日在声音笑貌中，亦不自知。泛泛然如虚舟飘瓦而无着落。心之虚也，自不知其虚；心之静也，自不知静。凡情将尽，圣化将成，脱胎换骨，实在于此”[135]。这个最后的了悟，其实是杂糅着佛家的在相而离相，虽见闻觉知，而不染万境和庄子的与道冥一，无所系着的思想。

豁渠之此种思想，乃其时三教合一思想潮流中甚为普遍之现象，何以引发耿定向如此之厌恶？由此一点，我们从中可以看出定向论人之标准，可以看出定向之人生态度，也可以看出他作为一位礼法之士之所以看不惯李贽行为之原因。因为邓豁渠的一些言行，与李贽有共通处。在《遇聂赘言》中，定向亦对邓豁渠有激烈之批评：

顾近承学者第见此些子光景，便自侈得最上乘法，高者耽虚归寂，至于遗物离伦；卑者任性恣情，至谓一切皆是，淫纵恣睢，以讼悔为轮回，以迁改为粘缀，以尽伦为情缘，至谓见景即动，既动即为者为见性，而以羞恶是非之本心为尘障，尽欲抹搬，伤风败化，戕人蝥物幂蔑不至。已乃劣质下根，乐其便于情欲，一倡百和，从之如流水，而且藉口文成宗旨原是如此。吁！岂非斯道一大厄哉！愚为此，日常仰屋而吁，夕至抚枕而涕者几矣。[136]

定向的这些论述，与我们今日看到之《南询录》所言种种，并不一致。或者豁渠当日在黄安之行为，我们今日并不知晓。或者如他对待李贽一样，将当时之种种流言当真实行事而为之愤然。但无论如何，这都充分地反映出他对邓豁渠在黄安一带的影响之担心，反映出他作为一位卫道者以捍卫风化之纯正为己任之急迫心态。而此种之心态，亦正是他挑起与李贽论争之重要起因。与耿定向对邓豁渠的评价相反，李贽却对邓豁渠赞赏备至。在《为黄安二上人三首·大率一首》中，他追索心斋一系承传之后，赞其一代高似一代，其中也包括邓豁渠。他为邓的《南询录》作序，称：

吾以是观之，上人虽欲不闻道，不可得也。虽欲不出家，不远游，不弃功名妻子以求善友，抑又安可得耶！吾谓上人之终必得道也，无惑也。今《南询录》具在，学者试取而读焉。观其间关万里，辛苦跋涉以求必得，介如石，硬如铁，三十年于兹矣。虽孔之发愤忘食，不知老之将至，何以加焉！

他竟然说邓豁渠的求道之心，连孔子都比不上。接着他便自愧，说自己不如邓豁渠：

余甚愧焉，以彼其志万分一，我无有也。故复录而叙之以自警，且以警诸共学者。中间所云"茅舍独坐，鸡犬明心"，虽曰水到渠成，而其端实自赵老发之。吾固哀其志而决其有成，又以见赵老之真能得士也。[137]

李贽的朋友邓石阳看了这篇序，不同意他对豁渠的评价，劝他废序。他便回信说：

> 兄所教者正朱夫子之学，非虞廷精一之学也。精则一，一则不二，不二则平；一则精，精则不疏，不疏则实。如渠老所见甚的确，非虚也，正真实地位也；所造甚平易，非高也，正平等境界也。盖亲得赵老之传者。虽其东西南北，终身驰逐于外，不免遗弃之病，亦其迹耳！独不有所以迹者乎？迹则人人殊，有如面然。……如其迹，则渠老之不同于大老，亦犹大老之不同于心老，心老之不同于阳明老也……[138]

渠老，指邓豁渠；大老，指赵大洲；心老，指王艮。他说不能因邓豁渠、赵大洲、王心斋与王阳明面貌之不同而怀疑他们学术之一致，他们虽然面貌各异，而同样“继千圣之绝，而同归于‘一以贯之’之旨”。他说自己与邓石阳的不同，是邓以朱子之学为衡人标准，而己则从容于礼法之外。

这信提出了两个问题，一是至道精一平易。这个至道，就是他在另一给邓石阳的信中说的穿衣吃饭，即是人伦物理的道。邓豁渠之道，李贽认为正是此一种之道。二是他提出邓石阳遵循的是严于礼法的朱子之学，而己则从容于礼法之外。

严守礼法与从容于礼法之外，也正是李贽与耿定向的主要分歧所在。定向把李贽看做一位有似于邓豁渠的离经叛道之人，怕他伤害风化。李贽定居黄安，一是作为客人，一是作为耿家教师，负有教育耿家子弟之任务。定向赴京之后，担心李贽的言行带坏耿家子弟，于是通过多种渠道，批评李贽，想借助周围的力量，来限制李贽的影响。他写信给焦竑，指责李贽邪慝反经：

> 南中诸子传某盛赞冯道为有道……何乱道亦至此耶！此种议论，起于矜异炫博，自侈为新特高奇，能超出流俗之见，而不知其拂经乱道，

实邪慝之极也。……实其学术之慝僻，故其言论之邪慝如此！盖彼且以君臣父子为假合，以忠孝廉耻为幻行，其申秦桧而誉冯道无怪也。[139]

他写信给周柳塘，劝柳塘不要学李贽：

兄以禁妓来道院为分别，而以不禁妓为不分别。卓吾以携妓不必分别，而以渠学为己与吾学为人为分别。……至于携妓之事，在卓吾则可，在兄则不可。此余有分别处也。此分别处，又有粗有微，难笔札呈者，试概言之：卓吾之学，只图自了，原不管人，任其纵横可也；兄兹为一邑弟子宗者，作此等榜样，宁不杀人子弟耶！想卓吾闻此语，又诮予为人，无论已。惟兄仅一子孤注耳，血气尚未宁也。兄若以此导之忍耶？[140]

柳塘名周思久，麻城人，嘉靖三十二年（1553）进士，曾任裕州同知，雄州知府，隆庆元年（1567）任琼州知府，不久罢去。他是一位循吏，海瑞曾对于他之罢去深表不平。谓："周柳塘莅琼仅数月，作用矩彟圣贤，非俗吏也，前守未之有焉。竟以上人忌言罢去。"又说他为雄州知府时地方受惠实多，清风善政，而不免于多口。[141]看来柳塘为一正直之人物。他是定向之讲学友，亦李贽到麻城后之友人。从定向上述给柳塘的信看，柳塘曾对李贽的有些言行表示认可，定向给了批评。定向这样做，也有缩小李贽在地方影响之用意。定向又在《情欲性命释》中，严厉批评李贽重视情欲的言说：

友问："李子曰：'众生以情欲为情欲，佛以情欲为性命。'如何？"予曰："何异佛言乎！孟子尝言，口之于味，目之于色，鼻之于臭，四肢之于安佚，性也；但曰，有命焉。则摄有归无矣。佛氏解究情欲所自生为性命，便自不坠于情欲，非恣情纵欲之谓也。彼恣情纵欲者，固不知性命。乃离情绝欲求性命者，斯又为边见，非知生命者也。"[142]

在《答友人问》中，他再次提及卓吾狎妓事：

> 友问：卓吾以鲁桥恭敬为悖谬粗浮，如何？曰：此则着魔已甚，难与言矣。……如以鲁桥为假恭敬，岂故以佚宕猖狂挟妓调优乃真恭敬耶？是欲人舍粒食而饮狂泉也。[143]

鲁桥为刘师召之号，耿定向之友人。[144]李贽称刘师召恭敬为悖谬粗浮的话，未见；或与鲁桥聚会时有所见而后发为观感之言，或为其时之传言。即或李贽有是言，而定向因此种一时之人物评论连及传闻中之卓吾狎妓事，实全无此种之必要。之所以有意连及，意在再一次败坏李贽之名声，可见他对李贽言行反感之深。

可注意之一点，是定向在友朋中指责李贽时，言辞极其激烈，而与李贽书信往来时，则狎妓之类的指责，邪淫猖狂之话语，均未明白说出。此一类之言语，均通过周围友人传至李贽耳中。此一行为之效果，在于造成舆论，破坏李贽之名声，无怪李贽极其反感，一再指其虚伪。

对于定向指责的言行无忌惮，李贽的回答前已引及。他以对方行不顾言回应之，此处不再赘述。对于定向所说教坏耿家子弟，李贽的回答前已略引及，此处再补叙李贽之回答。李贽真诚的表白是“不知他之所谓后生小子，即我之后生小子也，我又安忍害之”。李贽此一表白，展现出他人性之真诚流露。对于耿定向之指责，李贽给了有力的批驳：

> 不特是也，分明憾克明好超脱不肯注意生孙，却回护之曰：“吾家子侄好超脱，不以嗣续为念。”乃又错怪李卓老曰：“因他超脱，不以嗣续为重，故儿效之耳。”吁吁！生子生孙何事也，乃亦效人乎？且超脱又不当生子乎？即儿好超脱，故未生孙，而公不超脱者也，何故不见多男子乎？我连生四子俱不育，老来无力，故以命自安，实未尝超脱也。公何诬我之甚乎！
>
> 又不特是也。分明憾克明好超脱，不肯注意举子业……乃又错怪

> 李卓老曰："因他超脱，不以功名为重，故害我家儿子。"吁吁！卓吾自二十九岁做官，以至五十三岁乃休，何曾有半点超脱也！克明年年去北京进场，功名何曾轻乎？时运未至，渠亦未尝不坚忍以俟。而翁性急，乃归咎于举业之不工，是而翁欲心太急也。……吴少虞曾对我言曰："楚倥放肆无忌惮，皆尔教之。"我曰："安得此无天理之谈乎？"吴曰："虽然，非尔亦由尔，故放肆方稳妥也。"吁吁！……大抵吴之一言一动，皆自公来，若出自公意，公亦太乖张矣……然我观公，实未尝有传道之意，实未尝有重道之念。自公倡道以来，谁是接公道柄者乎？他处我不知，新邑是谁继公之真脉者乎？面从而背违，身教自相与遵守，言教则半句不曾奉行之矣。[145]

此一回答不仅说明所谓教坏其子弟乃无根之谈，且论及定向之言教其实并无人相信。"面从而背违"，正是假道学谆谆诲人之实效，自来如此。此一点，亦正是儒学圣化过程中产生之一极坏之传统。国人之双重人格，与此一传统之长期流播浸润不无关系。李贽真是说到假道学之一至痛处。

其实，李贽对耿家子弟之引导，是要他们做一个真而不伪的人。他与耿定向之分歧，只在于以什么去引导后生小子，是以百姓日用之"真迩言"，还是以假道学？

定向指责李贽的又一点，是李贽不以孔子之是非为是非。李贽是一切是非断之于己，不落他人窠臼。此一思想之渊源，当可追溯至阳明良知之说，一点良知灵明，是便是是，非便是非。不以孔子之是非为是非，追溯其渊源，亦可连及阳明。阳明在《答罗整庵少宰书》中就已经说过："夫学贵得之心。求之心而非也，虽其言之出于孔子，不敢以为是也，而况其未及孔子者乎！求之于心而是也，虽其言之出于庸常，不敢以为非也，而况其出于孔子者乎！"[146] 阳明说的是，若孔子所言为是则是之，若所言为非，则不必跟从。此一基本之观念，自阳明心学发展起来之后，阳明学者大体持此一观点，不过表现之程度有所不同，表达之方式亦有所差别而已。李贽此一点表达得更为鲜明而激烈。耿定向亦心学者。黄宗羲《明儒学案》将其列入泰州学派。他是否属于泰州学派，学术界尚有不同看法。但他对王阳明，则是尊崇备至的。他自己说："余不敏，于文成先生之学笃信之。"[147] 他尊崇阳明，而对待阳明后学之态度则较为复杂。他最推崇的是邹守益，他说："乃若先生及门诸贤，有得者不鲜，顾实承宗传秉正印者，余惟归心东廓一人而已。"《广德州祠碑》这篇碑文中，他对王门其他各派其中也包括王艮的主张，是有所批评的。他说："盖自文成没而承学者或宗乐体以为自得，乃先生谆谆言戒惧。承学者或耽虚寂以为精深，而先生则曰：洋洋发育峻极，不是玄虚，即寓之三千三百。承学又或矜知见以为玄妙，而先生则曰：庸言庸行，有余不敢尽，有所不足，不敢不勉。诸如绪论，余早年闻之，未之深省，以为名理常谈耳。今行年六十外，涉世之久，目击承学之弊之众，始惕然深识先生之苦心，恒诵诸语，以为确然孔、孟之嫡脉，圣人复起不能易者。"[148] 守益为江右王门之主要代表人物。当然，定向亦确实推崇罗汝芳，多次为罗汝芳辩解。若就定向生平之践履观察，则他思想中，其实程、朱的成分反而多些。对不以孔子之是非为是非之言论，他给了批评，谓：

> 来教谓余日用之间果能不依仿古人模样不？果能不依凭闻见道理不？窃谓古人有与世推移、因时变化的模样，有自生民以来千古不容改变的模样；有从闻见上来名义格式的道理，有根心不容自己的道理。夫所谓千古不容改易的模样，古人原从根心不容自己的道理做出，所谓天则，所谓心矩是已。此非特不可不依仿，亦自不能不依仿，不容不依仿也。自开辟以来，众生均陶铸于古人此模样中，相生相养，日用而未之察耳！[149]

这是说，有些古人的道理是千古定论，是放之千万年而皆准的。李贽不以孔子之是非为是非，当亦属于定向所认定之猖狂无忌殚之言行。

从耿、李论争看，耿富策略，善于制造舆论。因之在黄安、麻城一带给李贽制造了极坏之舆论环境，反李贽者勾结地方官吏，扬言要拆毁芝佛院，要驱逐李贽。有友人劝李贽暂时离开以避锋芒，李贽毫不畏惧，对朋友说“我若告饶，即不是李卓老矣”，“宁屈而死，不肯幸生”。在这件事上，充分表现了他倔强的性格，他坦然的心胸，他的自信。在耿、李之争中与定向的富策略不同，李贽凭自信，直来直往，毫不隐瞒自己的观点，言辞虽激烈，气愤之情外露，但愿望善良。

耿、李之争的影响之所以从黄安而麻城而武昌一带，与耿定向之推动运作不无关系。而其实引起风波的问题很简单，就是不守礼法，危言危行，有害风化。其实，在思想上耿、李并非水火不能相容。他们有不少问题看法是相似的。例如，对万历初年张居正的改革，两人都给了肯定。隆庆元年，徐阶为首辅，起用张居正，定向就写信给徐阶，说他用人得当：

> 某尝念门下士无虑数千，乃阁下独属意江陵张君，重相托付，诚为天下得人矣。同志中有识者，佥谓此阁下相业中第一筹也。惟此君信能继志称心。第其性本简淡，而学亦因之，延纳一节，未能如阁下吐握之勤，朝士有以此少之者，愿尚有以进之。[150]

张居正为首辅之后，定向对居正的改革采取支持的态度。当“夺情”事件发生时，他替居正辩解。当张居正禁讲学时，他也为居正辩解。当时有人对于张居正之禁讲学不理解，写信给定向，劝他不要再讲学了，以免触时忌。他就回信说：

> 近相爱者书来，相勉慎勿讲学，盖惧时忌云。因此，始推详贤前书规勉意良厚，顾不意贤亦为余虑此！夫当路所忌者，盖为虚浮灭真，别聚一班徒党，别标一门户，别剿一般不着身心、不切民物的话言以贾誉哗世者也。[151]

在给张元忭的信中，他也有类似的说法：

> 伏惟相君近日意崇本实，稍稍抑远虚浮，而世俗子骇影吠声，遂以讲学为大垢。构人者籍此为谗本，自好者蒙是为羞称，而察吏治者亦以是为蔑迹，亦大舛矣！此人心淑慝之机，邪正消长之渐，世道升降之大会也。足下志抱先忧，谅亦大息于兹矣。顾攘成此衅者非世俗人，尤实以学自命者过也。

他接着说明其时学术之虚浮，禁讲学之目的，在于使天下学术一归于正。他说是为了“不腾口说而神明默成，不树徒党而气声应求，上臻安富尊荣之效，下成孝悌忠信之风，此则相君讲学之本旨也”[152]。他显然已经把张居正禁讲学的目的与改革的关系说清楚了，不是不要讲学，而是不要聚徒党、立门户之讲学。也就是说，不要有碍改革之讲学。

李贽对张居正之改革亦怀有好感。他说何心隐之被杀，非张居正所为。居正只是要杀吉安人，因为吉安人反对他改革。“今日俱为谈往事矣。然何公布衣之杰也，故有杀身之祸；江陵宰相之杰也，故有身后之辱。不论其败而论其成，不追其迹而原其心，不责其过而赏其功，则二老者皆我师也。”[153] 当边境有警，而朝中又没有得力之人足以应付时，他又想起张居正，谓如果张居正还在朝，当不至于此。在给陆思山的信中，他说：“今日真令人益思张江陵也。”[154]

耿定向以严于礼法为一生践履之准则。李贽亦并非完全不受传统礼法观念之影响。他赞赏卓文君之私奔相如，亦赞扬节妇。他为荀采立传，荀采为荀爽之女，嫁阴瑜，两年后瑜死，采年十九而守寡，被迫改嫁而不从，自缢殉节。[155] 李贽给了肯定。他也为李翰峰守节之妹与寡妻写了《复士龙悲二母吟》，充满同情。[156]

耿定向极推崇罗汝芳，李贽亦推崇罗汝芳，虽然他们两人对罗汝芳某些论点有不同看法，但总评价是一致的。他们两人之间还有不少共同的朋友，私交都不错。这些相似之处，正是他们后来和解的基础。耿、李之争，挑起者为耿定向，起因于他道学家严守礼法之人生态度，视李贽之不顾礼法约束之言行为邪诐淫乱。定向以卫道者自居，不顾友情而给李贽以很大之伤害。李贽之死，非死于定向之手，而定向之攻击李贽，实成为后来杀李贽之舆论准备。万历三十年（1602）张问达严惩李贽的奏疏可以说明此一点。

耿、李论争之后，麻、黄一带的舆论环境对李贽已极不利。万历二十四年（1596），李贽应刘东星之邀赴山西沁水，其时右佥都御史刘东星正守制家居。他是李贽的朋友，对李贽十分尊敬。不久李贽又到大同梅国桢那里住了一段时间，又到北京，下南京。万历二十八年（1600）又被时任河漕总督的刘东星接到济宁。在济宁住不久，他又回到龙湖。此时麻城反李贽的风浪又起，芝佛院被烧，李贽被逐。他由马经纶接到北通州，此后就住在马家，直至万历三十年（1602）闰二月在北通州被捕入狱。

万历三十年闰二月，礼科给事中张问达上疏弹劾李贽，所列罪状包括两方面之内容，一是李贽在麻、黄的行为：

> 尤可恨可丑者，寄居麻城，肆行不检，始容无良辈游于庵，已而无良辈拉妓女裸身当白昼同浴于池。其究也，遂勾引士人妻女，至有携衾枕而宿庵观者，一境之内，如醉如狂。又作《观音问》一书，所谓观音者，皆士人妻女也，皆名曰菩萨。一时士人之妻女果尽皆菩萨耶？灭礼义，渎伦常，坏风俗，盖至于贽之行也极矣。而后生小子，喜其猖狂而乐其放肆，相率相煽，以至于明劫人财，强搂人妇，公然同于夷貊禽兽而不之恤。然此犹童稚之后生也。迩来即缙绅士大夫亦有捧咒念佛，奉僧膜拜，手持数珠以为律戒，室悬妙像以为皈依，不知尊孔氏家法而溺意于禅教沙门者，往往出矣。是皆贽之邪说异论浸渍转移而诱之迷也。

这些指责，早在耿定向所造的舆论中已经存在，张问达不过是重新提起，作为罪状加以罗列而已。奏疏另一方面的内容，是对着李贽的历史人物评论，主要是对《藏书》中的一些论点来的：

> （李贽）近又刻《藏书》、《焚》、《修》、《卓吾大德》等书，流行海内，惑乱人心，是其人不可一日容于圣明之世，其书必不可一日不毁者。臣且先以其书一一数之……吕不韦、李园浊乱宫闱，潜移国姓，此万古大奸巨盗也，今日乃曰智谋名臣，以此为训，是使人起非分无望之想也。李斯坑儒生，焚诗书百家语，矫诏擅立君嗣，以贻于万世无穷之恨，此国之贼也。今乃曰才力名臣，以此为训，是使人长纷更颛擅之奸也。冯道历事五朝，朝君臣而暮雠敌，此人臣万古之戒也。今乃曰此吏隐也，社稷为重也。不知由梁而唐而汉而周而契丹，社稷凡几更矣，道之所存者，果谁家之社稷乎？以此为训，是使人不知有君臣之义也。卓文君不奉父命而私奔相如，此失身之妇也，其父卓王孙恶而绝之。今乃曰非失身乃护身也，卓王孙斗筲小才，安足与计事，孤负良缘，遂失佳偶。以此为训，是使人不知男女聚麀之耻也。司马光宋之名臣。其言曰：天之生财，止有此数，不加赋而国用足，乃桑弘羊欺武帝之语，此万古确论也。今乃曰光之言可笑之甚。以此为训，是以掊克为嘉谟也。秦始皇行事，载在史册，为千古覆辙可鉴。今乃曰自是千古一帝。以此为训，是以残忍为英雄也。孔子以直道为是非，万古人伦之至也。今乃曰以孔子之是非为是非则无是非。是又以孔子为不足法，而敢于非至圣也。书之狂诞悖戾，未易枚举！[157]

疏请将李贽解发原籍治罪，行檄两畿各省，将李贽刊行诸书并搜简其家，未刊者尽行烧毁。得旨：

> 李贽敢倡乱道，惑世诬民，便令厂卫五城严拿治罪。其书籍已刊未刊者，令所在官司尽搜烧毁，不许存留。如有徒党曲庇私藏，该科及各有司访察奏来，并治罪。[158]

李贽旋被逮下狱。三月十五日，自刎于狱中。

李贽之自杀，自其心境言之，乃一必然之行为。自从与耿定向论争之后，李贽之生存环境已波荡不定，心境亦时在矛盾中。一方面是时时感到人已衰老了，时日无多。一方面是回顾一生，感生路之艰难，有一种伤感情思。万历二十四年（1596）七十岁时，他写有《夜半闻雁》四首。在诗的序中，他表述了内心的忧伤。他说前二十五年在仕途，人以为难而己以为易。退隐之后，人以为易而己反难，“乃行畏途觉平安，逃空虚反颠蹶，何耶？”他说这是自己所不能理解的。此种之不可解，纠结于心，“内实自伤，故因闻雁而遂赋之”。四诗如下：

孤鸿向北征，夜半犹哀鸣。哀鸣何所为？欲我如鸿冥。
自有凌霄翮，高飞安不得。如何万里行，反作淹留客？
独雁虽无依，群飞尚有伴。可怜何处翁，兀坐生忧患。
日月湖中久，时闻冀北音。鸿飞如我待，鼓翼向山阴。[159]

雁亦如我，我亦如雁，何以哀鸣？何以有无依之感？看似伤龙湖之无法再住下去，而实伤人生道途之不易。“兀坐生忧患”，正隐含着人生道途不易之意绪。李贽思想复杂，心境亦复杂。他外冷内热。外冷，是只交可交之人，不与他人来往，闭门读书。内热，是对世事是非放不下，时时评说，或论古人，或论今人，如后来顾宪成所说：“李卓吾大抵是人之非，非人之是。”[160]他虽入佛门，而心实在世俗。如马经纶所说“然终日不膜拜，终夜不持咒，终年不念佛，终身不持斋”[161]。他入佛门，亦考虑生死问题，忽而怕死，忽而不怕死；忽而以死为解脱，忽而又为死后作种种之安排，既安排，死当然就并非解脱；忽而想最好死于知己之手，既无知己可死，则将死于不知己者以泄怒。在龙湖时，他就时时提到时日无多。他对于生命尽头之行将到来已有心理上之准备。下狱之后，他送走跟随他六年的汪本钶，临行赠之以诗。诗序说：“使能复来，而余能复在世，则幸甚；使不能复来，抑能来而余复不在世，则此卷亲笔亦实有卓吾子长在世间不死矣，可以商证此学也。”诗称：“扶筇送子一登舟，六载相从岂浪游！此去采衣欢膝下，重来必定是新秋。”[162]从诗与序之含意推想，此时李贽之心绪尚处于游移不定之中，死或者不死，意尚未决。此种之未决，或因圣旨未下，处置未定之故。此种之心绪，在《系中八绝》中亦有反映：

名山大壑登临遍，独此垣中未入门。病中始知身在系，几回白日几黄昏！（《老病始苏》）

四大分离像马奔，求生求死向何门？杨花飞入囚人眼，始觉冥司亦有春。(《杨花飞絮》)

万里无家寄旅村，孤魂万里锁穷门。举头喜见青天上，一大圆光照覆盆。(《中天朗月》)

可生可杀曾参氏，上若哀矜何敢死。但愿将书细细观，必然反复知其是。(《书幸细观》)

年年岁岁笑书奴，生世无端同处女。世上何人不读书，书奴却以读书死。(《书能误人》)

红日满窗犹未起，纷纷睡梦为知己。自思懒散老何成，照旧观书候圣旨。(《老恨无成》)

志士不忘在沟壑，勇士不忘丧其元。我今不死更何待，愿早一命归黄泉。(《不是好汉》)[163]

此八首诗可注意者有三。诗中似有一种等待与希望交错之心绪，谓既然因书而获罪，而书实无背离圣道之言语，如他在受审讯时所说："罪人著书甚多，具在，于圣教有益无损。"[164] 他自信自己的书并无错处，希望皇上能细读，若能细读，必知书中所言为是。他还存在一点不至于死的希望，此其一。诗中似有一种深沉之悲愤潜藏其间。一生与书为偶，爱读书，爱著书；世人何尝不读书，为何只有自己因书而获罪，平静的表述中流露出悲愤与不平，此其二。诗中似有一种对于人生的失望之感，谓万里无家，老病系狱，回顾一生，老而无成，孤独、不被人理解。当他在既不能轰轰烈烈而死（如他在《五死篇》中所说的"大买卖"），则不死何待？倒不如一死了之，此其三。诗之感情基调，平静而深沉。此第三点，或者正是他自刎之一念触动处。相传他自刎之后一时未死，侍者问他："和尚何自割？"贽书其手曰："七十老翁何所求！"何所求，即无所求。或言他听说有可能把他递解回籍，此一点可能使他感到羞辱。在龙湖时就有把他解回籍之说，当时他就曾有死也不回籍之念头。他自尊心极强，绝无法忍受递解回籍之羞辱。此一点或为自刎之一原因。或言一死以成名。李贽生平确有强烈之求名欲望，此或亦一死因。或言他入佛门之后，对生死已有所参悟，他之自刎，是了悟生死后自然之行为。此或亦一死因。或者，还有另一种之解释：他终生求学，追求圣人理想，而半生坎坷，终于以孤身有病之暮年而遭冤狱，他已经感到生命之疲惫，他再也无所求了。设若此一因素得以成立，则他临死前那句"七十老翁何所求"，实在包含着太多的悲哀，几于令人不忍卒读。[165]每读李贽狱中诗与"七十老翁何所求"之话语，悲凉之雾遂笼罩心头，人生艰险之感挥之不去，虽有所感悟，而无可如何！

李贽何以采取自刎之方式结束一生，或者可以不加细论，更值得关注的一点，似是此一死在思想史上意味着什么。

李贽之罹罪，是异端思想，是有悖于礼法之种种行为。在他之前以异端思想与违背礼法之名义罹罪的还有颜钧、何心隐。颜钧下狱，后为罗汝芳救出。何心隐则被杀。他们三人的思想，严格说都并未离开儒家的范围。他们只是对于原始儒家所涉及的一些重要命题，作出了自己的解释，在这些解释中，杂入了佛、道的思想，如此而已。李贽的率性而行，或者是他对于《中庸》"率性之谓道"的理解。他与耿定向对此一点理解之差别，在于对"率性"之不同解读上。李贽把率性看做从性之所欲，不隐瞒，不伪饰。因之他重视真、重视情之所之。而耿定向则认为"率性"之"率"，是统率之率，是"命"统率性。他说："卓吾云：'佛以情欲为性命。'此非杜撰语。孟子原说口之于味目之于色等，性也。但曰有命焉。君子不谓性也。不知卓吾亦然否？愚尝谓《中庸》不言性之为道，而曰率性之谓道，学人误以任情为率性，而不知率性之率，盖犹将领统率之率也。目之于色，口之于味等，若一任其性而无以统率之，如溃兵乱卒，四出掳掠，其害可胜言哉！曰：有命焉，所以率之也。”[166] 率性命题，一直是思想史上变动时期士人关注之问题。晋人任情，合名教于自然，以任情为率性，结果那个思潮后来是消失了。率性而行的思潮何以不可能在中国的文化传统里生存，其中实在有过多的可以深思之处。

李贽他们其实并非反孔，只不过是说不以孔子之是非为惟一之是非而已。就李贽而言，他自己就说过不是不效孔子。他与耿定向争论时就说过：“然则岂惟公欲依效孔子，仆亦未尝不愿依效之也。”[167] 颜钧与何心隐，传孔子之道更为明确。他们两人都在家乡传道，把孔子的一套理论世俗化，传播到民间。颜钧最初的践履三都聚和会，讲的是劝善、做好人，孝悌，他还专门写有《劝忠歌》、《劝孝歌》。他的大中之学，从渊源说，是从《大学》、《中庸》而来。虽然他对儒家的一些传统命题作了新的解释，而且传道过程带着宗教色彩，但是他的用意，是要建立一个忠孝仁义、老安少怀的理想社会。何心隐也一样。他一再辩解，说他所讲的是孔、孟之学，所事的是孔、孟之事。他同样对孔、孟的一些命题作了新的解释，虽然他将五伦中的朋友一伦提到最重要的地位，但他理想的社会也还是在五伦的范围之内。李贽、颜钧、何心隐他们，有违于儒家正统观念的地方，主要就在于提高了自我的地位，重视自然人性，承认情欲存在的合理性；而行为方式则张扬、更富于个性色彩而已。在严守礼法的士人看来，因此他们属于离经叛道的一群。他们虽然人数不多，但他们周围有一些人，他们的思想影响更大。无论从朝廷当局看，还是从思想领域看，这种影响的存在都是不能容许的。耿定向不仅与李贽激烈论辨，而且曾诱捕颜钧。[168] 从嘉靖四十五年（1566）颜钧下狱，到万历三十年（1602）李贽死狱中，三十六年间主政者对待王学的态度不同（嘉靖四十五年颜钧下狱，徐阶时任首辅，他是大力提倡王学的。万历七年杀何心隐，张居正为首辅，他是禁讲学、毁书院的。万历三十年李贽下狱，首辅为沈一贯，他崇尚程、朱理学），但对颜、何、李的态度却相同。究为何种之原因，此种现象，当作何种之解释，殊堪深思。

阳明心学建立之初衷，为提升道德水准，以改变士风世风，实亦士人齐家治国平天下传统价值观之另一途径。王学在发展过程中，不论在其全盛期，还是在它被禁时期，非议都一直不断。明初以来，程、朱理学处于正统之地位，它在政权运作过程中的权威地位一直没有被完全取代。而王学内部重个人、人人都可为圣人所示现的思想拓展空间，让颜钧、邓豁渠、何心隐、李贽他们发展至极端。它之不可能为朝廷所接受，也就在所必然；它在思想领域处于非法之地位，也就在所难免。颜钧下狱，何心隐、李贽死狱中，邓豁渠客死荒庙，他们的悲剧结局，乃是此种在所难免之自然归宿。他们此一种之结局，说明离经叛道、张扬个性，重个人情欲，不可能在中国思想传统里得到发展。晋人如此，晚明人亦如此。中国的思想文化传统里，有一种唯圣人之言是从，抑制创造性思维之基因。

世人常常将晚明看做重自我、重个性、重情欲之时代，以为此种之重自我、重个性、重情欲，乃是其时之思想主潮。颜钧之下狱，何心隐、李贽之死，却说明着此种之思想潮流，其时并非处于正统之地位。无论在朝还是在野之士人，都有反对此一思想潮流之言说。从政权运作，从合法性而言，程、朱理学仍然处于正统之地位。重自我、重个性、重情欲之成为思想潮流，是在世俗生活中，在市民社会与自我边缘化的士人中。

（为拙著《明代后期士人心态研究》中之一章）

---

①《答罗整庵少宰书》，《王阳明全集》卷二，《语录》二。

②《抚州提岘台会语》，《龙溪王先生全集》卷一。

③《答陆原静书》，《王阳明全集》卷二，《语录》二。

④《王阳明全集》卷一，《语录》一。

⑤《王阳明全集》卷二，《语录》二。

⑥《王阳明全集》卷二，《语录》二。

⑦《王阳明全集》卷三，《语录》三。

⑧欧阳德《答问五条》，《欧阳南野先生文集》卷一。

⑨陈明水《答程习斋太尹》，《明水陈先生文集》卷一。

⑩陈明水《答欧阳司道》，《明水陈先生文集》卷一。

⑪王畿《龙溪王先生全集》卷五。

⑫王畿《答赵尚华》，《龙溪王先生全集》卷九。

⑬王宗沐《与李见罗》，《敬所王先生文集》卷九。

⑭李贽《答耿司寇》，《焚书》卷一。

⑮《何心隐论》，《焚书》卷三。

⑯黄宗羲在《明儒学案》中提到耿定向因不救何心隐而引起卓吾怨恨的事，说："乃卓吾之所以恨先生者，何心隐之狱，唯先生与江陵厚善，且主杀心隐之李义河，又先生之讲学友也。斯时救之固不难。先生不敢沾手，恐以此犯江陵不悦学之忌。"见《明儒学案》卷三十五，《泰州学案》四《恭简耿天台先生定向》。

⑰黄景《国史唯疑》卷九。

⑱《万历野获编》卷八"邵芳"条。

⑲朱熹《四书章句集注·中庸集注》第六章。

⑳李贽《答邓明府》，《焚书》卷一。

㉑耿定向《与邓令君》，《耿天台先生文集》卷六。

㉒李贽《又与焦弱侯》，《焚书》卷二。

㉓李贽《赞刘谐》，《焚书》卷三。

㉔《焚书》卷一。

㉕李贽《师友》十，《初潭集》卷二十。

㉖李贽《因记往事》，《焚书》卷四。

㉗李贽《三教归儒说》，《续焚书》卷二。

㉘李贽《父子》三，《初潭集》卷七。

㉙李贽《兄弟》上，《初潭集》卷九。

㉚李贽《师友》一，《初潭集》卷十一。

㉛李贽《师友》一，《初潭集》卷十一。

㉜李贽《师友》二，《初潭集》卷十二。

㉝李贽《阅古事·孔融有自然之性》条，《续焚书》卷三。

㉞李贽《永庆问答》，《李贽文集》第七卷。

㉟张凤翼《谭辂》，卷上。

㊱李贽《道古录》卷上，第十章，《李贽文集》第七卷。

㊲李贽《道古录》卷上，《李贽文集》第七卷。

㊳《续焚书》卷一。

㊴李贽《儒臣德业后论》，《藏书》卷三十二。

㊵李贽《直节名臣－屈原》,《藏书》卷二十七。

㊶李贽《读若无母寄书》,《焚书》卷四。

㊷李贽《读律肤说》,《焚书》卷三。

㊸李贽《焚书》卷三。

㊹宋人褚伯秀《南华真经义海纂微》卷一注“逍遥”义，谓:“赤子之心，本无知识，识随形长，物接乎前，得失存怀，冰碳交作。舍彼合此，无休歇期。”他指的是童子原初之心本无利害、无杂念、无是非，随着知识之增长，才有得失、有是非、有利害关系。他所说的赤子之心，指的仅是童子的原初之心一义，未含真义。李贽所言童心，与之有别。不能把童心仅解为赤子之心。与李贽活动于同一时段的莲池大师的解释，更近于李贽的观点。他说:“童者，纯一无伪之称也。”无伪，就是真。见《莲池大师全集》第四集《竹窗二笔·儒童菩萨》。

㊺李贽《复焦弱侯》,《焚书》卷二。

㊻《焚书》卷二。

㊼《焚书》卷四。

㊽《焚书》增补一。

㊾《焚书》卷一。

㊿袁中道《珂雪斋集》卷十七。

51李贽《题绣佛精舍》,《焚书》卷六。

52《续焚书》卷一。

53袁中道《李温陵传》,《珂雪斋集》卷十七。

54李贽《豫约》,《焚书》卷四。

55李贽《词学儒臣·司马相如》,《藏书》卷三十七儒臣传。

56李贽《读史·琴赋》,《焚书》卷五。

57《焚书》卷三。

58《焚书》卷三。

59《焚书》卷一。

60何晏《论语集解》卷七。

61陈祥道《论语全解》卷七。

62朱熹《四书章句集注·论语集注》卷七。

63蔡清《四书蒙引》卷七。

64《王阳明全集》卷三,《语录》三。

65王阳明《答罗整庵少宰书》,《王阳明全集》卷二,《语录》二。

66李贽《德业儒臣论·孟轲附乐克论》,《藏书》卷三十二。

67李贽《容人大臣·文彦博》,《藏书》卷十。

68李贽《党籍碑》,《焚书》卷五。

⑹李贽《孔明为后主写申韩六韬》，《焚书》卷五。
⑺《吏隐外臣》，《藏书》卷六十八。
⑺李贽《因记往事》，《焚书》卷四。
⑺《藏书》卷首。
⑺李贽《题孔子像于芝佛院》，《续焚书》卷四。
⑺《藏书》卷二十二。
⑺李贽《逊国名臣·文学博士方公》，《续藏书》卷五。
⑺袁中道《李温陵传》，《珂雪斋集》卷十七。
⑺《焚书》卷一。
⑺《焚书》卷一。
⑺《焚书》卷四。
⑻祝世禄《寄宏父先生》，《环碧斋尺牍》卷一。
⑻李贽《又答石阳太守》，《焚书》卷一。
⑻李贽《豫约》，《焚书》卷四。
⑻李贽《读书乐·引》，《焚书》卷六。
⑻李贽《与周友山书》，《焚书》卷二。
⑻左东岭在他的《李贽与晚明文学思想》一书中，首提出卓吾有圣人情结。
⑻《焚书》附录。
⑻《焚书》卷二。
⑻《续藏书》卷二十一。
⑻李贽《与焦漪园太史》，《续焚书》卷一。
⑼《李贽文集》第七册；又见袁中道《珂雪斋集》附录。
⑼《焚书》卷三。
⑼何心隐《论中》，《何心隐集》卷二。
⑼何心隐《聚和率养谕族俚语》，《何心隐集》卷三。
⑼《何心隐集》卷二。
⑼《原学原讲》，《何心隐集》卷一。
⑼《何心隐集》卷二。
⑼ 何心隐《答作主》，《何心隐集》卷三。
⑼《何心隐集》卷二。
⑼《辩无欲》，《何心隐集》卷二。
⑽颜钧《颜钧集》卷一。
⑽同上书，同上卷。
⑽《颜钧集》卷四。
⑽《颜钧集》卷五。

⑭颜钧《自传》,《颜钧集》卷三。

⑮颜钧《辨精神莫能之义》,《颜钧集》卷二。

⑯颜钧《辨性情神莫互丽之文》,《颜钧集》卷二。

⑰颜钧《论长生保命》,《颜钧集》卷二。

⑱颜钧《题朱临溪册》,《颜钧集》卷三。

⑲《颜钧集》卷六。

⑳颜钧《耕樵问答·晰行动》,《颜钧集》卷六。

⑪颜钧《耕樵问答·晰大学中庸》,《颜钧集》卷六。

⑫程学颜《衍述大学中庸之义》,《颜钧集》附录。

⑬《颜钧集》卷四。

⑭黄宗羲《明儒学案》卷三十二,《泰州学案》。

⑮《明世宗实录》卷三百六十四,页6505~6506。

⑯《明史》卷三百一十四《云南土司·姚安》;谢肇淛《滇略》卷七。

⑰《焚书》卷二。

⑱王艮《王心斋先生疏传合编》卷二《语录》。

⑲王艮《王心斋先生疏传合编》卷二《明哲保身论》。

⑳同上书,卷二《天理良知说答甘泉书院诸友》。

㉑王艮《王心斋先生疏传合编》卷四。

㉒王艮《王心斋先生疏传合编》卷一《年谱》。

㉓同上书,卷五《谱馀》。

㉔李贽《阳明先生年谱后语》,《王阳明全集》卷四十一。

㉕李贽《卓吾论略》,《焚书》卷三。

㉖李贽《耿楚倥先生传》中,李贽叙述他到黄安见耿定理之情状:“楚倥见余萧然,劝余复入。余乃留吾女并吾婿庄纯夫于黄安,而因与之约曰:‘待吾三年满,收拾得正四品禄俸归来为居食计,即与先生同登斯岸矣。’”见《焚书》卷四。

㉗李贽到黄安的时间,有不同的说法,此从林海权说,见其《李贽年谱考略》。

㉘二诗均见《焚书》卷六。

㉙万历十一年春,他写信给焦竑提及“前寄去二《解》”,征求焦竑的意见。万历十六年在给焦竑的信中,又提到:“三《经解》刻在金华,当必有相遗。遗者多,则分我一二部。我于《南华》已无稿矣。当时特为要删太繁,故于隆寒病中不四五日涂抹之。《老子解》亦以九日成,盖为苏注未惬,故就原本添改数行。《心经提纲》则为友人写《心经》毕,尚余一幅,遂续墨而填之,以还其人。皆草草了事,欲以自娱,不意遂成墨灾也。”这里所说的“三《经》”,就是指《道德经》、《南华经》、《心经》。《心经提纲》他后来说其实就是《心经解》。我们知道《老子解》和《心经提纲》是他来黄安之前写的,这里说的将《南华》“特为要删太繁”,“《老子解》亦以九日成”,“就原

本添改数行”，分明是指《庄子解》、《老子解》均已成书，到黄安后只是删改而已。

⑬⓪耿定向《与周柳塘书》之十八：见“乃近书来复日：余以继往开来为重，而卓吾以任真自适为趣”。见《耿天台先生文集》卷三。

⑬①李贽《哭耿子庸》四首之一、四，《焚书》卷六。

⑬②《耿天台先生文集》卷十六。

⑬③《耿天台先生文集》卷四。

⑬④邓豁渠《南询录》。

⑬⑤上引均见《南询录》。

⑬⑥《耿天台先生文集》卷八。

⑬⑦《续焚书》卷二。

⑬⑧《又答石阳太守》，《焚书》卷一。

⑬⑨耿定向《与焦弱侯》十首之二，《耿天台先生文集》卷三。

⑭⓪耿定向《与周柳塘》二十一首之十九，《耿天台先生文集》卷三。

⑭①海瑞《复谭次川尚书》，《备忘集》卷五。

⑭②《耿天台先生文集》卷十。

⑭③《耿天台先生文集》卷六。

⑭④师召，麻城人，为梅国桢之师。何祥《识仁定性书》收有其书一篇，亦信奉阳明心学之学者。

⑭⑤李贽《答耿司寇》，《焚书》增补二。

⑭⑥《王阳明全集》卷二，《语录》二。

⑭⑦耿定向《广德州祠碑》，《耿天台先生文集》卷十二。

⑭⑧吴震在其《泰州学案刍议》中已提出将耿定向归属于泰州学派值得怀疑。该文刊于《浙江社会科学》2004年第二期。

⑭⑨耿定向《与李卓吾》七首之一，《耿天台先生文集》卷四。

⑮⓪耿定向《启徐存斋相公书》，《耿天台先生文集》卷四。

⑮①耿定向《与吴伯恒》，《耿天台先生文集》卷六。

⑮②耿定向《与张阳和》，《耿天台先生文集》卷六。

⑮③李贽《答邓明府》，《焚书》卷一。

⑮④李贽《答陆思山》，《焚书》卷二。

⑮⑤《藏书》卷六十四。

⑮⑥《焚书》卷二。

⑮⑦张问达《邪臣横议放恣，乱真败俗，恳乞圣明严行驱逐，重加惩治，以维持世道疏》，见《万历疏钞》卷三十五。

⑮⑧《明神宗实录》卷三百六十九，页6919。

⑮⑨《焚书》卷六。

⑯⓪顾宪成《泾皋藏稿》卷五。

⑯①马经纶《与李麟野掌科转上萧司寇》。

⑯②李贽《送汪鼎甫南归省母并序》，《续焚书》卷五。

⑯③《续焚书》卷五。

⑯④袁中道《李温陵外传》，《珂雪斋集》卷十七。

⑯⑤关于李贽之死因，黄卓越有《李贽之死——重估思想史上的一段公案》，提出自己的看法，可参考。该文刊于《中国文化研究》1997年夏之卷。

⑯⑥耿定向《与周柳塘》二十一首之二十一，《耿天台先生文集》卷三。

⑯⑦李贽《答耿司寇》，《焚书》卷一。

⑯⑧颜钧《自传》对此有叙述，见《颜钧集》卷三。

社会环境与明代后期士人之心态走向

从几个侧面、几个人，其实难以窥测明代后期士人心态之全貌。之所以这样做，不过意在了解一点动向。想借助一点事实，来描述明代后期几个士人群落之心理趋向。然亦只到天启初，未及崇祯，更未及易代之际。盖以为明之亡，万历后期已成定局。士之出处去就，群分类别，已足展现其分化之情状。而崇祯至易代之际，此种之分化，似更为复杂而激烈。临难之际，彼等之行为，为善为恶，亦更为惊心动魄。研究彼时之士人心态，另是一篇大文章。

对于明代后期不同之士人群落，他们究竟是一些什么样的人，他们都在想些什么，应该给予如何之评价，真是仁者见仁，智者见智。对同一个人、同一群落之看法，不唯千差万别，甚至天玄地远。作为明亡过来人的王夫之，对于明代后起之新思潮，就表现出极端之厌恶。他说："阳明天泉付法，止依北秀南能一转语作胡芦样，不特充塞仁义，其不知廉耻亦甚矣！"他的意思是说，阳明思想，不过禅家者流，而妄谈仁义。因之他就给了极严厉之批评，说是不知廉耻。他对于李贽及其相近之士人群落，更是厌恶之情，溢于言表。他说方密之"特其直斥何心隐、李宏甫为刑戮之民，则允为铁案；绝无关系处，以身试灯油而恣其意欲。无知轻躁之徒，翕然从之，其书抵今犹传，乌容不亟诛绝之也"，又说李贽在任云南姚安知府时，"恣其贪暴，凌轹士民，故滇人切齿恨之"。关于李贽在姚安知府任上贪暴之事，并无确凿之证据，只不过由于对李贽思想行为之否定，从而亦信有关李贽贪暴之传闻。王夫之对于万历时任情纵欲之士人群落，同样持否定之态度。他说："潘之恒以纳赀入太学，用淫媟术事宾尹，施施以兽行相矜，乃至纂撰成编，列稗官中，导天下恶少年以醉骨。而袁中郎、钱受之、潘伯敬辈争推毂之恒，收为名士。廉耻堕，禽风煽，以使神州陆沉而莫之挽。”[①] 这是说，潘之恒、袁宏道他们亦负有神州陆沉之责任。与之相反，也是明亡过来人之钱谦益，则称李贽为姚安太守时“政令清简”，且对其人格备加称赞：“卓老风骨棱棱，中燠外冷，参求理乘，剔肤见骨，迥绝理路，出语皆刀剑上事。”他视李贽为异人。[②] 他也并不否定袁宏道与潘之恒。他说袁宏道为吴县令时，“县繁难治，能以廉静致理”[③]。他对于潘之恒，也只用了一种中性之叙述：“好结客，能急难。晚而倦游，家益落，侨寓金陵，留连曲中，征歌度曲，纵酒乞食，阳狂落魄以死。”[④] 也是明亡过来人的张岱，则把东林党人看做败国亡家之祸害。他用了四十余年完成《石匮书》，有人批评说书中没有拥戴东林党人，不合时宜。他为此有一大段议论：

> 弟闻斯言，心殊不服，特向知己辨之。夫东林自顾泾阳讲学以来，为此名目祸我国家八九十年，以其党升沉，用占世数兴败。其党盛，则为终南之捷径；其党败，则为元祐之党碑。风波水火，龙战于野，其血玄黄，朋党之祸，与国家相为始终。盖东林首事者实多君子，窜入者不无小人，拥戴者皆为小人，招徕者亦有君子。此其线索甚清，门户甚迥。作者一味模糊，不为分。……东林之中，其庸庸碌碌者不必置论，如贪婪强横之王图，奸险凶暴之李三才，闯贼首辅之项煜，……今乃当东林败国亡家之后，流毒昭然，犹欲使作史者曲笔拗笔，仍欲拥戴东林，此其所痛哭流涕长太息者也。[⑤]

所谓不合时宜，就是说，明亡后有一种肯定东林之普遍倾向，而张岱与之异样。但是张岱之看法，亦自有其理由之所在。他是从东林士人群落内部之复杂，从党争之实际效果说的。他亦没有否定东林首事者多为君子。我们知道，称许东林士人群落多肯定其以程、朱理学反阳明心学。是则张岱并不注重其思想之倾向。

明亡之后，反思明亡之原因，自有种种之看法，有称亡于君，有称亡于党争，有称亡于民乱，有称亡于阉党，有称亡于王门子弟之清谈，有称亡于外族之强项，有称亡于政之腐败、世风之败坏等等，不同之视觉，不同之论断，无虑数十种。上述涉及士人之不同看法，其实都是反思明亡因由之衍生物。

对明代后期不同士人群落之不同评价，自有评价者思想倾向、素养、爱憎之不同，但亦存有对明代后期社会之复杂性应如何看待之问题。

影响明代后期士人心态走向的，有政权之运作与生存状况，思潮之发展变化，生活条件、生活环境、生活风尚之变化等诸多因素。而此种种之因素，又各自呈现为复杂之面貌。对于每种之因素，很难用是与非作简单之划分，往往是非交错，是非并存。此一种之复杂性，正好说明明自嘉、隆以来，思想与社会生活，都发生了很大之变化，富可敌国与民无立锥之地；歌吹宴饮与饥民流徙；商业的发展与贿赂公行；连绵的水旱灾伤、民变；边境战争不断；皇权的高度集中与政府之瘫痪；阳明心学与程、朱理学，佛、道各种思想并存、纠结；淫乐、争斗、享乐，四面楚歌。整个一副末世景象。士人处于此种环境中，心态之变化自然受其影响。

自生活环境之变化后，明代后期商业有很大之发展。商人以其积聚之大量财富，社会地位有了很大之提高。有儒商之出现，有可儒可商之人群，儒与商之界线逐渐淡化。商业之发展旨在改变着人们之观念、生活趣味与生活追求，影响渗透社会之各层面。崇尚享乐、唯利是图正以一种不可阻挡之势，渗透到社会生活之各个角落。我们常常注意商人之儒商一面，而忽略商人之另一面。商人之本质是谋利，谋利而取之有道，于经济之繁荣、社会之进步自有其意义所在。但是随着商业的发展而来的，不仅有儒商，还有奸商。而且奸商在明代后期社会生活中之影响，其实并不亚于儒商。造假、欺诈之行为，在笔记小说中有大量之记载与描写。而更为重要的是奸商之渗入政治生活，与官场之腐败连在一起。万历二十年（1592）七月，江西按臣秦大夔奏：

豪商假借部批，夹贩木植，借称上用，掘官陂，役乡夫，委难轻贷。⑥

没有买通地方官员，此事决难实行。万历二十四年（1596）十二月，工科给事中杨应文奏：

> 奸商张泽等侵冒军器钱粮，乞行严究，以清库藏，以妨积毒。⑦

万历四十七年（1619）八月，吏科右给事中姚宗言奏：

> 如城守所须盔甲火器、弓矢刀仗等项，查库内及成造衙门见存有几？其不敷者立为创制。如硝黄为火药急需，而奸商内珰相倚为奸，半土半盐，久尽化而为土，宜领价耑官别买，以便制造。⑧

这年的三月，辽左大败，京城危在旦夕，而奸商置国家危亡于不顾，竟然以土与盐冒充火药！能够经营军需兵器的多是与官府有勾结之巨商。至于常时借着政府南粮北运之机，买通漕运官员，搭载私货；官商勾结，贩卖私盐等等，更是常事。⑨政府之各项工程，商人亦从中渔利。叶向高在《摄工愚见序》中说，留都城垣廨署舟梁器械之维修，一年十余万也就够了，“倾非时宣索，动至钜万，府藏为竭。而中贵人督金钱者犹项背相望，是上縻也。兼之法久弊兹，人情弛废，物料工作，百不如曩日，报竣未几，圮坏随继，岁岁耗县，官无已时。甚至上供诸物，贾人子辄夤缘为利，旁侵私割，无不尾闾，是下縻也”。⑩上是宫中之索取，下是商人之私割，侵吞的是国家财产。商人可用金钱买官，是公开容许的。而官商勾结之行贿风气进入官场，买官卖官，亦成其时官场习见之现象。云南巡抚傅习，让仆人送了两罐金宝给桂萼，希望能转为京官。其时桂萼正负责铨选，他就收了金宝，不到一个月，就将傅转至南京任职。⑪张居正那样严厉整顿吏治，行贿者照样络绎而至。《张太岳诗文集》中拒贿之书信就有好几封，其中刘虹川还两次行贿，第一次被张居正退了回去，第二次又来。张居正就写信给他说：“若必欲如流俗所为，舍大道而由曲径，弃道谊而用货贿，仆不得已必将扬言于廷，以明己之无私，则仆将陷于薄德而公亦永无嚮用之路矣。”[12] 我们不是说张居正不受贿，他是疎者拒而亲者收的；而是要说明，从张居正拒贿的这书信中，可看出当时官场公然行贿之情状。此种之现象，到万历后期更为严重。万历三十六年（1608）十二月，云南道御史史学迁言：“楚事方兴，万万金钱遂入都中沈一贯、朱赓、司马监田义、东厂陈矩、通政司沈子木、科臣钱梦皋，当日餽遗之单目可证，过送之姓名可问。此等奸贪隐情，皇上知之乎？”[13] “楚事”，指楚王案。史学迁此疏揭发的是楚王案中自首辅沈一贯至科臣接受楚王贿赂之事。万历三十六年（1608）以后，叶向高为首辅时，就惊叹救弊之无法可施：“年来世路淆浊，贿赂公行，责在揆端，真难自逭。”[14] 贿赂到了公行之地步，也就无法可施了。不是说官场买官卖官、公然行贿之责任全在商人，而是说唯利是图之观念正以一种不可阻挡之势，冲决道德之堤防，进入社会之各个角落，亦进入官场，进入士人之内心深处。

至于享乐观念之改变着社会风尚，更是不争之事实。此种风尚之形成，与商业之繁荣、与商人之挥霍关系至大。商人之豪奢生活，不仅导引着商业、服务业之发展，亦导引着城市生活之风尚。此一种之生活风尚，亦直接带到士人群落中来。叶向高在《送大司成兼宇林先生之任留都序》中提到商人子弟把享乐、任侠习气带到太学来的情形：

> 今之太学，赀郎所托径耳。教于何施，急绳之何益？虽然，此为北雍言也。南则异是。南之习汰于北，诸生多贾人子，易与为非。小之而平康狭邪之游，大之而扞网使气之事，衔辔不严，则佚而散矣。[15]

向高作为首辅，对将要到南京任国子监祭酒的刘宇兼重加嘱托，要他对那些商人子弟严加管束。从其时之小说中，亦能看到商人之生活情趣对市民社会影响之广泛而且深刻之生动影像。当然，奢侈生活风尚并非只有商人才有，官场亦广泛存在着。官员之奢侈，连深居宫中的万历皇帝也清清楚楚。万历二十一年（1593）八月，他下了一道圣旨：“近闻在京庶官概住大房，肩舆出入，昼夜会饮，辇毂之下，奢纵无忌如此。厂卫部院一并访缉参究。”[16] 万历二十二年（1594）八月，陕西道御史赵文炳上疏，称：“未有小民奢侈而不困窘者，亦未有居官奢侈而能清介者。迩来繁华僭逾，风俗大坏，则去奢崇俭，诚救时急务。但大臣不行，何以表百官；京师不行，何以示天下，则皆宜身先节约以为众庶倡。”[17] 我们知道，明代之官员薪俸极低，能够过奢侈生活，除家中原本豪富外，必靠不明之财产。而此种不明之财产，除非法所得外，必无他途。因之官员之崇尚享乐之风尚，又与官场之腐败连在一起。奢靡享乐，作为观念，作为趣味，作为时尚，在社会之各个角落漫延。叶向高曾用一句极简洁的话加以表述：“淫诡成风，四民如一。”[18] 这是社会环境，是士人心理趋向之现实基础。

自思想之发展言，明代后期亦处于巨大之变动中。自发展脉络之大体言，明前期是程、朱理学，中间是阳明心学，最后又回归程、朱理学。但这只是大体，其中之交错纠结，非三言两语所能说清。思想的大变动，应该说是阳明心学的出现。明亡之后，反思者归罪于王学，而不知王学之出现，乃是思想史发展之必然现象。对于程、朱理学之解读与践履走向僵化之时，王学自理学之内部抽绎而出，对儒学统系作一更新，乃是自然之事，此其一。王学之出现，目的是要从内心寻找出路，提升道德境界。敏感之思想家，已经预感到士风世风行将到来之衰败，阳明一再说致良知以改变士风世风就说明此一点，此其二。商业之发展，重个人之观念正在悄悄地到来，王学中重自我之理念与此不无关系。虽然阳明倡人人皆可为圣人，本意在于完善个人道德之修持，但既回归自我，回归本心，则重视自然人性也就成为题中应有之义。于是王门后学发展此一应有之义至极至时，也就走向任由个性之张扬与欲望之放纵。一种原本在于追求道德修持、重视从内心深处进行道德自我约束之哲学，却不知不觉走向摆脱道德约束、走向自我之放任。而此种与其初衷相背离之走向，其实正反映着社会生活发展之一种新趋向，是一种合乎时宜、应时而出之新的思想潮流，此其三。此三点，可说明王学出现之必然。

王学的出现事实上并没有取代程、朱理学之正统地位。即使在阳明征战平叛中弦歌讲论创立此一学派的声望极高之时，在王门子弟四处讲学，王学之发展声势浩大之时，亦未曾动摇程、朱理学在思想领域之地位。除了徐阶为首辅的很短一段时间王学公然进入朝廷之外，王学一直以在野之姿态存在着，无论它当时在士人中有多么大之影响。我们只要看《明实录》中记载的屡屡反对王学之事实，即可说明此一点。

其实王学建立之初，只是儒学之一支，它实质上并未背离儒学之方向。正如阳明之弟子黄绾所说：阳明之良知说，出于孟子之性善论，致知出于孔子。[19] 阳明只是对儒家学说作出新的解释而已。他甚至要把自己对儒家学说之理解，说成与朱子并无矛盾，为此而选出《朱子晚年定论》。王学后来发展之所以逸出孔、孟思想之范围，乃是思想史发展之自然结果。任何一种思想，在其发展过程中要保持纯而又纯之性质，几乎是不可能的。思想史足可说明，各个学派在其发展过程中，存在互相影响、互相渗透之现象，此其一。任何经典，后来者作出不同之解读，已为思想史公认之事实。即使解读者声明自己是正统，他亦未必就是正统。此其二。正是此两点，也就可以理解阳明学说在发展过程中与其他思想之融合。

阳明思想已有禅学之成分，虽然他一再解释他的思想与禅学之根本差别所在。后来甚至到了黄宗羲，也解释此种之差别，大要说是一入世，一出世。到了阳明后学以及王学后来之跟随者，他们谈论王学之某些论题时，是禅佛，是王学，往往已难分辨。

明代后期，程、朱理学，阳明心学，禅佛与道家、道教各种思想并存之局面已然形成。此种思想多元并存之局面，已没有任何力量所能改变。虽然朝廷可以禁讲学，毁书院，但是讲学与书院照样存在下去。虽然朝廷可以杀离经叛道者如李贽、何心隐，可以杀僧达观，但是李贽之著作照样热销，禅佛照样成为士人之普遍信仰。

政权之力量已经无法改变此种思想多元化之局面。这就是明代后期士人心态走向之思想环境。

社会生活环境、生活风尚之巨大变化，思想之多元化，士人之心态走向亦呈现为多元并存之格局。

我们看到，商业之发展为士人提供更为宽阔之生活出路，一部分士人或儒或商，自由进出。他们一部分人以己之所长、以一种特殊之方式进入商业领域。他们卖诗卖文卖书卖画，甚至进入古董买卖市场，他们自我边缘化于政治之外。

随着社会风尚与新思潮之出现，一部分士人走向自我。重自我之思想之出现，乃是明代思想史上最值得重视之一新亮点。如王阳明、李贽辈之不以孔子之是非为是非，独立思考，破除思想之禁锢，从而走向思想之多元。此种现象，虽时日不长，但在我国之思想传统里意义重大。此种思想之进一步张扬发挥，与世俗社会追求奢侈享乐风尚相结合，此一士人群落便亦走向放纵，任情纵欲，追求人生之舒适快意，追求物欲情欲之满足。但是，此一部分之士人，并不像我们所想象的那样，是重情思潮之产物；也并非我们所想象的那样，为晚明思潮之主流。他们之内心，远比我们所想象的要复杂得多，情与欲交错。他们有的亦纯情，有的却是发泄欲望而已。自发泄欲望言，他们回归没有道德约束之自然本性。明代后期的这一部分士人，是入俗最深的一群。在反假道学上，他们展示了人性之真、之美；在纵欲上，他们又流露出人之自然本性中兽之一面。他们追求快意，而其实他们的内心深处存在着忧虑。他们迷惘，在纵欲之时或之后，常有一种无所归依之感，于是他们皈依仙、佛，以求得心灵之着落处。屠隆、冯梦祯、王稚登、袁小修辈都如此。情与欲，既联系而又有别。我们考察明代后期社会重情、欲现象时，常发现有纯为赤裸裸欲望之发泄者，亦有纯情者，亦有情欲一体者；或人各不同，或同一人而处不同时地、面对不同对象时表现情、欲之不同状态。学者从汤显祖《牡丹亭》看到真情之圣洁，为情可生可死；从冯梦龙情教说，看到情之教化力量。然我们亦无须回避，明代后期确有一种纯为纵欲之行为。我们往往亦误认此一种之纵欲之行为为情之觉醒。此一类纵欲，上自达官、豪富，下至市井无赖，所在多有。而对于士人之此类行为，却往往难以定位。如袁小修少年时代之纵欲，我们将他此一类之行为，与他所描写的王回之纵欲行为相比，要从其中找出区别来，就实在不容易。屠隆之纵欲，王稚登之纵欲，亦有类似之情形。

情与欲，一直是一个不易弄清的问题。喜、怒、哀、乐、爱、恶、欲七情，朱熹说："七情是气之发。"[20] 气是形而下的，是天生的。七情是气之表现，七情便是与生俱来的。他又说："恻隐、羞恶、辞让、是非，情也。"[21] 仁、义、理、知是性，恻隐是仁的表现，羞恶是义的表现，辞让是礼的表现，是非是知的表现，四端皆是性之表现。是则此四端又具有道德判断之性质。情有无道德内涵，一直是个有争议的问题。孟子说性其情，是则当情未为性所约束之前，它是没有道德内涵的。王阳明说："七情顺其自然之流行，皆是良知之用，不可分别善恶。"[22] 它是人心合有的。当七情有着时，就是欲。欲，才是良知之蔽，才须去蔽而复良知之本体。欲，是贪，是过分。阳明主张情应中和，不可过分，过分就应该反对。问题是：何谓过分？若情具道德内涵言，则情自当有高尚、庸俗、卑下之别。若情为自然人性所本有，本身并无道德之内涵，作为社会人，自当受社会道德之约束。然则以何种之道德、何种之尺度方具公正、公平、公信力，一直是一个有待解决的问题。

明代后期重自我、重情，以至纵欲之思潮与风尚，从反对假道学的层面说，它是进步的。假道学把人变成假人，反对假道学就是要把假人还原为真人。培养假人，乃是一个民族败亡之最大祸害。我们或者可以把重自我、重情称之为自我之发现、人的发现。一个假人充斥的社会，终将走向反面。走向反面就是走向另一极端：极度地放纵。极度放纵又会把人变成非人，带着更多的动物性，泯灭人与动物之界线。最后又必然要回归假道学。

明代后期之此一士人群落，当其反对假道学、回归真我之时，未能找到人之自然本性与人的社会性之合理结合点，未能找到既保持真我，又有合理之道德约束；既能得到人生之舒适快意，又要承担社会责任。他们未能做到这一点，因此亦如同晋人风流一样，稍纵即逝。我们似可把此一种之历史现象，看做自我发现成功与失败并存之记录。晋人有过此种纪录，明代后期又一个此种记录。是为历史之吊诡！

明代后期士人心态之另一重要趋向，是一种拯世情怀。这些士人之行为各自不同，思想之倾向亦异。但他们有一共同点，那就是他们都具有士以天下为己任之传统心态。在思想多元化之明代后期的社会环境中，他们仍然秉承着士传统之此一核心理念。在这些地方，我们可以感受到传统之巨大力量。此一文化传统之基因，在不同之历史时期，都有它的有力的承传者。王阳明之倡致良知以改变士风世风，是此种情怀。杨爵、杨继盛、沈炼、杨涟谏诤以死，是此种情怀。东林士人之抗争，是此种情怀。此一种之拯世情怀，又都伴随着传统自身之弱点，伴随着士人自身之弱点，结果他们之行为都以悲剧而告终。

自传统之弱点言，士以天下为己任往往与忠君观念连在一起，从杨爵们到东林党人杨涟们，在临死前还从内心深处表示着对于皇上之无限忠诚。不管皇上是如何之荒唐，不管皇上是如何之昏庸，永远是臣罪当诛兮天皇圣明。明代后期固有不少对皇帝本人之非议，但此一种观念从理论上突破，要到黄宗羲出来才做到。黄宗羲在《明夷待访录·原君》中提出了对于君之认识，亦批评了臣之此种愚忠。他说："后之为人君者则不然。以为天下利害之权皆出于我，我以天下之利尽归于己，以天下之害尽归于人，亦无不可。使天下之人不敢自私，不敢自利，以我之大私为天下之大公……视天下为莫大之产业，传之子孙，受享无穷。……然则为天下之大害者，君而已矣。……而小儒规规焉以君臣之义无所逃于天地之间。"[23] 黄宗羲显然是在反思明代后期皇帝误国之后，才得出了这样的结论。设若杨爵们与杨涟们当年认识到此一点，则当是另一番景象。当然，士之执著于传统理念中以天下为己任之核心价值，于家国危亡之秋，亦往往表现为慷慨赴难，坚守气节。对此一传统基因之是是非非加以论断，亦非简单言语所能说清。此为又一是非并存之事相。

此一部分具拯世情怀而他们之拯世理想以悲剧告终之士人，自身之思想性格与处事能力都有可议处。高拱、张居正之失败，与他们之权力欲，与他们张扬跋扈之性格有关。而东林士人之失败，则更具普遍之意义。他们长于讲论，长于道德之护持，而弱于政治运作之实际能力。他们是文人，以文章而入仕，政治原非他们之所长。他们其实无法适应复杂变化之政局，更无能力驾驭此种复杂变化之政局。他们往往表现出书生气。不唯如此，有时甚且失之迂腐，于事无所助益。

考察明代后期士人之心态走向，我们可以看到在一个生活环境发生变化、思想多元化的社会里，士人之人生选择、价值观念亦多元化了。文徵明、唐寅、王稚登、潘之恒们之自我边缘化于政治之外；王阳明及其弟子们之醉心于讲学；东林党人之介入政争；当然还有士之道德沦丧者，从反张居正改革之李植辈，到为魏忠贤建生祠、既奸诈凶险又阿谀谄媚之一大批士人。思想多元化与士之分化，为明代后期之一大景观。

考察明代后期士人之心态走向，我们也看到，士之道德理想与现实政治常存在一种错位之现象。他们改变政治败象之良好愿望往往与现实之间存在距离。此一点，除了他们缺乏参预政治的实际能力之外，政权之实际状况亦一原因，而且是更为重要的原因。面对一位贪于钱财、不顾生民死活、疑心甚重、借助厂卫牢牢掌握着权力，而又不理政事，亦不让臣下有理政事机会的万历皇帝，任是有着怎么样良好愿望的士人，必亦一筹莫展。士在政权运作中之实际能力与影响，毕竟是有限的。

（原刊于《粤海风》2006年第三期）

---

①均见王夫之《搔首问》，《船山全书》第十二册，岳麓书社1996年。

②钱谦益《列朝诗集小传》闰集。

③同上书，丁集中。

④同上书，丁集下。

⑤张岱《与李砚翁》，《嫏嬛文集》卷三。

⑥《明神宗实录》卷二百五十，页4663。

⑦《明神宗实录》卷三百零五，页5707。

⑧《明神宗实录》卷五百八十五，页11185～11186。

⑨陈大康《明代商贾与世风》一书中引有大量官商勾结之例子，可参阅。上海文艺出版社1986年。

⑩叶向高《苍霞草》卷之四。

⑪沈德符《万历野获编补遗》卷二。

⑫张居正《答刘虹川》，《张太岳诗文集》卷二十七。

⑬此事详见《明神宗实录》卷四百五十三，页8857～8859。

⑭叶向高《与王按院》，《苍霞续草》卷之十六。

⑮《苍霞续草》卷之三。

⑯《明神宗实录》卷二百六十三，页4893。

⑰《明神宗实录》卷二百七十六，页5107。

⑱叶向高《送官谕毅菴黄先生典试还朝序》，《苍霞草》卷之四。

⑲《王阳明全集》卷三十五，《年谱》三引黄绾疏。

⑳朱熹《朱子语类》卷五十三。

㉑同上书，同上卷。

㉒《王阳明全集》卷三，《语录》三。

㉓《黄宗羲全集》第一册。

读《庄子·逍遥游》手记

《庄子》是一部不易解读的书。其中一些篇的作者、真伪尚难论定且不说，它那无端涯之辞中深藏的高度思辨的义理，就让人有雾里看花之感。再加上它所要表述的范畴的模糊与空灵，它所要表述的思想的博大与深奥，就更增加了解读的难度，给解读带来不确定性，给解读者留下了巨大的阐释空间。清人尹廷铎说："注《南华》者，自向秀、郭象以来，无虑数十家，率皆支离蒙混，按之文意，大都依希仿佛间，盖历数千载之才士、文人、高僧、羽客，递为之注，而《南华》之旨率未大白也。"[①] 他是说数十家注《庄》者"皆支离蒙混"，也就是说没人说清楚过。这似乎说得有些极端，但是《庄子》中的同一个范畴、同一个观点，有时甚至同一句话，都被作出了不同的解释，却都是事实。有些甚至就从来没人说清楚过，比如"为善无近名，为恶无近刑"这一句，至今有谁说清楚了？注《庄》者九百余家[②]，从存世的能够看到的百余家中[③]，我们可以看到对《庄子》的解读的巨大差别，或以玄解《庄》，或以儒解《庄》，或以佛解《庄》，或以道教解《庄》。注家各自以自己的理解去解读《庄子》，因之《庄子》也就呈现出种种不同的面貌。明人释性涵说："独《南华》一书，解者无虑数十百家，皆已之《南华》，非蒙庄之《南华》也。"朱熹说："世谓：郭象注庄子，反似庄子注郭象。"[④] 在《庄子》解读中存在着"《庄子》注郭象"现象，似为注《庄》家所共识。一方面，注家都批评"《庄子》注郭象"现象，都说自己忠实于原典，只有自己的解读是符合于庄子的原意的；另一方面，事实又很难做到，做到的只能是：亦似《庄》，亦非《庄》。虽然似《庄》与非《庄》的程度各各不同。

这种现象为什么存在？它的存在是否合理？这确实是一个复杂的值得深入探讨的问题。庄子思想的特点和它独特的表述方式，它的巨大的解读空间，当然是这种现象存在的一个重要原因。但是，我想，更为根本的原因，是思想遗产解读中必然存在的一种差异现象。至少在思想遗产的范围内，任何经典的解读，都不可能完全回归到原典的本来面目，都不可避免地带着解读者的印记。这印记，有解读者的思想与学养，也有时代的影子。解读者的思维习惯、思维方法，只能是他的时代的产物。他以他的知识结构、以他的时代的理解力、以他的时代的方式去理解思想遗产，去解读原典，就存在着与原典作者当年的思维方法、思维习惯、理解力间的差异。思维只能是当代的思维。这种差异就可能带来对原典的误解甚至曲解，就可能在解读中带进当代的知识结构和当代的意识形态。熊朋来说过："汉儒以汉法解经……经文易通而注语难晓，使人有庄子注郭象之叹。"[⑤] 之所以难晓，就因为注语中有"汉法"，有汉人的知识结构。当然，这种解读也有可能深化和丰富原典所蕴涵的思想。这是因为，一些带有普遍意义的理论遗产，由于它高度的抽象性，由于它巨大的理论涵盖力，它就存在着巨大的充填空间，随着人们认识能力的提高，有可能对它作出更为深入、更为丰富、更为具体的阐释或者论证。从这个意义上说，误读有时也可能是对原典的更为深入的理解。这就是为什么一些充满高度智慧的理论遗产，一直有着它的生命力之一重要原因。我们可以随手举出《老子》、《周易》等等例子，《庄子》当然也是其中之一。我们可以简单地举一两个例子，来说明《庄子》在被解读过程中出现的差异与解读者及其时代的关系。

《逍遥游》是《庄子》的开篇，注家普遍认为这是全书中最重要的一篇，有的甚至认为是全书的纲。而于此篇之解读，意见也最为歧异。什么是逍遥游呢？郭象说，适性即逍遥。他说："夫小大虽殊，而放于自得之场，则物任其性，事称其能，各当其分，逍遥一也，岂容胜负于其间哉！"因此他认为大鹏与小鸟各有其逍遥："苟足于其性，则虽大鹏无以自贵于小鸟，小鸟无羡于天池，而荣愿有余矣。故小大虽殊，逍遥一也。”因此他又认为，物各有宜，苟得其宜，都可以逍遥，不在于有待无待，无待可逍遥，有待亦可逍遥。郭象是以玄解《庄》的代表人物，他对于《逍遥游》的解释，为当时谈玄者所普遍认可。[6]为什么会被认可，我想与当时的思潮不无关系。陈寅恪先生说，郭象对逍遥义的解释受着当时才性论的影响。[7]从理论的衔接说，这当然是对的。但我想，郭象解《庄》所表现出来的理论体系，还不是才性论所能概括得了的。那是整个玄学思潮的产物，在玄学思潮的鼓荡下，士人追求人性的放纵，任自然而纵欲。他们希望得到物欲与情欲的极大满足，而又希望得到潇洒风流的精神享受。这才是适性即逍遥的思潮的背景。郭象的适性即逍遥的逍遥游义，是适应当时世风的需要提出来的，把《庄子》的忘物我，去系累，无己、无功、无名，与道泯一的逍遥，改造为只要适性什么事都可以做的逍遥。

郭象对逍遥义的这种解释，到了东晋，就被支遁否定了。支遁在白马寺两次论逍遥义，一次对冯太常说，一次对刘系之等人说。和刘系之等人谈论的这一次，刘等引郭象适性即逍遥的观点，支遁给了反驳，说：“夫桀、跖以残害为性，若适性为得者，彼亦逍遥矣。”[8]他认为逍遥只应限定在不为物累的至人的范围内，只有至人才能逍遥。他对逍遥游义的解释是：“夫逍遥者，明至人之心也。庄生建言人道，而寄指鹏鷃。鹏以营生之路旷，故失适于体外；鷃以在近而笑远，有矜伐于心内。至人乘天正而高兴，游无穷于放浪：物物而不物于物，则遥然不我得，玄感不为，不疾而速，则逍然靡不适。此所以为逍遥也。”[9]支遁的逍遥义似更近于《庄子》的表述。汤用彤先生说，支遁的逍遥游新义，实为佛教般若学格义。他说：“苟能自得自适，则应变无穷。自人方面言之，则谓之圣。自理方面言之，则名曰道。道乃无名无始，圣曰‘无可不可’。无可不可，亦《逍遥论》自适自足也。亦《要钞序》所谓之‘忘玄故无心’也，无心者，似即色论中所谓知不自知，虽知而寂。”[10]。陈寅恪先生进而论证支遁之此一逍遥义，所依据者实为《道行经》，并且认为："则借用道行般若之意旨，以解释庄子之逍遥游，实是当日河外先旧之格义。但在江东，则为新理耳。"[11] 就是说，对逍遥游义的这种解读，前此佛学在江北传播时已存在，并不是支遁的发明。黄锦鋐先生还举了支遁的即色义，以证其逍遥新义与其即色义的一致性。[12] 不过，支遁的逍遥游新义，全貌如何，我们今天已难确究。《世说新语·文学》说他和王羲之论逍遥义，多至数千言，而现在存世的支遁逍遥义，还不到一百六十字。以此一百六十字来论其逍遥义，只能推测其大略。在当时，他的逍遥义能为江东谈家所普遍接受，论述必有更为详尽的展开。当然，新义得以取代郭象义，与佛学在江东的广泛传播也有着至为密切的关系。

唐人注《庄子》，今存者仅陆德明《音义》、成玄英《疏》和文如海《庄子正义》的一些残句。成《疏》时杂入老、佛解《庄》，而对于逍遥义的解读，则承接郭象说，并无新的发明。值得注意的一点，倒是在诗文创作中反映出来的唐人对于逍遥义的新的认识。他们以一种进取的精神理解逍遥，借大鹏的形象以抒发壮伟奋进的情怀[13]。唐人解《庄》的另一倾向，是附会以道教的养生术。其时之一些道教学者，取《庄子》加以发挥，用以论述养生。司马承祯引《庄子》坐忘论以论道教的长生久视的修持方法，写有《坐忘论》、《天隐子》、《服气精义论》。与他同时的白履忠，注《黄庭内景玉经》，则完全以《庄子》附会内视服气术。从白履忠引《庄子》注《黄庭内景玉经》推测，开元、天宝间所进之各种《庄子注》，有些可能也有类似思想的渗入[14]。

对逍遥游义作出又一全新解读的，是宋人林希逸。他说："游者，心有天游也。逍遥，言优游自在也。《论语》之门人形容夫子，只一乐字。三百篇之形容人物，如'南有樛木'，如'南山有台'曰：'乐只君子'，亦止一乐字。此之所谓逍遥游，即《诗》与《论语》所谓乐也。一部之书，以一乐字为首，看这老子胸中如何！若就此见得有些滋味，则可以读《苶苣》矣。《苶苣》一诗，形容胸中之乐，并一乐字亦不说。"[15] 他把《庄》的逍遥义，解读为一个"乐"字。就字面言，他说逍遥是优游自在的心与天游。心与天游，当然未完全离开《庄子》与道泯一的意蕴。但是从他的论述看，这个心与天游并不是忘物我、去是非、与道泯一，而是在世俗之中，保持一份宽阔的胸襟，一份高洁的情趣。他注大鹏与蜩与鷽鸠一段，说："此段只是形容胸中广大之乐。"他说蜩、鸠"此意谓浅见主人，局量狭小，不知世界之大也"。注"适莽苍"一段，说："此三句以人之行有远有近，则所食亦有多有少，亦如人见有小大，则所志趣亦有近远。"注"尧往见四子"一段，说："此章亦见广而后知自陋之意。……大抵谓人各局于所见，而不自知其迷者，必有大见识方能自照破也。"最后谈及无何有之乡，说："无何有之乡，广莫之野，言造化自然，至道之中，自有可乐之地也。役役人世，有福则有祸，若高飞远举，以道自乐，虽无所用于世，而祸亦不及之。即退之所谓刀锯不加，理乱不闻也。"林希逸所说的这个"至道"是什么呢？显然已经不是庄子所说的道，而是一个赋有道德内涵的道了。所以他把"乘天地之正"的"正"，解释为"正理"。庄子要说的天地之正，是指天地之本然。郭象的解释是："天地者，万物之总名也。天地以万物为体，而万物必以自然为正，自然者，不为而自然者也。……故乘天地之正者，即是顺万物之性也；御六气之辨者，即是游变化之涂也。"郭象的解释虽然最后导向适性任情，但他没有离开自然之道本身。而林希逸则不知不觉地把道转向了天理。[16]至道中的乐，是一种赋有道德内涵的精神境界。这正是理学家所追求的理想的人生境界"孔颜乐处"。二程昔年受学于周敦颐。周敦颐每令其寻"孔颜乐处"所乐何事。[17]此事似于二程体悟圣人气象有甚大之启发，所以后来他们每与门人论及。所谓孔子之乐，是指他赞赏曾点之志，说自己也有和曾点一样的愿望。朱熹在解释这一点时，说："曾点之学，盖有以见乎人欲尽处，天理流行，随处充满，无少欠缺。故其动静之际，从容如此。而其言志，则又不过即其所居之位，乐其日用之常，初无舍己为人之意。而其胸次悠然，直与天地万物上下同流，各得其所之妙，隐然自见于言外。"[18]叶采的解释略同而更为明快："曾点言志，以为'暮春者，春服既成，冠者五六人，童子六七人，浴乎沂，风乎舞雩，咏而归’。盖有见于是道之大，流行充满，而于日用之间，从容自得，有与物各适其所之意。”[19]朱、叶的解释都重在从容自得、各适其所的广大胸次，而此种胸次之得以形成，乃在于去私欲而存天理，这正是理学家所追求的圣人气象。程颢说：“孔子‘与点’，盖与圣人之志同，便是尧、舜气象也。”[20]可见，理学家所说的孔子胸中之乐，是指一种由道德修养所达到的顺天理之自然的精神境界。要达到这种境界，需要优游涵咏、长期的自然的存养，在不知不觉间形成。所谓“颜子之乐”，从表面看，是疏食箪饮，是安贫乐道；而深层的意蕴，则仍是一种高度的道德修养所达到的顺天理之自然的精神境界，是一种胸襟广阔的圣人气象。程颢说：“颜子在陋巷，‘人不堪其忧，回也不改其乐’。箪瓢陋巷非可乐，盖自有其乐耳。‘其’字当玩味，自有深意。”[21]所谓“其”字当玩味，是说胸中先有圣人气象，因之遇事也就能处之泰然。朱熹对此一点解释说：“圣人之心，浑然天理，虽处困极，而乐亦无不在焉。”[22]真德秀说得更明确。他的门人问他：“伊川所谓‘其’字当玩味，是如何？”他回答说：“原有此乐。”[23]这就是说，胸中原有广大之乐，也就能在任何情况下都能以乐的心境去面对，不只是箪瓢陋巷能乐。这就是“孔颜乐处”的内涵。这是儒家修身的最为重要的要求之一。它源于《大学》所引曾子的话：“十目所视，十手所指，其严乎！富润屋，德润身，心广体胖，故君子必诚其意。”“心广体胖”是道德修养所要达到的境界。先有道德修养，后才有“心广体胖”。理学家们非常重视“心广体胖”，对它作出许多的解释，来说明他们所追求的心中广大之乐。伊川说：“人能克己，则心广体胖，仰不愧，俯不怍，其乐可知。”[24]朱熹说：“心广体胖，心，本是阔大底物事，只是因愧怍了，便卑狭，便被他隔碍了，只见得一边，所以便不能常舒畅。”学生问他：尹和靖说“心广体胖”只是“乐”，伊川却说：“这里著乐字不得。”为什么？朱熹回答说：“是不胜其乐。”[25]就是说，能够“心广体胖”，心中广大之乐就会是无限的了。心中广大之乐，正是理学家所追求的理想的精神境界。林希逸用它来解释《庄子》的逍遥游，用一个“乐”字来概括逍遥游义，与庄子的逍遥义当然就不同了，从心与天游，不知不觉地转向心与天理游，转向“孔颜乐处”。同是自适的精神境界，一是道德境界，一是泯一物我的非道德的境界。林希逸之所以把《庄子》的逍遥义，改造为理学家的道德境界，显然是理学思潮影响的产物。林希逸在《庄子口义发题》中说，读《庄子》“是必精于《语》、《孟》、《中庸》、《大学》等书，见理素定，识文字血脉，知禅宗解数，具此眼目，而后知其言意一一有所归着，未曾不跌荡，未曾不戏剧，而大纲领大宗旨未尝于圣人异也”。他是把庄子思想与儒家思想在“大纲领大宗旨”上统一起来了。他这种认识的产生，自有其渊源。在这篇《发题》里，他说他少时师事陈藻，又从陈藻闻林光朝之《庄》说。希逸师从陈藻，而我们知道陈藻师从林亦之，林亦之师从林光朝，而林光朝则是程颐的三传弟子。陈藻、林亦之、林光朝似都注过《庄》，这样我们就知道林希逸解《庄》的思想承传，也知道他的理学渊源了。他之所以明确认为庄子思想的大纲领、大宗旨与孔子思想一致，最为重要的一个原因，就是他的理学承传，与其时之理学思潮有着至为密切的关系。

其实，最早把庄子思想与孔子思想调和起来的，并不是林希逸，而是苏轼，他在《庄子祠堂记》中说：“余以为庄子盖助孔子者，要不可以为法耳。……故庄子之言，皆实予而文不予，阳挤而阴助之。其正言盖无几。”[26]苏轼之后，早于林希逸的程俱，写了五篇《庄子论》，论庄子思想之不悖于孔子，他甚至以江河和大海比庄子和孔子的关系[27]。自宋人始，以儒解《庄》者便不断出现，只是程度不同而已。明人沈一贯在解释逍遥义时，开始说：“逍遥者，放任自得之名也。至人独往独来而傲倪于万物之上，举世无以缨绋其心，安往而不自得哉！”近于以道家思想解《庄》，但他接着在解读大鹏一节时，却完全以儒家思想附会之：“大鹏之事，分明写出性中活泼泼地，若求之圣贤书中，则素位而行一章，君子所性一章，居天下之广居一章，疏食饮水箪瓢陋巷、浴沂风雩、任重道远等章，已具此理，至奇而无奇，至妙而无妙，不易而简，而至不可及。放之则巍巍荡荡，卷之却无寻处。顾庄子已自落于圣门之籍，政不必援而归之。”[28] 苏轼只不过说庄子阴助孔子，沈一贯却是明确地把庄子的思想纳入孔子的思想之中，成了孔子思想的说明了。

一些以道家或道教解《庄》者、以佛解《庄》者，也时不时插入以儒解《庄》的言语。这方面例不胜举，我们只要略举一二就可明了。褚伯秀是道士，他在许多地方以道教的思想解《庄》，但也时杂儒家之说。他释《逍遥游》中惠子与庄子论有用无用一节时，说：“造化生物，盈天地间，有用无用，系一时之逢，林不林又其次焉。故或用于昔而弃于今，或弃于今而用于后，此出于人为，非物所能必也。……循至理者以道通乎万事，全正性者与物同乎一天。理性得而不逍遥者，未之有也。夫赤子之心，本无知识，识随形长，物接乎前，得失存怀，冰炭交作，舍彼役此，无休歇期。倘非烛理洞明，道义战胜，虽居至贵至富，亦有所不免焉。故学道之要，先须求圣贤乐处，切身体究，方为得力。《易》云：‘乐天知命。’颜氏箪瓢自乐，孟子养浩然而充塞天地，原宪行歌而声出金石，此皆超外物之累，全自己之天，出处动静，无适非乐。斯可以为逍遥游矣。”[29] 这和林希逸一样，都是以理学家的致广大的精神境界解释庄子的逍遥义。他甚至以“理一分殊”、“性同情异”释庄子的《齐物论》。他释某一论题，往往理学与道教理论并用。在这里他释逍遥义用理学，在《逍遥游》开篇释义，他却是带着道教思想的印记。他说：“言得此道者与天地合德，阴阳同运，随时隐显，无往而不逍遥。天地之阴阳，即人身之阴阳，水火因之以发源，性情资之以通化，上际下蟠，无所不极。……吾身之阴阳，无时不运，吾身之天地，未尝或忽也。由是知人之本性，具足逍遥。而世俗冥迷，忘真逐伪，当生忧死，虑得患失，网知所谓逍遥。”大阴阳小阴阳之说，显然糅合了道教与天地合气的养生思想。在同一篇的解读中，道教思想与理学家思想并存，说明作为道士的褚伯秀，也接受理学思潮的影响，并把它反映在《庄》注上。明人陆长庚认为《庄子》是《老子》的注疏[30]，在注释中却常常引佛入庄，但他也常用理学家的观念对《庄》作出解释。他解逍遥义，说："游，谓心与天游也。逍遥者，汗漫自适之义。夫人之心体本自广大，但以意见自小，横生障碍。此篇极意形容出箇致广大的道理，令人展拓胸次，空诸所有，一切不为世故所累，然后可进于道。昔人有云：'振衣千仞岗，濯足万里流。'士君子不可无此气节。'海阔从鱼跃，天空任鸟飞。'大丈夫不可无此度量。白沙先生亦云：'若无天度量，争得圣胚胎。'"[31] 作为道士的陆长庚，对"致广大"的解释，和前引朱熹的说法竟全相同。而他又引出陈献章来加以补充说明。这又涉及一个很有意思的问题了。我们知道，白沙心学，是程、朱理学转向阳明心学的一个重要环节，他理解的心中广大之乐，已经淡化了道德内涵，主张"忘我而我大"，是求乐在心[32]。他同样主张要有广大的心胸，但这心胸要出之自然，要自得。"自然之乐，乃真乐也，宇宙间复有何事。"自得则一切在我，在我之心之主宰。"自得者，不累于外物，不累于耳目，不累于造次颠沛，鸢飞鱼跃，其机在我。"自得，则山林朝市可一。[33] 由静而入广大，而忘我，而自得。这已经有一点自性良知的意思了。只要是自得，则什么都是可以的。陆长庚注《庄》，不知不觉间带进了白沙心学的色彩了。他解大鹏，以之喻心之广大，说是："夫心之神明，变化莫测，际天地，穷宇宙，无足喻其大者。""盖君子之学，无入而不自得者，此所以为逍遥也。"[34] 长庚的《南华真经副墨》始作于万历四年，成于万历六年。此时阳明心学已广泛流行，白沙门人湛若水的思想也有广泛的影响。《副墨》引入白沙心学的某些观念，也就是很自然的事了。白沙心学已有庄、禅成分，重自我。到了阳明心学，回归自我就更为明显。阳明心学原为自我之道德修持而设，结果却是打开了一扇通向重个性、重个人情怀的门户，思想史的发展有时真让人始料不及。庄、禅在这时受到广泛的爱好，注《庄》的也特别多了起来。万历前后《庄》注在百种以上。这时的几位重要人物都有注释《庄子》之作，李贽有《庄子内篇解》，焦竑有《庄子翼》，陶望龄有《庄子解》，而袁宏道有《广庄》。这是一件值得注意的事，说明

《庄子》的流行与解读，和时代思潮的关系是如此的密切。这时的《庄》注的思想倾向虽不尽相同，但其中的相当一部分，却明显地与重个人情性有关，一些观念，也就近于郭象。袁宏道的《广庄》在这一点上特别的明显。[35]

有一个现象我至今仍然没想明白，那就是以佛解《庄》的问题。和玄学思潮、理学思潮影响《庄》注不同，佛学之影响《庄》注，并不呈现为阶段性，没有一个明确的高潮段。它是绵延不断，断断续续的；自支遁解逍遥义之后，无代无之，此其一。以佛解《庄》少有全以佛理阐释者，而是在其他思想中杂入佛理而已，此其二。以佛注《庄》的有不少是道士，如成玄英、陆长庚等，而高僧中却有完全不以佛语入《庄》者，如释性涵，他力求以《庄》解《庄》，极少引用佛理，此其三。而释性涵之解《庄》，往往更接近于《庄》之原意。特别是这第三点，真是颇费思索。是不是佛之空无与《庄》之泯于道有相通处，性涵以其对于佛理之深入了悟，助其对于《庄》之感知，不知不觉融释、庄于一体，虽不引用佛语，却能更为真切地感知《庄》之意蕴所在。

从以上极为简略的例子中，我们可以看到解《庄》与思想潮流的关系。我所举的例子只是逍遥游义的解读，《庄子》中许许多多的范畴、概念、辞语、观点，无处不存在因思想潮流的变化而产生不同的解释。《庄》的面貌也就不断地变化着。从这不同的面貌中，我们可以了解不同时期的人们如何接受《庄子》，从什么角度、接受了《庄子》的什么。我们当然可以判断他们对于《庄子》的解读是否符合于《庄子》的原意，但是从另一个角度，我们也可以说庄子思想的某一些方面在什么时候、什么地方被发挥了，甚至被误读了，而这误读，正是它的影响之所在。当然，我们也可以从这种误读的背后，窥测某一个时期诸种思想的融合的情形。

除了时代的思想潮流影响着《庄子》的解读之外，有时候解读也与解读者的个人经历有关。虽然这种关系较少，而且多数是情绪化的，但它的存在，也说明着《庄子》被接受过程的复杂性。我们通常说，庄子思想是士人人生失意时的一种精神慰藉，是可以得到解脱的一片精神天地。就这一点而言，接受的角度也是千差万别的。有的因庄子思想而走向消沉，有的因庄子思想而走向旷达，而有的却因庄子思想而走向悲愤。说到这一点，使我想起了钱澄之和胡文英的《庄》注。这两位在注《庄》时，都带进了一点情绪化的东西，他们都把庄子与屈原联在一起。钱澄之作《庄屈合诂》，在《序》中说："或曰：'庄、屈不同道。庄子之言，往往放肆于规矩绳墨之外，而皆为屈子所法守者；凡屈子之所为，固庄子所谓役人之投，适人之适，而不自适其适者也。子乌乎合之？'吾观庄子述仲尼之语曰：'子之爱亲，命也，不可解于心；臣之事君，义也，无所逃于天地之间。'又曰：'为人臣子者，固有所不得已，行事之情而忘其身，何暇至于悦生而恶死'，而终勖之以'莫若为致命'。夫庄子岂徒言其言者哉！一旦而有臣子之事，其以义命自处亦审矣。屈子徘徊恋国，至死不能自疏。观其《远游》所称，类多道家者说。至卒章曰：'超无为以至清兮，与太初而为邻。'而太史公称其'蝉蜕于浊秽之中，以浮游尘埃之外'。亦诚有见于屈子之死，非由夫区区愤激而捐躯者也。是故天下非至性之人，不可以悟道：非见道之人，亦不可以死节也。……庄子之性情，于君父之间非不深至，特无所感发耳。诗也者，感之为也，若屈子则感之至极者矣。合诂之，使学者知庄、屈无二道，则益知我之《易》学《诗》学无二义也。"[36]庄子是忘物我、齐是非、与道泯一，浮游于尘垢之外、逍遥于无何有之乡的，怎么能够有深至于君父之间的性情呢！但是我们只要了解钱澄之的遭际，就可以理解他这样看的理由。明亡之际，他联合钱棅起兵抗清，兵败妻儿被杀。我们在他的诗中可以感受到那种矢忠于明王朝的激越情怀。兵败之后他从岭外逃归，路经芜阴，遇曾庭闻，抗清失败之后悲愤满怀而一遇故人的那种惊喜与百感交集，写下了这样一首诗："自著方袍万恨平，穷途遇尔转伤情。我从岭外经年至，君向江南何处行？瓢笠喜无乡里识，鬓眉犹使故人惊。相持莫便当街哭，为到郊原一放声。"兵败之后，他落发为僧，潜归故乡，虽著僧衣而依然悲愤满怀。归家之后，此种情怀挥之不去：

“十年论旧悲南渡，中夜吟诗泣孝陵。”“痛入箭伤风雨夜，梦回鼙鼓海潮声。国恩衹觉诸生重，交道谁言乱世轻。”[37]亡国哀痛、故国情怀是那样强烈，诗是那样的深沉真挚，让人不得不一读动心。从他的孤忠悲愤里，我们就可以理解他为什么从《庄子》读出屈原情怀来。那是一种情绪的注入，一种误读，又由误读而引起共鸣。胡文英的生平材料极少，无从确切知其何以也将庄子与屈原放在一起。他在《庄子独见》的卷首《庄子论略》中说：“庄子最是深情。人第知三闾之哀怨，而不知漆园之哀怨有甚于三闾也。盖三闾之哀怨在一国，而漆园之哀怨在天下；三闾之哀怨在一时，而漆园之哀怨在万世。昧其旨者，笑如苍蝇。”[38]在这书的自序里，他说：“年来跨山涉海，辛苦流离，不能如古圣贤之乐天知命，颇赖是书以静究而深观之。”这里或者隐约透露出了他对于人生的感慨，也或者正是这感慨影响着他对于庄子的理解的吧！

以上简单地列举了《庄子》被不同解读的过程，窥测不同的解读与时代思想潮流和个人因素的关系。同样的道理，我们今天解读《庄子》，也不可避免地要带进当代思想潮流、当代思维习惯的印记。由于《庄子》所蕴涵的理论的巨大涵盖力，又由于它的模糊性，我们完全可以用现代社会培养起来的严密的思维能力，对它作出更为精密的阐释，对它的意义加以更为深入的辨析，把它所蕴涵而又尚未充分展开的理论内涵展开来，探讨它在当代的价值所在。我以为，这应该是思想遗产解读过程中的一种正常现象。如果我们把思想遗产解死了而不是解活了，那才是一种不正常的现象。当然，我说的是在原典所约定的范围之内。

（原刊于日本大谷大学《文艺论丛》第62号，2004年3月）

---

①清陆树芝注《庄子雪》卷首，清嘉庆四年刊本。

②据严灵峰先生《周秦汉魏诸子知见书目》中的庄子书目，共八百七十三种。但这一书目不全，如唐朝就漏掉王绩的《庄子注》、帅夜光的《庄子异义》、张隐居的《庄子训释》，其他各朝也有遗漏的。而且，其中收录，中国书目只到1975年、日本

1973年、韩国1957年、越南1960年、欧美1969年。如果作一大概估计，历代《庄》注，当在九百种以上。

③严灵峰先生辑入《庄子集成初编》六十四种，《庄子集成续编》七十四种，有的严先生尚未及收入。

④宋魏了翁《鹤山集》卷一O八《师友雅言·上》引，四库全书本。

⑤元熊朋来《经说》卷四。他引魏鹤山所举的例子为证："鹤山魏了翁《江阳周礼记闻》，后人称《周礼折衷》，多摘注解之尤缪者斥言之，如……'八柄'：'夺以驭其贫'，注以汉法没人家财。三代之君，岂有没入人臣家财之法？'国服为息'，便以莽法证之！……汉儒学术误后世。"这是从名物制度上说的以今例古，这类差错较为明显也较易避免。从思想观念上以今例古，就较为隐晦也较难避免了。

⑥《世说新语·文学》："《庄子·逍遥篇》，旧是难处，诸名贤所可钻味，而不能拔理于郭、向之外。"这是记支遁白马寺谈逍遥义时的说法，就是说，在支遁释逍遥义之前，向、郭义被普遍认可。余嘉锡《世说新语笺疏》，中华书局，1983年版。

⑦陈寅恪《逍遥游向郭义及支遁义探源》，《金明馆丛稿二编》，生活·读书·新知三联书店，2001年7月版。

⑧《高僧传》卷四《支遁传》，《高僧传合集》，上海古籍出版社，1991年版。

⑨《世说新语·文学》刘孝标注引。

⑩汤用彤《释道安时代之般若学述略》，《理学·佛学·玄学》，北京大学出版社，1991年版。

⑪陈寅恪《逍遥游向郭义及支遁义探源》，《金明馆丛稿二编》，生活·读书·新知三联书店，2001年版。

⑫黄锦鋐《〈庄子·逍遥游篇〉郭象与支遁义之异同》，《晚学斋文集》，东大图书公司1994年版。胡楚生先生也有类似的论述，而认为支遁义较之郭象义，更近于《庄子》的原意，见其《〈庄子·逍遥游篇〉"适性说"与"明心说"的抉择》，《老庄研究》，台湾学生书局，1992年版。

⑬如高迈《鲲化为鹏赋》，《全唐文》卷二百七十六；李白《大鹏赋》，王琦注《李太白全集》卷一，中华书局，1977年版；李子卿《听秋虫赋》，《全唐文》卷四百五十四等。

⑭参见拙作《从〈庄子〉的坐忘到唐人的炼神服气》，《道家、道教、古文论谈片》，台湾文津出版社，1994年版。

⑮林希逸《庄子鬳斋口义》卷一，《无求备斋庄子集成初编》影印明刊正统道藏本，台湾艺文印书馆。

⑯林希逸以"天理"释自然之道，在《庄》注中多次出现，如释"天府"为"天理之会"。

⑰真德秀《西山读书记》卷二十八，四库全书本。

⑱朱熹《四书章句集注·论语集注》卷六，中华书局，1983年版。

⑲叶采《〈近思绿〉集解》卷二,四库全书本。

⑳程颢、程颐《二程集·河南程氏遗书》卷十二,中华书局,1981年版。

㉑程颢、程颐《二程集·河南程氏遗书》卷十二,中华书局,1981年版。

㉒朱熹《四书章句集注·论语集注》卷七。

㉓真德秀《西山读书记》卷二十八。

㉔朱子编《二程外书》卷三,四库全书本。

㉕黎靖德编《朱子语类》卷十六,中华书局,1986年版。

㉖苏轼《庄子祠堂记》,孔凡礼点校《苏轼文集》卷十一,中华书局,1986年版。

㉗程俱《庄子论》,《北山集》卷十三,四库全书本。

㉘沈一贯《庄子通》,严灵峰《无求备斋庄子集成续编》影印明万历刊本。

㉙褚伯秀《南华真经义海纂微》卷一,《正统道藏》第15册。

㉚见其《南华真经副墨序》,《南华真经副墨》卷首,《无求备斋庄子集成续编》影明万历六年刊本。

㉛同上书,卷一。

㉜陈献章《寻乐斋记》:"仲尼、颜子之乐,此心也;周子、程子,此心也,吾子亦此心也,得其心,乐不远矣。"《陈献章集》卷一,中华书局,1987年版。

㉝黄宗羲《明儒学案》卷五,《白沙学案》上,中华书局,1985年版。

㉞陆长庚《南华真经副墨》卷一。

㉟参见拙作《袁宏道〈广庄〉与郭象〈庄子注〉之关系》,大阪市立大学《中国学志》2000年"谦号"。

㊱钱澄之《庄屈合诂》卷首,《桐城钱饮光先生全书》,清康熙刊本。

㊲依次为《遇曾庭闻芜阴市上》、《旧梵雨夜示方子留》、《鸠兹酬张惕中》,均见同上书,《田间诗集·江上集》卷一。

㊳胡文英《庄子独见笺注》卷首,清乾隆十七年聚文堂版。

袁宏道《广庄》与郭象《庄子注》之关系

明代嘉靖、万历年间，注释和谈论《庄子》，似为一时之风气。严灵峰先生《庄子书目》著录有嘉靖六年至万历四十三年之《庄子注》一类著作共一百零六部。其中六种尚难确定为万历以前之著作。即此一百种《庄》注，数量也是十分巨大的。在中国历史上，除魏晋之外，在近百年的时间内，有近百种《庄》注，似未见。从这一点，可以看出明代后期士人对于《庄子》的重视；同时，也可以看出明后期与魏晋有一种十分值得重视的相似之处。

我们都知道明代后期是一个在思想潮流上发生巨大变化的时代。狂禅与纵欲，在一部分士人中相当流行。对于庄子的爱好，正是在这种风气下出现的。此时之庄子研究，除了注庄之外，还有借着对于庄子思想的解释，加以引申，表达自己的思想，如袁小修的《导庄》，袁宏道的《广庄》，和后于他们的王夫之的《庄子通》等等。这一类著作，往往带有更多的解者的个人色彩。

我们都知道，对于庄子思想的解释，每一个时期、每一个人，都是不一样的。注庄和解庄，都不可避免地带着各个时期的思想潮流的印记，也不可避免地带着每个人的思想痕迹。一部庄子的解释史，可以说，就是一部不同时期的庄子接受史。从这一部庄子思想接受史，我们可以观察到解释者当时思想潮流的某一侧面；当然也可以了解到解释者对于前代解庄者的思想承传关系。袁宏道的《广庄》可以作为一个例子。我们可以从中了解他对于庄子思想的解释与明代后期的社会思想潮流的关系，可以了解他自己的思想倾向，当然也可以了解他对于庄子思想的理解，受着前代何人的影响。

袁宏道《广庄》，只涉及《庄子》内七篇（值得注意的是，李贽《庄子解》、袁小修《导庄》、王夫之《庄子通》也都只涉内七篇）。这《广庄》七篇，除大量的以佛解庄外，有一个重要现象值得注意，就是其中有郭象《庄子注》的明显影响。

学术界一般认为，《庄子》内七篇是《庄子》一书的重心。我们且不管《庄子》一书各篇的真伪问题，从现存的《庄子》三十三篇看，外篇十五，杂篇十一，都与内七篇有这样那样的联系。（《大宗师》中有不少段落与外杂篇重复即是一例。）这大概有两种可能，一是外、杂篇的思想是从内七篇铺演开来的；另一种可能，就是内七篇的思想晚出，来自外杂篇。学术界多数人的看法，是内七篇可能在先，而外杂篇在后。这个问题牵涉太广，我们且不去管它，只需承认内七篇是《庄子》一书的思想重心就可以了。因为在这内七篇中，涉及了人生在世的一些最重要的问题，如：理想的人生境界、理想人格、如何认识世界、如何处世、如何对待生死等等。或者正是由于内七篇涉及的都是人生的重要的无法回避的问题，明代后期才有那么多的士人那样地注意它，以自己的方式去解释它。从这一角度来看《广庄》与郭象《庄子注》的关系，有可能看得更为密切一些。

一

袁宏道《广庄》与郭象《庄子注》的关系的头一点，就是他对于庄子的理想的人生境界的理解受着郭象的明显影响。

庄子在《逍遥游》中，提出了他理想中的人生境界就是逍遥的境界。什么才算逍遥？庄子用不同的几个层次加以比较：1. 知效一官，行比一乡，德合一君，而征一国者；2. 举世誉之而不加劝，举世非之而不加沮，定乎内外之分，辩乎荣辱之境的宋荣子；3. 御风而行的列子。他认为，这几种境界虽然一个比一个到达更高的层次，但都不是最理想的，因为它们都还有所待。他的理想的境界是："若夫乘天地之正，而御六气之辩，以游无穷者，彼且恶乎待哉！故曰：至人无己，神人无功，圣人无名。”无己，就是无我；无功，就是无为；无名，就是不立名分，物我两忘。所谓乘天地之正，而御六气之辩，就是与道冥一。天地之正，就是天地的自然状态，它的自然的存在，也就是道的状态。御六气之辩，是说随六气的变化而变化，也是与天地万物一体的意思。逍遥的人生境界，就是与道冥一的境界，我消失了，物我两忘，也就是逍遥的境界。庄子在其他篇里，反复论述这样一个物我两忘的境界。他说的“坐忘’、“心斋”，也指的是这样的人生境界。坐忘，就是“堕肢体，黜聪明，离形弃知，同于大通”，就是物我两忘，既忘心，亦忘身。《坐宥》篇说的“心养，汝徒处无为而物自化。堕尔形体，黜尔聪明，伦与物忘，大同乎涬溟，解心释神，漠然无魂，万物云云，各复其根而不知，浑浑沌沌，我与物皆忘而大同乎”也是这个意思。心养，也就是心斋，与物大同，也就是与道冥一。这个境界还可以作另外的表述，例如，他在《应帝王》中描述的壶子显示给神巫的最高境界：“乡我示之以未始出我宗。我与之虚而委蛇，不知其谁何，因以为弟靡，因以为波流，故逃也。”因为壶子显示的是与道为一体的境界，自我完全消失了，处于一种空无所有的状态，与万物为一，随万物之变化而变化，以为什么就是什么。这种自我消失而与道冥一的变化莫测的境界，使神巫不知其谁何，手足无措而逃逸。这样的人生境界，也就是他一再描述的真人、至人的境界。逍遥既无关乎大小，也无关乎优劣成败。宋人王元泽解释“逍遥”说：“夫道无方也，无物也，寂然冥运而无形器之累，惟至人体之而无我，无我则无心，无心则不物于物，而放于自得之场，游乎混茫之庭，其所以为逍遥也。”（《南华真经新传》）王元泽的解释较近于庄子的原意。

但是郭象却对它作出了不同的解释。庄子是坐忘就逍遥，郭象则认为：适性即逍遥。也就是说，自我不必消失，适性即可。他说，大小虽不同，但各适其宜，就逍遥。“苟足于其性，则虽大鹏无以自贵于小鸟，小鸟无羡于天池，而荣愿有馀矣。故小大虽殊，而逍遥一也。”“物各有宜，苟得其宜，安往而不逍遥哉！”庄子说的是无物无我，才是一种逍遥的状态。小大虽殊，同为无我，同为大通，才能逍遥。而郭象说的是小大虽殊，各适其性，都有其存在的理由，都可以到达逍遥的境界。显然，郭象对庄子的逍遥观作了改造。这一理论的成立，逍遥就不是为了寻找一个物我两忘的人生境界，不是为了摆脱世网的束缚，而是为了说明现实的一切都有其存在的理由。既然各适其性就是逍遥，那么无欲与纵欲，出世与入世，名教与自然，都可以达到逍遥的境界。这就把庄子的思想，变成了郭象那个时代的士人们行为的理论上的依据。

在对逍遥的理解上，袁宏道与郭象有相似处。他认为：巨细、长短、古今、寿夭、彼我，都是就情量所及而言的。如果不以情量言，不以己之见正彼，各安其分，则逍遥可得。他说：

> 圣人知一己之情量，决不足以穷天地也，是故于一切物，无巨细见；于古今世，无延促见；于众生相，无彼我见。殇可寿，巨可细，短可长，我可彼，智可蒙。蜉蝣以暮死为长年，故殇未始不寿也。牛大于豕，小于象，故巨未始不细也。梦十年者，不出一觉，故短未始不长也。……惟能安人虫之分，而不以一己之情量与大小争，斯无往而不逍遥矣。

我们前面说到庄子的逍遥观是我与道冥，是物我两忘，大小、长短、寿夭、彼我之分，都是不重要的，因为这一切的存在，都不可能达到逍遥的境界，只有“我”消失了，与万物为一体了，我消融于道中了，才能到达逍遥的境界。而郭象的解释则是万物各有其性，只要各适其性，就逍遥。他是在承认我与万物的存在的条件下，承认逍遥的。他认为，逍遥就是适性。袁宏道对于逍遥的理解，正在这一点上接近于郭象。他虽然没有明确地说万物各适其宜、各适其性就逍遥，他虽然承认存在都是相对的，大小、延促、古今、寿夭、彼我等等在不以情量言时，并无差别。但他反对的只是一己之见，而不是万物的存在本身。他并没有说有差别的万物的存在，就不可能到达逍遥的境界。因此他说：“惟能安人虫之分，而不以一己之情量与大小争，斯无往而不逍遥。”他的这个说法，显然与郭象的适性即逍遥的观点相合。他强调的依然是安其分，而不是我与道冥，不是物我两忘。

二

袁宏道《广庄》与郭象《庄子注》的关系的又一点，是他对于庄子的齐物观的理解，受着郭象的明显影响。

庄子的齐物观，是万物本自然，此种自然，皆相对而存在。自空间言之，有与无、大与小，都是相对的；自时间言，生与死、延与促，也都是相对的；自美丑、是非言，同样是相对的。他是从相对的存在来论齐物的：

> 夫言非吹也，言者有言，其所言者特未定也。果有言邪？其未尝有言邪？其以为异于鷇音，亦有辩乎？亦无辩乎？
>
> 物无非彼，物无非是。自彼则不见，自是则知之。故曰，彼出于是，是亦因彼。彼是方生之说也。虽然，方生方死，方死方生；方可方不可，方不可方可；因是因非，因非因是。是以圣人不由，而照之以天，亦因是也。是亦彼也，彼亦是也。彼亦一是非，此亦一是非。果且有彼是乎哉？果且无彼是乎哉？彼是莫得其偶，谓之道枢。枢始得其环中，以应无穷。是亦一无穷，非亦一无穷也。

我们从庄子的这些论述里，可以清楚地看到，他所说的万物各有所然，各有所可，本无所谓有无、是非、寿夭、延促等等，一切都是相对而存在，都是建立在一个圆环的基础上的，就是他所说的“道枢”。他说，这个“道枢”是一个环，“枢以得其环中，以应无穷”。一切的存在，都在这个圆环上，没有起点也没有终点，既是起点也是终点。因此说，万物本齐一，本无差别。这是应引起我们特别注意的一点。万物之所以是齐一的，就是因为它们既是起点又是终点。他的《齐物论》，讲的就是这“齐物”——论，是万物本齐之论；而不是齐——物论，不是万物本不齐而使其齐之论。所以他在《齐物论》里又说：“古之人，其知有所至矣。恶乎至？有以为未始有物者，至矣，尽矣，不可以加矣。

其次以为有物矣，而未始有封也。其次以为有封焉，而未始有是非也。是非之彰也，道之所以亏也。道之所以亏，爱之所以成。”无物、无界线、无是非，是认知的不同层次。有了界线（差别）、有了是非，也就不可能进到道的境界。所以说，庄子的这个认识论，是与他的人生境界说统一的。万物本齐一，我与道也就可以冥一；我与道冥一，也就可以做到物我两忘。因此，他在论齐物时，反复地说到吾丧我，说到和之以天钧、天府、天倪。

郭象则从物本各异，而此各异又皆有其自然之性来解释齐物。庄子把万物之不齐看做是在环中相对的异，自环看之，则万物均齐。郭象则把此种异看做是本然之异，只是从本然之一点上看，才是均齐的。他说：“物各自然，不知所以然而然，明形虽弥异，其然弥同也。”“万物虽异，至于生不由知，则未有不同者也。”庄子之所以认为万物均齐，是从没有起点也没有终点、既是起点也是终点的环的意义上说的。郭则是从物自性自足上说，是点。他说：

> 夫以形相对，则大山大于秋毫也。若各据其性分，物冥其极，则形大未为有余，形小不为不足。苟各足于其性，则秋毫不独小其小而大山不独大其大矣。若以性足为大，则天下之足未有过于秋毫也；若性足者非大，则虽大山亦可称小矣。故曰天下莫大于秋毫之末而大山为小。大山为小，则天下无大矣；秋毫为大，则天下无小矣。无大无小，无寿无夭……则天地之生又何不并，万物之得又何不一哉。

就是说，物本不齐，但是从性自足这一点上看，它们都是齐一的。万物虽各有其自性，有其差异，而自我观之，自性自足即是均齐。

袁宏道的齐物观受到郭象的影响。他也是承认天地之间万物原本不齐的。他说：“天地之间，无一物无是非者。天地，是非之城也。身心，是非之舍也。智愚贤不肖，是非之果也。古往今来，是非之战场圩垒也。天下之人，头出头没，于是是非非之中，倚枯附朽，如大末虫之见物则缘，而狂犬之闻声则吠。”他认为，凡有情，就必有好恶，有好恶，就必是各人有各人之是非。各人之是非标准不同，也就无所谓是非。“夫不可常，即是未始有衡，未始有衡，即不可凭之为是非明矣。”“空中之花，可以道无，亦可以道有。故圣人不见天高地下，亦不言天卑地高。波中之像，可以言我，亦可以言彼。故圣人不见万物非我，亦不言万物是我。物本自齐，非我能齐；若有可齐，终非齐物。”他也说物本自齐，但是他所说的物本自齐，是因为是非、彼我、有无等等，没有可以衡量的标准，物的差别是一定的，因其没有可以衡量的标准。所以可以以齐一视之。

庄子是物本自齐，他是从物既是起点也是终点，循环以至无穷来看万物齐一的，最后把这种齐一导向空无，归之于冥一物我。郭、袁则是物本不齐，因其自有其本然，所以可以齐物视之。庄子的齐物，是物本自齐，物自身本来就可有可无、可此可彼、可是可非；而郭象与袁宏道的齐物，则是物本不齐，因其自性，因判断此种自性之差别与标准难以论定，因此自我观之，万物皆齐。郭、袁之此种齐物观，最后归之于一切存在都是合理的，无所谓是非。这一点对于他们所处的环境而言，极具现实之意义。

三

袁宏道《广庄》在阐述庄子之处世观时，与郭象《庄子注》既有相似处，也有不同处。

庄子之处世观，是自全，处于世间，最好是什么都不要去做。儒家的处世观，是入世，把救民于水火看做自己义不容辞的责任，所谓“国家兴亡，匹夫有责”就是。而庄子的处世观，则是出世，是不问人事。他认为一入世，一问人间之事，就会为自己招来祸害。他连续用三个编造的故事来说明这一思想。结论是，什么事都不要去管，处于世间，最好是进入一种“心斋”的状态：“若一志，无听之以耳而听之以心，无听之以心而听之以气！听止于耳，心止于符。气也者，虚而待物者也。唯道集虚。虚者，心斋也。”这是说，在对待外物时，应该做到物我两忘，心境空明一无所有。有的事（如事亲、事君）是无法摆脱的，“子之爱亲，命也，不可解于心；臣之事君，义也，无适而非君也，无所逃于天地之间”。对于这样的事，最好的办法是“乘物以游心，托不得已以养中”。所谓乘物以游心，就是虽面对事物而游心于外，即游心于空明之处。所谓托不得已以养中，就是“缘督以为经”，处于无所依倚的境地，无迁令，无劝成，做到虽做了也等于没有做。他接着就提出了一种处世的原则：“彼且为婴儿，亦与之为婴儿：彼且为无町畦，亦与之为无町畦；彼且为无崖，亦与之为无崖。达之，入于无疵。”就是随物适变，无所可否，虽处世间，实出世外。要做到这一点，即要摆脱世务，就要使自己无所可用。“山木自寇也，膏火自煎也。桂可食，故伐之；漆可用，故割之。人皆知有用之用，而莫知无用之用也。”

郭象从适性安命的基本观点出发，来说明他的处世观：

> 则一生之内，百年之中，其坐起行止，动静趋舍，情性知能，凡所有者，凡所无者，凡所为者，凡所遇者，皆非我也，理自尔耳。而横生休戚乎其中，斯又逆自然而失者也。
>
> 故人之生也，非误生也；生之所有，非妄有也。天地虽大，万物虽多，然我之所遇适在于是，则虽天地神明，国家圣贤，绝力至知而弗能违也。故凡所不遇，弗能遇也：其所遇，弗能不遇也。凡所不为，弗能为也；其所为，弗能不为也。故付之自然耳！（《德充符注》）

郭象这里说的是遇到什么就顺从它，付之自然，不要改变它。他说：“故大人荡然放物于自得之场，不苦人之不能，不竭人之欢，故四海之交可全矣。”在《天地》中，他说：“万物万形，各止其份，不引彼以同我，乃大成耳！”就是说，处世间，遇到什么都不要去干预，什么都是合理的存在，都是自然自适的。而这种不干预，不是无为，而是各人任其自为，“无为者，非拱默之谓也，直各任其自为，则性命安矣”。

庄子的处世原则是一切无所系心，无所可用，是对人人而言的。郭象的各任其自为，也是对人人而言的。各任其自为，既可以是我，也可以是人，这就必然导致可不为也可为，最终导致爱怎么做就怎么做。这就与庄子的本意完全不同了。

袁宏道在如何处世这一点上，既略异于庄子，也略异于郭象。他承认人世间各不同，智愚贤不肖，各各存我见。唯圣人能善藏善用，做到大道不道，大德不德，大仁不仁，大才不才，大节不节。他认为，我存我见，则其害无穷；去我见，才是处人世间的要诀。“古之至人号肥遁者，非遁山林也，遁我也。我根在，即见山林亦显，何也？有可得而见者也。我根尽，即遁朝廷亦隐，何也？无可得而见者也。无可得而见，是故亲之不得，疏之不得，名之不得，毁之不得，尚无有福，何有于祸？”在去除我见这一点上，接近于庄子的心斋，但也不同于心斋。说接近，是说我见既除，则无我。他在《德充符》中说到不见己，不见人，一切不系于心，就是德充。这可以补充说明这个无我的含义。但这个无我，又不是心完全处于空明境地，只是不执著而已。为什么这样说，因为他随后在列举古来能做到无我的人中，举了张良、东方朔、黄宪、阮籍、狄仁杰。而此五人，都并非心斋坐忘以处世间者。他们只是能够去我见而“与世委蛇”而已。他们其实是入世的，只不过善于保护自己。这当然和庄子不同。在入世这一点上，袁宏道略近于郭象，但又与他不同。郭象是各任其自然，袁宏道则是与世委蛇以全己。郭的各任其自然，无机心；而袁的与世委蛇，其实是有机心的。

四

对于《庄子》的解释，既不可能完全离开庄子，也必定带着解释者自己的思想，当然，同时也存在着解释者之间的承传关系。现存最早最完整的《庄》注是郭象注，对后代《庄》注影响极大。袁宏道受其影响，是很自然的。但是如果我们考察《庄》注的发展史，并且考察郭象注《庄》与袁宏道《广庄》的社会环境，就会发现，这种影响还不仅仅是注解本身的承传关系，还有另外的原因。

唐人成玄英在郭象的《庄》注基础上作疏，他在很多地方都接受了郭注的见解；但也在不少地方，加入了佛家的思想。他虽是有名的道教学者，但在今天所能见到的《庄》注中，他是最早以佛解《庄》的人。（如果就单个范畴作解释，那以佛解《庄》当然以支遁对“逍遥游”义的解释为最早。）成玄英之后，以佛解《庄》的作者不少。（袁宏道也是其中之一，因为我们今天是谈他受郭象影响的部分，关于他以佛解《庄》，就不在这里谈了。）但是自从苏轼在他的《庄子祠堂记》中说庄子是辅助孔子之后，以儒解《庄》的系统的《庄》注便不断地出现。最有名而且影响最大的当然要数南宋林希逸的《庄子鬳斋口义》。可以说，《口义》出而解《庄》受其影响者便不断。例如，对于“逍遥”义的解释，《口义》说，通篇只是一乐字，《论语》门人形容夫子，只一乐字，《诗三百》之形容人物，也只一乐字，此之所谓逍遥游。他所说的这一个乐字，就是胸中的广大之乐。这样解逍遥游，为后来以儒解《庄》者之所本。明人的道教学者陆长庚的《南华真经副墨》，杂佛、儒以解《庄》，他解逍遥义，也用广大胸中之乐。不过他的解释中又加入了明儒的思想影响。他说：“逍遥者，汗漫自适之义。夫人之心体，本自广大，但以意见自小，横生障碍。此篇极意形容出个致广大的道理，令人展拓胸次，空诸所有，一切不为世故所累，然后可进于道。”他的这一解释，与明初理学家陈献章的观点十分接近。陈献章说：“人心上容留一物不得，才著一物，则有碍。……此心便不广大，便是有累之心。”（《陈献章集·论学书》）与陆长庚差不多同时的李廷机、陆可教《庄子玄言评苑》释逍遥义，文字与《副墨》全相同。也大略同时的杨起元《南华经品节》，释逍遥义，文字亦全同。从这里我们可以看到以儒解《庄》的一派，在逍遥义的解释上，并没有吸收郭象的见解。吸收郭象对逍遥义的解释的，是另一些人。大约作于万历十六年（前有万历十六年序）的沈一贯的《庄子通》，主要的部分以儒解《庄》，但有的地方又接受了郭象的思想，释逍遥义，谓：“逍遥者，放任自得之名也。”这显然是从郭象的自适说来的。大约也作于同年的焦竑的《庄子翼》（前有万历十六年自序），引宋人褚伯秀《南华义海纂微》释逍遥义亦谓："各安所安，各足其足，而天下无事矣。见其逍遥一也。"我们知道，袁宏道的《广庄》作于万历二十六年，与沈、焦书前后间，而释义相类，深可注意。有意思的是李贽的《庄子解》和陶望龄的《解庄》，对于逍遥义的解释也与袁宏道相近。他们都是袁的好友。李说："是故言其所见，则以为寻常；言其所不见，则以为语怪。听其所知，则以为至极；听其所不知，则以为无当。呜乎！是尚可以语逍遥乎哉！"他的意思是说，物各自然，不因人之不见而改其所本然。应该承认物各自然，才能达到逍遥的境界。所以他接着说："夫至物难见，至人难知。非难见也，以人之所见者小也。至人无见故无不见，故无不可，而何适之不逍遥哉！"陶是在解释齐物论的时候，反映出他的逍遥观来的。他说："故不若以天还天，以地还地，以万物还万物，以是还众是，以非还众非。万吹寥然，两行不悖之为齐也。故约，无适焉，因是已。无适者，各适也。"这其实就是郭象的物各有其所适，任其自适就逍遥的思想。这样，我们就看到了袁宏道周围的一些朋友对于逍遥义的理解，与袁的理解的一致处。这是很有意思的问题。

我们都知道，郭象的解庄，是当时社会思潮的反映。他对于庄子的解释，正适合于当时现实的需要。我曾在《玄学与魏晋士人心态》中这样说，郭象的适性任情的主张，与当时士人的任情纵欲，关系密切。"率性而动，便什么都可以做了。郭象这种适性、称情的主张，对于当时士人的心态与行为，无疑有着极大的适应性。一方面它既可以为口谈玄虚、不谙世务找到理论根据；另一方面，又可以为任情纵欲、为个人欲望的满足的合理性找到理论上的解释。既出世，又入世。"我也把郭象对于庄子的解释，看做当时名教与自然合一的思潮的一种反映。我在那本书里说："郭象既然从物自生、自性、独化，导致一切存在的都是合理的，应该顺物之性，应该适情的结论，那么，名教与自然都是一种存在，就都有它们的合理性，不应该以彼正此，也不应该以此正彼，不应该互相排斥。这种理论认识当是一种相当普遍的共识。西晋中期以后，以至于永嘉以前，并未发生名教与自然的激烈矛盾，原因恐怕就在这里。”

袁宏道对于庄子的解释，无疑也与晚明的思想潮流有关。我们都知道，晚明是中国历史上又一个追求个人适情的时代，任情纵欲，成一时风气。士人好酒、好色，好山水游乐、奢华逸乐，都有类于西晋。袁宏道之接受郭象对于庄子的某些解释，是很自然的。

（为2000年9月16日在日本大阪市立大学的讲演稿，

刊于该校《中国学志》2000年“谦号”）

李白的神仙道教信仰

李白在诗文中，常常提到他的神仙道教信仰，如受道箓、炼丹服药、幻想成仙等等，但是也仅此而已。至于其中详情，例如，他属于道教的哪个派系？炼丹炼成了没有？是不是已经服食过自己炼制的丹药？则就没有提供过任何具体的材料。我们至今也仍然不甚了了。而这不甚了了，又影响到我们对他的神仙道教信仰了解的深度。对这个问题，研究起来是相当困难的。本文拟作一点推测，提出一点不成熟的看法。

一

有学者认为，李白沉迷于道教很深。这一说法只在李白一生的某些段落是对的，并非终身如此。范传正《李公新墓碑》说他“好神仙非慕其轻举，将不可求之事求之，欲耗壮心、遣余年也”，这是说他后来的求神仙，是一种排遣而已。范传正的解释当然不一定确切。李白对神仙道教的信仰，不完全是为了排遣，但其中某些时间段落，他对神仙道教的信仰产生了动摇，却是事实。“神仙殊恍惚，未若醉中真。”[①] “富贵与神仙，蹉跎成两失。”[②] 在他的一生里，有时候执著地追求神仙，有时候却持比较淡漠的态度。

李白入道问题，似乎一直未曾弄清楚过。《感兴》八首之五说：“十五游神仙，仙游未曾歇。”以往只是把这理解为他十五岁开始追慕神仙方术。这样理解可能不是唯一的一种解释，可能还会有另一种的解释，是他在十五岁的时候，就正式入道了。孙夷中《三洞修道仪》叙初入道仪，谓：“其童男女，秉持至十五岁，方与诣师请求出家，禀承戒律；稍精，方求入道，誓戒三师，称智慧十戒弟子。”[3] 就是说，十五岁是一个年龄界线，从十五岁开始，才算正式入道了。李白在《凤笙篇》中说：“仙人十五爱吹笙，学得昆丘彩凤鸣。”[4] 也包含着对十五岁始可正式入道、进入求仙之途的理解。当然，李白不一定出家，但是他在十五岁时曾受戒于三师，举行过最初的入道仪式，或者是可能的。而且，此后他还曾不止一次地行过受道箓的仪式。这从他在齐州紫极宫请高如贵受道箓可以得到证明。据《三洞修道仪》，道士的最高一级是大洞部道士，称上清大洞三景弟子无上三洞法师东岳真人道德先生。“识功券飞步诸法、金丹大诀。自此以毕法相，相次传与世之学道者，一次传一人。”传授是很隆重的，要登黄坛，告九天，歃血分券断契，以金鱼、玉龙、赤玉珪、圆瑶告誓万灵。传授之后，与弟子告别，有所谓回车之道，“从此思一向金阙后圣飞升之道”。李白《奉饯高尊师如贵道士传道箓毕归北海》中说的：“吾师四方劫，万世递相传”，就隐含有对高如贵道士道性高妙的赞仰之意。又说：“别杖留青竹，行歌蹑紫烟。离心无远近，长在玉京悬。”这是说，高如贵传道之后，功行圆满，去修他的仙道去了；而李白今后对他的怀念，情系玉京仙境。这诗没有具体的指谓，找不到任何一处具体的事物，当然也就可以作其他的解释，却不排除作上述解释的可能。

既然李白在齐州紫极宫所受的道箓是相当高的层次，那么自他少年入道至天宝四载在齐州紫极宫受道箓，这中间一定还有过受道箓的事，只是没有留下来材料而已。修于初唐的《洞玄灵宝三洞奉道科戒营始》，对受道箓有明确的记载，不同的等级传授不同的经箓，依次渐进。“参受经戒法箓，须依此次第名位，不得叨谬。”[5] 传授者如果不按被传授者的次第而错传，是有罪的。高如贵传授给李白道箓，一定了解他自“十五游神仙”、“结发受长生”以来所受的种种道箓的情形。

李白还有一首《访道安陵，遇盖寰，为予造真箓，临别留赠》，也牵涉到道箓问题。郭沫若《李白与杜甫》认为盖寰为李白造的真箓，就是高如贵在紫极宫授给李白的道箓。我在一篇小文章中提到此事，以为是另一次的道箓传授。[6] 这一理解是不确的。这不是一次道箓传授，而是一次符箓的书赠。道箓当然也可称真箓，《洞玄灵宝三洞奉道科戒营始》卷五“灵宝中盟经目”就著录有《上清太上中元检仙真箓》。但是从诗的内容看，却并不是经箓的传授，而是指符箓。《灵宝无量度人上经大法》卷五十五“普度符诰品，太上生天宝箓”记有“盟真玉匮度魂韩君真箓”，那是超度亡魂的。⑦《无上玄元三天玉堂大法》卷二十有长生箓式：“生身受度，劫劫长存，太岁某年某月某日、时，告下元始符命，预度某人，改移地府，注上仙曹，永度苦难，名列三天，……右长生灵符，已依式书奏三天门下，合同照应，给付某人收执佩持，将来应运灭度，不经地府，迳上朱宫，九炼成真，形神俱妙。”⑧ 李白所接受的盖寰造的真箓，可能就是长生箓。因此，他才在诗中说到：“为我草真箓，天人惭妙工。七元洞豁落，八角辉星虹。三灾荡璿玑，蛟龙翼微躬。举手谢天地，虚无齐始终。”这是说盖寰书造的真箓神力无穷，可以消灾解厄，而达到长生不老，与天地齐寿的目的。

以上是要说明，李白是正式入道，举行过多次入道仪式了的。他也相信符箓。不过他虽正式入道，却似乎并没有接受道教的戒律，而只接受经文。这点我们后面还将涉及。

除了受道箓之外，李白的神仙道教信仰的另一重要表现，就是炼丹服药。这方面的诗文，可以分四组：

第一组：

吾希风广成，荡漾浮世，素受宝诀，为三十六帝之外臣。……而尝采姹女于江华，收河车于清溪，与天水叔昭夷服勤炉火之业久矣。⑨

我有锦囊诀，可以持君身。当餐黄金药，去为紫阳宾。⑩

闭剑琉璃匣，炼丹紫翠房。身佩豁落图，腰垂虎盘囊。⑪

炼丹费火石，采药穷山川。⑫

第二组：

《草创大还赠柳官迪》

第三组：

愿随子明去，炼火烧金丹。[13]

无以墨绶苦，来求丹砂要。[14]

终当遇安期，于此炼金液。[15]

时命若不会，服药炼金丹。[16]

提携访神仙，从此炼金药。[17]

愿游名山去，学道飞丹砂。[18]

第四组：

攀条摘朱实，服药炼金骨。[19]

我来采菖蒲，服食可延年。[20]

尔去掇仙草，菖蒲花紫茸。[21]

第三组可以不讨论，它所涉及的只是炼丹的愿望，并未实行。从开元末年的齐鲁之行到安史之乱起之后，他都存在着这一强烈愿望。与这一组有些相似，是《流夜郎，半道承恩放还，兼欣克复之美，书怀示息秀才》中说的“弃剑学丹砂，临炉双玉童”。这是愿望，还是实行了的？诗中没有明确的指说。但从全诗语气看，似更近于表示一种愿望，因为其时李白还没有在一个地方稳定下来，尚未有炼丹的条件。第四组中关于采菖蒲的两例，都是说的他人，不是自己。但从诗中可以看出，他是相信服食菖蒲可以延年的。除了《神仙传》的影响之外，他可能受了《上清经》的影响。《上清经》中专门谈到菖蒲的功效。《神仙服食灵草菖蒲丸方》据《上清经》论服食菖蒲的益处，说：“服经十日，能消食；两月，除冷疾；三月，百病痊；而至四年，精神有余；七年，发白再黑；八年，齿落重生；九年，皮肤滑腻；十年，面如桃花；十一年，骨轻；十二年，永是真人；长生度世，颜如芙蓉，役使万灵，精邪不近，祸患永消。”[22] 菖蒲服食，显然也是李白服药以求神仙的一个重要方面。朱实，未明为何种药物，有人以为是灵芝，然亦无据。总之，第四组涉及的，是服食植物类的仙药。

必须重点讨论的是第一、二组，即提到炼丹的这两组。李白都炼过些什么丹？炼成了没有？这些都有待于研究解决。首先，可以确切知道的是他曾经接受过炼丹秘诀的传授。他自己说的“素授秘诀”、“我有锦囊诀”，就是证明。唐代服食炼丹之风甚盛，有不同的派别，不同的方法，当时可以见到的炼丹经书是很多的。唐人梅彪《石药尔雅》著录有服食书目九十八种。这些著作中包括有内丹、外丹和其他服食书，由于多数已经亡佚，无法确知其中有多少外丹书，但数量当不会少。梅彪在《序》中说：“少好学道，性攻丹术，自弱至于知命，穷究经方，曾览数百家。”[23] 可见他著录的只是其中的一部分。他是蜀人，又可知唐时蜀地可以见到的炼丹书籍数量甚大。李白青少年时期阅读到丹书经诀，是极有可能的。但是，炼丹的承传带有浓厚的神秘色彩，经书上所记的配方与冶炼方法多用隐语，难以索解。梅彪《序》就说：“论功者，如同指掌，用药皆是隐名。就于隐名之中，又有多本，若不备见，犹画饼梦桃，遇其经方与不遇无别。”隐名之不易确解，实为炼丹神秘色彩最集中之体现。他在卷上“飞炼要诀”中解释了诸种药物的隐名，我们便可以从中看到这一点。例如，“锡精”，他列举的别名就有：黄精、玄黄、飞精、金公华、黄牙、伏丹、制丹、黄轻、黄轝、紫粉、黄华、黄龙、黄池、河车、太阴、金精、金公河车、素丹白毫、假公黄等。其实，对这些别名也还存在不同的理解，如其中的黄牙，就有着不同的解释。《石药尔雅》成书于唐元和元年（806），在李白死后四十余年。李白所遇到的当也是同样的问题。只有经书而没有师之传授，是无法炼丹的。而师之面授，就是秘密之所在。何况，一些极为重要的秘密，是不写在经书上的。而师之传授，都是口口相传。没有师之面授，炼丹显然不可能。李白经过师之面授，只是不知受之于何人何时。“我有锦囊诀”句，当写于李白与元丹丘往随州访胡紫阳之前，可说明不是胡紫阳传授的。而且从“可以持君身”的句意看，李白知道的炼丹秘诀，元丹丘尚不知道。那么传自谁呢？李白初出峡时，在江陵遇司马承祯。司马承祯说李白有仙风道骨，会不会是司马承祯的传授？从现存司马承祯的著作看，他主张养生，属内丹一流，而并不主张炼外丹。唐玄宗《赐司马承祯勅》说：“司马炼师以吐纳余暇，琴书自娱”，也可证其炼内丹。但在方志里，却保存有司马承祯炼丹的记载。[24]方志上记载的古迹常常靠不住，司马承祯炼外丹的可能性有多大，不得而知。因之李白的炼丹秘诀是否由他传授，也就难以论定。总之，李白于何时何地从何人受炼丹秘诀，仍然是一个有待研究的问题。目前能够说的，是这种传受至迟应在开元二十三年之前。

不管从何人自何时授秘诀，从上述第一组所引诗文看，他确定是炼丹了，采姹女于江华，收河车于清溪，炼丹紫翠房。姹女是水银，河车是铅[25]，都是炼丹的基本材料。但是，炼什么丹呢？并不清楚。第三组所引诗文中提到的金丹、金药、玉液、金液，也都是一般的丹名，并不能说明他具体炼的是什么丹。而且，他炼丹似乎也没有炼成过。作于晚年的《江上望皖公山》说：“待我还丹成，投迹归此地。”外丹有小还丹、大还丹，但还丹也可指一般的炼丹过程。由丹砂烧炼抽取水银，又由水银炼烧还归丹砂。晚年还说还丹没有炼成，可见，他一生始终未曾炼成金丹，这是事实。有研究者认为《早望海霞边》中“一餐咽琼液，五内发金砂”，是他服过金丹的证明。这种说法是值得讨论的。《早望海霞边》作于李白入长安之前，作于同时的还有《天台晓望》。《天台晓望》说：“天台邻四明，华顶高百越。门标赤城霞，楼栖沧岛月。凭高远登览，直下见冥渤。……观奇迹无倪，好道心不歇。攀条摘朱实，服药炼金骨。”《早望海霞边》中说：“四明三千里，朝起赤城霞。……一餐咽琼液，五内发金砂。举手何所待，青龙白虎车。”写的是同一件事，登天台山而渴望成仙。他在天台山游览的时间不长，不可能从事大丹的烧炼工作，而采植物类的仙药却是可能的。这里说的咽琼液与发金砂，只是一种想象，登天台而想到如此美好之境界，定是仙人之所居，于是设想服金丹成仙之情状，如此而已。

李白没有炼成金丹，但服丹砂却是可能的。《代寿山答孟少府移文书》中说："嗽之以玉液，饵之以金砂"，就是指的服丹砂。服用经过简单处理而未经烧炼的丹砂，也是一种服食方法。《神仙服饵丹石行药法》就载有服用未经烧炼的丹砂的方子：

> 黄帝一物饵丹法，只服丹砂；
>
> 神仙饵丹法，服丹砂、榖实二物；
>
> 轻身益气三物饵丹法，服丹砂、大枣、醇清酒；
>
> 神仙三物饵丹法，以丹砂、铅、榖实捣碎，蒸服；
>
> 神仙四物饵丹法，服丹砂、蜜、楮实、清酒；
>
> 又饵丹法，服丹砂、醇苦酒、淳漆；
>
> 又饵丹法，服丹砂、大黄。[26]

服丹砂是一种比较容易办到的方法，只是不知道李白在安陆服的是丹砂一味，还是配以他药的复方。

现在就来接触到最麻烦的第二组了。李白的诗中留下一首最完整的炼丹的诗，就是《草创大还赠柳官迪》。这是一首描写炼大还丹的诗。问题在于，这是描写炼外丹还是描写炼内丹？其中提到用水银（姹女）、铅（河车）、丹砂（朱鸟）、礜石（白虎），描写了这几种药在烧炼过程中的作用变化（张炎威、守本宅、相将成苦老、消烁凝津液，等等），看来似是炼外丹的。但是接着问题便来了，比李白略早的孙思邈，撰《太清丹经要诀》，列出神仙出世大丹异名十三种，说："诸大丹等非世人所能知之，今复标题其名，记斯篇目，而始终不可速达也，是以其间营构方法，并不陈附此。其有好事者，但知其大略也。"[27] 孙思邈是读到各种丹经之后，写出上述这番话的。"以其间营构方法，并不陈附此"是说他读时就未见详细的营构方法，而不是说他读到了不愿说，所以才说"好事者但知其大略"。在他列出的大丹异名十三种中，就有大还丹。

就是说，在孙思邈的时代，大还丹的具体烧炼方法是不清楚的。大还丹是一种很高层次的丹，李白恐怕也未必比在这方面有权威知识的孙思邈知道得多。

更重要的是诗中的描写，大量引用《周易参同契》的句意。与李白同时的刘知古，撰《日月玄枢论》，谓《参同契》为内丹之书。[28]陈国符先生已指出，至唐代，推崇《周易参同契》为内丹之要籍。陈先生又指出："又外丹内丹所用名词，完全相同，而意义迥别。故某书所述为外丹或内丹欲加识别，非为易事，但务须详考而辨别之，否则将混淆外丹内丹。"[29]事实上内丹外丹名词所指意义往往混杂，存在多种解释，这就给理解内丹带来更多的困难。《上阳子金丹大要》说："从古到今，上圣列仙，留下丹经，不肯明示药物一件。其间所指金、木、水、火、铅、汞、砂、银，此皆比喻。而凡属直以煅炼为事，却将凡铅、水银、砂硫为其药物，以盲引盲，可胜怜悯。"[30]隐语表述外丹药物，已经为解读带来困难；此药物又并非真药物，而是暗指人体的某一部分，解读就更为困难。据《修真太极混元指玄图》，姹女指心液[31]，据《大丹直指》，肾气中暗含肺气，过尾闾，曰河车。[32]《上阳子金丹大要》卷五说："金液下降，肾气上升，至于黄房，氤氲不散，则丹聚矣。"[33]《大丹直指》也说："子时以肺之精华之气并在肾中，号曰金精。金精者，金水未分，肺肾之气合而为一。当时用法，自尾闾穴下关搬至夹脊中关，自中关搬至玉京上关，节次开关，已后一撞三关，直入泥丸。"这就是三田返复肘后飞金精之义。李白所说的"姹女乘河车，黄金充辕轭"，可能就是指心液下降，而含肺气之肾气自尾闾上升。《大丹直指》以三田返复为大还丹。在三田返复的过程中，心气运行，就是烧炼的真火。掌握心火的多少是非常重要的，金精自玉京下降，"如淋灰相似，每日下火一两，诚恐火多火少，火气多则头痛，火气少则金精不飞，须行加减。如行火太猛，遍身壮热，不可再进火，恐火炎熏烧头目，太阳作痛，口舌烧破"[34]。李白诗中说的"朱鸟张炎威，白虎守本宅，相煎成苦老，消烁凝津液"，说的似乎就是精气在三田返复的过程中，心火烧煅，而火候要掌握得恰到好处，使含有肺气之精华（白虎）的肾气（即金精、精气）始终稳定周流。《大丹直指》又说："金精入顶，紧闭两耳，使肾气不出，并入天宫，造化金精下降，如淋灰相似。"这大概就是李白在诗中说的"仿佛明窗尘，死灰同至寂"。此后便是丹的炼成："捣冶入赤色，十二周律历。赫然称大还，与道本无隔。"这是说，三田返复修炼大还丹，是与天地四时之运行一致的。《大还丹秘契图》也是内丹书，它把大还丹的炼法分为十二章，就是用以象十二个月。[35]所以李白此处说大还丹的修炼"与道本无隔"。

《大丹直指》是元人丘处机所作，其中讲的大还丹的修炼过程，或者与唐代有所差异。内丹在唐代还处于发展的初期，宋元以后才发展至高峰。到了丘处机手里，当有不少改进。但是，用《大丹直指》解读李白的《草创大还赠柳官迪》，大体仍可解通。我们可以把这首诗看做是李白曾经学炼内丹的证据。草创，就是初炼、粗炼，即是刚刚学炼的意思。

那么，这首诗作于何时呢？李白《汉东紫阳先生碑铭》说胡紫阳"因遇诸真人，受赤丹阳精石景水母，故常吸飞根，吞日魂，密而修之"。这是说，胡紫阳是炼内丹的。在《冬夜于随州紫阳先生餐霞楼送烟子元演隐仙城山序》中又说："胡公身揭日月，心飞蓬莱。起餐霞之孤城，炼吸景之精气。延我数子，高谈混元，金书玉诀，尽在此矣。"[36]说明李白曾经向胡紫阳学习内丹。胡紫阳师事李含光，李含光师事司马承祯，司马承祯师事潘师正，潘师正师事王远知，王远知师事陶弘景。是则李白之内丹修炼，来自茅山上清派。李白与胡紫阳"高谈混元"，受玉诀金书，在开元二十三年之前，是则白之学炼内丹，当在此时之后。

上述种种，似可说明李白神仙道教信仰之大致轮廓，即：他曾行过入道仪式，且早在少年时期，一生中不止一次；他曾受过炼外丹的秘诀，并且多次亲自炼过丹药，但都没有成功；对于炼丹的兴趣，直到晚年也仍然不衰退。而由于材料不足，难以断定他的外丹烧炼属于哪一派，也不清楚他炼的是哪一种丹。他没有服食过他自己炼的丹药，但服食过经过简单处理的丹砂。他还曾炼过内丹，似是属于茅山上清派。

二

按照道教的要求，无论是入道还是炼丹，都应该远绝人间，才会有所成就；应该淡泊名利，才能达到高的境界。但是，李白并不这样。他的功名心极其强烈。他既入道、炼丹，又追求功业。不惟李白如此，唐代的许多重要诗人都如此。例如，岑参就是一位炼丹的热心者。这种现象的存在，与此时道教的基本观念的变化似有关系。

这时重要的道教理论家都多少带有更加人间化的色彩。司马承祯与吴筠，就主张神仙可学论，把神仙的神秘色彩淡化了，把它人间化了。这在很大程度上是把道教的迷信色彩雅化，使它为更广大的士大夫阶层所接受。托名天隐子而实为司马承祯所撰的《天隐子》，开章明义解释“神仙”：

> 人生时禀得灵气，精神通悟，学无滞塞，则谓之神宅。神宅于内，遗照于外，自然异于俗人，则谓之神仙。故神仙亦人也。在于修我灵气，勿为世俗所沦污；遂我自然，勿为邪见所凝滞，则成功矣。

欲成神仙，须禀自然之灵气，即他赞赏于李白的那种“仙风道骨”。在禀受灵气的基础上，再行修炼。他提出修炼的途径，是斋戒、安处、存想、坐忘、神解。大体是一套气功的方法，所以他在《后序口诀》中说，这个途径的各个环节中，关键是存想。而存想，实际上就是气功的修练。他详细介绍了这套气功修练的方法，其中提到：“凡五日为一候，当焚香于静室中存想，自身从首至足，又自足至丹田，上脊膂，入于泥丸，想其气如云，直贯泥丸。想毕，复漱燕，乃以两手掩两耳，搭其脑，为鼓声三七下，伸两足，端足俛首，极力直颈，两手握固，又于两肋下接腰胯骨傍，乃左右耸两肩甲，闭息倾刻，候气盈面赤即止。凡行七遍，气从脊膂上彻泥丸，此修养之大纲也。然更有要妙，在乎与天地精气冥契同运，能识气来之时，又辨气息之所，若是，则与天地齐其长久，谓之神仙矣。”[37] 如果把司马承祯的这些论述对照后来丘处机的《大丹直指》，可以发现有许多的相似之处。这实际上是内丹学发展过程中的一个重要环节。拿与李白的《草创大还赠柳官迪》比较，不难看到其中的联系。

吴筠甚至写了一篇《神仙可学论》。在《元纲论》里，他还论述了如何成仙的方法，实际上也是一套炼气的方法，运气以达到至静的境界，与道冥一：

> 故生我者道也，灭我者情也。情亡则性全，性全则形全。形全则气全，气全则神全。神全则道全，道全则神王。神王则气灵，气灵则神超。神超则性彻，性彻则反复通流，与道为一。可使有为无，实为虚，与造物者为俦矣。……惟炼凡至于仙，炼仙至于真，炼真合于妙，合妙同乎神，神与道合，即道为我身。所以升玉京，游金阙，能有能无，不终不没矣。[38]

吴筠也主张炼外丹，但从《元纲论》和《神仙可学论》看，他主要还是炼内丹。他所说的神仙，是一种与道为一的境界。

司马承祯与吴筠的神仙可学的思想，消除尽神仙迷信的神秘色彩，更带着哲学的意味，更带着人间气息。这种思想，或者与李白的神仙信仰不无关系。

更重要的是，吴筠的著作里，我们可以找到功成身退然后学神仙的有关论述。《神仙可学论》中提出七种可以达到仙道的条件，其中第五种，就是功成身退：

> 禀颖明之姿，怀秀拔之节，奋忘机之旅，当锐巧之师，所攻无敌，一战而胜。然后静以安身，和以保神，精以致真，近于仙道五也。

在《元纲论·专精至道章》中，他更为明确地论述了入世建立功业与学神仙并不相悖：

> 曰：然则理世者绝望于神仙乎？
>
> 曰：不然。若特禀精气，大庇群生者，则无妨于理世，又何损焉！

这就为事功与修道一体提供了理论上的依据。这种观点，当是唐代道教学者的一种共识。这种思想对士人有广泛的影响。许多著名士人既具强烈之功名心，又有执著的神仙道教信仰，就是最好的佐证。李白只不过是其中的一个例子。在李白留下来的诗文里，有大量的功成身退的表述。此为研究李白者所共知，无烦赘引。

在李白的道教信仰里，还有着佛教信仰的痕迹。这与唐代道教理论的特点也存在不可分的关系。从成玄英到司马承祯到吴筠，特别是王玄览，在这些道教学者的著作里，都有着佛教的深刻影响。

王玄览的《玄珠录》是一个很典型的例子。此一问题关联甚广，此处略而不论。

（原刊于《中国李白研究》1991 年集，江苏古籍出版社 1993 年版；后收入陈平原主编《20 世纪中国学术文存》，周勋初编《李白研究》，湖北教育山版社 2002 年版）

---

①李白《拟古》十二首之三，王琦注《李太白全集》卷二十四，中华书局 1977 年版。

②《长歌行》，同上书，卷六。

③《三洞修道仪》，《道藏》第 989 册：孙夷中集于北宋真宗成平六年，当系根据唐代古本而来。

④《草创大还赠柳官迪》，《李太白全集》卷五。

⑤《洞玄灵宝三洞奉道科戒营始》卷五“法次仪”，《道藏》第 760 册。

⑥《李白与道教》，《文史知识》1987 年第 5 期。

⑦《道藏》第 95 册。

⑧《道藏》第 102 册。

⑨《金陵与诸贤送权十一序》，《李太白全集》卷二十七。

⑩《颖阳别元丹丘之淮阳》,《李太白全集》卷十五。

⑪《留别曹南群官之江南》,《李太白全集》卷十五。

⑫《留别广陵诸公》,《李太白全集》卷十五。

⑬《登敬亭山南望怀古，赠窦主簿》,《李太白全集》卷十一。

⑭《经乱后将避地剡中，留赠崔宣城》,《李太白全集》卷十二。

⑮《游泰山》六首之五,《李太白全集》卷二十。

⑯《早秋赠裴十七仲堪》,《李太白全集》卷九。

⑰《题嵩山逸人元丹丘山居》,《李太白全集》卷二十五。

⑱《落日忆山中》,《李太白全集》卷二十三。

⑲《天台晓望》,《李太白全集》卷二十一。

⑳《嵩山采菖蒲者》,《李太白全集》卷二十五。

㉑《送杨山人归嵩山》,《李太白全集》卷十七。

㉒《道藏》第573册。

㉓《道藏》第588册。

㉔金正大四年(1227)李俊民《重修阳台万寿宫记》提到王屋山有司马炼师藏丹室:修于元至正四年的《天坛山兴国大阳台万寿宫重修玉皇殿记》提到王屋山天坛峰有司马承祯炼丹炉。

㉕对河车的各种解释，内丹派指元阳、精气，外丹派也有指胞衣的。此处从梅彪说，见《石药尔雅》。

㉖《道藏》第192册。

㉗《云笈七签》卷七十一,《道藏要籍选刊》本。

㉘参见陈国符《说周易参同契与内丹外丹》,《道藏源流考》，中华书局1963年版。

㉙陈国符《中国外丹黄白术考》，同上书。

㉚陈国符《中国外丹黄白术考论略稿》，同上书。

㉛《道藏》第68册。

㉜《道藏》第115册。

㉝《道藏》第736册。

㉞《道藏》第115册。

㉟《云笈七签》卷七十二,《道藏要籍选刊》本。

㊱《李太白全集》卷二十七。

㊲《天隐子》,《丛书集成初编》本。

㊳《全唐文》卷九百二十六。

海子诗中潜流的民族血脉

由于非常偶然的机缘，我最近读了海子的诗。一读海子的诗，就受到极大的震动。我立刻想到的是王弼、李贺这样几百年一遇的早逝天才。我的职业是古代文学的研究和教学，几十年来关注的都是古代文学，对于当代文学作品甚少了解。因为海子的诗，才读了他前后一批诗人的作品和有关他的评论，才了解到二十世纪八九十年代之交，海子的诗曾受到一部分知识青年那样如痴如狂的热爱。在对于我国的诗歌发展史的简单回顾中，我朦胧地感到，海子的诗是会流传下去的。他以他独特的天才的创造，将在我国的诗歌史上占有一席之地。[①] 海子除抒情短诗之外，还有长诗。不少评论者都认为海子的最高成就是他的被称为《太阳·七部书》的史诗。他自己生前也说过，他考虑真正的史诗。他最后的几年，也把主要的精力放在《太阳·七部书》的创作上。这和他对于诗的理解有关。他说："我的诗歌理想是在中国成就一种伟大的集体的诗。我不想成为一个抒情诗人，或一个戏剧诗人，甚至不想成为一名史诗诗人。我只想融合中国的行动成就一种民族和人类结合，诗和真理合一的大诗。"[②] 他所说的"大诗"，显然是指一种伟大的人类精神。他在《诗学：一份提纲》中说："当然，还有更高一级的创造性诗歌——这是一种诗歌总集性质的东西——与其称之为伟大的诗歌，不如称之为伟大的人类精神——这是人类形象中迄今为止的最高成就。"[③] 他还来不及完成他理想的大诗的创作，就过早地离开了人世。《太阳·七部书》只能看做是一部没有完成的作品。如果假之以年，或者他在史诗的创作上会有更大的成就。从他的现存作品看，我以为，他的主要成就，是他的抒情诗，特别是抒情短诗。他还年轻，他有绝世的才华，有一腔如火激情，但是他的人生经验、他的思想成熟程度，都还不足以驾驭深广宏大、壮伟庄严的史诗。[④]

一

海子作为一位必将传世的诗人，他的诗所提供的艺术经验是极其丰富的。评论家们为此已经作了大量的工作。海子自己特别强调诗的语言的吟咏，语言的魅力。其实他的诗的非常特殊又非常富于个性的意象，他的诗的刀劈斧砍的力度，他的诗中生命与死亡相纠结的主题，他的诗中情思流动的特点，他的诗中类似于迷狂的心态，他的诗为我国诗歌史带来的独特的艺术创造，都值得认真研究。我想在这里探讨的，是他的诗的一个小的侧面：他诗中潜流着的民族血脉问题。

海子无疑以一种十分开放的态度接受外来文化的影响。他热爱歌德、荷尔德林、海德格尔、韩波、叶赛宁和凡·高。他对他们充满崇敬之情。《圣经》的影响也隐约地存在于他的诗中，西方的创世史诗、西方的“诸神”，显然也在他的诗中留下痕迹。他也接受了印度史诗的影响。许多论者已经注意到他的诗外来思想和诗歌体式影响的特征，这些方面的研究已经相当的深入。但是，他诗中潜流的民族的血脉，却不大为研究者所注意。那种难以摆脱、无法回避、陪伴终身的民族文化的烙印，深深地刻在他那善感的、极度易于冲动的心灵中，潜藏在他的诗里。

首先是乡土情结。海子的同乡诗人简宁注意到了这一点，他说：“我几乎在你所有诗篇里都能辨认出一种安庆老乡古朴的声调，你写下的‘麦子’、‘夜晚’、‘月亮’、‘水’等等，都有着怀宁县丘陵黄土的骨血。”[⑤] 在海子的诗中，我们可以感受到一种强烈的乡土情怀。他是从农村出来的孩子，他的诗中便常常出现对于农村生活的忆念。亲情与故土，在这些忆念里被写得如梦幻般的美丽。他创造了几个饱含着这种忆念情怀的意象，如麦子、麦地、谷物等等。《麦地》：

月亮下
连夜种麦的父亲
身上像流动金子
……
看麦子时我睡在地里
月亮照我如照一口井
家乡的风
家乡的云
收聚翅膀
睡在我的双肩⑥

这诗的本意似乎是要赞美在劳动中走向和平与平等的生活，因此在诗的结尾才写到在麦收时我和仇人握手言和，才写到在月下，富人和穷人“还有我，我们三个人，一同梦到了城市外面的麦地”。但是这诗的触发点，它的思绪引发的地方，明显的是乡情。必定是有了乡情的冲动，才联想到一种平静生活的可贵。也正是有了这样一点乡情的冲动，才把麦地的两个季节写得那样的美丽。写种麦的父亲那汗珠在月色的照耀下有如金子般闪烁；写看麦子的“我”在月下麦地的感觉宁静有如梦幻。这样的描写其中可能有着他少年生活的某种回忆。回忆总是较现实更为美丽。他的思乡情怀在这诗里被泛化了，扩展了，由家乡而及于大地。《五月的麦地》也是这样，他写到家乡的麦地，又想象着“全世界的兄弟们 / 要在麦地里拥抱”。《熟了麦子》写对于土地的眷恋。在《麦地与诗人》中，他把自己的痛苦与对故土、对生活的感恩借着麦地的询问表达出来。麦地成了他的乡土情怀借以抒发的很好的意象。不过这一意象的含义是泛化了的，是由故土情结生发出来的对于广大乡土的眷恋之情。他在《新娘》一诗中写故乡：“故乡的小木屋、筷子、一缸清水 / 和以后许许多多的日子 / 许许多多的告别 / 被你照耀。”⑦ 小木屋、筷子、一缸清水，既可能是对家乡的真实忆念，也可理解为泛化的乡土。他写亲人也一样，一方面是对家人的深沉思念，一方面又可理解为广义的亲人。写麦地时写到亲人，也是泛化了的，由家人而及于众人。他写了一组诗《给母亲》，把母亲比喻为风、为水、为云、为雪、为语言、为井。如风之吹绿草原；如泉水之滋润生物；如云，“母亲，老了，垂下白发”；如雪，“妈妈又坐在家乡的矮凳子上想我，那一只凳子仿佛是我积雪的屋顶”；如语言，“语言的本身，像母亲，总有话说”。风、水、云、雪是母亲，母亲也是风、水、云、雪。我们既可以理解为他对于自己母亲的深切怀念，也可以理解为他对于所有母亲的赞颂。我们从中可以看出，海子怀念故土与亲人的诗，那思乡思念家人的情怀是深层的，是生发点，一旦生发，它便常常泛化。

在我国古代的诗歌里，乡土情怀可以说无处不在。在我们民族的习语里，有“长安虽好，不如故居”的话。王粲在《登楼赋》里就说：“虽信美而非吾土。”庾信的《哀江南赋》之所以哀感动人，也就是它的乡关之思。在古代的诗文里，对于故园与亲人的思念都是实指，王维的怀念故园窗前的一树梅花，温庭筠的怀念杜陵的满塘凫雁，刘兼《对雨》：“因忆故园闲钓处，苍苔斑驳满渔机。”顾况《听角思归》：“故园黄叶满青苔，梦后城头晓角哀。此夜肠断人不见，起行残月影徘徊。”这类例子数量极大，举不胜举。它们大都指称一物、一事或一境界，那一物一事一境界，都是故园生活中最难以忘怀、刻骨铭心之处。这一类诗文，大都带着士人生活的印记，闲雅深情，境界也相对狭小一些。到了海子的诗里，思乡的情怀在表现上便发生了极大的变化，传统的故土情结隐入深层，实指变为实指之上的泛化，闲雅宁静变而为乡土的质朴。自其泛化言之，当间接的与现代社会乡土观念的淡化有关，更主要的是与海子的胸怀有关，他关心的是“人类”，而不仅仅是故土。自其情调的差异言，或者与海子的理想有关。他追求的是壮伟，他关注的是生命之力。他在他的诗学提纲中说：“因为我恨东方诗人的文人气质。他们苍白孱弱，自以为是。他们隐藏和陶醉于自己的趣味之中。他们把一切都变成趣味，这是最令我难以忍受的。”[8]从指称与情调言，海子诗中的故土情结与传统诗文中的故土情结是完全不同了，但骨子里仍然是故土难舍的血脉在流动。

海子故土情结的又一表现，是把思乡的我与故土都心象化了。从某种意义上说，诗中对于故土与亲人的思念，都是心象的表现，都经过情思的改造。但我这里所说的“心象化”，是指海子诗中故土情结在表述上带着很大的虚拟性。海子在抒发他的故土情怀的时候，有一种令人震撼的力度、很大的感伤。他常常以一种难以避免、无法抑制的悲情来写故乡、写亲人。这时候，思乡的我与故乡都已非具象之实有，而是一种意念，一种情绪，一种心象。《四行诗·哭泣》：

天鹅像我黑色的头发在湖水中燃烧
我要把你接进我的家乡
有两位天使放声悲歌
痛苦地拥抱在家乡的屋顶上[9]

在这里，我与家乡完全是一种悲情的幻象。这诗的初稿可能是另一首名为《哭泣》的诗：

哭泣——一朵乌黑的火焰
我要把你接进我的屋子
屋顶上有两位天使拥抱在一起
哭泣——我是湖面上最后一只天鹅
黑色的天鹅像我黑色的头发在湖水中燃烧
用你这黑色肉体的谷仓带走我
哭泣——一朵乌黑的新娘
我要把你放在我的床上
我的泪水中有对自己的哀伤[10]

这初稿比较粗糙，但他明白地以哭泣喻指天鹅，而哭泣是我对自己的哀伤，因此天鹅也就是自我哀伤的心象。诗无达诂，特别是海子的许多诗，都存在着多种解读可能性。我们可以把“天鹅像我黑色的头发在湖水中燃烧”中的“湖水”，理解为泪水之湖；把“我要把你接进我的家乡”中的“家乡”，理解为喻指心。而“屋顶”之上，也就是喻指心之上⑪。而屋顶上拥抱在一起的两位天使，或者就可以解读为他的两位女友⑫。但是，我们也可以把这一首诗看做是他经历过失望、孤独、寂寞之后，心灵对于故乡的诉说。其中纠结着对于爱情、事业、生活的种种感触而生发的悲情。哭泣是我对自己的哀伤，天鹅是我哀伤的心象，当心灵因孤独寂寞无所归依的时候，故乡就是归着处。放声悲歌在家乡屋顶上的是一双泪眼。不论是作何种的解读，在悲情无所诉说之中，故乡可能是一个或隐或现的着落点。他是一位激情如火的青年，他热爱生活近乎疯狂，而未经生活的磨砺，往往就带来失望与感伤。他说：“随着生命之火、青春之火越烧越旺，内在的生命越来越旺盛，也越来越盲目。因此燃烧也就是黑暗——甚至是黑暗的中心、地狱的中心。”⑬黑到如火般的燃烧，既是青春的激情，又是死亡的阴影，既是希望，也是挫折与失望。而这如火的悲伤的心灵，落脚处便是记忆中的家乡。当难以抑制的悲哀笼罩心头时，家乡似乎是他唯一能够停靠的地方，失望、孤独、寂寞、漂泊无所归依的心魂，最后又总是回到家乡。《泪水》：

在十月的最后一夜
穷孩子夜里提灯还家　泪流满面
一切死于中途　在远离故乡的小镇上
在十月的最后一夜⑭

此诗作于1986年，编者西川先生在作年之后画了一个“？”号，说明作时尚存疑问。我觉得，作于1986年11月之前的可能性大。在海子的日记里，1986年11月18日这一天记着："两年来的感情和郁闷的枷锁在这两个星期（尤其是前一个星期）以充分显露的死神的面貌出现。我差一点自杀了。"在这段日子我们从他的诗里可见绝望和死亡的阴影不时笼罩着他的感情世界。这一年的6月，他写了《黎明》，用卞和的故事喻指自己在黎明之前被扼杀，"黎明之前的亲人抱玉入楚国/唯一的亲人/黎明之前双腿被砍断//那是在五月。黎明以前的深水杀死了我"[15]。不被理解甚至被嘲笑，可能给了他很大刺激。他写了两首《死亡之诗》，在其一中说："漆黑的夜里有一种笑声笑断我坟墓的木板。"不被理解，可能使他敏感的心受到伤害，他在一些诗里提到他受伤的黑翅膀。也是在这一年，他在《肉体（之二）》中说："迎着墓地/肉体美丽。"这一年，他甚至写了《自杀者之歌》，把各种自杀方式诗化如琴如南风如鸽。在这段时间里，他的内心一定经受着剧烈的震动，经受着感情的折磨。从他的诗里，我们可以强烈地感受到，他有如火的青春激情，他向往光明，太阳是他心灵的理想境界。他有着绝世的才华，有善感的心灵。因了这异于常人的敏感，易于被触动，也易于被伤害。他完全地生活在自己编织的理想境界里，追求完美，而这完美究竟是什么，他又模糊不清，只知道那是完全属于太阳的光明的境界。他就在那个虚幻的境界里作心灵的驰骋。当他一旦回到现实，他就坠入雾中。巨大的落差给他以激烈的震撼，他由是而感伤，由是而感到孤独与寂寞。当他感到孤独寂寞的时候，他心灵的归着处就是亲人与故乡。《泪水》所表现的，就是失望、寂寞、孤独的情绪激荡之后的自我认定，是这自伤的心象对于故乡的诉说，仿佛受委屈的游子，凄然来归。是不是可以这样说，这是他的故土情结的又一种隐蔽的表达方式，内里是对于故乡的深情依归，表现却隐约起来，仿佛是另一个自我，是一个虚拟的故乡。

海子诗中的故土情结值得注意的又一点，是给向往的故土蒙上了一层梦幻中的远古色彩。我前面说到海子的故乡又是泛化的，是广义的乡土。他要表现的是这块广袤的土地，特别是它之所从来。他说："当前，有一小批年轻的诗人开始走向我们民族的心灵深处，揭开黄色的皮肤，看一看古老的沉积着流水和暗红色血块的心脏，看一看河流的含沙量和冲击力。……我决心用自己的诗的方式加入这支队伍。我希望能找到对土地和河流——这些巨大的物质实体的触摸方式。”[16] 他眷念家乡，特别在心灵需要归依的时候；但是他又没有停留在狭隘的乡土观念上，他一再地说明，他要探究的是这块古老土地上曾经发生过什么，和如何的走向未来。在他的心中，有一种原始的冲动，太阳、生命、河流、土地、家、万物一体。他心目中的这故乡又是原始的，原始的纯朴、原始的生命力、原始的宁静与原始的艰辛。他向往回归自然。在《重建家园》这首诗里，他表述了这样的愿望："生存无须洞察 / 大地自己呈现 / 用幸福也用痛苦 / 来重建家乡的屋顶 // 放弃沉思和智慧 / 如果不能带来麦粒 / 请对诚实的大地 / 保持缄默，和你那幽暗的本性。”[17] 如何来重建家园呢？就是让它回归自然的本然状态，不要人为地去干预它。所谓“生存无须洞察”，就是说不要去深究，一切让大地自己去呈现。所谓“放弃沉思和智慧”，就是《老子》说的：“智慧出，有大伪”，“绝圣去智，民利百倍”。最后的一句，与《老子》中说的圣人为腹不为目有些相近。一种回归古朴自然的原始村落的理想乡土的意愿，影影绰绰地在他的心中徘徊。他经常描述简朴的、带着原始生活色彩的村庄：闪光的牛角、少女走在雨后的路上、老奶奶在炕头上唱着民谣、提水的陶罐。他的心灵常常远离现代社会的喧嚣，去追寻故土原始的诗意而又苦辛的风采。因之，他的故乡情结与原始的创造力、生命力、原始的纯朴、原始的宁静与艰辛是联系在一起的，既有现实生活的动人深情，又蒙上了一层梦幻的色彩。不知道在我国的文化传统里占有半壁江山的道家思想，由于何种的原因，通过何种的渠道传递到了他的身上。这一点与他对于历史的认识或者有关。何以在他对于故土的眷恋深情中，常常纠结着对于历史的悲悯情怀，大概可以从他对于历史的认识中得到部分的说明。这一点我将在下一部分中探讨。

我们看海子的诗，常常为他那大气魄、大气象所震撼。他写创世纪，真是写得雷鸣电闪、刀劈斧砍。他写历史，那大手笔也令人叹为观止。但是他骨子里的故土情结，却常常为人所忽略。我说的不是他的诗与古代诗歌中有着相类似的故土情怀。我是指更根本的东西：他身上流动着的民族文化的血脉。我们这个民族，是很重视亲情的。社会的基石是家庭，讲长幼之道，讲尊祖敬宗，讲亲亲，重视家族的承传。把亲亲看做是“庶民安而财用足”的基础[18]。特别是儒家，这点更为突出。儒家讲仁，而仁的核心就是亲亲。《礼记·中庸》说：“仁者，人也，亲亲为大。”[19] 孟子说：“亲亲，人也。”[20] 亲亲是群体生活之一重要道德标准。重亲情，聚族而居，乡土观念也就十分的浓厚。源于农耕社会的这种观念进入文化传统，进入民间生活，也就一代代地传下来，农村更是易于保存这一观念的地方。虽然在现代社会里这种观念正在不断地淡化，但是它仍然是无形的维系我们民族肢体的血脉。在中国人的内心里，亲情与乡土情结始终是精神世界里的根。数年前关于传统文化的讨论中，曾经有过“文化断裂”一说。事实上所谓“断裂”是不存在的。只要我们这个民族还在，它的文化传统就会以各种形态承传下去。只要还是中国人，中国文化所形成的种种行为、习惯、趣味、观念，就会或显或隐地以不同的方式表现出来，要断裂也无法断裂。海子长于农村，在他十五岁入北京大学读书之前，他生活在农村。安徽农村的生活对他的思想观念、人格情趣的形成有着巨大的影响。他对故乡是那样熟悉，那样眷念。在现代社会里更多的保存于农村的传统文化观念，当然也成了海子的一份思想遗产。海子的好友西川说：“海子在乡村一共生活了十五年，于是他曾自认为，关于乡村，他至少可以写作十五年。”[21] 这就足够说明海子的故土情结的由来了。

当然，海子的故土情结与我国古代诗文中的同样情思表达方式是不同的，他把它泛化了，他把思乡的我和故乡都心象化了，而且给向往的故土蒙上了一层梦幻般的远古的色彩，因之也就更内在而且更强烈更富于力度。

二

海子诗中潜流的民族血脉的表现之二，是他的诗中反映的历史观念，有着我国古代诗文思想观念的明显影响。我初读海子的诗时，对于他那样醉心于创世说非常的惊讶。一个二十岁的青年人，怎么会那样执著地去追问历史之所从来呢！后来慢慢地意识到，他对于历史的考问，是与他对于生命的探究联系在一起的。他对于生命与历史是怎样开始的，有过自己的认真思考：我们从何处来？向何处去？他用了许多的诗篇去表述他的这些思考。其中非常重要的几篇是：长诗《河流》、《传说》和《但是水，水》。在这些诗里，他以如火的激情，面对历史，以他自己的方式叙说历史。在他的叙说里，历史是一曲灿烂的生命和辉煌的死亡的悲歌。

他以一种悲悯的情怀看历史。他看到的是创造历史的艰辛："让人们含泪思念 / 抚掌观看 / 隐隐约约出现了平常人诞生的故乡 /……/ 扑不起来 / 大雁栖处 / 草籽粘血 / 高岸为谷，深谷为陵 / 四匹骆驼 / 在沙漠中 / 苦苦支撑着四个方向 / 他们死死不肯原谅我们 / 上路去，上路去 / 群峰葬着温暖的雨云 / 隐隐约约出现了平常人诞生的故乡。"[22] 平常人的故乡，历史，是在血汗中，在艰难前行中创造出来的。骆驼象喻支撑历史的脊梁，他们的献身换来了人们生存的故乡。在《河流》中，他写河流经过乡村，经过城市，见证欢乐也见证痛苦："人们如歌如泣 / 人们撒下泥土 / 人们凿井而饮……号子如涌 / 九歌如兽，……马蹄踏踏，青草掩面 / 牧羊老人击栅栏而泣。"[23] 他把河流写成了一部历史，诗的结尾归结在历史的回顾里：

编钟如砾
在黄河畔我们坐下
伐木丁丁，大漠明驼，想起了长安月亮
人们说
那儿浸湿了歌声

黄河是我们的文化的母体，编钟象喻我们的文化遗存，伐木丁丁，我们从劳作中一代代走来，如今我们在黄河边上坐下来，回顾历史，而历史，“浸湿了歌声”。创造是歌，毁灭是歌，震撼是歌，怨愤也是歌。创造、毁灭、震撼、怨愤的思绪，交错在他对于历史的思索里。

海子以悲悯的情怀看历史，同时也对历史作哲理的思索。他看到了生命的有限与无限，看到了有限与永恒。他写河流，从历史中滔滔流过，见证着历史的更替。《河流》中有这样一段话：“一天又一天，太阳不足以充实你也不足以破坏你 / 当另一种敲门声越来越重，你把岁月这支蜡烛吹灭 / 又点起了另一支岁月之光 / 你的真情在漩涡和叹息中被我一一识破，河流啊 / 春天战胜了法则，你踩着村庄走向比树和鸟还高的地方，走向比天还高的地方 / 我想起天地夹缝间大把大把撒开的花，年老的树木，刨土者和爬过门坎的孩子。”[24] 在这段话里，海子是要说明，一切都是短暂的，人们生活着，一天又一天，花和树，年年存在，劳作者和学走路的孩子，代代存在，河流见证着逝去的岁月，见证着万物和人生，一代又一代。海子对人生有限而万物长存的看法，来自我们的文化传统里的一个古老的思想。这使我想起了杜牧的诗：“六朝文物草连空，天淡云闲古今同。鸟去鸟来山色里，人歌人哭水声中。”[25] 这是杜牧在宣州水阁面对宛溪时对于人生与历史的一次沉思。人的一生在历史上不过一瞬间，而万物则是永恒的。六代繁华，留下的只有连天秋草！一切终将过去，只有溪水长流不息。自其不变者而观之，宛溪两岸，何年没有悲欢离合，何代没有人歌人哭？天淡云闲，鸟去鸟来，年年如此，代代如此。自其变者而观之，今日之鸟去鸟来、天淡云闲、人歌人哭，已非昨日之鸟去鸟来、天淡云闲、人歌人哭。杜牧另一首诗：“长空淡淡孤鸟没，万古销沉向此中。”[26] 岁月就消失在鸟背之上，而长空飞鸟，又何代无之呢！杜牧之前的陆机，把这一思想表述得更为抽象，更富于哲理意味。他说：“川阅水以成川，水滔滔而日度；世阅人而为世，人冉冉而行暮。人何世而弗新，世何人而能故？野每春其必华，草每朝而遗露。经终古而常然，率品物其如素。”[27] 水虽长流，但今水已非故水；人虽逝去，但人世依旧存在。陆机之后的王羲之等人兰亭修禊留下来的诗和序对此有更为生动的表述。这种认知在我国古代的诗文里有大量表现。海子的诗中也常常表现出这样的思想。《九月》：

目击众神死亡的草原上野花一片
远在远方的风比远方更远
我的琴声呜咽　泪水全无
我把这远方的远归还草原
一个叫马头　一个叫马尾
我的琴声呜咽　泪水全无
远方只有在死亡中凝聚野花一片
明月如镜高悬草原映照千年岁月
我的琴声呜咽　泪水全无
只身打马过草原[28]

无边的草原经历过无边的岁月，马去了，马又来了，一个马头，一个马尾，岁岁如此，了无尽期。而此刻我打马过草原了，我也必将消失在远方，眼前是千年万代永远如此的明月高悬的草原，而我却一路悲歌。面对永恒的岁月，他感到悲怆。类似的情思，在其他诗中也有表现。《青海湖》："只有五月生命的鸟群早已飞去 / 只有饮我宝石的头一只鸟早已飞去 / 只剩下青海湖，这宝石的尸体 / 暮色苍茫的水面。"[29] 鸟群飞去了，是长空淡淡孤鸟没了，而青海湖却依然存留在暮色苍茫中，又是瞬间与永恒的对比。《酒杯：情诗一束・火热的嘴唇》："那是花朵那是头颅做成的酒杯 / 酒杯在草原上轻轻碰撞 / 盛满酒精的头颅空空荡荡 // 火苗熏黑的山梁 / 帐篷诞生又死亡。"[30]《四姐妹》："请告诉四姐妹：这是绝望的麦子 / 永远是这样 / 风后面是风 / 天空上面是天空 / 道路前面还是道路。"[31] 都是类似的表述。《黑夜的献诗——献给黑夜的女儿》：

黑夜从大地上升起
遮住了光明的天空
丰收后荒凉的大地
黑夜从你内部上升

你从远方来，我到远方去
遥远的路程经过这里
天空一无所有
为何给我安慰

丰收之后荒凉的大地
人们取走了一年的收成
取走了粮食骑走了马
留在地里的人，埋得很深
……
走在路上
放声歌唱
大风刮过山岗
上面是无边的天空[32]

白日之后是黑夜，收成之后是荒凉，人们来来往往，都在走着人生的无尽的路，在土地上劳作的人们，被深深地束缚在土地上，被束缚在生活里，“埋得很深”！而最后，必定走向一无所有。虽一无所有，仍然一路歌唱，走向无尽头的岁月。岁月无尽而人生悲凉。这就是他心中的人生，他心中的历史。他另有一首《献诗》，把这一思想写得更为哲理化也更为明确：

黑夜降临　火回到一万年前的火

来自秘密传递的火　他又是在白白地燃烧
火回到火 黑夜回到黑夜　永恒回到永恒
黑夜从大地上升起　遮住了天空[33]

万物都在不断的循环中，不断地回到它的起点上。火回到火，黑夜回到黑夜，永恒回到永恒，就是这种循环。他在《土地·王》中说："尸体是泥土的再次开始"，所谓"再次开始"，当然也就是说生命原是从泥土开始，如今又回到泥土。这使人想起庄子的逻辑思路来。庄子不是说方死方生，方生方死吗？在庄子的逻辑思路里，生命的萌发就意味着它正在走向死亡，当其死亡时又意味着新的生命的开始。它是一个环，无起点也无终点，起点也就是终点。庄子这一思想逻辑的终极取向，是在说明万物本无差别，而万物无差别的认知，又是为了"休乎天钧"[34]，达到"坐忘"的境界。海子是读过《庄子》的，在《传说·沉思的中国门》中，他引了《庄子·天道》中的一句话："静而圣，动而王"；在他自己十分看重的《太阳·七部书》中，贯穿中心的是《庄子·逍遥游》中鲲鹏的寓言。这都可以证明庄子对他的影响。他还写有《思念前生》一诗，明显地可以看出他对于庄子的思想有着一种直观的感悟：

庄子在水中洗手
洗完了手 手掌上一片寂静
庄子在水中洗身
身子是一匹布
那布上沾满了
水面上漂来漂去的声音[35]

庄子不是借助子舆的口说出来万物齐一因之应该安时而处顺的话吗？子舆说："浸假而化予之左臂以为鸡，予因以求时夜；浸假而化予之右臂以为弹，予因以求鸮炙；浸假而化予之尻以为轮，以神为马，予因以乘之，岂更驾哉！”[36]万物本无差别，既可以是子舆，也可以是鸡、是弹、是车轮。海子对于庄子的描写，可以说是对庄子思想的神悟。他甚至在这诗里还加了一句：“也许庄子是我。”诗题叫思念前生，“也许庄子是我”就有了深的含义。我的前生是谁？我是庄子？还是庄子是我？我与庄子原无差别。这样的思维方法完全是庄子式的。何以感情如此激烈、如此执著于生活的海子，能如此神悟地接受庄子呢？我想，其中必有其道理。或者庄子那变幻莫测的神思曾经感染了他，因为我们知道，海子的神思也是变化莫测的。或者庄子对于人生的认识对他有过某些影响，比如说，在庄子的论说的背后，有着他对于人世的苍凉之感，在坐忘、心斋的背后，有着人生的大悲哀[37]。这一点有可能触动海子，引起他的共鸣。我们知道，海子是以悲悯的心绪看人生的。他向往太阳，希望自己能如太阳般的纯净光明。但是他又生活于自己构筑起来的完美的理想境界里，用那样一个理想的境界来衡量现实，因之也就看到了过多的黑暗。在他的诗中便冲击着一股巨大的悲情的力量。或者正是从这一点，他接受了庄子。但海子与庄子不同的地方，是他并没有像庄子那样走向身如枯木心如死灰的境界，他走向抗争，他有着强烈的人生追求。在巨大的悲悯情怀之中，燃起生命之火。他诗里写死亡，而死亡被写成如火焰般殷红；他写黑夜，那黑夜被写得黑到燃烧。在他对于人生、对于历史的悲悯情怀之中，是浓到如酒、炽热到如火般的爱，一切起于爱，因爱而感到苍凉，因爱而生发悲悯。所有他涉及历史的地方，都是这种感情。在《河流（原代后记）》中，他询问：“我们从哪儿来？我们往何处去？我们是谁？”[38]在《民间主题（《传说》原代序）》中，他也说：“在隐隐约约的远方，有我们的源头、大鹏鸟和腥日白光，西方和南方的风上一只只明亮的眼睛瞩望着我们。回忆和遗忘都是久远的。对着这块千百年来始终沉默的天空，我们不回答，只生活。……那些平静淡泊的山林在绢纸上闪烁出灯火与古道。西望长安，我们一起活过了这么长的年头，有时真想问一声：亲人啊，你是怎么过来的，甚至甘愿陪着你们一起陷入深深的沉默。”[39] 他对于历史反复的追问，而追问是由于一腔难以抑制的至爱深情。在《历史》一诗中，他就是以这样的至爱深情、满怀忧伤地回顾历史：

岁月啊，岁月
公元前我们太小
公元后我们又太老
没有人见到那一次真正美丽的微笑
但我还是举手敲门
带来的象形文字
撒落一地

岁月啊，岁月
到家了
我缓缓摘下帽子
靠着爱我的人
合上眼睛
一座古老的铜像坐在墙壁中间
青铜浸透了泪水[40]

公元前我们太小，是说我们还没有成长起来；公元后我们又太老，是说我们过早地衰落了。我们没有过真正美丽的微笑的日子，但是我们还是开始了我们的历史。我们有了一个“家”，但是我们经历过过多的苦难。那浸透泪水的铜像，似是象喻虽经苦难却仍然坚强生存的民族。这个流泪铜像的意象对他有着甚深的感染，在《但是水，水》一诗的结尾，他特地引用与这一意象相似的李贺的《金铜仙人辞汉歌》结束全诗。他太过像李贺了！

三

前面我们提到海子醉心于追问历史从何处开始，“我们”从何处来，到何处去？现在我们要来涉及一个十分重要的问题，就是海子的历史观念中存留有我们的思想史上一种思想的遗存。

在海子的创世说中，水有着极其重要的地位。他认为，历史的开始是和水紧紧联系在一起的，水是一切创造的力量所在，天地万物始于水。《河流》叙述水带来生命，带来最初的生活：

人们听说泉水要从这儿路过
匆匆走出每只箱子似的山洞
在一片空地之上
诞生了语言和红润的花草，溪水流连
也有第一对有情有意的人儿
长饮之后
去远方
人间的种子就这样散开
牛角呜呜的响着
天地狭小，日子紧凑[41]

他用一颗童心，想象远古的情状，把初民与水的关系，写得有如童话：有了水才有了语言，才开始了人类真正的生活；他想象是一对有情有意的人儿，饮了水之后，人类才开始繁衍的。他一再地叙说水给予大地的恩赐：

河岸上许多高高立着的是梦
铺满芦花和少女
面对沃野千里，你转过身去
双肩卸下沉重的土地[42]

他用芦花和少女来象喻水为大地带来的如梦般的美丽。他很爱芦花和少女的意象，有时甚至就用芦花来形容少女："芦花丛中 / 村庄是一只白色的船 / 我妹妹叫芦花 / 我妹妹很美丽。"[43] 他把大地上一切美好有如梦幻般的事物，都归功于水的创造。而水创造了一切之后，留下了千里沃野，就"转过身去"，默默地走向远方。

他不仅把水看做万物生长的本源，把水和历史的创造紧紧地联系在一起，而且把水看做一种精神的象征。他认为，大地如水，是包容的。他追求的是一种包容万物的精神。在《但是水，水》的代后记中，他说："东方佛的真理不是新鲜而痛苦的征服，而是一种对话，一种人与万物的永恒的包容与交流。……这一次，我以水维系了鱼、女性和诗人的性命，把他们汇入自己生生灭灭的命运中，作出自己的抗争。这一次，我想借水之波，契入寂静而包含的东方精神，同时随河流曲折前行，寻找自己的形式：其中不同支流穿串其间不同种子互相谈话，女人开放如花，使孤独的男人雄辩，奔跑进爱情。"[44] 在这个代后记里，他明确地表述了他写《但是水，水》的用意与写作的方式。这可能是一种尝试的方式，他要写出这种多声部的包容精神交错互联的丰富性，结果是使得明确的精神意蕴表现为晦涩难解的形式。从"实体"看，这首长诗写了水与人类的关系，从没有水的洪荒，到洪水："沉了太阳，沉了灰烬 / 默默的水一流万里 / 转回故乡之前 / 流走了一些东西 / 我们怅然若失 / 另一些洪水之夜 / 我们似有所得 / 女人和我 / 寂寞的说着。"[45] 从水的到来，到鱼，到人，"大约在第三天……或者第二十个世纪 / 死去的山洞或村庄在我的深处开满了鲜花 / 绳索如音乐散开，絮语：靠近大河 / 靠——近——大——河 / 至今故乡仍生长在黎明或傍晚，有时停止生长。/ 至今故乡仍远在高原南边或东边的河滩上生长。/ 至今故乡仍在有水的地方生长。/ 在苦难的枝叶间生长。"[46] 这首诗的最后，写了万物和水的关系。这是从"实体"看。但是从蕴涵的精神看，则写了母性的伟大、女性的平静而又涵育万物，写了诗人的精神。如果说《河流》是他的创世说的具体描述，说明万物生于水的话，《但是水，水》则是从水生万物上升到一种哲理的思索，上升到他对于东方精神的理解，把东方精神理解为水的精神。

他对于水的这种认识，使我想起了《老子》中对于水的论述：“上善若水。水，善利万物而不争。”老子是善水的。他认为水近于“道”。海子或者有受老子的影响。如，他的《但是水，水》第四编就是以老子的“三生万物”为标题。这是《老子》第四十二章的话：“道生一，一生二，二生三，三生万物。”道就是一，由道而阴阳而万物，就是道生万物。这是老子的万物生成说。海子既引用老子上面这句话，为什么又反复地叙说水创造万物，水创造历史呢？这可能与我国文化史上一个甚为古老的思想有关。

1993 年，在湖北荆门郭店的楚墓中发现了一批竹简。在这批竹简中，有一篇《太一生水》。关于这篇《太一生水》与《老子》的关系，学术界有不同的看法，但学者们大多认为，这是一篇古老的宇宙生成论，是我国早期思想史上的一篇重要文献。我们且不去涉及这一文献的考古学上和思想史上的其他种种问题，我们只就它与海子创世说的思想渊源有关的问题来略加分析。《太一生水》说：

> 太一生水。水反辅太一，是以成天。天反辅太一，是以成地。天地（复相辅）也，是以成神明。神明复相辅也，是以成阴阳。阴阳复相辅也，是以成四时。四时复相辅也，是以成凔热。凔热复相辅也，是以成湿燥。湿燥复相辅也，成岁而止。……是故太一藏于水，行于时。周而又始，以己为万物母。一缺一盈，以己为万物经。[47]

太一藏于水，水就是太一的物质表现。犹如道生一，一就是道，并非一之外更有一个道。“反辅”之说，有学者解释为化生，非谓一物生一物。[48] 乃是太一自身的运动化生水。因为是“一生二”，（太一即水生天、生地）无法相辅，只能自身化生。有了二之后，就相辅而生了，所以后面便是一连串的相辅而生，由天地而神明，由神明而阴阳，由阴阳而四时，一直到岁年。岁年与农业收成有关，结论是太一（其存在形态是水）为万物母，为万物经。换一句话说：水生万物。这是至今为止我们所能见到的最早最完整的水生说宇宙构成论。《太一生水》，太一就是水，道就是水。海子似乎就是从这个角度把道和水统一起来，才引“三生万物”作为标题的。

郭店楚简出土于1993年，海子自杀于1989年，他当然不可能知道有这样一种学说。先秦典籍中有涉及水与万物生成学说的，如《管子》。《管子·水地篇》也提到了水在万物构成中的重要性，《水地》篇说：

> 水，具材也。……是故具者何也？水是也。万物莫不以生，唯知其托者能为之正。具者，水是也。故曰：水者何也？万物之本原也，诸生之宗室也，美恶、贤不肖、愚俊之所产也。[49]

它把水看做万物之“本原”。当然还没有以水为本原建构起宇宙生成的体系。而且我们也无从证明海子看过《管子》，受到过《管子》的影响。那么如何来理解古代的水生说思想与海子的关系呢？我看我们应该注意《太一生水》中“成岁而止”这一句。“岁”是岁时，农耕社会非常的重视岁时，春生夏长，秋收冬藏，“成岁”，也就是完成万物的一个生长过程。“成岁而止”，也就是生成万物而止。[50]这是一个鲜明农耕社会特色的万物生成说。由是我们似乎可以推测，水生说宇宙构成论可能产生于农耕社会。“成岁而止”，实际上更偏重于指称农业生产的完成。或者正是由于它的这一特点，它也就特别适合于农村，农耕社会之所以十分重视水，就因为水是农业生产的命脉。这样的一种由实践而来的万物生成说，或片断或变形地作为一种思想遗产长久的遗存在农村中，成为虽无形却可以日常感知的世代承传的古老观念。海子在他短促的二十五年的生命中，有十五年是在农村度过的。在他少年时期接受着农村这一古老观念的浸染，而在他青年时期又读到老子关于水善利万物而不争的思想，身上无形古老思想传统的遗存，与理智接受的老子思想融合，或者就是他那样醉心于水，以那样的激情写水并且把水与历史联系起来、把水理解为东方精神的原因。

海子是一位有绝代才华而早逝的诗人。如果假之以年，他一定会有更为辉煌的创造。不过，他虽然只活了短短的25年，也已经为我们留下了无可估量的诗歌财富。他的诗所提供的经验是多方面的，在这篇短文里，不可能涉及他在艺术上的特点与独特创造，也不可能涉及他艺术上的承传，不可能对他在语言运用和辞语创造上的惊人成就作认真的探讨，不可能对他所受西方思想和西方诗歌的影响作认真的研究，本文只是想简单分析海子诗中民族文化传统的印记，简单描述一下这位来自农村并且醉心于山野、草原、麦地、河流的诗人，他身上潜流的民族血脉，他的故土情结。他对于历史的哲学思索，和这个思索背后的思想渊源。对于这位为我们留下了如此丰富诗歌遗产的诗人，我现在所能涉及的，只是他很小的一个侧面而已。我有一种朦胧的感觉，像许多杰出的诗人一样，海子的诗歌遗产的研究课题将会是无尽的。

（原刊于《南开学报》（哲学社会科学版）2002年第二期）

---

①许多评论者已看到这一点。海子的好友骆玉禾致阎月君的信中说："海子是我们祖国给世界文学贡献的一位有世界眼光的诗人，他的诗歌质量之高，是不下于许多世界性诗人的，他的价值会随着时间而得到证明。"（见《不死的海子》，中国文联出版社1999年三月版）王一川说："海子是现代汉语语音形象上作出了不可替代的重要贡献的杰出诗人。"（《海子：诗人中的歌者》，收入《不死的海子》）

②转引自陈嘉映《海子的诗歌帝国》，该文称：在北大学生纪念海子的集会上演出的《太阳》一剧的节目单上，印有海子的这段话。查这段话不见于西川编的《海子诗全编》中，但在不少评论文章中都有引用。如崔卫平《真理的祭献》一文，就说海子"在某处他曾表达过自己'不想成为一个抒情诗人'"。（见《不死的海子》）我推测，这或者是海子对友人说过的话，苟存于此。陈文见《新青年》网。

③西川编《海子诗全编》页900，上海三联书店1997年版。

④西渡已经注意到这一点。他说："就长诗而言，虽然海子并不缺乏必要的才华，但却由于缺乏这类宏大的构思所需要的耐心、阅历和材料的准备，最终他并没有找到

一条使其转化为伟大的诗歌文本的途径。”见《再生的海子——〈海子诗全编〉读后记》，收入《不死的海子》中。

⑤简宁《与海子说几句家常话》，《不死的海子》。

⑥《海子诗全编》页100、101。

⑦《海子诗全编》页7。

⑧《海子诗全编》页897。

⑨《海子诗全编》页402。

⑩《海子诗全编》页165。

⑪海子多次以房屋喻指身体，如《你的手》："我的肩膀 / 是两座旧房子。"《房屋》："巨日消隐，泥沙相合，狂风奔起 / 那雨天雨地哭得有情有意 / 而爱情房屋温情的坐着 / 遮蔽母亲也遮蔽儿子 / 遮蔽你也遮蔽我。"

⑫燎原《海子评传》第六章"在昌平的孤独"中有类似的解读。

⑬海子《1987年11月14日日记》，《海子诗全编》页883。

⑭《海子诗全编》页152。

⑮《海子诗全编》页137。

⑯《海子诗全编》页869。

⑰《海子诗全编》页358。

⑱《礼记·大传》，《礼记注疏》卷三十四，十三经注疏本。

⑲《礼记·中庸·哀公问》，朱熹《四书章句集注》本页28，中华书局1983年版。

⑳《孟子·告子》，《四书章句集注》页340。

㉑西川《怀念：海子诗全编代序》，《海子诗全编》页10。

㉒《传说》，《海子诗全编》页215。

㉓《海子诗全编》页200、204、205。

㉔《海子诗全编》页196。

㉕杜牧《题宣州开元寺水阁，阁下宛溪，夹溪居人》，《樊川诗集注》卷三，上海古籍出版社1962年版。

㉖杜牧《乐登游原》，《樊川诗集注》卷二。

㉗陆机《叹世赋》，《陆机集》页24，中华书局1982年版。

㉘《海子诗全编》页177。

㉙《海子诗全编》页173。

㉚《海子诗全编》页399。

㉛《海子诗全编》页445。

㉜《海子诗全编》页477～478。

㉝《海子诗全编》页476。

㉞郭庆藩《庄子集释》卷一《齐物论》，中华书局1961年版。

㉟《海子诗全编》页 40。

㊱《庄子集释》卷六《大宗师》。

㊲胡文英《庄子独见》对于这一点有深刻的了解，他甚至把庄子与屈原放在一起加以比较："庄子最是深情，人第知三闾之哀怨，而不知漆园之哀怨有甚于三闾者。盖三闾之哀怨在一国，漆园之哀怨在天下；三闾之哀怨在一时，漆园之哀怨在万世。"

㊳《海子诗全编》页 871。

㊴《海子诗全编》页 873。

㊵《海子诗全编》页 31、32。

㊶《海子诗全编》页 185。

㊷《海子诗全编》页 189。

㊸《村庄》,《海子诗全编》页 34。

㊹《海子诗全编》页 877。

㊺《海子诗全编》页 239 ~ 240。

㊻《海子诗全编》页 245。

㊼《郭店楚墓竹简》文物出版社 1998 年版。

㊽参见庞朴《一种有机的宇宙生成图式——介绍楚简（太一生水）》，见《道家文化研究》第十七辑，三联书店，1999 年版。

㊾颜昌峣《管子校释》卷十四，岳麓书社 1996 年版。

㊿赵建伟在《郭店楚墓竹简〈太一生水〉疏证》中释此谓："'岁'与'年'同，穀物一岁一成熟，代表万物的生长过程，相当于老子的'三生万物'的'万物'。"文载《道家文化研究》第十七辑。

“自强不息，易；任自然，难。心向往之，而力不能至”

——罗宗强先生访谈录

罗宗强 张毅

编者按 南开大学教授罗宗强先生，广东揭阳人，1931 年 11 月生。1956 年考入南开大学中文系，1964 年研究生毕业，分配到江西赣南师范学院任教。1975 年调回南开大学，先在学报工作，后转到中文任教，担任过中文系主任、校学术委员会委员等职。罗先生长期从事中国古代文学的教学和研究工作，在中国文学思想史研究方面卓有建树，是这一学科的开拓者。本刊特委托张毅教授就古代文学和中国文学思想史研究的若干问题请教于罗先生，写成这篇访谈录，以飨读者（※ 代表采访者张毅教授，◎代表受访者罗宗强先生）。

※ 罗先生，据我所知，您的第一部著作《李杜论略》是 1980 年出版的，那时您研究生毕业已有十五年，接近“知天命”的年龄了。能否谈谈您当时著书的情况，以及你们那一辈人从事学术研究的不易。对文史哲等人文学科而言，人生的历练和世事的洞明，是否也是一种学术积累？您是如何把读有字书（前人著作）与读无字书（人生体验）结合起来的？

◎《李杜论略》是 1978 年开始写，1979 年写完，1980 年出版。这本书是在没有充分学术积累的情况下写的，书出版后就后悔了，觉得写得很不满意。写这本书的起因，是在“文化大革命”期间，看到郭沫若先生出版的《李白与杜甫》，把杜甫贬得一无是处。那时我在江西偏远地区，大部分书都被抄家抄走了，只剩下一部《鲁迅全集》和一部《杜诗镜铨》。这两部书成为我渡过艰难岁月的精神支柱，一有机会就反复地读。以我当时的处境和心情，非常喜欢杜甫那些沉郁、悲愤的诗，真是感同身受。看了郭沫若的书就非常反感。那时没有想到要写文章，当然也不可能写。1978 年以后，才开始带着情绪写《李杜论略》。我们这辈人，真正从事学术研究的时间很少，一旦开始学术研究，真是困难重重。

那时候经济状况也不好，人总是感觉很疲劳；但是十几二十年没有从事学术研究的环境，书生老去，机会方来。我写过一首诗，有两句是“待到升平人已老，空留锦囊贮哀词”，这就是当时的心情。有了机会了，当然非常珍惜，就是凭着一种爱好、兴趣，以及对杜甫的那种感情，我写下了这本书。可以说这本书是一种情绪化的东西，学术水平不高，但写这本书使我有个体会，人文学科的学术研究，特别是文学研究，里面包含着很多人生感悟的东西，含有对人性的理解在里面。真切的人生体验对文学研究很有好处。人生多艰，人生不易！但是多艰的人生也让人对生命有更深沉的感悟。理想和向往，受到挫折以后的感慨，各种各样的生存境遇和体验，使人对文学作品可能会有更真切的感受，对人性也会有更深的体悟。所以我后来在文学研究中，特别重视人性的把握、人生况味的表述。当然，古人与今人的思想观念距离很远，但是人性中总有相通的地方，对人生的体悟也有相通的地方。你看我的书里有许多情绪化的东西，带有自己人生体验的感情色彩，这跟我的人生经历是有关系的。

※ 您是性情中人，有诗人气质，笔端常带感情，这我深有体会。在《李杜论略》出版后，仅十年左右的时间，您又出版了《隋唐五代文学思想史》、《唐诗小史》和《玄学与魏晋士人心态》等著作，在《中国社会科学》等杂志发表了不少有影响的重要论文，获得了学界的普遍关注和好评。如傅璇琮先生所说：无论是审视这一时期的文学思想史研究，还是回顾这个阶段的古典诗歌，特别是唐代诗

歌的研究，您的著作问世，“总会使人感到是在整个研究的进程中画出一道线，明显地标志出研究层次的提高”。在一个不太长的时期内不断推出学术精品，您是如何做到这一点的？

◎我这几本书并不是什么精品，只能说研究时确实下了点功夫，对历史有自己的一番真切感受，能真诚地说出点跟别人不一样的看法，如此而已。我写这几本书的时候，国内的古代文学研究在十年浩劫后刚刚恢复。“文革”之前的十七年，衡量古代文学作品好坏的标准基本上是三个性和两个主义，就是强调人民性、现实性、阶级性，还有现实主义、浪漫主义。用三性、两主义的标准去套古代的作家和作品，去衡量是非。现在看来，能够留下来的优秀的古代文学研究成果并不很多，由于有了一个固定的框框，就让人感到千篇一律，千人一面。研究古代文学、古代文学思想，我的想法是一切从实际出发，在史料清理的基础上，尽力地去还原历史，并且要有自己对文学、对历史的看法，去判断是非，不人云亦云。研究唐代的文学思想，就从唐代文学创作的实际出发，去认真地看唐代作家的集子，要从最基本的原始材料和历史文献入手。从自己阅读时的真实感受出发，着重于看其艺术上的成就，分析其艺术特点，从这个角度感受文学观念变化的是是非非。我更喜欢真实表现人性的优点和弱点、真实表现个人情怀的作品，所以我对白居易新乐府评价不高，对唐代古文运动评价也不高，而特别喜欢王维、李白、李贺、李商隐，喜欢他们作品的强烈的艺术个性，所以对这些人评价就比较高。根据文学发展的实际情况，根据作品本身，根据个人的感受，真诚地说出自己的看法，这是我写这几本书时的初衷。当然，这种出于一己爱好，用自己的文学观念去衡量作家作品是非的做法是否恰当，那只能由他人去评说。我的原则，是决不说违心的话。

再有一点就是从第一手材料出发，决不取巧，不相信和转引二手材料。当我没有看过大量原著的时候，在没有对大量原始资料进行认真梳理之前，我是不敢动笔的。对一些重大的文学事件，对一些重要的文学观念，对一些人和事，我尽力做到把它的来龙去脉理清楚。如在写

《玄学与魏晋士人心态》的时候，牵扯到对魏晋时期很多人的评价、很多事情的是是非非。在当时的环境下，魏晋士人面对生活的基本态度，他们的行为，他们的内心世界，究竟是怎么回事？我的一个基本的想法是：力求做历史的还原，尽量根据史料推测当年到底是怎么样的一回事，当年的真实情况如何，在此基础上来判断是非。所以这部书可能对魏晋时期一些士人的心态，说出了跟别人不太一样的看法。从写《隋唐五代文学思想史》，到写完《玄学与魏晋士人心态》，中间有将近十年的时间，我在研究过程中注意两个最基本的方面：一个是真诚地面对历史，尽量做历史还原的工作；再就是对作家的衡量以人性作为标准，看其在作品中如何真实表现他的性情、他的个性，如何表述他的人生感悟，当然，也看他艺术表现的特色与成就。从这些来推测他在创作中的崇尚，来理解他的文学观念。

※中国文学思想史学科，既不同于中国文学史研究，也不同于中国文学批评史研究，在这门学科的建立过程中，您的《隋唐五代文学思想史》、《魏晋南北朝文学思想史》堪称标志性的著作。能否就这两部书的写作，谈谈这门学科与文学史和文学批评史的区别，以及中国文学思想史学科的发展情况。

◎中国文学思想史的学科性质，我想在我给你的《宋代文学思想史》所写的序里，已经讲得比较清楚了。中国文学思想史研究的特点，主要在于了解、掌握一个时期文学思潮变化的过程，根据思潮的变化说明文学观念的发展演变。这里面有从文学创作中反映出来的文学思潮的变化、文学观念的变化，也有文学批评和理论方面的总结和表述。从文学创作中反映出来的思潮和观念的变化，与文学批评和文学理论的表述不一定总是吻合的。怎么说呢，有互相契合的时期，也有互相分开的时期，也有矛盾的时期。假如专门研究文学批评史，仅仅从文学批评、文学理论着眼，就会忽略文学创作中反映出来的文学思潮、文学观念变化的复杂情况，很难全面地、准确地把握文学思想潮流、文学观念流变的风貌。对于整个文学思潮走向的把握是这样，对于一个人的文学观念的把握也是这样。有的人，他的文学批评，他的理论表述说的是一套，而他在创作中反映出来的文学思想倾向又是另一套。只根据他的理论表述来论定他的文学思想，就不会是全面的、准确的。文学思想史研究很重要的一个方面，就是要把文学创作实际中反映出来的文学思潮、文学观念的变化给清理出来，结合当时文学批评、文学理论的表述，二者互相印证。文学思想史与文学史也不一样。文学思想史也研究文学创作，但着眼点是创作所反映的文学观念。文学史研究就不一样了，文学史主要研究文学创作本身，它主要研究文学创作在艺术上的成就，文学创作中作家、作品、流派所表现出来的特点，没有与文学批评理论相印证的问题。另外，文学史研究以作家、作品的个案研究为基础，而文学思想史研究的着眼点不在单个作家或某部作品，虽然它也研究重要的文学家、文学理论家的文学观念，但更注重的是整体的思潮研究。

文学思想史的研究，除了对一个时期的文学思潮、文学观念的整体观照外，还要加强对流派文学思潮、地域文学思潮的研究。我最近看了一下这十几年出版的文学思想史著作，如涉及西汉的《西汉文学思想史》就有三部，还有汉代诗歌思想史，汉代文学思想流变史等，大概四、五部吧。这四、五部看起来都各有特点，每本书的方法和侧重点都是不一样的。我想文学思想史研究的进一步发展，就是要往细部做，往深里做；要做得很细致，除了大的脉络之外，恐怕就是要研究流派的文学思想。在文学史方面已有一些流派研究著作，但侧重点在作家作品，不在思想观念上，对流派的文学思想的特点、来龙去脉和价值所在，缺乏专门的研究。做某一流派的文学思想研究，可以在局部做得很细，可以研究他们理想的东西，他们的题材选择趋向、审美趋向，他们善于使用的表现技巧，和这些技巧背后的艺术观念的性质，他们的文学主张，他们的文学观念之所以形成流派的种种原因，他们的文学观念与其他流派的差别与联系，他们的文学观念与文学主潮的关系，他们的承传和影响等等，这些方面的研究现在来说还不是很充分。再就是地域的文学思想研究，地域文学观念的特点到了明清以后就表现很明显了。我最近正在研究明代嘉靖前后江右（也就是江西）地区的文学观念，就感到很有意思，觉得那时江右地区的文学思想倾向，跟吴中的那批人像文徵明他们的思想很不一样。江右是王阳明心学影响极大的一个地区，王阳明的第一代弟子、再传弟子数量很大，这些人深受王阳明思想的影响，他们的人生态度，他们的生活趣味，他们的诗歌，他们的文学观念，带有很浓的地域文化的特点。地域文学思想与主流文学思潮发展的关系也是值得研究的课题，所以文学思想史除了研究一个时代的文学思潮，除了研究流派和个人的文学观念，还应该研究不同的地域文化对文学思想的影响。

今后文学思想史研究的发展，进一步就是要往细部做，要做流派的研究、地域的研究。这会涉及很多问题，会有很多空白等待我们去开拓。近来有研究者发表文章，说古代文学批评的研究，从构架到史料的开拓，后来者恐怕很难有新的突破了。这一说法是极不准确的，是对于文学思想潮流、文学观念的历史实际知之不多的表现。事实是：不少的原始材料都还有待清理，出土的新材料将要改变我们对先秦文学观念的一些看法就不用说了，历代经注中反映的文学观念我们都还没有认真地清理，大量的别集都还没有认真全面地细究，大量的诗话包括流传于地方小范围内的本子，都还没有清理出来，明清两代尤其如此。近年蒋寅、张伯伟、张寅彭、吴宏一等先生都在做清代诗话的搜集、整理工作，听说数量极大。这其中可能会有非常精彩的、有价值的东西。总之，无论是文学批评史还是文学思想史，研究的空间都还非常广阔，空白的研究领域是大量存在的，并不是到此为止，问题是要往细里做。

当然，文学思想史研究的最终目的，是要弄清我国古代的文学思想潮流演变的整体风貌，弄清文学思想潮流演变的诸种原因，弄清它们和文学创作或繁荣、或衰落的关系，弄清在文学思想发展演变的过程中，有些什么样的观念是最有价值的，发展的主线是什么？至今，我们对于什么是我们的文学思想的主线，什么是最为优秀的传统，什么样的文学观念是推动我们的文学发展的真正力量，都还并不清楚，或者说，都还没有深入的探讨。梳理当然是为了继承。这可能就涉及文学思想理论遗产如何继承的问题。

※研究古代文史的学者，多就个人的禀性和兴趣爱好决定自己的学问路数，有的偏重于史料的收集考辨，以竭泽而渔的方式整理文献；有的擅长理论思辨，每借助现代观念来结构著作；还有的倾向于审美感悟，以灵心慧性感知文学的妙趣真谛。您的著作，可以说是以上三个方面的有机结合，既有强烈的实证精神，又充满浓厚的思辨色彩，还兼备审美把握的细腻准确。请问这是不是一种有意识的学术追求？

◎是有意识的追求，但是还没有做好，心向往之，力不能至。研究文学思想史的人，如果离开坚实的史料基础，他就不可能去感知、去把握文学思想的真实面貌。他对于一个人、一个流派、一个时期的文学思想的描述，就不可能有历史实感。以自己的理论框架去套古代的文学思想现象，就好比给司空图穿上西装、结上领带，显得不伦不类。但对于研究文学思想史的人来说，只停留在史料上同样不够，还有一个理论把握和理论表述的问题。应该说，在描述文学思想现象时，如何处理理论表述问题，是很难的。我非常不喜欢摆理论面孔，特别不喜欢把简单的问题作深奥的表述。我在描述文学思想现象时，力图把理论色彩淡化，把它藏在描述的行文中；藏在行文的内在逻辑里，让思辨的力量从行文中自然表现出来。表述时要淡化理论色彩，又要把理论问题说清楚，实在是一件不容易的事。我现在也还在探索之中。至于审美感悟，这可能跟个人的气质、经历和素养有关系。怎么讲呢，我是个重感情的人，爱激动，爱感慨。我较早受到古诗词的熏陶，十五六岁时就爱写诗，和一些好朋友，常在一起写一些感伤的诗，有这么一个善感的气质。我读古代的诗歌、古代的散文，对感情浓郁的作品很容易引起共鸣，有一种生命的感发和激动。所谓审美感受，恐怕主要是对古代作品的那种感情的共鸣，我注意在书中把那种感情的共鸣传达出来，这可能就是我在研究过程中要把个人的感情注入到里面去的原因。当然这里有一个审美积累的问题，由于我从小读的古诗比较多，自己也写一点，所以对诗词、散文在艺术上的好坏，有一种比较敏锐的感受力。但是这种感受力偏向于自己所爱好的东西，比如我读钱锺书先生的《宋诗选》，他选的诗中有一些是写得很活泼的，我却不喜欢这样的诗。我喜欢人生感慨深沉的诗、感伤的诗、悲愤的诗，这可能跟个人的爱好有关系。

※个人气质和审美感受应该是很主观的东西，易表现为才华横溢；但是您的著作却具有很强的历史感，在叙述事件时抱定一种客观的态度，注意对历史文献资料作认真的清理和考辨，决不只依据古人的只言片语作随意发挥，杜绝不切实际的无根游谈。这种严谨的学风和认真的态度又是如何形成的呢？对文学研究有什么帮助？

◎这可能跟我个人的经历有关系。我少年时代是很毛躁的，学习也不认真，中学老逃学。但是在考入南开之前的上世纪50年代初期，我在海南岛的橡胶种植场工作了几年，做计划统计工作。那时是计划经济，每年都要制订下一年的生产、管理、财务计划，总有六、七大本，每一本都几十页，有很多表格和一系列的数字，每个数字都和前后有联系。开始做的时候总是出错，只要错一个数字，全部表格就都要从头返工。那时没有计算机，全靠算盘。通宵通宵地返工，越返越乱，所以必须每做一步都很细心，丝毫不敢马虎。这段经历，训练出了一个细心的习惯。后来把这个习惯带到了文学研究里面来，在研究一个问题时，没有把应该看的材料看完了、想清楚，不敢动笔写，总是胸有成竹了才写。这样，工作习惯的严谨就跟个人气质自然地结合起来了。我现在就养成了这样的习惯，做什么事情都要有条理，井井有条，乱了绝对不行。我读大学本科的时候，四年级时曾提前毕业，在文艺理论教研室工作了一年，后来才又念研究生的。这一年认真看了几本理论书，例如，康德的《判断力批判》，我就看了半年多。这书很不好懂，我就一段一段地读、想，一行一行地拆开来读，看他的逻辑思路，看一遍不懂，就看第二遍、第三遍，直至大概弄明白了。读西方的哲学著作，对于理论思维的训练很有帮助。读理论著作，不在于同不同意理论家的说法，更不在于搬用他们的理论，而应当是一种思维能力的训练，训练思维的敏锐性，训练思维的逻辑层次感。但是话又得说回来。对于研究文学思想的人来说，仅有严谨的学风，对史料作认真的清理是不够的。文学思想的最为基本的东西是文学，面对大量的文学现象，就有一个审美感受的问题。要有审美能力，才能分辨优劣，才能分辨审美趋向的细微变化。我最近在好几篇文章中都提到这一点。现在一些年轻的研究者，比较缺乏审美能力，一首诗艺术上好在什么地方看不出来，只能从思想上来分析问题。搞文学研究，若没有敏锐的审美能力，没有感情的共鸣，只靠纯理性的分析是不行的。文学不是哲学，也不是历史。现在研究文学的人，有的光搞史料清理，或者光搞历史背景研究，历史背景的种种问题，当然对于全面了解当时的文学有必要，但是研究完这些问题以后，一定要回到文学上来。假如不回到文学本身，那就不是文学研究，而是历史学研究、社会学研究或别的什么研究。陈寅恪先生的《元白诗笺证稿》，是大家都公认的一部学术名著，利用文学来研究历史。我们往往容易产生错觉，以为陈先生那样一种学问的路子是文学研究，其实不是。所以要回到文学上来，要尝试新的路数，用科学的方法，而不是沿用过去的方法，过去的方法只是鉴赏呀、风格呀，等等。到底如何解读文学作品，应该利用新的途径、现代的途径，来解剖各个时期、各个流派、各个作家艺术上的成就，把它说清楚了。文学研究应建立在审美感悟的基础之上。

※现代社会是个讲功利的社会，流行实用主义，所以研究古代文学和古代文论的学者，不太愿意回答文学研究有什么用这样的问题，因这问题本身就蕴含着研究文学无用的世俗观念，以为文学不能当饭吃，没有什么实用价值。您一向对“古为今用”有不同看法，又不太赞成古代文论的“现代转换”，是否含有要脱心志于俗谛的意味，是不是主张以非功利的态度来对待文学，注重文学自身的审美属性，赞赏用“为学术而学术”的态度来从事文学研究？

◎这个问题我考虑过很长时间，也写过文章，我看这与社会文化的发展有关，不能简单地说有用与无用，也不能简单地说功利与非功利。我认为社会文化构成是分层次的，有普及的大众文化，有精深的高层文化，还有处于中层的文化。高层文化只能是少数人来研究，不能大家都来搞。我想，古代文学研究应该是属于高层文化研究的范围，所以搞古代文学研究的人只能是少数，多了没有必要。真正的研究、高层次的研究只能是少数人的事业，中间有大量的过渡式的承传，如大学、中学里的古代文学教学、各种讯息媒体。通过学校教育和文化传播，把古典文学知识和优秀作品普及到社会上去，满足大众的审美文化需要。只有普及了才谈得上发挥社会作用。但是普及性的大众文化并不能完全反映我们民族的精神、民族文化的整体特点，所以注定还要有高层次的文化研究包括文学研究，以提高整个民族文化水平的层次。比如说对中国古代文学研究，哪些是精华的东西，哪些是应该留下来的，要通过高层次的研究来清理、探讨，再经由中间的传递，就逐步地渗透到一般社会民众中去了。

文化传统的继承和吸收是无形的，如春雨之润物。在我们的思想行为里，如果追究起来，有许多就是文化传统的遗存。对于古代文化的研究，就是要辨明哪些是有益的，哪些是有害的，我想，这关系到国民性的塑造，是民族发展、民族生存的更为根本的东西。不能把对文化传统的利用和继承，局限在当前的政治需要和商业利益上，不能只着眼于当前需要，而应有一个长远的目标。就拿古代文学研究来说，古代文学在今天的作用，主要在情操的陶冶和人格的塑造上。我们的古代文学作品里，有许多非常高尚的值得珍视、值得自豪的思想情操；但是从情操熏陶和人格塑造上来看待古代文学的作用，我们似乎还没有给予充分的重视。这里我要讲一点题外的话，因这涉及有用与无用的问题。近些年来，报纸上可看到一些让人惊心动魄的报道，如说有四个青少年，最大的十八岁，最小的十六岁，抢劫了一辆出租车，杀死了司机，抢得了一百元。四个人商量如何处理尸体，其中的一个说，煮来吃了，不留痕迹。又一个报道，说一个十五岁的少年，因为奶奶没有满足他的一个要求，就用榔头把奶奶砸死了。还有砸死亲生母亲的。没有人性、没有亲情、没有爱，只有欲望。这些是个别现象，但这个别的现象却告诉我们，在我们的教育中缺少了什么。我想，就是缺少善良的感情的熏陶，缺少健全的人格教育。光是知识教育是不够的，光是思想教育也是不够的，一个人要成长为一个有健康人格的人，感情教育就处于非常重要的地位。在这个时候，古代文学就有它的作用了。我们的文化传统里保存的善良人性，在文学里有充分的反映，乡土的爱、亲情、友情、爱情、同情心等等，都有非常真诚、非常生动的表述，都能在健全的人格塑造、丰富的健康感情的培养中，起到很好的作用。但是这作用不是立竿见影的，不是今天讲了，明天就起作用的，不是拿来就用的。它是长期的无形的熏陶，是细雨润物。要讲眼前功利，它做不到，它的作用，是百年树人，是世世代代，是缓慢的改变民族性格。从长远看，它又是很有用的。

古代文学思想的研究也是这样。一些研究题目，在当前看来，可能是毫无用处的，既不能配合当前的政治需求，也没有商业利益，但是对于我们认识我们的传统，对于文化积累，对于提高文化层次，却可能是不可少的。从目前看，它可能毫无功利可言，是为学术而学术；但从长远看，它在文化建设中又是有用的。功利与非功利，有用与无用，在于你怎么看。简单化的实用主义的功利目的，结果可能是帮倒忙。继承文学批评理论遗产，也不是简单的“话语转换”就能做到的。一定的话语都是当时当地的话语，都与当时的文化环境有关。比如说“自性良知”，我们就会想起明代的心学；说“斗私批修”，就会想起“文化大革命”。古代文论也一样，像“意境”，讲情景交融；可你读海子的诗，用“意境”是绝对解释不了的。海子诗那种心灵的自白，那种意象的组合，是一种观念性的组合，从东到西，从西到东，没有完整的意境，不知道他在说什么，但在奇怪的意象组合里，分明又可感受到生命本能的冲动，一种宿命的悲愤、苍凉。古代文学思想、文学理论遗产的继承，应注重精神实质，而不是简单的“话语转换”。关于这方面的意见，我在1999年第3期《文艺研究》杂志上发表的《古文论研究杂识》中有论述，这里就不多说了。

我们对古代文化遗产的继承，往往用非常简单的方法来对待，比如我最近听说，有些地方让小学生读《四书》、《五经》。他们的目的可能是好的，是要继承优秀的文化遗产，但什么是优秀的文化遗产呢？目前不是还在讨论吗？曾经有一种说法，新儒学能救中国，我对此一向很不以为然。提倡新儒学的人，对于我们的国情恐怕知之不多。退一步说，就算儒学能救国吧，那么《四书》、《五经》中哪些是好的，哪些就不很好，也还是大可讨论的问题。小孩子还没有分辨这些的能力，小学的老师要说清这些问题怕也不易。在这种情况下，让孩子们读《四书》、《五经》，这种作法我以为未必妥当。我以为这是一种极简单化的对待文化遗产继承的做法。你让一个生活在现代社会里的孩子，摇头晃脑地读"子曰"、"《诗》云"，我一想起来就觉得滑稽。没有分辨力的读经，和现实生活对照，只会造成孩子性格、人格的扭曲，造成他们价值观的无所适从。我想，这是一件近于荒唐的事。我们完全可以通过其他的方式，把我们的文化传统中优秀的遗产通俗地传达给我们的孩子，而不是简单化地读经。从研究的功利与非功利，说了这么多题外的话，是不是把问题说远了！其实我要说的只是一点，就是：应从长远看功利，不应只看眼前利益。总而言之，古代文化的研究、古代文学的研究和古代文学思想的研究，是一种少数人的很专门的事业，但它是一个民族文化建设中最基本的东西，从长远来讲，它终究还是非常有用的。

※记得您在《玄学与魏晋士人心态》的"后记"中说："青灯摊书，实在是一种难以言喻的快乐。"以读书为乐，视荣华富贵如浮云，这样才能真正静下心来做一点学问。可当今的社会充满了急于求成的浮躁之风，追求时尚，玩学术，有将学术庸俗化和世俗化的倾向。对此您有何感想，学者如何才能保持心的宁静而甘于寂寞。

◎在古代文学研究日益边缘化的今天，要从事古代文学研究，没有点个人爱好是不行的，你自己非常喜欢这个行当，非常喜欢这个事业，你才会专心致志地去研究它。如果著书都为稻粱谋，只是把学问作为一种谋生的手段，不但总会使得自己有很大的压力，也容易把学问搞走样了，结果两败俱伤。如果你出于个人爱好，热爱学术研究，当你发现一条新材料，解决一个新问题，就会有无穷的乐趣，读书就不会感到有多少的压力。当然，人不能够脱离社会，在满足基本的生活需要之后，才能够坐下来安安静静地做学问。人文科学的研究有许多是要长期积累的，一时半会儿出不了好成果。我对人文科学研究以量化的标准来衡量一个人的成就非常反感，为什么呢？学术水平是不能够量化的，一些大师一辈子才能有多少著作？钱锺书先生一生主要的学术著作，不就是《管锥编》、《谈艺录》两部书吗？两部书就传世了，就不朽了。可是现在有些学者，一年就出三四本书，还有人自称写了四十多本学术著作的，我就不知道他是怎么写出来的！著作不在多，关键在于你的著作是不是原创性的精品，精品一本也就够了，也能传下去。你匆匆忙忙写了十本书，可是过了几年，一本也没留下来，风吹过马耳，与草木同朽。制造文字垃圾，有什么意义？目前这个浮躁的学风，与学术评价的体制有关系，也与研究者的心态有关。急于求成，是不可能有什么大作为的。学者要能够真正坐下来，以平静的心态，凭自己的爱好，不管外界的干扰，一心一意地做学问，这样才可能会有所成就，不只是浪得虚名而已。将来在古代文学研究领域真正有大成就的人，一定是能够坐冷板凳的人，肯下笨工夫的人。五年、十年、二十年，能在某个领域孜孜不倦、锲而不舍的人，必成大器。

※“文章千古事，得失寸心知”。您对道家思想素有研究，尤其对《庄子》一书情有独钟，照理应有几分逍遥旷达的至人之心，无可无不可。但您却是一个十分认真的人，在学术上一丝不苟，常告诫我们：“出书要慎重，白纸黑字，是无法收回的。”这是为什么？是不是寄希望后辈心存远大？

◎我喜欢《庄子》一书有两方面的原因，一方面是向往它所表述的任自然的人生态度，一方面关系到对中国文学发展的基本看法。我认为在中国文学的发展过程中，特别是诗、词、文方面，真正有成就的作家，多数受庄子思想的影响。要真正了解中国传统诗文的艺术特质，了解中国文学创作的思想基础，《庄子》一书不可不读。至于我个人对《庄子》这本书的喜好，主要是生活情趣的问题、精神归宿的问题。怎么说呢，就是对生命的理解，对人生的感悟，《庄子》这本书讲得非常好。是是非非，可与不可，方生方死，说出了很多很深奥的道理。随着时间和条件的变化，当年可的，后来变成不可了，当年不可的，后来变成可了。是与非也一样，三十年河东，三十年河西。人类社会就在可与不可，是与非的反复中不断地前进。庄子的很多思想，特别是对人生的感悟非常到位。

庄子所向往的那种自然境界是很难达到的。儒家讲的宁静致远是一个道德境界，而庄子讲的是自然人生的境界。王阳明及其弟子们讲无善无恶心之体，讲良知的虚灵，心境的平静，已是一种很高的境界了，但也还是道德是非判断，达不到天人合一的自然境界。庄子“心斋”的虚静就没有道德意味，没有是非判断，“天地与我并立，万物与我为一”，天人是融为一体的。我什么牵挂都没有，无所待，吾丧我，独与天地精神往来。这种境界是非常难到达的。记得张世林先生编《学林春秋》第三集时，让我写篇谈中国文学思想史研究的文章，要求要有一个题辞。我写的题辞是：“自强不息，易；任自然，难。心向往之，而力不能至。”现在我已七十二岁了，依然可以刻苦奋斗，凭自己的爱好，朝着既定的目标日夜工作，我自己觉得，自强不息是做到了，可是要做到任自然却非常的难。任自然是什么呢，就是不为物喜，不为己悲，随遇而安，不受外界的干扰，保持完全平静的心境，这不是那么容易做到的。庄子的任自然是个很高的人生境界，我们过去对庄子有一些错误的看法，认为他的思想是消极的，是绝对的虚无主义，其实是不对的。从我个人的爱好来说，从对人生的感悟、对人生的体验来说，我是非常喜欢庄子的。但任自然非常难，我做不到，问题在于我往往喜怒形于色，爱憎鲜明，喜欢就喜欢，不喜欢就不喜欢，从来不拐弯抹角。依我的气质和习惯，我达不到庄子那种理想的境界，所以只能是心向往之。理想化的东西，不容易做到；但做事要认真，要一丝不苟，却是经过努力可以做到的。

我希望我的学生认真，是我七十多年来的一点人生感悟，要办成几件事，不认真是做不成的。但是认真之外，还要超脱，要拿得起，放得下，一切顺应自然。这恐怕就更难一些，能和认真结合起来，那就更好了。

※ 谢谢您接受我的采访。

（原刊于《文艺研究》2004 年第三期）